Linux in a Nutshell

Linux in a Nutshell

2. Auflage

Ellen Siever und die
Mitarbeiter von O'Reilly & Associates

Deutsche Übersetzung von
Matthias Kalle Dalheimer

O'REILLY®

Beijing · Cambridge · Farnham · Köln · Paris · Sebastopol · Taipei · Tokyo

Kommentare und Fragen können Sie gerne an uns richten:
O'Reilly Verlag
Balthasarstraße 81
50670 Köln
Tel.: 0221/9731600
Fax: 0221/9731608
E-Mail: kommentar@oreilly.de

1. Auflage 1997
2. Auflage 1999

Die Originalausgabe erschien 1999 unter dem Titel
Linux in a Nutshell, 2nd Edition im Verlag O'Reilly & Associates, Inc.

Die Deutsche Bibliothek - CIP - Einheitsaufnahme

Sever, Ellen:
Linux in a Nutshell : Ellen Siever. [Übers. und dt. Bearbeitung Matthias Kalle Dalheimer].
- 2. Aufl. - Köln : O'Reilly , 1999
Engl. Ausg. u. d. T. : Siever, Ellen: Linux in a nutshell
ISBN 3-89721-116-5

Übersetzung: Matthias Kalle Dalheimer
Lektorat: Michael Gerth, Köln
Satz: Lenny Muellner, Cambridge
Umschlaggestaltung: Edie Freedman, Ellie Volckhausen & Hanna Dyer, Boston
Produktion: TYP*isch* Müller, Gräfelfing
Belichtung, Druck und buchbinderische Verarbeitung: Druckerei Kösel, Kempten

ISBN 3-89721-116-5

Dieses Buch ist auf 100% chlorfrei gebleichtem Papier gedruckt.

Inhaltsverzeichnis

KAPITEL 1

Einleitung

Dies ist ein Buch über Linux, eine frei erhältliche Variante des Betriebssystems UNIX für Personal Computer. Zusätzlich zum Code des Betriebssystemkerns enthält Linux Werkzeuge und Befehle aus dem GNU-Projekt der Free Software Foundation (FSF) und aus Berkeley UNIX (BSD) und eine vollständige Portierung des X Window Systems (XFree86) des X Consortium, außerdem natürlich viele Fähigkeiten, die speziell für Linux entwickelt wurden.

Dieses Buch ist eine Referenz zum Nachschlagen der wichtigsten Befehle und Funktionalitäten des Betriebssystems Linux. Wie die anderen Bücher der „in a Nutshell"-Reihe von O'Reilly richtet sich dieses Buch an Benutzer, die wissen, was sie erreichen möchten, und eine ungefähre Vorstellung davon haben, wie sie dies erreichen können, aber denen gerade nicht der richtige Befehl oder der richtige Parameter einfällt. Wir hoffen, daß dieses Buch ein wertvolles Nachschlagewerk auf dem Schreibtisch der Linux-Benutzer wird.

Das Aufregende an Linux

Linux ist freie Software: Jeder kann sich den Quellcode aus dem Internet frei herunterladen oder auf preiswerten CD-ROMs kaufen. Aber Linux ist vor allem deshalb so bekannt geworden — gerade in den letzten Monaten —, weil es mehr als freie Software ist: Es ist ausgesprochen gute Software. Mit Linux können Sie Ihre Hardware optimaler nutzen (insbesondere bei Intel-Systemen, für die Linux ursprünglich entwickelt worden war), und Sie werden durch weniger Abstürze genervt. Selbst die Sicherheit dieses Betriebssystems ist besser als die vieler kommerzieller Alternativen.

Mit Linux leben die große Kreativität und das Prinzip des Teilens wieder auf, für das UNIX lange Zeit bekannt war. Viele erinnern sich wehmütig an die Zeit, als AT&T UNIX umsonst an Universitäten weitergab und die University of Berkeley begann, ihre Version so zu verteilen, daß jeder an sie herankommen konnte. Für diese Veteranen kann Linux den Geist der Zusammenarbeit zurückbringen, umso mehr, als das Internet heute weit verbreitet ist. Und für die vielen Menschen, die zu jung sind, um sich an diese ersten offenen Systeme zu erinnern (so wie die vielen Studenten, die Linux-Anhänger sind), oder deren bisherige Erfahrungen schmerzhaft durch proprietäre Betriebssysteme eingeschränkt wurden, ist jetzt die Zeit gekommen, das Wunder frei verteilbaren Quelltextes und beliebig anpaßbarer Schnittstellen zu entdecken.

Der Linux-Kernel wurde ursprünglich von Linus Torvalds an der Universität Helsinki in Finnland entworfen und später von ihm in Zusammenarbeit mit vielen Freiwilligen aus aller Welt weiterentwickelt. Mit „Kernel" meinen wir den Kern des Betriebssystems selber — nicht die Applikationen (wie Compiler, Befehlsinterpreter usw.), die darauf laufen. Heute sind mit dem Begriff „Linux" oft der Kernel, die Applikationen und die gesamte Systemumgebung zusammen gemeint.

Linux-Systeme dürfen genaugenommen nicht als „UNIX-Version" bezeichnet werden, weil sie nicht den offiziellen Tests unterworfen und entsprechend lizenziert worden sind.* Linux bietet aber alle von Standard-UNIX-Systemen bekannten Programmierschnittstellen. Die meisten UNIX-Werkzeuge wurden auf Linux portiert, wie Sie aus diesem Buch ersehen können. Linux ist ein mächtiges, robustes, voll verwendbares System für Leute, die UNIX mögen.

Ein Grund für den Erfolg von Linux besteht darin, daß Linux eine gewaltige Menge von Hardware für IBM-kompatible Personal Computer unterstützt. Leute, die an MS-DOS und Microsoft Windows gewöhnt sind, sind oft erstaunt und begeistert, wieviel schneller ihre Hardware mit Linux arbeitet — Linux macht von den vorhandenen Ressourcen einen sehr effizienten Gebrauch.

Während der ersten Jahre begeisterten sich viele Anwender aus verschiedenen finanziellen und politischen Gründen für Linux. Bald bemerkten Sie jedoch einen unerwarteten Vorteil von Linux: Es funktioniert besser als viele kommerzielle Systeme. Mit dem Datei- und Drucker-Server Samba beispielsweise kann Linux eine große Anzahl von PCs „bedienen" ohne abzustürzen. Und der Apache-Webserver unter Linux bietet mehr nützliche Eigenschaften für Webmaster als konkurrierende Produkte.

Möglicherweise arbeiten Sie schon aus einem von vielen Gründen mit Linux. Vielleicht benötigen Sie beruflich für sich ein Betriebssystem für ein bestimmtes Projekt und sind dabei an ein Netzwerk aus UNIX-Rechnern angeschlossen — und weil Sie mit UNIX-Rechnern zusammenarbeiten müssen, wollen Sie etwas Ähnliches auf Ihrem eigenen Rechner. Vielleicht sind Sie ein Computer-Anfänger, der eine Aufgabe erfüllen möchte, für die UNIX traditionell gut geeignet ist, wie z.B. der Betrieb eines Webservers. Vielleicht haben Sie gerade einen PC gekauft und wollen Linux zu Hause benutzen, weil Sie auch auf der Arbeit UNIX verwenden. Oder Sie sind es einfach leid, daß Ihr Betriebssystem entscheidet, was gut für Sie ist, und Sie daran hindert, das zu tun, was Sie eigentlich tun möchten — dann sind Sie ein Fall für Linux.

Distributionen und Support

Es ist bequem, sich ein oder zwei neue Programme über das Internet herunterzuladen. Auch den Linux-Kernel mag man sich noch auf diese Weise besorgen. Sich aber ein komplettes System über die Telefonleitung zu ziehen, wäre unverhältnismäßig. Aus diesem Grund sind kommerzielle und nicht-kommerzielle Pakete, sogenannte Distributionen, entwickelt worden. Anfangs wurden diese noch auf Disketten vertrieben, etwa 50 für eine Distribution, von denen oft mindestens eine Diskette fehlerhaft war und ersetzt werden mußte. Als sich dann CD-ROM-Laufwerke verbreiteten, war Linux nicht mehr aufzuhalten.

*Bevor ein Betriebssystem UNIX genannt werden darf, muß es sich einer Prüfung durch X/Open unterziehen.

Für viele Anwender ist es wichtig, für ein Betriebssystem guten technischen Support zur Verfügung zu haben. Usenet Newsgruppen sind ein Forum für schnelle Antworten und Hilfe und bieten vielen Anwendern bereits ausreichend Support. Sie können aber auch Support von den Anbietern der wichtigsten Linux-Distributionen sowie zahlreichen unabhängigen Experten erwerben. Für Linux steht mindestens ebenso guter Support zur Verfügung wie für kommerzielle Software.

Intel-Systeme sind nach wie vor die Rechner, auf denen Linux am häufigsten eingesetzt wird. Inzwischen ist Linux kommerziell aber auch für eine Reihe anderer Hardware-Systeme verfügbar, darunter Alpha (entwickelt von Digital Equipment Corporation, jetzt Compaq), Sparc und m68k. Weitere Portierungen sind auf dem Weg.

Programme unter Linux

Linux-Programme sind nicht dieselben wie auf Standard-UNIX-Systemen: Sie sind besser! Das liegt daran, daß die meisten aus dem GNU-Projekt der Free Software Foundation (FSF) stammen. Aus langjähriger Erfahrung mit Standard-UNIX-Hilfsprogrammen und dank Fortschritten im Bereich der Informatik haben die Programmierer im GNU-Projekt es verstanden, neue Versionen der Standard-Werkzeuge zu schaffen, die mehr Funktionen haben, schneller und effizienter arbeiten und bei denen viele der Fehler und Inkonsistenzen der Originale ausgemerzt sind.

Während das GNU-Projekt die Programmierwerkzeuge und Standard-Befehle wie *grep* zur Verfügung gestellt hat, stammen die meisten Werkzeuge zur System- und Netzwerk-Verwaltung aus der Berkeley Software Distribution (BSD). Zusätzlich wurden Werkzeuge speziell für Linux geschrieben, um Bereiche abzudecken, die es nur unter Linux gibt (z.B. bestimmte Dateisysteme). Dieses Buch dokumentiert all die Standard-Unix-Befehle, die gewöhnlich auf Linux-Distributionen verfügbar sind.

Die dritte große Quelle von Linux-Software ist das X Consortium, das das X Window System entwickelte, und das XFree86-Projekt, das die ursprüngliche Portierung auf Intel-basierende Rechner von Thomas Roell und einigen anderen weiterentwickelte und ausbaute. Das X Window System ist nicht Thema dieses Buches; O'Reilly bietet aber andere Bücher hierzu an.

Quelltexte und Lizenzen

Sie erhalten Linux immer zusammen mit dem Quelltext. Dies gilt auch für alle Werkzeuge und Hilfsprogramme (es sei denn, Ihr Distributions-Hersteller bietet eine kommerzielle Applikation oder Bibliothek als besondere Dreingabe an). Vielleicht werden Sie nie einen Blick auf den Quelltext werfen, aber er ist der Schlüssel zur Stärke von Linux. Gemäß der Linux-Lizenz muß jeder, der Linux vertreibt, den Quelltext mitliefern. Das ermöglicht es denjenigen, die kompetent genug dazu sind, Fehler zu beheben, die Funktionsweise des Systems zu erlernen und dieses Wissen weiterzugeben und Verbesserungen zu machen, von denen wir alle profitieren. Die Linux-Lizenz ist die bekannte General Public License, auch als GPL oder „copyleft" bekannt, die von der FSF erdacht und populär gemacht wurde. Die FSF, gegründet von Richard Stallman, ist ein Phänomen, das viele Leute für unmöglich halten würden, wenn es nicht existierte. (Das gleiche gilt auch für Linux — wer hätte vor fünf Jahren daran geglaubt, daß ein robustes Betriebssystem in Gemeinschaftsarbeit über das Internet entwickelt und frei weitergegeben wird?) Einer der beliebtesten Editoren unter UNIX, GNU Emacs, kommt von der

FSF, genau wie der *gcc* und der *g++* (C und C++ Compiler), die eine Zeitlang das Maß aller Dinge bildeten, was Optimierung und schnellen Code angeht.

Da sie sich der Weitergabe von Software gewidmet hat, stellt die FSF all ihren Code und die Dokumentation im Internet zur Verfügung und erlaubt es jedem, die Software zu verändern. Sie arbeitet an einem Projekt, das auf den ersten Blick Linux ähnelt, aber breiter angelegt ist: eine vollständige UNIX-Version, die frei verfügbar ist. Das ganze Projekt heißt GNU (was wiederum für *„GNU is not UNIX“*, GNU ist nicht UNIX, steht, dem „G“ kann keine weitere Bedeutung zugeordnet werden) und das in der Entwicklung befindliche Betriebssystem HURD.

Um proprietäre Weiterentwicklungen auf der Basis von GNU-Code zu verhindern, verlangt die FSF, daß alle Erweiterungen ihres Codes unter derselben GPL-Lizenz zur Verfügung gestellt werden müssen, also auch mit Quelltexten. Dies soll Einzelpersonen und Institutionen ermuntern, Verbesserungen zu machen und diese wiederum mit anderen zu teilen. Das einzige, was nicht erlaubt ist, ist, Verbesserungen zu machen und diese dann ohne Weitergabe des Quelltextes zu verkaufen, weil damit der Vorteil der freien Quelltext-Weitergabe für die FSF und die Benutzer dahin wäre.

Wie schon weiter oben erwähnt, kommen viele Linux-Werkzeuge nicht aus dem GNU-Projekt, sondern von BSD. Auch bei BSD handelt es sich um freie Software. Die Lizenzen unterscheiden sich deutlich, was Sie als Benutzer aber nicht interessieren muß. Es läuft im wesentlichen darauf hinaus, daß Sie bei der BSD-Lizenz fast alles machen dürfen, sofern Sie die ursprünglichen Entwickler erwähnen, während bei der GPL der Quelltext zur Verfügung gestellt werden muß.

Was Sie in diesem Buch finden werden

Vor vielen Jahren veröffentlichte der O'Reilly Verlag *UNIX in a Nutshell* als eines seiner ersten Bücher. Dieses Buch fand sich bald weltweit auf den Schreibtischen eifriger Benutzer von UNIX. Viele Leute verwenden *UNIX in a Nutshell* anstelle der vermutlich offizielleren und vollständigeren Handbücher auf ihrem System. Manche sagen, daß dies das Buch ist, das sie von allen ihren Computer-Büchern am häufigsten verwenden.

Linux in a Nutshell ist kein Lehrbuch — schließlich ist es nur als schnelle Referenz gedacht —, aber sowohl Anfänger wie auch erfahrene Anwender benutzen es mit großem Gewinn. Wenn Sie in etwa wissen, welchen Befehl Sie benötigen, sich aber nicht sicher sind, wie er funktioniert oder welche Optionen Sie verwenden sollten, um die gewünschte Ausgabe zu erreichen, ist dieses Buch die richtige Stelle zum Nachschlagen. Auch kann es Sie auf Optionen hinweisen, von denen Sie bisher nichts wußten, und so noch produktiveres Arbeiten ermöglichen.

Wie viele Computersysteme aus der Zeit, in der UNIX entstand, ist auch Linux weitgehend ein befehlsbasiertes System. Zwar gibt es in manchen Linux-Versionen einige wenige grafische Werkzeuge zur Systemverwaltung, aber die interessanteren Dinge, die man mit Linux tun kann, sind befehlsgesteuert. Wenn Sie sich erst einmal an die UNIX Befehls-Interpreter (Shell genannt) und einige besonders häufig gebrauchte Befehle gewöhnt haben, werden Sie feststellen, daß man damit sehr viel schneller arbeiten kann als mit einer grafischen Oberfläche. Außerdem läßt sich das System so viel besser an Ihre Bedürfnisse anpassen. Aus diesen Gründen haben wir in diesem Buch alle Befehle dokumentiert, die Sie unter Linux am häufigsten verwenden werden.

Weitere Nachschlagemöglichkeiten

Unser Ziel bei der Produktion dieses Buches war Ihre Bequemlichkeit, und das bedeutet auch, es klein zu halten. Es enthält sicherlich nicht alles, was Sie in Ihrer Online-Dokumentation finden können.

Jede Distribution unterscheidet sich etwas von den anderen, aber Sie werden bemerken, daß die Befehle, die wir hier dokumentieren, diejenigen sind, die Sie die meiste Zeit benutzen werden, und daß diese in allen Distributionen gleich arbeiten. Wir behandeln hier grundlegende Befehle, Programmierwerkzeuge, System- und Netzwerkverwaltung und vieles andere. Aber einige Bereiche sind so umfangreich, daß wir sie auslassen mußten. TeX (ein Werkzeug zur Textverarbeitung, das vor allem im wissenschaftlichen Bereich, aber auch von Linux-Benutzern im allgemeinen sehr viel eingesetzt wird) konnte nicht mit aufgenommen werden, genauso wenig wie Tcl/Tk (eine Skriptsprache mit zugehörigen grafischen Werkzeugen). Außerdem wird das X Window System in diesem Buch nicht behandelt. Die Behandlung dieser Themen würde dazu führen, daß das Buch aus der Bindung quellen würde; sie bedürfen außerdem einer detaillierteren Behandlung, als es hier möglich wäre. Als Informationsquelle zu diesen Themen empfehlen wir die folgenden O'Reilly-Bücher:

- *Making TeX Work* von Norm Walsh
- *Tcl/Tk Tools* von Mark Harrison
- Die X Window System-Reihe, insbesondere *Volume 3: The X Window System User's Guide* von Valerie Quercia und Tim O'Reilly

Dieses Buch enthält auch keine Information darüber, wie ein Linux-System installiert und gewartet wird. Diese Information finden Sie in *Linux — Wegweiser zur Installation und Konfiguration* von Matt Welsh und Lar Kaufmann. Informationen über den Netzwerkbetrieb finden Sie in *Linux — Wegweiser für Netzwerker* von Olaf Kirch. Einen Überblick über Sprachen, Bibliotheken und Werkzeuge zum Programmieren bietet Ihnen *Linux — Wegweiser zur Programmierung und Entwicklung* von Matthias Kalle Dalheimer. Zusätzlich zu den Linux- Büchern sind vermutlich auch viele der anderen UNIX- und X-Bücher von O'Reilly für Sie interessant. Weitere nützliche Bücher, um das nötige Hintergrundwissen über System- und Netzwerkverwaltung zu bekommen, sind *Unix System Administration* von Æleen Frisch und *TCP/IP Netzwerk Administration* von Craig Hunt.

Auch das Internet enthält sehr viel Information über Linux. Eine der besten Quellen ist das Linux Documentation Project unter *http://metalab.unc.edu/LDP/*. Mit der Bereitstellung deutschsprachiger Informationen befaßt sich u.a. das „Projekt: Deutsche Manpages" unter *http://www.Infodrom.North.DE/Linux/manpages-de/*. Online-Information über die GNU-Werkzeuge, die in diesem Buch behandelt werden, finden Sie unter *ftp://prep.ai.mit.edu/pub/gnu/* oder *http://www.delorie.com/gnu/*.

Wie dieses Buch organisiert ist

Nach einer umfassenden Referenz aller relevanten Benutzerbefehle unter Linux widmen wir uns den Shells und den wichtigsten Editoren und Skriptsprachen. Es folgt ein Überblick über die Befehle zum Programmieren und abschließend finden Sie noch eine ausführliche Referenz der Befehle zur System- und Netzwerkverwaltung.

Kapitel 2, *Linux-Benutzerbefehle*, listet nicht nur alle Befehle und deren Optionen, sondern erklärt mit Beispielen auch ihre Anwendung.

Kapitel 3, *Die Unix-Shells: Ein Überblick*, Kapitel 4, *bash: Die Bourne Again Shell*, und Kapitel 5, *csh und tcsh*, widmen sich den Shells. Eine Shell ist einfach nur ein Programm, das Befehle vom Benutzer entgegennimmt und ausführt. Verschiedene Shells verwenden manchmal eine etwas unterschiedliche Syntax, um das gleiche auszudrücken. Unter Linux sind **bash** und **tcsh** zwei beliebte Shells, die subtile Unterschiede aufweisen (eines der schönen Merkmale von Linux und anderen UNIX-Systemen ist, daß Sie vielfach eine große Auswahl haben, wobei jede Möglichkeit ihre eigenen Stärken und Schwächen aufweist). Sie werden die Kapitel über Shells vermutlich lesen wollen, nachdem Sie sich einige Zeit mit Linux beschäftigt haben, weil diese sich hauptsächlich mit mächtigen, fortgeschrittenen Features befassen, die man erst als erfahrener Benutzer benötigt.

Davor müssen Sie einige große und umfassende Werkzeuge erlernen, um wirklich mit Linux arbeiten zu können: einen Editor, einen Compiler, eine Skriptsprache usw.

Kapitel 6, *Mustervergleiche*, erklärt in aller Kürze das Wichtigste, das Sie über Pattern Matching wissen müssen.

Kapitel 7, *Der Editor Emacs*, Kapitel 8, *Der Editor vi*, und Kapitel 9, *Der Editor ex*, beschreiben die beiden bekanntesten Editoren unter Linux: Emacs und vi sowie den Zeileneditor ex, auf dem vi aufgebaut ist.

Kapitel 10, *Der Editor sed*, und Kapitel 11, *Die Skriptsprache gawk*, dokumentieren die unter Linux populären Skriptsprachen sed und gawk.

Kapitel 12, *Programmierung*, beschreibt vorhandene Programmierwerkzeuge. Die UNIX-Programmierumgebung hat für einige andere Systeme Modell gestanden und belohnt das Erlernen der Werkzeuge mit großartiger Unterstützung beim Erstellen von Programmen, Revisions-Kontroll-Systemen u.v.m. Kapitel 13, *RCS und CVS*, präsentieren die Befehle von RCS (Revision Control System) und CVS (Concurrent Versions System), mit denen verschiedene Versionen einer Datei unterhalten und abgeglichen werden können. Kapitel 14, *Perl*, enthält die bekannte Perl-Referenz von Johan Vromans.

Kapitel 15, *Überblick über die System- und Netzwerkverwaltung*, und Kapitel 16, *Befehle zur System- und Netzwerkverwaltung*, behandeln die etwas umfangreicheren Themen System- und Netzwerkverwaltung.

Kapitel 17, *Boot-Verfahren*, dokumentiert die gebräuchlichsten Optionen und Tools zum Booten auf Intel-Systemen, inklusive LILO (Linux Loader) und Loadlin.

Typografische Konventionen

Dieses Referenzhandbuch benutzt die folgenden typografischen Konventionen:

Fettdruck wird verwendet für Befehle, Programme und Optionen. Alles, was in Fettdruck gedruckt ist, sollte wörtlich eingegeben werden.

Kursiv wird verwendet für Argumente, Optionen und Variablen, die durch die für den Benutzer gültigen Werte ersetzt werden sollen. Weiter wird kursive Schrift für Datei- und Verzeichnisnamen sowie Kommentare in Beispielen benutzt.

Courier	wird für den Inhalt von Dateien und die Ausgabe von Befehlen verwendet.
Courier Fett	wird in Beispielen und Tabellen verwendet und zeigt Befehle oder anderen Text, der vom Benutzer wörtlich eingegeben werden sollte.
Courier Kursiv	wird in Beispielen und Tabellen verwendet und bezeichnet Text, der vom Benutzer durch eigene Werte ersetzt werden sollte.
%, $	bezeichnen in einigen Beispielen die Eingabeaufforderung der C-Shell (%) bzw. der Bourne Shell ($).
[ ]	umgeben optionale Bestandteile in Syntaxbeschreibungen. (Die eckigen Klammern selber werden nie eingegeben.) Beachten Sie bitte, daß in vielen Befehlen das Argument [*Dateien*] vorkommt. Wenn ein Dateiname weggelassen wird, wird die Standardeingabe (d.h. normalerweise die Tastatur) angenommen. Beenden Sie Ihre Eingabe mit dem Dateiendezeichen.
EOF	bezeichnet das Dateiende-Zeichen (normalerweise **Strg-D**).
|	wird in Syntaxbeschreibungen verwendet und bezeichnet mehrere Elemente, aus denen nur genau eines ausgewählt werden darf.
→	wird am Ende einer rechten Seite verwendet, um anzuzeigen, daß der aktuelle Eintrag auf der nächsten Seite fortgesetzt wird. Die Fortsetzung wird mit ← markiert.

Die kleine Eule kennzeichnet eine Anmerkung, die ein wichtiger Hinweis zu dem benachbarten Text ist. Zum Beispiel ...

Wenn Sie die Eule sehen, wissen Sie, daß der Text daneben eine Anmerkung ist wie diese.

Noch eine Bemerkung zur Syntax: Oft kann das Leerzeichen zwischen einer Option und ihrem Argument weggelassen werden. In anderen Fällen müssen die Leerzeichen (oder die Tatsache, daß sie gerade nicht vorhanden sind) genau befolgt werden. So kann es sein, daß **-w***n* anders interpretiert wird als **-w** *n*. Sie sollten die Leerzeichen in der Syntaxbeschreibung einer Option genau beachten.

Danksagungen zur 2. Auflage

Diese 2. Auflage von *Linux in a Nutshell* ist das Ergebnis der Zusammenarbeit und Hilfe vieler Leute. Ihnen allen möchte ich herzlich danken.

Andy Oram und Val Quercia als Lektoren und Projektmanager hielten alle Fäden bei der inhaltlichen und organisatorischen Betreuung dieses Projekts in der Hand. Stephen Figgins hat bei beiden Auflagen viel Material beigetragen, besonders in den Kapiteln über System- und Netzwerkadministration. Stephen Spainhour schrieb über RCS und CVS sowie über viele der Benutzerbefehle. Von Johan Vroman stammt die Perl-Referenz.

Für ihre inhaltlichen Korrekturen und Anmerkungen bedanke ich mich bei Matt Welsh (*Linux — Wegweiser zur Installation und Konfiguration*), Michael K. Johnson (Red Hat Software), Robert J. Chassell, Phil Hughes (*Linux Journal*), Julian T. J. Midgley und Terry Dawson.

Die Herstellerinnen Nicole Gipson Arigo und Jane Ellin brachten dieses Buch durch einen knappen Zeitplan. Lenny Muellner mußte viele Fragen von mir beantworten und stellte zahlreiche Werkzeuge für den Satz des Buches bereit. Seth Maislin schrieb den Index, und Claire Cloutier LeBlanc und Sheryl Avruch übernahmen die Qualitätskontrolle.

Ellen Siever

Danksagungen zur 1. Auflage

Ich möchte allen meinen Freunden bei O'Reilly für ihre Hilfe bei der Arbeit an diesem Buch danken — meinen Lektoren Andy Oram und Robert Denn; der Produktionslektorin Jane Ellin, Stephen Spainhour, der dieses Buch fertiggestellt hat, als ich es selbst wegen meiner Sehnenscheidenentzündung nicht konnte; Seth Maislin, der wie üblich einen hervorragenden Index zusammengestellt hat; David Futato, der frühe Produktionsarbeiten übernommen hat; Madeleine Newell und Kismet McDonough-Chan, die ebenfalls bei der Produktion mitgeholfen haben; Clairemarie Fisher O'Leary und Sheryl Avruch für ihre Qualitätssicherung; allen aus der Werkzeug-Gruppe (besonders Lenny Muellner, der die meisten Werkzeuge für dieses Buch geschrieben hat, aber auch Erik Ray und Ellen Siever) sowie Edie Freedman, die die Titelseite entworfen hat. Norm Walsh und Tanya Herlick, meine Vorgesetzten, waren so großzügig, mir genug Zeit für die Arbeit an diesem Projekt zur Verfügung zu stellen (auch wenn ich eigentlich die ganze Zeit für Norm arbeiten sollte). Ein besonderer Dank geht an Stephen Figgins im technischen Support von O'Reilly, der sehr viele Befehle aus diesem Buch getestet hat. Dank auch an Greg Hankins vom Linux Documentation Project, der dieses Buch aus technischer Sicht korrekturgelesen hat. Schließlich steht dieses Buch in tiefer Schuld bei all den anderen O'Reilly-Büchern, die ich häufig zu Rate gezogen habe (was ein höflicher Ausdruck für „abgeschrieben" ist). Dieses Buch steht damit auf einer soliden Basis.

Die Monate, während denen ich an *Linux in a Nutshell* schrieb, verschwimmen in meinen Erinnerungen, aber ich kann mich gut an die Leute erinnern, die mir über den Sommer geholfen haben: Dave Vernal, JD Paul, Paul Berger, Elizabeth Haynes, Kevin Lyda, Beil Laughlin, meine Mutter und mein Bruder. Adam, ich kannte dich damals noch nicht, aber ich würde gern so tun, als hättest du quasi einen rückwirkenden Einfluß. Und dann natürlich alles Liebe an meine Katze, die ihre Haare auf meinem Monitor hinterließ und mir Bescheid sagte, wenn ich zu lange gearbeitet hatte.

Jessica Hekman

Vorwort des Übersetzers

Die „... in a Nutshell" Bücher von O'Reilly haben schon eine lange Tradition. Um so mehr freut es mich, daß es mit *Linux in a Nutshell* Familienzuwachs gibt und ich die Gelegenheit hatte, durch eine Übersetzung dieses Buch auch deutschen Lesern nahezubringen.

Die Übersetzung solcher Referenzhandbücher ist immer eine knifflige Angelegenheit, weil Sie gespickt sind mit angloamerikanischen Fachbegriffen. Übersetzt man diese konsequent, besteht die Gefahr, daß kein Leser mehr versteht, wovon die Rede ist. Übersetzt man sie gar nicht, hat man eigentlich keine Übersetzung, sondern eine Ansammlung englischer

Substantive, die mit deutschen Verben und Füllwörtern verbunden werden. Gemeinsam mit dem O'Reilly-Lektorat haben wir daher versucht, einen Mittelweg zu finden. Ihnen als Leser obliegt es zu beurteilen, ob uns das gelungen ist.

Im Vergleich zur Originalausgabe wurden neben Fehlerkorrekturen folgende Änderungen durchgeführt:

- Vorwort und Kapitel 1 wurden im Kapitel 1 zusammengefaßt.
- Kapitel 6 wurde um Anmerkungen zu regulären Ausdrücken in Emacs Lisp und Perl ergänzt.

Ich möchte mich besonders bei Sebastian Hetze bedanken, der große Teile von Kapitel 2 übersetzt hat, außerdem bei Dirk Hohndel für fachlichen und moralischen Beistand, beim O'Reilly-Team für die Zusammenarbeit und schließlich natürlich bei meiner Familie, die die hektische Phase vor der Drucklegung des Buches mit Gelassenheit und Gummibärchen überstanden hat.

Matthias Kalle Dalheimer
Hamburg, im Mai 1997,
Meilsdorf, im Juni 1999

KAPITEL 2

Linux-Benutzerbefehle

In diesem Kapitel werden die Benutzerbefehle von Linux vorgestellt (im Unterschied zu den Befehlen zur Programmentwicklung und zur Systemadministration). Der Beginn jeder Befehlsbeschreibung ist durch den Befehlsnamen am äußeren Rand der Seite markiert. Auf die erste Zeile mit einer Kurzdarstellung der Kommandosyntax folgen eine kurze Beschreibung und eine Liste aller vorhandenen Optionen. Zu vielen Befehlen werden am Ende des Eintrags noch Beispiele gegeben. Wenn Sie nur eine schnelle Gedächtnisstütze oder eine Anregung für ein Kommando benötigen, können Sie gleich zu den Beispielen springen.

Eine Liste der typografischen Konventionen zur Beschreibung der Befehle finden Sie im Vorwort. Zusätzliche Hilfestellung bei der Suche nach einem bestimmten Befehl finden Sie im Index am Ende dieses Buches.

Wenn Sie einen Befehl in diesem Kapitel nicht finden, ist er möglicherweise als Programmierbefehl oder als Administrationsbefehl aufgeführt. Sehen Sie in der alphabetischen Liste in den entsprechenden Kapiteln nach. Programme, die das X Window System benutzen, sind in diesem Buch nicht aufgeführt.

Alphabetische Zusammenfassung der Befehle

apropos

apropos *String …*

Durchsucht die Kurzbeschreibungen der Manualpages in der **whatis**-Datenbank nach Vorkommen von *String* und zeigt das Ergebnis auf der Standardausgabe an. Entspricht **whatis**, sucht aber nach Strings anstelle von Wörtern. Entspricht **man –k**.

arch

arch

Gibt den Typ der Rechnerarchitektur auf der Standardausgabe aus. Entspricht **uname –a**.

at

at [*Optionen*] *Zeit*

Führt Befehle zu einer bestimmten *Zeit* und optional an einem bestimmten *Datum* aus. Die Befehle werden von der Standardeingabe oder einer Datei gelesen. (Siehe auch **batch**.) Die Eingabe wird durch *EOF* beendet. Die *Zeit* kann entweder als Zahlenwert für die Stunde (optional mit Minuten und Zusätzen) oder durch ein Schlüsselwort angegeben werden. Das Kommando kann ein Datum enthalten, das als Monat mit Tag, als Wochentag oder durch ein spezielles Schlüsselwort (*today* oder *tomorrow*) ausgedrückt wird. Ein Zuschlag (Inkrement) kann ebenfalls angegeben werden. Einzelheiten werden in den folgenen Absätzen erläutert.

Optionen

–c Job [Job...]
: Die angegebenen Jobs auf der Standardausgabe aneinanderhängen. Diese Option erwartet keine Zeitangabe.

–d
: Das Programm arbeitet wie **atrm**.

–f *Datei*
: Liest das Kommando aus der *Datei* anstelle der Standardeingabe.

–l [*Job_id*]
: Gibt alle Jobs für den aktuellen Benutzer oder für die Job-Queue aus, wenn eine *Job_id* angegeben wurde. (Das Programm arbeitet wie **atq**.)

–m
: Sendet eine Mail an den Benutzer, wenn der Job fertig ist, unabhängig davon, ob bei dem Job eine Ausgabe erzeugt wurde.

–q *Buchstabe*
: Reiht den Job in die mit *Buchstabe* bezeichnete Warteschlange ein, wobei die *Buchstaben* von a–z und A–Z erlaubt sind. Die Standardwarteschlange ist a. (Die Warteschlange für batch ist standardmäßig b.) Je später der Buchstabe im Alphabet kommt, desto niedriger ist die Priorität, mit der die Jobs dieser Warteschlange laufen.

–V
: Gibt die Versionsnummer aus.

–v
: Zeigt die Zeit an, zu der ein Job ausgeführt wird.

Zeit

hh:mm [*Zusatz*]
: Stunden können eine oder zwei Ziffern haben (standardmäßig wird eine 24-Stunden-Uhr angenommen); zusätzliche Minuten können eine oder zwei Stellen haben; der Doppelpunkt kann entfallen, wenn die Zeit im Format *h*, *hh* oder *hhmm* angegeben wird. Zum Beispiel sind 5, 5:30, 0530, 19:45 gültige Zeitangaben. Wenn der Zusatz **am** oder **pm** hinzugefügt wird, basiert die Zeitangabe auf einer 12-Stunden-Uhr. Wenn der Zusatz **zulu** angehängt wird, bezieht sich die Zeitangabe auf Greenwich Mean Time.

midnight | noon | teatime | now
Jedes dieser Schlüsselwörter kann anstelle einer numerischen Zeitangabe verwendet werden. **teatime** entspricht 4 Uhr nachmittags; **now** muß ein *Zuschlag* folgen.

Datum

Monat Zahl[, *Jahr*]
Monat ist der englische Name eines der zwölf Kalendermonate, ausgeschrieben oder auf die drei ersten Buchstaben abgekürzt; *Zahl* ist der Kalendermonat, *Jahr* ist die vierstellige Jahreszahl. Wenn der Monat vor dem aktuellen Kalendermonat liegt, wird der Job für das folgende Jahr einsortiert.

Tag
Der englische Name eines der sieben Wochentage, ausgeschrieben oder auf die ersten drei Buchstaben abgekürzt.

today | tomorrow
Gibt den aktuellen oder den nächsten Tag an. Wenn *date* weggelassen wird, reiht **at** einen Job für **today** (am gleichen Tag) ein, wenn die angegebene *Zeit* später eintritt, anderenfalls am folgenden Tag.

Inkrement

Geben Sie einen numerischen Zuschlag an, wenn Sie die Ausführungszeit oder den Tag *relativ* zur aktuellen Zeit angeben möchten. Der Zahl sollte eines der Schlüsselwörter **minute**, **hour**, **day**, **week**, **month** oder **year** (oder deren Pluralformen) folgen. Das Schlüsselwort **next** kann als Synonym für **+ 1** verwendet werden.

Beispiele

Beachten Sie, daß die ersten beiden Befehle gleichwertig sind:

```
at 1945 pm December 9
at 7:45pm Dec 9
at 3 am Saturday
at now + 5 hours
at noon next day
```

atq [*Optionen*] [*Job-ID*]

Listet alle wartenden Jobs des Benutzers auf. Wenn der Superuser dieses Programm ausführt, werden die Jobs aller Benutzer aufgelistet. Wenn eine *Job-ID* angegeben ist, werden nur Informationen zu diesen Jobs ausgegeben. Das Programm entspricht dem Kommando **at -l**.

Optionen

–q *Warteschlange*
Betrachtet nur die angegebene Warteschlange und ignoriert alle anderen Jobs.

→

atq ←	**–v** Zeigt die bereits ausgeführten, aber noch nicht aus der Warteschlange gelöschten Jobs an. **–V** Gibt die Versionsnummer auf Standardfehler aus.

atrm

atrm *Job* [*Job...*]

Löscht einen Job, der in der Warteschlange auf seine Ausführung wartet. Das Programm entspricht dem Kommando **at –d**.

banner

banner [*Option*] [*Zeichen*]

Die *Zeichen* werden als Spruchband ausgegeben (132 Spalten breit, Schrift von oben nach unten). Wenn keine *Zeichen* auf der Kommandozeile angegeben sind, fordert **banner** Sie auf, welche einzugeben, die dann von der Standardeingabe gelesen werden.

Option

–w *Breite* Setzt die *Breite* auf den angegebenen Wert. Beachten Sie, daß die Ausgabe schmaler als der eingestellte Wert erscheint, wenn Sie nur Kleinbuchstaben verwenden. Wenn *–w* nicht angegeben wird, ist die voreingestellte Breite 132. Wird dagegen *–w* angegeben, aber keine *Breite*, dann ist die Voreinstellung 80.

basename

basename *Name* [*Suffix*]
basename *Option*

Entfernt führende Verzeichniskomponenten aus einem Pfad. Wenn ein *Suffix* angegeben wird, wird auch dieses entfernt. Das Ergebnis wird auf der Standardausgabe ausgegeben.

Optionen

– –help Gibt Hilfetext aus.

– –version Gibt die Versionsnummer des **basename**-Befehls aus.

Beispiele

```
% basename /usr/lib/libm.a
libm.a

% basename /usr/lib/libm.a .a
libm
```

batch

batch [*Optionen*] [*Zeit*]

Führt die an der Standardeingabe eingegebenen Kommandos aus. Wenn keine Zeit angegeben ist, wird mit der Ausführung begonnen, sobald es die Systemlast erlaubt (wenn die durchschnittliche Last unter 0,5 gefallen ist). Das Programm arbeitet ähnlich wie **at**, es besteht aber nicht auf den

Zeitpunkt, der für die Ausführung an der Kommandozeile angegeben wurde. Sehen Sie auch unter **at** nach. **batch**

Optionen

–f *Datei* Liest die Jobs aus der *Datei* anstelle der Standardeingabe.

–m Schickt dem Benutzer eine Mail, wenn der Job ausgeführt wurde — unabhängig davon, ob von dem Job eine Bildschirmausgabe erzeugt wurde oder nicht.

–q *Buchstabe*
Stellt den Job in die durch *Buchstabe* angegebene Warteschlange, wobei *Buchstabe* ein einzelner Buchstabe im Bereich a–z und A–Z sein kann. Die Default-Warteschlange ist b. Je später der Buchstabe in der Alphabetreihenfolge steht, desto niedriger ist die Priorität, mit der die Jobs dieser Warteschlange laufen.

–V Gibt die Versionsnummer auf Standardfehler aus.

–v Gibt an, wann ein Job ausgeführt wird.

---

bash [*Optionen*] [*Datei* [*Argumente*]] **bash**
sh [*Optionen*] [*Datei* [*Argumente*]]

Standard-Linux-Shell, ein Befehlsinterpreter, in dem alle weiteren Kommandos eingegeben werden. Weitere Informationen finden Sie in Kapitel 4.

---

bc [*Optionen*] [*Dateien*] **bc**

bc ist eine Programmiersprache (und ein Compiler), deren Syntax der von C ähnlich ist, die jedoch arithmetische Berechnungen mit unbegrenzter Genauigkeit durchführt. Der Sprachumfang von **bc** enthält Variablen, Schlüsselwörter und Symbole, die im folgenden kurz beschrieben werden. Am Ende werden einige Beispiele gegeben.

Das Programm führt interaktiv Berechnungen mit beliebiger Genauigkeit durch oder konvertiert Zahlen von einem Zahlensystem in ein anderes. Die Eingabe kann aus *Dateien* oder von der Standardeingabe gelesen werden. Um das Programm zu verlassen, geben Sie **quit** oder das Symbol für **EOF** ein.

Optionen

–l, ––mathlib
Ermöglicht die Benutzung von Funktionen aus der mathematischen Bibliothek.

–s, ––standard
Alle Erweiterungen werden ignoriert und die Daten exakt nach dem POSIX-Standard verarbeitet.

→

–w, – –warn
Wenn Erweiterungen vom POSIX-Standard für **bc** genutzt werden, erscheint eine Warnung.

–q, – –quiet
Keine Begrüßungsmeldung anzeigen.

–v, – –version
Versionsnummer dieser Funktion anzeigen.

Bezeichner

Ein Bezeichner ist eine Kette aus einem oder mehr Zeichen. Er muß mit einem Kleinbuchstaben beginnen, darf aber auch Zahlen und Unterstriche enthalten. Großbuchstaben sind nicht erlaubt. Bezeichner werden als Namen für Variablen, Felder und Funktionen verwendet. Normalerweise können Variablen Zahlen mit beliebiger Genauigkeit aufnehmen. In einem Programm können Sie eine Variable, ein Feld und eine Funktion mit dem gleichen Buchstaben bezeichnen. Die folgenden Bezeichner führen zu keinem Konflikt:

x
Variable *x*.

x[*i*]
Element *i* des Feldes *x*. *i* darf aus dem Bereich 0 bis 2047 stammen und auch ein Ausdruck sein.

x(*y*,*z*)
Aufruf der Funktion *x* mit den Parametern *y* und *z*.

Schlüsselwörter für Ein- und Ausgabe

ibase, **obase**, **scale** und **last** speichern einen Wert. Wenn sie allein auf einer Zeile eingegeben werden, wird deren aktueller Wert ausgegeben. Sie können deren Werte auch durch eine Zuweisung verändern. Die Buchstaben A–F werden als Ziffern mit den Werten 10 bis 15 interpretiert.

ibase = *n*
Die Zahlen, die eingegeben werden (z.B. über die Tastatur), werden zur Basis *n* interpretiert (Voreinstellung ist 10).

obase = *n*
Zahlen werden zur Basis *n* dargestellt (Voreinstellung ist 10). Bemerkung: Wenn **ibase** nicht mehr den Wert 10 hat, benutzen Sie die Ziffer A, um **ibase** oder **obase** wieder als Dezimalzahlen zu setzen.

scale = *n*
Zeigt die Ergebnisse mit *n* Dezimalstellen an (Voreinstellung ist 0, die Resultate werden also auf Ganzzahlwerte gekürzt). **scale** wird normalerweise nur bei Berechnungen zur Basis 10 benutzt.

last
Der Wert der zuletzt ausgegebenen Zahl.

Anweisungen

Ein Semikolon oder ein Zeilenwechsel trennt zwei Anweisungen voneinander. Geschweifte Klammern werden benötigt, um mehrere Anweisungen zusammenzufassen.

if (*Ausdruck*) {*Anweisungen*} [**else** {*Anweisungen*}]
Führt ein oder mehrere *Anweisungen* aus, wenn das Ergebnis von *Ausdruck* wahr ist. Anderenfalls wird nichts gemacht, oder wenn ein *else*-Teil angegeben ist, werden die alternativen *Anweisungen* bearbeitet. Zum Beispiel:

```
if(x==y) {i = i + 1} else {i = i - 1}
```

while (*Ausdruck*) {*Anweisungen*}
Wiederholt ein oder mehrere *Anweisungen*, solange *Ausdruck* wahr ist. Zum Beispiel:

```
while(i>0) {p = p*n; q = a/b; i = i-1}
```

for (*Ausdruck1*;*Bedingung*;*Ausdruck2*) {*Anweisungen*}
Ähnlich wie **while**; um beispielsweise die ersten 10 Vielfachen von 5 auszugeben, geben Sie ein:

```
for(i=1; i<=10; i++) i*5
```

GNU bc braucht nicht unbedingt drei Argumente für **for**. Wenn das erste oder das letzte Argument fehlt, werden diese Teile nicht ausgewertet. Wenn die Bedingung fehlt, wird sie immer als wahr eingestuft.

break Unterbricht eine **while**- oder **for**-Schleife.

print *Liste* GNU-Erweiterung; sie bietet eine zusätzliche Möglichkeit zur Ausgabe. Die *Liste* besteht aus einer durch Kommata separierten Reihe von Zeichenketten und Ausdrücken; **print** gibt die Werte in der Reihenfolge der Liste aus. Am Ende der Ausgabe wird kein Zeilenwechsel ausgegeben. Ausdrücke werden berechnet, ausgegeben und der speziellen Variable *last* zugewiesen. Zeichenketten (die auch Sonderzeichen enthalten dürfen; zum Beispiel solche, die mit \ beginnen) werden einfach ausgegeben. Folgende Backslash-Symbole sind erlaubt:

a	Alarm oder Glocke
b	Backspace
f	Seitenvorschub
n	Zeilenwechsel (NL)
r	Zeilenende (CR)
q	Anführungszeichen
t	Tabulator
\	Backslash

continue GNU-Erweiterung. In einem **for**-Statement wird sofort mit dem nächsten Schleifendurchlauf begonnen.

→

halt GNU-Erweiterung. Veranlaßt, den **bc**-Programmablauf abzubrechen.

limits GNU-Erweiterung. Gibt die Wertebereiche der lokalen Version von **bc** aus.

Funktionen

define *j*(*Argumente*) {
Beginn der Definition der Funktion *j* mit den *Argumente*n. Die Argumente werden durch Kommata getrennt. Die Anweisungen folgen auf den nächsten Zeilen. Die Definition endet mit }.

auto *x*, *y* Erzeugt die lokalen Variablen *x* und *y*, initialisiert mit dem Wert 0, die nur innerhalb der Funktion angesprochen werden können. Die Variablendeklaration muß am Anfang der Funktionsdefinition erfolgen.

return(*Ausdruck*)
Liefert den Wert von *Ausdruck* zurück an das Programm. Wenn *Ausdruck* weggelassen wird, wird 0 zurückgegeben. Sinnvoll nur in Funktionsdefinitionen.

sqrt(*Ausdruck*)
Berechnet die Quadratwurzel des angegebenen *Ausdruck*s.

length(*Ausdruck*)
Berechnet, wie viele signifikante Stellen das Ergebnis von *Ausdruck* hat.

scale(*Ausdruck*)
Das gleiche wie **length**, es werden jedoch nur die Stellen vor dem Dezimalkomma gezählt.

read() GNU-Erweiterung. Liest eine Zahl von der Standardeingabe. Liefert den Wert der (ein)gelesenen Zahl, interpretiert nach dem Wert von **ibase**.

Funktionen der mathematischen Bibliothek

Diese Funktionen stehen zur Verfügung, wenn das Programm **bc** mit der Option **–l** aufgerufen wurde. Die Bibliotheksfunktionen setzen **scale** auf 20.

s(*Winkel*) Berechnet den Sinus von *Winkel*, einer Konstante oder eines Ausdrucks in Bogenmaß.

c(*Winkel*) Berechnet den Cosinus von *Winkel*, einer Konstante oder eines Ausdrucks in Bogenmaß.

a(*n*) Berechnet den Arcustangens von *n* und liefert das Ergebnis in Bogenmaß.

e(*Ausdruck*) Liefert die Potenz des Wertes von *Ausdruck* zur Basis **e**.

l(*Ausdruck*) Liefert den natürlichen Logarithmus von *Ausdruck*.

j(*n*, *x*) Liefert den Wert der Bessel-Funktion der ganzzahligen Ordnung *n*.

Operatoren

Operatoren können arithmetisch, Vorzeichen, Zuweisungen oder Relationen sein:

Arithmetisch	+ - * / % ^
Vorzeichen	- ++ --
Zuweisung	=+ =- =* =/ =% =^ =
Relation	< <= > >= == !=

Andere Symbole

`/* */`	Schließen Kommentare ein.
( )	Kontrollieren die Reihenfolge, in der Unterausdrücke ausgewertet werden. Klammern können auch um eine Zuweisung gesetzt werden, um das Ergebnis des Ausdrucks ausgeben zu lassen.
{ }	Geschweifte Klammern werden benutzt, um Anweisungen zu einer Gruppe zusammenzufassen.
[ ]	Eckige Klammern schließen den Index eines Feldes ein.
"*Text*"	In Anführungszeichen stehender *Text* wird ausgegeben.

Beispiele

Bitte beachten Sie, daß das Programm Werte, die Sie als Zahl oder als Ausdruck eingeben, berechnet und das Ergebnis ausgibt. Zuweisungen erzeugen jedoch keine Anzeige, wenn sie nicht in runden Klammern stehen.

```
ibase = 8          Eingabe von Oktalzahlen
20                 Berechnet den (dezimalen) Wert dieser Oktalzahl
16                 Auf dem Bildschirm erscheint die Dezimalzahl
obase = 2          Ausgabe wird umgestellt auf binär statt dezimal
20                 Eingabe der Oktalzahl
10000              Auf dem Bildschirm erscheint jetzt die Binärzahl
ibase = A          Die Eingabebasis wird auf 10 zurückgesetzt
scale = 3          Die Genauigkeit wird auf drei Dezimalstellen begrenzt
8/7                Berechnet die Division
1.001001000        Oops! Vergessen, die Ausgabebasis auf 10 zu setzen
obase=10           Die Eingabebasis ist schon 10, deshalb ist A hier nicht nötig
8/7
1.142              Auf dem Bildschirm erscheint das Ergebnis (abgeschnitten)
```

In den folgenden Zeilen wird die Benutzung von Funktionen gezeigt:

```
define p(r,n){     Funktion p benutzt zwei Argumente
  auto v           v ist eine lokale Variable
  v = r^n          n-te Potenz von r
  return(v)}       Der Wert wird zurückgegeben

scale=5
x=p(2.5,2)         x = 2.5 ^ 2
x                  x wird ausgegeben
6.25
```

→

bc
←

```
length(x)        Anzahl der Ziffern
3
scale(x)         Anzahl der Stellen nach dem Komma
2
```

biff

biff [*Argumente*]

Der Benutzer wird bei ankommender Post benachrichtigt. **biff** arbeitet asynchron. Die Benachrichtigung funktioniert nur, wenn auf Ihrem System der **comsat(8)**-Server läuft. Durch das Kommando **biff y** wird die Benachrichtigung aktiviert, **biff n** schaltet die Benachrichtigung aus. Ohne Argumente wird der aktuelle Status von **biff** angezeigt.

cal

cal [*–jy*] [[*Monat*] *Jahr*]

Gibt einen zwölfmonatigen (Jahres-)Kalender (beginnend mit Januar) für ein bestimmtes *Jahr* oder einen Monatskalender für einen bestimmten *Monat* in dem *Jahr* aus. Die Monate werden mit den Monatszahlen 1 bis 12 angegeben, als Jahre sind die Zahlen 1 bis 9999 zugelassen. Ohne Argumente wird der Kalender des aktuellen Monats angezeigt.

Optionen

–j Gibt den Julianischen Kalender aus (die Tage sind numeriert von 1 bis 365, beginnend am 1. Januar).

–y Gibt den Kalender für das gesamte laufende Jahr aus.

Beispiele

```
cal 12 1995
cal 1994 > year_file
```

cat

cat [*Optionen*] [*Dateien*]

Liest eine oder mehrere *Dateien* und schreibt sie auf die Standardausgabe. Wenn keine *Dateien* angegeben sind oder wenn auf der Kommandozeile das Symbol anstelle eines Dateinamens übergeben wird, liest **cat** von der Standardeingabe; die Eingabe wird dann mit *EOF* beendet. Sie können den Operator > benutzen, um mehrere Dateien aneinanderzuhängen; mit >> hängen Sie Dateien an eine bereits existierende Datei an.

Optionen

–A, – –show-all
Gleichbedeutend mit **-vET**: Alle Steuerzeichen, nichtdruckbaren Zeichen, Tabulatoren und Zeilenenden werden dargestellt.

–b, – –number-nonblank
Gibt zu jeder nichtleeren Zeile die Zeilennummer am linken Rand aus, beginnend mit 1.

–e Wie –vE.

–E, ––show-ends
Gibt ein $ am Ende jeder Zeile aus.

–n, ––number
Gibt zu jeder Zeile die Zeilennummer am linken Rand aus, beginnend mit 1.

–s, ––squeeze-blank
Unterdrückt die Ausgabe zusätzlicher Leerzeilen.

–t Wie –vT.

–T, ––show-tabs
Gibt Tabulatoren als Zeichenkombination ^I aus.

–u Wird ignoriert und nur zur Erhaltung der Abwärtskompatibilität mit Unix angeboten.

–v, ––show-nonprinting
Alle Steuerzeichen mit Ausnahme von LF und TAB werden angezeigt.

Beispiele

`cat ch1`	*Gibt eine Datei aus*
`cat ch1 ch2 ch3 > all`	*Fügt mehrere Dateien zusammen*
`cat note5 >> notes`	*Hängt eine Datei an eine andere an*
`cat > temp1`	*Erzeugt eine neue Datei; Eingabe beenden mit EOF*
`cat > temp2 << STOP`	*Erzeugt eine neue Datei; Eingabe beenden mit* STOP

change [*Optionen*] *Benutzer*

Ändert das Verfallsdatum des Paßwortes des angegebenen Benutzers. Alle Optionen außer *–l* können nur von einem privilegierten Benutzer verwendet werden. Wenn keine Optionen angegeben werden, fragt **change** den Benutzer bei jedem Feld, ob er den Wert beibehalten oder ändern möchte.

Optionen

–d *Letzter_Tag*
Legt den Tag fest, an dem das Paßwort zuletzt geändert wurde. *Letzter_Tag* kann die Anzahl der Tage seit dem 1. Januar 1970 oder ein Datum im Format MM/DD/YY (oder einem regionalen Äquivalent) sein.

–l Gibt das Datum zurück, an dem das Paßwort oder das Benutzerkonto des Benutzers verfällt.

–m *Minimale_Tage*
Legt die minimale Anzahl von Tagen fest, die zwischen Paßwortänderungen liegen müssen. Wenn *Minimale_Tage* 0 ist, kann der Benutzer sein Paßwort jederzeit ändern.

→

change ←

–M *Maximale_Tage*
Legt die maximale Anzahl von Tagen fest, die zwischen zwei Paßwortänderungen liegen dürfen. Wenn *Maximale_Tage* plus *Letzter_Tag* vor dem aktuellen Datum liegt, muß der Benutzer sein Paßwort ändern.

–E *Verfallsdatum*
Legt ein Datum fest, ab dem das Benutzerkonto nicht mehr zugänglich ist. *Verfallsdatum* kann die Anzahl der Tage seit dem 1. Januar 1970 oder ein Datum im Format MM/DD/YY (oder einem regionalen Äquivalent) sein.

–I *inaktiv*
Legt die Anzahl von inaktiven Tagen zwischen dem Verfall eines Paßworts und der Sperrung des Kontos fest. Ein Wert von 0 bedeutet, daß das Konto gesperrt wird, sobald das Verfallsdatum erreicht wird.

–W *Warnungstage*
Legt die Anzahl der Tage vor dem Verfall des Paßwortes fest, die der Benutzer im voraus gewarnt wird.

chattr

chattr [*Optionen*] *Modus Dateien*

Verändert die Dateiattribute von Dateien (vor allem im Linux-Second-Extended- Dateisystem (EXT2)). Das Programm arbeitet ähnlich wie **chmod** mit den Symbolen +, – und =. Der *Modus* wird in der Form *Operator Attribut* angegeben.

Optionen

–R
Verändert ganze Verzeichnisse mit ihrem Inhalt rekursiv.

–V
Gibt Informationen über den Attributmodus nach der Veränderung aus.

–v *Version*
Setzt die Versionsnummer der Datei.

Operatoren

+
Fügt ein Attribut hinzu.

–
Löscht ein Attribut.

=
Weist die angegebenen Attribute zu (und löscht alle übrigen).

Attribute

A
Die atime beim Ändern beibehalten.

a
Append only, d.h., an die Datei können nur Daten angehängt werden.

c
Compressed, d.h., die Datei soll automatisch komprimiert werden (noch nicht vom Kernel unterstützt).

d	Die Datei wird bei einer Datensicherung mit dump ignoriert.	**chattr**
i	Immutable, d.h., die Datei kann nicht verändert werden.	
s	Die Datei wird sicher gelöscht, das heißt, sie wird durch zufällige Daten überschrieben.	
u	Undeletable, d.h., die Datei kann nicht gelöscht werden.	
S	Der Lese-Cache und die auf der Platte gespeicherten Daten werden synchronisiert.	

chfn [*Optionen*] [*Benutzername*]

chfn

Ändert die in */etc/passwd* gespeicherten Informationen, die vom Finger-Dämon angezeigt werden. Ohne *Optionen* fragt **chfn** die Änderungen interaktiv ab. Um das gesamte Informationsfeld zu löschen, geben Sie das Schlüsselwort **none** ein.

Optionen

–f, ––full-name
Ändert den eingetragenen Namen des Benutzers.

–h, ––home-phone
Ändert den Eintrag für die private Telefonnummer des Benutzers.

–o, ––office Ändert den Eintrag für die Büroadresse des Benutzers.

–p, ––office-phone
Ändert den Eintrag für die geschäftliche Telefonnummer des Benutzers.

–u, ––help Gibt Hilfetext aus.

–V, ––version
Gibt Versionsinformationen aus.

chgrp *Gruppe Dateien*

chgrp

Ändert die Gruppenzugehörigkeit von einer oder mehreren *Dateien* in die angegebene *Gruppe* um. Die *Gruppe* kann als numerische Gruppen-ID oder als Gruppenname angegeben werden. Nur der Eigentümer einer Datei oder der Superuser kann die Gruppenzugehörigkeit ändern.

Optionen

–c, ––changes
Gibt Informationen über die durchgeführten Änderungen aus.

–f, ––silent, ––quiet
Unterdrückt die Ausgabe von Fehlermeldungen, wenn Dateien nicht geändert werden können.

→

chgrp ←

--help Gibt Informationen zur Benutzung aus.

-R, --recursive
Durchläuft rekursiv alle Unterverzeichnisse und führt die Änderungen an allen Dateien durch.

-v, --verbose
Gibt ausführliche Informationen zum Gruppenwechsel aus.

--version Gibt Versionsinformationen aus.

chmod

chmod [*Optionen*] *Modus Dateien*

Ändert den *Modus* für den Zugriff (Rechte) für eine oder mehrere *Dateien*. Nur der Eigentümer einer Datei oder der Superuser darf den Zugriffsmodus ändern. Der *Modus* kann als numerischer oder als symbolischer Wert in der Form *Wer Operator Recht* angegeben werden. Der *Wer*-Teil ist optional (wenn er fehlt, wird **a** als Vorgabe verwendet). Sie können mehrere Rechte gleichzeitig angeben, dürfen aber zwischen dem *Wer*-Teil und den Rechten nur einen Operator verwenden. Es können mehrere symbolische Modi in einer durch Kommata separierten Liste angegeben werden.

Optionen

-c, --changes
Gibt Informationen über die veränderten Dateien aus.

-f, --silent, --quiet
Informiert den Benutzer nicht, wenn **chmod** eine Datei nicht ändern kann.

--help Gibt Hilfetext aus.

-R, --recursive
Geht rekursiv durch alle Unterverzeichnisse und führt die Modusänderung durch.

-v, --verbose
Gibt Informationen über jede Datei aus, egal, ob sie verändert wurde oder nicht.

--version Gibt die Versionsnummer aus.

Wer

u Benutzer

g Gruppe

o Andere (other)

a Alle (Voreinstellung)

Operator

+ Fügt ein Recht hinzu

–	Entfernt ein Recht
=	Weist neue Rechte zu (und löscht die bisher geltenden Rechte)

Recht

r	Lesen (read)
w	Schreiben (write)
x	Ausführen (execute)
s	Setzt Benutzer- oder Gruppen-ID bei der Ausführung
t	Sticky Bit; schützt Text (Datei) oder verhindert das Löschen einer Datei durch Nicht-Eigentümer (Verzeichnis)
u	Die aktuellen Rechte des Benutzers
g	Die aktuellen Rechte der Gruppe
o	Die aktuellen Rechte der anderen
l	Mandatory Locking

Alternativ können die Rechte auch durch eine dreistellige Oktalzahl angegeben werden. Die erste Ziffer bezeichnet die Rechte des Eigentümers, die zweite die Gruppenrechte, und die dritte legt die Rechte der anderen Benutzer fest. Die Rechte werden errechnet, indem die folgenden Oktalwerte addiert werden:

4	Lesen
2	Schreiben
1	Ausführen

Bemerkung: Eine vierte Ziffer kann dieser Sequenz vorangehen. Diese Ziffer weist die folgenden Modi zu:

4	Setzt Benutzer-ID bei Ausführung.
2	Setzt Gruppen-ID bei Ausführung oder Mandatory Locking.
1	Setzt das Sticky Bit.

Beispiele

Erlaubt dem Eigentümer das Ausführen der *Datei*:

```
chmod u+x Datei
```

Jedes der folgenden Kommandos setzt die Rechte für die *Datei* so, daß der Eigentümer lesen, schreiben und ausführen (7), die Gruppe lesen und ausführen (5) und alle anderen nur ausführen (1) dürfen:

```
chmod 751 Datei
chmod u=rwx,g=rx,o=x Datei
```

Alle folgenden Kommandos weisen allen Benutzern ausschließlich Leserechte für die *Datei* zu:

→

chmod ←

```
chmod =r Datei
chmod 444 Datei
chmod a-wx,a+r Datei
```

Setzt die Benutzer-ID bei der Ausführung, erlaubt dem Eigentümer das Lesen, Schreiben und Ausführen und der Gruppe und den anderen das Lesen und Ausführen:

```
chmod 4755 Datei
```

---

chown

chown *Neueigner Dateien*

Ändert den Eigentümer von einer oder mehreren *Dateien* in den *Neueigner*. Der *Neueigner* kann entweder als numerische ID oder als Benutzername aus */etc/passwd* angegeben werden. **chown** erlaubt auch Benutzerbezeichnungen in den Formen *Neueigner:Neugruppe* und *Neueigner.Neugruppe*. Die letzten beiden Formen ändern auch die Gruppeneigentümerschaft. Nur der aktuelle Eigentümer einer Datei oder der Superuser darf die Eigentumsverhältnisse ändern.

Optionen

−c, −−changes
Gibt Informationen über die veränderten Dateien aus.

−f, −−silent, −−quiet
Unterdrückt die Ausgabe von Fehlermeldungen über Dateien, die nicht verändert werden können.

−v, −−verbose
Gibt Informationen über alle Dateien aus, die **chown** zu ändern versucht, egal, ob die Änderung erfolgt ist oder nicht.

−R, −−recursive
Geht rekursiv durch alle Unterverzeichnisse und führt die Änderungen durch.

−−help Zeigt Hilfetext an.

−−version Zeigt die Versionsnummer an.

---

chsh

chsh [*Optionen*] [*Benutzername*]

Ändert die Login-Shell interaktiv oder mit dem Kommandozeilenargument. Gibt eine Warnung aus, wenn die Shell nicht in */etc/shells* eingetragen ist.

Optionen

−l, −−list-shells
Gibt die erlaubten Shells aus, die in */etc/shells* aufgeführt sind.

−s, −−shell Benutzt die auf der Kommandozeile angegebene Shell.

−u, −−help Gibt Hilfetext aus.

–v, ––version
Gibt die Versionsnummer aus.

cksum [*Dateien*]

Berechnet eine Prüfsumme (CRC, Cyclic Redundancy Check) für alle *Dateien*, um auf Defekte zu prüfen. Liest von der Standardeingabe, wenn das Zeichen – oder gar keine Dateien angegeben sind. Gibt die Prüfsumme, die Dateigröße in Byte und (wenn nicht von der Standardeingabe gelesen wurde) den Dateinamen aus.

clear

Löscht den Terminalbildschirm.

cmp [*Optionen*] *Datei1 Datei2*

Vergleicht *Datei1* mit *Datei2*. Liest von der Standardeingabe, wenn *Datei1* als – bezeichnet ist oder fehlt. Vergleichen Sie auch **comm** und **diff**.

Optionen

–c, ––print-chars
Gibt die differierenden Bytes als Buchstaben aus.

–i *Anzahl*, **––ignore-initial=***Anzahl*
Überspringt die ersten *Anzahl* Bytes der Eingabe.

–l, ––verbose
Gibt Position und Inhalt aller differierenden Bytes aus.

–s, ––quiet, ––silent
Arbeitet still; gibt nichts aus, aber gibt einen Rückgabewert an das aufrufende Progamm:
0 Die Dateien sind identisch
1 Die Dateien unterscheiden sich
2 Auf die Dateien kann nicht zugegriffen werden

Beispiel

Gibt eine Meldung aus, wenn zwei Dateien übereinstimmen (der Rückgabewert ist 0):

```
cmp -s old new && echo 'no changes'
```

col [*Optionen*]

Ein Filter zur Nachbearbeitung von Escape-Sequenzen und Zeilenvorschüben (LF), damit diese Ausgabe von *tbl* (oder *nroff*) in brauchbarer Form auf einem Terminal dargestellt werden kann.

→

col ←

Optionen

–b Backspace-Zeichen ignorieren; nützlich beim Drucken von Manualpages.

–f Halbzeilenschritte verarbeiten, aber keine Zeilenrückschritte. (Normalerweise werden Halbzeilenschritte auf der nächsten vollständigen Zeile angezeigt.)

–l *n* Mindestens *n* Zeilen im Speicher halten. Die voreingestellte Buffer-Größe ist 128 Zeilen.

–x Normalerweise verringert **col** die Druckzeit durch Umwandeln von Folgen von Leerzeichen in Tabulatoren. Mit **–x** wird diese Umwandlung unterdrückt.

Beispiele

Datei mit *tbl* und *nroff* bearbeiten, dann die Ausgabe durch **col** und **more** laufen und so auf dem Bildschirm anzeigen lassen:

```
tbl Datei | nroff | col | more
```

Die Ausgabe einer Manualpage in *Datei*.**print** speichern, und dabei Backspaces (die ansonsten als ^H erscheinen würden) entfernen:

```
man Datei | col -b > Datei.print
```

colcrt

colcrt [*Optionen*] [*Dateien*]

Ein Filter zur Nachbearbeitung von Escape-Sequenzen und Zeilenvorschüben (LF), damit diese Ausgabe von *tbl* (oder *nroff*) in brauchbarer Form auf einem Terminal dargestellt werden kann.

– Unterdrückt das Attribut „Unterstrichen".

–2 Stellt Halbzeilen dar, indem die Ausgabe mit doppeltem Zeilenabstand formatiert wird.

colrm

colrm [*Start* [*Stop*]]

Löscht die angegebenen Spalten aus einer Datei, wobei eine Spalte ein einzelnes Zeichen in einer Zeile ist. Das Programm liest von der Standardeingabe und schreibt in die Standardausgabe. Die Numerierung der Spalten beginnt mit 1. Der zu löschende Bereich beginnt in der durch *Start* und endet in der durch *Stop* angegebenen Spalte, jeweils einschließlich der begrenzenden Spalten. Ein Tabulator wird vollständig gelöscht, wenn der durch ihn erzeugte Raum in den zu löschenden Spaltenbereich ragt. Durch einen Backspace wird die Spaltenzahl um 1 erniedrigt.

column

column [*Optionen*] [*Datei*]

Formatiert die Daten (Zeilen) der Eingabe in Spalten, wobei die Elemente zuerst die Ausgabezeilen auffüllen. Es wird von der Standardeingabe gelesen, wenn keine *Datei* angegeben ist.

Optionen

–c *Anzahl* Setzt die Gesamtbreite der Ausgabe auf die angegebene *Anzahl* Spalten.

–s *Zeichen* Bestimmt das angegebene *Zeichen* als Trenner der Elemente in den Eingabedaten. Diese Option ist nur im Zusammenhang mit **-t** von Bedeutung.

–t Formatiert die Eingabedaten zu einer Tabelle. Die Elemente werden in einer Eingabezeile durch Leerzeichen getrennt, wenn nicht ein anderes Trennzeichen mit der Option **-s** festgelegt wurde. Zusammen mit **-t** sind die Optionen **-c** und **-x** wirkungslos.

–x Die Eingabedaten werden so angeordnet, daß zuerst die Spalten gefüllt werden.

comm [*Optionen*] *Datei1 Datei2*

Vergleicht die beiden sortierten Dateien *Datei1* und *Datei2* zeilenweise. Das Ergebnis wird in drei Spalten ausgegeben: Zeilen, die nur in *Datei1* enthalten sind, Zeilen, die nur in *Datei2* enthalten sind, und Zeilen, die in beiden Dateien enthalten sind. **comm** hat Ähnlichkeit mit **diff**, da beide Programme zwei Dateien vergleichen. **comm** kann aber auch ähnlich wie **uniq** benutzt werden: **comm** sucht die doppelten bzw. einzelnen Zeilen aus *zwei* sortierten Dateien, während **uniq** die doppelten bzw. einzelnen Zeilen in *derselben* sortierten Datei sucht.

Optionen

– Liest von der Standardeingabe.

–*Nummer* Unterdrückt die Ausgabe der Spalte *Nummer*. Es können mehrere Spalten gleichzeitig unterdrückt werden, indem die entsprechenden Ziffern ohne Trennzeichen angegeben werden.

Beispiel

Vergleicht zwei Kino-Hitlisten und gibt die Titel aus, die in beiden Listen erscheinen:

```
comm -12 siskel_top10 ebert_top10
```


cp [*Optionen*] *Datei1 Datei2*
cp [*Optionen*] *Dateien Verzeichnis*

Kopiert *Datei1* nach *Datei2* oder kopiert ein oder mehrere *Dateien* unter ihren aktuellen Namen in das *Verzeichnis*. Wenn das Ziel eine bereits existierende Datei ist, wird diese Datei überschrieben. Wenn das Ziel ein existierendes Verzeichnis ist, wird die Quelldatei in dieses Verzeichnis kopiert (das Verzeichnis wird *nicht* überschrieben).

→

cp ←

Optionen

–a, ––archive
Bewahrt die Eigenschaften (Eigentümer, Rechte etc.) und die Verzeichnisstruktur der Quelldateien auf, soweit das möglich ist. Diese Option entspricht **-dpR**.

–b, ––backup
Erzeugt eine Sicherheitskopie von Dateien, die anderenfalls überschrieben würden.

–d, ––no-dereference
Ein symbolischer Link wird nicht aufgelöst, das heißt, es wird anstelle der Daten, auf die der Link verweist, der Link selbst unverändert kopiert.

–f, ––force Überschreibt existierende Zieldateien ohne Warnung.

–i, ––interactive
Wartet vor dem Überschreiben einer Zieldatei auf eine Bestätigung.

–l, ––link Erzeugt Hard-Links anstelle von Kopien von normalen Dateien.

–p, ––preserve
Bewahrt die Eigenschaften der Quelldatei, einschließlich Eigentümer, Gruppe, Zugriffsrechte und Zeitmarken, auf.

–r, –R, ––recursive
Kopiert normale Dateien und Unterverzeichnisse samt Inhalt rekursiv.

–s, ––symbolic-link
Erzeugt symbolische Links anstelle von Kopien. Die Namen der Quelldateien müssen in diesem Fall mit dem gesamten, absoluten Pfadnamen angegeben werden.

–u, ––update
Überschreibt eine existierende Zieldatei nur dann, wenn die Quelle die gleiche oder eine neuere Änderungszeit hat.

–v, ––verbose
Gibt den Namen jeder Datei aus, bevor sie kopiert wird.

–x, ––one-file-system
Ignoriert Unterverzeichnisse auf anderen Dateisystemen.

–P, ––parents
Bewahrt die Verzeichnisstruktur der Quelldateien auf. Als Ziel muß ein existierendes Verzeichnis angegeben werden. Das Kommando **cp ––parents jphekman/book/ch1 newdir** kopiert zum Beispiel die Datei *jphekman/book/ch1* nach *newdir/jphekman/book/ch1* und erzeugt automatisch alle dazwischenliegenden Verzeichnisse.

-S, --suffix Endung
Legt die Endung fest, die beim Anlegen einer Sicherheitskopie an die Dateinamen angehängt wird. Diese Endung kann auch in der Umgebungsvariable SIMPLE_BACKUP_SUFFIX angegeben werden. Die Voreinstellung ist ~.

-V, --version-control {numbered | existing | simple}
Stellt das Verhalten von cp beim Anlegen von Sicherheitskopien ein. Sie können dazu auch die Umgebungsvariable VERSION_CONTROL benutzen. Die Voreinstellung ist **existing**. Gültige Werte für die Versionskontrolle sind:

t, numbered	Backups der gleichen Datei werden immer numeriert.
nil, existing	Erzeugt numerierte Backups, wenn bereits ein numeriertes Backup existiert; anderenfalls wird ein einfaches Backup erzeugt (und ein eventuell existierendes normales Backup überschrieben).
never, simple	Es werden immer einfache Backups gemacht.

cp

cpio *Schalter* [*Optionen*]

cpio

Kopiert Dateiarchive zwischen Festplatte und Magnetband oder einem anderen Medium auf der lokalen Maschine hin oder her. Jeder der drei Schalter **-i**, **-o** oder **-p** eröffnet verschiedene zusätzliche Optionen:

-i [*Optionen*] [*Muster*]
Kopiert die Dateien vom Archiv in das Dateisystem, deren Dateinamen mit dem angegebenen *Muster* übereinstimmen. Jedes Muster kann Sonderzeichen zur Dateinamenserweiterung enthalten, wie sie in der Bourne Shell verwendet werden. (Die Muster sollten in Anführungszeichen eingeschlossen oder durch Fluchtsymbole geschützt werden, damit sie von **cpio** und nicht von der Shell interpretiert werden.) Wenn kein Muster angegeben ist, werden sämtliche Dateien aus dem Archiv in das Dateisystem kopiert. Bei der Ausführung des Programms werden existierende Dateien nicht durch ältere Versionen aus dem Archiv überschrieben (es sei denn, die Option **-u** ist gesetzt).

-o [*Optionen*]
Kopiert die Dateien aus dem Dateisystem auf das Archivmedium, deren Dateinamen auf der Standardeingabe benannt werden.

-p [*Optionen*] *Verzeichnis*
Kopiert Dateien an eine andere Stelle desselben Systems. Die Kopien werden mit relativen Pfadnamen im angegebenen *Verzeichnis* erzeugt.

→

Vergleich der gültigen Optionen

Die verfügbaren Optionen zu den drei Flags **-i**, **-o** und **-p** werden jeweils in der ersten, zweiten und dritten Zeile unten dargestellt. (Das einleitende - wurde zugunsten der Übersichtlichkeit weggelassen.)

```
i:   bcdf mnrtsuv B SVCEHMR IF
p: 0a  d lm     uv  L V    R
o: 0a c            vABL VC HM O F
```

Optionen

-0, --null
Die Dateinamen der Liste werden durch Nullbytes anstelle eines Zeilenendes voneinander getrennt.

-a, --reset-access-time
Setzt das Datum des letzten Zugriffs auf die Dateien auf den Wert vor der Archivierung zurück.

-A, --append
Hängt Dateien an ein existierendes Archiv an, das sich auf einer Festplattenpartition oder einer Diskette befinden muß. Der Name des Archivs wird mit **-O** oder **-F** angegeben.

-b, --swap
Die Bytes in Datenwörtern und Halbwörtern werden getauscht.

-B
Die Blockgröße der Ausgabe wird auf 5120 Bytes erhöht (Voreinstellung sind 512 Bytes).

-c
Liest oder schreibt Dateiinformationen im Archiv-Header als ASCII- Zeichen; sinnvoll, wenn Quell- und Zielrechner von unterschiedlichem Typ sind.

-C *n*, **--io-size=***n*
Wie **-B**, die Blockgröße kann aber durch einen beliebigen ganzzahligen Wert *n* frei gewählt werden.

-d, --make-directories
Erzeugt bei Bedarf neue Verzeichnisse.

-E *Datei*, **--pattern-file=***Datei*
Extrahiert Dateien, deren Namen in der angegebenen *Datei* aufgelistet bzw. durch Muster beschrieben sind.

-f, --nonmatching
Kehrt die Bedeutung des Musters um; es werden nur Dateien extrahiert, deren Namen *nicht* auf das *Muster* passen.

-F, --file=*Datei*
Benutzt die angegebene *Datei* als Archiv, nicht die Standardein- oder Standardausgabe. Die *Datei* kann sich auf einem anderen Rechner befinden, wenn der Name in der Form *Benutzer@Hostname:Datei* angegeben wird.

--force-local
Unterdrückt den Versuch, auf eine Archivdatei auf einem entfernten Rechner zuzugreifen (dessen Name durch eine der Optionen **-F**, **-I** oder **-O** angegeben wurde), auch wenn der Name einen Doppelpunkt oder ein @ enthält.

-H *Typ*, **--format=***Typ*
Benutzt den angegebenen *Typ* für das Archivformat. Die Voreinstellung zur Erzeugung neuer Archive ist **bin**. Gültige Formate sind (Angaben in Großbuchstaben sind ebenfalls erlaubt):

bin Binärformat

odc Altes (POSIX.1-konformes) portables Format

newc Neues (SVR4-konformes) portables Format

crc Neues (SVR4-konformes) portables Format mit zusätzlicher Prüfsumme

tar Tar-Format

ustar POSIX.1-Tar-Format (es werden auch GNU-Tar-Archive erkannt)

hpbin Das Binärformat von HP-UX (veraltet)

hpodc Das portable Archivformat von HP-UX

-I *Datei* Liest das Archiv aus der angegebenen *Datei*. Archivdateien auf entfernten Rechnern sind möglich (siehe Option **-F**).

-k Ohne Funktion (für Abwärtskompatibilität).

-l, **--link** Erzeugt Links anstelle von Kopien.

-L, **--dereference**
Folgt den symbolischen Links.

-m, **--preserve-modification-time**
Bewahrt die gespeicherte Änderungszeit der Dateien.

-M *Meldung*, **--message=***Meldung*
Gibt die *Meldung* aus, wenn das Speichermedium zur Archivierung gewechselt werden muß. Durch die Variable **%d** kann eine fortlaufende Nummer in die Meldung eingefügt werden. Die Option **-M** kann nur in Verbindung mit **-I** oder **-O** benutzt werden.

-n, **--numeric-uid-gid**
Bei einem ausführlichen Listing des Archivinhalts werden Benutzer- und Gruppen-ID in numerischer Form angezeigt.

--no-preserve-owner
Beim Extrahieren von Dateien aus dem Archiv oder beim Kopieren wird die archivierte Benutzer- und Gruppen-ID nicht auf die extrahierten Daten übertragen. (Voreinstellung für Benutzer ohne Root-Privilegien.)

→

cpio ←

–O *Datei* Lenkt die Ausgabe in die angegebene *Datei* um. Es können auch Archive auf entfernten Rechnern erzeugt werden (siehe Option -F).

–r Die Dateien können interaktiv umbenannt werden.

–R [*Benutzer*][*:Gruppe*], **––owner** [*Benutzer*][*:Gruppe*]
Weist den Dateien beim Kopieren den angegebenen Eigentümer und die Gruppe zu (nur für Benutzer mit Root-Privilegien möglich).

–s, ––swap-bytes
Die Bytes eines Daten-Halbwortes werden getauscht.

–S, ––swap-half-words
Die Halbwörter eines Datenwortes werden getauscht.

–t, ––list Gibt ein Inhaltsverzeichnis eines Dateiarchivs aus (es werden keine Dateien kopiert). Zusammen mit der Option **–v** wird eine Ausgabe in der Art von **ls –l** erzeugt.

–u, ––unconditional
Unbedingte Kopie; alte Dateien aus dem Archiv können neuere Dateien im Dateisystem überschreiben.

–v Gibt eine Liste der Dateien aus.

–V, ––dot Gibt einen Punkt für jede bearbeitete Datei aus. (Das zeigt das Fortschreiten von **cpio** an, ohne dabei den Bildschirm durcheinanderzubringen.)

Beispiele

Erzeugt mit Hilfe von **find** eine Liste von Dateien, deren Namen auf *.old* enden, und benutzt diese Liste als Eingabe für **cpio**:

```
find . -name "*.old" -print | cpio -ocBv\
    > /dev/rst8
```

Restauriert alle Dateien, deren Namen das Wort **save** enthalten, von einem Bandarchiv (Unterverzeichnisse werden bei Bedarf erzeugt):

```
cpio -icdv "save" < /dev/rst8
```

Kopiert einen Verzeichnisbaum:

```
find . -depth -print | cpio -padm /mydir
```

crontab

crontab [*Optionen*] [*Datei*]

Anzeigen, Installieren oder Deinstallieren Ihrer crontab-Datei. Der Superuser kann **crontab** auch durch Angabe von **–u** *Benutzer* für andere Benutzer ausführen. Eine crontab-Datei ist eine Liste von Befehlen auf je einer Zeile, die automatisch zu einem bestimmten Zeitpunkt ausgeführt werden. Vor jedem Befehl werden Zahlen angegeben, die die Ausführungszeit angeben. Diese Zahlen stehen folgendermaßen in insgesamt fünf Feldern:

Minute	`0-59`
Stunde	`0-23`
Tag	`1-31`
Monat	`1-12`
	`Jan, Feb, Mar, ...`
Wochentag	`0-6, wobei 0 = Sonntag`
	`Sun, Mon, Tue, ...`

Verwenden Sie ein Komma zwischen mehrfachen Werten, einen Bindestrich für Bereiche und einen Stern für alle möglichen Werte. Ein Beispiel für eine crontab-Datei wäre:

```
59 3 * * 5          find / -print | Backup-Programm
0 0 1,15 * *        echo "Stundenzettel sind fällig" | mail user
```

Hier wird jeden Freitag um 3:59 Uhr morgens ein Backup-Programm gestartet. Der zweite Befehl schickt am 1. und 15. jedes Monats eine Erinnerung per E-Mail.

Optionen

-e Die aktuelle crontab-Datei des Benutzers editieren (oder eine neue anlegen).

-l Den Inhalt der crontab-Datei des Benutzers auf der Standardausgabe ausgeben.

-r Die crontab-Datei des Benutzers löschen.

-u *Benutzer*
Gibt an, mit welchem *Benutzer* gearbeitet werden soll.

csh [*Optionen*] [*Datei* [*Argumente*]]

Die C-Shell, ein Kommandozeilen-Interpreter, in dem alle weiteren Kommandos eingegeben werden. Mehr Informationen finden Sie in Kapitel 5.

csplit [*Optionen*] *Datei Argumente*

Zerlegt die angegebene *Datei* in Abschnitte und legt jeden Abschnitt einer Datei unter einem Namen der Form **xx00** bis **xx***n* (*n* < 100) ab. Die Trennstellen werden durch Muster festgelegt, die durch *Argumente* auf der Kommandozeile angegeben werden. Siehe auch **split**.

Optionen

- Liest die Daten von der Standardeingabe.

-b *Endung*, **--suffix-format=***Endung*
Hängt die *Endung* an die Ausgabe-Dateinamen an. Die *Endung* muß festlegen, wie eine Binärzahl in ein lesbares Format umgewandelt wird, und genau eines der folgenden Symbole enthalten: **%d**, **%i**, **%u**, **%o**, **%x** oder **%X**. Das Symbol wird interpretiert wie eine Formatanweisung von **printf**:

→

%d (Vorzeichenbehaftete) Dezimalzahl

%i Entspricht %d

%u (Vorzeichenlose) Dezimalzahl

%o Oktalzahl

%x Hexadezimalzahl

%X Entspricht %x.

Die Verwendung dieser Option macht den Schalter **–n** wirkungslos.

–f *Präfix*, **––prefix=***Präfix*

Die Namen der neu erzeugten Dateien beginnen mit dem angegebenen *Präfix* anstelle des voreingestellten **xx**.

–k, ––keep-files

Behält die neu erzeugten Dateien, auch wenn bei der Ausführung des Programms ein Fehler auftritt (der normalerweise zur Löschung aller bereits erzeugten Dateien führen würde). Diese Option ist sinnvoll, wenn Sie eine beliebig hohe Anzahl von Wiederholungen angeben und verhindern wollen, daß ein `out of range`-Fehler zur Löschung der neuen Dateien führt.

–n *Anzahl*, **––digits=***Anzahl*

Erzeugt Ausgabe-Dateinamen mit der angegebenen *Anzahl* Stellen in der numerischen Endung. Voreinstellung ist 2.

–s, –q, **––silent, ––quiet**

Unterdrückt die Ausgabe der Zeichenzahl der einzelnen Abschnitte.

–z, **––elide-empty-files**

Leere Ausgabedateien werden nicht erzeugt, bei der Numerierung weiterer Ausgabedateien werden sie jedoch mitgezählt.

Argumente

Als Argumente können alle folgenden Ausdrücke einzeln und in Kombination verwendet werden. Ausdrücke, die Leerzeichen oder andere Sonderzeichen enthalten, müssen in einfache Anführungszeichen eingeschlossen werden.

/*Ausdruck*/[*Offset*]

Erzeugt eine Datei mit den Daten von der aktuellen Zeile bis zu einer Zeile, die den regulären *Ausdruck* enthält. Ein *Offset* kann in der Form +*n* oder –*n* angegeben werden, wobei *n* die Anzahl der Zeilen vor oder nach dem *Ausdruck* ist.

%*Ausdruck*%[*Offset*]

Das gleiche wie /*Ausdruck*/, mit dem Unterschied, daß keine Datei mit den Daten der Zeilen bis zur Zeile mit dem *Ausdruck* erzeugt wird.

Anzahl Erzeugt eine Datei mit der angegebenen *Anzahl* Zeilen, beginnend in der aktuellen Zeile. Wenn dem Argument ein Wiederholungsbefehl folgt (eine Zahl innerhalb von {}), wird jeweils die angegebene *Anzahl* Zeilen in einer anderen Datei gespeichert.

{*n*} Wiederholt das letzte Argument *n*-mal. Der Wiederholungsbefehl kann jedem der obengenannten Argumente folgen. Dateien werden an den Stellen mit dem *Ausdruck* oder in Blöcke zu *Anzahl* Zeilen getrennt. Wenn ein * anstelle von *n* angegeben ist, wird das Argument so oft wiederholt, bis die Eingabedaten vollständig verarbeitet sind.

Beispiele

Erzeugt bis zu 20 Kapiteldateien aus einer Datei **novel**:

```
csplit -k -f chap. novel '%CHAPTER%' '{20}'
```

Erzeugt aus einer Datei **address_list** bis zu 100 Adreßdateien (**xx00** bis **xx99**) mit einer Länge von jeweils vier Zeilen:

```
csplit -k address_list 4 {99}
```

cut *Optionen* [*Dateien*]

Schneidet bestimmte Spalten oder Felder aus den angegebenen *Dateien* aus. Bei den folgenden Optionen wird als *Liste* eine Folge von ganzzahligen Werten akzeptiert. Einzelne Werte werden durch Kommata voneinander getrennt, Bereiche können durch einen Bindestrich angegeben werden (z.B. **1-10,15,20** oder **50-**). Sehen Sie auch bei **paste** und **join** nach.

Optionen

–b, ––bytes *Liste*
Legt eine *Liste* von Positionen fest: Nur Bytes in diesen Positionen werden ausgegeben.

–c, ––characters *Liste*
Es werden die Zeichen in den durch die *Liste* angegebenen Positionen ausgegeben.

–d, ––delimiter *c*
Wird zusammen mit **–f** benutzt, um den Feldtrenner *c* festzulegen (voreingestellt ist Tabulator); Sonderzeichen (z.B. Leerzeichen) müssen in Anführungszeichen angegeben werden.

–f, ––fields *Liste*
Gibt die in der *Liste* festgelegten Felder aus.

–n Mehrere Bytes breite Zeichen nicht trennen.

–s, ––only-delimited
Zusammen mit **–f** wird die Ausgabe von Zeilen unterdrückt, in denen das Trennzeichen nicht vorkommt.

→

cut ←

--help Hilfetext ausgeben.

--version Versionsnummer ausgeben.

Beispiele

Extrahiert Benutzernamen und tatsächliche Namen aus der Datei **/etc/passwd**:

```
cut -d: -f1,5 /etc/passwd
```

Findet heraus, wer gerade eingeloggt ist, und listet nur die Login-Namen auf:

```
who | cut -d" " -f1
```

Schneidet die Zeichen aus der vierten Spalte der *Datei* aus und fügt sie als erste Spalte in die gleiche Datei ein:

```
cut -c4 Datei | paste - Datei
```

date

date [*Optionen*] [+*Format*] [**Datum**]

Schreibt oder setzt Systemzeit und -datum. Es kann ein Ausgabe*format* angegeben werden. Das Ausgabe*format* besteht aus Zeichenfolgen und Felddeskriptoren, die im folgenden beschrieben werden (logisch sortiert). Der Superuser kann Datum und Uhrzeit des Systems ändern.

Optionen

+*Format* Das Datum soll benutzerdefiniert ausgegeben werden. Zum Beispiel:

```
% date +"%A E %j %n%k %p"
Tuesday 248
15 PM
```

Voreingestellt ist **%a %b %e %T %Z %Y** – z.B. Tue Sep 5 14:59:37 MET 1995.

-d *Datum*, **--date** *Datum*
Gibt das *Datum* aus. *Datum* kann das Format *d* **days** oder *m* **months** *d* **days** haben, um ein zukünftiges Datum auszugeben. Mit **ago** kann ein vergangenes Datum ausgegeben werden. Auch hier kann ein Ausgabeformat angegeben werden, siehe hierzu den Abschnitt „Format".

-s *Datum*, **--set** *Datum*
Setzt Datum und Zeit. Nur der Superuser ist dazu berechtigt.

-u, --universal
Veranlaßt die Interpretation von Datum und Zeit nicht als lokale Zeit, sondern als Greenwich Mean Time (GMT).

Format

%%	Ein % ausgeben.
-	Datumsfelder nicht auffüllen (voreingestellt: von links mit Nullen füllen).
_	Datumsfelder mit Leerzeichen auffüllen (statt mit Nullen).
%a	Wochentag in abgekürzter Schreibweise.
%b	Monatsname in abgekürzter Schreibweise.
%c	Datum und Zeit in landesüblicher Darstellung.
%d	Tag des Monats (01 bis 31).
%h	Wie **%b** (Monat, abgekürzt).
%j	Tag des Jahres (Julianisches Datum: Tag von 001 bis 366).
%k	Stunde (24-Stunden-Format, ohne führende Nullen: 0 bis 23).
%l	Stunde (12-Stunden-Format, ohne führende Nullen: 1 bis 12).
%m	Monatsnummer (01 bis 12).
%n	Ein Zeilenwechsel.
%p	Zeichenfolge zur Anzeige von Vor- oder Nachmittag (voreingestellt: AM und PM).
%r	Abkürzung für **%I:%M:%S %p** (12-Stunden-Format).
%s	Sekunden seit dem 1970-01-01 00:00:00 (Unix-Zeit; Epoche).
%t	Ein Tabulator.
%w	Tag der Woche (Sonntag = 0).
%x	Datum in landesüblicher Darstellung.
%y	Jahreszahl mit zwei Stellen (00 bis 99).
%A	Wochentag in voller Länge.
%B	Monatsname in voller Länge.
%D	Abkürzung für **%m/%d/%y** (6+2-stelliges Datum).
%H	Stunde (24-Stunden-Format: 00 bis 23).
%I	Stunde (12-Stunden-Format: 01 bis 12).
%M	Minuten (00 bis 59).
%S	Sekunden (00 bis 59).
%T	Abkürzung für **%H:%M:%S** (6+2-stellige Zeit).
%U	Wochennummer im Jahr (00 bis 53) mit Wochenbeginn am Sonntag.
%W	Wochennummer im Jahr (00 bis 53) mit Wochenbeginn am Montag.

→

date ←

%X	Zeit in landesüblicher Darstellung.
%Y	Jahreszahl mit vier Stellen (z.B. 1996).
%Z	Kurzbezeichnung der Zeitzone (z.B. MET) oder leer, falls Zone nicht feststellbar.

Gültige Angaben zum Setzen von Datum und Uhrzeit

Das Standardformat besteht aus Monat, Tag, Stunde, Minute, Jahr im Format *mmddHHMMyy*. Sekunden können als *.SS* angehängt werden. Das Jahr kann zwei- oder vierstellig angegeben werden, die Angabe der Stunden erfolgt im 24-Stunden-Format. Weiterhin können die Felder von rechts angefangen weggelassen werden. Der Monat darf mit seinem englischen Namen angegeben werden, die Angabe einer Zeitzone ist optional.

Beispiele

Datum auf 1. Juli (**0701**), 18.42 Uhr (**1842**), 1995 (**95**) setzen:

```
date 0701184295
date Jul01184295
```

Das Kommando

```
date +"Salut,%t Datum ist %D %n%t Zeit ist %T"
```

erzeugt eine Ausgabe der Form:

```
Salut,          Datum ist 05/09/93
                Zeit ist 17:53:39
```

dd

dd [*Option*=*Wert*]

Kopiert eine Eingabedatei (**if=**) mit den angegebenen Bedingungen und schreibt das Ergebnis in eine Ausgabedatei (oder auf die Standardausgabe, wenn **of** nicht angegeben wird). Es können beliebig viele Optionen angegeben werden, auch wenn **if** und **of** die gängigsten sind und normalerweise als erste angegeben werden. Weil **dd** mit beliebigen Blockgrößen umgehen kann, ist es auch nützlich, wenn zwischen rohen physikalischen Geräten konvertiert werden soll.

Optionen

bs=*n* Legt die Eingabe- und Ausgabeblockgröße auf *n* Bytes fest; diese Option hat Vorrang vor **ibs** und **obs**.

cbs=*n* Legt die Größe des Konvertierungsbuffers (die logische Datensatzlänge) auf *n* Bytes fest. Sollte nur verwendet werden, wenn als Konvertierung **ascii**, **ebcdic**, **ibm**, **block** oder **unblock** definiert ist.

conv=*Schalter*

Konvertiert die Eingabe entsprechend eines oder mehrerer der (gegebenenfalls durch Kommata getrennten) *Schalter*. Die ersten fünf Schalter schließen sich gegenseitig aus.

ascii	Von EBCDIC nach ASCII.
ebcdic	Von ASCII nach EBCDIC.
ibm	Von ASCII nach EBCDIC mit IBM-Konvertierungen.
block	Von Datensätzen variabler Länge (also solche, die durch einen Zeilenumbruch beendet werden) in Datensätze fester Länge.
unblock	Von Datensätzen fester Länge in Datensätze variabler Länge.
lcase	Von Großbuchstaben in Kleinbuchstaben.
ucase	Von Kleinbuchstaben in Großbuchstaben.
noerror	Mit der Verarbeitung weitermachen, wenn Fehler (bis zu 5) auftreten.
notrunc	Die Ausgabedatei nicht verkürzen.
swab	Alle Byte-Paare vertauschen.
sync	Eingabeblöcke auf **ibs** auffüllen.

count=*n*
Nur *n* Eingabeblöcke kopieren.

files=*n*
n Eingabedateien kopieren (beispielsweise von einem Magnetband), dann beenden.

ibs=*n*
Die Eingabeblockgröße auf *n* Bytes festlegen (die Voreinstellung ist 512).

if=*Datei*
Die Eingabe aus *Datei* lesen (voreingestellt ist die Standardeingabe).

obs=*n*
Die Ausgabeblockgröße auf *n* Bytes festlegen (die Voreinstellung ist 512).

of=*Datei*
Die Ausgabe nach *Datei* schreiben (voreingestellt ist die Standardausgabe).

seek=*n*
n Blöcke vom Anfang der Datei vorspringen.

skip=*n*
n Eingabeblöcke überspringen; das ist bei der Verwendung von Magnetbändern nützlich.

--help
Hilfetext ausgeben.

--version
Versionsnummer ausgeben.

Sie können Größenangaben (*n*) durch Anfügen der Buchstaben **k**, **b** oder **w** mit 1024, 512 oder 2 multiplizieren. Sie können auch den Buchstaben **x** als Multiplikationsoperator zwischen zwei Zahlen verwenden.

Beispiele

Konvertiert eine Eingabedatei in Kleinbuchstaben:

```
dd if=caps_datei of=small_datei conv=lcase
```

→

dd ←

Wandelt Daten variabler Länge in feste Länge um und schreibt diese in die Datei **out**:

```
datenquellbefehl | dd of=out conv=sync,block
```

df

df [*Optionen*] [*Verzeichnis*]

Zeigt den freien Plattenplatz (disk free) aller aufgesetzten Dateisysteme. Die Ausgabe erfolgt nur für aufgesetzte Dateisysteme. Ist *Verzeichnis* angegeben, wird nur der Platz des Dateisystems angegeben, in dem sich *Verzeichnis* befindet. Wenn *Verzeichnis* der Name einer Gerätedatei (z.B. */dev/hd**) oder der Pfad eines Aufsetzpunktes ist (z.B. */usr*), dann wird der freie Platz des Gerätes oder des an diesem Aufsetzpunkt aufgesetzten Dateisystems ausgegeben. Angaben erfolgen in Kilobyte, es sei denn, die Variable POSIXLY_CORRECT ist gesetzt: dann erfolgen die Angaben in 512-Byte-Blöcken.

Optionen

–a, ––all Zeigt auch Dateisysteme an, die leer sind (0 Bytes Kapazität).

–i, ––inodes
Zeigt die Auslastung der Inodes an: freie, benutzte und prozentbelegte Inodes.

–k, ––kilobytes
Erzwingt die Angabe des freien Platzes in Kilobyte, ignoriert die Variable POSIXLY_CORRECT.

–t, ––type=*Typ*
Zeigt nur Dateisysteme des Typs *Typ* an.

–x, ––exclude-type=*Typ*
Nimmt Dateisysteme des Typs *Typ* von der Anzeige aus.

–P, ––portability
Erzwingt Ausgabe im POSIX-Format: Genau eine Zeile pro Dateisystem ausgeben.

–T, ––print-type
Gibt zu jedem Dateisystem den zugehörigen Typ an, z.B. als Argument für **-t** oder **-x**.

diff

diff [*Optionen*] [*VerzOptionen*] *Datei1 Datei2*

Vergleicht zwei Textdateien. **diff** gibt diejenigen Zeilen aus, in denen sich *Datei1* und *Datei2* unterscheiden. Mit den ausgegebenen Zeilen wird der Zusammenhang angegeben — standardmäßig werden Zeilen aus *Datei1* durch ein **<** markiert und solche aus *Datei2* mit **>**. Den Zeilen stehen Befehle des Editors **ed** voran (**a**, **c** oder **d**), mit denen man *Datei1* in *Datei2* umwandeln könnte. Wird für eine der Dateien – angegeben, wird die Standardeingabe gelesen. Wenn eine der Dateien ein Verzeichnis ist, sucht **diff** die zum anderen Dateinamen passende Datei im angegebenen Verzeichnis (z.B. ist **diff mein_verz txtfile** das gleiche wie **diff mein_verz/txtfile txtfile**). Falls beide Dateien Verzeichnisse sind, bearbeitet **diff** diejenigen Dateien beider Verzeichnisse, die gleiche Namen haben (z.B. *alt_verz/text1* und *neu_verz/text1*); weiterhin führt **diff** gemeinsame Unterverzeichnisse und die Dateien auf, die sich jeweils nur in einem der Verzeichnisse befinden. Siehe auch **cmp**.

Optionen

–b, – –ignore-space-change
Behandelt wiederholte Leerzeichen wie eins und ignoriert Leerzeichen an Zeilenenden.

–e, – –ed Liefert als Ausgabe eine Befehlsfolge für den Editor **ed** (**a**, **c**, **d**), mit der *Datei2* in *Datei1* überführt werden kann.

–H Erhöht die Ausgabegeschwindigkeit bei langen Dateien, indem gezielt nach verstreuten, kleinen Veränderungen gesucht wird. Weiträumige Änderungen werden nicht als solche ausgegeben.

–i, – –ignore-case
Behandelt Klein- und Großbuchstaben gleich.

–w, – –ignore-all-space
Zieht Leerzeichen überhaupt nicht zum Vergleich heran.

–B, – –ignore-blank-lines
Ignoriert Leerzeilen in den Dateien.

–I *regex*, **– –ignore-matching-lines=***regex*
Ignoriert Zeilen, die dem regulären Ausdruck *regex* entsprechen.

–a, – –text
Behandelt alle Dateien als Textdateien. So kann auch mit **diff** festgestellt werden, ob Binärdateien denselben Inhalt haben.

–c Context-**diff**: anderes Ausgabeformat, das die Zeilen in einem Textzusammenhang von ± 3 Zeilen ausgibt.

–u Unified-**diff**: kompaktere Form von **–c**, in der alte und neue Zeilen in nur einem Block ausgegeben werden.

–q, – –brief
Es wird nur ausgegeben, *ob* sich die Dateien unterscheiden.

–n, – –rcs Erzeugt Ausgaben im RCS-Diff-Format.

–y, – –side-by-side
Erzeugt zweispaltige Ausgaben.

–w *n* Gibt die maximale Ausgabebreite für das Zwei-Spalten-Format (-y) an, voreingestellt ist 130.

– –left-column
Gibt im Zwei-Spalten-Format (-y) bei gleichen Zeilen nur die linke Spalte aus.

→

diff
←

--suppress-common-lines
Unterdrückt im Zwei-Spalten-Format (-y) die Ausgabe gleicher Zeilen.

–l, --paginate
Läßt die Ausgabe von **pr** in Seiten unterteilen.

–t, --expand-tabs
Läßt die Tabulatoren in der Ausgabe zu entsprechend vielen Leerzeichen umwandeln.

–T, --initial-tab
Fügt einen Tabulator am Zeilenanfang an, um bereits vorhandene Tabulatoren korrekt anzuordnen.

–r, --recursive
Vergleicht Unterverzeichnisse rekursiv.

–N, --new-file
Betrachtet fehlende Dateien als leer.

–s, --report-identical-files
Gibt an, wenn sich Dateien *nicht* unterscheiden.

–x *regex*, **--exclude=***regex*
Unterläßt den Vergleich von Dateien in einem Verzeichnis, das dem regulären Ausdruck *regex* entspricht.

–X *Dateiname*, **--exclude-from=***Dateiname*
Unterläßt den Vergleich von Dateien in Verzeichnissen, die regulären Ausdrücken aus der Datei *Dateiname* entsprechen.

–S *Dateiname*
Beginnt beim Vergleich von Verzeichnissen mit der Datei *Dateiname.*

–d, --minimal
Versucht intensiv, die Anzahl der ausgegebenen Änderungen gering zu halten.

diff3

diff3 [*Optionen*] *DateiNeu1 DateiAlt2 DateiNeu3*

Vergleicht drei Dateien und gibt die Unterschiede wie folgt aus:

====	Alle Dateien sind unterschiedlich.
====1	*DateiAlt1* unterscheidet sich.
====2	*DateiNeu2* unterscheidet sich.
====3	*DateiAlt3* unterscheidet sich.

diff3 hat die Aufgabe, Veränderungen in zwei Dateien zu erkennen, die von einer gemeinsamen Grundversion stammen, z.B. wenn zwei Personen unabhängig voneinander Veränderungen an einer Datei vorgenommen haben. **diff3** kann die Veränderungen zwischen der Grundversion und einer der neuen Dateien erkennen und erzeugt als Ausgabe die Änderungen, die

an der anderen neuen Datei vorgenommen wurden, um alle Veränderungen zu berücksichtigen.

Konkret wird *DateiAlt2* mit *DateiNeu3* verglichen, und diese Unterschiede werden auf *DateiNeu1* bezogen.

Es wird zwischen folgenden Begriffen unterschieden: *Unvereinte Änderungen* (Textstellen, wo sich die neuen Dateien unterscheiden und mindestens eine auch von der Grundversion verschieden ist), *vereinte Änderungen* (Änderungen gegenüber der Grundversion, die den neuen Daten gemeinsam sind) sowie *überlappende Änderungen* (Textstellen, die in allen Dateien verschieden sind).

Optionen

–3 Läßt eine **ed**-Befehlsfolge ausgeben, die alle unvereinten, nichtüberlappenden Änderungen zwischen *DateiNeu1* und *DateiNeu3* in *DateiNeu1* aufnimmt.

–a, – –text
Behandelt alle Dateien als Textdateien.

–A, – –show-all
Läßt eine **ed**-Befehlsfolge aller Änderungen ausgeben; überlappende Änderungen werden in Klammern ausgegeben.

–e, – –ed Läßt eine **ed**-Befehlsfolge ausgeben, die alle unvereinten Änderungen zwischen *DateiNeu1* und *DateiNeu3* in *DateiNeu1* aufnimmt.

–E, – –show-overlap
Läßt eine **ed**-Befehlsfolge aller unvereinten Änderungen ausgeben; überlappende Änderungen werden in Klammern ausgegeben.

–x, – –overlap-only
Läßt eine **ed**-Befehlsfolge aller überlappenden Änderungen ausgeben, die in *DateiNeu1* aufgenommen werden kann.

–X Wie **–x**, überlappende Änderungen werden in Klammern ausgegeben.

–m, – –merge
Läßt das Ergebnis aller Änderungen als Datei ausgeben.

–L *benenn*, **– –label=***benenn*
Benutzt in der Ausgabe *benenn* als Dateinamen.

–i Nimmt zusätzlich die Befehle **w** (save) und **q** (quit) in die **ed**-Befehlsfolge auf, um **ed** mit Sichern zu verlassen.

–T, – –initial-tab
Fügt einen Tabulator am Zeilenanfang ein, um bereits vorhandene Tabulatoren korrekt anzuordnen.

dirname	**dirname** *Pfadname* Gibt den *Pfadnamen* ohne die letzte Ebene aus. Das ist nützlich, wenn der eigentliche Dateiname von einem Pfadnamen abgetrennt werden soll. Siehe auch **basename**.
du	**du** [*Optionen*] [*Verzeichnis ...*] Zeigt den belegten Plattenplatz (disk usage) für das *Verzeichnis* und dessen Unterverzeichnisse in Kilobyte-Blöcken an. Ohne Argumente erfolgt die Angabe für das Arbeitsverzeichnis. ***Optionen*** **–a, ––all** Zeigt die Belegung für alle Dateien (nicht nur Verzeichnisse) an. **–b, ––bytes** Schreibt Byte als Ausgabeeinheit vor. **–c, ––total** Gibt zum Schluß zusätzlich die Gesamtsumme aller Argumente aus. **–k, ––kilobytes** Läßt die Ausgabe in Kilobyte erfolgen (Voreinstellung). **–l, ––count-links** Zählt Dateien, auf die durch Links mehrfach verwiesen wird, entsprechend häufig mit. **–r** Gibt die Meldung `cannot open` aus, wenn auf eine Datei nicht zugegriffen werden kann. **–s, ––summarize** Gibt nur die Belegung der *Verzeichnisse* an, unterläßt die Angaben für die Unterverzeichnisse. **–x, ––one-file-system** Ignoriert Verzeichnisse, die in anderen Dateisystemen liegen. **–D, ––dereference-args** Folgt symbolischen Links, jedoch nur für die in der Kommandozeile angegebenen *Verzeichnisse*. **–L, ––dereference** Folgt symbolischen Links, gibt also die Belegung der Dateien an, auf die die symbolischen Links verweisen. **–S, ––separate-dirs** Zählt die Belegung der Unterverzeichnisse nicht zu der Belegung ihrer Eltern hinzu.
dumpkeys	**dumpkeys** [*Optionen*] Gibt Angaben zu den Tastaturbelegungstabellen aus. Siehe auch die Beschreibung zu *keytables* in den Manpages.

Optionen

−c*Zeichensatz*, **−−charset=***Zeichensatz*
Wählt den Zeichensatz aus, mit dem die Belegung ausgegeben werden soll; zulässig sind: **iso-8859-1** (Voreinstellung), **iso-8859-2**, **iso-8859-3**, **iso-8859-4** und **iso-8859-8**.

−−compose-only
Gibt nur die Kombinationen für die Compose-Taste aus.

−f, **−−full-table**
Lange Ausgabe: zu jeder Taste wird ihre Belegung mit allen Modifiern ausgegeben.

−−funcs-only
Gibt nur die Definitionen der Funktionstasten aus.

−i, **−−short-info**
Kurzes Info: Angaben zu erlaubten *keycode keywords* in den Tastaturtabellen, der Anzahl der zulässigen Aktionen für eine Taste, eine Liste der erlaubten Bereiche der *action codes* (die rechten Seiten der Tastendefinitionen) sowie die Anzahl der vom Kernel unterstützten Funktionstasten.

−−keys-only
Gibt nur die einfachen Tastenbelegungen aus.

−l, **−−long-info**
Langes Info: Zusätzlich zum kurzen Info wird eine Liste der *action symbols* und ihrer Zahlenwerte ausgegeben.

−n, **−−numeric**
Gibt die Werte der *key actions* hexadezimal aus, keine Umsetzung auf symbolische Namen.

echo

echo [−n] [*Argumente*]

Gibt seine *Argumente* aus. **echo** ist in viele Shells fest eingebaut, hier wird das Kommando unter **/bin/echo** beschrieben. Einige Zeichenkombinationen werden wie folgt umgesetzt:

\a Alert (bell) – Signal

\b Backspace – Rücktaste

\c Unterdrückt den abschließenden Zeilenwechsel

\f Form feed – Seitenvorschub

\n Newline – Zeilenwechsel

\r Carriage return – Zeilenende

\t Horizontal tab – waagerechter Tabulator

\v Vertical tab – senkrechter Tabulator

→

echo ←

\\ Literal backslash – das Zeichen \

nnn
Druckt das ASCII-Zeichen mit dem Oktalwert *nnn*.

Optionen

–e
Aktiviert Zeichenfolgen mit Sonderbedeutung. (In manchen Versionen ist diese Option nicht notwendig, damit die Zeichenfolgen funktionieren.)

–n
Unterdrückt den abschließenden Zeilenwechsel.

Beispiele

```
echo "Ein Test für den Drucker" | lp
echo "TITEL\nTITEL" > file ; cat doc1 doc2 >> file
echo "Achtung: Signalton \07"
```

---

egrep

egrep [*Optionen*] [*Muster*] [*Dateien*]

Durchsucht eine oder mehrere *Dateien* nach Zeilen, die dem regulären Ausdruck *Muster* entsprechen. Einige reguläre Ausdrücke werden von **egrep** nicht unterstützt: \(, \), *n*, \<, \>, \{ und \}, dafür aber zusätzlich die Ausdrücke **+**, **?**, **|** und **( )**. Zur Erinnerung: Diese Zeichen haben spezielle Bedeutungen in Shells und sollten entsprechend geschützt werden. Eine Beschreibung regulärer Ausdrücke finden Sie in Kapitel 6. Der Rückgabewert ist **0**, falls Zeilen übereinstimmen, **1**, falls nicht, sowie **2** bei Fehlern. Siehe auch **grep** und **fgrep**. **egrep** ist üblicherweise der schnellste Befehl der **grep**-Familie.

Optionen

–*Anzahl*
Gibt *Anzahl* Zeilen vor und nach einem Treffer aus.

–b, – –byte-offset
Gibt den Versatz (Offset) in Bytes in der Eingabedatei vor jeder Ausgabezeile aus.

–c, – –count
Gibt nur die Anzahl der Trefferzeilen aus. Mit den Optionen **–v** und **– –revert-match** werden die nicht passenden Zeilen gezählt.

–e *Muster*, **– –regex=***Muster*
Sucht nach *Muster*. Funktioniert genauso wie die Angabe des Suchmusters als Argument, ist zudem nützlich, um Muster zu schützen, die mit einem – anfangen.

–f *Datei*, **– –file=***Datei*
Liest eine Liste von Suchmustern aus *Datei* (je eines pro Zeile).

–h, – –no-filename
Gibt die passenden Zeilen, aber nicht die Dateinamen aus (das Gegenstück zu **–l**).

–i, ––ignore-case
Behandelt Klein- und Großbuchstaben gleich.

–l, ––files-with-matches
Nennt die Namen der Dateien mit Treffern, aber keine einzelnen Trefferzeilen; das Durchsuchen jeder Datei wird nach dem ersten Treffer abgebrochen.

–n, ––line-number
Gibt die Zeilen und ihre Zeilennummern aus.

–q, ––quiet
Unterdrückt die normale Ausgabe; das Durchsuchen wird nach dem ersten Treffer abgebrochen.

–s, ––silent
Unterdrückt Fehlermeldungen über nichtexistente und unlesbare Dateien.

–u, ––unix-byte-offsets
Meldet Byte-Versätze im Unix-Stil. Diese Option erzwingt auch in DOS- und Windows-Umgebungen die Unix-artige Ausgabe; sie kann nur zusammen mit **–b** verwendet werden.

–v, ––revert-match
Alle Zeilen ausgeben, auf die das Suchmuster *nicht* paßt.

–w, ––word-regex
Nur nach ganzen Wörtern suchen. Wörter sind Zeichenfolgen, die durch Zeichen getrennt sind, die keine Buchstaben, Ziffern oder Unterstriche sind.

–x, ––line-regex
Gibt die Zeilen nur aus, wenn das Suchmuster auf die gesamte Zeile paßt.

–A *Anzahl*
Gibt nach der Trefferzeile *Anzahl* weitere Zeilen aus.

–B *Anzahl*
Gibt vor der Trefferzeile *Anzahl* weitere Zeilen aus.

–C, ––context
Gibt zwei Zeilen Kontext vor und nach der Trefferzeile aus; entspricht –2.

–L, ––files-without-match
Nennt die Dateien, die keine Trefferzeilen enthalten.

–U, ––binary
Behandelt die Dateien wie Binärdateien; nur unter DOS und Windows.

–V, ––version
Gibt die Versionsnummer auf Standardfehler aus.

→

egrep ←

Beispiele

Nach allen Vorkommen von *Victor* oder *Victoria* in *Datei* suchen:

```
egrep 'Victor(ia)*' Datei
egrep '(Victor|Victoria)' Datei
```

Zeichenketten der Art *old.doc1* oder *new.doc2* in *Dateien* suchen und mit Zeilennummern ausgeben:

```
egrep -n '(old|new)\.doc?' Dateien
```

---

emacs

emacs [*Optionen*] [*Dateien*]

Ein Editor zum Bearbeiten von Text. Eine genaue Beschreibung finden Sie in Kapitel 7.

---

env

env [*Option*] [*Variable*=*Wert* ...] [*Befehl*]

Gibt alle Umgebungsvariablen aus. Wenn die *Variable* angegeben ist, wird sie vorübergehend auf *Wert* gesetzt, und die so geänderten Umgebungsvariablen werden ausgegeben. Wenn ein *Befehl* angegeben ist, wird er unter der so geänderten Umgebung ausgeführt.

Optionen

–, –i, ––ignore-environment
: Ignoriert die bereits bestehenden Umgebungsvariablen.

–u *name*, **––unset** *name*
: Nimmt die Aktivierung der angegebenen Umgebungs*variable* zurück.

---

ex

ex [*Optionen*] *Datei*

Ein interaktiver, kommandogestützter Editor. Eine genauere Beschreibung finden Sie in Kapitel 9.

---

expand

expand [*Optionen*] *Dateien*

Wandelt die Tabulatoren in den angegebenen Dateien (– steht für die Standardeingabe) in die entsprechende Anzahl von Leerzeichen um und gibt das Ergebnis auf der Standardausgabe aus.

Optionen

–*Tabulatoren*, **–t**, **––tabs** *Tabulatoren*
: *Tabulatoren* ist eine Zahlenliste (durch Kommata getrennt), welche die Position der Tabulatorwerte angibt. Falls genau eine Zahl angegeben wird, werden Tabulatoren in diesem gleichmäßigen Abstand gesetzt. Voreingestellt sind Tabulatoren in einem Abstand von acht Leerzeichen. Bei **-t** und **––tabs** kann die Zahlenliste auch durch Leerzeichen getrennt sein.

–i, ––initial
Ersetzt Tabulatoren nur an Zeilenanfängen.

expr *Arg1 Operator Arg2* [*Operator Arg3* ...]

expr wertet seine Argumente als Ausdruck aus, um das Resultat auszugeben. Die Bestandteile des Ausdrucks müssen getrennt werden, im Normalfall durch Leerzeichen. Argumente sind normalerweise ganze Zahlen, die explizit angegeben oder das Ergebnis der Auswertung einer Shell-Variable sind. Es gibt drei Operator-Typen: arithmetische, relationale und logische. Der Rückgabewert von **expr** ist **0** (Ausdruck ist weder leer noch null), **1** (Ausdruck ist leer oder null) oder **2** (ungültiger Ausdruck).

Arithmetische Operatoren

Diese Operatoren ermöglichen die Durchführung der Grundrechenarten.

+ Addiert *Arg2* zu *Arg1*.

– Subtrahiert *Arg2* von *Arg1*.

* Multipliziert die Argumente.

/ Dividiert *Arg1* durch *Arg2*.

% Nimmt den Divisionsrest von *Arg1* dividiert durch *Arg2*.

Addition und Subtraktion werden zuletzt durchgeführt, falls sie nicht in runde Klammern eingeschlossen sind. Bei den Operatoren *, (und) sollte man ihre spezielle Bedeutung für Shells beachten und sie entsprechend schützen.

Relationale Operatoren

Diese Operatoren ermöglichen Vergleiche zwischen zwei Argumenten. Dies können auch Zeichenketten sein, dann erfolgt der Vergleich länderspezifisch. Ist ein Vergleichsausdruck wahr, wird 1 geliefert, sonst 0. Achtung: > und < haben eine spezielle Bedeutung in Shells.

=, == Testet auf Gleichheit.

!= Testet auf Verschiedenheit.

> Testet, ob *Arg1* größer als *Arg2* ist.

>= Testet, ob *Arg1* größer oder gleich *Arg2* ist.

< Testet, ob *Arg1* kleiner als *Arg2* ist.

<= Testet, ob *Arg1* kleiner oder gleich *Arg2* ist.

Logische Operatoren

Auch diese Operatoren ermöglichen Vergleiche. Das Resultat kann *Arg1* (oder ein Teil davon), *Arg2* oder 0 sein. Achtung: | und **&** haben eine spezielle Bedeutung in Shells.

→

| Logisches ODER: Liefert *Arg1*, wenn *Arg1* weder null noch leer ist, sonst *Arg2*.

& Logisches UND: Liefert *Arg1*, wenn *Arg1* und *Arg2* weder null noch leer sind, sonst 0.

: Wie **grep**: *Arg2* dient als Suchmuster, das in *Arg1* gesucht wird. *Arg2* muß ein regulärer Ausdruck sein. Falls ein Teil des Musters aus *Arg2* in \(\) eingeschlossen ist, wird der Teil von *Arg1* geliefert, der dem Ausdruck entspricht. Anderenfalls wird die Anzahl der Zeichen geliefert, die dem Ausdruck entsprechen. Das Suchmuster beginnt immer am Wortanfang, deshalb muß der Suchausdruck mit .* anfangen, um anderen Wortteilen zu entsprechen.

match *Zeichenkette* **regex**
Wie *Zeichenkette : regex*.

substr *Zeichenkette Start Länge*
Liefert eine Teilkette von *Zeichenkette* ab Position *Start* mit der Länge *Länge*. Liefert null, wenn *Start* oder *Länge* negativ oder keine Zahl ist.

index *Zeichenkette Zeichenliste*
Liefert die erste Position in *Zeichenliste*, an der ein Zeichen aus *Zeichenliste* vorkommt, oder 0, falls kein Zeichen aus *Zeichenliste* in *Zeichenkette* vorkommt.

length *Zeichenkette*
Liefert die Länge von *Zeichenkette*.

Beispiele

Punktrechnung geht vor Strichrechnung, das Ergebnis ist 10:

```
expr 5 + 10 / 2
```

Klammern gehen vor, das Ergebnis ist 7 (7,5 mit Nachkommastellen):

```
expr \( 5 + 10 \) / 2
```

1 zu der Variable **i** hinzuzählen. Üblicherweise werden so Variablen in Shell-Skripten hochgezählt:

```
i=`expr $i + 1`
```

Gibt 1 (für wahr) aus, falls die Variable **a** „hello" ist:

```
expr $a = hello
```

Gibt 1 (für wahr) aus, falls die Variable **b** plus 5 größer oder gleich 10 ist:

```
expr $b + 5 \>= 10
```

In den folgenden Beispielen ist die Variable **p** gleich „version.100". So wird die Anzahl der Zeichen in **p** ausgegeben:

```
expr $p : '.*'              Ergebnis ist 11
```

Alle Zeichen suchen und ausgeben:

```
expr $p : '\(.*\)'          Ergebnis ist „version.100"
```

Die Anzahl der aufeinanderfolgenden Kleinbuchstaben am Anfang von **p** ausgeben:

```
expr $p : '[a-z]*'          Ergebnis ist 7
```

Die aufeinanderfolgenden Kleinbuchstaben am Anfang von **p** ausgeben:

```
expr $p : '\([a-z]*\)'      Ergebnis ist „version"
```

$x auf fünf Zeichen kürzen, falls es fünf Zeichen oder mehr hat; sonst einfach **$x** ausgeben (das logische ODER nimmt das zweite Argument, falls das erste 0 ist).

```
expr $x : '\(.....\)' \| $x
```

In einem Shell-Skript einen Dateinamen auf die ersten fünf Buchstaben kürzen:

```
mv $x `expr $x : '\(.....\)' \| $x`
```

(Um das Überschreiben von vorhandenen Dateien zu vermeiden, benutzen Sie gegebenenfalls **mv –i**.)

expr

---

false

false

Liefert ohne weitere Aktion einen Rückgabewert wie ein fehlerhaft gelaufenes Programm (ungleich null). Nützlich für Shell-Skripten. Siehe auch **true**.

---

fdformat [*Optionen*] *Gerätedatei*

fdformat

Eine Diskette im Diskettenlaufwerk formatieren. Die zugehörigen Gerätedateien sind für gewöhnlich **/dev/fd0** und **/dev/fd1**.

Option

–n Unterläßt die abschließende Erfolgskontrolle.

---

fgrep [*Optionen*] *Muster* [*Dateien*]

fgrep

Durchsucht eine oder mehrere *Dateien* nach Zeilen, welche die Zeichenkette *Muster* enthalten. Der Rückgabewert ist **0**, falls Zeilen übereinstimmen, **1**, falls nicht, sowie **2** bei Fehlern. Siehe auch **egrep** und **grep**.

Optionen

–Anzahl Gibt *Anzahl* Zeilen vor und nach einem Treffer aus.

–b, ––byte-offset
Gibt den Versatz in Bytes in der Eingabedatei vor jeder Ausgabezeile aus.

→

fgrep ←

–c, – –count
Gibt nur die Anzahl der Trefferzeilen aus. Mit den Optionen **–v** und **– –revert-match** werden die nicht passenden Zeilen gezählt.

–e *Muster*, **– –regex=***Muster*
Sucht nach *Muster*. Funktioniert genauso wie die Angabe des Suchmusters als Argument, ist zudem nützlich, um Muster zu schützen, die mit einem – anfangen.

–f *Datei*, **– –file=***Datei*
Liest eine Liste von Suchmustern aus *Datei* (je eines pro Zeile).

–h, – –no-filename
Gibt die passenden Zeilen, aber nicht die Dateinamen aus (das Gegenstück zu **–l**).

–i, – –ignore-case
Behandelt Klein- und Großbuchstaben gleich.

–l, – –files-with-matches
Nennt die Namen der Dateien mit Treffern, aber keine einzelnen Trefferzeilen; das Durchsuchen jeder Datei wird nach dem ersten Treffer abgebrochen.

–n, – –line-number
Gibt die Zeilen und ihre Zeilennummern aus.

–q, – –quiet
Unterdrückt die normale Ausgabe; das Durchsuchen wird nach dem ersten Treffer abgebrochen.

–s, – –silent
Unterdrückt Fehlermeldungen über nichtexistente und unlesbare Dateien.

–u, – –unix-byte-offsets
Meldet Byte-Versätze im Unix-Stil. Diese Option erzwingt auch in DOS- und Windows-Umgebungen die Unix-artige Ausgabe; sie kann nur zusammen mit **–b** verwendet werden.

–v, – –revert-match
Alle Zeilen ausgeben, auf die das Suchmuster *nicht* paßt.

–w, – –word-regex
Nur nach ganzen Wörtern suchen. Wörter sind Zeichenfolgen, die durch Zeichen getrennt sind, die keine Buchstaben, Ziffern oder Unterstriche sind.

–x, – –line-regex
Gibt die Zeilen nur aus, wenn das Suchmuster auf die gesamte Zeile paßt.

–A *Anzahl*
Gibt vor der Trefferzeile *Anzahl* weitere Zeilen aus.

–B *Anzahl*
Gibt nach der Trefferzeile *Anzahl* weitere Zeilen aus.

–C, ––context
Gibt zwei Zeilen Kontext vor und nach der Trefferzeile aus; entspricht –2.

–L, ––files-without-match
Nennt die Dateien, die keine Trefferzeilen enthalten.

–U, ––binary
Behandelt die Dateien als Binärdateien; nur unter DOS und Windows.

–V, ––version
Gibt die Versionsnummer auf Standardfehler aus.

Beispiele

Alle Zeilen aus *Datei* ausgeben, die keine Leerzeichen enthalten:

```
fgrep -v ' ' Datei
```

Alle Zeilen aus *Datei* ausgeben, die Wörter aus der Datei **RechtschreibLexikon** enthalten:

```
fgrep -f RechtschreibLexikon Datei
```


file [*Optionen*] *Datei ...*

file stellt den Typ einer *Datei* anhand der enthaltenen Daten fest. Hierfür nutzt es die Informationen aus der Datei */etc/magic* (oder */usr/lib/magic*).

Optionen

–b Kurzmodus; stellt den Ausgabezeilen nicht die Dateinamen voran.

–c Überprüft das Format der Magic-Datei. (Das Argument *Datei* ... ist hier nicht zulässig.)

–f *Liste* Wendet **file** auf die Namen an, die in der Datei *Liste* stehen.

–m *AltMagic*
Sucht Informationen in *AltMagic* statt in */etc/magic*.

–v Versionsnummer des Programms ausgeben und beenden.

–z Versucht, weitere Informationen zu komprimierten Dateien zu erhalten.

–L Folgt symbolischen Links. Standardmäßig werden sie nicht verfolgt.

–V Versionsnummer ausgeben.

file erkennt viele Dateitypen. Die Ausgabe erfolgt zeilenweise als Dateiname, gefolgt vom erkannten Dateityp, wie zum Beispiel:

→

file ←

```
ascii text
c program text
c-shell commands
data
empty
iAPX 386 executable
directory
[nt]roff, tbl, or eqn input text
shell commands
symbolic link to ../usr/etc/arp
```

Beispiel

Alle Dateien suchen, die troff/nroff-Text zu enthalten scheinen:

```
file * | grep roff
```

find

find [*Pfadnamen*] [*Bedingungen*]

find ist nützlich, um eine Gruppe von Dateien nach verschiedenen Kriterien zusammenzustellen. Hierfür wird der Verzeichnisbaum — bei jedem *Pfadnamen* beginnend — abwärts durchsucht, um Dateien zu finden, die den angegebenen *Bedingungen* entsprechen. Der voreingestellte Pfadname ist das Arbeitsverzeichnis. Als besonders nützliche Bedingungen seien vorab erwähnt: **-print** (voreingestellt, falls keine andere Bedingung angegeben ist), **-name** und **-type** (einfache Suche), **-exec** und **-size** (erweiterte Suche) und **-mtime** und **-user** (zu administrativen Zwecken).

Bedingungen können durch geschützte Klammern \(\) gruppiert, durch ! negiert (\! in der C-Shell!), durch **-o** verodert sowie wiederholt werden. Letzteres ist sinnvoll, um weitere Einschränkungen anzugeben, z.B. bei **-name**, **-type** und **-perm**.

Bedingungen und Aktionen

-atime +*n* | -*n* | *n*
: Findet Dateien, die mindestens vor *n* (+*n*) Tagen, innerhalb der letzten *n* (-*n*) Tage oder vor genau *n* Tagen gelesen wurden. Hinweis: **find** ändert die Zugriffszeit (*access time*) aller Verzeichnisse, die als *Pfadnamen* angegeben wurden.

-ctime +*n* | -*n* | *n*
: Findet Dateien, deren Inode mindestens vor *n* (+*n*) Tagen, innerhalb der letzten *n* (-*n*) Tage oder vor genau *n* Tagen geändert wurde. Ein Inode wird durch jede Aktion geändert, die den Eintrag einer Datei im Verzeichnis ändert, wie z.B. **chmod**.

-depth
: Findet beim Abstieg durch den Verzeichnisbaum die Dateien eines Verzeichnisses *vor* dem Verzeichnis selbst. Dadurch werden Dateien in tieferliegenden Verzeichnissen vor Dateien in höherliegenden Verzeichnissen gefunden. Dies ist nützlich, wenn Dateien in Verzeichnissen liegen, die nicht schreibbar sind, wenn z.B. **find** mit **cpio** zusammen benutzt wird.

–exec *Kommando* { } \;
: Führt das UNIX-*Kommando* mit jeder von **find** gefundenen Datei aus (wird das bezeichnete *Kommando* mit dieser Datei erfolgreich ausgeführt, gibt es 0 als Rückkehrstatus zurück). Wenn das *Kommando* ausgeführt wird, ersetzt das Argument { } den aktuellen Dateinamen. Die ganze Sequenz wird mit einem geschützten Semikolon (\;) abgeschlossen.

–follow Folgt symbolischen Links und merkt sich die aufgesuchten Verzeichnisse (nicht mit **–type l** verwenden).

–group *Gruppenname*
: Sucht Dateien, die zu der mit *Gruppenname* bezeichneten Gruppe gehören. *Gruppenname* kann entweder der Gruppenname oder die Gruppen-ID-Nummer sein.

–inum *n* Sucht Dateien mit der Inode-Nummer *n*.

–links *n* Sucht Dateien, die *n* Links haben.

–mount, –xdev
: Sucht nach Dateien, die sich im gleichen Dateisystem wie *Pfadname* befinden.

–mtime **+***n* | **–***n* | *n*
: Findet Dateien, die vor mehr als *n* (+*n*), weniger als *n* (–*n*) oder exakt *n* Tagen zuletzt modifiziert wurden. Eine Modifizierung ist eine Änderung im Datenkörper der Datei.

–name *Muster*
: Sucht nach Dateien, deren Bezeichnungen mit dem *Muster* übereinstimmen. Dateinamen mit Metazeichen können im Muster verwendet werden, müssen aber vor der Shell geschützt werden.

–newer *Datei*
: Sucht Dateien, die später als *Datei* modifiziert wurden; ähnlich wie **–mtime**. **-follow** berücksichtigt diese Bedingung nur, wenn sie nach **-follow** auf der Kommandozeile erscheint.

–ok *Kommando* { } \;
: Entspricht **–exec**, verlangt aber vom Benutzer vor der Ausführung des *Befehls* eine Bestätigung in Form von **y**.

–perm *nnn*
: Sucht die Dateien, deren Berechtigungen (z.B. **rwx**) der oktalen Ziffer *nnn* exakt entsprechen (z.B. 664 entspricht **–rw–rw–r––**). Durch Voranstellen eines Minuszeichens werden alle Dateien gefunden, die mindestens die angegebenen Berechtigungs-Bits gesetzt haben (z.B. **–perm –600** entspricht **–rw*********, wobei * jeder Modus sein kann).

–print Gibt die gefundenen Dateien und Verzeichnisse mit ihren kompletten Pfadnamen aus. Liefert den Wahrheitswert **true**.

→

find ←

–regex *Muster*
Wie **–path**, verwendet aber grep-artige reguläre Ausdrücke anstelle von Shell-artigen Dateinamen-Wildcards, wie sie in **–name** und **–path** verwendet werden.

–size *n*[c]
Sucht Dateien, die *n* Blöcke enthalten oder, wenn **c** angegeben ist, *n* Zeichen lang sind.

–type *c*
Sucht Dateien vom Typ *c*. *c* kann **b** (blockorientierte Gerätedatei), **c** (zeichenorientierte Gerätedatei), **d** (Verzeichnis), **p** (FIFO oder Named Pipe), **l** (symbolischer Link) oder **f** (einfache Datei) sein.

–user *Benutzer*
Sucht Dateien, die dem mit Namen oder ID bezeichneten *Benutzer* gehören.

–daystart
Veranlaßt die Berechnung von Zeiten vom Beginn des aktuellen Tages an — nicht 24 Stunden davor.

–maxdepth *Anzahl*
Beschränkt die Tiefe der Suche auf die angegebene *Anzahl* von Verzeichnisebenen.

–mindepth *Anzahl*
Läßt die Suche erst ab der angegebenen Tiefe von Verzeichnisebenen beginnen.

–noleaf
Erzwingt die Bearbeitung aller Verzeichniseinträge. Normalerweise kann davon ausgegangen werden, daß jedes Verzeichnis wenigstens zwei harte Links enthält (das Verzeichnis selbst und das Elternverzeichnis), die nicht durchsucht werden müssen. **-noleaf** unterdrückt diese Annahme, was sinnvoll ist, wenn **find** auf Nicht-Unix-Dateisystemen läuft.

–amin +*n* | –*n* | *n*
Sucht Dateien, auf die vor mehr als *n* (+*n*), weniger als *n* (-*n*) oder genau *n* Minuten zugegriffen wurde.

–anewer *Datei*
Sucht Dateien, auf die nach der letzten Änderung zugegriffen wurde. **-follow** berücksichtigt diese Bedingung nur, wenn sie nach **-follow** auf der Kommandozeile erscheint.

–cmin +*n* | –*n* | *n*
Sucht Dateien, die vor mehr als *n* (+*n*), weniger als *n* (-*n*) oder genau *n* Minuten verändert wurden.

–cnewer *Datei*
Sucht Dateien, deren Inode nach der letzten Änderung des Dateikörpers verändert wurde. **-follow** berücksichtigt diese Bedingung nur, wenn sie nach **-follow** auf der Kommandozeile erscheint.

–empty Sucht alle leeren Dateien. Wird sowohl auf reguläre Dateien als auch auf Verzeichnisse angewendet.

–false Liefert immer den Wahrheitswert FALSCH für jede gefundene Datei.

–fstype *Typ*
Sucht nur in Dateisystemen des angegebenen *Typs*. Erlaubte Dateisystemtypen sind unter anderem **minix**, **msdos**, **ext**, **ext2** und **proc**.

–gid *Anzahl*
Sucht Dateien mit der numerischen Gruppen-ID *Anzahl*.

–ilname *Muster*
Entspricht **-lname** ohne Unterscheidung von Groß- und Kleinschreibung.

–iname *Muster*
Entspricht **-name** ohne Unterscheidung von Groß- und Kleinschreibung.

–ipath *Muster*
Entspricht **-path** ohne Unterscheidung von Groß- und Kleinschreibung.

–iregex *Muster*
Entspricht **-regex** ohne Unterscheidung von Groß- und Kleinschreibung.

–lname *Muster*
Sucht nach symbolischen Links, die auf Dateien zeigen, deren Namen mit dem angegebenen *Muster* übereinstimmen. Das *Muster* kann Shell-Metazeichen enthalten. / oder . werden nicht besonders behandelt. Groß- und Kleinschreibung wird ignoriert.

–mmin +*n* | –*n* | *n*
Sucht Dateien, die vor mehr als *n* (+*n*), weniger als *n* (-*n*) oder genau *n* Minuten verändert wurden.

–nouser Sucht Dateien, deren Eigentümer keine gültige ID auf dem System haben.

–nogroup Sucht Dateien, deren Gruppe keine gültige ID auf dem System hat.

–path *Muster*
Sucht Dateien, deren Namen auf das angegebene *Muster* passen. Es werden komplette Pfadnamen relativ zum Anfangspfadnamen erwartet, / und . haben also keine besondere Bedeutung.

Beispiele

Listet alle Dateien (und Unterverzeichnisse) des Heimatverzeichnisses auf:

```
find $HOME -print
```

→

find ←

Listet alle Dateien mit dem Namen *chapter1* im Verzeichnis */work* auf:

```
find /work -name chapter1 -print
```

Listet alle Dateien von *ann*, deren Name mit *memo* beginnt, auf:

```
find /work -name 'memo*' -user ann -print
```

Durchsucht das Dateisystem (vom Wurzelverzeichnis an) nach Verzeichnissen für Manualpages:

```
find / -type d -name 'man*' -print
```

Durchsucht das aktuelle Verzeichnis nach Dateinamen, die nicht mit einem Großbuchstaben beginnen, und schickt sie zum Drucker:

```
find . \! -name '[A-Z]*' -exec lp {} \;
```

Sucht und komprimiert Dateien, deren Namen (noch) nicht mit **.gz** enden:

```
gzip `find . \! -name '*.gz' -print`
```

Löscht alle leeren Dateien aus dem System (interaktiver Modus):

```
find / -size 0 -ok rm {} \;
```

Durchsucht das System nach Dateien, die innerhalb der letzten zwei Tage modifiziert wurden (als gute Kandidaten für ein Backup):

```
find / -mtime -2 -print
```

Sucht rekursiv in einem Verzeichnisbaum nach einem Muster:

```
find /book -print | xargs grep '[Nn]utshell'
```

Wenn die Dateien *kt1* und *k2* im aktuellen Verzeichnis existieren, können ihre Namen mit dem folgenden Befehl ausgegeben werden:

```
$ find . -name '[0-9]'
```

Da der Befehl die Namen mit einem vorangestellten Pfad ./ ausgibt, müssen Sie diesen auch angeben, wenn Sie die Option **-path** verwenden wollen:

```
$ find . -path './kt[0-9]'
```

Die Option **–regex** verwendet wie **–path** einen vollständigen Pfadnamen, behandelt das folgende Argument aber als regulären Ausdruck und nicht als Dateisuchmuster (auch wenn das Ergebnis in diesem Fall das gleiche ist):

```
$ find . -regex './kt[0-9]'
```

finger

finger [*Optionen*] *BenutzerName*

Gibt Informationen über einen oder mehrere *BenutzerNamen* aus, unter anderem die Inhalte der Dateien **.plan** und **.project** im Home-Verzeichnis jedes *BenutzerNamens*. Der *BenutzerName* kann entweder die Benutzerkennung (genaue Angabe) oder der Vor- oder Nachname sein (Angabe über alle passenden Namen). Innerhalb eines Netzwerkes sind auch *BenutzerNamen* der Form *user@host* und *@host* zulässig. **finger**

Optionen

–l Langes Ausgabeformat (Voreinstellung): wie **–s**, zusätzlich Angaben zu Home-Verzeichnis, Privattelefon, Login-Shell, gelesene Post, den Dateien **.plan**, **.project** und **.forward**.

–m Unterläßt die Ausgabe der Realnamen.

–p Unterläßt die Ausgabe der Dateien **.plan** und **.project**.

–s Kurzes Ausgabeformat: Benutzerkennung, Realname, Terminalname, Status zu **write**, Zeit der letzten Aktivität, Bürolage und -telefonnummer.

---

fmt [*Optionen*] [*Datei* ...] **fmt**

(format) Setzt den Text der Dateien im Blocksatz der angegebenen Breite. Standardgemäß werden Leerzeilen, die Position von Leerzeichen und der Einzug am Zeilenanfang erhalten. **fmt** versucht, Zeilenumbrüche an Satzenden durchzuführen sowie sie nach dem ersten oder vor dem letzten Wort eines Satzes zu vermeiden.

Optionen

–c, – –crown-margin
Weist an, die Einrückung der ersten beiden Zeilen eines Absatzes zu erhalten und diejenige der zweiten Zeile für den Rest des Absatzes zu verwenden.

–p *Präfix*, **– –prefix=***Präfix*
Formatiert nur Zeilen, die mit *Präfix* anfangen.

–s, – –split-only
Entfernt keine Zeilenumbrüche der Eingabe.

–t, – –tagged-paragraph
Wie **–c**, falls die Einrückungen der ersten beiden Zeilen eines Absatzes verschieden sind. Sonst wird die erste Zeile als eigener Absatz angesehen.

–u, – –uniform-spacing
Erzwingt genau ein Leerzeichen zwischen Wörtern und zwei Leerzeichen zwischen Sätzen.

–width *Breite*, **–w** *Breite*, **– –width=***Breite*
Setzt die Ausgabebreite auf *Breite*. Voreingestellt ist 75.

---

fold [*Option*] [*Datei* ...] **fold**

Fügt Zeilenumbrüche derart in die Eingabedateien ein, daß die entstehenden Zeilen nicht größer als die eingestellte Breite (voreingestellt: 80) sind. **fold** fügt die Umbrüche exakt bei der eingestellten Breite ein, selbst wenn es

→

fold ←

mitten im Wort ist. Liest von der Standardeingabe, falls – als Dateiname angegeben wird.

Optionen

–b, ––bytes
Zählt einzelne Zeichen und nicht Ausgabespalten, d.h., Tabulatoren, Backspaces und Wagenrückläufe zählen als genau ein Zeichen.

–s, ––spaces
Führt den Umbruch – soweit möglich – nur an Leerzeichen durch.

–w, ––width *Breite*
Setzt die maximale Zeilenlänge auf *Breite*.

formail

formail [*Optionen*]

Filtert die Standardeingabe in ein gültiges Mailbox-Format. Wenn kein Absender erkannt wird, setzt das Programm statt dessen *foo@bar* ein. Ohne weitere Kommandozeilenargumente werden fehlerhafte **From**-Zeilen durch ein > am Zeilenanfang entwertet.

Optionen

+*skip* Unterdrückt die Trennung der angegebenen Anzahl Nachrichten am Beginn der Eingabe.

–*total* Beendet die Trennung der Eingabedaten nach der angegebenen Anzahl Nachrichten.

–a *headerfield*
Hängt das angegebene *headerfield* an den Header an, wenn dieses Feld nicht bereits existiert. Wenn der Inhalt des Feldes Message-ID oder Resent-Message-ID ohne weitere Angaben ist, wird automatisch eine eindeutige Message-ID erzeugt und eingetragen.

–b Unterdrückt die Entwertung von fehlerhaften **From**-Zeilen.

–c Wenn Felder im Header mehr als eine Zeile lang sind, werden sie zu einer Zeile zusammengefaßt.

–d Erlaubt die Verarbeitung von Eingabedaten, die nicht im strikten Mailbox-Format vorliegen.

–e Erlaubt die Aneinanderreihung von Nachrichten ohne die sonst übliche Leerzeile zur Trennung.

–f Unterdrückt die Veränderung von Zeilen, die dem Mailbox-Format nicht entsprechen. Beispielsweise wird keine **From**-Zeile am Anfang jeder Nachricht eingefügt.

−i *headerfield*
: Hängt das *headerfield* an den Header an, egal ob ein solches Feld bereits existiert oder nicht. Ein existierendes Feld wird in **Old-***headerfield* umbenannt, wenn es nicht leer ist.

−k
: Zur Benutzung zusammen mit der Option **−r**. Der Nachrichtentext bleibt ebenso wie die durch **−r** bestimmten Felder erhalten.

−m *minfields*
: Erwartet die angegebene Mindestzeilenzahl, bevor der Anfang einer neuen Nachricht erkannt wird. Voreinstellung ist 2.

−n
: Erlaubt mehrere parallele **formails** zur Verarbeitung einzelner Nachrichten.

−p *Präfix*
: Bestimmt das angegebene *Präfix* anstelle des voreingestellten **>** zur Entwertung fehlerhafter Header-Zeilen.

−q
: Unterdrückt die Ausgabe von Meldungen über Schreibfehler, doppelte Nachrichten und unzutreffende **Content-Length**-Felder. Das ist die Voreinstellung; benutzen Sie **−q−**, um die Meldungen anzeigen zu lassen.

−r
: Alle existierenden Felder bis auf **X-Loop** werden verworfen und ein neuer Auto-Reply-Header erzeugt. Einzelne Felder können mit der Option **−i** geschützt werden.

−s
: Diese Option kennzeichnet das Ende der Optionsliste. Alle darauffolgenden Kommandozeilenargumente werden als Kommando interpretiert, dem die einzelnen Nachrichten auf der Standardeingabe übergeben werden.

−t
: Veranlaßt das Akzeptieren der Return-Adresse (normalerweise bevorzugt **formail** maschinengenerierte Adressen).

−u *headerfield*
: Das erste auftretende Feld des angegebenen Typs wird unverändert weitergegeben, alle weiteren werden gelöscht.

−x *headerfield*
: Gibt den Inhalt des Feldes auf einer einzelnen Zeile aus.

−z
: Wenn nötig, werden Leerzeichen zwischen Feldname und Feldinhalt eingefügt und leere Felder entfernt.

−A *headerfield*
: Hängt das *headerfield* an den Header an, egal ob es bereits existiert oder nicht.

−B
: Die Eingabedaten werden im BABYL-**rmail**-Format erwartet.

−D *maxlen idcache*
: Die Message-IDs werden in einer Datei *idcache* der maximalen Größe *maxlen* gespeichert, und durch Vergleich wird ermittelt, ob die aktuelle Nachricht bereits verarbeitet wurde. Wenn das Programm die Nachrichten nicht trennt, wird der Wahrheitswert TRUE zurückgeliefert, wenn eine doppelte Nachricht gefunden

→

formail ←

wurde. Wenn das Programm die Nachrichten trennt, werden doppelte Nachrichten nicht ausgegeben. Zusammen mit der Option **–r** wird die Mail-Adresse des Absenders anstelle der Message-ID verwendet.

–I *headerfield*
: Hängt das *headerfield* an den Header an, egal ob ein gleichnamiges Feld bereits existiert oder nicht. Ein existierendes Feld wird gelöscht.

–R *oldfield newfield*
: Wandelt alle Feldnamen *oldfield* um in *newfield.*

–U *headerfield*
: Löscht alle Felder mit dem angegebenen Namen bis auf das letzte.

–Y
: Veranlaßt die Formatierung im Berkeley-Stil. Beispielsweise wird das Feld **Content-Length**: ignoriert.

–X *headerfield*
: Zeigt den Feldnamen und dessen Inhalt auf einer einzelnen Zeile an.

---

free

free

Gibt Informationen über den Hauptspeicherverbrauch aus: Gesamtzahl, benutzte und freie Blöcke, ausgelagerte und mehrfach genutzte Blöcke sowie die benutzten Puffer.

Optionen

–b Berechnet den Speicherverbrauch in Byte.

–k Berechnet den Speicherverbrauch in Kilobyte (Voreinstellung).

–m Berechnet den Speicherverbrauch in Megabyte.

–o Unterläßt die Angaben zu Puffern bei der Ausgabe.

–s *Sek* Gibt die Informationen alle *Sek* Sekunden aus.

–t Gibt zusätzlich am Ende eine Summe über alle Gesamtgrößen aus.

–V Gibt die Versionsnummer aus.

---

ftp

ftp [*Optionen*] [*Netzwerkrechner*]

Überträgt Dateien zwischen dem lokalen Rechner und einem entfernten *Netzwerkrechner* hin und her. Nach der Optionsliste sind die interaktiven Befehle zur Bedienung des Programms beschrieben. Einige der Befehle sind Schalter, die ein Feature von **ftp** ein- bzw. ausschalten.

Optionen

-d
: Aktiviert Debugging.

-g
: Schaltet die Dateinamenserweiterung aus.

-i
: Schaltet den interaktiven Modus ab.

-n
: Unterdrückt das automatische Einloggen nach dem Verbindungsaufbau.

-v
: Ausführliche Meldungen; zeigt alle Antworten der Gegenstelle.

Befehle

![*Programm* [*Argumente*]]
: Startet eine interaktive Shell auf dem lokalen Rechner. Wenn *Argumente* angegeben sind, wird das erste als Programm ausgeführt, während der Rest der Argumente diesem Programm übergeben wird.

$ *Makro-Name* [*Argumente*]
: Führt das mit *Makro-Name* bezeichnete und mit dem Befehl **macdef** erstellte Makro aus. *Argumente* werden unverändert an das Makro übergeben.

account [*Paßwort*]
: Liefert ein zusätzliches Paßwort, das die Gegenstelle nach dem erfolgreichen Login verlangt, um Zugang zu Ressourcen zu gewähren. Wenn kein *Paßwort* zusammen mit dem Befehl angegeben wird, muß das *Paßwort* interaktiv eingegeben werden (ohne Echo).

append *lokale_Datei* [*entfernte_Datei*]
: Hängt eine lokale Datei an eine Datei auf dem entfernten Rechner an. Wird kein Name für die *entfernte_Datei* angegeben, dient der lokale Dateiname als Bezeichnung, nachdem er durch eventuelle **ntrans**- oder **nmap**-Einstellungen modifiziert wurde. Für die Dateiübertragung werden die aktuellen Einstellungen von *type*, *format*, *mode* und *structure* verwendet.

ascii
: Setzt den Transfertyp auf Netzwerk-ASCII (Voreinstellung).

bell
: Veranlaßt die Ausgabe eines Alarmtons nach dem Abschluß jedes Übertragungsbefehls.

binary
: Setzt den Transfertyp auf binär.

bye
: Beendet die FTP-Verbindung und das Programm.

case
: Schaltet die Umwandlung von Groß-/Kleinschreibung beim Transfer durch **mget** um. Voreinstellung für diesen Schalter ist **aus**. Wenn der Schalter **ein**geschaltet wird, werden vollständig in Großbuchstaben erscheinende Dateinamen von der Gegenstelle in Dateinamen mit Kleinbuchstaben auf dem lokalen Rechner umgewandelt.

→

cd *Verzeichnis*
Wechselt das Arbeitsverzeichnis auf der Gegenstelle in das angegebene *Verzeichnis*.

cdup Wechselt das Arbeitsverzeichnis auf der Gegenstelle in das Elternverzeichnis.

chmod [*Modus*] [*entfernte_Datei*]
Ändert die Zugriffsrechte der *entfernten Datei*. Wenn kein *Modus* angegeben ist, wird dieser interaktiv abgefragt.

close Beendet eine FTP-Verbindung und kehrt zum Befehlsmodus zurück.

cr Schaltet die Wagenrücklauf-(carriage return-)Unterdrückung beim ASCII-Dateitransfer um.

delete *Datei*
Löscht die angegebene *Datei* auf der Gegenstelle.

debug [*Modus*]
Aktiviert Debugging. Die optionale Angabe eines *Modus* erlaubt die Feineinstellung.

dir [*Verzeichnis*] [*Datei*]
Gibt eine Liste des Inhalts des *Verzeichnis*ses auf der Gegenstelle aus bzw. schreibt sie in die optional angegebene lokale *Datei*. Fehlt die Angabe des *Verzeichnis*ses, wird das aktuelle Verzeichnis aufgelistet. Wenn keine lokale *Datei* angegeben ist oder an deren Stelle ein – übergeben wird, erfolgt die Ausgabe auf das lokale Terminal.

disconnect
Synonym für **close**.

form *Format*
Stellt das Dateitransferformat ein. Voreinstellung ist *file*.

get *entfernte_Datei* [*lokale_Datei*]
Holt die *entfernte_Datei* von der Gegenstelle und speichert sie auf dem lokalen Rechner. Wenn die *lokale_Datei* nicht angegeben ist, wird der Name der entfernten Datei verwendet, nachdem er durch die aktuellen Einstellungen von **case**, **ntrans** und **nmap** modifiziert wurde. Wenn anstelle der lokalen Datei ein – angegeben wird, erscheint die Ausgabe auf dem lokalen Terminal.

glob Schaltet die Dateinamenserweiterung für **mdelete**, **mget** und **mput** aus bzw. ein. Wenn **glob** abgeschaltet ist, werden die Dateinamen zeichengetreu übernommen und nicht erweitert.

hash Schaltet die Ausgabe eines Nummernzeichens (#) für jeden übertragenen Datenblock ein bzw. aus.

help [*Befehl*]
Gibt Hilfsinformationen über den angegebenen *Befehl* aus. Ohne Argument wird eine Liste aller verfügbaren Befehle ausgegeben.

idle [*Sekunden*]
Holt/setzt den Leerlauf-Zeitgeber auf der Gegenstelle. Die Gegenstelle hält eine Verbindung bei Inaktivität für die angegebene Anzahl *Sekunden* offen. Ohne Argument wird die aktuelle Einstellung angezeigt.

image Entspricht dem Befehl **binary**.

lcd [*Verzeichnis*]
Ändert das Arbeitsverzeichnis auf dem lokalen Rechner. Wenn kein *Verzeichnis* angegeben ist, wird in das Heimatverzeichnis des Benutzers gewechselt.

ls [*Verzeichnis*] [*Datei*]
Gibt eine Liste des Inhalts des *Verzeichnis*ses auf der Gegenstelle aus bzw. schreibt sie in die optional angegebene lokale *Datei*. Fehlt die Angabe des *Verzeichnis*ses, wird das aktuelle Verzeichnis aufgelistet. Wenn keine lokale *Datei* angegeben ist oder an deren Stelle ein – übergeben wird, erfolgt die Ausgabe auf dem lokalen Terminal.

macdef *Makroname*
Definiert ein Makro. Aufeinanderfolgende Zeilen werden unter der Bezeichnung *Makroname* gespeichert; eine Leerzeile beendet den Makro-Eingabemodus. Wenn das Symbol **$i** im Makro erscheint, wird dieses bei der Ausführung durch ein Argument ersetzt und die Ausführung wiederholt, bis alle Argumente abgearbeitet sind. Ein zeichengetreues **$** kann durch ein \ vor dieser Interpretation geschützt werden.

mdelete *Dateien*
Löscht die angegebenen *Dateien* auf der Gegenstelle.

mdir *Verzeichnisse Datei*
Entspricht dem Befehl **dir**, es können aber mehrere Verzeichnisse angegeben werden.

mget *Dateien*
Führt eine Dateinamenserweiterung auf der Gegenstelle durch und überträgt mittels **get** alle auf diese Weise angegebenen *Dateien*.

mkdir *Verzeichnis*
Erzeugt ein neues *Verzeichnis* auf dem entfernten Rechner.

mls *entfernte_Dateien lokale_Datei*
Wie **nlist**, es können jedoch mehrere *entfernte_Dateien* angegeben werden, und die Angabe einer lokalen Datei ist erforderlich.

mode [*Modus*]
Setzt den Dateitransfermodus auf den angegebenen Wert. Voreingestellt ist der *stream*-Modus.

→

modtime [*Datei*]

Zeigt das Datum der letzten Änderung der *Datei* auf der Gegenstelle an.

mput [*Dateien*]

Führt eine Dateinamenserweiterung auf dem lokalen Rechner durch und überträgt mittels **put** die auf diese Weise angegebenen *Dateien*.

newer *externe_Datei* [*lokale_Datei*]

Holt die externe Datei, wenn diese neuer ist als die lokale Datei.

nlist [*Verzeichnis*] [*Datei*]

Gibt eine Liste des Inhalts des *Verzeichnisses* auf der Gegenstelle aus bzw. schreibt sie in die optional angegebene lokale *Datei*. Fehlt die Angabe des *Verzeichnisses*, wird das aktuelle Verzeichnis aufgelistet.

nmap [*inpattern outpattern*]

Schaltet den Mechanismus zur Dateinamenabbildung ein bzw. aus. Die Abbildung erfolgt entsprechend dem Muster *inpattern*, einer Vorlage für ankommende Dateinamen, und *outpattern*, das den resultierenden Dateinamen bestimmt. Die Symbole $1 bis $9 werden als Variablen behandelt: Beispielsweise würde das *inpattern* **$1.$2** beim eingehenden Dateinamen **readme.txt** die Variable $1 mit **readme** und $2 mit **txt** belegen. Das *outpattern* **$1.data** würde zu einem Ausgabedateinamen **readme.data** führen. $0 enthält den vollständigen Dateinamen. **[string1, string2]** wird durch *string1* ersetzt, sofern dieser nicht leer ist. Wenn doch, würde er durch *string2* ersetzt.

ntrans [*inchars* [*outchars*]]

Schaltet den Mechanismus zur Zeichenübersetzung ein bzw. aus. Entsprechen Zeichen eines Dateinamens den Zeichen in *inchars*, werden sie durch die entsprechenden Zeichen aus *outchars* ersetzt. Sind keine Argumente angegeben, ist der Mechanismus abgeschaltet. Sind Argumente angegeben, gilt:

- Zeichen in externen Dateinamen werden während der Ausführung der Befehle **mput** und **put** übersetzt, wenn kein Zieldateiname angegeben ist.
- Zeichen in lokalen Dateinamen werden während der Ausführung der Befehle **mget** und **get** übersetzt, wenn kein lokaler Zieldateiname angegeben ist.

open *Host* [*Port*]

Stellt eine Verbindung zum angegebenen *Host* her. Eine *Port*nummer kann optional angegeben werden. In diesem Fall versucht **ftp**, die Verbindung über diesen Port aufzubauen.

prompt Schaltet die interaktive Eingabeaufforderung für die **m***-Befehle ein bzw. aus.

proxy *ftp-Befehl*
Führt einen ftp-Befehl auf einer zweiten Steuerverbindung aus, zum Beispiel um Befehle auf zwei verschiedenen Gegenstellen gleichzeitig auszuführen.

put *Datei* [*externe_Datei*]
Speichert eine lokale Datei auf der Gegenstelle. Wenn kein Name für die *externe_Datei* angegeben ist, wird der lokale Dateiname nach der Umwandlung entsprechend den Einstellungen von **ntrans** und **nmap** verwendet. Der Dateitransfer findet entsprechend den Einstellungen von *type*, *file*, *structure* und *transfer mode* statt.

pwd Gibt den Namen des aktuellen Arbeitsverzeichnisses auf dem entfernten Rechner aus.

quit Synonym für **bye**.

quote *Arg1 Arg2...*
Sendet die Argumente unverändert an den externen FTP-Server.

recv *Datei* [*lokale_Datei*]
Synonym für **get**.

reget *Datei* [*lokale_Datei*]
Holt eine *Datei* (wie **get**), nimmt die Übertragung jedoch am Ende der lokalen Datei wieder auf. Hilfreich, um einen abgebrochenen Transfer fortzusetzen.

remotehelp [*Befehl*]
Fordert Hilfe über den angegebenen *Befehl* von der Gegenstelle an. Ohne die Angabe eines Befehls wird normalerweise eine Liste der verfügbaren Befehle ausgegeben.

remotestatus [*Datei*]
Zeigt den Status der Gegenstelle oder, wenn eine *Datei* angegeben ist, den Status dieser Datei an.

rename [*von*] [*nach*]
Benennt auf der Gegenstelle die Datei *von* um in *nach*.

reset Löscht die Antwort-Warteschlange.

restart *Bytezahl*
Nimmt den Dateitransfer an einer bestimmten Bytezahl wieder auf.

rmdir [*Verzeichnis*]
Löscht ein *Verzeichnis* auf dem entfernten Rechner.

runique Schaltet den Mechanismus zur lokalen Speicherung mit eindeutigen Dateinamen um. Wenn die Option eingeschaltet ist, werden Dateinamen mit den Endungen **.1**, **.2** usw. ergänzt, wenn das zur

→

ftp ←

Vermeidung von doppelten Dateinamen erforderlich ist. Voreinstellung ist aus.

send *Datei* [*externe_Datei*]
: Synonym für **put**.

sendport Schaltet die Verwendung der **PORT**-Befehle um.

site [*Befehl*]
: Holt/setzt systemspezifische Informationen von/auf der Gegenstelle.

size *Datei* Liefert die Größe der *Datei* von der Gegenstelle.

status Zeigt den aktuellen Status von **ftp** an.

struct [*Struktur-Name*]
: Setzt die Dateitransferstruktur entsprechend dem Argument. Als Standard wird die **stream**-Struktur verwendet.

sunique Schaltet den Mechanismus zur Erzeugung eindeutiger Dateinamen auf der Gegenstelle ein bzw. aus.

system Gibt den Typ des Betriebssystems der Gegenstelle aus.

tenex Setzt den Dateitransfertyp auf den für die Kommunikation mit TENEX-Rechnern erforderlichen Wert.

trace Schaltet die Paketverfolgung ein bzw. aus.

type [*Typ*]
: Setzt den Dateitransfermodus auf den angegebenen Wert. Ist kein Typ angegeben, wird die aktuelle Einstellung angezeigt. Die Voreinstellung ist ASCII.

umask [*Maske*]
: Setzt die Maske für den Dateierzeugungsmodus auf der Gegenstelle. Ist keine Maske angegeben, wird der aktuelle Wert angezeigt.

user *Benutzername* [*Paßwort*] [*Account*]
: Loggt den Benutzer bei der Gegenstelle ein. **ftp** erfragt Paßwort und Account interaktiv, wenn sie nicht als Argument übergeben wurden.

verbose Schaltet informative Ausgabe hinzu.

? [*Befehl*] Entspricht dem Befehl **help**.

---

fuser

fuser [*Optionen*] *Datei* ... [–]
fuser *-l*

(file user) Gibt zu jeder *Datei* die Prozeß-IDs an, die diese in Gebrauch haben. Den IDs folgen:

c für einen Prozeß, der die Datei als Arbeitsverzeichnis hat.

e für einen Prozeß, der die Datei als Binärcode hat.

f für einen Prozeß, der die Datei mit **open** geöffnet hält.

r für einen Prozeß, zu dem die Datei als Wurzelverzeichnis gehört.

m für einen Prozeß, der die Datei mit **mmap** spiegelt.

Optionen

– Setzt die Optionen und das Signal auf ihre Voreinstellungen zurück.

–*Signal* Versendet *Signal* an Prozesse (voreingestellt: SIGKILL). **fuser** erkennt Angaben als Nummer oder als Name (wie von **fuser –l** angegeben).

–a Zeigt alle angegebenen Dateien an und nicht nur diejenigen in Gebrauch.

–k Beendet alle Prozesse, die auf diese Datei zugreifen.

–l Gibt eine Liste der Signalnamen aus.

–m Betrachtet *Datei* als aufgesetztes Dateisystem und macht Angaben zu den Prozessen auf diesem Dateisystem.

–n *Raum* Wählt einen anderen Namensraum aus (mit dem Prozesse, die TCP- und UDP-Sockets verwenden, ermittelt werden). Unterstützt werden die Namensräume **file** (Dateinamen, Default), **udp** (lokale UDP-Ports), **tcp** (lokale TCP-Ports). Bei Ports kann entweder die Portnummer oder der symbolische Name angegeben werden. Wenn es keine Mehrdeutigkeit gibt, kann auch die Abkürzung **Name/Raum** (beispielsweise **name/proto**) verwendet werden.

–s Sucht ohne Ausgaben; ignoriert **–a**, **–u** und **–v**.

–u Gibt zusätzlich die Namen der Prozeßbesitzer aus.

–v Gibt zusätzliche Angaben aus: PID, Prozeßbesitzer, Befehlsname und Art der Nutzung.

–V Gibt die Versionsnummer aus.

gawk [*Optionen*] *'script' var=Wert ... Datei ...*
gawk [*Optionen*] **–f** *scriptfile var=Wert ... Datei ...*

Die GNU-Version von **awk**, ein Programm zur Erkennung von Textmustern, zum Bearbeiten von Textzeilen und für andere Arten der Textmanipulation. Siehe Kapitel 11 für weitere Informationen.

getkeycodes

Gibt die Tabelle des Systemkerns aus, welche die Abbildung von Tastatur-Scancodes auf Keycodes enthält.

ghostscript

ghostscript [*Optionen*] [*Dateien*]
gs [*Optionen*] [*Dateien*]

Eine Programmiersprache, die zur Dokumentenverarbeitung verwendet wird, ähnlich der Sprache PostScript™ von Adobe Systems. Wenn – anstelle von *Dateien* verwendet wird, wird von der Standardeingabe gelesen.

Optionen

-- *Dateiname Arg1 ...*
: Betrachtet das nächste Argument als Dateiname, verwendet alle weiteren Argumente aber zur Definition von ARGUMENTS in userdict (nicht systemdict) als Array dieser Strings, bevor die Datei verarbeitet wird.

-g*Breite***x***Hoehe*
: Breite und Höhe des Gerätes angeben; diese Option ist für Systeme wie das X Window System gedacht.

-q
: Schweigsames Starten (normale Startmeldungen unterdrücken, außerdem **-dQUIET** ausführen).

-r *Wert*, **-r** *Wert1***x** *Wert2*
: X- und Y-Auflösungen angeben (für Geräte wie Drucker, die verschiedene X- und Y-Auflösungen unterstützen). Wenn nur ein Wert angegeben wird, dann wird dieser für beide Auflösungen verwendet.

-D*Name*=*Token*, **-d***Name*=*Token*
: Definiert einen Namen im systemdict mit der angegebenen Definition. Der Token muß genau ein Token sein (wie es durch den Token-Operator definiert wird) und darf keinen Leerraum enthalten.

-D*Name*, **-d***Name*
: Definiert einen Namen im systemdict mit einem Null-Wert.

-I *Verzeichnisse*
: Fügt die angegebene Liste von Verzeichnissen am Anfang des Suchpfades für Bibliotheksdateien ein.

-S*Name*=*String*, **-s***Name*=*String*
: Definiert einen Namen im systemdict mit dem angegebenen String als Wert.

Besondere Namen

-dDISKFONTS
: Veranlaßt, daß einzelne Zeichen von der Festplatte geladen werden, wenn sie das erstemal auftreten.

-dNOBIND
: Schaltet den Operator **bind** ab. Nur zum Debuggen nützlich.

–dNOCACHE
Schaltet das Caching von Zeichen ab. Nur zum Debuggen nützlich.

–dNODISPLAY
Unterdrückt die normale Initialisierung des Ausgabegerätes. Kann zum Debuggen nützlich sein.

–dNOPAUSE
Schaltet die Eingabeaufforderung und das Anhalten am Ende jeder Seite ab.

–dNOPLATFONTS
Schaltet die Verwendung von Zeichensätzen, die von der zugrundeliegenden Plattform (beispielsweise dem X Window System) bereitgestellt werden, ab.

–dSAFER Schaltet die Operatoren *deletefile* und *renamefile* und die Fähigkeit, Dateien für etwas anderes als nur zum Lesen zu öffnen, ab.

–dWRITESYSTEMDICT
Beläßt systemdict schreibbar.

–sDEVICE=*Gerät*
Wählt ein alternatives initiales Ausgabegerät.

–sOUTPUTFILE=*Dateiname*
Wählt eine alternative Ausgabedatei (oder Pipe) für das initiale Ausgabegerät.

grep

grep [*Optionen*] *Muster* [*Dateien*]

Durchsucht eine oder mehrere *Dateien* nach Zeilen, die dem regulären Ausdruck *Muster* entsprechen. Eine Beschreibung regulärer Ausdrücke finden Sie in Kapitel 6. Der Rückgabewert ist **0**, falls Zeilen übereinstimmen, **1**, falls nicht, sowie **2** bei Fehlern. Siehe auch **egrep** und **fgrep**.

Optionen

–Anzahl Gibt *Anzahl* Zeilen vor und nach einem Treffer aus.

–b, ––byte-offset
Gibt den Versatz in Bytes in der Eingabedatei vor jeder Ausgabezeile aus.

–c, ––count
Gibt nur die Anzahl der Trefferzeilen aus. Mit den Optionen **–v** und **––revert-match** werden die nicht passenden Zeilen gezählt.

–e *Muster*, **––regex=***Muster*
Sucht nach *Muster*. Funktioniert genauso wie die Angabe des Suchmusters als Argument, ist zudem nützlich, um Muster zu schützen, die mit einem – anfangen.

→

grep
←

–f *Datei*, **– –file=***Datei*
Liest eine Liste von Suchmustern aus *Datei* (je eines pro Zeile).

–h, – –no-filename
Gibt die passenden Zeilen, aber nicht die Dateinamen aus (das Gegenstück zu **–l**).

–i, – –ignore-case
Behandelt Klein- und Großbuchstaben gleich.

–l, – –files-with-matches
Nennt die Namen der Dateien mit Treffern, aber keine einzelnen Trefferzeilen; das Durchsuchen jeder Datei wird nach dem ersten Treffer abgebrochen.

–n, – –line-number
Gibt die Zeilen und ihre Zeilennummern aus.

–q, – –quiet
Unterdrückt die normale Ausgabe; das Durchsuchen wird nach dem ersten Treffer abgebrochen.

–s, – –silent
Unterdrückt Fehlermeldungen über nichtexistente und unlesbare Dateien.

–u, – –unix-byte-offsets
Meldet Byte-Versätze im Unix-Stil. Diese Option erzwingt auch in DOS- und Windows-Umgebungen die Unix-artige Ausgabe; sie kann nur zusammen mit **–b** verwendet werden.

–v, – –revert-match
Alle Zeilen ausgeben, auf die das Suchmuster *nicht* paßt.

–w, – –word-regex
Nur nach ganzen Wörtern suchen. Wörter sind Zeichenfolgen, die durch Zeichen getrennt sind, die keine Buchstaben, Ziffern oder Unterstriche sind.

–x, – –line-regex
Gibt die Zeilen nur aus, wenn das Suchmuster auf die gesamte Zeile paßt.

–A *Anzahl*
Gibt nach der Trefferzeile *Anzahl* weitere Zeilen aus.

–B *Anzahl*
Gibt vor der Trefferzeile *Anzahl* weitere Zeilen aus.

–C, – –context
Gibt zwei Zeilen Kontext vor und nach der Trefferzeile aus; entspricht **–2**.

–E
Suchmuster als erweiterten regulären Ausdruck betrachten. Ähnlich wie **egrep**. ?, +, {, |, (und) werden als Sonderzeichen betrachtet, auch wenn ihnen kein \ vorangestellt ist.

–F Wie **fgrep**.

–G Die Voreinstellung. Das Suchmuster wird als regulärer Ausdruck betrachtet, die Zeichen ?, +, {, |, (und) haben also keine besondere Bedeutung, wenn ihnen kein \ vorangestellt ist.

–L, – –files-without-match
Nennt die Dateien, die keine Trefferzeilen enthalten.

–U, – –binary
Behandelt die Dateien wie Binärdateien; nur unter DOS und Windows.

–V, – –version
Gibt die Versionsnummer auf Standardfehler aus.

Beispiele

Die Anzahl der Benutzer ausgeben, die *tcsh* nutzen:

```
grep -c /bin/tcsh /etc/passwd
```

Alle Header-Dateien namentlich angeben, die mindestens eine **#include**-Direktive enthalten:

```
grep -l '^#include' /usr/include/*
```

Alle Dateien namentlich angeben, die nicht *Muster* enthalten:

```
grep -c Muster Dateien | grep :0
```


groff [*Optionen*] [*Dateien*]
troff [*Optionen*] [*Dateien*]

Ein Frontend für das Dokumentenformatiersystem **groff**, das normalerweise **troff** mit einem Postprozessor für das gewählte Gerät aufruft. Optionen ohne Argumente können nach einem einzelnen Strich (-) verwendet werden. Der Dateiname – steht für die Standardeingabe.

Geräte

ascii Schreibmaschinenartiges Gerät

dvi TEX-DVI-Format

latin1 Schreibmaschinenartige Geräte, die die Zeichenmenge ISO-Latin-1 verwenden.

ps PostScript

X75 75-DPI-X11-Betrachter

X100 100-DPI-X11-Betrachter

lj4 HP-LaserJet4-kompatibler (oder anderer PCL5-kompatibler) Drucker

→

groff
←

Optionen

Die folgenden Optionen sind die gleichen wie bei **troff**: **–a**, **–b**, **–dcs**, **–i**, **–ffam**, **–mname**, **–olist**, **–nnum**, **–rcn**, **–wname**, **–C**, **–E**, **–Fdir**, **–Mdir** und **–Wname**. Außerdem kennt **groff** die folgenden Optionen:

–e Dateien mit **eqn** vorverarbeiten.

–h Hilfetext ausgeben.

–p Dateien mit **pic** vorverarbeiten.

–s Dateien mit **soelim** vorverarbeiten.

–t Dateien mit **tbl** vorverarbeiten.

–R Dateien mit **refer** vorverarbeiten.

–v Versionsnummern von von **groff** gestarteten Programmen ausgeben.

–V Die Pipeline auf der Standardausgabe ausgeben, anstatt sie auszuführen.

–z **troff**-Ausgaben (außer Fehlermeldungen) unterdrücken.

–Z Die Ausgabe von **troff** nicht nachbearbeiten. Normalerweise startet **groff** automatisch den passenden Postprozessor.

–P*Arg* *Arg* an den Postprozessor übergeben. Jedes Argument sollte mit einer eigenen **–P**-Option übergeben werden.

–l Die Ausgabe an einen Drucker schicken (entsprechend dem Druckbefehl in der Gerätebeschreibungsdatei).

–L*Arg* *Arg* an den Spooler übergeben. Jedes Argument sollte mit einer eigenen **–L**-Option übergeben werden.

–T*Gerät* Die Ausgabe für das Gerät *Gerät* aufbereiten; der Default ist **ps**.

–N Keine Zeilenwechsel in Begrenzungszeichen von **eqn** zulassen, entspricht der Option **–N** von **eqn**.

–S Den Sicherheitsmodus verwenden (also z.B. die Option **–S** an **pic** übergeben und die Makros **–msafer** mit **troff** verwenden).

Umgebungsvariablen

GROFF_COMMAND_PREFIX
Wenn diese Variable auf X gesetzt ist, führt **groff Xtroff** anstelle von **troff** aus.

GROFF_FONT_PATH
Durch Doppelpunkte getrennte Liste von Verzeichnissen, in denen nach dem Verzeichnis *Gerätename* gesucht wird.

GROFF_TMAC_PATH
Durch Doppelpunkte getrennte Liste von Verzeichnissen, in denen nach Makro-Dateien gesucht wird.

GROFF_TMPDIR
Wenn diese Variable gesetzt ist, werden temporäre Dateien in diesem Verzeichnis erzeugt, ansonsten in TMPDIR (falls gesetzt) oder */tmp* (falls TMPDIR nicht gesetzt ist).

GROFF_TYPESETTER
Default-Gerät.

PATH Suchpfad für die Befehle, die **groff** ausführt.

---

groups [*Benutzer*]

Zeigt die Gruppen an, zu denen der Benutzer *Benutzer* gehört (voreingestellt ist die eigene Gruppe). Die Gruppen stehen in **/etc/passwd** und **/etc/group**.

---

gzexe [*Optionen*] [*Datei*]

gzexe komprimiert Programmdateien. Wenn diese gestartet werden, dekomprimieren sie sich selbständig, so daß Plattenplatz auf Kosten von Ausführungszeit eingespart wird. **gzexe** erstellt Backup-Dateien (*Dateiname~*), die nach Testen der komprimierten Programmdatei gelöscht werden sollten.

Option

–d Dekomprimiere bereits komprimierte Programmdateien.

---

gzip [*Optionen*] [*Datei(en)*]
gunzip [*Optionen*] [*Datei(en)*]
zcat [*Optionen*] [*Datei(en)*]

gzip komprimiert die angegebene(n) Datei(en) (oder die Daten von der Standardeingabe) mit der Lempel-Ziv-Codierung (LZ77). Die komprimierte Datei wird umbenannt in *Datei.gz*. Dabei werden Zugriffsrechte und Zeitmarken beibehalten und symbolische Links ignoriert. Dekomprimiert wird mit **gunzip**, das, sofern nicht anders angegeben, dieselben Optionen benutzt wie **gzip**. **zcat** ist identisch mit **gunzip –c** und kennt die unten angegebenen Optionen **–fhLV**. Dateien, die mit **compress** komprimiert wurden, können ebenfalls dekomprimiert werden.

Optionen

–a, ––ascii
ASCII-Textmodus: konvertiert Zeilenenden nach den lokalen Konventionen. Diese Option wird nur auf einigen Nicht-Unix-Systemen unterstützt.

–c, ––stdout, ––to-stdout
Schreibt die komprimierten Daten auf die Standardausgabe, anstatt die Quelldatei zu ersetzen.

→

gzip ←

–d, ––decompress, ––uncompress
Entspricht dem Programm **gunzip**.

–f, ––force
Erzwingt die Durchführung der Komprimierung. **gzip** fordert normalerweise eine Bestätigung, falls die angegebene Datei mehrere symbolische Links besitzt, die entsprechende **.gz**-Version bereits existiert oder bereits komprimierte Daten von einem Terminal eingelesen werden.

–h ––help
Hilfetext anzeigen und beenden.

–l, ––list Erwartet bereits komprimierte Dateien als Argument. Die Dateien dürfen mit einer der folgenden Methoden komprimiert sein: **gzip**, **deflate**, **compress**, **lzh** und **pack**. Für jede Datei werden die unkomprimierte und die komprimierte Länge (letztere immer –1 bei Dateien, die nicht von **gzip** stammen), Kompressionsrate und Originalname angegeben. Mit **-v** werden zusätzlich die Kompressionsmethode, die 32-Bit-CRC der unkomprimierten Daten und die Zeitmarken angezeigt. Mit **-N** werden dabei die in der komprimierten Datei gesicherten Originalnamen und Zeitmarken verwendet.

–n, ––no-name
Beim Komprimieren nicht den ursprünglichen Dateinamen und Zeitstempel speichern. Wenn dekomprimiert wird, nicht den ursprünglichen Dateinamen (sofern vorhanden) und den ursprünglichen Zeitstempel (sofern vorhanden) restaurieren. Diese Option ist beim Dekomprimieren voreingestellt.

–q, ––quiet
Unterdrückt alle Meldungen.

–r, ––recursive
Komprimiert rekursiv die Inhalte eines Verzeichnisses, sofern ein Verzeichnisname als Dateiargument angegeben wurde.

–t, ––test Testet komprimierte Dateien auf ihre Fehlerfreiheit.

–v, ––verbose
Gibt bei jeder Datei den Namen und die Kompressionsrate an.

–L, ––license
Die Lizenz von **gzip** anzeigen und beenden.

–N, ––name
(Voreinstellung) Speichert Originalnamen und Zeitmarken in der komprimierten Datei. Bei **gunzip** oder **gzip -d** werden Originalname und Zeitmarke restauriert.

–S *Endung*, **––suffix** *Endung*
Fügt *Endung* und den Originalnamen an. Voreingestellt ist **gz**. Fehlt beim Dekomprimieren unter Verwendung dieser Option

die Angabe einer Endung, so versucht **gunzip**, alle angegebenen Dateien zu dekomprimieren, egal welche Endung sie haben.

-*Ziffer*, **--fast**, **--best**
Legt die Kompressionsgeschwindigkeit fest. *Ziffer* kann Werte von 1 bis 9 annehmen, wobei mit steigender Ziffer die Kompressionsrate steigt, die Geschwindigkeit hingegen sinkt. **-1** oder **--fast** bedeutet also schnellstmögliche Bearbeitung (bei weniger Kompression), während **-9** oder **--best** die bestmögliche Kompression (bei langsamer Verarbeitung) ergibt.

head [*Optionen*] [*Datei(en)*]

head druckt die ersten Zeilen (Vorgabewert: 10) von einer oder mehreren *Dateien*. Ohne Angabe von *Dateien* wird von der Standardeingabe gelesen, bei mehr als einer Datei wird eine Header-Zeile für jede Datei ausgegeben.

Optionen

-c *Anzahl*, **--bytes** *Anzahl*
Druckt die angegebene *Anzahl* oder, falls nach *Anzahl* ein **b**, **k** oder **m** steht, die ersten *Anzahl* 512-Byte-, 1-Kilobyte- oder 1-Megabyte-Blöcke.

--help Hilfetext anzeigen und beenden.

-n *Anzahl*, **--lines** *Anzahl*
Druckt die angegebene *Anzahl* Zeilen. Voreinstellung ist 10.

-q, **--quiet**, **--silent**
Stiller Modus; keine Überschriften mit den Dateinamen ausgeben.

-v, **--verbose**
Druckt auch für nur eine Datei eine Header-Zeile.

--version Versionsnummer anzeigen und beenden.

Beispiele

Zeigt die ersten 20 Zeilen der Datei **telefonliste**:

```
head -20 telefonliste
```

Zeigt die ersten zehn Telefonnummern mit der Vorwahl 030:

```
grep '(030)' telefonliste | head
```

hostid [-*v*] [*ID*]

ID-Nummer des Hosts ausgeben. Per Voreinstellung wird der hexadezimale Wert ausgegeben. Mit der Option **-v** kommt zuerst der dezimale Wert, gefolgt vom hexadezimalen Wert in Klammern. Der Superuser kann die Host-ID durch Angabe des dezimalen Wertes einstellen.

hostname

hostname [*Option*] [*Hostname*]

hostname setzt oder liefert den Namen des lokalen Hosts. Nur privilegierte Benutzer können den Namen mit dem *Hostname*-Argument setzen.

Option

–a, ––alias
Den Alias-Namen des Hosts (sofern verwendet) anzeigen.

–d, ––domain
Liefert den DNS-Domain-Namen.

–f, ––fqdn, ––long
Liefert den vollständigen Domain-Namen.

–h, ––help
Hilfetext ausgeben und beenden.

–i, ––ip-address
IP-Adressen des Hosts ausgeben.

–s, ––short
Entfernt die Domain-Informationen vom ausgegebenen Namen.

–v, ––verbose
Verbose-Modus.

–y, ––yp, ––nis
Den NIS-Domain-Namen anzeigen.

–F *Datei*, **––file** *Datei*
Entnimmt den Hostnamen aus *Datei*.

–V, ––version
Versionsinformationen ausgeben und beenden.

id

id [*Optionen*] [*Benutzername*]

id zeigt Informationen über den aktuellen oder angegebenen Benutzer an: Benutzer-ID, Gruppen-ID, effektive Benutzer- und Gruppen-ID, falls von Bedeutung, sowie zusätzliche Gruppen-IDs.

Optionen

–g, ––group
Gibt lediglich die Gruppen-ID aus.

–n, ––name
Liefert zusammen mit **–u**, **–g** oder **–G** den Benutzer- oder Gruppennamen anstatt der ID-Nummer.

–r, ––real Liefert zusammen mit **–u**, **–g** oder **–G** die reale Benutzer- oder Gruppen-ID anstatt der effektiven IDs.

–u, ––Benutzer
Gibt nur die Benutzer-ID aus.

–G, --groups
Liefert nur zusätzliche Gruppen-IDs.

id

info [*Optionen*] [*Stichwörter*]

info

info ist ein GNU-Hypertext-Betrachter: Er zeigt Online-Dokumentationen an, die aus Texinfo-Eingaben hergestellt wurden. Infodateien besitzen eine hierarchische Anordnung und können Menüs für Unterbegriffe enthalten. Wird **info** ohne Angabe von Optionen gestartet, wird zunächst die Hauptinfodatei angezeigt (üblicherweise */usr/info/dir*). Wenn mehrere *Stichwörter* angegeben sind, wird das erste Stichwort aus dem Menü der Hauptinfodatei herausgesucht, das nächste Stichwort aus dem Menü der dadurch bestimmten Unterdatei usw. Die Anzeige zu Beginn kann außerdem durch die **–f**- und **–n**-Optionen beeinflußt werden.

Optionen

–d *Verzeichnisse*, **--directory** *Verzeichnisse*
Durchsucht *Verzeichnisse*, eine durch Kommata getrennte Liste, nach Infodateien. Wird diese Option nicht verwendet, so wird die Umgebungsvariable INFOPATH oder der Vorgabewert */usr/info* verwendet.

--dribble *Datei*
Speichert jeden Tastendruck in der angegebenen *Datei*. Die gespeicherten Tastendrücke können später mit der **--restore**-Option dazu benutzt werden, um schnell wieder an dieselbe Stelle zu gelangen.

–f *Datei*, **--file** *Datei*
Zeigt eine bestimmte Infodatei an.

–n *Node*, **--node** *Node*
Zeigt den angegebenen Node in der Infodatei an.

–o *Datei*, **--output** *Datei*
Schreibt die Informationen in *Datei* anstatt auf den Bildschirm.

--help Zeigt eine kurze Hilfe an.

--restore *Datei*
Führt nach dem Start die in *Datei* gespeicherten Tastendrücke aus.

--subnodes
Zeigt die in der Infodatei verwalteten Unterbegriffe an.

--version Gibt die Versionsnummer des Programms aus.

ispell [*Optionen*] [*Dateien*]

ispell

ispell vergleicht die Wörter in einer oder mehreren angegebenen *Dateien* mit dem Systemwörterbuch. Unbekannte Wörter werden am oberen Bild-

→

schirmrand angezeigt, zusammen mit der wahrscheinlich korrekten Schreibweise. Eine Textkorrektur ist mittels verschiedener Befehle möglich.

Optionen

–b Legt eine Sicherheitskopie der Datei in *Datei*.**bak** an.

–d *Datei* Benutzt *Datei* statt des Systemwörterbuches.

–m Schlägt verschiedene Deklinations- und Konjugationsformen vor.

–n Interpretiert die angegebene Datei als nroff- oder troff-Datei.

–p *Datei* Benutzt *Datei* anstatt des persönlichen Wörterbuches.

–t Interpretiert die angegebene Datei als TEX- oder LATEX-Datei.

–w *Zeichen*
Definiert *Zeichen* als erlaubt, zusätzlich zu a–z und A–Z.

–x Legt keine Sicherheitskopie der Originaldatei an.

–B Untersucht unbekannte Wörter zusätzlich darauf, ob sie aus zwei bekannten Wörtern bestehen, zwischen denen lediglich ein Leerzeichen fehlt.

–C Unterdrückt Fehlermeldungen, wenn lediglich ein Leerzeichen fehlt.

–L *Anzahl*
Zeigt *Anzahl* Zeilen aus dem laufenden Text an, um den Zusammenhang darzustellen.

–M Listet interaktive Befehle am unteren Bildschirmrand auf.

–N Unterdrückt die Anzeige der interaktiven Befehle.

–P Unterdrückt den Vorschlag von unterschiedlichen Deklinations- und Konjugationsformen.

–S Sortiert Vorschläge nach ihrer Wahrscheinlichkeit.

–T *Typ* Interpretiert alle Dateien als mit *Typ* formatiert.

–W *n* Ignoriert Wörter mit *n* oder weniger Buchstaben.

–V Benutzt 'Hut'-Schreibweise (**^L**) für die Anzeige von Steuerzeichen und **M-** für die Anzeige von Zeichen mit gesetztem höchstwertigem Bit.

Interaktive Befehle

? Hilfemeldung anzeigen.

Leerzeichen
Das Wort an dieser Stelle akzeptieren.

Nummer Ersetzt falsches Wort durch Vorschlag Nummer *Nummer*.

!*Befehl* Ruft die Shell auf und führt den *Befehl* aus. Vor der Rückkehr wird auf einen Tastendruck gewartet.

a	Akzeptiert das Wort als korrekt, nimmt es jedoch nicht in das persönliche Wörterbuch auf.
i	Akzeptiert das Wort als korrekt und fügt es (mit der Groß-/Kleinschreibung wie in der Datei) dem persönlichen Wörterbuch hinzu.
l	Durchsucht das Systemwörterbuch.
q	Beendet das Programm, ohne die Änderungen zu speichern.
r	Ersetzt das falsche Wort.
u	Akzeptiert das Wort und fügt es in Kleinbuchstaben dem persönlichen Wörterbuch hinzu.
x	Speichert die Änderungen und springt zur nächsten Datei.
^L	Bildschirm neu zeichnen.
^Z	**ispell** vorübergehend unterbrechen.

kbd_mode [*Option*]

kbd_mode gibt den aktuellen Tastaturmodus aus oder stellt ihn ein. Dies kann RAW, MEDIUMRAW oder XLATE sein.

Optionen

–a	Setzt Modus auf XLATE (ASCII-Modus).
–k	Setzt Modus auf MEDIUMRAW (Tastaturcode-Modus).
–s	Setzt Modus auf RAW (Scancode-Modus).
–u	Setzt Modus auf UNICODE (UTF-8-Modus).

kill [*Option*] *IDs*

kill sendet ein Signal, um einen oder mehrere Prozesse abzubrechen. Der Benutzer benötigt dazu das Zugriffsrecht auf die genannten Prozesse. Wenn kein Signal angegeben wird, wird TERM geschickt. Dieses Programm arbeitet ähnlich wie der **kill**-Befehl, der in die **bash** und andere Shells eingebaut ist.

Optionen

–l	Listet alle Signale auf.
–p	Die Prozeß-ID des angegebenen Prozesses ausgeben, aber kein Signal schicken.
–*Signal*	Die Signalnummer (aus */usr/include/sys/signal.h*) oder der Signalname (aus **kill –l**). Das Signal 9 (HUP) kann vom Prozeß nicht abgefangen werden. Die Voreinstellung ist TERM.

killall

killall [*Optionen*] [*Name*]

killall beendet Prozesse anhand ihres Namens. Führt mehr als ein Prozeß das angegebene Kommando aus, werden alle beendet. Befehlsnamen, die ein / enthalten, werden als Programmdateien interpretiert. Es werden alle Prozesse beendet, die dieses Programm ausführen.

Optionen

–*Signal*
Sendet *Signal* an den Prozeß (Vorgabewert ist TERM). *Signal* kann ein Signalname oder eine Nummer sein.

–e
Verlangt beim Beenden von sehr langen Namen (mit mehr als 15 Zeichen) den genauen Namen. Normalerweise löscht **killall** alles, auf das die ersten 15 Zeichen passen. Mit **–e** werden solche Einträge übersprungen. (**–v** gibt in diesem Fall für jeden übersprungenen Eintrag eine Meldung aus.)

–i
Fragt nach, bevor ein Prozeß abgebrochen wird.

–l
Gibt eine Liste aller verfügbaren Signale aus.

–q
Keine Fehlermeldung bei nicht beendeten Prozessen ausgeben.

–v
Zeigt nach dem Löschen eines Prozesses eine Erfolgsmeldung mit der Prozeß-ID an (verbose).

–w
Darauf warteten, daß alle beendeten Prozesse auch wirklich beendet sind. Beachten Sie, daß **killall** ewig warten muß, wenn das Signal ignoriert wurde, keine Wirkung hatte oder der Prozeß ein Zombie bleibt.

killall5

killall5

killall5 ist das System-V-Equivalent von **killall**. Dieses Programm löscht alle laufenden Prozesse bis auf diejenigen, von denen es selbst abhängt.

less

less [*Optionen*] [*Dateiname(n)*]

less ist ein Programm zum Durchblättern von Dateien oder Bildschirmausgaben. Es wurde geschrieben, um die mangelnde Funktionalität von **more** auszugleichen. Einige der Befehle erlauben eine vorherige Zifferneingabe.

Optionen

–[z]*Anzahl*
Setzt die Anzahl der jeweils anzuzeigenden Zeilen auf den angegebenen Wert; voreingestellt ist eine Bildschirmseite. Eine negative *Anzahl* setzt die Anzahl der Zeilen auf *Anzahl* abzüglich der momentanen Zeilenzahl.

+[+]*Befehl*
Führt den angegebenen *Befehl* gleich beim Start aus. Falls der *Befehl* eine Zahl ist, wird zu der entsprechenden Zeile gesprun-

gen. Die Option ++ läßt diesen Befehl auf jede Datei in der Dateiliste der Kommandozeile wirken.

–? Zeigt einen Hilfebildschirm. Alle anderen Optionen werden ignoriert, es werden auch keine Dateiinhalte angezeigt.

–a Bewirkt, daß bei Suchbefehlen ab der letzten angezeigten Zeile gesucht wird, nicht von der zweiten angezeigten Zeile an.

–b*Anzahl* Benutzt die angegebene *Anzahl* Puffer für jede Datei (Vorgabe: 10). Puffer belegen jeweils 1 KB Speicher.

–c Führt einen Bildschirmaufbau von oben, nicht von unten her durch.

–d Unterdrückt die Anzeige von Terminal-Fehlermeldungen.

–e Beendet das Programm, nachdem zweimal *EOF* erreicht wurde.

–f Unterdrückt Warnungen beim Öffnen von Binärdateien.

–g Zeigt nur den vom letzten Suchkommando gefundenen Text hervorgehoben an, nicht alle passenden Textstellen.

–h*Anzahl* Blättert niemals mehr als *Anzahl* Zeilen auf einmal zurück.

–i Macht Suchanfragen unabhängig von Groß-/Kleinschreibung, solange der zu suchende Text keine Großbuchstaben enthält.

–j*Nummer*

Positioniert die „Zielzeile“ auf der *Nummer*-ten Bildschirmzeile. „Zielzeile“ kann das Ergebnis einer Suche oder eines Sprunges sein. Die Zeilen werden vom oberen Bildschirmrand aus gezählt. Bei einer negativen *Nummer* wird vom unteren Bildschirmrand aus gezählt.

–k*Datei* Liest *Datei* zur Definition einer speziellen Tastaturbelegung.

–m Zeigt eine dem **more**-Programm entsprechende Statusmeldung (Prompt) inklusive der Prozentanzeige des bereits angezeigten Textes an.

–n Schaltet das Zählen der Zeilennummern ab. Dadurch werden die **-m**- und **-M**-Optionen sowie die Befehle = und **v** beeinflußt (die Zeilennummer wird nicht an den Editor weitergegeben).

–o*Datei* Kopiert die Ausgabe von aus einer Pipe stammenden Informationen in *Datei* und auf den Bildschirm. Es wird nach einer Bestätigung verlangt, wenn *Datei* bereits existiert.

–p*Text* Sucht beim Start nach dem ersten Auftreten von *Text*.

m	Setzt einen kurzen Prompt (definiert durch **-m**).
M	Setzt einen langen Prompt (definiert durch **-M**).
=	Setzt eine Nachricht entsprechend dem Befehl =.

→

less ←

–q	Deaktiviert den Signalton bei Versuchen, vor den Dateianfang oder hinter *EOF* zu blättern. Statt dessen wird, wenn möglich, ein optisches Signal erzeugt.
–r	Zeigt Steuerzeichen direkt an, anstatt die übliche ^*x*-Notation zu benutzen. Diese Option kann bei Erscheinen bestimmter Steuerzeichen zu Anzeigeproblemen führen.
–s	Druckt aufeinanderfolgende Leerzeilen als eine Zeile.
–t*Tag*	Editiert die Datei, die *Tag* enthält. Es wird in der Datei **./tags** nachgeschlagen (angelegt von **ctags**).
–u	Behandelt Backspaces und Wagenrückläufe als druckbare Zeichen.
–w	Zeigt Zeilen nach einem *EOF* als Leerzeilen an, anstatt sie mit einer Tilde (~) zu füllen.
–x*Anzahl*	Setzt die Tabulatorweite auf *Anzahl* Zeichen. Vorgabewert ist 8.
–y*Anzahl*	Blättert niemals mehr als *Anzahl* Zeilen auf einmal vorwärts.
–B	Verhindert das automatische Belegen von Puffern für Daten aus einer Pipe. Falls durch **-b** eine Pufferzahl vorgegeben wurde, werden genau so viele Puffer belegt. Falls notwendig, werden Informationen aus vorhergehenden Bildschirmen gelöscht, um Platz zu schaffen.
–C	Zeichnet den Bildschirm neu, indem er gelöscht und dann von oben nach unten aufgebaut wird.
–E	Beendet das Programm, nachdem *EOF* erreicht wurde.
–G	Unterdrückt das Hervorheben gefundener Textstellen.
–I	Macht Suchanfragen unabhängig von Groß-/Kleinschreibung, auch wenn der zu suchende Text Großbuchstaben enthält.
–M	Zeigt noch mehr Informationen im Prompt als mit **-m**, inklusive Prozentsatz der angezeigten Daten, Gesamtzeilenzahl und aktueller Zeilennummer.
–N	Druckt die aktuelle Zeilennummer vor jeder Zeile.
–O*Datei*	Entspricht **–o**, aber überschreibt vorhandene Dateien ohne Rückfrage.
–P[m,M,=]*Prompt*	Setzt den *Prompt* (entsprechend **-m**, **-M** oder **=**). Vorgegeben ist ein kurzer Prompt (**-m**).
–Q	Unterdrückt die Auslösung eines Signaltons.
–S	Schneidet lange Zeilen ab, anstatt sie auf die nächste Zeile umzubrechen.
–T*Datei*	Liest zusammen mit der **-t** Option oder dem **:t** Befehl statt **./tags** die Datei *Datei*.

–U Interpretiert Backspaces und Wagenrückläufe als Steuerzeichen.

–X Unterdrückt die Initialisierungs- und Deinitialisierungssequenzen von Termcap.

Befehle

Einigen Befehlen können Argumente vorangestellt werden.

SPACE, ^V, f, ^F
: Blättert um die eingestellte Zeilenzahl weiter (üblicherweise eine Bildschirmseite).

z
: Wirkt ähnlich wie SPACE, jedoch kann hier die gewünschte Zeilenzahl mit angegeben werden, die dann auch für SPACE gilt.

RETURN, ^N, e, ^E, j, ^J
: Blättert um die eingestellte Zeilenzahl weiter (üblicherweise eine Zeile), auch wenn dies mehr als eine Bildschirmseite wäre.

d, ^D
: Blättert um eine halbe Bildschirmseite weiter. Wird ein Wert angegeben, so wird dieser als neue Zeilenzahl festgelegt.

b, ^B, ESC-v
: Blättert rückwärts, normalerweise eine Bildschirmseite weit.

w
: Entspricht **b**, erlaubt aber das Einstellen eines Standardwertes, der dann auch für **b** gilt.

y, ^Y, ^P, k, ^K
: Blättert rückwärts. Voreingestellt ist eine Zeile. Bei Angabe einer größeren Zeilenzahl wird auch dann geblättert, wenn dabei eine Bildschirmseite überschritten wird.

u, ^U
: Blättert rückwärts, üblicherweise eine halbe Bildschirmseite weit. Wird eine Zeilenzahl angegeben, so ist diese der neue Vorgabewert.

r, ^R, ^L
: Baut den Bildschirm neu auf.

R
: Entspricht **r**, löscht jedoch bereits gepufferte Eingaben.

F
: Blättert vorwärts. Wenn dabei ein *EOF* erreicht wird, wird versucht, weitere Daten zu lesen. **less** verhält sich dann ähnlich wie **tail –f**.

g, <, ESC-<
: Springt zu einer Zeile. Voreingestellt ist Zeile 1.

G, >, ESC->
: Springt zu einer Zeile. Voreingestellt ist die letzte Zeile.

p, %
: Fragt nach einer Zahl zwischen 0 und 100. Anschließend wird zu der Stelle gesprungen, die dem angegebenen Prozentwert des Gesamttextes entspricht.

{
: Sucht die passende }, falls die erste Bildschirmzeile eine { enthält. Befinden sich mehrere { in der ersten Bildschirmzeile, wird nach der Nummer gefragt, deren Gegenstück gesucht werden soll.

→

less
←

}	Sucht die passende {, falls die letzte Bildschirmzeile eine } enthält. Befinden sich mehrere } in der untersten Bildschirmzeile, wird nach der Nummer gefragt, deren Gegenstück gesucht werden soll.
(	Entspricht {, jedoch für (.
)	Entspricht }, jedoch für).
[	Entspricht {, jedoch für [.
]	Entspricht }, jedoch für].
ESC-^F	Entspricht {, fragt jedoch nach zwei Zeichen, auf die sich die Suche beziehen soll.
ESC-^B	Entspricht }, fragt jedoch nach zwei Zeichen, auf die sich die Suche beziehen soll.
m	Fragt nach einem Kleinbuchstaben, der als Markierung für die aktuelle Zeile benutzt werden soll.
'	Fragt nach einem Kleinbuchstaben und begibt sich in die durch ihn markierte Zeile. Folgende Sonderzeichen sind vordefiniert: **'** Kehrt zur Stelle vor der letzten „großen Bewegung" zurück. **^** Springt an den Dateianfang. **$** Springt an das Dateiende.
^X^X	Entspricht '.
/Muster	Sucht nach dem nächsten Auftauchen von *Muster*, ausgehend von der zweiten angezeigten Zeile. Vor *Muster* können folgende Sonderzeichen angewendet werden: **!** Sucht nach Zeilen, die *Muster* NICHT enthalten. ***** Sucht in der nächsten Datei weiter, falls *Muster* in der aktuellen Datei nicht vorkommt. **@** Sucht von der ersten Zeile der ersten angegebenen Datei an, egal, wo man sich gerade befindet.
?Muster	Sucht rückwärts, beginnend bei der Zeile vor der ersten angezeigten Zeile. !, * und @ werden wie bei / interpretiert.
ESC-/*Muster*	Entspricht /* .
ESC-?*Muster*	Entspricht ?* .
n	Wiederholt die letzte Suche nach *Muster*.
N	Wiederholt die letzte Suche nach *Muster*, jedoch in umgekehrter Richtung.

ESC-n Wiederholt die letzte Suche, jedoch so, als wäre sie mit * versehen gewesen.

ESC-N Wiederholt die letzte Suche, jedoch so, als wäre sie mit * versehen gewesen, und in umgekehrter Richtung.

ESC-u Schaltet das Hervorheben gefundener Textstellen ein oder aus.

:e [*Dateiname*]
Liest *Dateiname* ein und fügt die Datei der Liste der zu bearbeitenden Dateien hinzu. Fehlt die Angabe von *Dateiname*, wird die aktuelle Datei neu eingelesen. *Dateiname* kann Sonderzeichen enthalten:

% Aktueller Dateiname

Name der vorherigen Datei

^X^V, E Entspricht **:e**.

:n Liest die nächste Datei in der Dateienliste.

:p Liest die vorherige Datei in der Dateienliste.

:x Liest die erste Datei in der Dateienliste.

:f, =, ^G Gibt folgende Informationen aus: Dateiname, Position in der Dateienliste, Zeilennummer der ersten Bildschirmzeile, Gesamtanzahl der Zeilen, Zeichennummer des ersten Zeichens auf dem Bildschirm und die Gesamtzeichenzahl.

- Führt, gefolgt von einer gültigen Kommandozeilenoption, die entsprechende Einstellung am laufenden Programm durch. Ein eventuell erforderliches Argument wird interaktiv erfragt.

-+ Setzt, gefolgt von einer gültigen Kommandozeilenoption, die entsprechene Einstellung auf den Standardwert zurück.

-- Setzt, gefolgt von einer gültigen Kommandozeilenoption, die entsprechene Einstellung auf das Gegenteil vom Standardwert, wenn solch ein Wert eindeutig bestimmt ist.

_ Zeigt, gefolgt von einer gültigen Kommandozeilenoption, die aktuelle Einstellung an.

+*Befehl* Führt den *Befehl* jedesmal aus, wenn eine neue Datei eingelesen wird.

q, :q, :Q, ZZ
Beendet das Programm.

v Ist nicht in allen Versionen verfügbar. Es wird **vi** bzw. der in $VISUAL oder $EDITOR angegebene Editor aufgerufen.

! *Befehl* Ist nicht in allen Versionen verfügbar. Es wird **sh** bzw. $SHELL aufgerufen. Wurde ein *Befehl* angegeben, wird er ausgeführt und die Shell beendet. Folgende Sonderzeichen sind verfügbar:

% Name der aktuellen Datei

→

#	Name der letzten Datei
!!	Letzter Shell-Befehl

| <*Markierung*> *Befehl*

Ist nicht in allen Versionen verfügbar. Ein Ausschnitt der Datei, von der ersten Bildschirmzeile bis *Markierung*, wird an den *Befehl* weitergereicht. *Markierung* kann eine gesetzte Markierung oder eines der folgenden Sonderzeichen sein:

^	Ab Dateianfang
$	Bis Dateiende
., **newline**	Aktueller Bildschirminhalt

Statusmeldungen

Die Statusmeldung (Prompt) kann über die Option **-P** frei definiert werden. Dabei werden bestimmte Zeichenketten verschieden interpretiert. Diejenigen, die mit % anfangen, werden immer ausgewertet, die mit ? beginnenden Ausdrücke werden nur ausgewertet, wenn bestimmte Bedingungen zutreffen. Einige Audrücke bestimmen die Position bestimmter Bildschirmzeilen. Diese Ausdrücke benötigen eine Angabe über die anzuwendende Methode. Es gibt fünf verschiedene Zeilen, auf die sich diese Ausdrücke beziehen können:

t	Oberste Bildschirmzeile
m	Bildschirmmitte
b	Unterer Bildschirmrand
B	Die nächste Zeile unterhalb des sichtbaren Bereichs
j	„Zielzeile“

%b{t,m,b,B,j}
Ermittelt die Anzahl der Bytes seit Dateibeginn.

%B Bestimmt die Größe der aktuellen Datei in Byte.

%E Liefert den Namen des Editorprogramms.

%f Liefert den Namen der aktuellen Datei.

%i Liefert die Position der aktuellen Datei in der Dateienliste.

%l{t,m,b,B,j}
Ermittelt die Zeilennummer einer bestimmten Zeile.

%L Bestimmt die letzte Zeilennummer der aktuellen Datei.

%m Bestimmt die Gesamtzahl aller Zeilen in allen Dateien der Dateienliste.

%p{t,m,b,B,j}
Ermittelt den Prozentsatz des bereits angezeigten Textes.

%s Entspricht %B.

%t Entfernt angehängte Leerzeichen.

%x Liefert die nächste Datei in der Dateienliste.

?a Wahr, wenn die Statuszeile bereits Text enthält.

?b{t,m,b,B,j}
Wahr, wenn die Byteposition ermittelt werden kann.

?B Wahr, wenn die Dateilänge der aktuellen Datei ermittelt werden kann.

?e Wahr, wenn *EOF* erreicht wurde.

?f Wahr, wenn von einer Datei und nicht von einer Pipe gelesen wird.

?l{t,m,b,B,j}
Wahr, wenn die Zeilennummer ermittelt werden kann.

?L Wahr, wenn die letzte Zeilennummer ermittelt werden kann.

?m Wahr, wenn mehrere Dateien in der Dateinamenliste stehen.

?n Wahr, wenn dies die erste Statusmeldung der aktuellen Datei ist.

?p{t,m,b,B,j}
Wahr, wenn der Prozentsatz der bereits angezeigten Information ermittelt werden kann.

?s Entspricht ?B.

?x Wahr, wenn die aktuelle Datei nicht die letzte ist.

ln

ln [*Optionen*] *Quellname* [*Zielname*]
ln [*Optionen*] *Quellnamen Zielverzeichnis*

ln erstellt Pseudonyme (Verknüpfungen) für Dateien, so daß diese unter verschiedenen Namen angesprochen werden können. In der ersten Form wird die Datei *Quellname* mit dem Pseudonym *Zielname* verknüpft, wobei *Zielname* normalerweise ein neuer Dateiname oder (falls nicht angegeben) der Name des aktuellen Verzeichnisses ist. Ist *Zielname* eine existierende Datei, so wird sie mit der Verknüpfung auf *Quellname* überschrieben; ist *Zielname* ein existierendes Verzeichnis, wird eine Verknüpfung namens *Quellname* in diesem Verzeichnis angelegt. In der zweiten Form werden im *Zielverzeichnis* gleichnamige Verknüpfungen auf die *Quellnamen* angelegt.

Optionen

–b, ––backup
Kopiert Dateien, bevor sie gelöscht werden.

–d, –F, ––directory
Soll feste Verknüpfungen auf Verzeichnisse erzeugen. Um die Konsistenz des Dateisystems zu erhalten, ist diese Funktion unter Linux verboten.

→

ln ←

–f, ––force
Unterdrückt die Rückfrage bei Überschreiben von Dateien (force).

––help Hilfetext ausgeben und beenden.

–i, ––interactive
Fragt nach Erlaubnis, bevor Dateien überschrieben werden.

–n, ––no-dereference
Ersetzt symbolische Verknüpfungen, anstatt sie als Referenz auf ihre Verknüpfung auszuwerten. **––force** ist in diesem Zusammenhang nützlich.

–s, ––symbolic
Erstellt eine symbolische Verknüpfung. Dies erlaubt Verknüpfungen zu Verzeichnissen und über Dateisystemgrenzen hinweg und ermöglicht es, den Namen der verknüpften Datei zu sehen, wenn **ls –l** aufgerufen wird (andernfalls wäre der Name des Verknüpfungsziels unsichtbar).

–v, ––verbose
Verbose-Modus.

––version Versionsnummer ausgeben und beenden.

–S *Endung*, **––suffix** *Endung*
Hängt *Endung* an die Sicherheitskopien an anstatt der Vorgabeendung ~.

–V, ––version-control {numbered,existing,simple}
Definiert die Namensgebung beim Anlegen von Sicherheitskopien.

t, numbered	Numeriert.
nil, existing	Einfach (~), es sei denn, eine numerierte Sicherheitskopie existiert bereits. In diesem Fall wird eine weitere numerierte Kopie angelegt.
never, simple	Einfach.

locate

locate [*Optionen*] *Muster*

locate durchsucht Datenbanken mit Dateinamen und listet Übereinstimmungen auf. *, ?, [und] werden gesondert behandelt; / und . nicht. Als Übereinstimmung gewertet werden alle Dateien, die *Muster* enthalten, es sei denn, *Muster* enthält eines oder mehrere der oben aufgeführten Sonderzeichen. In diesem Falle muß die Übereinstimmung komplett sein.

Optionen

–d *Pfad*, **––database=***Pfad*
Durchsucht Datenbanken in *Pfad*. *Pfad* muß eine durch Kommata getrennte Liste sein.

--help Hilfetext anzeigen und beenden.

--version Versionsnummer ausgeben und beenden.

lockfile [*Optionen*] *Dateiname(n)*

lockfile generiert Signaldateien, um Zugriffe auf eine Datei zu begrenzen. Wenn eine Signaldatei nicht angelegt werden kann (da schon vorhanden), wird eine Pause von acht Sekunden eingelegt und dann ein erneuter Versuch gestartet, bis es gelingt. Das Programm bearbeitet Flags in der Reihenfolge ihrer Angabe. Das bedeutet, daß ein Flag nur die nach ihm angegebenen Dateien betrifft.

Optionen

–*Schlafzeit*
: Gibt die Zeit an, die **lockfile** wartet, bevor es erneut versucht, eine Datei zu erzeugen. Die Voreinstellung liegt bei 8 Sekunden.

–! Invertiert den Rückgabewert.

–l *Sperrzeit*
: Gibt die Zeit (in Sekunden) an, nach der eine Sperrdatei nach ihrer letzten Veränderung automatisch entfernt wird. Siehe auch **–s**.

–m [l | u]
: Wenn die Zugriffsrechte auf das E-Mail-Spool-Verzeichnis des Systems es erlauben oder **lockfile** entsprechende setgid-Rechte hat, kann es Ihre System-Mailbox mit **–ml** und **–mu** entsprechend sperren und entsperren.

–r *Anzahl* Bricht nach der angegebenen *Anzahl* vergeblicher Versuche ab; voreingestellt ist –1 (unendlich). Wird abgebrochen, werden alle bereits angelegten Signaldateien wieder gelöscht.

–s *Wartezeit*
: Nachdem eine Sperrdatei zwangsweise entfernt worden ist (siehe **–l**), folgt per Voreinstellung eine Wartezeit von 16 Sekunden (damit nicht unabsichtlich eine gerade von einem anderen Programm angelegte Sperrdatei gelöscht wird). Mit dieser Option können Sie die Wartezeit bestimmen.

login [*Name* | *Option*]

login meldet einen Benutzer bei einem System an. Der Benutzer wird nach seinem Benutzernamen (*Name* kann in der Kommandozeile angegeben werden) und seinem Paßwort (falls benötigt) gefragt.

Falls die Anmeldung erfolgreich war, aktualisiert **login** Protokolldateien, setzt verschiedene Umgebungsvariablen, teilt dem Benutzer mit, ob er Post erhalten hat, und führt die Startdateien aus.

→

login ←

Niemand — mit Ausnahme von **root** — kann sich anmelden, wenn */etc/nologin* existiert. Diese Datei wird vor Abbruch einer Verbindung angezeigt. **root** kann sich in diesem Fall ausschließlich von einem TTY-Terminal anmelden, das in */etc/securetty* benannt ist. Existiert *~/.hushlogin*, erfolgt die Anmeldung ohne Ausgabe von Statusmeldungen. Ist */var/adm/lastlog* vorhanden, wird der Zeitpunkt der letzten Anmeldung ausgegeben.

Optionen

–f Soll die Authentifizierung einer zweiten Login-Prozedur umgehen, wird aber unter Linux nicht unterstützt.

–h *Hostname*
Dient beim Login von einem entfernten Rechner zur Übergabe des *Hostname*ns vom Ursprungsrechner der Verbindung. Diese Option ist nur verfügbar, wenn der Login-Prozeß mit Superuser-Rechten läuft.

–p Unterdrückt das Setzen von Umgebungsvariablen. Die vorherige Konfiguration wird beibehalten.

---

logname

logname

logname durchsucht */etc/utmp* nach dem Login-Namen des Benutzers. Bei Erfolg wird er ausgegeben, ansonsten wird eine Fehlermeldung angezeigt.

Optionen

––help Hilfetext ausgeben und beenden.

––version Versionsnummer ausgeben und beenden.

---

look

look [*Optionen*] *Text* [*Datei*]

look sucht in *Datei* (Vorgabe: */usr/dict/words*) nach Textzeilen, die mit *Text* anfangen.

Optionen

–a Alternatives Wörterbuch */usr/dict/web2* verwenden.

–d Vergleicht nur alphanumerische Zeichen.

–f Sucht ohne Berücksichtigung der Groß-/Kleinschreibung.

–t *Zeichen*
Untersucht nur Zeichen bis einschließlich *Zeichen*.

---

lpq

lpq [*Optionen*] [*Name*]

lpq überprüft die Drucker-Warteschlange nach dem Status von Druckaufträgen. Für jeden Auftrag werden Benutzername, Position in der Warteschlange, Dateiname, Auftragsnummer und Dateigröße in Byte angezeigt. Ist *Name* angegeben, werden nur die Informationen über Aufträge des angegebenen Benutzers angezeigt.

Optionen

lpq

−P*Drucker*
: Bestimmt, für welchen Drucker die Warteschlange überprüft werden soll. Fehlt diese Angabe, so wird der Systemdrucker oder der in der PRINTER-Umgebungsvariable angegebene Drucker angenommen.

−l
: Druckt Informationen über jede Datei, die von einem Druckauftrag betroffen ist.

#*Nummer*
: Prüft den Status einer bestimmten Auftragsnummer.

lpr [*Optionen*] *Dateien*

lpr

lpr fügt der Drucker-Warteschlange *Dateien* hinzu.

Optionen

−c
: Erwartet Daten, die von **cifplot** stammen.

−d
: Erwartet Daten im DVI- (Device-independent-) Format, die von TEX stammen.

−f
: Benutzt einen Filter, der das erste Zeichen einer Zeile als ein Standard-'carriage-control'-Zeichen interpretiert.

−g
: Erwartet plot-Daten, die dem Standard der **plot**-Routinen entsprechen.

−l
: Benutzt einen Filter, der den Druck von Steuerzeichen erlaubt und Seitenvorschübe unterdrückt.

−n
: Erwartet Daten von **ditroff** (device-independent **troff**).

−p
: Benutzt **pr** zum Formatieren der Dateien (entspricht **print**).

−t
: Erwartet Daten von **troff** (Cat-phototypesetter-Kommandos).

−v
: Erwartet Rasterdaten für Geräte wie den Benson Varian.

−P*Drucker*
: Fügt die Dateien der Warteschlange für *Drucker* hinzu.

−h
: Unterdrückt den Ausdruck der „Burst"-Seite

−m
: Schickt eine Nachricht an den Benutzer, wenn der Druckauftrag ausgeführt wurde.

−r
: Entfernt die Dateien nach erfolgtem Ausdruck (zusammen mit der **−s**- Option).

−s
: Benutzt symbolische Verknüpfungen, anstatt die Dateien in das Spool-Verzeichnis zu kopieren. Dies spart Zeit und Plattenplatz bei großen Druckaufträgen. Die Dateien dürfen vor Abschluß des Druckvorgangs weder verändert noch entfernt werden (automatisches Entfernen mit **−s**).

→

lpr
←

–#Anzahl Druckt *Anzahl* Kopien der angegebenen Dateien.

–C *Text* Ersetzt den Systemnamen auf der „Burst"-Seite durch *Text.*

–J *Text* Ersetzt den Dateinamen auf der „Burst"-Seite durch *Text.*

–T *Titel* Benutzt *Titel* als Titelbezeichnung, wenn **pr** verwendet wird.

–i [*Spalten*]
Rückt die Ausgabe ein. Die Voreinstellung ist 8 und kann durch Angabe des *Spalten*-Arguments geändert werden.

–w *Anzahl*
Setzt *Anzahl* Zeichen als zu verwendende Seitenbreite für **pr**.

lprm

lprm [*Optionen*] [*Auftragsnummer*] [*Benutzer*]

lprm entfernt einen Druckauftrag aus der Drucker-Warteschlange. Es wird die Angabe der Auftragsnummer benötigt, wie sie von **lpq** geliefert wird. Ein privilegierter Benutzer kann auch einen *Benutzer* angeben, dessen sämtliche Druckaufträge gelöscht werden sollen.

Optionen

–P*Drucker*
Bestimmt, bei welchem Drucker Aufträge aus der Warteschlange entfernt werden sollen. Fehlt diese Angabe, so wird der Systemdrucker oder der in der PRINTER-Umgebungsvariable angegebene Drucker angenommen.

– Entfernt alle Aufträge in der Warteschlange, die zu einem bestimmten *Benutzer* gehören.

ls

ls [*Optionen*] [*Namen*]

ls zeigt den Inhalt von Verzeichnissen. Sind keine *Namen* angegeben, werden die Dateien im aktuellen Verzeichnis aufgelistet. Sind eine oder mehrere *Namen* angegeben, werden entweder die Dateien im Verzeichnis *Name* aufgelistet oder alle Dateien, deren Name zu *Name* paßt. Dabei darf *Namen* Sonderzeichen enthalten. Die verschiedenen Optionen erlauben die Anzeige einer Vielzahl von Informationen in unterschiedlichen Formaten. Die nützlichsten Optionen sind unter anderem **–F**, **–R**, **–l** und **–s**. Einige Optionen hingegen schließen sich gegenseitig aus, wie **–u** und **–c**.

Optionen

–1, – –format=single-column
Gibt jeden Dateieintrag in einer eigenen Zeile aus.

–a Listet alle Dateien auf, auch die normalerweise versteckten Dateien, deren Namen mit einem Punkt beginnen.

–b, – –escape
Zeigt nicht darstellbare Zeichen als Oktalzahl an.

–c, ––time-ctime, ––time=status
Sortiert die Dateien anhand der Zeit ihrer letzten Statusänderung (nicht anhand der letzten Inhaltsveränderung).

––color, ––colour, ––color=yes, ––colour=yes
Färbt die Dateinamen abhängig vom Dateityp ein.

––color=no, ––colour=no
Schaltet die Einfärbung ab. Dies ist die Voreinstellung. Mit dieser Option kann eine vorige Farbeinstellung überschrieben werden.

––color=tty, ––colour=tty
Wie **––color**, aber nur, wenn die Standardausgabe ein Terminal ist. Sehr nützlich für Shell-Skripten und Befehls-Aliase, insbesondere dann, wenn Ihr bevorzugtes Anzeigeprogramm keine Farbkontrollcodes unterstützt.

–d, ––directory
Listet nur die Verzeichnisnamen auf, nicht ihren Inhalt.

–f Unterdrückt das Sortieren der Dateinamen. Die Ausgabe erfolgt entsprechend der physikalischen Position im Verzeichnis.

––full-time
Zeiten vollständig anstatt unter Verwendung der Standardabkürzungen angeben.

––help Hilfetext ausgeben und beenden.

–i, ––inode
Zeigt die Inode-Nummer für jede Datei an.

–k, ––kilobytes
Gibt Dateilängen in Kilobyte aus. Die Umgebungsvariable POSIXLY_CORRECT wird ignoriert.

–l, ––format=long, ––format=verbose
Gibt Daten im erweiterten Format aus. Dies beinhaltet die Angabe von Zugriffsrechten, Besitzer, Länge, Zeitpunkt der letzten Änderung und mehr.

–m, ––format=commas
Gibt eine durch Kommata getrennte Namensliste aus.

–n, ––numeric-uid-gid
Entspricht **–l**, jedoch werden statt des Besitzernamens und der Gruppe die Gruppen-ID- und Benutzer-ID-Nummer ausgegeben.

–p Markiert Verzeichnisse, indem ein **/** an ihren Namen angehängt wird.

–q, ––hide-control-chars
Zeigt nicht darstellbare Zeichen als **?** an.

–r, ––reverse
Dreht die Sortierreihenfolge um.

→

–s, ––size Zeigt die Dateilänge in Blöcken zu 512 Byte an, wenn POSIXLY_CORRECT gesetzt ist. Ansonsten wird die Länge in Kilobyte ausgegeben.

–t, ––sort=time
Sortiert anhand des Zeitpunktes der letzten Änderung (neueste zuerst).

–u, ––time=atime, ––time=access, ––time=use
Sortiert anhand des Zeitpunktes des letzten Zugriffs.

––version Versionsnummer auf der Standardausgabe ausgeben und beenden.

–x, ––format=across, ––format=horizontal
Gibt die Namen horizontal sortiert aus.

–A, ––almost-all
Entspricht **–l**, jedoch werden . und .. nicht mit angezeigt.

–B, ––ignore-backups
Ignoriert Dateien, die auf ~ enden, sofern sie nicht explizit angefordert werden.

–C, ––format=vertical
Gibt die Namen in Spalten aus (Voreinstellung).

–F, ––classify
Klassifiziert Dateieinträge durch Anhängen folgender Zeichen: **/** für Verzeichnisse, ***** für Programmdateien, **@** für symbolische Verknüpfungen, **|** für FIFOs und **=** für Sockets.

–G, ––no-group
Unterdrückt den Gruppennamen im erweiterten Format.

–I, ––ignore *Muster*
Keine Dateien anzeigen, deren Namen auf das Dateimuster *Muster* passen, es sei denn, sie stehen auf der Kommandozeile.

–L, ––dereference
Zeigt statt einer symbolischen Verknüpfung die Datei oder das Verzeichnis, auf die oder das diese Verknüpfung verweist.

–N, ––literal
Gibt die Namen aus, ohne sie in **"** einzufassen.

–Q, ––quote-name
Faßt Dateinamen in **"** ein. Nicht druckbare Zeichen werden als Oktalzahl dargestellt.

–R, ––recursive
Gibt rekursiv den Inhalt von Unterverzeichnissen aus.

–S, ––sort=size
Sortiert nach Größe, beginnend mit den größten Dateien.

–T, ––tabsize *Spalten*
: Nimmt an, daß jeder Tabstop *Spalten* Spalten breit ist. Die Voreinstellung ist 8.

–U, ––sort=none
: Unterdrückt das Sortieren der Dateinamen entsprechend -f, benutzt jedoch zur Ausgabe das erweiterte Format.

–X, ––sort=extension
: Sortiert anhand der Dateinamenerweiterung.

Beispiele

Alle Dateien des aktuellen Verzeichnisses sollen mitsamt ihrer Größe aufgelistet werden. Dabei sollen besondere Dateien markiert und die Namen in Spalten ausgegeben werden:

```
ls -asCF
```

Der Status der Verzeichnisse */bin* und */etc* soll ausgegeben werden:

```
ls -ld /bin /etc
```

Alle C-Quelltexte im aktuellen Verzeichnis sollen, beginnend mit der ältesten Datei, aufgelistet werden:

```
ls -rt *.c
```

Die Anzahl der (sichtbaren) Dateien im aktuellen Verzeichnis soll ermittelt werden:

```
ls | wc -l
```

lsattr [*Optionen*] [*Dateien*]

lsattr gibt die Attribute von Dateien auf einem „Linux Second Extended File System" aus. Siehe auch **chattr**.

Optionen

–a
: Zeigt alle (auch „unsichtbare") Dateien in den angegebenen Verzeichnissen an.

–d
: Zeigt die Verzeichnisattribute anstatt die Attribute der enthaltenen Dateien an.

–R
: Zeigt rekursiv auch die Inhalte von Unterverzeichnissen an.

–v
: Gibt die Version der Dateien aus.

mail [*Optionen*] [*Empfänger*]

Post lesen oder an andere *Empfänger* senden. Das **mail**-Programm ermöglicht das Erstellen, Senden, Empfangen, Weiterleiten und Beantworten von elektronischer Post. **mail** hat zwei Hauptmodi: den Schreibmodus, in

→

mail ←

dem eine neue Nachricht erzeugt werden kann, und den Kommandomodus, in dem die Mailbox verwaltet wird.

mail ist ein mächtiges Werkzeug, aber es ist für den Neuling etwas schwierig zu bedienen. Die meisten Linux-Distributionen enthalten daher **pine** und **elm**, die ähnliche Funktionen mit etwas mehr Komfort anbieten.

Dieser Abschnitt stellt **mail**-Befehle, -Optionen und -Dateien vor. Um Ihnen einen schnellen Einstieg zu ermöglichen, sind hier kurz die beiden wichtigsten Kommandos.

In den interaktiven Modus zum Lesen der Post gelangt man mit dem Kommando:

```
mail
```

Um eine Nachricht an einen bestimmten *Empfänger* zu schreiben, ruft man das Programm so auf:

mail *Empfänger*

Kommandozeilenoptionen

–b *Liste* Verändert das verborgene „Weitere Empfänger"-Feld in eine durch Kommata getrennte *Liste.*

–c *Liste* Verändert das „Weitere Empfänger"-Feld in eine durch Kommata getrennte *Liste.*

–f [*Datei*] Verarbeitet den Inhalt der *Datei* oder mbox anstatt */var/spool/mail/$USER.*

–i Keine Antwort auf TTY-Unterbrechungssignale.

–n Ingnoriert */etc/mail.rc* beim Start.

–p Liest Post im POP-Modus.

–s *Betreff* Ändert Betreff in *Betreff.*

–u Verarbeitet den Inhalt von */var/spool/mail/$USER* (Voreinstellung).

–v Alle Meldungen. Gibt die Informationen über den Versand der Post auf der Standardausgabe aus.

–I Interaktiv, auch wenn die Standardeingabe auf ein anderes Terminal umgelenkt ist.

–N Beim Drucken einer Mail oder beim Wechseln in ein Mail-Verzeichnis keinen Nachrichten-Header anzeigen.

–P Schaltet den POP-Modus aus.

Befehle im Schreibmodus

~! Aus dem Schreibmodus in eine Shell wechseln.

~? Gibt eine Liste der Sonderzeichen im Schreibmodus aus.

~b*Namen* Fügt einen *Bcc:*-Header hinzu oder verändert ihn.

~c*Namen* Fügt einen *Cc:*-Header hinzu oder verändert ihn.

~d Liest die *dead.letter*-Datei ein.

~e Ruft den Editor auf.

~f*Nachrichten*
Fügt *Nachrichten* in die gerade erzeugte Nachricht ein.

~F*Nachrichten*
Vergleichbar mit ~f, aber mit Nachrichten-Header.

~h Fügt alle Nachrichten-Header hinzu oder verändert sie.

~m*Nachrichten*
Vergleichbar mit ~f, aber mit einem Tab eingerückt.

~M*Nachrichten*
Vergleichbar mit ~m, aber mit Nachrichten-Header.

~p Zeigt Nachrichten-Header-Felder und die versandte Nachricht an.

~q Bricht das Schreiben der aktuellen Nachricht ab.

~r*Dateiname*
Hängt Datei an die aktuelle Nachricht an.

~s*String* Setzt den *Betreff:*-Header auf *String*.

~t*Namen* Fügt Namen in die *To:*-Liste ein oder verändert sie.

~v Ruft den in der VISUAL-Umgebungsvariable stehenden Editor auf.

~|*Kommando*
Leitet die Nachricht durch ein *Kommando*.

~:*mail-Kommando*
Führt das *mail-Kommando* aus.

~~*Zeichenkette*
Fügt *Zeichenkette* in den Nachrichtentext unter Voranstellung einer Tilde ein. Wenn die Zeichenkette ~ enthält, muß sie mit einem \ entwertet werden.

Befehle im Kommandomodus

?	Zeigt eine Zusammenfassung der Befehle (Hilfeseite).
!	Führt ein Shell-Kommando aus.
– *Anzahl*	Gibt die um *Anzahl* zurückliegende Nachricht aus; Standardeinstellung ist die unmittelbar zurückliegende.
alias (a)	Gibt die Alias-Liste aus oder erzeugt sie.

→

mail ←	**alternates (alt)**	Bezeichnet die Remote-Accounts auf Remote-Rechnern. Veranlaßt **mail**, keine Antworten dorthin zu senden.
	chdir (c)	**cd** in das Heimatverzeichnis oder das angegebene Verzeichnis.
	copy (co)	Vergleichbar mit **save** (sichern), markiert Nachrichten aber nicht zum Löschen.
	delete (d)	Löscht eine Nachricht.
	dp	Löscht die aktuelle Nachricht und zeigt die nächste an.
	edit (e)	Editiert eine Nachricht.
	exit (ex, x)	Beendet **mail**, ohne den Ordner zu aktualisieren.
	file (fi)	Wechselt den Ordner.
	folder (fold)	Liest die in einer Datei gespeicherten Nachrichten. Mögliche Dateien sind: # vorhergehende Datei % System-Mailbox %*Benutzer* Die System-Mailbox des *Benutzers* **&** mbox
	+*Ordner*	Datei im *Ordner*-Verzeichnis.
	folders	Zeigt die Ordner an.
	headers (h)	Zeigt die Nachrichten-Header auf der aktuellen Eingabeaufforderung an.
	headers+ (h+)	Bewegt ein Fenster mit Headern vorwärts.
	headers– (h–)	Bewegt ein Fenster mit Headern rückwärts.
	help	Vergleichbar mit ?.
	hold (ho)	Hält die Nachrichten im System-Briefkasten.
	ignore	Fügt der Liste der zu ignorierenden Felder weitere Felder hinzu.
	mail *Empfänger* **(m)**	Schreibt eine Nachricht an *Empfänger*.
	mbox	Standardeinstellung. Bewegt die bezeichneten Nachrichten beim Beenden nach mbox.
	next (n)	Zeigt die nächste Nachricht oder die nächste Nachricht, auf die das Argument zutrifft.
	preserve (pr)	Ein Synonym für **hold**.
	print [*Liste*] **(p)**	Zeigt jede Nachricht an, die in der *Liste* vorkommt.
	Print [*Liste*] **(P)**	Vergleichbar mit **print**, zeigt jedoch die Header-Felder mit an.
	quit (q)	Beendet **mail** und aktualisiert den Ordner.
	reply (r)	Antwort an den Autor und alle Empfänger der Mail.
	Reply (R)	Antwortet ausschließlich dem Autor der Mail.
	respond	Vergleichbar mit **reply**.
	retain	Bindet immer die in der Liste enthaltenen Header-Felder mit ein, wenn Nachrichten angezeigt werden. Ohne Argumente werden die zurückgehaltenen Felder angezeigt.
	save (s)	Sichert Nachrichten in einem Ordner.

saveignore	Entfernt die zu ignorierenden Felder beim Speichern.
saveretain	Übergeht **saveignore**, um die angegebenen Felder zu behalten.
set (se)	Setzt die **mail**-Optionen oder gibt den aktuellen Status aus.
shell (sh)	Eröffnet eine neue Shell.
size	Gibt die Größe der angegebenen Nachrichten aus.
source	Liest Befehle aus einer Datei.
top	Zeigt die ersten paar Zeilen der angegebenen Nachrichten an.
type (t)	Vergleichbar mit **print**.
Type (T)	Vergleichbar mit **Print**.
unalias	Verwirft die vorher definierten Aliase.
undelete (u)	Stellt gelöschte Nachrichten wieder her.
unread (U)	Markiert die angegebenen Nachrichten als ungelesen.
unset (uns)	Setzt die **mail**-Optionen zurück.
visual (v)	Editiert die Nachrichten mit dem in der VISUAL-Variable angegebenen Editor.
write (w)	Schreibt eine Nachricht ohne Header in eine Datei.
xit (x)	Vergleichbar mit **exit**.
z	Lenkt die Aufmerksamkeit von **mail** auf die nächste Bildschirmseite mit Text. Mit **z–** kehrt man zurück.

mail-Optionen

Diese Optionen werden innerhalb der *.mailrc*-Datei verwendet. Die Syntax ist „set *Option*" oder „unset *Option*".

append	Fügt mbox Nachrichten hinzu.
ask	Erwartet Eingabe des Betreffs.
askbcc	Erwartet die Eingabe der Blindkopie-Empfänger.
askcc	Erwartet die Eingabe für weitere Empfänger.
autoprint	Nach einem Löschen nächste Nachricht ausgeben.
asksub	Erwartet Eingabe für die **Subject**:-(Betreff-)Zeile.
chron	Zeigt die Nachrichten in zeitlicher Abfolge, die neuesten zuletzt.
debug	Vergleichbar mit **-d** auf der Kommandozeile.
dot	Verwendet einen einzelnen . als *EOF* (Dateiende).
folder	Bestimmt ein Verzeichnis, in dem die Nachrichten-Ordner liegen.
hold	Behält beim Beenden die Nachrichten in der System-Mailbox.
ignore	Ignoriert Interrupt-Signale vom Terminal. Gibt sie als @ aus.
ignoreeof	Behandelt ^D nicht als ein *EOF*.

→

mail ←

metoo	Entfernt Absender nicht aus Gruppen, wenn sie angeschrieben werden.
noheader	Vergleichbar mit **–N** auf der Kommandozeile.
nokerberos	Empfängt POP-Post via POP3-Protokoll, nicht mit dem KPOP-Protokoll.
nosave	Speichert abgebrochene Briefe nicht in *dead.letter*.
pop-mail	Empfängt Post mit dem POP3-Protokoll und speichert sie in *mbox.pop*.
prompt	Ändert den Text der Eingabeaufforderung.
Replyall	Ändert die Rollen von **Reply** und **reply**.
quiet	Gibt keine Versionsnummer beim Start aus.
searchheaders	Erweitert bei der Angabe des Bezeichners /*x*:*y* alle Nachrichten, welche die Zeichenkette *y* im *x*-Header enthalten.
verbose	Vergleichbar mit **–v** auf der Kommandozeile.
verbose-pop	Zeigt den aktuellen Status während des Empfangs von POP-Post an.

Spezielle Dateien

calendar	Enthält Erinnerungen, die das Betriebssystem an Sie schickt.
.maildelivery	Mail-Transport-Konfigurationsdatei.
.mailrc	Mail-Konfigurationsdatei.
triplog	Speichert die Empfänger Ihrer automatischen Antworten.
tripnote	Enthält die automatischen Antworten.

man

man [*Optionen*] [*Abschnitt*] [*Titel*]

Zeigt die Online-Handbücher an. **man** findet und gibt die benannten *Titel* und *Abschnitte* aus.

Optionen

–7, – –ascii
Erwartet eine reine ASCII-Datei und formatiert sie für ein 7-Bit-Terminal oder einen Terminal-Emulator.

–a, – –all Zeigt alle Seiten, auf die *title* zutrifft.

–b Zeigt die Datei mit Leerzeichen an.

–d, – –debug
Zeigt Informationen zur Fehlersuche an. Unterdrückt die Ausgabe von Manpages.

–f, – –whatis
Vergleichbar mit dem **whatis**-Kommando.

–k, – –apropos
Vergleichbar mit dem **apropos**-Kommando.

-l, --local-file
Durchsucht lokale Dateien, keine System-Dateien, nach Online-Handbüchern. Wenn **i** als *Dateiname* angegeben wird, wird die Standardeingabe durchsucht.

-m *System*, **--systems=***System*
Durchsucht *System*-Handbuchseiten. *System* muß eine durch Kommata getrennte Liste sein.

-p *Präprozessoren*, **--Präprozessor=***Präprozessoren*
Bearbeitet Online-Handbücher mit *Präprozessoren*, bevor sie an **nroff**, **troff** oder **groff** übergeben werden. Startet immer zuerst **soelim**.

-r *Eingabeaufforderung*, **--prompt=***Eingabeaufforderung*
Setzt die Eingabeaufforderung, wenn **less** als Anzeigeprogramm verwendet wird.

-t, --troff
Formatiert die Handbuchseite mit */usr/bin/groff -Tgv -mandoc*. Indirekt mit **-T** und **-Z**.

-u, --update
Überprüft die Übereinstimmung zwischen Handbuch-Cache und Dateisystem.

-w, --where, --location
Gibt den Pfadnamen des Handbuches an, ohne es anzuzeigen.

-D, --default
Setzt alle Optionen auf Standardwerte zurück.

-L *locale*, **--locale=***locale*
Vermutet aktuellen Ort als *locale*, ohne **setlocale()** zu beachten.

-M *Pfad*, **--manpath=***Pfad*
Sucht nach Online-Handbüchern im *Pfad*. Ignoriert die **-m**-Option.

-P*Anzeigeprogramm*, **--pager=***Anzeigeprogramm*
Wählt ein Anzeigeprogramm *Anzeigeprogramm* für die Ausgabe.

-T *Gerät*, **--troff-device**[=*Gerät*]
Formatiert **groff**- oder **troff**-Ausgabe für das *Gerät*, wie z.B. **dvi**, **latin1**, **X75** und **X100**.

-Z, --ditroff
Erlaubt keine Nachbearbeitung von Online-Handbüchern, nachdem **groff** seine Arbeit beendet hat.

Abschnittsnamen

Online-Handbücher sind in Abschnitte aufgeteilt.

1 Ausführbare Programme und Shell-Befehle

→

man ←

2	Systemaufrufe (Funktionen, die vom Kernel bereitgestellt werden)
3	Bibliotheken-Aufrufe (Funktionen innerhalb von System-Bibliotheken)
4	Spezielle Dateien (gewöhnlich in */dev* zu finden)
5	Dateiformate und Konventionen, z.B. */etc/passwd*
6	Spiele
7	Makro-Pakete und Konventionen
8	Systemadministrator-Befehle (gewöhnlich nur für den Superuser)
9	Kernel-Routinen (kein Standard)

---

manpath

manpath [*Optionen*]

Versucht, den Pfad zu den Online-Handbüchern zu bestimmen. Überprüft zuerst, ob die Variable $MANPATH gesetzt ist. Wenn sie nicht gesetzt ist, sucht es in */etc/manpath.conf*, in Anwender-Umgebungsvariablen und im aktuellen Arbeitsverzeichnis.

Optionen

–q, ––quiet
Gibt keine Warnungen aus.

–d, ––debug
Gibt Debugging- (Fehlersuche-) Informationen aus.

–c, ––catpath
Wandelt den ermittelten **manpath** in den relativen **catpath** um.

–g, ––global
Erstellt **manpath** aus der Liste von Pfaden, die in */etc/manpath.conf* als global bezeichnet sind.

–m *System*, **––systems=***System*
Sucht auf *Systemen* nach dem Pfad.

---

merge

merge [*Optionen*] *Datei1 Datei2 Datei3*

Führt ein dreiseitiges Zusammenführen von Dateien durch. **merge** baut alle Änderungen, die von *Datei2* zu *Datei3* geführt haben, in *Datei1* ein. Das Ergebnis steht normalerweise in *Datei1*. **merge** ist nützlich, um getrennt voneinander vorgenommene Änderungen an einem Original wieder zusammenzuführen. Nehmen Sie an, daß *Datei2* das Original und sowohl *Datei1* als auch *Datei3* Modifikationen von *Datei2* sind. **merge** faßt dann diese Änderungen zusammen. Ein Konflikt tritt auf, wenn *Datei1* und *Datei3* Änderungen in überlappenden Dateisegmenten enthalten. Wenn ein Konflikt aufgetreten ist, dann gibt **merge** normalerweise eine Warnung aus und umklammert den Konflikt mit <<<<<<< und >>>>>>>. Ein typischer Konflikt sieht folgendermaßen aus:

```
<<<<<<< file1
relevante Zeilen aus Datei1
=======
relevante Zeilen aus Datei3
>>>>>>> file3
```

Wenn es Konflikte gibt, dann sollte der Benutzer das Ergebnis editieren und eine der beiden Varianten löschen.

Optionen

–p Gibt das Ergebnis auf der Standardausgabe aus, anstatt *Datei1* zu überschreiben.

–q Gibt bei Konflikten keine Warnung aus.

–A Gibt Konflikte im **–A**-Stil von **diff3** aus, sofern dies von **diff3** unterstützt wird. Damit werden alle Änderungen von *Datei2* nach *Datei3* in *Datei1* zusammengeführt und die geschwätzigste Ausgabe erzeugt.

–E Gibt Konfliktinformationen in einem weniger geschwätzigen Stil als **–A** aus; dies ist der Default.

–L *Label* Gibt bis zu drei Label an, die anstelle der korrespondierenden Dateinamen in Konfliktmeldungen verwendet werden sollen. Der folgende Befehl:

```
merge -L x -L y -L z Datei_a Datei_b Datei_c
```

erzeugt also Ausgaben, die aussehen, als wären sie von *x*, *y* und *z* gekommen anstatt von *Datei_a*, *Datei_b* und *Datei_c*.

mesg [*Option*]

Ändert die Fähigkeit anderer Anwender, **write**-Nachrichten an Ihr Terminal zu senden. Ohne Optionen wird der aktuelle Status angezeigt.

Optionen

n Verbietet **write**-Nachrichten.

y Erlaubt **write**-Nachrichten (Standard).

mimencode [*Optionen*] [*Dateiname*] [–o *Ausgabedatei*]
mimencode [*Optionen*] [*Dateiname*] [-o *Ausgabedatei*]

Übersetzt von und in die MIME-Codierungsformate, den vorgeschlagenen Standard für Internet-Multimedia-E-Mail. Per Voreinstellung liest **mimencode** die Standardeingabe und schreibt eine Base64-codierte Version der Eingabe auf die Standardausgabe.

Optionen

–b Verwendet die Base64-Codierung (Default).

→

mimencode ←

–o *Ausgabedatei*
: Schreibt die Ausgabe in die angegebene Datei anstatt auf die Standardausgabe.

–p
: Übersetzt beim Decodieren decodierte CRLF-Folgen in die lokale Zeilenvorschubkonvention und macht beim Codieren das Gegenteil. Das ist nur sinnvoll, wenn die Default-Base64-Codierung aktiv ist.

–q
: Verwendet die quoted-printable-Codierung anstelle von Base64.

–u
: Decodiert die Standardeingabe, anstatt sie zu codieren.

---

mkdir

mkdir [*Optionen*] *Verzeichnisse*

Erstellt ein oder mehrere *Verzeichnisse*. Um ein Verzeichnis erstellen zu können, muß man Schreibberechtigung im Elternverzeichnis haben. Siehe auch **rmdir**. Die Standard-Zugriffsberechtigung von neuen Verzeichnissen ist 0777, verändert durch das System oder die **umask** des Benutzers.

Optionen

–m, ––mode *Modus*
: Setzt den Zugriffsberechtigungs-*Modus* für neue Verzeichnisse. Siehe **chmod** für eine Erläuterung der verschiedenen Formate von *Modus*.

–p, ––parents
: Legt Unterverzeichnisse in einem nicht existierenden Verzeichnis an.

Beispiele

Erstellt ein schreibgeschütztes Verzeichnis **Personal**:

```
mkdir -m 444 Personal
```

Die folgenden Eingaben:

```
mkdir Arbeit; cd Arbeit
mkdir nil; cd nil
mkdir Fragen; cd ../..
```

können vereinfacht werden durch:

```
mkdir -p Arbeit/nil/Fragen
```

---

more

more [*Optionen*] [*Dateien*]

Zeigt die angegebenen *Dateien* Seite für Seite an. Siehe **less** als eine Alternative zu **more**. Manchen Befehle kann eine Nummer vorangestellt werden.

Optionen

+*Zahl*
: Beginnt Anzeige ab Zeile *Zahl*.

+/*Muster*
: Beginnt mit der Anzeige zwei Zeilen vor *Muster*.

–c Erneuert die Anzeige von oben her, anstatt zu blättern.

–d Anzeige des Hinweises „Zum Fortfahren Leertaste drücken, q zum Abbrechen" als Antwort auf unzulässige Eingaben; schaltet den Warnton ab.

–f Zählt die Textzeilen anstatt der Bildschirmzeilen. Nützlich, wenn lange Zeilen außerhalb des Anzeigebereichs umbrochen werden. Ignoriert Seitenvorschub (**STRG-L**). Bedingt, daß ein Wagenrücklauf als **STRG-M** eingegeben werden muß.

–num *Anzahl*
Setzt die Bildschirmgröße auf *Anzahl* Zeilen.

–p Stellt jede Seite neu dar, anstatt zu rollen. Das ist manchmal schneller.

–r Erzwingt die Anzeige von Steuerzeichen in der Form ^*x*.

–s Zusammenpressen (squeeze); zeigt mehrere Leerzeichen als eins an.

–u Unterdrückt unterstrichene Buchstaben.

Befehle

Alle Befehle in **more** basieren auf **vi**-Befehlen. Vor vielen Befehlen kann ein Argument angegeben werden.

Leertaste Zeigt die nächste Seite des Textes an.

z Zeigt die nächsten *Zeilen* des Textes an und definiert eine Bildschirmseite in *Zeilen* Zeilen um. Standard ist eine Bildschirmseite.

ENTER Zeigt die nächsten *Zeilen* des Textes, definiert eine Bildschirmseite in *Zeilen* Zeilen um. Default ist eine Zeile.

d, ^D Rollt *Textzeilen* und definiert die Anzahl der zu rollenden *Zeilen* in Zeilen. Standard ist eine Zeile.

q, Q, Abbruch
Beenden.

s Überspringt eine Textzeile.

f Überspringt eine Bildschirmseite.

b, ^B Springt eine Bildschirmseite zurück.

' Kehrt an den Ort der ersten Suche zurück.

= Gibt die aktuelle Zeilennummer aus.

/Muster Sucht nach *Muster*, springt zu *Nummer* Vorkommen, wenn ein Argument angegeben wurde.

n Wiederholt letzte Suche, springt zu *Nummer* Vorkommen, wenn ein Argument angegeben wurde.

→

more ←

!*Kommando*, :!*Kommando*	Ruft eine Shell auf und führt das *Kommando* dort aus.
v	Ruft den Editor **vi** in der aktuellen Datei an der aktuellen Zeile auf.
^L	Zeichnet den Bildschirm neu.
:n	Springt zur nächsten Datei.
:p	Springt zur vorherigen Datei.
:f	Gibt aktuellen Dateinamen und Zeilennummer aus.
.	Führt voriges Kommando erneut aus.

Beispiele

Blättert durch *Datei* im „freien" Modus und gibt Eingabeaufforderungen aus:

```
more -cd Datei
```

Formatiert *doc* auf dem Bildschirm und entfernt Unterstreichungen:

```
nroff doc | more -u
```

Zeigt die Dokumentation des **grep**-Kommandos an; beginnt nahe dem Wort „BUGS" und faßt zusätzliche Leerzeichen zusammen:

```
man grep | more +/BUGS -s
```

mv

mv [*Option*] *Quelle Ziel*

Verschiebt oder benennt Dateien und Verzeichnisse um. Die Quelle (erste Spalte) und das Ziel (zweite Spalte) bestimmen das Ergebnis (dritte Spalte):

Quelle	*Ziel*	*Ergebnis*
Datei	*Name* (nicht vorhanden)	Benennt Datei um in *Name*.
Datei	Vorhandene Datei	Überschreibt existierende Datei mit der Quelldatei.
Verzeichnis	*Name* (nicht vorhanden)	Benennt Verzeichnisse um in *Name*.
Verzeichnis	Vorhandenes Verzeichnis	Verschobenes Verzeichnis wird ein Unterverzeichnis im existierenden Verzeichnis.
Eine oder mehrere Dateien	Vorhandenes Verzeichnis	Verschiebt die Dateien in ein Verzeichnis.

Optionen

–b, – –backup

Erzeugt eine Sicherungskopie, bevor die Dateien gelöscht werden.

-f Verschiebt die Quelle, auch wenn das *Ziel* vorhanden ist; unterdrückt Meldungen über fehlende Zugriffsrechte.

--help Hilfetext ausgeben und beenden.

-i, --interactive
Verlangt eine Bestätigung, bevor Dateien gelöscht werden.

-u, --update
Verschiebt Dateien nur, wenn sie neuer sind als die gleichnamigen Dateien.

-v, --verbose
Gibt den Namen jeder Datei vor dem Verschieben aus.

--version Versionsnummer auf der Standardausgabe ausgeben, dann beenden.

-S, --suffix *backup_suffix*
Überschreibt die Umgebungsvariable SIMPLE_BACKUP_SUFFIX, die das Suffix bestimmt, das für einfache Backup-Dateien verwendet wird. Wenn kein Suffix gesetzt wird, ist der Default eine Tilde (~).

-V, --version-control {numbered,existing,simple}
Überschreibt die Umgebungsvariable VERSION_CONTROL, die bestimmt, welche Art von Backup gemacht wird. Wenn kein Typ angegeben ist, wird **existing** verwendet. Die möglichen Werte für die Umgebungsvariable VERSION_CONTROL und diese Option sind die gleichen wie die der GNU-Emacs-Variable „version-control“:

t, **numbered**	Immer numerierte Backups erstellen.
nil, existing	Numerierte Backups von Dateien machen, die bereits welche haben, von anderen Dateien einfache Backups erstellen.
never, **simple**	Immer einfache Backups erstellen.

namei [*Optionen*] *Pfadname* [*Pfadname* . . .]

Folgt einem Pfadnamen, bis ein Endpunkt gefunden wird (beispielsweise eine Datei, ein Verzeichnis, ein Zeichengerät usw.). Wenn **namei** auf einen symbolischen Link stößt, dann wird der Link angezeigt und verfolgt; die Ausgabe wird eingerückt, um den Kontext anzuzeigen. **namei** gibt eine Meldung aus, wenn die maximale Anzahl symbolischer Links, die es auf diesem System geben darf, überschritten worden ist.

Zeichen für Dateitypen

In jeder Ausgabezeile gibt **namei** eines der folgenden Zeichen aus, um den gefundenen Dateityp anzuzeigen:

→

namei ←

–	Eine reguläre Datei
?	Irgendein Fehler
b	Ein Blockgerät
c	Ein Zeichengerät
d	Ein Verzeichnis
f:	Der Pfadname, der gerade aufgelöst werden soll
l	Ein symbolischer Link (sowohl der Link als auch sein Ziel werden angezeigt)
s	Ein Socket

Optionen

–m
Zeigt die Modus-Bits jedes Dateityps in der Art von **ls** an; beispielsweise: „rwxr-xr-x".

–x
Zeigt Mount-Point-Verzeichnisse mit **D** anstelle von **d**.

---

newgrp

newgrp [*Gruppe*]

Vergleichbar mit **login**. Ändert die aktive Gruppenkennung des Anwenders. Ohne Angabe einer Gruppe wird zu der in */etc/passwd* festgelegten Standardgruppe des Anwenders gewechselt. Sonst wird in die angegebene Gruppe gewechselt, wenn der Anwender in der Datei */etc/group* als Mitglied dieser Gruppe eingetragen ist.

---

nice

nice [*Option*] *Kommando* [*Argumente*]

Führt ein *Kommando* und *Argumente* mit einer veränderten Priorität aus (z.B. „nett" sein zu anderen Anwendern). Ohne Argumente wird die standardmäßige Priorität angezeigt (Grad der Nettigkeit). Wenn **nice** ein Kind-Prozeß ist, wird die Priorität des Eltern-Prozesses ausgegeben. Die Nettigkeit kann in einem Bereich von −20 (höchste Priorität) bis zu 19 (niedrigste Priorität) liegen.

Optionen

– –help
Hilfetext ausgeben und beenden.

–n *Adjustment*, **–***Adjustment*, **– –Adjustment=***Adjustment*
Startet *Kommando* mit einer Nettigkeit, erhöht um *Adjustment* (1−19); Standard ist 10. Ein privilegierter Anwender **root** kann die Priorität erhöhen, indem er ein negatives *Adjustment* verwendet (z.B. −5).

– –version
Versionsnummer ausgeben und beenden.

nohup *Kommando* [*Argumente*]

nohup

Führt weiterhin das bezeichnete *Kommando* und wahlweise das Kommando *Argumente* aus, nachdem sich der Anwender ausgeloggt hat. (Schützt Programme vor den Signalen SIGHUP, SIGINT, SIGQUIT und SIGTERM; z.B. **kein hangup**.) TTY-Ausgaben werden standardmäßig an die Datei *nohup.out* angehängt. Moderne Shells erhalten Hintergrundprozesse standardmäßig; dieses Kommando ist nur bei der originalen Bourne Shell von Bedeutung.

passwd [*Anwender*]

passwd

Erzeugt oder verändert das Paßwort des *Anwenders*. Nur der Anwender selbst oder der Superuser kann ein Paßwort ändern. Normale Benutzer müssen zum Ändern ihres Paßwortes ihren Namen nicht angeben.

paste [*Optionen*] *Dateien*

paste

Fügt die Zeilen von zwei oder mehr *Dateien*, getrennt durch einen Tabulator, in Spalten zusammen. Siehe auch **cut**, **join** und **pr**.

Optionen

–	Ersetzt einen Dateinamen durch die Standardeingabe.
–d'*Zeichen*'	Trennt die Spalten mit *Zeichen* anstelle eines Tabulators. Anmerkung: Spalten können mit unterschiedlichen Zeichen getrennt werden, wenn mehr als ein *Zeichen* angegeben wird.
––help	Hilfetext ausgeben und beenden.
––version	Versionsnummer ausgeben und beenden.
–s, ––serial	Fügt fortlaufende Zeilen zu einer Datei zusammen.

Beispiele

Erzeugt eine dreispaltige *Datei* aus den Dateien *x*, *y* und *z*:

```
paste x y z > Datei
```

Erzeugt eine zweispaltige Liste der aktuellen Benutzer:

```
who | paste - - > Datei
```

Erzeugt aus allen Zeilen einer Datei eine einzelne Zeile:

```
paste -s -d"\t\n" list
```

pathchk [*Optionen*] *Dateinamen*

pathchk

Überprüft die Gültigkeit und Übertragbarkeit von *Dateinamen*. Speziell wird überprüft, ob alle Verzeichnisse im Pfad durchsuchbar sind und ob die Länge der Dateinamen korrekt ist.

→

pathchk ←

Option

−p, −−portability
: Überprüft die Übertragbarkeit auf alle POSIX-kompatiblen Systeme.

perl

perl

perl ist eine mächtige Programmiersprache zur Textverarbeitung, die viele der nützlichsten Methoden von Shell, C, **awk** und **sed** kombiniert und durch eigene Features erweitert. Weitere Informationen finden Sie in Kapitel 14 sowie in den Büchern *Einführung in Perl* von Randal L. Schwartz und Tom Christiansen und *Programmieren mit Perl* von Larry Wall, Tom Christiansen und Randal L. Schwartz.

pidof

pidof [*Optionen*] *Programme*

Zeigt die Prozeßidentifikationsnummern der in der Kommandozeile angegebenen Programme an. **pidof** ist ein symbolischer Link auf **killall5**.

Optionen

−o *PIDs*
: Überspringt die Prozesse mit den angegebenen Identifikationsnummern (*PIDs*). Sie können eine Liste mit mehreren Nummern angeben.

−s
: Liefert eine einzelne Prozeßidentifikationsnummer.

−x
: Gibt auch die Prozeß-IDs der Shells zurück, die die angegebenen Skripten ausführen.

popclient

popclient [*Optionen*] *Host*

Holt Mail unter Verwendung des „Post Office Protocols“. Das Programm unterstützt POP2 und POP3.

Optionen

−2
: Erzwingt die Benutzung von POP2.

−3
: Erzwingt die Benutzung von POP3.

−c
: Veranlaßt die Ausgabe der empfangenen Nachrichten auf die Standardausgabe.

−f *Mail-Datei*
: Veranlaßt die Übertragung der angegebenen *Mail-Datei* vom entfernten Server.

−k
: Veranlaßt den Server, die Mail-Datei nach der Abholung nicht zu löschen.

−o *Mail-Datei*
: Veranlaßt das Programm, die empfangenen Nachrichten an die angegebene *Mail-Datei* anzuhängen. Die voreingestellte Mail-Datei ist in der Regel *var/spool/mail/Benutzer*.

–p *Paßwort* Veranlaßt die Verwendung des angegebenen *Paßworts* zum Einloggen in das entfernte System. Ohne dieses Argument wird das Paßwort interaktiv erfragt.

–s Unterdrückt die Ausgabe von Meldungen und Fortschrittsanzeigen während der Verbindung mit dem entfernten Rechner.

–u *Benutzername*
Veranlaßt die Verwendung des *Benutzernamens* zum Einloggen in das entfernte System. Voreinstellung ist der lokale Name des Benutzers.

–v Veranlaßt die Ausgabe aller Kontrollmeldungen auf die Standardfehlerausgabe. Diese Option verdrängt den Schalter –s.

pr [*Datei*]

Konvertiert eine Textdatei in eine eventuell mehrspaltig formatierte Version mit Seitennummern und Headern. Wenn anstelle des Dateinamens ein – angegeben ist, liest das Programm von der Standardeingabe.

Optionen

+*Anzahl_Seiten*
Überspringt die ersten *Anzahl_Seiten*-1 Seiten und beginnt mit der Ausgabe der Seite *Anzahl_Seiten.*

–*Anzahl_Spalten*
Veranlaßt die Formatierung in der angegebenen *Anzahl_Spalten* Spalten.

–a Veranlaßt das Auffüllen horizontaler Spalten vor den vertikalen Spalten.

–b Veranlaßt den Ausgleich horizontaler Spalten am Dateiende.

–c Veranlaßt die Umwandlung von Steuerzeichen in Caret-Notation (wie z.B. ^C) und anderer nichtdruckbarer Zeichen in Oktalzahldarstellung mit Backslash.

–d Veranlaßt die Ausgabe mit doppeltem Zeilenabstand.

–e[*Tab-Zeichen*[*Weite*]]
Verwandelt Tabulatoren (oder die angegebenen *Tab-Zeichen*) in Folgen von Leerzeichen. Wenn eine *Weite* angegeben ist, werden die Tabulatoren in die entsprechende Anzahl Zeichen umgewandelt (Voreinstellung ist 8).

–f, –F Veranlaßt die Trennung der Seiten durch Seitenvorschub anstelle von Zeilenvorschub.

–h *Header* Veranlaßt die Benutzung der angegebenen *Header* anstelle des Dateinamens.

–i[*Tab_Zeichen*[*Tab_Breite*]]
Ersetzt Leerzeichen bei der Ausgabe durch Tabulatoren. Ein alternatives Tabulatorzeichen (der Default ist das normale

→

pr ←

Tabulatorzeichen) und eine Breite (der Default ist 8) können angegeben werden.

–l *Anzahl* Setzt die Seitenlänge auf die angegebene *Anzahl* Zeilen (Voreinstellung ist 66). Wenn die Zeilenanzahl kleiner ist als 10, wird die Ausgabe von Kopf- und Fußzeilen unterdrückt.

–m Veranlaßt die parallele Ausgabe von jeweils einer Datei je Spalte.

–n[*Trennzeichen*[*Anzahl*]]

Veranlaßt das Hinzufügen von Zeilennummern vor jeder Spaltenzeile oder — bei paralleler Ausgabe — vor jeder Zeile. Wenn ein *Trennzeichen* angegeben ist, wird dieses Zeichen anstelle des Tabulators an die Zeilennummer angehängt. Die optionale Angabe einer *Anzahl* begrenzt die Zeilennummern auf die angegebene Anzahl Stellen (der Default ist 5).

–o *Weite* Setzt den linken Seitenrand auf die angegebene *Weite*.

–r Unterdrückt die Ausgabe von Warnungen, wenn eine Eingabedatei nicht geöffnet werden kann.

–s[*Trennzeichen*]

Veranlaßt die Benutzung des angegebenen *Trennzeichens* (Default ist der Tabulator) anstelle der Leerzeichen zur Trennung der Ausgabespalten.

–t Unterdrückt die Ausgabe der Kopf- und Fußzeilen und der Füllzeilen am Seitenende.

–v Veranlaßt die Umwandlung nichtdruckbarer Zeichen in Oktalzahlen mit Backslash.

–w *Seitenbreite*

Setzt die Seitenbreite auf *Seitenbreite* Spalten. Die Voreinstellung ist 72.

---

printenv

printenv [*Variablen*]

Gibt die Werte aller Umgebungsvariablen oder optional nur der angegebenen *Variablen* aus.

---

printf

printf *Formate* [*Strings*]

Gibt die angegebenen *Strings* in den ebenfalls angegebenen *Formate*n aus. *Formate* können gewöhnliche Textzeichen, C-artige Escape-Sequenzen oder, gängiger, eine Reihe von Konvertierungsargumenten sein, die unten aufgeführt sind.

Argumente

%s Gibt den nächsten *String* aus.

%*n*$s Gibt den *n*-ten *String* aus.

%[-]*m*[.*n*]s Gibt den nächsten *String* in einem *m* Zeichen breiten Feld aus. Optional kann das Feld auf die ersten *n* Zeichen von *String* begrenzt werden. Die Strings werden rechtsbündig ausgerichtet, sofern der Schalter für die linksbündige Ausrichtung, –, nicht angegeben wurde.

Beispiele

```
printf '%s %s\n' "Meine Dateien stehen in" $HOME
printf '%-25.15s %s\n' "Meine Dateien stehen in" $HOME
```


ps [*Optionen*]

Gibt Informationen zu den aktiven Prozessen aus. Beachten Sie, daß Sie die Optionen nicht durch ein – einleiten müssen. Beim Vergleich der Menge ausgegebener Daten ergibt sich, daß **–e** mehr ausgibt als **–a** und **–l** mehr als **–f**.

Optionen

PIDs Es werden nur Daten zu den Prozessen mit den angegebenen Identifikationsnummern ausgegeben. Die Angabe auf der Kommandozeile erfolgt in einer durch Kommata separierten Liste.

a Es werden alle aktiven Prozesse aufgelistet.

c Es wird das in **task_struct** verzeichnete Kommando angezeigt.

e Die Variablen der Programmumgebung werden angezeigt.

f Die Prozeßfamilien werden als „Bäume" dargestellt.

h Die Ausgabe der Kopfzeile wird unterdrückt.

j Jobs-Format.

l Veranlaßt die Ausgabe eines langen Listings.

m Memory-Format.

n Benutzer-IDs und WCHAN werden als Zahlenwerte ausgegeben.

r Es werden nur die laufenden Prozesse angezeigt.

s Signal-Format.

– –sort:[+|-]*Key*[,[+|-]*Key*[,...]]
Wie **O**, jedoch zur Verwendung mit langen Schlüsselwörtern. Sehen Sie weiter im Abschnitt *Sortierschlüssel*.

t*TTY* Es werden nur die auf dem angegebenen *TTY* laufenden Prozesse angezeigt.

u Veranlaßt die Ausgabe des Benutzernamens und der Startzeit.

→

v	*vm*-Format.
w	Breites Format. Lange Zeilen werden nicht abgeschnitten.
x	Weitet die Anzeige auf solche Prozesse aus, die mit keinem Terminal verbunden sind.

O[+|-]*key*[,[+|-]*key*[,...]]

Sortiert die Ausgabeliste. Sehen Sie weiter im Abschnitt *Sortierschlüssel.*

+	Legt die normale Sortierrichtung für den Schlüssel fest.
–	Kehrt die Sortierrichtung für den Schlüssel um.

S	Enthält die CPU-Zeit und die Seitenfehler der Kind-Prozesse.

Sortierschlüssel

c, cmd	Name der Programmdatei
C, cmdline	Gesamte Kommandozeile
f, flags	Flags
g, pgrp	Gruppenidentifikationsnummer des Prozesses
G, tpgid	Gruppenidentifikationsnummer des verbundenen Terminals
j, cutime	Kumulative Benutzerzeit
J, cstime	Kumulative Systemzeit
k, utime	Benutzerzeit
K, stime	Systemzeit
m, min_flt	Anzahl der „Minor Page Faults“
M, maj_flt	Anzahl der „Major Page Faults“
n, cmin_flt	Kumulierte Anzahl der „Minor Page Faults“
N, cmaj_flt	Kumulierte Anzahl der „Major Page Faults“
o, session	Session-ID
p, pid	Prozeßidentifikationsnummer
P, ppid	Prozeßidentifikationsnummer der Eltern
r, rss	Resident Set Size
R, resident	Resident Pages
s, size	Größe des benutzten Speichers
S, share	Anzahl der mit anderen Prozessen geteilten Speicherseiten
t, tty	Nummer des Terminals
T, start_time	Startzeit des Prozesses
U, uid	Benutzeridentifikationsnummer

u, user	Benutzername
v, vsize	Größe des benutzten virtuellen Speichers
y, priority	Scheduler-Priorität des Prozesses

Felder

PRI Scheduler-Priorität des Prozesses. Eine höhere Zahl zeigt eine niedrigere Priorität an.

NI Der Nice-Wert des Prozesses. Eine höhere Zahl bedeutet weniger CPU-Zeit.

SIZE Die Größe des virtuellen Speicherbereichs

RSS Die „Resident Set Size" (die Größe des physikalischen Arbeitsspeichers) in Kilobyte

WCHAN Die Kernel-Funktion, in der der Prozeß schläft

STAT Der Status des Prozesses

R	Lauffähig
T	Gestoppt
D	Nicht unterbrechbarer Schlaf
S	Schlafend
Z	Zombie
W	Keine Speicherseiten belegt (zweites Feld)
N	Positiver Nice-Wert (drittes Feld)

TT Verbundenes TTY

PAGEIN Anzahl der „Major Page Faults"

TRS Größe des Textsegments

SWAP Größe des benutzten Swap-Bereichs

SHARE Größe des mit anderen Prozessen geteilten Speicherbereichs

pwd

Gibt den vollständigen Pfadnamen des aktuellen Arbeitsverzeichnisses aus. Hinweis: Die eingebauten Versionen von **pwd** in den Bourne- und Korn-Shells und **dirs** in der C-Shell sind schneller. In der C-Shell können Sie folgenden Alias definieren:

```
alias pwd dirs -l
```

quota [*Optionen*] [*Benutzer* | *Gruppe*]

Zeigt den Plattenplatzverbrauch und den insgesamt zugestandenen Platz für den angegebenen Benutzer oder die angegebene Gruppe. Ohne Argument

→

quota
←

wird die Quote des aktuellen Benutzers angezeigt. Dieser Befehl nennt die Quoten für alle Dateisysteme, die in */etc/fstab* aufgeführt sind.

Optionen

–g Wenn das Argument *Benutzer* angegeben wurde, zeigt der Befehl mit dieser Option die Quoten der Gruppen, zu denen der Benutzer gehört, anstelle der Quoten des Benutzers.

–q Zeigt nur auf den Dateisystemen die Quote an, auf denen der Benutzer die Quote überschritten hat.

–u Das Default-Verhalten. Wenn diese Option zusammen mit **–g** verwendet wird, werden Quoteninformationen sowohl über den Benutzer als auch über die Gruppe angezeigt.

–v Zeigt die Quoten auch auf Dateisystemen an, auf denen derzeit gar kein Platz belegt wird.

---

rcp

rcp [*Optionen*] *Datei1 Datei2*
rcp [*Optionen*] *Datei ... Verzeichnis*

Kopiert Dateien zwischen zwei Rechnern. Jede *Datei* oder jedes *Verzeichnis* ist entweder ein Name auf dem entfernten Rechner in der Form *Benutzer@Rechnername:Pfadname* oder ein lokaler Pfadname.

Optionen

–p Erhält das Datum der letzten Änderung und den Zugriffsmodus der Quelldateien bei der Kopie.

–r Wenn eine der Quellen ein Verzeichnis ist, werden alle darin enthaltenen Dateien und Verzeichnisse rekursiv in das Zielverzeichnis kopiert.

–x Schaltet für alle über **rcp** übertragenen Daten die DES-Verschlüsselung ein.

---

rdate

rdate [*Optionen*] [*Hosts...*]

Holt das Datum und die Uhrzeit von einem oder mehreren Hosts im Netzwerk. Der Befehl verwendet das RFC-868-Protokoll über TCP, um an die Informationen zu kommen. Datum und Uhrzeit werden im **ctime(3)**-Format zurückgegeben:

```
% rdate chambord sambuca
[chambord] Mon Dec 7 16:22:39 1998
[sambuca]  Mon Dec 7 16:21:53 1998
```

Optionen

–p Datum und Uhrzeit ausgeben (Voreinstellung).

–s	Die lokale Systemzeit anhand der geholten Informationen setzen. Nützlich für den Superuser.	**rdate**

renice [*Priorität*] [*Optionen*] [*Ziel*] — **renice**

Kontrolliert die Scheduler-Priorität verschiedener Prozesse, nachdem sie gestartet sind. Das Programm kann einzelne Prozesse, Prozeßgruppen und sämtliche Prozesse eines Benutzers beeinflussen. Der Superuser kann die Priorität der Prozesse anderer Benutzer verändern. Die *Priorität* für normale Benutzer muß zwischen 0 und dem Wert der Umgebungsvariable PRIO_MAX (normalerweise 20) liegen. Höhere Zahlen machen den Prozeß „freundlicher" gegenüber anderen Prozessen. Der Superuser kann auch negative Prioritäten bis zum Wert von PRIO_MIN vergeben, um die Prozesse zu beschleunigen.

Optionen

+*Zahl* Veranlaßt die Erhöhung der Prioritätszahl um *Zahl*.

–*Zahl* Veranlaßt die Verringerung der Prioritätszahl um *Zahl*.

–g Interpretiert das angegebene *Ziel* als Identifikationsnummer der Prozeßgruppe.

–p Interpretiert das angegebene *Ziel* als Prozeßidentifikationsnummer (Voreinstellung).

–u Interpretiert das angegebene *Ziel* als Benutzername.

reset — **reset**

Löscht den Bildschirminhalt und setzt das Terminal in den Einschaltzustand zurück.

rev [*Datei*] — **rev**

Dreht die Zeilen einer Datei auf der Standardausgabe um. Die Reihenfolge der Zeichen jeder Zeile wird umgedreht. Wenn keine Datei angegeben wird, liest der Befehl von der Standardeingabe.

rlogin *Rechnername* [*Optionen*] — **rlogin**

rlogin dient zum Einloggen in einen entfernten Rechner. Das Programm verbindet das Terminal des lokalen Rechners mit dem entfernten Zielrechner mit dem angegebenen *Rechnernamen*. Der Terminaltyp auf dem entfernten Rechner ist identisch mit dem Ihres lokalen Terminals. Die Fenstergröße wird ebenfalls vom entfernten Rechner übernommen, wenn der Server das erlaubt.

Optionen

–8 Erlaubt die Eingabe von 8-Bit-Daten zu jeder Zeit.

→

rlogin
←

–e*c* Verwendet das angegebene Zeichen *c* als Fluchtsymbol (Voreinstellung ist ~).

–d Schaltet in den Debug-Modus.

–l *Benutzername*
Verwendet den angegebenen *Benutzernamen* auf dem entfernten Rechner. Ohne diese Angabe wird der lokale Name des Benutzers verwendet.

–x Schaltet die DES-Verschlüsselung für alle Daten ein, die über die **rlogin**-Sitzung geschickt werden.

–E Unterdrückt die Interpretation irgendeines Fluchtsymbols.

–L Erlaubt den Ablauf einer **rlogin**-Session ohne Nachbearbeitung der Ausgabe (**litout**-Modus).

---

rm

rm [*Optionen*] *Dateien*

Löscht eine oder mehrere *Dateien*. Um eine Datei löschen zu können, brauchen Sie Schreibberechtigung für das Verzeichnis, in dem die Datei enthalten ist, Sie brauchen aber kein Schreibrecht für die Datei selbst. Wenn Sie kein Schreibrecht für die Datei haben, müssen Sie den Löschbefehl vor der Ausführung bestätigen (**y** oder **n**).

Optionen

–d, – –directory
Löscht Verzeichnisse, selbst wenn diese nicht leer sind. Das Programm benutzt dazu **unlink** anstelle von **rmdir**. Diese Option kann nur mit Superuser-Rechten ausgeführt werden.

–f, – –force
Löscht schreibgeschützte Dateien ohne zusätzliche Bestätigung.

– –help Hilfetext ausgeben und beenden.

–i, – –interactive
Erwartet vor der Löschung jeder einzelnen Datei eine interaktive Bestätigung (**y** zum Löschen) oder eine Ablehnung (**n** für Erhalten).

–r, –R, – –recursive
Wenn anstelle einer *Datei* ein Verzeichnis auf der Kommandozeile angegeben ist, werden das Verzeichnis und sein gesamter Inhalt mit allen Unterverzeichnissen rekursiv gelöscht. Seien Sie gewarnt: Diese Option kann gefährlich sein.

–v, – –verbose
Verbose-Modus einschalten. (**rm** gibt in diesem Modus den Namen jeder Datei aus, bevor sie entfernt wird.)

– –version Versionsnummer ausgeben und beenden.

--	Kennzeichnet das Ende der Optionen. Benutzen Sie diese Notation, wenn Sie einen Dateinamen übergeben müssen, der mit einem – beginnt.	**rm**

rmdir [*Optionen*] *Verzeichnisse* **rmdir**

Löscht die angegebenen *Verzeichnisse* (nicht deren Inhalt). *Verzeichnisse* werden aus ihren Überverzeichnissen gelöscht und müssen leer sein (wenn das nicht der Fall ist, können Sie statt dessen **rm –r** benutzen). Siehe auch **mkdir**.

Option

–p, ––parents
Löscht *Verzeichnisse* und alle übergeordneten Verzeichnisse des Pfades, die als Resultat der Löschung leer werden. Diese Option dient zur Löschung leerer Verzeichnisbäume.

rsh [*Optionen*] *Host* [*Kommando*] **rsh**

Führt ein *Kommando* auf einem entfernten Rechner aus oder startet eine interaktive Shell mit **rlogin**, wenn kein Kommando angegeben ist.

Optionen

–d Schaltet Socket-Debugging ein.

–k Veranlaßt **rsh**, Tickets für den entfernten Host in seinem Realm zu holen, anstatt für den Realm des entfernten Hosts, wie es **krb_realmofhost(3)** vorschreibt.

–l *Benutzername*
Versucht, sich mit dem angegebenen *Benutzername*n auf dem entfernten Rechner einzuloggen. Ohne diese Angabe wird der lokale Name des Benutzers verwendet.

–n Veranlaßt die Umlenkung der Standardeingabe für **rsh** auf das Spezial-Device */dev/null*. (Diese Option sollte verwendet werden, wenn ein **rsh**-Prozeß von einem Shell-Prompt in den Hintergrund geschickt wird, um die Eingabe vom Terminal weg zu lenken.)

–x Schaltet die DES-Verschlüsselung für alle Datenübertragungen ein.

–K Unterdrückt die Kerberos-Authentifizierung.

rstat *Host* **rstat**

Gibt eine zusammenfassende Statusinformation des angegebenen *Host*s an: Uptime, durchschnittliche Last und aktuelle Zeit.

run–parts

run–parts [*Optionen*] *Verzeichnis*

Führt Skriptdateien in den angegebenen *Verzeichnis*sen aus. Alle Dateien, deren Namen ausschließlich aus alphanumerischen Zeichen, Unterstrichen und Bindestrichen bestehen, werden als Skriptdateien angesehen. Alle übrigen Dateien werden ignoriert. Die Skriptdateien werden in der Reihenfolge ihrer lexikalischen Ordnung ausgeführt.

Optionen

--
Ende der Optionen; alle Argumente nach dieser Option werden als Verzeichnisname interpretiert, auch wenn deren Name mit einem – beginnt.

--test
Testmodus: Gibt Informationen darüber aus, welche Skriptdateien ausgeführt würden, ohne daß das tatsächlich geschieht.

--umask=*umask*
Setzt die *umask* auf den angegebenen Wert (Voreinstellung ist 022).

ruptime

ruptime [*Optionen*]

Zeigt den Host-Status der Rechner im lokalen Netz an. Die Statuszeilen werden aus den minütlichen Broadcast-Paketen aller Rechner im Netz ermittelt. Rechner, von denen elf Minuten kein aktiver Status ermittelt werden konnte, werden als inaktiv angezeigt.

Optionen

–l
Sortiert nach durchschnittlicher Last.

–r
Kehrt die Sortierreihenfolge um.

–t
Sortiert nach Uptime.

–u
Sortiert nach der Anzahl aktiver Benutzer.

rusers

rusers [*Optionen*] [*Host...*]

Gibt eine Liste der auf einem *Host* eingeloggten Benutzer aus (RPC-Version). **rusers** erzeugt eine Liste, ähnlich wie das Programm **who**. Wenn eine Liste von *Host*s angegeben ist, werden nur diese aktiven Benutzer dieser Rechner aufgelistet. Ein entfernter Rechner gibt die Information nur weiter, wenn dort der **rusersd**-Dämon läuft. Broadcasting über Gateways ist nicht möglich.

Optionen

–a
Erzeugt eine Ausgabe auch für Rechner, auf denen kein Benutzer eingeloggt ist.

–l
Erzeugt ein ausführlicheres Listing im Stil von **who**.

rwall *Hostname* [*Datei*]

rwall

Schreibt Mitteilungen an alle Benutzer eines Netzwerks. **rwall** liest die Mitteilung von der Standardeingabe bis zu *EOF*. Dann schickt das Programm die Mitteilung zusammen mit der einleitenden Zeile `Broadcast Message ...` an alle Benutzer, die auf dem in der Kommandozeile angegebenen Host eingeloggt sind. Wenn eine *Datei* angegeben ist, wird deren Inhalt gesendet und nicht von der Standardeingabe gelesen.

rwho [*Option*]

rwho

Meldet, wer auf allen Rechnern im lokalen Netzwerk angemeldet ist (ähnlich **who**).

Option

–a Führt auch solche Benutzer auf, die seit mehr als einer Stunde nichts mehr gemacht haben.

script [*Option*] [*Datei*]

script

Kopiert die Terminalausgabe in die Datei *typescript* oder in die auf der Kommandozeile angegebene *Datei*. Der Kopiervorgang wird beendet, wenn die Shell verlassen wird.

Option

–a Die Daten werden an eine existierende Datei angehängt, anstatt sie zu überschreiben.

sed [*Optionen*] [*Kommando*] [*Dateien*]

sed

sed ist ein „Datenstrom-Editor" zur Bearbeitung einer Liste von *Dateien* ohne interaktive Beteiligung des Benutzers. Lesen Sie Kapitel 10, um weitere Informationen zu erhalten.

Optionen

–e '*Anweisungen*', **––expression=**'*Anweisungen*'
Führt die angegebenen *Anweisungen* an den Dateien aus.

–f *Skript*, **––file=***Skript*
Führt die in *Skript* aufgeführten Anweisungen aus.

–n, ––quiet, ––silent
Unterdrückt die Ausgabe unbearbeiteter Zeilen.

setfdprm [*Optionen*] *Gerätedatei* [*Name*]

setfdprm

Stellt die Diskettenparameter zur Konfiguration des Floppy-Laufwerks ein.

→

setfdprm ←

Optionen

–c *Gerätedatei*
: Löscht die Parameter der angegebenen *Gerätedatei.*

–n *Gerätedatei*
: Unterdrückt die Formatanzeige bei der automatischen Erkennung für die angegebene *Gerätedatei.*

–p *Gerätedatei* [*Name* | *Parameter*]
: Lädt einen neuen Parametersatz mit dem angegebenen *Name*n zur automatischen Formaterkennung aus der Datei */etc/fdprm* oder lädt die direkt auf der Kommandozeile angegebenen *Parameter.* Sie können die Werte für **dev**, **size**, **sect**, **heads**, **tracks**, **stretch**, **gap**, **rate**, **spec1** und **fmt_gap** angeben.

–y *Gerätedatei*
: Veranlaßt den Floppy-Treiber, bei der automatischen Erkennung das gefundene Format als Kernel-Nachricht anzuzeigen.

sh

sh [*Optionen*] [*Datei* [*Argumente*]]

Die Standard-Shell für Unix, ein Kommandozeilen-Interpreter, in den alle weiteren Kommandos eingegeben werden. Unter Linux ist das in der Regel ein anderer Name für die **bash**-Shell. Siehe Kapitel 4.

shar

shar [*Optionen*] *Dateien*
shar –S [*Optionen*]

Erzeugt Shell-Archive (shar-Dateien) im Textformat, die als E-Mail verschickt werden können. Diese Dateien können später durch Ausführung mit */bin/sh* wieder entpackt werden. Auch andere Befehle müssen auf dem System des Empfängers vorhanden sein, beispielsweise **compress**, **gzip**, **uudecode**. Das resultierende Archiv wird auf die Standardausgabe geschrieben, sofern die Option **–o** nicht verwendet wird.

Optionen

Optionen haben eine kurze Version, die mit einem – beginnt, und eine lange Version, die mit -- beginnt. Ausnahmen von der Regel sind **--help**, **--version**, **--noi18n** und **--print-text-domain-dir**, von denen es keine kurze Version gibt.

–a, **--net-headers**
: Ermöglicht die automatische Generierung von Headern. Wenn Sie diese Option verwenden, müssen Sie auch **–n** verwenden.

–b *Bits*, **--bits-per-code=***Bits*
: **–b** *Bits* als Parameter von **compress** (beim Komprimieren). Der Default-Wert ist 12. Die Option **–b** schaltet automatisch die Option **–Z** ein.

–c, ––cut-mark
Beginnt die shar-Datei mit einer „Cut here“-Zeile.

–d *Trennzeichen*, **––here-delimiter=***Trennzeichen*
Verwendet *Trennzeichen* als Trennzeichen für die Dateien im Archiv anstelle der Voreinstellung SHAR_EOF.

–f, ––basename
Verwendet beim Restaurieren nur einfache Dateinamen. Das ist nützlich, wenn ein shar-Archiv aus mehreren Verzeichnissen oder einem anderen Verzeichnis zusammengebaut wird. (Wenn ein Verzeichnisname an **shar** übergeben wird, dann wird die Substruktur dieses Verzeichnisses restauriert, egal, ob **–f** angegeben wurde oder nicht.)

–g *Level*, **––level-for-gzip=***Level*
Verwendet *Level* als Parameter von **gzip** (beim Komprimieren). Der Default ist 9. Die Option **–g** schaltet die Option **–z** automatisch ein.

––help Hilfetext ausgeben, dann beenden.

–l *nn*, **––whole-size-limit=***nn*
Begrenzt die Größe der Ausgabedatei auf *nn* Kilobyte, trennt aber keine Eingabedateien auf. Kann nur zusammen mit **–o** verwendet werden.

–m, ––no-timestamp
Keine **touch**-Befehle zum Restaurieren der Dateiänderungsdaten beim Entpacken der Dateien generieren.

–n *Name*, **–-archive-name=***Name*
Der Name des Archivs, der im Header der shar-Dateien stehen soll. Muß angegeben werden, wenn die Option **–a** verwendet wird.

––no-i18n Keine internationalisierten Shell-Archive erzeugen; nur englische Default-Meldungen verwenden. Standardmäßig erzeugt **shar** Archive, die versuchen, die Meldungen in der bevorzugten Sprache des Entpackers (wie in der Umgebungsvariable LANG oder LC_MESSAGES angegeben) auszugeben.

–o *Präfix*, **––output-prefix=***Präfix*
Speichert das Archiv in den Dateien *Präfix*.01 bis *Präfix.nn* (anstatt die Ausgabe auf die Standardausgabe zu schreiben). Diese Option muß verwendet werden, wenn –l oder **–L** gesetzt ist.

–p, ––intermix-type
Positionale Parameteroptionen erlauben. Die Optionen **–B**, **–T**, –z und –Z können eingebettet werden, und Dateien rechts von der Option werden im angegebenen Modus verarbeitet.

→

shar
←

--print-text-domain-dir
Gibt das Verzeichnis aus, in dem **shar** nach Meldungsdateien für die verschiedenen Sprachen sucht, und beendet **shar** dann.

-q, --quiet, --silent
Verbose-Modus abschalten.

-s *wer@wo*, **--submitter=***wer@wo*
Gibt den Namen und die Adresse des Packers an, anstatt diese automatisch von **shar** bestimmen zu lassen.

--version Versionsnummer auf der Standardausgabe ausgeben und beenden.

-w, --no-character-count
Nach dem Entpacken nicht jede Datei mit **wc -c** überprüfen. Diese Überprüfung wird standardmäßig durchgeführt.

-x, --no-check-existing
Existierende Dateien überschreiben, ohne nachzufragen. Per Voreinstellung wird nachgefragt und keine existierende Datei überschrieben. Wenn **-c** dem Skript beim Entpacken als Parameter übergeben wird (**sh** *Archiv* **-c**), dann werden existierende Dateien bedingungslos überschrieben. Siehe auch **-X**.

-z, --gzip
Alle Dateien vor dem Packen mit **gzip** und **uuencode** komprimieren und verschlüsseln. So ein Archiv muß mit **uudecode** und **gunzip** (oder **zcat**) entpackt werden.

-B, --uuencode
Alle Dateien als Binärdateien ansehen und vor dem Packen mit **uuencode** verschlüsseln. Das vergrößert das Archiv, das mit **uudecode** entpackt werden muß.

-D, --no-md5-digest
Keine „md5sum"-Prüfsummen zum Überprüfen der entpackten Dateien verwenden. Per Voreinstellung wird diese Überprüfung durchgeführt.

-F, --force-prefix
Veranlaßt, daß das Präfixzeichen jeder Zeile vorangestellt wird, auch wenn das nicht unbedingt notwendig ist. Vergrößert das Archiv möglicherweise geringfügig, insbesondere, wenn **-B** oder **-Z** verwendet werden.

-L *nn*, **--split-size-limit=***nn*
Begrenzt die Größe der Ausgabedateien auf *nn* Kilobyte und teilt Dateien bei Bedarf auf. Die mit dieser Option erzeugten Archivteile müssen in der richtigen Reihenfolge entpackt werden. Kann nur zusammen mit **-o** verwendet werden.

-M, --mixed-uuencode
Dateien im gemischten Modus packen (Voreinstellung). Dateien werden nach Text- und Binärdateien unterschieden; Binärdateien werden vor dem Packen mit **uuencode** verschlüsselt.

–P, ––no-piping
Temporäre Dateien anstelle von Pipes in der shar-Datei verwenden.

–Q, ––quiet-unshar
Verbose-Modus abschalten.

–S, ––stdin-file-list
Die Liste der zu packenden Dateien von der Standardeingabe statt von der Standardausgabe lesen. Die Eingabe muß in einer Form ähnlich der von **find** generierten stehen, mit einem Dateinamen pro Zeile.

–T, ––text-files
Alle Dateien als Textdateien betrachten.

–V, ––vanilla-operation
„Gewöhnliche" Shell-Archive erzeugen, die beim Entpacken nur **sed** und **echo** benötigen.

–X, ––query-user
Fragt den Benutzer, ob Dateien beim Entpacken überschrieben werden sollen.

–Z, ––compress
Alle Dateien vor dem Packen mit **compress** komprimieren und mit **uuencode** verschlüsseln.

sleep *Dauer* [*Einheit*]

Wartet die angegebene *Dauer*, bevor ein anderes Kommando ausgeführt wird. Die Voreinstellung für *Einheit* ist Sekunden.

Zeit	Einheit
s	Sekunden
m	Minuten
h	Stunden
d	Tage

sort [*Optionen*] [*Dateien*]

Sortiert die Zeilen der angegebenen *Dateien*. Vergleicht bestimmte Felder jeweils zweier Zeilen oder, falls keine Felder angegeben sind, die gesamten Zeilen paarweise in der systemspezifischen Ordnung. Siehe auch **uniq**, **comm** und **join**.

Optionen

–b Führende Tabs und Leerzeichen werden ignoriert.

–c Überprüft, ob die *Dateien* bereits sortiert sind. In diesem Fall wird keine Ausgabe erzeugt.

→

sort
←

–d	Sortiert in lexikalischer Ordnung.
–f	„Fold"— ignoriert Groß- und Kleinschreibung.
– –help	Hilfetext ausgeben und beenden.
–i	Ignoriert nichtdruckbare Zeichen (solche außerhalb des Bereiches ASCII 040–176).
–m	Fügt mehrere sortierte Eingabedateien zusammen.
–n	Sortiert in arithmetischer Ordnung.
–o*Datei*	Veranlaßt die Ausgabe in die angegebene *Datei*.
–r	Kehrt die Sortierordnung um.
–t*c*	Bestimmt das angegebene Zeichen *c* zum Feldtrenner des Sortierschlüssels (Voreinstellung ist Tab).
–u	Identische Eingabezeilen erscheinen nur einmal (**u**nique) in der Ausgabe.
+*n* [–*m*]	Bestimmt die Zeichen zwischen *n* (ausschließlich) und *m* (einschließlich) zum Sortierschlüssel; wenn *m* fehlt, werden alle Zeichen bis zum Zeilenende zum Schlüssel. Positionen werden in der Form *a.b* angegeben, das bedeutet Zeichen Nummer *b* von Feld Nummer *a*. Wenn kein *b*-Teil angegeben ist, wird nach dem ersten Zeichen im Feld sortiert.
–k *n*[,*m*]	Ähnlich wie +. Die ersten *n*–1 Felder werden ignoriert und die Felder *n* bis *m*–1 zur Sortierung verwendet. Die Felder werden mit 1 beginnend numeriert.
– –version	Versionsnummer ausgeben und beenden.
–M	Interpretiert die ersten drei Buchstaben jeder Zeile als Monatskürzel (JAN, FEB etc.). Die Sortierung erfolgt in der Reihenfolge JAN < FEB < *ungültiger Monatsname*.
–T *Verzeichnis*	Bestimmt das angegebene *Verzeichnis* zur Benutzung für temporäre Dateien.

Beispiele

Erzeugt eine Dateiliste mit abnehmender Anzahl von Zeilen:

```
wc -l * | sort -r
```

Bringt eine Wortliste in lexikalische Ordnung, entfernt Duplikate und gibt die Häufigkeit der einzelnen Wörter aus:

```
sort -fd wordlist | uniq -c
```

Sortiert die Paßwortdatei in numerischer Ordnung anhand des dritten Feldes (Benutzer-ID):

```
sort +2n -t: /etc/passwd
```

split [*Option*] [*Quelldatei*] [*Zielpräfix*]

split teilt eine *Quelldatei* in Segmente mit einer bestimmten Anzahl von Zeilen. Die *Quelldatei* bleibt unverändert, und die Produkte landen in Ausgabedateien mit den Namen *Zielpräfix***aa**, *Zielpräfix***ab** und so weiter (Voreinstellung ist **xaa**, **xab** etc.). Das Programm liest von der Standardeingabe, wenn keine *Quelldatei* angegeben ist oder statt dessen ein – übergeben wird. Siehe auch **csplit**.

Optionen

–*n*, **–l** *n*, **––lines=***n*
: Teilt die *Quelldatei* in Segmente mit jeweils *n* Zeilen (Voreinstellung ist 1000).

–b *n*[**bkm**], **––bytes=***n*[**bkm**]
: Teilt die *Quelldatei* in Segmente zu jeweils *n* Byte bzw. der angegebenen Zahl folgender Einheiten:

b	512 Byte
k	1 Kilobyte
m	1 Megabyte

––help
: Hilfetext ausgeben und beenden.

–C *Bytes*[**bkm**], **––line-bytes=***Bytes*[**bkm**]
: Teilt die *Quelldatei* in Segmente mit maximal *n* Bytes. Es wird zusätzlich sichergestellt, daß nur vollständige Zeilen eingefügt werden.

––version
: Versionsnummer ausgeben und beenden.

–
: Liest die Quelldaten von der Standardeingabe.

Beispiele

Teile *bigfile* in Segmente mit jeweils 1000 Zeilen:

```
split bigfile
```

Füge vier Dateien zusammen und teile sie wieder in Dateien zu jeweils zehn Zeilen mit den Namen *new.aa*, *new.ab* etc. Beachten Sie, daß ohne das – in der Kommandozeile **new.** als nichtexistierender Dateiname behandelt würde.

```
cat list[1-4] | split -10 - new.
```


stat *Dateiname* [*Dateinamen . . .*]

Gibt den Inhalt einer Inode, wie ihn **stat(2)** zurückgibt, in lesbarem Format aus. Die Fehlermeldungen „Can't stat file" und „Can't lstat file" weisen normalerweise daraufhin, daß die Datei nicht existiert. „Can't readlink file" ist im allgemeinen ein Anzeichen dafür, daß mit einem symbolischen Link etwas nicht in Ordnung ist.

→

stat ←

Ausgabe

Beispielausgabe des Befehls:

```
stat /

  File: "/"
  Size: 1024      Allocated Blocks: 2     Filetype: Directory
  Mode: (0755/drwxr-xr-x) Uid: (    0/  root) Gid: (    0/  system)
Device: 0,0   Inode: 2         Links: 20
Access: Wed Jan 8 12:40:16 1986(00000.00:00:01)
Modify: Wed Dec 18 09:32:09 1985(00021.03:08:08)
Change: Wed Dec 18 09:32:09 1985(00021.03:08:08)
```

---

strfile

strfile [*Optionen*] *Eingabedatei* [*Ausgabedatei*]
unstr [-c *Trennzeichen*] *Eingabedatei*[*.ext*] [*Ausgabedatei*]

strfile erzeugt eine Datei mit wahllosem Zugriff zum Speichern von Strings. Die Eingabedatei sollte eine Datei sein, die Zeilengruppen enthält, die durch ein einzelnes Prozentzeichen ('%') oder ein anderes angegebenes *Trennzeichen* voneinander getrennt sind. **strfile** erzeugt eine Ausgabedatei, die eine Header-Struktur und eine Tabelle von Datei-Offsets für jede Zeilengruppe enthält, was einen wahllosen Zugriff auf die Strings ermöglicht. Wenn die Ausgabedatei auf der Kommandozeile nicht angegeben wird, bekommt sie den Namen *sourcefile.dat.* **unstr** macht die Arbeit von **strfile** wieder rückgängig und gibt die Strings in der Eingabedatei in der Reihenfolge aus, in der sie im Datei-Header stehen. Wenn keine Ausgabedatei angegeben wird, schreibt dieser Befehl auf die Standardausgabe, ansonsten in die angegebene Datei. **unstr** kann auch verwendet werden, um das Trennzeichen in einer String-Datei global zu ändern.

Optionen

Von den folgenden Optionen kann nur **–c** auch bei **unstr** verwendet werden. Alle anderen Optionen sind nur bei **strfile** zulässig.

–c *Trennzeichen*
: Ändert das Trennzeichen vom Prozentzeichen in *Trennzeichen.* Kann sowohl bei **strfile** als auch bei **unstr** verwendet werden.

–i
: Groß-/Kleinschreibung beim Sortieren der Strings ignorieren.

–o
: Sortiert die Strings alphabetisch.

–r
: Gestaltet den Zugriff auf die Strings zufällig.

–s
: Still arbeiten, am Ende keine Zusammenfassung ausgeben.

–x
: Das STR_ROTATED-Bit im Header-Feld *str_flags* setzen.

---

stty

stty [*Optionen*] [*Modi*]

Setzt die Terminal-I/O-Optionen für das aktuelle Eingabegerät. Ohne Optionen zeigt das Programm die aktiven Einstellungen an, sofern sie von den mit **stty sane** erzeugten Standardeinstellungen abweichen. Dabei steht ^ für ein

CONTROL-Zeichen und ^` für einen leeren Eintrag. Die meisten Modi können umgekehrt oder abgeschaltet werden, indem ein optionales – vorangestellt wird (in eckige Klammern eingeschlossen). Die entsprechende Beschreibung wird ebenfalls in eckigen Klammern dargestellt. Einige Argumente benutzen von POSIX abweichende Erweiterungen; sie sind durch ein * gekennzeichnet.

stty [*Optionen*] [*Modi*] [< *Gerät*]

Optionen

–a, ––all	Zeigt alle veränderbaren Einstellungen an.
–g	Zeigt die Einstellungen in hexadezimaler Form.

Steuermodi

n	Setzt die Übertragungsgeschwindigkeit zum Terminal auf *n* (z.B. 2400).
[–]**clocal**	Schaltet die Modemsteuerung [ein]/aus.
[–]**cread**	Schaltet den Empfänger ein/[aus].
cs*bits*	Wählt die Zahl der Bits pro Zeichen aus (5 – 8).
[–]**cstopb**	[Ein]/zwei Stop-Bits pro gesendetes Zeichen.
[–]**hup**	Trennt die (Modem-)Verbindung nach dem letzten Schließen [nicht].
[–]**hupcl**	Wie oben.
ispeed *n*	Setzt Terminal-Empfangsgeschwindigkeit auf *n*.
ospeed *n*	Setzt Terminal-Sendegeschwindigkeit auf *n*.
[–]**parenb**	Setzt die Paritätserzeugung und -prüfung [nicht].
[–]**parodd**	Nutzt [gerade]/ungerade Parität.
[–]**crtscts***	Setzt RTS/CTS-Handshaking [nicht].

Datenflußkontrolle

Die folgenden Modi zur Datenflußkontrolle sind durch Kombination der Flags *ortsfl*, *ctsflow* und *rtsflow* möglich:

Flag-Einstellung	Datenflußmodus
ortsfl rtsflow ctsflow	Unidirektionale Flußkontrolle
ortsfl rtsflow –ctsflow	RTS wird bei Sendebereitschaft gesetzt
ortsfl –rtsflow ctsflow	Ohne Effekt
ortsfl –rtsflow –ctsflow	Bidirektionale Flußkontrolle
-ortsfl rtsflow ctsflow	Bidirektionale Flußkontrolle
-ortsfl rtsflow –ctsflow	Ohne Effekt
-ortsfl –rtsflow ctsflow	Datenübertragung wird bei fallendem CTS angehalten
-ortsfl –rtsflow –ctsflow	Schaltet Hardware-Flußkontrolle ab

→

stty
←

Eingabemodi

[–]**brkint**	Signalisiert INTR bei einem Break [nicht].
[–]**icrnl**	Bildet bei der Eingabe CR [nicht] auf NL ab.
[–]**ignbrk**	Ignoriert Break bei Eingabe [nicht].
[–]**igncr**	Ignoriert CR bei Eingabe [nicht].
[–]**ignpar**	Ignoriert Paritätsfehler [nicht].
[–]**inlcr**	Bildet bei der Eingabe NL [nicht] auf CR ab.
[–]**inpck**	Schaltet die Eingabeparitätsprüfung [nicht] ein.
[–]**istrip**	Verkürzt die Eingabezeichen [nicht] auf 7 Bits.
[–]**iuclc***	Wandelt eingehende Großbuchstaben [nicht] in Kleinbuchstaben um.
[–]**ixany***	Startet mit jedem Zeichen [XON] die Ausgabe.
[–]**ixoff** [–]**tandem**	Sendet [keine] START/STOP-Zeichen, wenn die Eingabe-Warteschlange fast leer/voll ist.
[–]**ixon**	Aktiviert die START/STOP-Ausgangskontrolle [nicht].
[–]**parmrk**	Markiert Paritätsfehler [nicht].
[–]**imaxbel***	Wenn der Eingabepuffer zu voll ist, um ein weiteres Zeichen zu empfangen, [wird der Eingabepuffer geleert] wird ein akustisches Signal ausgegeben und der Eingabepuffer nicht geleert.

Ausgabemodi

bs*n*	Wählt Verzögerungsart für Backspaces (0 oder 1).
cr*n*	Wählt Verzögerungsart für Wagenrücklauf (0-3).
ff*n*	Wählt Verzögerungsart für Seitenvorschübe (0 oder 1).
nl*n*	Wählt Verzögerungsart für Zeilenvorschübe (0 oder 1).
tab*n*	Wählt Verzögerungsart für horizontale Tabulatoren (0-3).
vt*n*	Wählt die Verzögerungsart für vertikale Tabulatoren (0 oder 1).
[–]**ocrnl***	Bildet bei der Ausgabe NL [nicht] auf CR-NL ab.
[–]**ofdel***	Setzt die Füllzeichen auf [NULL]/DEL.
[–]**ofill***	Verzögert die Ausgabe mit [Warten]/Füllzeichen.
[–]**olcuc***	Wandelt ausgehende Kleinbuchstaben [nicht] in Großbuchstaben um.
[–]**onlcr***	Bildet bei der Ausgabe NL [nicht] auf CR-NL ab.
[–]**onlret***	Auf dem Terminal führt NL [nicht] die CR-Funktion aus.

[–]onocr* Gibt in Spalte 0 [keine] CRs aus.

[–]opost Bearbeitet die Ausgabe [nicht] nach; ignoriert alle anderen Ausgabemodi.

Lokale Modi

[–]echo Wiederholt die gelesenen Zeichen [nicht].

[–]echoe, [–]crterase
Stellt ERASE-Zeichen [nicht] als Backspace-Leerzeichen-Backspace-Zeichenfolge dar.

[–]echok Gibt [kein] NL nach KILL-Zeichen aus.

[–]echonl Ein NL wird im kanonischen Modus [nicht] reflektiert, auch wenn das Echo für andere Zeichen abgeschaltet ist.

[–]icanon Schaltet die kanonische Eingabe zur Sonderbehandlung von ERASE, KILL, WERASE und RPRINT [nicht] ein.

[–]iexten Schaltet die erweiterten Funktionen für Eingabedaten [nicht] ein.

[–]isig Schaltet die Zeichenprüfung hinsichtlich INTR, SUSPEND und QUIT [nicht] ein.

[–]noflsh Schaltet die Pufferausgabe nach INTR oder QUIT [nicht] ab.

[–]tostop* Sendet [kein] SIGTTOU, wenn Hintergrundprozesse auf ein Terminal schreiben.

[–]xcase* Ändert bei der lokalen Ausgabe die Groß- und Kleinschreibung [nicht].

[–]echoprt, [–]prterase*
Beim Löschen werden Zeichen [nicht] in \ und / eingeschlossen reflektiert.

[–]echoctl. [–]ctlecho*
Reflektiert Steuerzeichen [nicht] als *^Zeichen* (z.B. **^Z**).

[–]echoke [–]crtkill*
Löschzeichen, wie durch die Einstellungen **echoprt** und **echoe** definiert.

Steuerungszuweisungen

ctrl-char c Setzt das Steuerzeichen auf *c*. *Steuerzeichen* sind: **dsusp** (Eingabepuffer-Flush und sendet Stop), **eof**, **eol**, **eol2** (alternatives End-of-line), **erase**, **intr**, **lnext** (behandelt nächstes Zeichen uninterpretiert), **kill**, **rprnt** (schreibt Zeile neu), **quit**, **start**, **stop**, **susp**, **swtch** oder **werase** (löscht letztes Zeichen). *c* kann ein buchstäbliches Steuerzeichen, ein Zeichen in Caret-Notation (z.B. **^Z**), eine Hexadezimalzahl (muß mit 0x beginnen), eine Oktalzahl (muß mit 0 beginnen) oder eine Dezimalzahl sein. Sie

→

schalten ein Steuerzeichen ab, indem Sie den Wert ^– oder **undef** zuweisen.

min *n* — Setzt die Minimalzahl von Zeichen, die einen Lesevorgang im **-icanon**-Modus abschließen, bevor der Timer abgelaufen ist.

time *n* — Setzt die Anzahl der Zehntelsekunden, nach denen der Timer im **-icanon**-Modus abläuft, bevor die in **min** festgelegte Anzahl Zeichen gelesen wurde.

line *i* — Setzt das Schnittstellenprotokoll (Line-Discipline) auf *i* (1–126).

Kombinationsmodi

cooked — Entspricht **–raw**.

[-]evenp [-]parity
Entspricht [–]**parenb** und **cs**[8]7.

[-]parity — Entspricht [–]**parenb** und **cs**[8]7.

ek — Setzt ERASE und KILL auf **STRG-h** und **STRG-u**.

[-]lcase — Setzt [Hebt] **xcase**, **iuclc** und **olcuc** [auf].

[-]LCASE — Entspricht [–]**lcase**.

[-]nl — Setzt [Hebt] **icrnl** und **onlcr** [auf]. **–nl** hebt darüber hinaus **inlcr**, **igncr**, **ocrnl** und **onlret** auf.

[-]oddp — Entspricht [–]**parenb**, [–]**parodd** und **cs7**[8].

[-]raw — Schaltet die raw-Ein- und -Ausgabe (nicht ERASE, KILL, INTR, QUIT, EOT, SWITCH oder Ausgabenachbearbeitung) [nicht] ein.

sane — Setzt alle Modi auf sinnvolle Werte zurück.

[-]tabs* — [Wandelt die Tabulatoren in Leerzeichen um.] Behält die Tabulatoren bei der Ausgabe bei.

[-]cbreak — Entspricht **-icanon**.

[-]pass8 — Entspricht **-parenb -istrip cs8**.

[-]litout — Entspricht **-parenb -istrip cs8**.

[-]decctlq* — Entspricht **-ixany**.

crt — Entspricht **echoe echoctl echoke**.

dec — Entspricht **echoe echoctl echoke -ixany**. Zusätzlich wird INTERRUPT zu ^C, ERASE zu DEL und KILL zu ^U.

Spezialeinstellungen

ispeed *speed* — Bestimmt die Eingabegeschwindigkeit.

ospeed *speed* — Bestimmt die Ausgabegeschwindigkeit.

rows *rows** Bestimmt die Anzahl der Zeilen.

cols *columns*, **columns** *columns**
Bestimmt die Anzahl der Spalten.

size* Gibt die aktuelle Einstellung für Zeilen- und Spaltenzahl aus.

speed Gibt die aktuelle Terminalgeschwindigkeit aus.

su [*Option*] [*Benutzer*] [*Shell–Argumente*]

Erzeugt eine Shell mit der effektiven Benutzeridentifikation eines anderen *Benutzer*s. Wenn kein *Benutzer* angegeben ist, wird eine Shell für den Superuser (root) erzeugt (Sie werden also Superuser). Geben Sie das Zeichen für *EOF*, um die Shell wieder zu verlassen. Sie können die Shell mit bestimmten Optionen starten, indem Sie die entsprechenden *Shell-Argumente* übergeben (wenn Sie beispielsweise die Shell **sh** verwenden, können Sie **–c** *Kommando* angeben, um dieses *Kommando* direkt auszuführen).

Optionen

–, –l, ––login Veranlaßt die Durchführung einer normalen Login-Sequenz (z.B. wird die Laufzeitumgebung des entsprechenden *Benutzer*s initialisiert).

–c *Kommando*, **––command=***Kommando*
Führt das angegebene *Kommando* in der neuen Shell aus und beendet sich sofort nach dessen Ausführung. Wenn das *Kommando* aus mehr als einem Wort besteht, sollte es in Anführungszeichen eingeschlossen werden — zum Beispiel:

```
su -c 'find / -name \*.c -print' nobody
```

–f, ––fast Veranlaßt den Aufruf der Shell mit der Option **-f**. Bei der **csh** und der **tcsh** unterdrückt dies das Lesen der Datei *.cshrc*. Bei der **bash** unterdrückt das die Dateinamenserweiterung.

–m, –p, ––preserve-environment
Bewahrt die originalen Werte der Umgebungsvariablen HOME, USER, LOGNAME und SHELL. Führt $SHELL anstelle des in */etc/passwd* festgelegten Programms aus, wenn $SHELL nicht eingeschränkt ist.

–s *Shell*, **––shell** *Shell*
Führt das Programm *Shell* anstelle des in */etc/passwd* festgelegten Programms aus, wenn *Shell* nicht eingeschränkt ist.

sum

sum [*Option*] *Datei*

Eine Prüfsumme sowie die Anzahl von (1 KByte großen) Blöcken einer Datei berechnen und ausgeben. Nützlich zum Überprüfen einer Datenübertragung.

Optionen

–r
: Die Voreinstellung. Verwendet den BSD-Prüfsummenalgorithmus.

–s ––sysv
: Verwendet den alternativen, unter System V verwendeten Prüfsummenalgorithmus. Die Blockgröße beträgt 512 Byte.

––help
: Hilfetext ausgeben und beenden.

––version
: Versionsnummer ausgeben.

---

symlinks

symlinks [*Optionen*] *Verzeichnisse*

Gibt eine Liste der symbolischen Links mit zusätzlichen Informationen aus. Die angegebenen *Verzeichnisse* werden nach symbolischen Links durchsucht und mit den Attributen **relative**, **absolute**, **dangling** oder **other_fs** belegt.

Optionen

–c
: Wandelt absolute Links in relative Links um, es sei denn, sie zeigen auf ein anderes Dateisystem.

–r
: Durchläuft rekursiv alle Unterverzeichnisse und sucht überall nach symbolischen Links.

–v
: Zeigt auch relative Links an.

---

systat

systat [*Optionen*] *Host*

Fragt Statusinformationen vom Netzwerkrechner *Host* ab. Zuerst wird versucht, den Service **systat** zu benutzen; wenn das kein Ergebnis liefert, werden die Services **netstat** und **daytime** verwendet.

Optionen

–n, ––netstat
: Veranlaßt die Benutzung des **netstat**-Services.

–p *Port*, **––port** *Port*
: Richtet die Anfrage an den angegebenen *Port* des *Host*s.

–s, ––systat
: Veranlaßt die Benutzung des **systat**-Services.

–t, ––time
: Veranlaßt die Benutzung des **daytime**-Services.

tac [*Optionen*] [*Datei*]

Das Programm **tac** ist nach dem bekannteren **cat** benannt und gibt Dateien rückwärts aus. Ohne Angabe einer *Datei* oder mit einem – an deren Stelle liest das Programm von der Standardeingabe. **tac** arbeitet feldorientiert und gibt alle Felder in umgekehrter Reihenfolge aus. Als Feldtrenner ist das Zeilenende voreingestellt, die letzte Zeile wird also zuerst ausgegeben.

Optionen

–b, ––before
Legt fest, daß der Feldtrenner vor dem Feld steht, das er begrenzt.

–r, ––regex
Ermöglicht die Verwendung von regulären Ausdrücken bei der Angabe des Feldtrenners.

–s *Feldtrenner*, **––separator=***Feldtrenner*
Legt einen neuen *Feldtrenner* fest (Voreinstellung ist das Zeilenende).

tail [*Optionen*] [*Datei*]

Gibt die letzten zehn Zeilen der angegebenen *Datei* (oder der Standardeingabe, wenn an deren Stelle ein – erscheint) aus.

Optionen

–*n*[*k*]
Beginnt die Ausgabe an der *n*-ten Stelle vom Ende der Datei an. Durch *k* wird angegeben, wie die Stellen gezählt werden: **l** steht für Zeilen (lines, die Voreinstellung), **b** für Blöcke (512 Byte) oder **c** für Zeichen (character).

+*n*[*k*]
Wie –*n*, die Stellen werden jedoch vom Anfang der Datei an gezählt.

–c *Anzahl*{**bkm**}, **––bytes** *Anzahl*{**bkm**}
Gibt die angegebene *Anzahl* Bytes vom Ende der Datei her aus. Eine abweichende Blockgröße kann durch Anhängen der folgenden Buchstaben erreicht werden:

b	512 Byte
k	1 Kilobyte
m	1 Megabyte

–f
Veranlaßt das Programm, nicht am Dateiende abzubrechen, sondern mit der Ausgabe zu folgen, wenn die Datei wächst. Sie beenden das Programm durch die Tastenkombination **STRG-C**.

–n *Anzahl*, **––lines** *Anzahl*
Gibt die letzten *Anzahl* Zeilen aus.

→

tail ←

−q, −−quiet, −−silent
Unterdrückt die Ausgabe der Dateinamen als Header.

−−version Versionsnummer ausgeben und beenden.

Beispiele

Zeigt die letzten 20 Zeilen, in denen die Zeichenkette **.Ah** vorkommt:

```
grep '\.Ah' file | tail -20
```

Zeigt die letzten zehn Zeichen der Shell-Variable **name**:

```
echo "$name" | tail -c
```

Gibt die letzten zwei Blöcke der Datei **bigfile** aus:

```
tail -2b bigfile
```

---

talk

talk *Person* [*TTY*]

Das Programm **talk** ermöglicht den Dialog mit einem Benutzer an einem anderen Terminal. Die angesprochene *Person* ist entweder der Login-Name von einem Benutzer des lokalen Rechners oder eine Adresse der Form *user@host* auf einem entfernten Rechner. Um mit einem Benutzer zu kommunizieren, der mehrfach eingeloggt ist, geben Sie zusätzlich den Namen des *TTY* an, um das gewünschte Terminal zu bezeichnen. Sobald die Verbindung hergestellt ist, können die Beteiligten simultan schreiben und die Ausgabe gleichzeitig in den geteilten Terminalfenstern lesen. Um den Bildschirminhalt neu aufzubauen, geben Sie die Tastenkombination **STRG-L** ein. Um das Programm zu beenden, geben Sie die Tastenkombination zur Unterbrechung ein (normalerweise **STRG-C**); **talk** stellt den Bilschirminhalt wieder so her, wie es ihn beim Aufruf vorgefunden hat.

---

tcsh

tcsh [*Optionen*] [*Datei* [*Argumente*]]

Eine erweiterte Version der C-Shell, ein Kommandozeilen-Interpreter, in den alle weiteren Kommandos eingegeben werden. Um weitere Informationen zu erhalten, lesen Sie Kapitel 5.

---

tee

tee [*Optionen*] *Datei*

Liest die Ausgabe eines anderen Programms und kopiert sie sowohl auf die Standardausgabe als auch in die angegebene *Datei.*

Optionen

−a, −−append
Die Daten werden an die *Datei* angehängt, anstatt sie zu überschreiben.

--help Hilfetext ausgeben und beenden.

-i, --ignore-interrupts
Interrupt-Signale ignorieren.

--version Versionsnummer ausgeben und beenden.

Beispiel

`ls -l | tee savefile` *Zeigt ein Listing und speichert es für später*

telnet [*Optionen*] [*Host* [*Port*]]

Das Programm **telnet** ist die Benutzerschnittstelle, über die die Kommunikation mit einem Netzwerkrechner mittels des TELNET-Protokolls abgewickelt wird. Wenn **telnet** ohne die Angabe eines *Hosts* aufgerufen wird, startet es im Befehlsmodus, was durch die Eingabeaufforderung `telnet>` angezeigt wird. (Die ausführbaren Befehle werden nach der Beschreibung der Optionsliste erklärt.) Wenn das Programm mit Argumenten aufgerufen wird, wird der Befehl **open** (die Beschreibung folgt) mit diesen Argumenten ausgeführt. *Host* bezeichnet einen offiziellen Rechnernamen, und die Angabe eines *Ports* ermöglicht den Aufbau der Verbindung mit einem anderen als dem üblichen TELNET-Port.

Optionen

-a Veranlaßt die Durchführung einer automatischen Login-Prozedur auf dem entfernten System.

-d Schaltet das Debugging auf Socket-Ebene ein.

-e [*Fluchtzeichen*]
Bestimmt das angegebene *Fluchtzeichen*, mit dem die TELNET-Sitzung unterbrochen werden kann. Wenn kein Zeichen nach dem Optionsschalter angegeben ist, wird das vordefinierte Fluchtzeichen gelöscht.

-l *Benutzername*
Wenn die Verbindung zu einem entfernten System aufgebaut wird und das System die Option ENVIRON unterstützt, wird der angegebene *Benutzername* als USER für die Login-Prozedur übergeben.

-n *Tracefile*
Öffnet das angegebene *Tracefile* und schreibt Informationen zu einer TN3270-Verbindung mit, sofern diese Variante unterstützt wird.

-r Emuliert **rlogin**: Das voreingestellte Escape-Zeichen ist eine Tilde, ein Escape-Zeichen, gefolgt von einem Punkt, führt zu einem Abbruch der Verbindung, ein **^Z** anstelle eines Punktes unterbricht **telnet**, und ein] (das voreingestellte Escape-Zeichen von **telnet**) erzeugt eine normale **telnet**-Eingabeaufforderung. Diese Codes werden nur am Anfang einer Zeile verstanden.

→

telnet
←

-8 Schaltet den 8-Bit-Betrieb ein.

-E Schaltet die Escape-Zeichen-Funktionalität ab.

-L Legt einen 8-Bit-Datenpfad für die Ausgabe fest.

-S *tos* Setzt die Type-of-Service-Option (TOS) im IP-Protokoll für die TELNET-Verbindung auf den Wert *tos*.

Befehle

STRG-Z Suspendiert **Telnet**.

! [*Systemkommando*]
Führt das *Systemkommando* in einer Sub-Shell auf dem lokalen Rechner aus. Wenn kein *Systemkommando* angegeben ist, wird eine interaktive Shell gestartet.

? [*Befehl*] Gibt einen Hilfstext zum angegebenen *Befehl* aus. Ohne Argument wird eine Hilfsübersicht ausgegeben.

close Schließt eine laufende TELNET-Sitzung und verbleibt im Befehlsmodus.

display *Argument ...*
Zeigt die Einstellungen für alle oder für die als *Argument* angegebenen **set**- und **toggle**-Werte an.

environ [*Argumente* [...]]
Manipuliert Variablen, die über die TELNET ENVIRON-Option geschickt werden können. Gültige Werte sind:

? Hilfetext für den **environ**-Befehl ausgeben.

define *Variable Wert*
Definiert *Variable* mit dem Wert *Wert*.

undefine *Variable*
Entfernt *Variable* aus der Liste der Umgebungsvariablen.

export *Variable*
Veranlaßt, daß der Wert von *Variable* auf die entfernte Seite exportiert wird.

unexport *Variable*
Veranlaßt, daß *Variable* nicht exportiert wird, sofern die entfernte Seite dies nicht ausdrücklich fordert.

list Zeigt die aktuellen Variablenwerte an.

logout Wenn der entfernte Host den **logout**-Befehl unterstützt, wird die **telnet**-Sitzung beendet.

mode [*Typ*]
Der Status, in dem sich die TELNET-Sitzung befindet, kann durch Angabe der folgenden *Typ*en beeinflußt werden:

?	Gibt eine Kurzbeschreibung des **mode**-Befehls aus.
character	Schaltet den TELNET LINEMODE ab oder, wenn der entfernte Rechner diese Option nicht unterstützt, wechselt in den „Character at a time"-Modus.
[−]edit	Schaltet den EDIT-Modus von TELNET LINEMODE an bzw. ab.
[−]isig	Schaltet den TRAPSIG-Modus von TELNET LINEMODE an bzw. ab.
line	Schaltet den TELNET LINEMODE ein oder, wenn der entfernte Rechner diese Option nicht unterstützt, wechselt in den „Old line by line"-Modus.
[−]softtabs	Schaltet den SOFT_TAB-Modus von TELNET LINEMODE an bzw. ab.
[−]litecho	Schaltet den LIT_ECHO-Modus an bzw. ab.

open [**-l** *Benutzer*] *Host* [*Port*]
Öffnet eine Verbindung zum angegebenen *Host*. Wenn kein spezieller *Port* angegeben ist, wird der Kontakt über den Standardport von TELNET (23/tcp) hergestellt.

quit
Schließt alle offenen TELNET-Sitzungen und beendet das Programm.

status
Zeigt den aktuellen Status von **telnet** an. Der Netzwerkrechner, zu dem eine Verbindung besteht, und der aktuelle Modus werden ausgegeben.

send *Argumente*
Sendet eine oder mehrere spezielle Zeichensequenzen zum entfernten Rechner. Die folgenden Argumente können angegeben werden:

?	Gibt eine Kurzbeschreibung zum Befehl **send** aus.
abort	Sendet die TELNET-Sequenz ABORT.
ao	Sendet die TELNET-Sequenz AO, die beim entfernten System dazu führen sollte, daß der Inhalt des Ausgabepuffers sofort auf das Terminal übertragen wird.
ayt	Sendet die TELNET-Sequenz AYT (Are You There).
brk	Sendet die TELNET-Sequenz BRK (Break).

do *Befehl*

dont *Befehl*

will *Befehl*

→

wont *Befehl* Schickt eine TELNET DO-Befehlsfolge, wobei *Befehl* eine Zahl zwischen 0 und 255 oder ein symbolischer Name eines TELNET-Befehls ist. Wenn *Befehl* ? oder **help** ist, gibt dieser Befehl einen Hilfetext (einschließlich einer Liste der symbolischen Namen) aus.

ec Sendet die TELNET-Sequenz EC (Erase Character), die dazu führt, daß beim entfernten System das zuletzt empfangene Zeichen gelöscht wird.

el Sendet die TELNET-Sequenz EL (Erase Line), die zum Löschen der zuletzt eingegebenen Zeile auf dem entfernten System führt.

eof Sendet die TELNET-Sequenz EOF (End Of File).

eor Sendet die TELNET-Sequenz EOR (End Of Record).

escape Sendet den aktuellen Wert für das TELNET-Fluchtzeichen (voreingestellt mit `^]`).

ga Sendet die TELNET-Sequenz GA (Go Ahead).

getstatus Wenn der entfernte Rechner den TELNET-Befehl STATUS unterstützt, fordert **getstatus** die aktuelle Statusinformation von der Gegenstelle an.

ip Sendet die TELNET-Sequenz IP (Interrupt Process), welche die Gegenstelle zur Unterbrechung des gerade laufenden Prozesses auffordert.

nop Sendet die TELNET-Sequenz NOP (No OPeration).

susp Sendet die TELNET-Sequenz SUSP (SUSPend process).

synch Sendet die TELNET-Sequenz SYNCH, die alle vorher eingegebenen (aber noch nicht gelesenen) Eingabedaten verwirft.

set *Argument Wert*

unset *Argument Wert*

Setzt eine von mehreren TELNET-Variablen auf einen angegebenen *Wert* oder auf WAHR. Der Spezialwert „off" (aus) schaltet die mit der Variable verbundene Funktion aus. **unset** schaltet jede der angegebenen Funktionen ab. Die Werte der Variablen können mit Hilfe des **display**-Befehls angezeigt werden. Folgende Variablen können auf diesem Weg gesetzt werden:

? Gibt eine Liste der erlaubten **set**- und **unset**-Befehle aus.

ayt Wenn TELNET im **localchars**-Modus arbeitet, wird das angegebene Zeichen als alternatives AYT-Zeichen verwendet.

echo Das ist der Wert, der im Line-by-line-Modus zwischen lokalem Echo und Unterdrücken des Echos umschaltet (Voreinstellung ist ^**E**).

eof Wenn **telnet** im LINEMODE oder im alten Line-by-line-Modus arbeitet, bewirkt die Eingabe dieses Zeichens als erstes Zeichen einer Zeile, daß das Zeichen an das entfernte System geschickt wird.

erase Wenn sich **telnet** im **localchars**-Modus befindet und im Character-at-a-time-Modus arbeitet, führt die Eingabe dieses Zeichens zum Senden der TELNET-Sequenz EC.

escape Dies ist das TELNET-Fluchtzeichen (Voreinstellung ^[), das die Umschaltung in den TELNET-Befehlsmodus bewirkt, wenn eine Verbindung zu einem entfernten System besteht.

flushoutput Wenn sich **telnet** im **localchars**-Modus befindet und das **flushoutput**-Zeichen eingegeben wird, wird die TELNET-Sequenz AO an das entfernte System gesendet.

forw1 Wenn **telnet** sich im **localchars**-Modus befindet, wird dieses Zeichen als alternatives End-of-line-Zeichen verwendet.

forw2 Wenn **telnet** sich im **localchars**-Modus befindet, wird dieses Zeichen als alternatives End-of-line-Zeichen verwendet.

interrupt Wenn sich **telnet** im **localchars**-Modus befindet und das **interrupt**-Zeichen eingegeben wird, wird die TELNET-Sequenz IP an den entfernten Rechner gesendet.

kill Wenn sich **telnet** im **localchars**-Modus befindet und im Character-at-a-time-Modus arbeitet, führt dieses Zeichen zum Senden der TELNET-Sequenz EL.

lnext Wenn **telnet** sich im LINEMODE oder im Line-by-line-Modus befindet, wird dieses Zeichen als **lnext**-Zeichen für das Terminal verwendet.

quit Wenn sich **telnet** im **localchars**-Modus befindet und das **quit**-Zeichen eingegeben wird, wird die TELNET-Sequenz BRK an den entfernten Rechner geschickt.

→

reprint Wenn **telnet** im LINEMODE oder Line-by-line-Modus ist, wird dieses Zeichen als das **reprint**-Zeichen für das Terminal verwendet.

rlogin Schaltet den **rlogin**-Modus ein. Entspricht der Kommandozeilenoption **–r**.

start Wenn die TOGGLE-FLOW-CONTROL-Option eingeschaltet ist, wird dieses Zeichen als **start**-Zeichen für das Terminal verwendet.

stop Wenn die TOGGLE-FLOW-CONTROL-Option eingeschaltet ist, wird dieses Zeichen als **stop**-Zeichen für das Terminal verwendet.

susp Wenn **telnet** sich im LINEMODE oder im **localchars**-Modus befindet und das **suspend** Zeichen eingegeben wird, wird die TELNET-Sequenz SUSP an den entfernten Rechner gesendet.

tracefile Die Datei, in welche die Ausgabe von **netdata** geschrieben wird.

worderase Wenn sich **telnet** im LINEMODE oder im Line-by-line-Modus befindet, wird dieses Zeichen als **worderase**-Zeichen für das Terminal verwendet. Die Voreinstellung ist terminalspezifisch.

slc [*Status*]

Setzt den Status der Sonderzeichen, wenn die TELNET LINEMODE-Option eingeschaltet ist.

? Gibt eine Kurzbeschreibung zum **slc**-Befehl aus.

check Überprüft die aktuelle Einstellung der Sonderzeichen. Wenn Abweichungen auftreten, werden die lokalen Einstellungen denen des entfernten Rechners angepaßt.

export Benutzt die lokalen Voreinstellungen für die Sonderzeichen.

import Benutzt die Einstellungen des entfernten Rechners für die Sonderzeichen.

toggle *Argumente* [...]

Schaltet verschiedene Flags zur Steuerung der TELNET-Reaktion auf Ereignisse. Die Flags können mit den Befehlen **set** und **unset** explizit auf WAHR oder FALSCH gesetzt werden. Die gültigen Argumente sind:

? Gibt eine Liste der erlaubten **toggle**-Befehle aus.

autoflush Wenn **autoflush** und **localchars** gleichzeitig WAHR sind und **ao**- oder **quit**-Zeichen erkannt werden, gibt

telnet so lange keine Daten auf dem Benutzerterminal aus, bis das entfernte System die Verarbeitung dieser TELNET-Sequenzen bestätigt.

autosynch Wenn **autosynch** und **localchars** gleichzeitig WAHR sind und **intr**- oder **quit**-Zeichen eingegeben werden, wird an die resultierende TELNET-Sequenz automatisch eine SYNCH-Sequenz angehängt. Die Voreinstellung dieses Schalters ist FALSCH.

binary Schaltet die TELNET-Option BINARY für die Eingabe und Ausgabe ein bzw. aus.

inbinary Schaltet die TELNET-Option BINARY für die Eingabe ein bzw. aus.

outbinary Schaltet die TELNET-Option BINARY für die Ausgabe ein bzw. aus.

crlf Wenn dieser Schalter WAHR ist, werden Carriage Returns (Wagenrückläufe) als Kombination CR-LF gesendet, anderenfalls werden sie unverändert weitergegeben (Voreinstellung ist FALSCH).

crmod Schaltet den Wagenrücklaufmodus. Die Voreinstellung ist FALSCH.

debug Schaltet den Fehlersuchmodus auf Socket-Ebene. Voreinstellung ist FALSCH.

localchars Wenn dieser Wert WAHR ist, werden die Sonderzeichen **flush**, **interrupt**, **quit**, **erase** und **kill** lokal bearbeitet und in die passenden TELNET-Steuersequenzen umgeformt. Der Initialwert ist WAHR.

netdata Schaltet den Anzeigemodus für Netzwerkdaten. Voreinstellung ist FALSCH.

options Schaltet die Anzeige einiger interner, mit Optionen verbundener **telnet**-Protokoll-Prozeduren. Voreinstellung ist FALSCH.

prettydump Wenn **netdata** und **prettydump** beide WAHR sind, geschieht die Ausgabe der Netzwerkdaten in einer etwas lesbareren Form.

skiprc Unterdrückt die Bearbeitung der Datei *~/.telnetrc*. Die Voreinstellung ist FALSCH, die Datei wird also verarbeitet.

termdata Schaltet die hexadezimale Ausgabe von Terminaldaten. Die Voreinstellung ist FALSCH.

z **telnet** unterbrechen, funktioniert nur mit der *csh*.

test

test *Ausdruck*
oder
[*Ausdruck*]

(Auch als eingebauter Befehl in den meisten Shells enthalten.)

Bewertet einen *Ausdruck* und liefert den Statuswert null, wenn der Wert WAHR ist. Anderenfalls wird ein Statuswert ungleich null zurückgegeben. In Shell-Skripten kann auch die alternative Form [*Ausdruck*] verwendet werden. Das Programm wird in der Regel für die Konstruktion der Bedingungen für Programmverzweigungen in Shell-Programmen benutzt.

Dateitests

Die Syntax für die folgenden Optionen ist **test** *Option Datei*. Wenn die angegebene Datei nicht existiert, liefert das Programm den Wert FALSCH, anderenfalls wird der durch den Optionsschalter festgelegte Test auf die Datei angewendet, wie in der Beschreibung erklärt.

–b Ist die Datei ein blockorientiertes Gerät?

–c Ist die Datei ein zeichenorientiertes Gerät?

–d Ist die Datei ein Verzeichnis?

–e Existiert die Datei?

–f Ist die Datei nicht mehr als eine reguläre Datei?

–g Ist das Gruppen-ID-Bit bei der Datei gesetzt?

–k Ist das Sticky-Bit bei der Datei gesetzt?

–L Ist die Datei ein symbolischer Link?

–p Ist die Datei eine Named Pipe (FIFO)?

–r Ist die Datei für den Benutzer lesbar?

–s Ist die Datei nicht leer?

–S Ist die Datei ein Socket?

–t [*Dateideskriptor*]
Gehört der *Dateideskriptor* (Voreinstellung ist Standardausgabe) zu einem Terminal?

–u Ist das Benutzer-ID-Bit bei der Datei gesetzt?

–w Ist die Datei für den Benutzer schreibbar?

–x Ist die Datei ausführbar?

–O Gehört die Datei dem effektiven Eigentümer des laufenden Prozesses?

–G Gehört die Datei der effektiven Gruppe des laufenden Prozesses?

Dateivergleiche

Die Syntax für Dateivergleiche ist **test** *Datei1 Option Datei2*.

–nt Ist die *Datei1* neuer als *Datei2*? Testet das Datum der letzten Änderung, nicht das der Erzeugung.

–ot Ist die *Datei1* älter als *Datei2*? Testet das Datum der letzten Änderung, nicht das der Erzeugung.

–ef Haben die Dateien identische Geräte- und Inode-Nummern?

Zeichenkettentests

Die Zeichenkettentests haben die Syntax **test** *Option Zeichenkette*.

–z Ist die Zeichenkette leer?

–n Ist die Zeichenkette mindestens ein Zeichen lang?

= *Zeichenkette*
Sind die beiden Zeichenketten gleich?

!= *Zeichenkette*
Sind die beiden Zeichenketten verschieden?

Ausdrucktests

Beachten Sie, daß als Ausdruck jeder der bisher vorgestellten Tests erscheinen kann.

! *Ausdruck*
Ist der Ausdruck falsch?

Ausdruck **–a** *Ausdruck*
Sind beide Ausdrücke wahr?

Ausdruck **–o** *Ausdruck*
Ist einer der Ausdrücke wahr?

Ganzzahltests

Die Syntax für Ganzzahltests ist **test** *Zahl1 Option Zahl2*. Sie können anstelle einer Zahl auch den Ausdruck **-l** *Zeichenkette* verwenden, der durch die Länge der *Zeichenkette* ersetzt wird.

–eq Sind die beiden Zahlen gleich?

–ne Sind die beiden Zahlen ungleich?

–lt Ist *Zahl1* kleiner als *Zahl2*?

–le Ist *Zahl1* kleiner oder gleich *Zahl2*?

–gt Ist *Zahl1* größer als *Zahl2*?

–ge Ist *Zahl1* größer oder gleich *Zahl2*?

---

tftp [*Host* [*Port*]]

tftp

Benutzerschnittstelle zum TFTP (Trivial File Transfer Protocol), das den Transfer von Dateien zwischen einem entfernten Rechner und dem lokalen Rechner ermöglicht.

→

tftp ←

Befehle

Wenn das Programm gestartet wurde, erscheint ein Prompt:

```
tftp>
```

Das Programm versteht die folgenden Befehle:

? [*Befehl...*]
: Gibt Hilfsinformationen (zum *Befehl*) aus.

ascii Abkürzung für „mode ASCII"

binary Abkürzung für „mode binary"

connect *Hostname* [*Port*]
: Stellt die Verbindung zum angegebenen *Host* her und benutzt den optional angegebenen *Port.*

get *Dateiname*

get *Entfernter_Name Lokaler_Name*

get *Datei1 Datei2 Datei3...*
: Holt eine Datei oder eine Gruppe von Dateien von dem entfernten System.

mode *Transfermodus*
: Stellt den *Transfermodus* ein. Der *Transfermodus* kann entweder ASCII oder binary sein, Voreinstellung ist ASCII.

put *Dateiname*

put *Lokaler_Name Entfernter_Name*

put *Datei1 Datei2 Datei3... Verzeichnis*
: Sendet eine Datei oder eine Gruppe von Dateien an das entfernte System.

quit Beendet **tftp**.

rexmt *Timeout*
: Stellt den Timeout-Wert für die Paket-Retransmission in Sekunden ein.

status Gibt Statusinformationen zum Programm: ob eine Verbindung besteht, die aktuellen Timeout-Werte, den Trace-Modus.

timeout *Timeout*
: Setzt den Timeout-Wert für die gesamte Übertragung.

trace Schaltet Tracing ein bzw. aus.

verbose Schaltet den Verbose-Modus ein bzw. aus.

tload

tload [*Optionen*] [*TTY*]

Stellt die mittlere Systemlast in einer einfachen ASCII-Grafik dar. Wenn ein *TTY* angegeben ist, wird die Ausgabe auf dieses Gerät gelenkt.

Optionen

–d *Verzögerung*
: Gibt die Verzögerung zwischen zwei Updates in Sekunden an.

–s *Verzögerung*
: Stellt die Skalierung ein (Anzahl der Zeilen für eine Einheit). Eine kleinere Zahl führt zu einer gröberen Skala.

top

Liefert regelmäßig aktualisierte Informationen über die CPU-intensivsten Prozesse. Siehe auch **ps** für eine Erklärung der Feldbezeichnungen.

Optionen

–c
: Kommandozeile anstelle des bloßen Befehlsnamens anzeigen.

–d *Verzögerung*
: Gibt die Verzögerung zwischen zwei Aktualisierungen an.

–i
: Unterdrückt die Anzeige von Idle-Prozessen.

–q
: Aktualisierung ohne Verzögerung. Unter Root-Rechten läuft der Prozeß mit höchster Priorität.

–s
: Secure-Modus, schaltet einige (gefährliche) interaktive Befehle ab.

–S
: Kumulations-Modus. Es wird die gesamte CPU-Zeit jedes Prozesses angezeigt und die der toten Kinder hinzugezählt.

Interaktive Befehle

c
: Schaltet zwischen der Anzeige des Befehlsnamens und der vollen Kommandozeile um.

f, F
: Felder zur Anzeige hinzufügen oder daraus entfernen.

h, ?
: Hilfebeschreibungen zu den Befehlen und den Zustand des Secure-Modus und des Kumulations-Modus anzeigen.

k
: Erfragt eine Prozeß-ID und ein Signal (Default: 15) und sendet das Signal zum Prozeß.

i
: Schaltet die Unterdrückung der Idle-Anzeige ein bzw. aus.

l
: Schaltet die Anzeige der mittleren Last und der Laufzeit ein bzw. aus.

m
: Schaltet die Speicheranzeige ein bzw. aus.

n, #
: Erfragt die Anzahl der angezeigten Prozesse. Wird hier 0 angegeben, werden so viele Prozesse angezeigt, wie auf dem Bildschirm darstellbar sind (Voreinstellung).

o, O
: Reihenfolge der angezeigten Felder verändern.

q
: Beendet das Programm.

→

top ←

r	Führt ein **renice** für einen Prozeß durch. Es werden PID und **renice**-Wert abgefragt. Im Secure-Modus abgeschaltet.
s	Ändert die Verzögerung zwischen zwei Aktualisierungen. Die neue Verzögerungszeit wird erfragt. Im Secure-Modus abgeschaltet.
t	Schaltet die Anzeige der Prozesse und der CPU-Zustände ein bzw. aus.
^L	Schreibt den Bildschirminhalt neu.
M	Sortiert die Tasks nach dem eigenen Speicherverbrauch.
P	Sortiert die Tasks nach der Belastung der CPU (Default).
S	Schaltet den kumulativen Modus ein bzw. aus (siehe Option **-S**).
T	Sortiert die Tasks nach der Zeit/kumulativen Zeit.
W	Schreibt die aktuellen Einstellungen nach *~/.toprc*. Dies ist der empfohlene Weg, eine Konfigurationsdatei für **top** zu erstellen.

touch

touch [*Optionen*] [*Datum*] *Dateien*

Aktualisiert die Zugriffs- und Veränderungszeit einer oder mehrerer *Dateien* auf die aktuelle Zeit und das aktuelle Datum oder das angegebene *Datum*. *Datum* ist eine Datums-/Zeitangabe im Format *mmttbhmm*[*yy*]. **touch** ist nützlich, um andere Befehle dazu zu bringen, Dateien auf eine bestimmte Weise zu behandeln; beispielsweise verwenden **make** und **find** (in manchen Modi) die Zugriffs- und Modifikationszeiten von Dateien.

Optionen

-a --time=atime --time=access --time=use
Nur die Zugriffszeit aktualisieren.

-c --no-create
Keine nichtexistenten Dateien erzeugen.

-d *Zeit*, **--date** *Zeit*
Ändert den Zeitwert auf die angegebene *Zeit* anstelle der aktuellen Zeit. *Zeit* kann in verschiedenen Formaten angegeben werden und darf auch Monatsnamen, Zeitzonen, am- und pm-Strings sowie weitere Daten enthalten.

-m --time=mtime --time=modify
Nur die Veränderungszeit aktualisieren.

-r *Datei*, **--reference** *Datei*
Die Zeiten auf die von *Datei* anstelle der aktuellen Zeit setzen.

-t *Zeit*
Zeit anstelle der angegebenen Zeit verwenden. Dieses Argument muß in folgendem Format angegeben werden: *MMTThhmm[[CC]JJ][.ss]*, wobei die einzelnen Zeichen für Monat, Tag, Stunde, Minute, optionales Jahrhundert und Jahr sowie optionale Sekunden stehen.

--help Hilfetext ausgeben und beenden.

--version Versionsnummer ausgeben und beenden.

tr [*Optionen*] [*Zeichenkette1* [*Zeichenkette2*]]

Übersetzt Zeichen — kopiert Daten von der Standardeingabe zur Standardausgabe und ersetzt Zeichen aus *Zeichenkette1* in *Zeichenkette2* oder löscht Zeichen aus *Zeichenkette1*.

Optionen

-c, --complement
Veranlaßt die Benutzung des Komplements von *Zeichenkette1* bezüglich ASCII 001-377.

-d, --delete
Löscht alle Zeichen aus *Zeichenkette1* aus dem Eingabestrom.

-s, --squeeze-repeats
Ignoriert wiederholt auftretende Zeichen in *Zeichenkette2*.

Sonderzeichen

\a	^G (Glocke)
\b	^H (Backspace)
\f	^L (Seitenvorschub)
\n	^J (Zeilenwechsel)
\r	^M (Zeilenende)
\t	^I (Tabulator)
\v	^K (vertikaler Tabulator)
nnn	Zeichen mit dem Oktalwert *nnn*
\\\\	Das Zeichen „Backslash"

char1–char2
Alle Zeichen im Bereich von *char1* bis *char2*. Wenn *char1* in der Sortierreihenfolge nicht vor *char2* liegt, wird eine Fehlermeldung ausgegeben.

[*char***Zahl*]
Die Klammern müssen mit eingegeben werden. Der Ausdruck wird erweitert zu der entsprechenden Anzahl des angegebenen Zeichens. Beispielsweise wird **[x*4]** zu **xxxx**.

[:*Klasse*] Die Klammern müssen mit eingegeben werden. Der Ausdruck wird erweitert zu allen Zeichen der angegebenen *Klasse*.

alnum	Buchstaben und Zahlen
alpha	Buchstaben

→

tr
←

blank	Leerzeichen und Tabulatoren
cntrl	Steuerzeichen
digit	Ziffern
graph	Druckbare Zeichen (ohne Leerzeichen)
lower	Kleinbuchstaben
print	Druckbare Zeichen
punct	Satzzeichen
space	Whitespace (horizontal oder vertikal)
upper	Großbuchstaben
xdigit	Hexadezimalziffern

[=*char*=] Die Zeichenklasse, zu der das Zeichen *char* gehört. Nicht vollständig implementiert.

Beispiele

Wandelt in einer Datei alle Großbuchstaben in Kleinbuchstaben um:

```
cat file | tr '[A-Z]' '[a-z]'
```

Wandelt alle Leerzeichen in Zeilenvorschübe (ASCII-Code 012) um:

```
tr ' ' '\012' < file
```

Entfernt Leerzeilen aus der Datei **file** und schreibt in die neue Datei **new.file** (oder entfernt wiederholte Tabulatoren durch **011**):

```
cat file | tr -s "" "\012" > new.file
```

Entfernt Doppelpunkte aus der Datei **file** und schreibt in die neue Datei **new.file**:

```
tr -d : < file > new.file
```

---

troff

troff

Siehe **groff**.

---

true

true

Dieses Programm tut nichts, liefert jedoch einen erfolgreichen Rückkehrstatus (0). Siehe auch **false**.

---

ul

ul [*Optionen*] [*Namen*]

Wandelt Sequenzen aus Zeichen-Backspace-Unterstrich in das Attribut „Unterstrichen" bei der Terminaldarstellung von Zeichen. Die korrekte Umwandlung ist abhängig vom Terminaltyp und wird durch die

Umgebungsvariable TERM ermittelt. Einige Terminals sind nicht in der Lage, unterstrichene Zeichen darzustellen.

Optionen

–i Unterstrichene Zeichen werden durch ein – auf einer separaten Zeile dargestellt.

–t *Terminaltyp*
Legt den *Terminaltyp* fest.

---

uname [*Optionen*]

Gibt Informationen über den Rechner und das Betriebssystem aus. Ohne Optionen wird der Name des Betriebssystems (Linux) ausgegeben.

Optionen

–a, ––all Faßt alle Informationen der anderen Optionen zusammen.

––help Hilfetext ausgeben.

–m, ––machine
Gibt Informationen über die Hardware aus, auf der das System läuft.

–n, ––nodename
Gibt den vollqualifizierten Netzwerk-Hostnamen aus.

–r, ––release
Gibt die Versionsnummer des Kernels aus.

–s, ––sysname
Gibt den Namen des Betriebssystems (Linux) aus.

–p, ––processor
Gibt den Prozessortyp aus (nicht in allen Versionen).

–v Gibt Build-Informationen über den Kernel aus.

––version Gibt die Versionsnummer des Befehls aus.

---

unexpand [*Optionen*] [*Dateien*]

Wandelt Zeichenketten von führenden Leerzeichen, die aus mindestens zwei Leerzeichen oder Tabulatoren bestehen, in Tabulatoren um. Wenn keine *Datei* oder ein – als Dateiname angegeben ist, wird von der Standardeingabe gelesen.

Optionen

–, –t, ––tabs *tab-stops*
tab-stops ist eine durch Kommata getrennte Liste von Ganzzahlen, welche die Plazierung der Tabulatoren festlegt. Wenn genau ein Ganzzahlwert angegeben ist, werden die Tabulatoren in gleichmäßigem Abstand dieser Schrittweite angeordnet. Voreingestellt ist eine Tabulatorweite von acht Zeichen. Die

→

unexpand ←

Verwendung von **-t** impliziert **-a**. Bei Verwendung von **-t** und **--tabs** darf die Liste auch durch Leerzeichen anstelle von Kommata separiert werden.

-a, --all Wandelt alle, nicht nur die führenden Leerzeichen um.

uniq

uniq [*Optionen*] [*Datei1* [*Datei2*]]

Entfernt doppelte, aufeinanderfolgende Zeilen aus einer sortierten *Datei1* und schreibt die einzelnen Zeilen in die *Datei2* (oder in die Standardausgabe). Das Programm wird häufig als Filter benutzt. Benutzen Sie nur eine der Optionen **-c**, **-d** oder **-u**. Siehe auch **comm** und **sort**.

Optionen

-*n*, -f *n*, --skip-fields=*n*
: Ignoriert die ersten *n* Felder einer Zeile. Felder sind durch Leerzeichen voneinander getrennt.

+*n*, -s *n*, --skip-chars=*n*
: Ignoriert die ersten *n* Zeichen eines Feldes.

-c, --count
: Gibt jede Zeile einmal aus und stellt jeder Zeile die Anzahl ihres Auftretens voran.

-d, --repeated
: Gibt nur die doppelt vorkommenden Zeilen aus.

--help Hilfetext ausgeben und beenden.

-u, --unique
: Gibt nur die Zeilen aus, die nicht doppelt vorkommen.

--version Versionsnummer ausgeben und beenden.

-w *n*, --check-chars=*n*
: Vergleicht nur die ersten *n* Zeichen jeder Zeile (beginnend mit dem ersten nicht ignorierten Feld bzw. Zeichen).

Beispiele

Schreibt eine Kopie jeder Zeile der Datei **list** in die Ausgabedatei **list.new**:

```
uniq list list.new
```

Zeigt, welche Namen mehr als einmal auftreten:

```
sort names | uniq -d
```

Zeigt, welche Zeilen exakt dreifach auftreten:

```
sort names | uniq -c | grep "3 "
```

unshar [*Optionen*] [*Dateien*]

unshar

Entpackt ein Shell-Archiv (shar-Datei). **unshar** durchsucht E-Mail-Nachrichten nach dem Anfang eines Shell-Archivs. Dann schickt es dieses Archiv durch eine Kopie der Shell, um es zu entpacken. Es können mehrere Dateien angegeben werden. Wenn keine Dateien angegeben werden, wird die Standardeingabe verwendet.

Optionen

Die Optionen haben eine kurze Version, die mit – anfängt, und eine lange Version, die mit -- anfängt. Die Ausnahmen von der Regel sind **--help** und **--version**, zu denen es keine Kurzform gibt.

-c, --overwrite
Existierende Dateien überschreiben.

-d *Verzeichnis*, **--directory=***Verzeichnis*
Vor dem Entpacken in das angegebene *Verzeichnis* wechseln.

-e, --exit-0
Mehrere in der gleichen Datei gespeicherte Archive der Reihe nach entpacken. Diese Option macht sich die Tatsache zunutze, daß viele **shar**-Dateien durch ein exit 0 am Zeilenanfang beendet werden. (Intern entspricht die Option **-e** der Option **-E „exit 0“**.)

-E *String*, **--split-at=***String*
Wie **-e**, erlaubt jedoch die Angabe des Strings, der die Archive trennt, wenn **exit 0** nicht funktioniert.

-f, --force
Wie **-c**.

--help Hilfetext aus der Standardausgabe ausgeben, dann beenden.

--version Versionsnummer auf der Standardausgabe ausgeben, dann beenden.

uptime

uptime

Zeigt die aktuelle Zeit, die Zeit seit dem letzten Reboot, die Anzahl der gerade eingeloggten Benutzer und die durchschnittliche Systemlast an. Die gleiche Ausgabe erscheint in der ersten Zeile des Programms **w**.

users [*Datei*]

users

Gibt eine durch Leerzeichen separierte Liste aller Login-Sitzungen des lokalen Rechners aus. Ein und derselbe Benutzer kann mehrfach auftreten. Das Programm bezieht seine Daten aus der angegebenen *Datei* oder aus */etc/utmp*.

usleep	**usleep** [*Mikrosekunden*] **usleep** [*Optionen*] Die angegebene Anzahl von Mikrosekunden pausieren (der Default ist 1). ***Optionen*** **--help** Hilfetext ausgeben. **-v** Versionsnummer ausgeben.
uudecode	**uudecode** [**-o** *Ausgabedatei*] [*Datei*] Liest eine mit **uuencode** codierte Datei und restauriert die ursprüngliche Datei mit den in der Datei enthaltenen Zugriffsrechten und Dateinamen (siehe **uuencode**). Die Option **-o** gibt eine alternative Ausgabedatei an.
uuencode	**uuencode** [*-m*] [*Datei*] *Name* Codiert die Binärdatei *Datei*. Die codierte Version verwendet nur druckbare ASCII-Zeichen und enthält die Zugriffsrechte und den Namen *Name* der Datei. Wenn die Datei mit **uudecode** wieder zurückkonvertiert wird, wird die Ausgabe nach *Name* geschrieben. Ohne das Argument *Datei* liest **uuencode** von der Standardeingabe, so daß ein einzelnes Argument als Name der wieder decodierten Datei verwendet wird. Die Option**-m** veranlaßt eine Base64-Codierung der Datei. Normalerweise sollten Sie die codierte Datei mit einer passenden Erweiterung wie *.uue* speichern. Das folgende Beispiel codiert die Binärdatei *blume12.jpg*, benennt sie *rose.jpg* und speichert sie in einer *.uue*-Datei: `% uuencode blume12.jpg rose.jpg > rose.uue`
vi	**vi** [*Optionen*] [*Dateien*] Ein bildschirmorientierter Texteditor auf der Basis von **ex**. Weitere Informationen über **vi** finden Sie in Kapitel 8.
vrfy	**vrfy** [*Optionen*] *Adresse* [*Host*] Fragt bei einem entfernten Rechner an, um die Korrektheit einer E-Mail-Adresse zu verifizieren. Wenn ein *Host* angegeben ist, wird dieser Rechner direkt kontaktiert, anderenfalls kann die Anfrage durch das Mail-System gehen. Es werden Informationen über die Adresse und, wenn verfügbar, über den Benutzer ausgegeben. Mit den Optionen **-f** und **-p** muß die Adresse nicht auf der Kommandozeile angegeben werden. ***Optionen*** **-a** Führt Anfragen bei allen Mail-Exchange-Rechnern durch, nicht nur beim primären.

–c *Sekunden*
: Setzt den Timeout für den Verbindungsaufbau auf die angegebene Anzahl *Sekunden* (Voreinstellung ist 6).

–d
: Aktiviert die Debugging-Ausgabe.

–dd
: Aktiviert weitere Debugging-Ausgaben.

–e
: Verwendet den Befehl EXPN anstelle von VRFY, wenn eine Verbindung zum Sendmail-Port der Gegenstelle besteht.

–f *Datei*
: Liest die Liste der zu verifizierenden E-Mail-Adressen aus der angegebenen *Datei.*

–l
: Schaltet die lokale Fehlerbehandlung ein.

–p *Domain*
: Prüft, ob die Mail-Exchanger der *Domain* SMTP-Requests akzeptieren.

–s
: Entfernt Kommentare von der Hostadresse.

–n
: Benutzt RCPT anstelle von VRFY, wenn eine Verbindung zum Sendmail-Port der Gegenstelle besteht. Wiederholungen werden unterdrückt.

–t *Sekunden*
: Setzt den Timeout für Leseversuche auf die angegebene Anzahl *Sekunden* (Voreinstellung ist 60).

–v
: Modus: Verbose

–vv
: Modus: Very verbose

–vvv
: Modus: Amazingly verbose

–L *Levels*
: Verifiziert rekursiv die angegebene Anzahl von *Levels* der Adresse. **–L** erkennt Schleifen und lokale Benutzer und beendet bei deren Auftreten die Prüfung.

–R
: Entspricht **–L 17**. 17 Stationen sind die Obergrenze bei realen Mailings. Diese Option impliziert **–s**.

---

w [*Optionen*] [*Benutzer*]

Gibt eine Zusammenfassung der Systemauslastung, der aktuell eingeloggten Benutzer und deren Prozesse aus. **w** ist eine Kombination aus **uptime**, **who** und **ps –a**. Die Ausgabe wird auf einen *Benutzer* beschränkt, indem dessen Name auf der Kommandozeile übergeben wird.

Optionen

–f
: Ausgabe des From-Feldes (entfernter Hostname) ein- bzw. ausschalten.

→

w ←

–h	Unterdrückt die Ausgabe von **uptime** und die Kopfzeile von **ps**.
–s	Das Kurzformat verwenden.
–u	Den Benutzernamen bei der Ermittlung der aktuellen Prozeß- und CPU-Zeiten ignorieren.
–V	Versionsnummer ausgeben.

wc

wc [*Optionen*] [*Dateien*]

Gibt jeweils die Anzahl für Zeichen, Wörter und Zeilen der angegebenen *Dateien* aus. Wenn keine *Datei* angegeben ist, wird von der Standardeingabe gelesen. Weitere Beispiele finden Sie bei den Programmbeschreibungen für **ls** und **sort**.

Optionen

–c, –bytes, – –chars
Es wird nur die Anzahl der Zeichen ausgegeben.

–l, – –lines
Es wird nur die Anzahl der Zeilen ausgegeben.

–w, – –words
Es wird nur die Anzahl der Wörter ausgegeben.

Beispiele

Zählt die Anzahl der eingeloggten Benutzer:

```
who | wc -l
```

Zählt die Wörter in drei Essay-Dateien:

```
wc -w essay.[123]
```

Zählt die Zeilen in der Datei, deren Name in der Variable **$file** enthalten ist (ohne Ausgabe des Dateinamens):

```
wc -l < $file
```

whatis

whatis *Schlüsselwort* ...

Durchsucht die Kurzbeschreibungen der Manualpages in der *whatis*-Datenbank nach jedem *Schlüsselwort* und gibt für jeden Treffer eine einzeilige Beschreibung auf der Standardausgabe aus. Entspricht **apropos**, sucht aber nach vollständigen Wörtern. Äquivalent zu **man –f**.

whereis

whereis [**–bmsu**] [**–BMS** *Verzeichnisse* **–f**] *Dateinamen*

Ermittelt die Binär-, Quell- und Manualpage-Dateien für einen bestimmten Befehl oder eine bestimmte Datei. Von den angegebenen Namen werden zunächst die führenden Pfadnamenkomponenten sowie jede einzelne Erweiterung der Form *.ext* (beispielsweise „.c“) am Ende entfernt. Auch Präfixe wie „s.“, die aus der Verwendung von Versionskontrollsystemen herrühren, werden korrekt behandelt. **whereis** versucht dann, das gesuchte Programm in einer Reihe von Linux-Standardverzeichnissen (darunter */bin*, */etc*, */usr/bin*, */usr/local/bin* usw.) zu finden.

whereis

–b Nur nach Binärdateien suchen.

–f Die letzte Verzeichnisliste beenden, alle weiteren Namen als Dateinamen interpretieren; **–f** muß verwendet werden, wenn eine der Optionen **–B**, **–M** oder **–S** verwendet worden ist.

–m Nur nach Abschnitten in Manualpages suchen.

–s Nur nach Quelldateien suchen.

–u Nach ungewöhnlichen Einträgen suchen. Eine Datei gilt als ungewöhnlich, wenn sie keinen Eintrag des gewünschten Typs hat. **whereis –m –u *** sucht also im aktuellen Verzeichnis nach den Dateien, für die es keine Dokumentation gibt.

–B *Verzeichnis*
Verändert oder begrenzt den Platz, an dem **whereis** nach Binärdateien sucht.

–M *Verzeichnis*
Verändert oder begrenzt den Platz, an dem **whereis** nach Manualpage-Abschnitten sucht.

–S *Verzeichnis*
Verändert oder begrenzt den Platz, an dem **whereis** nach Quelldateien sucht.

Beispiel

Findet alle Dateien in */usr/bin*, die nicht in */usr/man/man1* dokumentiert sind, aber für die es in */usr/src* Quelltext gibt:

```
% cd /usr/bin
% whereis -u -M /usr/man/man1 -S /usr/src -f *
```

---

which [*Befehle*]

which

Gibt die vollen Pfadnamen der Dateien aus, die ausgeführt werden würden, wenn die angegebenen Befehle ausgeführt werden würden. **which** durchsucht die Umgebungsvariable **$PATH** des Benutzers.

Beispiel

```
$ which cc ls
/usr/ucb/cc
ls:      aliased to ls -sFC
```

---

who [*Optionen*] [*Datei*]
who am i

who

Zeigt Informationen über den aktuellen Status des Systems an. Ohne Angabe von Optionen werden eine Liste der aktuell eingeloggten Benutzer, deren

→

who ←

Terminal, die Login-Zeit und der Name des Rechners, von dem aus sie sich eingeloggt haben, angezeigt. Eine *Datei* kann als Ersatz für */var/run/utmp* angegeben werden, aus der die Systeminformationen gelesen werden.

Optionen

am i Gibt den Namen des Benutzers aus.

--help Hilfetext ausgeben und beenden.

-i, -u, --idle
Gibt zusätzlich noch die Leerlaufzeit aus. Eine Leerlaufzeit von . zeigt eine Benutzeraktivität innerhalb der letzten Minute an, das Wort **old** hingegen zeigt Inaktivität von mehr als einem Tag an.

-m Wie **who am i**.

-q, --count
Zeigt nur die Benutzernamen und die Gesamtzahl der eingeloggten Benutzer an.

--version Versionsnummer ausgeben und beenden.

-w, -T, --mesg, --message, --writable
Zeigt den Message-Status der Benutzer an.

+ mesg y (Messages können mit **write** geschrieben werden)

– mesg n (Messages können nicht geschrieben werden)

? Terminal unbekannt

-H, --heading
Gibt eine Kopfzeile aus

Beispiel

Diese Beispielausgabe wurde am 17. April um 8 Uhr morgens erzeugt:

```
$ who -uH
NAME    LINE   TIME         IDLE   PID  COMMENTS
Earvin  ttyp3  Apr 16 08:14 16:25  2240
Larry   ttyp0  Apr 17 07:33   .   15182
```

Benutzer Earvin ist inaktiv seit dem Nachmittag des Vortages. Es sieht so aus, als sei er noch nicht bei der Arbeit, er hat sich aber nur nicht ausgeloggt. Larrys Terminal wird gerade benutzt.

---

whoami

whoami

Gibt die Identifikationsnummer des Benutzers aus. Entspricht **who am i** und **id -un**.

---

write

write *Benutzer* [*TTY*]
Nachricht

Startet eine Antwort an oder einen interaktiven Dialog mit dem *Benutzer*. Eine **write**-Sitzung wird durch *EOF* beendet. Wenn der Benutzer auf mehr als einem Terminal eingeloggt ist, geben Sie die Nummer des gewünschten Terminals an. Siehe auch **talk**.

xargs [*Optionen*] [*Befehl*]

Führt den angegebenen *Befehl* (mit beliebigen Anfangsargumenten) aus, liest aber die verbleibenden Argumente von der Standardeingabe, statt sie direkt anzugeben. **xargs** übergibt diese Argumente in mehreren Paketen an den *Befehl* und erlaubt damit dem *Befehl*, mehr Argumente zu behandeln als normal. Die Argumente sind üblicherweise lange Listen mit Dateinamen (zum Beispiel aus **ls** oder **find**), die via Pipe an **xargs** übergeben werden.

Optionen

–0, ––null
: Erwartet, daß Dateinamen durch NULL-Bytes terminiert sind. Quotes und Backslashes werden nicht besonders behandelt.

–e[*Zeichenkette*], **––eof**[=*Zeichenkette*]
: Setzt *EOF* auf _ oder auf die angegebene *Zeichenkette*.

––help
: Gibt eine Zusammenfassung der Optionen von **xargs** aus und beendet den Befehl.

–i[*Zeichenkette*], **––replace**[=*Zeichenkette*]
: Ersetzt das Auftreten von { } oder der optionalen *Zeichenkette* in der Befehlszeile durch die von der Standardeingabe gelesenen Namen. Leerzeichen ohne Anführungszeichen werden nicht als Trenner zwischen Argumenten behandelt. Diese Option impliziert **-x** und **-l 1**.

–l[*Zeilen*], **––max-lines**[=*Zeilen*]
: Begrenzt die Anzahl der erlaubten Eingabezeilen für ein Kommando. Ohne Angabe von *Zeilen* wird die Zeilenzahl auf 1 begrenzt. Diese Option impliziert **-x**.

–n *Argumente*, **––max-args=***Argumente*
: Begrenzt die Anzahl der Argumente für ein Kommando. Diese Option kann durch **-s** überschrieben werden.

–p, ––interactive
: Fragt bei jeder *Befehl*sausführung nach der Bestätigung durch **y**. Diese Option impliziert **-t**.

–r, ––no-run-if-empty
: Unterdrückt die Ausführung eines Kommandos, das nur aus Leerzeichen besteht.

–s *max*, **––max-chars=***max*
: Erlaubt nicht mehr als *max* Zeichen pro Kommandozeile.

–t, ––verbose
: Verbose-Modus. (Schreibt vor der Ausführung die Kommandozeile auf Standardfehler.)

→

xargs ←

-x, --exit
Führt zum Abbruch des Programms, wenn die maximale Länge der Kommandozeile (wie durch **-s** festgelegt) überschritten wird.

--version Versionsnummer von **xargs** ausgeben und beenden.

-P *max*, **--max-procs=***max*
Begrenzt die Anzahl der gleichzeitig laufenden Prozesse auf die Zahl *max*. Voreinstellung ist 1. Ein Maximum von 0 hebt die programminterne Begrenzung der Prozeßzahl auf.

Beispiele

Durchsucht (**grep**) alle Dateien des Systems nach dem *Muster*:

```
find / -print | xargs grep Muster > out &
```

Führt **diff** mit Dateipaaren aus (z.B. **f1.a** und **f1.b**, **f2.a** und **f2.b**):

```
echo $* | xargs -n2 diff
```

Die vorhergehende Zeile wird als Shell-Prozedur aufgerufen, mit den Dateinamen als Argumenten. Zeigt die *Datei* mit einem Wort pro Zeile an (entspricht **deroff -w**):

```
cat Datei | xargs -n1
```

Verschiebt Dateien aus *olddir* in *newdir* und zeigt jeden Befehl an:

```
ls olddir | xargs -i -t mv olddir/{} newdir/{}
```

---

yes

yes *String*
yes [--help] [--version]

Gibt die Kommandozeilenargumente, durch Leerzeichen getrennt und von einem Zeilenwechsel gefolgt, aus, bis der Prozeß beendet wird. Wenn keine Argumente angegeben werden, wird **y**, gefolgt von einem Zeilenwechsel, ausgegeben, bis der Prozeß beendet wird. Das ist nützlich in Skripten und Hintergrundprozessen; die Ausgabe kann in ein Programm geleitet werden, das vom Benutzer Eingaben erwartet.

Optionen

Wenn **yes** mit genau einem Argument ausgeführt wird, sind die folgenden Optionen möglich:

--help Einen Hilfetext auf der Standardausgabe ausgeben, und das Programm erfolgreich beenden.

--version Die Versionsnummer auf der Standardausgabe ausgeben, und das Programm erfolgreich beenden.

---

ypchfn

ypchfn [*Optionen*] [*Benutzername*]

NFS/NIS-Programm. Ändert die in */etc/passwd* gespeicherten Informationen, die vom Finger-Dämon angezeigt werden. Ohne *Optionen* fragt **ypchfn** die

Änderungen interaktiv ab. Um das gesamte Informationsfeld zu löschen, geben Sie das Schlüsselwort **none** ein. Siehe auch **yppasswd** und **ypchsh**. | **ypchfn**

Optionen

–f Das Programm arbeitet wie **chfn** (Default).

–l Das Programm arbeitet wie **ypchsh**.

–p Das Programm arbeitet wie **yppasswd**.

ypchsh [*Optionen*] [*Benutzername*] | **ypchsh**

NFS/NIS-Programm. Ändert die Login-Shell und gibt diese Informationen über NIS weiter. Gibt eine Warnung aus, wenn die Shell nicht in */etc/shells* eingetragen ist. Siehe auch **yppasswd** und **ypchfn**.

Optionen

–f Das Programm arbeitet wie **chfn**.

–l Das Programm arbeitet wie **ypchsh** (Default).

–p Das Programm arbeitet wie **yppasswd**.

yppasswd [*Optionen*] [*Benutzername*] | **yppasswd**

NFS/NIS-Programm. Erzeugt oder ändert das Paßwort für den angegebenen *Benutzer* und gibt das neue Paßwort über NIS weiter. Nur der Eigentümer oder der Superuser darf ein Paßwort ändern. Der Eigentümer muß keinen *Benutzername*n angeben. Siehe auch **ypchfn** und **ypchsh**.

Optionen

–f Das Programm arbeitet wie **chfn**.

–l Das Programm arbeitet wie **ypchsh**

–p Das Programm arbeitet wie **yppasswd** (Default).

zcat [*Optionen*] [*Dateien*] | **zcat**

Liest eine oder mehrere *Dateien*, die zuvor mit **gzip** oder **compress** komprimiert worden sind, und schreibt sie in die Standardausgabe. Liest von der Standardeingabe, wenn keine *Datei* oder – als Argument angegeben wurde. Das Programm wird in diesem Fall durch ein *EOF* beendet. **zcat** ist identisch mit **gunzip –c** und versteht die bei **gzip/gunzip** beschriebenen Optionen **–fhLV**.

zcmp [*Optionen*] *Dateien* | **zcmp**

Liest komprimierte Dateien und übergibt den dekomprimierten Inhalt zusammen mit allen Kommandozeilenoptionen an **cmp**. Wenn keine zweite Datei zum Vergleichen angegeben wurde, wird nach einer Datei mit dem Namen der ersten Datei und der zusätzlichen Endung **.gz** gesucht.

zdiff	**zdiff** [*Optionen*] *Dateien* Liest komprimierte Dateien und übergibt den dekomprimierten Inhalt zusammen mit allen Kommandozeilenoptionen an **diff**. Wenn keine zweite Datei zum Vergleichen angegeben wurde, wird nach einer Datei mit dem Namen der ersten Datei und der zusätzlichen Endung **.gz** gesucht.
zforce	**zforce** *Dateien* Benennt alle mit **gzip** komprimierten Dateien in *Dateiname*.**gz** um, falls sie nicht bereits die Endung **.gz** haben.
zgrep	**zgrep** [*Optionen*] [*Dateien*] Dekomprimiert *Dateien* und übergibt den dekomprimierten Inhalt zusammen mit allen Kommandozeilenoptionen an **grep**. Wenn keine Datei angegeben wurde, liest das Programm von der Standardeingabe und versucht, diese Daten zu dekomprimieren. Das Programm kann auch unter den Namen **zegrep** oder **zfgrep** aufgerufen werden und benutzt in diesen Fällen **egrep** bzw. **fgrep** zum Durchsuchen des Dateiinhalts.
zmore	**zmore** [*Dateien*] Ähnlich wie **more**. Gibt den dekomprimierten Inhalt einer Datei seitenweise aus. ***Befehle*** **Leerzeichen** Gibt die nächste Bildschirmseite aus. *i* — Gibt die durch die Zahl *i* angegebene Anzahl Zeilen aus. ^D — Blättert die Anzeige um eine halbe Bildschirmseite (elf Zeilen) weiter. Durch eine Zahl vor dem Kommando kann die Anzahl der weiterzublätternden Zeilen eingestellt werden. Die Einstellung bleibt für die folgenden Befehle dieses Typs erhalten. **d** — Das gleiche wie ^D. *i*z — Gibt die nächsten *i* Zeilen aus, wie mit Leerzeichen, jedoch wird die angegebene Zahl zur neuen Schrittweite für alle Befehle dieses Typs. *i*s — Überspringt *i* Zeilen und gibt die darauffolgenden Zeilen aus. *i*f — Überspringt *i* Bildschirmseiten und gibt die darauffolgenden Zeilen aus. q, Q — Beendet die Anzeige der aktuellen Datei und beginnt mit der nächsten Datei oder beendet **zmore**. e, q — Wenn die Eingabeaufforderung —More—(Next file: *Datei*) angezeigt wird, wird **zmore** beendet.

s	Überspringt die nächste Datei und zeigt die übernächste an.
=	Zeigt die Zeilennummer der letzten Bildschirmzeile an.
i/Ausdruck	Sucht vorwärts in allen Dateien nach dem *i*-ten Vorkommen des (regulären) *Ausdruck*s. Es werden die Zeile mit der Fundstelle und die beiden vorhergehenden Zeilen angezeigt.
*i*n	Sucht vorwärts nach dem *i*-ten Vorkommen des zuletzt verwendeten regulären Ausdrucks.
!*Befehl*	Führt den *Befehl* in einer Shell aus. Ein weiteres ! im Befehl wird im C-Shell-Stil durch den vorhergehenden Shell-Befehl ersetzt.
:q, :Q	Springt sofort zur nächsten Datei, genau wie **q**.
.	Wiederholt den vorhergehenden Befehl.

znew

znew [*Optionen*] [*Dateien*]

Dekomprimiert .Z-Dateien und rekomprimiert sie im **.gz**-Format.

Optionen

–9	Optimale (und langsamste) Kompressionsmethode.
–f	Erzwingt die Rekomprimierung, selbst wenn eine gleichnamige Datei mit der Endung **.gz** bereits existiert.
–t	Testet die erzeugten **.gz**-Dateien, bevor die .Z-Originaldateien gelöscht werden.
–v	Verbose-Modus.
–K	Wenn die Originaldatei kleiner als die **.gz**-Datei ist, bleibt sie erhalten.
–P	Benutzt eine Pipeline zwischen De- und Rekomprimierung zum Sparen von Plattenplatz.

KAPITEL 3

Die Unix-Shells: Ein Überblick

Die Shells sind Programme, die eine Vermittlerrolle zwischen Ihnen und dem Betriebssystem übernehmen. In ihrer Eigenschaft als Befehlsinterpreter sollten sie für Sie die meiste Zeit unsichtbar sein. Die Shells können auch für einfache Programme verwendet werden.

Dieser Abschnitt beschreibt drei Shells, die üblicherweise auf Linux-Systemen verwendet werden — die Bourne Again Shell (**bash**), die C Shell (**csh**) und die erweiterte Version der **csh**, die **tcsh** — , und faßt die wesentlichen Unterschiede zwischen ihnen zusammen. Die Kapitel 4, *bash: Die Bourne Again Shell*, und 5, *csh und tcsh*, enthalten Details zu den einzelnen Shells.

Wir besprechen in diesem Kapitel die folgenden Themen:

- Sinn und Zweck einer Shell
- Arten von Shells
- Gemeinsamkeiten
- Unterschiede

Sinn und Zweck einer Shell

Es gibt drei Hauptanwendungen für eine Shell:

- Interaktive Benutzung
- Anpassung der eigenen Arbeitsumgebung
- Programmierung

Interaktive Shell-Benutzung

Wenn die Shell interaktiv benutzt wird, wartet sie auf die Eingabe Ihrer Befehle, verarbeitet sie (um spezielle Zeichen wie Wildcards behandeln zu können) und führt sie aus. Shells stellen außerdem einige Befehle, die sogenannten eingebauten Befehle, bereit, die die Linux-Befehle ergänzen.

Anpassung der eigenen Arbeitsumgebung

Eine Linux-Shell definiert Variablen, z.B. die Lage Ihres Heimatverzeichnisses und Ihrer Mail-Datei, um das Verhalten Ihrer Sitzung zu bestimmen. Einige Variablen werden bereits vom System gesetzt, andere können Sie in Startdateien definieren, die Ihre Shell einliest, wenn Sie sich beim System anmelden. Solche Startdateien können auch Linux- oder Shell-Befehle enthalten, die unmittelbar nach dem Anmelden ausgeführt werden.

Programmierung

Eine Reihe von einzelnen Befehlen (egal, ob Shell- oder andere verfügbare Linux-Befehle) kann zu einem Programm, einem sogenannten Shell-Skript, zusammengefaßt werden. Die Stapel-Dateien von MS-DOS arbeiten nach einem ähnlichen Prinzip. Die **bash** ist eine mächtige Shell zur Programmierung, während das Schreiben von Programmen mit der **csh** als gesundheitsgefährdend gilt.

Arten von Shells

Es gibt viele verschiedene Shells unter Linux. Dieses Buch beschreibt die drei beliebtesten:

- Die Bourne Again Shell (**bash**), die auf der Bourne Shell basiert und unter Linux die Standard-Shell darstellt.
- Die C Shell (**csh**), die eine C-ähnliche Syntax verwendet und viele Bequemlichkeiten bietet.
- **tcsh**, eine Erweiterung der **csh**, die zusätzliche interessante Merkmale aufweist.

Die meisten Systeme stellen mehr als eine Shell zur Verfügung. Häufig wird auch eine Shell zum Schreiben von Shell-Skripten und eine andere für interaktive Benutzung verwendet.

Wenn Sie sich beim System anmelden, ermittelt das System die zu verwendende Shell, indem es Ihren Eintrag in der Datei */etc/passwd* liest. Das letzte Feld jedes Eintrags gibt ein Programm an, das standardmäßig als Shell gestartet werden soll. Ein Beispiel:

Wenn der Programmname folgender ist:	**ist Ihre Shell die folgende:**
/bin/sh	Bourne Again Shell
/bin/bash	Bourne Again Shell
/bin/csh	C Shell
/bin/tcsh	**tcsh**

Sie können zu einer anderen Shell wechseln, indem Sie den Programmnamen in die Kommandozeile eingeben. Um beispielsweise von der **bash** zur **tcsh** zu wechseln, geben Sie ein:

```
$ exec tcsh
```

Gemeinsamkeiten

Die untenstehende Tabelle enthält eine Auswahl von Merkmalen, die **bash**, **csh** und **tcsh** gemeinsam haben. Bitte beachten Sie, daß die **tcsh** eine erweiterte Version der **csh** ist; daher enthält die **tcsh** alle Merkmale der **csh** sowie einige zusätzliche.

Symbol/Befehl	Bedeutung/Aktion
>	Ausgabe umleiten.
>>	Ausgabe an Datei anhängen.
<	Eingabe umleiten.
<<	„Here"-Dokument (Eingabe umleiten).
|	Ausgabe weiterleiten.
&	Prozeß im Hintergrund starten.
;	Trennt mehrere Befehle auf einer Zeile.
*****	Paßt auf beliebig viele Zeichen in Dateinamen.
?	Paßt auf genau ein Zeichen in Dateinamen.
!*n*	Wiederholt Befehl Nr. *n*.
[ ]	Paßt auf eines der Zeichen in den eckigen Klammern.
( )	Sub-Shell ausführen.
` `	Ausgabe des Kommandos zwischen den rückwärtigen Anführungsstrichen einfügen.
" "	Teilweises Quoting (Expansion von Variablen und Befehlen erlaubt).
' '	Volles Quoting (keine Expansion erlaubt).
****	Nachfolgendes Zeichen in Anführungszeichen setzen.
$*var*	Benutzt den Wert der Variable.
$$	Prozeßnummer.
$0	Befehlsname.
$*n*	n-tes Argument ($0<n\le 9$).
$*	Alle Argumente als einfaches Wort.
#	Anfang eines Kommentars.
bg	Ausführung im Hintergrund.
break	Schleifenbefehle abbrechen.
cd	Verzeichniswechsel.
continue	Schleife im Programm fortsetzen.
echo	Argumente ausgeben.
eval	Argumente auswerten.
exec	Anderes Programm anstelle der Shell ausführen.
fg	Ausführung im Vordergrund.

Symbol/Befehl	Bedeutung/Aktion
jobs	Aktive Jobs anzeigen.
kill	Laufende Jobs beenden.
newgrp	Gruppe wechseln.
shift	Bestimmte Parameter über die Position weiterschieben.
stop	Hintergrundjob anhalten.
suspend	Vordergrund anhalten.
time	Zeit zur Befehlsausführung messen.
umask	Maske für die Zugriffsrechte bei neu angelegten Dateien setzen oder anzeigen.
unset	Definition einer Variable oder Funktion löschen.
wait	Beendigung eines Hintergrundjobs abwarten.

Unterschiede

Die nachstehende Tabelle zeigt eine Auswahl von Merkmalen, die in den drei Shells unterschiedlich behandelt werden.

Bedeutung/Aktion	bash	csh	tcsh
Standard-Eingabeaufforderung	**$**	**%**	**%**
Ausgabeumleitung erzwingen	**>|**	**>!**	**>!**
Anhängen erzwingen		**>>!**	**>>!**
Variablenzuweisung	*Var*=*Wert*	**set** *Var*=*Wert*	**set** *Var*=*Wert*
Umgebungsvariable setzen	export *Var*	**setenv** *Var Wert*	**setenv** *Var Wert*
Anzahl der Argumente	**$#**	**$#argv**	**$#**
Rückgabewert des letzten Befehls	**$?**	**$status**	**$?**
Befehle in *Datei* ausführen	. *Datei*	**source** *Datei*	**source** *Datei*
Schleife beenden	**done**	**end**	**end**
case oder **switch** beenden	**esac**	**endsw**	**endsw**
Schleife über Variablen	**for/do**	**foreach**	**foreach**
Muster eines **if**-Befehls	**if [$i -eq 5]**	**if ($i==5)**	**if ($i==5)**
Ende eines **if**-Befehls	**fi**	**endif**	**endif**
Ressourcenbeschränkungen setzen	**ulimit**	**limit**	**limit**
Vom Terminal lesen	**read**	**$<**	**$<**
Variable auf Nur-Lesen setzen	**readonly**		**set -r**
Dateiabfrageoperator: prüft auf von null verschiedene Größe		**-s**	
Aktuelles Wort vervollständigen	**TAB**		**TAB**
Interrupts ignorieren	**trap 2**	**onintr**	**onintr**
until-Schleife anfangen	**until/do**	**until**	**until**
while-Schleife beenden	**while/do**	**while**	**while**

KAPITEL 4

bash: Die Bourne Again Shell

In diesem Kapitel werden die folgenden Themen besprochen:

- Funktionsübersicht
- Aufruf der Shell
- Syntax
- Variablen
- Arithmetische Ausdrücke
- Befehls-History
- Eingebaute Befehle
- Jobverwaltung

Funktionsübersicht

bash ist die Standard-Shell und bietet die folgenden Möglichkeiten:

- Umleitung von Ein- und Ausgabe
- Platzhalterzeichen (Metazeichen), um Dateinamen abkürzen zu können
- Shell-Variablen zur Einstellung der Arbeitsumgebung
- Mächtige eingebaute Programmiersprachen
- Editieren der Kommandozeile (mit Editierbefehlen wie bei **vi** oder Emacs)
- Rückgriff auf früher eingegebene Befehle (Befehls-History)
- Ganzzahlrechenfunktionen

- Arithmetische Ausdrücke
- Abkürzen von Befehlen (Aliasing)
- Jobverwaltung
- Eingebaute Programmierfunktionen
- Kontrollstrukturen
- Abspeichern und Abrufen von Verzeichnissen (mit **pushd** und **popd**)
- Expansion von Ausdrücken mit Hilfe von geschweiften Klammern und Tilden
- Tastaturbindungen

Aufruf der Shell

Der Befehlsinterpreter der **bash** wird folgendermaßen aufgerufen:

bash [*Optionen*] [*Argumente*]

Die **bash** kann Befehle ausführen, die von einem Terminal (wenn **−i** angegeben ist), aus einer Datei (wenn das erste *Argument* ein ausführbares Skript ist) oder von der Standardeingabe (wenn keine Argumente oder **−s** angegeben sind) kommen.

Optionen

−, −−
Alle folgenden Zeichenketten werden als Argumente und nicht als Optionen behandelt.

−c *Str*
Die in der Zeichenkette *Str* enthaltenen Befehle werden ausgeführt.

−i
Eine interaktive Shell (mit Eingabeaufforderung) wird gestartet.

−login
Die Shell verhält sich wie eine Login-Shell.

−nobraceexpansion
Es findet keine Expansion von Ausdrücken in geschweiften Klammern statt.

−nolineediting
Nur bei interaktiven Shells. Die Kommandozeile wird nicht mit Hilfe der GNU-readline-Bibliothek eingelesen. Kommandozeilen-Editierung ist kaum möglich.

−noprofile
Die Dateien */etc/profile*, *~/.bash_profile*, *~/.bash_login* und *~/.profile* werden beim Start nicht ausgeführt.

−norc
Die Datei *~/.bashrc* wird beim Start nicht ausgeführt.

−p
Die Shell wird als privilegierter Benutzer gestartet; die Datei *$HOME/.profile* wird nicht ausgeführt.

−posix
POSIX−konformes Verhalten erzwingen.

−quiet
Voreinstellung. Es wird keine Start-Information ausgegeben.

−rcfile *Datei*
Statt *.bashrc* wird beim Starten *Datei* verwendet.

−s
Befehle werden von der Standardeingabe gelesen; die Ausgabe von eingebauten Befehlen wird an den Dateideskriptor 1, alle anderen Ausgaben werden an den Dateideskriptor 2 geschickt.

Alle weiteren Optionen der **bash** sind beim eingebauten **set**-Befehl aufgeführt.

Argumente

Die Argumente werden in der Reihenfolge ihres Auftretens den Positions-Parametern **$1**, **$2** usw. zugewiesen. Wenn das erste Argument ein ausführbares Skript ist, werden die Befehle daraus gelesen und die verbleibenden Argumente entsprechend zugewiesen.

Syntax

Dieser Abschnitt beschreibt alle Symbole, die von der **bash** gesondert behandelt werden. Sie finden hier folgende Themen:

- Besondere Dateien
- Platzhalterzeichen in Dateinamen
- Editieren der Kommandozeile
- Quoting
- Befehlsausdrücke
- Umleitungsausdrücke
- Koprozesse

bash

Besondere Dateien

/etc/profile	Wird beim Anmelden automatisch ausgeführt.
$HOME/.bash_profile	Wird beim Anmelden automatisch ausgeführt.
$HOME/.bashrc	Wird beim Starten der Shell automatisch ausgeführt.
$HOME/.bash_logout	Wird beim Abmelden automatisch ausgeführt.
$HOME/.bash_history	Enthält die während der letzten Sitzung eingegebenen Befehle.
/etc/passwd	Enthält die Heimatverzeichnisse für ~*Benutzername*-Abkürzungen.

Platzhalterzeichen in Dateinamen

*	Paßt auf jede Zeichenkette.
?	Paßt auf ein einzelnes Zeichen.
[*abc*...]	Paßt auf ein beliebiges der in den eckigen Klammern angegebenen Zeichen. Mit einem Bindestrich können Bereiche angegeben werden (z.B. a–z, A–Z, 0–9).
[!*abc*...]	Paßt auf jedes Zeichen, das *nicht* zwischen den eckigen Klammern angegeben ist.
~*Name*	Heimatverzeichnis des Benutzers *Name*
~+	Aktuelles Arbeitsverzeichnis (PWD)
~–	Vorheriges Arbeitsverzeichnis (OLDPWD)

Eine Folge von durch | getrennten Mustern ergibt wieder ein Muster. Wenn eines der Muster paßt, paßt der ganze Ausdruck. Diese erweiterte Syntax ähnelt der von **egrep** und **awk**.

Beispiele

`$ ls neu*`	*Zeige* neu *und* neu.1
`$ cat kap?`	*Paßt auf* kap9, *aber nicht auf* kap10
`$ vi [D-R]*`	*Paßt auf alle Dateien, die mit einem großen Buchstaben beginnen, der zwischen D und R (jeweils einschließlich) liegt.*

Editieren der Kommandozeile

Kommandozeilen können wie bei Emacs oder **vi** editiert werden. Die Voreinstellung ist Emacs. Im Abschnitt „Editiermodus" weiter hinten in diesem Kapitel finden Sie nähere Informationen.

Der **vi**-Modus hat zwei Untermodi: den Einfügemodus und den Befehlsmodus. Der Einfügemodus ist der Default-Modus. Sie können zwischen den beiden Modi durch Drücken von ESC umschalten oder, wenn Sie sich im Befehlsmodus befinden, durch Eingabe von **a** (append) oder **i** (insert) in den Einfügemodus gelangen.

Tabelle 4–1 bis Tabelle 4–14 zeigen die diversen Emacs- und vi-Befehle.

Tabelle 4–1: Elementare Befehle im Emacs-Modus

Befehl	Beschreibung
STRG-B	Cursor ein Zeichen zurückbewegen (ohne zu löschen).
STRG-F	Cursor ein Zeichen vorwärts bewegen.
DEL	Zeichen links vom Cursor löschen.
STRG-D	Zeichen unter dem Cursor löschen.

Tabelle 4–2: Wort-Befehle im Emacs-Modus

Befehl	Beschreibung
ESC b	Ein Wort zurückbewegen.
ESC f	Ein Wort nach vorn bewegen.
ESC DEL	Wort links vom Cursor löschen.
ESC d	Wort unter dem Cursor löschen.
STRG-Y	Letzten gelöschten Text zurückholen („yank").

Tabelle 4–3: Zeilenbefehle im Emacs-Modus

Befehl	Beschreibung
STRG-A	Cursor am Zeilenanfang positionieren.
STRG-E	Cursor am Zeilenende positionieren.
STRG-K	Bis zum Ende der Zeile löschen.

Tabelle 4-4: Befehle im Emacs-Modus, um durch die History zu navigieren

Befehl	Beschreibung
STRG-P	Zur vorherigen Zeile bewegen.
STRG-N	Zur nächsten Zeile bewegen.
STRG-R	Rückwärts suchen.
ESC <	Zur ersten Zeile der History springen.
ESC >	Zur letzten Zeile der History springen.

Tabelle 4-5: Vervollständigungsbefehle

Befehl	Beschreibung
TAB	Versucht, den eingegebenen Text zu vervollständigen.
ESC ?	Mögliche Vervollständigungen aufführen.
ESC /	Versucht, den Dateinamen zu vervollständigen.
STRG-X /	Führt die möglichen Vervollständigungen zu Dateinamen an.
ESC ~	Versucht, den Benutzernamen zu vervollständigen.
STRG-X ~	Führt die möglichen Vervollständigungen zu Benutzernamen an.
ESC $	Versucht, die Variable zu vervollständigen.
STRG-X $	Führt die möglichen Vervollständigungen zu Variablen an.
ESC @	Versucht, den Rechnernamen zu vervollständigen.
STRG-X @	Führt die möglichen Vervollständigungen zu Rechnernamen an.
ESC !	Versucht, den Befehl zu vervollständigen.
STRG-X !	Führt die möglichen Befehls-Vervollständigungen an.
ESC TAB	Versucht eine Vervollständigung anhand früher eingegebener Befehle.

Tabelle 4-6: Diverse weitere Befehle im Emacs-Modus

Befehl	Beschreibung
STRG-J	Wie RETURN.
STRG-L	Bildschirm löschen; aktuelle Zeile in der Nähe der Bildschirmoberkante positionieren.
STRG-M	Wie RETURN.
STRG-O	Wie RETURN, zeigt danach die nächste Zeile der Befehls-History an.
STRG-T	Vertauscht die beiden Zeichen links vom und unter dem Cursor und bewegt den Cursor ein Zeichen weiter nach vorn.
STRG-U	Löscht die Zeile vom Zeilenanfang bis zum Zeichen links vom Cursor.
STRG-V	Fügt das nächste Zeichen direkt ein, anstatt es als Befehl zu interpretieren.
STRG-[	Wie ESC (auf den meisten Tastaturen).
ESC c	Ändert das erste Zeichen des Wortes nach dem Cursor in den entsprechenden Großbuchstaben. (Wenn der Cursor mitten im Wort steht, wird das Zeichen unter dem Cursor „groß gemacht“.)
ESC u	Ändert alle Zeichen im nachfolgenden Wort in die entsprechenden Großbuchstaben.

Tabelle 4-6: Diverse weitere Befehle im Emacs-Modus (Fortsetzung)

Befehl	Beschreibung
ESC l	Ändert alle Zeichen im nachfolgenden Wort in die entsprechenden Kleinbuchstaben.
ESC .	Fügt das letzte Wort aus der vorherigen Kommandozeile rechts vom Cursor ein.
ESC _	Wie ESC.

Befehle im vi-Modus

Der **vi**-Modus kennt zwei Sub-Modi: den Einfügemodus und den Befehlsmodus. Der Standardmodus ist der Einfügemodus; mit ESC kann zwischen den beiden Modi umgeschaltet werden. Außerdem gelangen Sie im Befehlsmodus durch Eingabe von **a** (append - anhängen) oder **i** (insert - einfügen) in den Einfügemodus.

Tabelle 4-7: Editierbefehle im vi-Einfügemodus

Befehl	Beschreibung
DEL	Vorheriges Zeichen löschen.
STRG-W	Vorheriges Wort löschen.
STRG-V	Eingegebenes Zeichen direkt einfügen, anstatt es als Befehl zu interpretieren.
ESC	Sprung in den Befehlsmodus (siehe nächster Abschnitt).

Tabelle 4-8: Grundlegende Befehle im vi-Befehlsmodus

Befehl	Beschreibung
h	Cursor ein Zeichen nach links bewegen.
l	Cursor ein Zeichen nach rechts bewegen.
b	Cursor ein Wort nach links bewegen.
w	Cursor ein Wort nach rechts bewegen.
B	Cursor an den Anfang des letzten nichtleeren Wortes bewegen.
W	Cursor an den Anfang des nächsten nichtleeren Wortes bewegen.
e	Cursor zum Ende des aktuellen Wortes bewegen.
E	Cursor zum Ende des aktuellen nichtleeren Wortes bewegen.
0	Cursor an den Zeilenanfang setzen.
^	Cursor auf das erste nichtleere Zeichen setzen.
$	Cursor an das Zeilenende setzen.

Tabelle 4–9: Befehle, um in den vi-Eingabemodus zu gelangen

Befehl	Beschreibung
i	Text vor dem aktuellen Zeichen einfügen (insert).
a	Text hinter dem aktuellen Zeichen einfügen (append).
I	Text am Zeilenanfang einfügen.
A	Text am Zeilenende einfügen.
R	Existierenden Text überschreiben.

Tabelle 4–10: Einige Befehle zum Löschen von Text im vi-Modus

Befehl	Beschreibung
dh	Zeichen links vom Cursor löschen.
dl	Zeichen unter dem Cursor löschen.
db	Bis zum nächsten Wortanfang nach links löschen.
dw	Bis zum nächsten Wortende nach rechts löschen.
dB	Bis zum nächsten Anfang eines nichtleeren Wortes nach links löschen.
dW	Bis zum nächsten Ende eines nichtleeren Wortes nach rechts löschen.
d$	Bis zum Zeilenende nach rechts löschen.
d0	Bis zum Zeilenanfang nach links löschen.

Tabelle 4–11: Abkürzungen für Löschbefehle im vi-Modus

Befehl	Beschreibung
D	Wie **d$** (bis zum Zeilenende löschen).
dd	Wie **0d$** (ganze Zeile löschen).
C	Wie **c$** (bis zum Zeilenende löschen und in den Eingabemodus wechseln).
cc	Wie **0c$** (ganze Zeile löschen und in den Eingabemodus wechseln).
X	Wie **dl** (Zeichen links vom Cursor löschen).
x	Wie **dh** (Zeichen unter dem Cursor löschen).

Tabelle 4–12: Befehle im vi-Befehlsmodus zum Durchsuchen der Befehls-History

Befehl	Beschreibung
k oder **–**	Eine Zeile zurück.
j oder **+**	Eine Zeile nach vorn.
G	Zur Zeile springen, die durch das numerische Argument angegeben ist.
/string	Vorwärts nach *string* suchen.
?string	Rückwärts nach *string* suchen.
n	In der gleichen Richtung weitersuchen.
N	In der entgegengesetzten Richtung weitersuchen.

Tabelle 4–13: Befehle im vi-Modus, um einzelne Zeichen zu finden

Befehl	Beschreibung
f*x*	Cursor rechts vom nächsten *x* positionieren.
F*x*	Cursor links vom letzten *x* positionieren.
t*x*	Cursor rechts vom nächsten *x* positionieren, danach ein Zeichen nach links gehen.
T*x*	Cursor links vom nächsten *x* positionieren, danach ein Zeichen nach rechts gehen.
;	Letzten Befehl aus diesem Block wiederholen.
,	Letzten Befehl aus diesem Block in entgegengesetzter Richtung wiederholen.

Tabelle 4–14: Weitere Befehle im vi-Modus

Befehl	Beschreibung
~	Groß-/Kleinschreibung des aktuellen Zeichens umschalten.
_	Das letzte Wort des vorherigen Befehls anhängen und danach in den Eingabemodus schalten.
STRG-L	Bildschirm löschen und neu zeichnen; praktisch, wenn der Bildschirminhalt durcheinandergeraten ist.
#	Das #-Zeichen (leitet einen Kommentar ein) der Zeile voranstellen und die gesamte Zeile in die History-Datei schreiben; dies ist nützlich, um einen Befehl später noch einmal ausführen zu können, ohne ihn neu eingeben zu müssen.

Quoting

Quoting bedeutet, die besondere Bedeutung eines Zeichens vorübergehend abzuschalten und statt dessen das Zeichen selbst zu verwenden. Die folgenden Zeichen werden in der **bash** gesondert behandelt:

`;`	Trennzeichen zwischen zwei Befehlen
`&`	Hintergrundausführung
`( )`	Gruppieren von Befehlen (erzeugt eine Sub-Shell)
`{ }`	Gruppieren von Befehlen zu einem Block
`|`	Pipe
`> < &`	Symbole zur Umleitung
`* ? [ ] ~ !`	Platzhalterzeichen in Dateinamen
`" ' \`	Zeichen zum Quoting anderer Zeichen
`` ` ``	Befehlssubstitution
`$`	Variablen- oder Befehlssubstitution
Zeilenumbruch **Leerzeichen** **Tabulator**	Trennzeichen zwischen zwei Wörtern
`#`	Kommentar

Die folgenden Zeichen können zur Quotierung verwendet werden:

" " Alles zwischen **"** und **"** wird wortwörtlich interpretiert, ausgenommen die folgenden Zeichen, die ihre besondere Bedeutung behalten:

- **$** Variablensubstitution
- **`** Befehlssubstitution
- **"** Das Ende des quotierten Abschnitts

' ' Alles zwischen ' und ' wird wortwörtlich interpretiert; ausgenommen davon ist nur ein weiteres ', das die Quotierung wieder aufhebt.

**** Das auf den **** folgende Zeichen wird wortwörtlich interpretiert. Dies kann innerhalb von **" "** verwendet werden, um **"**, **$** und **`** zu quotieren, und wird häufig zur Quotierung von weiteren \\, Leerzeichen oder Zeilenumbrüchen verwendet.

Beispiele

```
$ echo 'Einfache Anführungsstriche "schützen" doppelte Anführungsstriche'
Einfache Anführungsstriche "schützen" doppelte Anführungsstriche

$ echo "Ist das nicht etwas \"Besonderes\"?"
Ist das nicht etwas "Besonderes"?

$ echo "Es gibt `ls|wc -l` Dateien in `pwd`"
Es gibt 43 Dateien in /home/kalle

$ echo "Der Wert von \$x ist $x"
Der Wert von $x ist 100
```

bash

Schreibweisen von Befehlen

Befehl **&**	Führt *Befehl* im Hintergrund aus.
Befehl1 **;** *Befehl2*	Befehlsfolge; führt mehrere *Befehle* in derselben Zeile aus.
(*Befehl1* **;** *Befehl2***)**	Starten einer Sub-Shell; *Befehl1* und *Befehl2* werden als Befehlsgruppe betrachtet.
Befehl1 **|** *Befehl2*	Pipe; die Ausgabe von *Befehl1* wird als Eingabe von *Befehl2* verwendet.
Befehl1 **`***Befehl2***`**	Befehlssubstitution; die Ausgabe von *Befehl2* wird als Argument(e) für *Befehl1* verwendet.
Befehl1 **$(***Befehl2***)**	Befehlssubstitution; Schachtelung ist zulässig.
Befehl1 **&&** *Befehl2*	UND; *Befehl2* wird nur ausgeführt, wenn *Befehl1* erfolgreich war.
Befehl1 **||** *Befehl2*	ODER; *Befehl2* wird nur ausgeführt, wenn *Befehl1* fehlgeschlagen ist.
{ *Befehl1* **;** *Befehl2* **}**	Die Befehle werden in der laufenden Shell ausgeführt.

Beispiele

```
$ nroff Datei &
```
Formatieren im Hintergrund.

```
$ cd; ls
```
Nacheinander ausführen.

```
$ (date; who; pwd) > logfile
```
Die gesamte Ausgabe wird umgeleitet.

```
$ sort file | pr -3 | lp
```
Eine Datei sortieren, für den Druck aufbereiten und drucken.

```
$ vi `grep -l ifdef *.c`
```
Alle von grep gefundenen Dateien editieren.

```
$ egrep '(yes|no)' `cat list`
```
Angabe einer Liste von Dateien, die durchsucht werden soll.

```
$ egrep '(yes|no)' $(cat list)
```
bash-*Schreibweise des gleichen Befehls.*

```
$ egrep '(yes|no)' $(<list)
```
Das gleiche, aber schneller.

```
$ grep XX file && lp file
```
Datei drucken, wenn sie ein bestimmtes Muster enthält.

```
$ grep XX file || echo "XX not found"
```
Fehlermeldung ausgeben, wenn das Muster nicht gefunden wurde.

Schreibweisen der Umleitung

Datei-Deskriptor	Name	Übliche Abkürzung	Üblicher Default
0	Standardeingabe	stdin	Tastatur
1	Standardausgabe	stdout	Bildschirm
2	Standardfehler	stderr	Bildschirm

Die normalen Ein- und Ausgabewege können, wie in Tabelle 4–15 gezeigt, geändert werden.

Tabelle 4–15: I/O-Umleitungen

<table>
<tr><th>Umleitezeichen</th><th>Bedeutung</th></tr>
<tr><td>> Datei</td><td>Standardausgabe nach Datei umleiten.</td></tr>
<tr><td>< Datei</td><td>Standardeingabe nach Datei umleiten.</td></tr>
<tr><td>Befehl1 | Befehl2</td><td>Pipe; Standardausgabe von Befehl1 als Standardeingabe von Befehl2 verwenden.</td></tr>
<tr><td>>> Datei</td><td>Standardausgabe nach Datei umleiten; an Datei anhängen, wenn die Datei schon existiert.</td></tr>
<tr><td>>| Datei</td><td>Umleitung der Standardausgabe nach Datei erzwingen, auch wenn noclobber gesetzt ist.</td></tr>
<tr><td>n>| Datei</td><td>Ausgabe vom Dateideskriptor n auf Datei erzwingen, selbst wenn noclobber gesetzt ist.</td></tr>
<tr><td><> Datei</td><td>Datei sowohl als Standardeingabe als auch als Standardausgabe verwenden.</td></tr>
<tr><td><< text</td><td>Von der Standardeingabe lesen, bis text gefunden wird. (text kann in einer Shell-Variable abgespeichert sein.) Die Eingabe erfolgt üblicherweise an der Konsole oder steht in einem Shell-Skript. Diese Schreibweise wird oft bei den Befehlen cat, echo, ex und sed benutzt. Wenn text in Anführungszeichen eingeschlossen ist, wird an den Daten der Standardeingabe keine Variablen- oder Befehlssubstitution etc. vorgenommen.</td></tr>
<tr><td>n> Datei</td><td>Dateideskriptor n auf Datei umleiten.</td></tr>
</table>

Tabelle 4-15: I/O-Umleitungen (Fortsetzung)

Umleitezeichen	Bedeutung
n< *Datei*	*Datei* zum Dateideskriptor *n* machen.
>&*n*	Standardausgabe duplizieren und auf den Dateideskriptor *n* ausgeben.
<&*n*	Standardeingabe duplizieren und vom Dateideskriptor *n* lesen.
&>*Datei*	Standardausgabe und Standardfehler nach *Datei* umlenken.
<&-	Standardeingabe schließen.
>&-	Standardausgabe schließen.
n>&-	Ausgabekanal des Dateideskriptors *n* schließen.
n<&-	Eingabekanal des Dateideskriptors *n* schließen.

Beispiele

```
$ cat teil1 > buch
$ cat teil2 teil3 >> buch
$ mail elke < bericht

$ sed 's/^/XX /' << END_ARCHIVE
> So werden haeufig Shell-Archive "eingepackt",
> um weitergegeben werden zu können. Normalerweise wuerde
> sed aus einem Shell-Skript heraus gestartet werden
> und nicht von der Kommandozeile.
> END_ARCHIVE
XX So werden haeufig Shell-Archive "eingepackt",
XX um weitergegeben werden zu können. Normalerweise wuerde
XX sed aus einem Shell-Skript heraus gestartet werden
XX und nicht von der Kommandozeile.
```

Umlenken der Standardausgabe nach Standardfehler:

```
$ echo "Falscher Aufruf: Fragen Sie Ihren Systemverwalter" 1>&2
```

Der folgende Befehl schickt die Ausgabe (Dateien gefunden) nach *dateiliste* und die Fehlermeldungen (nicht zugreifbare Dateien) in die Datei *kein_zugriff*:

```
$ find / -print > dateiliste 2>kein_zugriff
```

Koprozesse

Koprozesse gibt es nur in der **bash**.

Befehl1 **|** *Befehl2* **|&**	Koprozeß; führt die Pipeline im Hintergrund aus. Die Shell errichtet eine bidirektionale Pipe, womit sowohl Standardeingabe als auch Standardausgabe umgeleitet werden können.
read -p *var*	Liest den Koprozeß in die Variable *var* ein.
print -p *string*	Schickt die Zeichenkette *string* an den Koprozeß.
Befehl **<&p**	Holt die Eingabe für den Befehl *Befehl* vom Koprozeß.
Befehl **>&p**	Schickt die Eingabe des Befehls *Befehl* zum Koprozeß.

Beispiele

`cat memo`	*Dateiinhalt ausgeben*
`Wer begonnen hat, der hat`	
`schon halb vollendet. (Horaz)`	
`ed - memo |&`	*Koprozeß*
`print -p /halb/`	`ed`*-Befehl an den Koprozeß schicken*
`read -p search`	*Ausgabe des* `ed`*-Befehls in die Variable search übernehmen*
`print "$search"`	*Zeile auf der Standardausgabe ausgeben*
`schon halb vollendet. (Horaz)`	

Variablen

Dieser Abschnitt beschreibt:

- Variablensubstitution
- Eingebaute Shell-Variablen

Variablensubstitution

Tabelle 4–16: Substitutions-Operatoren

Operator	Substitution
${*Varname*:-*Wort***}**	Wenn *Varname* existiert und nicht leer ist, wird der Wert von *Varname* zurückgegeben, ansonsten *Wort*.
Einsatz:	Rückgabe eines Default-Wertes, wenn die Variable nicht definiert ist.
Beispiel:	**${zaehler:-0}** ergibt 0, wenn **zaehler** nicht definiert ist.
${*Varname*:=*Wort***}**	Wenn *Varname* existiert und nicht leer ist, wird der Wert von *Varname* zurückgegeben; ansonsten wird der Wert der Variable auf *Wort* gesetzt und dieser Wert zurückgegeben. Positions- und andere besondere Parameter können nicht auf diese Art und Weise zugewiesen werden.
Einsatz:	Eine Variable auf einen Default-Wert setzen, wenn sie nicht definiert ist.
Beispiel:	**${zaehler:=0}** setzt **zaehler** auf 0, wenn die Variable nicht definiert ist.
${*Varname***:?***Nachricht***}**	Wenn *Varname* existiert und nicht leer ist, wird der Wert von *Varname* zurückgegeben. Ansonsten wird *Varname*:, gefolgt von *Nachricht*, ausgegeben und der aktuelle Befehl oder das aktuelle Skript beendet (nur in nicht interaktiven Shells). Wenn *Nachricht* weggelassen wird, wird die Default-Meldung **parameter null or not set** ausgegeben.
Einsatz:	Abfangen von Fehlern, die von nicht definierten Variablen herrühren.

Tabelle 4–16: Substitutions-Operatoren (Fortsetzung)

Operator	Substitution
Beispiel:	**{zaehler:?"undefiniert!"}** gibt „zaehler: nicht definiert!" aus und bricht ab, wenn **zaehler** nicht definiert ist.
${ *Varname* **:+** *Wort* **}**	Wenn *Varname* existiert und nicht leer ist, wird *Wort* zurückgegeben, ansonsten 0.
Einsatz:	Die Existenz einer Variable überprüfen.
Beispiel:	**${zaehler:+1}** gibt 1 zurück (was für „wahr" stehen könnte), wenn **zaehler** definiert ist.

Tabelle 4–17: Operatoren zum Mustervergleich

Operator	Bedeutung
${ *Variable#Muster* **}**	Wenn das Muster auf den Anfang des Wertes der Variable paßt, wird der kürzeste passende Teil gelöscht und der Rest zurückgegeben.
${ *Variable##Muster* **}**	Wenn das Muster auf den Anfang des Wertes der Variable paßt, wird der längste passende Teil gelöscht und der Rest zurückgegeben.
${ *Variable%Muster* **}**	Wenn das Muster auf das Ende des Wertes der Variable paßt, wird der kürzeste passende Teil gelöscht und der Rest zurückgegeben.
${ *Variable%%Muster* **}**	Wenn das Muster auf das Ende des Wertes der Variable paßt, wird der längste passende Teil gelöscht und der Rest zurückgegeben.

Vordefinierte Shell-Variablen

Vordefinierte Variablen werden automatisch von der Shell gesetzt und normalerweise in Shell-Skripten verwendet. Vordefinierte Variablen können die oben beschriebenen Substitutions-Verfahren anwenden. Die Variablen werden in Tabelle 4–18 bis Tabelle 4–22 ohne die Operatoren gezeigt, diese werden aber gleichwohl immer benötigt, wenn die Variablen dereferenziert werden sollen.

Tabelle 4–18: Grundlegende Shell-Optionen

Option	Beschreibung
emacs	Wechsel in den Emacs-Editiermodus (Voreinstellung).
ignoreeof	Wenn diese Variable gesetzt ist, reicht ein einzelnes **STRG-D** nicht zum Abmelden; es muß ausdrücklich der **exit**-Befehl verwendet werden. Der gleiche Effekt kann durch Setzen der Shell-Variable IGNOREEOF auf 1 erzielt werden.
noclobber	Verhindert das Überschreiben bereits vorhandener Dateien durch Ausgabeumleitung (>).
noglob	Schaltet das Expandieren von Dateinamen mit Platzhalterzeichen wie * und ? ab. (Die Expansion von Platzhalterzeichen wird manchmal auch *Globbing* genannt.)

Tabelle 4-18: Grundlegende Shell-Optionen (Fortsetzung)

Option	Beschreibung
nounset	Wenn eine nicht definierte Variable verwendet werden soll, wird eine Fehlermeldung ausgegeben.
vi	Wechsel in den **vi**-Editiermodus.

Tabelle 4-19: Standard-Variablen

Variable	Bedeutung
COLUMNS	Anzahl der Spalten des Bildschirms oder Bildschirmfensters.
EDITOR	Pfadname des Editors.
LINES	Anzahl der Zeilen des Bildschirms oder Bildschirmfensters.
SHELL	Pfadname der gerade laufenden Shell.
TERM	Verwendeter Terminal-Typ.

Tabelle 4-20: History-Variablen

Variable	Bedeutung
HISTCMD	Die Nummer des aktuellen Befehls in der History.
HISTCONTROL	Wenn HISTCONTROL auf den Wert **ignorespace** gesetzt ist, werden Zeilen, die mit einem Leerzeichen beginnen, nicht in die History aufgenommen. Wenn der Wert **ignoredups** ist, werden Zeilen, die mit der letzten Zeile der History identisch sind, nicht in die History aufgenommen. Mit **ignoreboth** können beide Optionen verwendet werden.
HISTFILE	Name der History-Datei, auf der die Editier-Modi arbeiten.
HISTFILESIZE	Maximale Anzahl von Zeilen in der History-Datei. Der Default-Wert ist 500.
HISTSIZE	Maximale Anzahl von Befehlen, die in der Befehls-History gespeichert werden. Der Default-Wert ist 500.
FCEDIT	Pfadname des Editors, der zusammen mit dem **fc**-Befehl verwendet werden soll.

Tabelle 4-21: Mail-Variablen

Variable	Bedeutung
MAIL	Name der Datei, die auf eingehende Nachrichten überprüft werden soll.
MAILCHECK	Wie oft (in Sekunden) nach neuen Nachrichten geschaut wird (die Voreinstellung ist 60 Sekunden).
MAILPATH	Durch Doppelpunkte (`:`) getrennte Liste von Dateinamen, die auf eingehende Nachrichten überprüft werden sollen.

Tabelle 4–22: Status-Variablen

Variable	Bedeutung
HOME	Name des Home-Verzeichnisses.
SECONDS	Sekunden, die seit dem Aufruf der aktuellen Shell vergangen sind.
BASH	Pfadname der aktuellen Shell.
BASH_VERSION	Die Versionsnummer der aktuellen Shell.
PWD	Aktuelles Verzeichnis.
OLDPWD	Verzeichnis vor dem letzten **cd**-Befehl.

Arithmetische Ausdrücke

Mit dem **let**-Befehl können Ganzzahl-Rechnungen durchgeführt werden. Die **bash** bietet Möglichkeiten, Ganzzahl-Werte zu substituieren (sowohl als Argumente von Befehlen als auch als Werte für Variablen); außerdem können Zahlen in verschiedene Zahlensysteme konvertiert werden:

`$(( `*`Ausdr`*` ))` Benutzt den Wert des arithmetischen Ausdrucks in Klammern.

Operatoren

Die **bash** verwendet die gleichen arithmetischen Operatoren wie die Programmiersprache C, die in der folgenden Liste in absteigender Präzedenz geordnet sind. Durch Setzen von Klammern können die Präzedenzen entsprechend geändert werden.

-	Unäres Minus
! ~	Logische Negation; binäre Inversion (Einer-Komplement)
* / %	Multiplikation; Division; Modulus (Rest)
+ -	Addition; Subtraktion
<< >>	Bitweises Schieben nach links; bitweises Schieben nach rechts
<= >=	Kleiner oder gleich; größer oder gleich
< >	Kleiner als; größer als
== !=	Gleichheit; Ungleichheit (jeweils von links nach rechts ausgewertet)
&	Bitweises UND
^	Bitweises Exklusiv-ODER
|	Bitweises ODER
&&	Logisches UND
||	Logisches ODER
=	Wertzuweisung
+= -=	Addition bzw. Subtraktion mit anschließender Zuweisung
*= /= %=	Multiplikation, Division bzw. Restbildung mit anschließender Zuweisung
&= ^= |=	Bitweises UND, Exklusiv-ODER bzw. ODER mit anschließender Zuweisung
<<= >>=	Bitweises Schieben nach links bzw. rechts mit anschließender Zuweisung

Beispiele

Beispiele und weitere Informationen zu arithmetischen Ausdrücken finden Sie bei der Beschreibung des **let**-Befehls.

`let "zaehler=0" "i = i + 1"`	*Zuweisung von* `i` *und* `zaehler`
`let "num % 2"`	*Test, ob eine Zahl gerade ist*

Befehls-History

Es ist in der **bash** möglich, früher eingegebene Befehle anzeigen zu lassen oder sie zu verändern. Dies ist dem History-Mechanismus in der C-Shell ähnlich. Befehle, die in der History-Liste stehen, können folgendermaßen verändert werden:

- Mit dem Editiermodus
- Mit dem **fc**-Befehl

Außerdem funktionieren die Befehlssubstitutionen, die in Kapitel 5, *csh und tcsh*, beschrieben werden, auch in der **bash**.

Editiermodus

Der Editiermodus emuliert viele Funktionen der Editoren **vi** und Emacs. Die History-Liste wird wie eine Datei behandelt. Nach Aufruf des Editors können Sie mit Tastaturbefehlen zu der Kommandozeile gelangen, die Sie ausführen wollen. Außerdem können Sie diese Zeile vor der Ausführung auch noch verändern. Wenn Sie den Befehl ausführen möchten, drücken Sie RETURN. Siehe dazu auch Tabelle 4-23.

Der Editiermodus kann auf verschiedene Art und Weise aufgerufen werden. Die folgenden Beispiele sind äquivalent:

`$` **`VISUAL=vi`**	
`$` **`EDITOR=vi`**	
`$` **`set -o vi`**	*Hat Vorrang vor* `VISUAL` *und* `EDITOR`

Beachten Sie, daß die **vi**-Emulation im Eingabemodus startet; drücken Sie ESCAPE, um in den **vi**-Befehlsmodus zu gelangen.

Tabelle 4-23: Tastaturbefehle bei vi und Emacs

vi	Emacs	Ergebnis
`k`	**`STRG-P`**	Vorherigen Befehl holen.
`j`	**`STRG-N`**	Nächsten Befehl holen.
`/`*`String`*	**`STRG-R`** *`String`*	Nächsten Befehl holen, der *String* enthält.
`h`	**`STRG-B`**	Cursor ein Zeichen zurückbewegen.
`l`	**`STRG-F`**	Cursor ein Zeichen nach vorn bewegen.
`b`	**`ESC-B`**	Cursor ein Wort zurückbewegen.
`w`	**`ESC-F`**	Cursor ein Wort nach vorn bewegen.
`X`	**`DEL`**	Letztes Zeichen löschen.
`x`	**`STRG-D`**	Ein Zeichen löschen.

Tabelle 4-23: Tastaturbefehle bei vi und Emacs (Fortsetzung)

vi	Emacs	Ergebnis
dw	**ESC-D**	Vorheriges Wort löschen.
db	**ESC-H**	Letztes Wort löschen.
xp	**STRG-T**	Zwei Zeichen vertauschen.

Der fc-Befehl

Mit **fc –l** können Sie Befehle aus der History ausgeben, und mit **fc –e** können Sie sie editieren. Der Eintrag zu **fc** bei der Beschreibung der eingebauten Befehle enthält nähere Informationen.

Beispiele

`$ history`	*Die letzten 16 Befehle ausgeben.*
`$ fc -l 20 30`	*Befehle 20 bis 30 ausgeben.*
`$ fc -l -5`	*Die letzten 5 Befehle ausgeben.*
`$ fc -l cat`	*Letzte Kommandozeile ausgeben, die mit* cat *anfängt.*
`$ fc -ln 5 > zeile`	*Befehl 5 in Datei* zeile *speichern.*
`$ fc -e vi 5 20`	*Befehle 5 bis 20 mit dem* vi *editieren.*
`$ fc -e emacs`	*Letzten Befehl mit dem Emacs bearbeiten.*
`$ !!`	*Letzten Befehl noch einmal ausführen.*
`$ !cat`	*Letzten* cat*-Befehl noch einmal ausführen.*
`$ !cat datei`	*Letzten Befehl noch einmal ausführen, wobei* datei *an das Ende der Argumentliste angehängt wird.*

Befehlssubstitution

!	History-Substitution anfangen.
!!	Letzter Befehl.
!*N*	Befehl Nummer *N* in der History-Liste.
!–*N*	*N*t-letzter Befehl.
!*String*	Jüngster Befehl, der mit *String* anfängt.
!?*String*?	Jüngster Befehl, der *String* enthält.
!?*String*?%	Jüngstes Befehl-Argument, das *String* enthält.
!$	Letztes Argument des letzten Befehls.
!!*String*	Letzter Befehl, an den *String* angehängt wird.
!*N String*	Befehl Nummer *N*, an den *String* angehängt wird.
!{*s1*}*s2*	Letzter Befehl, der mit *s1* anfing und an den *s2* angehängt wird.
^*alt*^*neu*^	Schnell-Ersetzung: Ersetzung von *alt* durch *neu* im letzten Befehl und Ausführung des neuen Befehls.

Eingebaute Befehle

Beispiele, die auf der Kommandozeile eingegeben werden sollen, erscheinen hier mit dem **$**-Prompt. Alle anderen Beispiele sind Programmfragmente, die in Shell-Skripten verwendet werden können. Zur besseren Übersicht werden hier auch einige der reservierten Schlüsselwörter aufgeführt, die in Befehlen verwendet werden, die sich über mehrere Zeilen erstrecken.

#	# Alles, was auf derselben Zeile folgt, wird ignoriert. # wird in Shell-Skripten als kommentareinleitendes Zeichen verwendet und ist kein Befehl im eigentlichen Sinne.
#!	#!*Shell* Wird als erste Zeile in einem Shell-Skript verwendet und bedeutet, daß das Shell-Skript von der Shell *Shell* (mit optionalen Argumenten) ausgeführt werden soll. Beispiel: `#!/bin/bash`

:	:
	
	 Leerer Befehl. Gibt einen Ausführungsstatus von 0 zurück. Wird manchmal als erstes Zeichen in einer Datei verwendet, um anzuzeigen, daß es sich um ein **bash**-Skript handelt. Shell-Variablen können nach dem : aufgeführt werden und werden dann zu ihren jeweiligen Werten expandiert.
	
	 Beispiel
	
	 Test, ob jemand angemeldet ist:
	
	 `if who | grep $1 > /dev/null`
	`then :                          # tue nichts,`
	`                                # wenn Muster gefunden wurde`
	`else echo "Benutzer $1 ist nicht angemeldet."`
	`fi`

.	. *Datei* [*Argumente*] Siehe **source**.
alias	**alias** [*Name*[='*Befehl*']] Erzeugt einen Kurznamen (Aliasnamen) *Name* als Synonym für *Befehl*. Wenn ='*Befehl*' weggelassen wird, wird ausgegeben, wofür *Name* steht; wenn auch *Name* weggelassen wird, werden alle Aliasnamen ausgegeben. Wenn hinter *Befehl* ein Leerzeichen steht, werden die folgenden Kommandozeilen-Argumente auf weitere Aliasnamen überprüft. Siehe auch **unalias**.

bg [*Job–IDs*] **bg**

Setzt den aktuellen Job oder *Job-IDs* in den Hintergrund. Siehe „Job-Verwaltung" am Ende dieses Kapitels.

---

bind [*Optionen*] **bind**
bind [*Optionen*] *Tasten*:*Funktion*

Ausgeben oder Setzen einer Tasten-/Funktionsbindung.

Optionen

–m *keymap*
: Gibt die Tastaturtabelle an, die in weiteren Bindungen verwendet werden soll. Mögliche Tastaturtabellen sind: **emacs, emacs-standard, emacs-meta, emacs-ctlx, vi, vi-move, vi-command** und **vi-insert**.

–l
: Ausgeben aller Funktionen zum Editieren der Kommandozeile.

–v
: Ausgeben aller Funktionsnamen mit ihren Bindungen (wenn vorhanden).

–d
: Ausgabe der Funktionsnamen mit ihren Bindungen in einem Format, das wieder eingelesen werden kann.

–f *Dateiname*
: Setzen der Bindungen in *Dateiname*.

–q *Funktion*
: Ausgeben der Bindungen von *Funktion*.

---

break [*n*] **break**

Beendet die innerste (am tiefsten verschachtelte) oder die *n* innersten **for**-, **while**- oder **until**-Schleifen. Beendet außerdem die Befehlsabarbeitung in einem **select**-Befehl.

---

built–in *Befehl* [*Argumente*] **built–in**

Ausführen des eingebauten *Befehls*. Dies ist nützlich, wenn eingebaute Befehle innerhalb von Skripten desselben Namens aufgerufen werden sollen.

---

case *String* **case**
in
Muster)
Befehle
;;
...
esac

Wenn *String* auf den regulären Ausdruck *Muster* paßt, werden die *Befehle* ausgeführt. Es werden alle regulären Ausdrücke überprüft, bis ein passender gefun-

→

bash

case ←	den wird. Um alle Zeichenketten, die auf keinen regulären Ausdruck passen, abfangen zu können, kann * als letzter regulärer Ausdruck verwendet werden.
cd	**cd** [*Verzeichnis*] Wenn kein Argument angegeben ist, wird zum Home-Verzeichnis des Benutzers gewechselt, ansonsten zum *Verzeichnis*. Wenn *Verzeichnis* ein relativer Pfadname ist, aber im aktuellen Verzeichnis nicht gefunden wird, wird die CDPATH-Variable durchsucht.
command	**command** [*Optionen*] *Befehl* [*Argumente*] Ausführung des Befehls *Befehl*, wobei nicht nach Funktionen gesucht wird, d.h., es wird kein Befehl ausgeführt, der weder eingebaut noch im durch PATH bezeichneten Pfad ist. Der Ausführungsstatus wird auf den von *Befehl* zurückgegebenen gesetzt. Wenn *Befehl* nicht gefunden werden konnte, ist der Ausführungsstatus 127. **-p** Die PATH-Variable wird ignoriert und nur der Default-Pfad durchsucht. **--** Alles, was folgt, wird als Argument und nicht als Option interpretiert.
continue	**continue** [*n*] Überspringen der verbleibenden Befehle in einer **for**-, **while**- oder **until**-Schleife; die Abarbeitung wird mit dem nächsten Durchlauf der Schleife fortgesetzt. Wird der Parameter *n* angegeben, werden entsprechend viele Schleifen übersprungen.
declare	**declare** [*Optionen*] [*Name*[=*Wert*]] **typeset** [*Optionen*] [*Name*[=*Wert*]] Ausgeben oder Setzen des Wertes von Variablen. Ein + anstelle des – dreht die Bedeutung ins Gegenteil um. **-f** Nur Funktionsnamen verwenden. **-r** Variablen dürfen später nicht verändert werden. **-x** Variablen werden exportiert. **-i** Interpretieren der Variable als Ganzzahl und Evaluierung ihrer Werte.
dirs	**dirs** [*Optionen*] Ausgeben der Verzeichnisse, die zur Zeit aufgrund von **pushd**/**popd**-Befehlen gemerkt werden.

dirs

Optionen

+*Eintrag* Eintrag Nr. *Eintrag* ausgeben (der erste Eintrag hat die Nummer 0).

−*Eintrag* Eintrag Nr. *Eintrag* vom Ende her ausgeben.

−l Lange Ausgabe.

echo

echo [*Optionen*] [*String*]

Ausgeben von *String* und eines Zeilenwechsels. Wenn *String* nicht angegeben wird, wird nur der Zeilenwechsel ausgegeben. In der **bash** ist **echo** lediglich ein Aliasname für **print −**. (Siehe auch **echo** in Kapitel 2, *Linux-Benutzerbefehle*.)

−n Keinen Zeilenwechsel ausgeben.

−e Escape-Sequenzen interpretieren:

\a	Akustische Warnung.
\b	Löschen des letzten Zeichens.
\c	Unterdrücken des Zeilenwechsels (wie **−n**).
\f	Seitenvorschub.
\n	Zeilenwechsel.
\r	Wagenrücklauf.
\t	Horizontaler Tabulator.
\v	Vertikaler Tabulator.
\\	Backslash.
nnn	Das Zeichen, dessen ASCII-Code den oktalen Wert *nnn* hat.

−E Interpretation von Escape-Sequenzen abschalten.

enable

enable [*−n*] [*−a* | *−all*] [*Befehl ...*]

Einschalten (oder Abschalten, wenn *-n* angegeben ist) von eingebauten Shell-Befehlen. Wenn *Befehl* nicht angegeben ist, werden die eingeschalteten eingebauten Befehle ausgegeben; mit *-a* oder *-all* werden alle eingebauten Befehle zusammen mit ihrem Status ausgegeben. Eingebaute Shell-Befehle können abgeschaltet werden, damit eigene Funktionen desselben Namens definiert werden können.

eval

eval [*Befehl Argumente...*]

Ausführen des Befehls *Befehl* mit den Argumenten *Argumente*.

exec

exec [[−] *Befehl*]

Ausführen des Befehls *Befehl* anstelle des aktuellen Prozesses (anstatt einen neuen Prozeß zu erzeugen). **exec** ist auch nützlich für das Öffnen, Schließen und Kopieren von Dateideskriptoren. Wenn − angegeben wird, wird − als nulltes Argument an den neuen Prozeß übergeben.

Beispiele

`trap 'exec 2>&-' 0`	*Standardausgabe schließen, wenn die Ausführung des Shell-Skripts abgeschlossen ist (Signal 0).*
`$ exec /bin/csh`	*Aktuelle Shell durch die C-Shell ersetzen.*
`$ exec < infile`	*Standardeingabe auf infile umstellen.*

exit

exit [*n*]

Beenden eines Shell-Skripts mit dem Ausführungsstatus *n* (z.B. **exit 1**). *n* kann entweder 0 (erfolgreiche Ausführung) oder von 0 verschieden (Fehler) sein. Wenn *n* nicht angegeben wird, ist der Ausführungsstatus derjenige des letzten Befehls. **exit** kann auf der Kommandozeile verwendet werden, um ein Fenster zu schließen (Abmelden).

Beispiel

```
if [ $# -eq 0 ]; then
   echo "Format:  $0 [-c] [-d] Datei(en)"
   exit 1                    # Rückmeldung eines Fehlers
fi
```

export

export [*Optionen*] [*Variablen*]
export [*Optionen*] [*Name*=[*Wert*]]...

Weitergeben (Exportieren) einer oder mehrerer Shell-*Variablen*, wodurch diese Variablen eine globale Bedeutung erhalten (der Default ist lokale Bedeutung). Wenn beispielsweise der Wert einer Variable, die in einem Shell-Skript definiert worden ist, von einem anderen, von diesem Skript aufgerufenen Programm verwendet werden soll, muß diese Variable exportiert werden. Wenn keine *Variablen* angegeben werden, zeigt **export** alle Variablen an, die zur Zeit von der aktuellen Shell exportiert werden. Wenn *Name* und *Wert* angegeben sind, wird *Wert* der Variable *Name* zugewiesen.

Optionen

−− Alle folgenden Zeichenketten werden als Argumente und nicht als Optionen behandelt.

−f Alle *Variablen* werden als Funktionen erwartet.

−n Aufheben des Exportierens einer Variable.

−p Ausgeben der Variablen, die zur Zeit von der aktuellen Shell ausgegeben werden.

fc [*Optionen*] [*Erster*] [*Letzter*]   **fc**
fc -e - [*alt=neu*] [*Befehl*]

Anzeigen oder Editieren von Befehlen in der History-Liste (**-l** und **-e** können nicht zusammen verwendet werden). **fc** stellt Möglichkeiten ähnlich denen des **history**-Befehls bzw. der !-Schreibweise in der C-Shell bereit. *Erster* und *Letzter* bezeichnen Zahlen oder Zeichenketten, mit denen die Befehle, die angezeigt oder editiert werden sollen, ausgewählt werden. Wenn *Letzter* weggelassen wird, wird **fc** auf einen einzigen Befehl angewendet, der durch *Erster* angegeben wird. Wenn sowohl *Erster* als auch *Letzter* weggelassen werden, editiert **fc** den letzten Befehl oder zeigt die letzten 16 Befehle an. Die zweite Form des **fc**-Befehls entnimmt der History einen Befehl, ersetzt die Zeichenkette *alt* durch die Zeichenkette *neu* und führt den so veränderten Befehl aus. Wenn keine Zeichenketten angegeben werden, wird der Befehl unverändert erneut ausgeführt. Wenn auch kein Befehl angegeben wird, wird der letzte Befehl erneut ausgeführt. *Befehl* kann wie *Erster* als Zahl oder als Zeichenkette angegeben werden. Beispiele finden Sie unter „Befehls-History".

Optionen

-e [*Editor*]
: Aufrufen des Editors *Editor*, um die angegebenen Befehle zu editieren. Mit der Shell-Variable FCEDIT kann der Default-Editor eingestellt werden.

-l [*Erster Letzter*]
: Ausgeben des oder der angegebenen Befehls/e oder der letzten 16 Befehle, wenn keine Argumente angegeben sind.

-n
: Unterdrücken der Befehlsnumerierung bei der Ausgabe mit **-l**.

-r
: Umdrehen der Reihenfolge bei der Ausgabe mit **-l**.

-s *Muster=NeuesMuster*
: Editieren der Befehle, indem jedes Auftreten von *Muster* durch *NeuesMuster* ersetzt wird. Danach werden die Befehle erneut ausgeführt.

fg [*Job-IDs*]   **fg**

Bringt den aktuellen Job oder *Job-IDs* in den Vordergrund. Siehe „Job-Verwaltung".

for *x* [**in** *Liste*]   **for**
do
Befehle
done

Jedes Wort in *Liste* wird der Reihe nach *x* zugewiesen und ausgeführt. Wenn *Liste* weggelassen wird, werden die Positionsparameter **$@** verwendet.

→

for
←

Beispiele

Durchnumerieren aller Dateien im aktuellen Verzeichnis und Abspeichern der erzeugten Dateien.

```
for datei in *
do
     pr $datei > $datei.tmp
done
```

Durchsuchen von Kapiteln nach einer Liste von Wörtern (wie **fgrep -f**):

```
for element in `cat programm_liste`
do
     echo "Durchsuchen der Kapitel nach"
     echo "Referenzen auf Programm $element..."
     grep -c "$element.[co]" kap*
done
```

---

function

function *Befehl*
{

Definieren einer Funktion. Argumente werden verwendet wie Positionsparameter in einem Shell-Skript (**$1** usw.). Die Funktionsdefinition wird mit } abgeschlossen.

---

getopts

getopts *String Name* [*Argumente*]

Verarbeiten der Kommandozeilen-Parameter (oder *Argumente*, falls angegeben) und Überprüfen auf zulässige Optionen. **getopts** wird in Schleifen in Shell-Skripten verwendet und soll eine konsistente Syntax von Kommandozeilen-Optionen gewährleisten. *String* enthält die Optionsbuchstaben, die von **getopts** erkannt werden sollen. Gültige Optionen werden der Reihe nach verarbeitet und in der Shell-Variable *Name* abgelegt. Wenn auf einen Optionsbuchstaben ein Doppelpunkt folgt, müssen der Option auf der Kommandozeile ein oder mehrere Argumente folgen. **getopts** verwendet die Shell-Variablen OPTARG und OPTIND.

---

hash

hash [-r] [*Befehle*]

Suchen nach *Befehle*n und Merken des Verzeichnisses, in dem der jeweilige Befehl gefunden wurde. Hashing erzeugt in der Shell eine Verbindung (Assoziation) zwischen einem Namen (z.B. eines Befehls) und einem absoluten Pfadnamen einer ausführbaren Datei, so daß bei zukünftigen Aufrufen nicht der PATH durchsucht werden muß. Wenn keine Argumente angegeben werden, gibt **hash** die aktuell „gehashten" Befehle aus. Dabei bedeutet *hits*, wie oft dieser Befehl von der aktuellen Shell aufgerufen wurde, und *cost*, wie teuer es war, den Befehl zu finden.

help [*String*] — help

Ausgeben eines Hilfetexts zu allen eingebauten Befehlen oder zu denen, die auf *String* passen.

history [*Optionen*]
history [*Zeilen*] — history

Ausgabe einer numerierten Befehls-History, wobei veränderte Befehle mit einem * gekennzeichnet werden. Auch Befehle früherer Sitzungen werden mit aufgeführt. Mit dem Argument *Zeilen* kann angegeben werden, wie viele Zeilen ausgegeben werden sollen.

Optionen

–a Die **bash** unterhält eine Datei *.bash_history* im Home-Verzeichnis des Benutzers, in der die Befehle früherer Sitzungen abgespeichert werden. Mit dieser Option werden die Befehle der aktuellen Sitzung an die Datei angehängt.

–n Anhängen derjenigen Zeilen der Datei *.bash_history* an die History-Liste, die dort noch nicht vorhanden sind.

–r Verwenden der History-Liste *.bash_history* anstelle der aktuellen.

–w Überschreiben der Datei *.bash_history* mit der aktuellen History-Liste.

if *Test–Befehle* — if

Anfangen eines bedingten Ausdrucks. Mögliche Schreibweisen:

```
if Test-Befehle     if Test-Befehle       if Test-Befehle
then                then                  then
   Befehle1            Befehle1              Befehle1
fi                  else                  elif Test-Befehle
                       Befehle2           then
                    fi                       Befehle2
                                           ...
                                          else
                                             Befehle
                                          fi
```

Normalerweise führen die ersten **if**- und alle **elif**-Zeilen einen **test**- oder []-Befehl aus, obwohl auch alle anderen Befehle zulässig sind. Wenn **if** erfolgreich ist, d.h. der letzte der *Test-Befehle* einen Ausführungsstatus von 0 hat, wird *Befehle1* ausgeführt, ansonsten werden die folgenden **elif**-und **else**-Zeilen ausprobiert.

jobs [*Optionen*] [*Job–IDs*] — jobs

Ausgabe aller laufenden und angehaltenen Jobs oder derjenigen, die durch *Job-IDs* angegeben werden. So kann beispielsweise überprüft werden, ob ein langer Übersetzungsvorgang noch läuft. Auch vor dem Abmelden ist **jobs** nützlich. Siehe auch „Job-Verwaltung“ am Ende dieses Kapitels.

→

jobs ←

Optionen

-l Ausgeben der Job-IDs und der Prozeßgruppen-IDs.

-n Ausgeben nur der Jobs, deren Status sich seit der letzten Benachrichtigung verändert hat.

-p Nur Prozeßgruppen-IDs ausgeben.

-x *Befehl* [*Argumente*]
Ausführen von *Befehl.* Wenn *Job-IDs* angegeben werden, werden sie durch *Befehl* ersetzt.

---

kill

kill [*Optionen*] *IDs*

Beenden jedes durch Prozeß-*ID* oder Job-*ID* angegebenen Prozesses. Sie müssen der Besitzer des Prozesses oder Superuser sein.

Optionen

-*Signal*
Senden der Signalnummer *Signal.* Das Signal 9 kann vom Prozeß nicht abgefangen werden. Das Default-Signal ist TERM.

-- Alle folgenden Zeichenketten werden als Argumente und nicht als Optionen interpretiert.

-l Ausgabe der Signalnamen.

-s *Signal*
Angabe des gesendeten *Signals*. Hier kann sowohl der Signalname als auch die Signalnummer verwendet werden.

---

let

let *Ausdrücke*

Durchführung arithmetischer Ganzzahl-Berechnungen, die durch *Ausdrücke* angegeben werden. *Ausdrücke* bestehen aus Zahlen, Operatoren und Shell-Variablen (in denen der Dereferenzierungs-Operator $ weggelassen werden kann). Die Ausdrücke müssen in Anführungszeichen gesetzt werden, wenn sie Leerzeichen oder andere Sonderzeichen enthalten. Weitere Informationen und Beispiele finden Sie im Abschnitt „Arithmetische Ausdrücke“ weiter vorn in diesem Kapitel und unter **expr** in Kapitel 2.

Beispiele

Die beiden folgenden Beispiele addieren 1 zum Wert der Variablen **i** und legen den neuen Wert wieder in i ab:

```
let i=i+1
let "i = i + 1"
```

---

local

local [*Variable*[=*Wert*]] [*Variable2*[=*Wert*]] ...

Wenn keine Argumente angegeben werden, werden alle lokalen Variablen ausgegeben. Anderenfalls wird die angegebene lokale Variable angelegt und ihr gegebenenfalls ein Wert zugewiesen.

logout

logout

Verlassen der Shell. Kann nur verwendet werden, wenn es sich um eine Anmelde-Shell handelt; ansonsten muß **exit** verwendet werden.

popd [*Optionen*]

popd

Manipulieren des Verzeichnis-Stacks. Wenn keine Optionen angegeben werden, wird das oberste Verzeichnis vom Stack genommen und dorthin verzweigt.

Optionen

+*n* Entfernen des *n*-ten Verzeichnisses vom Stack; die Zählung beginnt bei 0.

–*n* Entfernen des *n*-ten Verzeichnisses vom unteren Teil des Stacks; die Zählung beginnt bei 0.

pushd *Verzeichnis*
pushd [*Optionen*]

pushd

Wenn kein Argument angegeben wird, werden die obersten beiden Verzeichnisse auf dem Stack vertauscht. Wenn ein Verzeichnis angegeben wird, wird es oben auf den Stack gelegt und dorthin verzweigt.

Optionen

+*n* Rotieren des Stacks, so daß das *n*-te Verzeichnis oben liegt; die Zählung beginnt bei 0.

–*n* Rotieren des Stacks, so daß das *n*-te Verzeichnis, von unten gezählt, oben liegt.

pwd

pwd

Ausgeben des absoluten Pfadnamens des aktuellen Verzeichnisses. Wenn die Option **–P** angegeben wird, enthält der Pfadname keine symbolischen Links.

read [*Optionen*] *Variable1* [*Variable2* ...]

read

Einlesen einer Zeile von der Standardeingabe und Zuweisung jedes Wortes (was ein Wort ist, wird durch die Variable IFS definiert) an die entsprechende *Variable*. Alle übriggebliebenen Wörter werden der letzten Variable zugewiesen. Wenn nur eine Variable angegeben ist, wird die gesamte Zeile dieser Variable zugewiesen. Wenn überhaupt kein Variablenname angegeben wird, wird die gesamte Zeichenkette in die Umgebungsvariable REPLY eingelesen. Siehe das folgende Beispiel und die Beschreibung zum Befehl **case**. Der Ausführungsstatus ist 0, es sei denn, es wird ein Dateiende-Zeichen (EOF) eingelesen.

→

read ←

Option

-r „Roher" Modus; \ wird nicht als Zeilenfortsetzungs-Zeichen interpretiert.

Beispiel

```
$ read Vorname Nachname Adresse
Susi Sorglos Bartolomaeusstr. 81
$ echo "$Nachname, $Vorname\n$Adresse"
Sorglos, Susi
Bartholomaeusstr. 81
```

---

readonly

readonly [*Optionen*] [*Variable1 Variable2 ...*]

Verhindern, daß den angegebenen Shell-Variablen neue Werte zugewiesen werden. Die Variablen können gelesen, aber nicht überschrieben werden. In der **bash** kann die Schreibweise *Variable=Wert* verwendet werden, um einen nicht überschreibbaren Wert zuzuweisen.

Optionen

-- Alle folgenden Zeichenketten werden als Argumente und nicht als Optionen interpretiert.

-f [*Variable(n)*]
Die Variablen *Variable(n)* werden auf Nur-Lesen gesetzt und können nicht geändert werden.

-p Ausgabe aller Nur-Lesen-Variablen (Voreinstellung).

---

return

return [*n*]

Wird innerhalb einer Funktionsdefinition verwendet. Die Funktion wird mit einem Ausführungsstatus *n* oder dem Ausführungsstatus des zuletzt ausgeführten Befehls beendet.

---

select

select *Name* [*in Wortliste ;*]
do
Befehle
done

Auswahl eines Wertes für die Variable *Name*, indem die Wörter in *Wortliste* auf dem Bildschirm ausgegeben werden und der Benutzer eine Eingabe machen muß. Die Eingabe des Benutzers wird in der Variable REPLY, das ausgewählte Wort in *Name* abgelegt. Danach werden die *Befehle* so lange ausgeführt, bis ein **break** oder **return** ausgeführt wird.

---

set

set [*Optionen*] [*Arg1 Arg2 ...*]

Wenn keine Argumente angegeben werden, gibt **set** die Werte aller in der aktuellen Shell bekannten Variablen aus. Optionen können eingeschaltet (*-option*) oder ausgeschaltet (+*option*) werden. Die Optionen können auch beim Aufruf der Shell gesetzt werden. Die Argumente werden der Reihe nach **$1**, **$2** usw. zugewiesen.

Optionen

– Ausschalten von **–v** und **–x** und der Verarbeitung weiterer Optionen.

-- Wird als letzte Option verwendet. -- schaltet das Verarbeiten von Optionen ab, so daß Argumente, die mit einem – beginnen, nicht fälschlicherweise als Optionen interpretiert werden (beispielsweise kann **$1** auf –1 gesetzt werden). Wenn keine weiteren Argumente nach -- angegeben werden, werden die Positionsparameter gelöscht.

–a Alle von nun an definierten oder neu zugewiesenen Variablen werden automatisch exportiert.

–b Ausgabe des Status eines Hintergrund-Jobs, sobald dieser beendet ist (Default: wenn der nächste Shell-Prompt erscheint).

–d Befehle werden nicht in die Hash-Liste aufgenommen, nachdem sie gefunden wurden.

–e Beenden der Shell, wenn ein Befehl einen von 0 verschiedenen Ausführungsstatus hat.

–f Platzhalterzeichen in Dateinamen werden nicht expandiert.

–h Der Ort von Befehlen wird bereits bei ihrer Definition vorgemerkt.

–k Die Zuweisung von Umgebungsvariablen (*Var*=*Wert*) findet unabhängig davon statt, wo sie auf der Kommandozeile stehen. Normalerweise müssen solche Zuweisungen vor dem Befehlsnamen stehen.

–l Wenn in einem **for**-Befehl eine Variable verwendet wird, die bereits einen Wert hat, wird der Wert dieser Variable nach Beendigung des **for**-Befehls restauriert.

–m Monitor-Modus. Job-Verwaltung wird eingeschaltet, und Hintergrund-Jobs werden in einer gesonderten Prozeßgruppe ausgeführt. Dieser Modus wird normalerweise automatisch eingeschaltet.

–n Befehle werden nur eingelesen, aber nicht ausgeführt. Dies ist zum Überprüfen von Shell-Skripten auf syntaktische Fehler nützlich.

–o [*m*]

Ausgeben der Shell-Modi oder Einschalten des Modus *m*. Viele Modi können auch mit anderen Optionen eingeschaltet werden. Die zur Verfügung stehenden Modi sind:

allexport Wie **–a**.

braceexpand Default. Expansion von Ausdrücken in geschweiften Klammern wird eingeschaltet.

emacs Default. Emacs-artiges Editieren der Kommandozeile wird eingeschaltet.

→

set ←

errexit Wie **−e**.

histexpand Wie **−H**.

ignoreeof Bei Eingabe von *EOF* die Shell nicht beenden. Um die Shell zu verlassen, muß **exit** eingegeben werden.

interactive-comments
Alle Wörter, die mit # beginnen, und alle darauffolgenden Wörter werden als Kommentare interpretiert.

monitor Wie **−m**.

noclobber Wie **−C**.

noexec Wie **−n**.

noglob Wie **−f**.

notify Wie **−b**.

nounset Wie **−u**.

physical Wie **−P**.

posix Erfüllen des POSIX-Standards.

privileged Wie **−p**.

verbose Wie **−v**.

vi **vi**-artiges Editieren der Kommandozeile einschalten.

xtrace Wie **−x**.

−p Starten als Superuser; *$HOME/.profile* nicht ausführen.

−t Beenden der Shell, nachdem ein Befehl ausgeführt wurde.

−u Variablen ohne Wert werden in Substitutionen als Fehler behandelt.

−v Jede Kommandozeile wird beim Einlesen wieder ausgegeben.

−x Anzeigen der Befehle und Argumente unter Voranstellung eines +, wenn die Befehle ausgeführt werden. Auf diese Art und Weise können Fehler in Shell-Skripten gesucht werden (wie **−o xtrace**).

−C Wie **noclobber**.

−H Default. !- und !!-Befehle werden eingeschaltet.

−P Ausgabe absoluter Pfadnamen bei **pwd**. Standardmäßig enthält die Ausgabe von **pwd** symbolische Links.

Beispiele		set

`set -- "$num" -20 -30`	*Setzen von* $1 *auf den Wert von* num, *von* $2 *auf* -20 *und von* $3 *auf* -30.
`set -vx`	*Einlesen, Anzeigen und erneutes Anzeigen (mit Argumenten) jeder Kommandozeile.*
`set +x`	*Keine Kommandozeilen mit Argumenten mehr ausgeben.*
`set -o noclobber`	*Überschreiben von Dateien durch Umleitungsoperatoren verhindern.*
`set +o noclobber`	*Überschreiben von Dateien durch Umleitungsoperatoren wieder zulassen.*

shift [*n*]

shift

Weiterschieben der Positionsparameter (**$2** wird **$1** usw.). Wenn *n* angegeben wird, wird die Shift-Operation *n*-mal ausgeführt.

source *Datei* [*Argumente*]

source

Einlesen und Ausführen der Befehle in *Datei. Datei* muß nicht ausführbar sein, aber in einem Verzeichnis stehen, das in PATH enthalten ist.

suspend [–f]

suspend

Wie **STRG-Z. suspend** wirkt aber nicht auf einen Hintergrund-Job, sondern auf die Shell selbst. Wird oft benutzt, um den **su**-Befehl abzubrechen.

Option

–f   Anhalten erzwingen, auch wenn die Shell eine Anmelde-Shell ist.

test *Bedingung*
oder
[*Bedingung*]

test

Auswertung einer *Bedingung* und Rückgabe eines Ausführungsstatus von 0, wenn die Bedingung wahr ist. Anstelle des Wortes **test** kann auch **[ ]** verwendet werden. Die Bedingungen sind wahr, wenn die folgende Beschreibung wahr ist:

Dateibasierte Bedingungen

–b *Datei*	*Datei* existiert und ist eine Block-Geräte-Datei (block special file).
–c *Datei*	*Datei* existiert und ist eine Zeichen-Geräte-Datei (character special file).
–d *Datei*	*Datei* existiert und ist ein Verzeichnis.
–e *Datei*	*Datei* existiert.
–f *Datei*	*Datei* existiert und ist eine reguläre Datei.

→

test ←

−g *Datei*	*Datei* existiert, und das SGID-Bit ist gesetzt.
−k *Datei*	*Datei* existiert, und das Sticky-Bit ist gesetzt.
−p *Datei*	*Datei* existiert und ist eine benannte Pipe (FIFO).
−r *Datei*	*Datei* existiert und ist lesbar.
−s *Datei*	*Datei* existiert und ist größer als 0.
−t [*n*]	Der offene Dateideskriptor *n* wird mit einem Terminal assoziiert; die Voreinstellung für *n* ist 1.
−u *Datei*	*Datei* existiert, und das SUID-Bit ist gesetzt.
−w *Datei*	*Datei* existiert und ist schreibbar.
−x *Datei*	*Datei* existiert und ist ausführbar.
−G *Datei*	*Datei* existiert, und die Gruppe des Besitzers ist gleich der effektiven Gruppen-ID des Prozesses.
−L *Datei*	*Datei* existiert und ist ein symbolischer Link.
−O *Datei*	*Datei* existiert, und die ID des Besitzers ist gleich der effektiven Benutzer-ID des Prozesses.
−S *Datei*	*Datei* existiert und ist ein Socket.
f1 **−ef** *f2*	Die Dateien *f1* und *f2* sind „gelinkt" (bezeichnen dieselbe Datei).
f1 **−nt** *f2*	Die Datei *f1* ist neuer als die Datei *f2*.
f1 **−ot** *f2*	Die Datei *f1* ist älter als die Datei *f2*.

String-basierte Bedingungen

−n *s1*	Die Zeichenkette *s1* ist länger als null.
−z *s1*	Die Zeichenkette *s1* hat die Länge null.
s1 = *s2*	Die Zeichenketten *s1* und *s2* sind identisch.
s1 != *s2*	Die Zeichenketten *s1* und *s2* sind *nicht* identisch.
String	Die Zeichenkette *String* ist nicht null.

Ganzzahl-basierte Bedingungen

n1 **−eq** *n2*	*n1* ist gleich *n2*.
n1 **−ge** *n2*	*n1* ist größer oder gleich *n2*.
n1 **−gt** *n2*	*n1* ist größer als *n2*.
n1 **−le** *n2*	*n1* ist kleiner oder gleich *n2*.
n1 **−lt** *n2*	*n1* ist kleiner als *n2*.
n1 **−ne** *n2*	*n1* ist ungleich *n2*.

Verknüpfungen von Bedingungen

! *Bedingung*	Wahr, wenn *Bedingung* falsch ist.

Bedingung1 –a *Bedingung2*
Wahr, wenn beide Bedingungen wahr sind.

Bedingung1 –o *Bedingung2*
Wahr, wenn mindestens eine der beiden Bedingungen wahr ist.

Beispiele

Jedes der folgenden Beispiele zeigt die erste Zeile eines Befehls, der eine Bedingungsüberprüfung verwenden könnte:

`while test $# -gt 0`	*Solange noch Argumente vorhanden sind . . .*
`while [ -n "$1" ]`	*Solange das erste Argument nicht leer ist . . .*
`if [ $zaehler -lt 10 ]`	*Wenn* `$zaehler` *kleiner als 10 ist . . .*
`if [ -d RCS ]`	*Wenn das Verzeichnis RCS existiert . . .*
`if [ "$antwort" != "y" ]`	*Wenn die Antwort nicht* `y` *ist . . .*
`if [ ! -r "$1" -o ! -f "$1" ]`	*Wenn das erste Argument entweder eine nicht lesbare Datei oder keine reguläre Datei ist . . .*

times

Ausgabe der aufgelaufenen Prozeßlaufzeiten, getrennt nach Benutzer und System.

trap [–l] [[*Befehle*] *Signale*]

Ausführen der *Befehle*, wenn der Prozeß eines der *Signale* erhält. Oft beim **trap**-Befehl verwendete Signale sind 0, 1, 2 und 15. Wenn mehrere Befehle aufgerufen werden sollen, sollten diese als Gruppe zusammengefaßt und innerhalb der Gruppe durch Semikola voneinander getrennt werden. Wenn *Befehle* die leere Zeichenkette ist (d.h. **trap** "" *Signale*), ignoriert die Shell die Signale. Wenn *Befehle* völlig weggelassen wird, wird die Behandlung der angegebenen Signale auf die Default-Werte zurückgesetzt. Wenn sowohl *Befehle* als auch *Signale* weggelassen werden, wird der aktuelle Status der Signal-Behandlung ausgegeben. Siehe die Beispiele am Ende dieses Eintrags und unter **exec**.

Option

–l Ausgeben der Signale.

Signale

Die folgende Aufstellung enthält die Signale und die Zustände, die sie auslösen.

0 Beenden der Shell (üblicherweise bei Beenden der Verarbeitung eines Shell-Skripts)

1 Beenden der Verbindung (üblicherweise Abmelden)

2 Interrupt (üblicherweise **STRG-C**)

3 Beenden

→

trap
←

4	Illegaler Rechnerbefehl
5	Trace trap
6	Abbruch
7	Nicht benutzt
8	Fließkomma-Ausnahmebedingung
9	Erzwungener Abbruch
10	Benutzerdefiniert
11	Zugriff auf ungültigen Speicherbereich („segmentation fault")
12	Benutzerdefiniert
13	Schreiben in eine Pipe, ohne daß ein Prozeß aus dieser liest
14	Ablaufen eines Timers
15	Abbruch eines Programms (üblicherweise via **kill**)
16	Stack-Fehler im Koprozessor
17	Beenden eines Kind-Prozesses
18	Fortsetzen (wenn der Prozeß angehalten war)
19	Anhalten des Prozesses
20	Prozeß wurde vom Terminal aus (meist mit **STRG-Z**) angehalten
21	Hintergrund-Prozeß will von einem Terminal lesen
22	Hintergrund-Prozeß will auf ein Terminal ausgeben
23	E/A-Fehler
24	CPU-Zeit-Beschränkung erreicht
25	Dateigrößen-Beschränkung erreicht
27	Ein mit setitimer(2) gestarteter Profile-Timer ist abgelaufen
28	Veränderung der Fenstergröße

Beispiele

```
trap "" 2          Ignorieren des Signals 2 (Interrupts)
trap 2             Interrupts werden wieder befolgt
```

Entfernen der Datei **$tmp** und Beenden des Prozesses, wenn das Shell-Skript endet, der Benutzer sich abmeldet, auf **STRG-C** drückt oder **kill** aufruft:

```
trap "rm -f $tmp; exit" 0 1 2 15
```

type

type [*Optionen*] *Befehle*

Anzeigen der absoluten Pfadnamen von Befehlen sowie der Information, ob sich diese Befehle in der Hash-Tabelle der aktuellen Shell befinden.

--	Alle folgenden Zeichenketten sind keine Optionen, sondern immer Argumente.
-a, -all	Alle Vorkommen von *Befehl* werden ausgegeben, nicht nur das, welches aufgerufen werden würde.
-p, -path	Anzeigen des Eintrags von *Befehl* in der Hash-Tabelle. Dieser Wert kann sich vom ersten Auftreten des Befehls in PATH unterscheiden.
-t, -type	Anzeigen, ob *Befehl* ein Aliasname, ein Schlüsselwort, eine Funktion, ein eingebauter Befehl oder eine Datei ist.

Beispiel

```
$ type mv read
mv is /bin/mv
read is a shell built-in
```

typeset

Siehe **declare**.

ulimit [*Optionen*] [*n*]

Ausgeben oder Setzen (wenn *n* angegeben ist) von Ressourcen-Beschränkungen. Eine Ressourcen-Beschränkung kann entweder hart (**-H**) oder weich (**-S**) sein. Standardmäßig setzt **ulimit** beide Beschränkungen und gibt die weiche aus. Die Optionen bestimmen, um welche Ressource es sich handelt.

Optionen

--	Alle folgenden Zeichenketten werden als Argumente und nicht als Optionen behandelt.
-a	Ausgabe aller aktuell gesetzten Beschränkungen.
-H	Harte Ressourcen-Beschränkung.
-S	Weiche Ressourcen-Beschränkung.

Setzbare Beschränkungen

-c	Core-Dateien.
-d	Größe des Datensegments von Prozessen.
-f	Größe von Dateien, die aus der Shell heraus angelegt werden.
-m	Größe des Residuums eines Prozesses.
-n	Anzahl der Dateideskriptoren. Kann auf vielen Systemen nicht gesetzt werden.
-p	Größe von Pipes in 512-Byte-Blöcken.

→

ulimit ←	**–s** Größe des Stacks. **–t** CPU-Zeit in Sekunden. **–u** Anzahl der Prozesse pro Benutzer. **–v** Von der Shell verwendeter virtueller Speicher.
umask	**umask** [*nnn*] **umask** [*–S*] Anzeigen oder Setzen der beim Erzeugen von Dateien verwendeten Rechte-Maske. *nnn* wird als Oktalzahl interpretiert. Die Rechte-Maske bestimmt, welche Dateizugriffsrechte bei neu angelegten Dateien gesetzt werden (beispielsweise führt **umask 002** zu den Dateizugriffsrechten **rw–rw–r––**). ***Option*** **–S** Der Wert von **umask** wird nicht oktal, sondern symbolisch ausgegeben.
unalias	**unalias** [*–a*] *Namen* Entfernt *Namen* von der Liste der Aliasnamen. Siehe auch **alias**. ***Option*** **–a** Entfernt alle Aliasnamen.
unset	**unset** [*Optionen*] *Namen* Löscht die Funktions- oder Variablendefinitionen, die in *Namen* angegeben sind. ***Optionen*** **–f** *Name* wird auf jeden Fall als Funktion interpretiert. **–v** *Name* wird auf jeden Fall als Variable interpretiert (Voreinstellung).

until	**until**
	   Test-Befehle
	 do
	     Befehle
	 done
	
	Ausführen der *Test-Befehle* (üblicherweise **test** oder **[]**). Falls der Ausführungsstatus nicht null ist (der Test also gescheitert ist), werden die *Befehle* ausgeführt und die ganze Prozedur wiederholt.

wait [*ID*] **wait**

Hält die Programmausführung an, bis alle Hintergrund-Jobs vollständig ausgeführt sind (als Ausführungsstatus wird 0 zurückgegeben) oder bis der durch seine Prozeß- oder Job-*ID* angegebene Hintergrund-Prozeß beendet ist (als Ausführungsstatus wird der Ausführungsstatus des Prozesses zurückgegeben). Beachten Sie, daß die Shell-Variable $! die Prozeß-ID des jüngsten Hintergrund-Prozesses enthält. Wenn die Job-Verwaltung abgeschaltet ist, kann *ID* nur eine Prozeß-ID bezeichnen. Siehe auch „Job-Verwaltung".

Beispiel

`wait $!` *Warten auf die Beendigung des letzten Hintergrund-Prozesses.*

while **while**
  Test-Befehle
 do
  Befehle
 done

Ausführen der *Test-Befehle* (üblicherweise **test** oder **[]**); wenn der Ausführungsstatus 0 ist (der Test also erfolgreich war), werden die *Befehle* ausgeführt und die gesamte Prozedur wiederholt.

Job-Verwaltung

Die Job-Verwaltung ermöglicht es Ihnen, im Vordergrund laufende Jobs in den Hintergrund zu setzen, im Hintergrund laufende Jobs in den Vordergrund zu holen oder Jobs vorübergehend anzuhalten. Standardmäßig ist die Job-Verwaltung eingeschaltet. Wenn die Job-Verwaltung abgeschaltet wurde, kann sie mit einem der folgenden Befehle wieder eingeschaltet werden:

```
bash -m -i
set -m
set -o monitor
```

Viele Befehle der Job-Verwaltung erwarten eine *Job-ID* als Argument. Dieses Argument kann folgendermaßen angegeben werden:

%*n*	Job-Nummer *n*
%*s*	Job, dessen Kommandozeile mit der Zeichenkette *s* anfängt
%?*s*	Job, dessen Kommandozeile die Zeichenkette *s* enthält
%%	Aktueller Job
%+	Aktueller Job (wie oben)
%-	Vorheriger Job

Es gibt in der **bash** die folgenden Befehle zur Job-Verwaltung. Mehr Informationen zu diesen Befehlen finden Sie unter „Eingebaute Befehle" weiter vorn in diesem Kapitel.

bg	Einen Job in den Hintergrund stellen.
fg	Einen Job in den Vordergrund holen.
jobs	Aktive Jobs ausgeben.
kill	Beenden eines Jobs.
stop	Einen Hintergrund-Job vorübergehend anhalten.
stty tostop	Hintergrund-Jobs anhalten, wenn sie Ausgaben auf das Terminal ausgeben wollen.
wait	Warten, daß der Hintergrund-Job endet.
STRG-Z	Einen Vordergrund-Job vorübergehend anhalten. Danach wird üblicherweise **bg** oder **fg** verwendet. (Manche Terminals verwenden andere Zeichen als **STRG-Z**, um das vorübergehende Anhalten zu bewirken.)

KAPITEL 5

csh und tcsh

Dieses Kapitel beschreibt die C-Shell und deren erweiterte Version, **tcsh**. Die C-Shell erhielt ihren Namen, weil viele ihrer Konstrukte zum Programmieren denen der Programmiersprache C ähnlich sind. Sie finden in diesem Kapitel die folgenden Abschnitte:

- Funktionsübersicht
- Aufruf der Shell
- Syntax
- Variablen
- Ausdrücke
- Befehls-History
- Bearbeiten der Kommandozeile
- Eingebaute Befehle
- Job-Verwaltung

Funktionsübersicht

Die C-Shell hat unter anderem die folgenden Funktionen:

- Ein-/Ausgabe-Umleitung
- Platzhalterzeichen (Metazeichen) zur Abkürzung von Dateinamen
- Shell-Variablen, um die Arbeitsumgebung einzurichten
- Integer-Arithmetik

- Zugriff auf früher eingegebene Befehle (Befehls-History)
- Abkürzen von Befehlen (Verwenden von Aliasnamen)
- Eingebaute Befehle, um Shell-Skripten zu schreiben
- Job-Manipulation

Die **tcsh** enthält alle bereits erwähnten Funktionen und verfügt außerdem über die folgenden Erweiterungen:

- Editieren der Kommandozeile und Editor-Befehle
- Vervollständigung von Wörtern (mit der Tabulatortaste)
- Rechtschreibprüfung
- Erweiterte Befehle zur Bearbeitung der History
- Erweiterte Manipulation von Verzeichnissen (**cd**, **pushd**, **popd** und **dirs**)
- Ausführen von Funktionen bei bestimmten Ereignissen oder nach bestimmten Zeitabschnitten, z.B. Abmelden von einem Terminal, nachdem eine gewisse Zeit nichts eingegeben wurde, und verzögertes Ausführen von Befehlen
- Neue eingebaute Befehle: **hup**, **ls–F**, **newgrp**, **printenv**, **which** und **where**
- Neue Shell-Variablen (**gid**, **loginsh**, **oid**, **shlvl**, **tcsh**, **tty**, **uid** und **version**) und Umgebungsvariablen (**HOST**, **REMOTEHOST**, **VENDOR**, **OSTYPE** und **MACHTYPE**)
- Neue Formatiersequenzen für die PROMPT-Variable und zwei neue Eingabeaufforderungen (für Schleifen und die Rechtschreibprüfung)
- Variablen, die nur gelesen werden können

Aufrufen der Shell

Der Befehlsinterpreter kann folgendermaßen aufgerufen werden:

> **csh** [*Optionen*] [*Argumente*]
> **tcsh** [*Optionen*] [*Argumente*]

csh und **tcsh** verwenden eine Syntax, die der Programmiersprache C ähnelt, und führen Befehle aus, die an einem Terminal eingegeben oder aus einer Datei gelesen wurden. Die Optionen **–n**, **–v** und **–x** sind nützlich zum Debuggen von Shell-Skripten.

Optionen

–b Die folgenden Kommandozeilenoptionen werden als Optionen eines angegebenen Befehls interpretiert und nicht als Optionen der Shell selbst.

–c Ausführen von Befehlen in der Datei, deren Name dieser Option folgt.

–e Beenden der Shell, wenn ein Fehler auftritt.

–f Schnellstart; die Dateien *.cshrc* und *.login* werden nicht ausgeführt.

−i	Interaktive Shell aufrufen (die Shell fragt nach einer Eingabe).
−n	Befehle syntaktisch analysieren, aber nicht ausführen.
−s	Befehle von der Standardeingabe lesen.
−t	Beenden der Shell, nachdem der erste Befehl ausgeführt wurde.
−v	Befehle vor ihrer Ausführung anzeigen; nur History-Ersetzungen ausführen (also keine Dateinamen-, Variablen-, Befehlsersetzungen etc.). Kann auch durch Setzen der Variable **verbose** erreicht werden.
−V	Wie **−v**, zusätzlich Anzeigen der Datei *.cshrc*.
−x	Befehle vor ihrer Ausführung anzeigen. Alle Ersetzungen werden durchgeführt. Kann auch durch Setzen der Variable **echo** erreicht werden.
−X	Wie **−x**, zusätzlich Anzeigen der Datei *.cshrc*.

Argumente

Argumente werden in der Reihenfolge ihres Auftretens den Positionsparametern **$1**, **$2** etc. zugewiesen. Wenn das erste Argument eine ausführbare Datei ist, werden die darin enthaltenen Befehle gelesen und die verbleibenden Argumente den Positionsparametern zugewiesen.

Syntax

Dieser Abschnitt beschreibt die vielen Symbole, die in der **csh** und **tcsh** eine Sonderbedeutung haben. Er ist in die folgenden Unterabschnitte gegliedert:

- Besondere Dateien
- Metazeichen in Dateinamen
- Quoting
- Schreibweise von Befehlen
- Schreibweise von Umleitungen

Besondere Dateien

~/.cshrc	Wird jedesmal beim Starten einer Shell ausgeführt
~/.login	Wird beim Anmelden nach *.cshrc* ausgeführt
~/.logout	Wird beim Abmelden ausgeführt
/etc/passwd	Quelle für Heimatverzeichnisse in ~*name*-Abkürzungen

Metazeichen in Dateinamen

*****	Paßt auf jede Zeichenkette.
?	Paßt auf ein einzelnes, beliebiges Zeichen.

`[`*abc*`...]`	Paßt auf eines der Zeichen in den eckigen Klammern. Mit Bindestrichen können Bereiche angegeben werden (z.B. a-z, A-Z, 0-9).
`{`*abc*`,`*xxx*`,...}`	Paßt auf einen der durch Kommata getrennten Strings in den geschweiften Klammern.
`~`	Heimatverzeichnis des Benutzers.
`~`*Name*	Heimatverzeichnis des Benutzers *Name*.

Beispiele

`% ls neu*`	*Paßt auf* `neu` *und* `neu.1`
`% cat kap?`	*Paßt auf* `kap9`, *aber nicht auf* `kap10`
`% vi [D-R]*`	*Paßt auf alle Dateien, die mit einem zwischen D und R (einschließlich) liegenden Dateinamen beginnen*
`% ls {kap,app}?`	*Paßt auf* `kap1, kap2, app1, app2`
`% cd ~tom`	*Wechsel in das Heimatverzeichnis des Benutzers* `tom`

Quoting

Quoting bezeichnet das Abschalten der Sonderbedeutung eines Zeichens, so daß dieses Zeichen wörtlich verwendet werden kann. In der C-Shell haben die folgenden Zeichen eine Sonderbedeutung:

`;`	Trennzeichen zwischen zwei Befehlen
`&`	Ausführung im Hintergrund
`( )`	Gruppieren von Befehlen
`|`	Pipe
`* ? [ ] ~`	Metazeichen in Dateinamen
`{ }`	Expansionszeichen in Strings (müssen normalerweise nicht in Anführungszeichen gesetzt werden)
`> < & !`	Symbole für Umleitungen
`! ^`	History-Ersetzung, Schnellersetzung
`" ' \`	Werden zur Quotierung anderer Zeichen verwendet
`` ` ``	Befehlsersetzung
`$`	Variablenersetzung
Zeilenwechsel Leerzeichen Tabulatorzeichen	Trennzeichen zwischen Wörtern

Die folgenden Zeichen können zur Quotierung verwendet werden:

`" "` Alles zwischen `"` und `"` wird wortwörtlich interpretiert — mit Ausnahme der folgenden Zeichen, die ihre Sonderbedeutung behalten:

`$`	Variablenersetzung wird ausgeführt.
`` ` ``	Befehlsersetzung wird ausgeführt.
`"`	Ende des quotierten Bereichs.
`\`	Nächstes Zeichen in Anführungszeichen setzen.
`!`	History-Zeichen
Zeilenwechsel	Das Zeilenwechsel-Zeichen

`' '` Alles zwischen ' und ' wird wortwörtlich genommen. Ausgenommen davon sind nur ! (History), ein weiteres ' und der Zeilenwechsel.

`\` Das dem Backslash folgende Zeichen wird wörtlich genommen. Der Backslash wird innerhalb von " " verwendet, um ", $ und ` zu quotieren. Wird oft verwendet, um einen weiteren Backslash, Leerzeichen oder Zeilenwechsel zu quotieren. Der Backslash muß immer verwendet werden, um das History-Zeichen (normalerweise !) zu quotieren.

Beispiele

```
% echo 'Einfache Anführungszeichen "schützen" doppelte Anführungszeichen'
Einfache Anführungszeichen "schützen" doppelte Anführungszeichen

% echo "Ist das nicht etwas "\""Besonderes"\"?"
Ist das nicht etwas "Besonderes"?

% echo "Sie haben `ls|wc -l` Dateien in `pwd`"
Sie haben 43 Dateien in /home/kalle

% echo "Der Wert von \$x ist $x"
Der Wert von $x ist 100
```

Schreibweise von Befehlen

Befehl &	Ausführen von *Befehl* im Hintergrund.
Befehl1 ; *Befehl2*	Folge von Befehlen; Ausführen mehrerer *Befehle* auf ein und derselben Zeile.
(*Befehl1* ; *Befehl2*)	Sub-Shell; *Befehl1* und *Befehl2* werden als Befehlsgruppe betrachtet.
Befehl1 | *Befehl2*	Pipe; die Ausgabe von *Befehl1* ist die Eingabe von *Befehl2*.
Befehl1 `*Befehl2*`	Befehlsersetzung; die Ausgabe von *Befehl2* wird als Argument für *Befehl1* verwendet.
Befehl1 && *Befehl2*	Logisches UND; *Befehl2* wird ausgeführt, falls die Ausführung von *Befehl1* erfolgreich war.
Befehl1 || *Befehl2*	Logisches ODER; *Befehl2* wird ausgeführt, falls die Ausführung von *Befehl1* nicht erfolgreich war.

Beispiele

```
% nroff Datei &                          Im Hintergrund formatieren
% cd; ls                                 Nacheinander ausführen
% (date; who; pwd) > logdatei            Alle Ausgaben umleiten
% sort Datei | pr -3 | lp                Datei sortieren, zum Druck formatieren und drucken
% vi `grep -l ifdef *.c`                 Von grep gefundene Dateien editieren
% egrep '(yes|no)' `cat Liste`           Liste zu durchsuchender Dateien angeben
% grep XX Datei || lp Datei              Datei drucken, wenn sie das Suchmuster enthält
% grep XX Datei && echo XX nicht gefunden   Fehlermeldung ausgeben, wenn XX nicht gefunden wird
```

Schreibweise von Umleitungen

Datei-Deskriptor	Name	Übliche Abkürzung	Typischer Default
0	Standardeingabe	stdin	Tastatur
1	Standardausgabe	stdout	Bildschirm
2	Standardfehler	stderr	Bildschirm

Die normale Ein- oder Ausgabequelle kann folgendermaßen geändert werden:

Einfache Umleitung

Befehl > *Datei*	Ausgabe von *Befehl* nach *Datei* schreiben (alte Datei wird überschrieben).
Befehl >! *Datei*	Wie oben, auch wenn **noclobber** gesetzt ist.
Befehl >> *Datei*	Ausgabe von *Befehl* an *Datei* (anhängen).
Befehl >>! *Datei*	Wie oben, auch wenn **noclobber** gesetzt ist.
Befehl < *Datei*	Eingabe für *Befehl* aus *Datei* holen.
Befehl << *Text*	Von der Standardeingabe lesen, bis eine Zeile kommt, die mit *Text* identisch ist (*Text* kann auch in einer Shell-Variable stehen). Die Eingabe erfolgt normalerweise am Bildschirm oder stammt aus einem Shell-Skript. Diese Schreibweise wird meist in **cat**-, **echo**-, **ex**- und **sed**-Befehlen verwendet. Wenn *Text* in Anführungszeichen steht, wird auf die Eingabe keine Variablen-, Befehls- und andere Ersetzung angewendet.

Mehrfache Umleitung

Befehl >& *Datei*	Standardausgabe und Standardfehler nach *Datei* schreiben.
Befehl >&! *Datei*	Wie oben, auch wenn **noclobber** gesetzt ist.
Befehl >>& *Datei*	Standardausgabe und Standardfehler an *Datei* anhängen.
Befehl >>&! *Datei*	Wie oben, auch wenn **noclobber** gesetzt ist.
Befehl1 |& *Befehl2*	Standardausgabe und Standardfehler von *Befehl1* als Eingabe von *Befehl2* verwenden.
(*Befehl* > *f1*) >& *f2*	Standardausgabe nach *f1*, Standardfehler nach *f2* schreiben.
Befehl | **tee** *Dateien*	Ausgabe von *Befehl* auf die Standardausgabe (üblicherweise der Bildschirm) und nach *Dateien* schreiben (siehe das Beispiel in Kapitel 2 unter **tee**).

Beispiele

`% cat teil1 > buch`	teil1 *nach* buch *kopieren*
`% cat teil2 teil3 >> buch`	*Teile 2 und 3 an dieselbe Datei wie* teil1 *anhängen*
`% mail elke < report`	*Eingabe für die Nachricht aus* report *nehmen*
`% cc calc.c >& error_out`	*Alle Meldungen, auch Fehler, abspeichern*
`% cc newcalc.c >&! error_out`	*Alte Datei überschreiben*
`% grep Unix ch* |& pr`	*Alle Meldungen, auch Fehler, durch die Pipe schicken*
`% (find / -print > Dateilist) >& no_access`	*Fehlermeldungen und Dateiliste voneinander trennen*

```
% sed 's/^/XX /' << "END_ARCHIVE"          Text wird direkt hinter dem Befehl angegeben
Auf diese Art und Weise wird oft Text zur
Weitergabe in einem Shell-Skript verpackt. Normalerweise
wird sed aus einem Shell-Skript und nicht von der
Kommandozeile aufgerufen
"END_ARCHIVE"
```

Variablen

Dieser Abschnitt enthält die folgenden Themen:

- Variablenersetzung
- Modifikatoren für Variablen
- Vordefinierte Shell-Variablen
- Beispielhafte *.cshrc*-Datei
- Umgebungsvariablen

Variablenersetzung

In den folgenden Ersetzungen können die geschweiften Klammern ({ }) weggelassen werden, es sei denn, sie trennen einen Variablennamen von den folgenden Zeichen, die sonst zum Variablennamen gehören würden.

${*Var*}	Der Wert der Variable *Var*.
${*Var*[*i*]}	Auswahl einzelner Wörter an Position *i* in *Var*. *i* kann eine einzelne Zahl, ein Bereich *m*–*n*, ein Bereich –*n* (das fehlende *m* impliziert 1), ein Bereich *m*– (das fehlende *n* impliziert alle folgenden Wörter) oder * (alle Wörter) sein, außerdem kann *i* wiederum eine Variable sein, deren Wert einer der genannten Werte ist.
${#*Var*}	Die Anzahl von Wörtern in *Var*.
${#argv}	Anzahl der Argumente.
$0	Name des Programms.
${#argv[*n*]}	Die Argumente der Kommandozeile (Positionsparameter), 1 ≤ *n* ≤ 9.
${*n*}	Wie **${argv[*n*]}**.
${#argv[*]}	Alle Argumente der Kommandozeile.
$*	Wie **$argv[*]**.
$argv[$#argv]	Das letzte Argument.
${?*var*}	Gibt 1 zurück, wenn *Var* gesetzt ist, ansonsten 0.
$$	Prozeßnummer der aktuellen Shell; kann gut als Teil des Dateinamens von temporären Dateien verwendet werden, um eindeutige Namen zu gewährleisten.
$?0	1 ausgeben, wenn der Eingabe-Dateiname bekannt ist, ansonsten 0.

Beispiele

Sortieren des dritten bis letzten Arguments; die Ausgabe wird in einer Datei mit einem eindeutigen Namen gespeichert:

```
sort $argv[3-] > tmp.$$
```

Befehle in *.cshrc* nur ausführen, wenn es sich um eine interaktive Shell handelt (in diesem Fall ist die **prompt**-Variable gesetzt):

```
if ($?prompt) then
  set commands
  alias commands
  etc.
endif
```

Modifikatoren für Variablen

Außer **$?***var*, **$$** und **$?0** können allen Variablenersetzungen des vorigen Abschnitts die untenstehenden Modifikatoren folgen. Wenn geschweifte Klammern verwendet werden, müssen die Modifikatoren innerhalb der geschweiften Klammern stehen.

:r Zurückgeben der Wurzel der Variable (alles vor dem letzten Punkt).

:e Zurückgeben der Extension der Variable (alles nach dem letzten Punkt).

:h Zurückgeben des Kopfes der Variable (der Verzeichnisanteil).

:t Zurückgeben des Schwanzes der Variable (alles nach dem letzten Schrägstrich).

:gr Alle Wurzeln zurückgeben.

:ge Alle Extensionen zurückgeben.

:gh Alle Köpfe zurückgeben.

:gt Alle Schwänze zurückgeben.

:q Quotieren einer Variable, die eine Wortliste enthält, wobei die einzelnen Elemente voneinander getrennt bleiben. Dies ist nützlich, wenn die Variable Metazeichen enthält, die nicht expandiert werden sollen.

:x Quotieren eines Musters, das zu einer Wortliste expandiert wird.

Beispiele mit Modifikatoren für Pfadnamen

Die folgende Tabelle zeigt die Verwendung von Modifikatoren für Pfadnamen anhand der folgenden Variable:

```
set aa=(/progs/num.c /buch/kap.ps)
```

Variablenteil	Spezifikation	Ergebnis
Ganze Variable	**echo $aa**	/progs/num.c /buch/kap.ps
Zweite Wurzel	**echo $aa[2]:r**	/buch/kap
Zweiter Kopf	**echo $aa[2]:h**	/buch
Zweiter Schwanz	**echo $aa[2]:t**	kap.ps
Zweite Extension	**echo $aa[2]:e**	ps

Variablenteil	Spezifikation	Ergebnis
Wurzel	**echo $aa:r**	/progs/num /buch/kap.ps
Globale Wurzel	**echo $aa:gr**	/progs/num /buch/kap
Kopf	**echo $aa:h**	/progs /buch/kap.ps
Globaler Kopf	**echo $aa:gh**	/progs /buch
Schwanz	**echo $aa:t**	num.c /buch/kap.ps
Globaler Schwanz	**echo $aa:gt**	num.c kap.ps
Extension	**echo $aa:e**	c /buch/kap.ps
Globale Extension	**echo $aa:ge**	c ps

Beispiele für quotierende Modifikatoren

Wenn sie nicht in Anführungszeichen gesetzt werden, expandiert die Shell Variablen zu den Dateinamen des aktuellen Verzeichnisses:

```
% set a="[a-z]*" A="[A-Z]*"
% echo "$a" "$A"
[a-z]* [A-Z]*

% echo $a $A
at cc m4 Buch Doc

% echo $a:x $A
[a-z]* Buch Doc

% set d=($a:q $A:q)
% echo $d
at cc m4 Buch Doc

% echo $d:q
[a-z]* [A-Z]*

% echo $d[1] +++ $d[2]
at cc m4 +++ Buch Doc

% echo $d[1]:q
[a-z]*
```

Vordefinierte Shell-Variablen

Variablen können auf zweierlei Art und Weise gesetzt werden. Zum einen durch Wertzuweisung:

```
set Var=Wert
```

zum anderen durch einfaches Setzen der Variable:

```
set Var
```

In der folgenden Liste werden Variablen, denen ein Wert zugewiesen werden kann, mit einem Gleichheitszeichen gekennzeichnet. Dahinter folgt der Wertetyp, den die Variable akzeptiert, einschließlich einer Beschreibung des Typs. (Beachten Sie aber, daß Variablen wie **argv**, **cwd** und **status** nie Werte zugewiesen werden.) Bei Variablen, die lediglich gesetzt und zurückgesetzt werden, wird in der Tabelle angegeben, was sie bedeuten, wenn sie gesetzt sind. Die

tcsh setzt (und aktualisiert in manchen Fällen) die Variablen **addsuffix**, **argv**, **autologout**, **cwd**, **dirstack**, **echo-style**, **edit**, **gid**, **home**, **loginsh**, **logout**, **oid**, **owd**, **path**, **prompt**, **prompt2**, **prompt3**, **shell**, **shlvl**, **status**, **tcsh**, **term tty**, **uid**, **user** und **version**. Kursiv-gesetzte Variablen sind **tcsh**-spezifisch.

addsuffix	Anhängen eines / und eines Leerzeichens an Dateien bei der Tabulator-Vervollständigung, wenn ein Name genau paßt.
ampm	Alle Zeitangaben in zwölfstündigem Format machen.
argv=(*Args*)	Liste der Argumente des aktuellen Befehls; voreingestellt ist `()`.
autocorrect	Rechtschreibung vor der Vervollständigung von Befehlen überprüfen.
autoexpand	History-Expansion (z.B. !-Referenzen) während der Befehls-Vervollständigung durchführen.
autolist[=ambiguous]	Mögliche Vervollständigungen angeben, wenn die richtige noch nicht bestimmt werden kann. Wenn **ambiguous** angegeben wird, werden die möglichen Vervollständigungen nur ausgegeben, wenn dazu keine neuen Zeichen hinzugefügt werden müssen.
autologout=logout-Minuten [locking-Minuten]	Abmelden, wenn nach *logout-Minuten* keine Eingabe erfolgt. Wenn nach *locking-Minuten* keine Eingabe erfolgt, wird das Terminal blockiert; zum Weiterarbeiten muß ein Paßwort eingegeben werden.
backslash_quote	Backslashes dürfen immer `\`, `'` und `"` quotieren.
cdpath=*Dirs*	Liste der alternativen Verzeichnisse, die bei **cd**, **popd** und **pushd** durchsucht werden.
complete=enhance	Wenn diese Variable auf **enhance** gesetzt ist, wird beim Vervollständigen keine Groß-/Kleinschreibung berücksichtigt, ., – und _ werden als Worttrennzeichen und _ und – als gleich betrachtet.
correct={cmd|complete|all}	Wenn der Wert **cmd** ist, werden Befehle auf Rechtschreibung überprüft; bei **complete** werden Befehle vervollständigt, und bei **all** wird die gesamte Kommandozeile auf Rechtschreibung überprüft.
cwd=*Dir*	Voller Pfadname des aktuellen Verzeichnisses.
dirsfile=Datei	History-Datei, die von **dirs -S** und **dirs -L** verwendet wird. Die Voreinstellung ist *~/.cshdirs*.
dirstack	Verzeichnis-Stack im Array-Format. *dirstack[0]* ist immer gleich wie **cwd**. Alle anderen Elemente können von Hand verändert werden.
dunique	Sicherstellen, daß jedes Verzeichnis nur einmal im Stack existiert.
echo	Ausgeben jeder Kommandozeile vor der Ausführung; wie **csh –x**.

echo_style={bsd|sysv|both|none}	Keinen Zeilenwechsel ausgeben, wenn die Option **-n** verwendet wird (**bsd**) | quotierte Zeichen parsen (**sysv**) | beides tun (**both**) | keines von beidem tun (**none**).
edit	Kommandozeileneditor einschalten.
ellipsis	Wird mit der **prompt**-Variable verwendet. Ausgelassene Verzeichnisse werden durch `...` dargestellt.
fignore=Zeichen	Liste von Dateisuffixen, die bei der Vervollständigung ignoriert werden (siehe **filec**).
filec	Wenn die Variable gesetzt ist, kann auf der Kommandozeile ein teilweise eingegebener Dateiname mit ESC vervollständigt werden. Bei mehr als einem passenden Dateinamen können mit *EOF* eine Liste aller Möglichkeiten ausgegeben werden. Von **tcsh** ignoriert.
gid	Gruppen-ID des Benutzers.
histchars=*ab*	Ein aus zwei Zeichen bestehender String, der die Zeichen festlegt, die bei der History- und Schnellersetzung verwendet werden. Der Default ist !^.
histdup={all|prev}	Bei **all** werden Ereignisse in der History nur je einmal aufgezeichnet, bei **prev** wird ein neues Ereignis nicht aufgezeichnet, wenn es mit dem vorigen identisch ist.
histfile=Datei	Gibt die History-Datei an, die von **history -S** und **history -L** verwendet wird. Die Voreinstellung ist *~/.history*.
histlit	Wenn diese Variable gesetzt ist, werden Zeilen aus der History bei ihrem Aufruf nicht expandiert.
history=*n Format*	Das erste Wort gibt an, wie viele Befehle in der History-Liste abzuspeichern sind. Das zweite Wort gibt das Format an, in dem die History-Liste angezeigt wird (nur in der **tcsh**, im Abschnitt über Prompts werden die möglichen Formate erläutert).
home=*Dir*	Das Heimatverzeichnis des Benutzers. Der Initialwert wird aus der Variable HOME genommen. Diese Variable kann auch durch ~ abgekürzt werden.
ignoreeof	Ignoriert ein Dateiende-Zeichen (*EOF*) an Terminals und verhindert so unabsichtliches Abmelden.
inputmode={insert|overwrite}	Einstellen des Editiermodus.
listjobs=long	Wenn ein Job angehalten wird, werden alle Jobs angezeigt (in langem Format, falls der Wert long ist).
listlinks	Beim **ls–F**-Befehl wird auch der Typ der Datei angezeigt, auf die ein Link zeigt.
listmax=Num	**list-choices** gibt nicht mehr als *Num* Auswahlmöglichkeiten vor der Eingabeaufforderung aus.
listmaxrows=Num	**list-choices** gibt nicht mehr als *Num* Reihen mit Auswahlmöglichkeiten vor der Eingabeaufforderung aus.
loginsh	Ist gesetzt, falls es sich um eine Anmelde-Shell handelt.

logout	Gibt den Zustand der bevorstehenden Abmeldung an (**normal**, **automatic** oder **hangup**).
`mail=(`*n Dateien*`)`	Enthält die Dateien, die alle fünf Sekunden (oder alle *n* Sekunden, falls *n* gesetzt ist) auf neue Mail überprüft werden.
matchbeep= `{never|nomatch|ambiguous|notunique}`	Gibt an, wann im Falle einer Vervollständigung ein akustisches Signal ausgegeben wird: nie (**never**), wenn keine Vervollständigung möglich ist (**nomatch**), wenn mehrere möglich sind (**ambiguous**) oder wenn mehrere möglich sind und eine davon exakt ist (**notunique**).
nobeep	Schaltet akustische Signale ab.
`noclobber`	Ausgabeumleitungen können nicht auf bereits existierende Dateien zeigen. So kann ein unabsichtliches Überschreiben solcher Dateien verhindert werden.
`noglob`	Abschalten der Dateinamenexpansion; nützlich in Shell-Skripten.
nokanji	Abschalten der Kanji-Unterstützung (wenn vorhanden).
`nonomatch`	Metazeichen in Dateinamen werden als literale Zeichen betrachtet, wenn kein Dateiname paßt. So wird z.B. bei **vi ch*** die neue Datei **ch*** angelegt, anstatt „No match" auszugeben.
nostat=Verzeichnisliste	Während der Vervollständigung wird ***Verzeichnisliste*** nicht gelesen.
notify	Mitteilung ausgeben, wenn ein Job beendet wurde.
owd	Letztes Arbeitsverzeichnis.
`path=(`*Dirs*`)`	Liste der Pfadnamen von Verzeichnissen, in denen ausführbare Dateien gesucht werden. Der Wert wird aus der Variable PATH genommen, der Default ist `. /usr/ucb /usr/bin`.
printexitvalue	Ausgeben von Rückgabewerten, die von null verschieden sind.
`prompt='`*Str*`'`	String, der als Eingabeaufforderung für interaktive Eingaben verwendet wird. Der Default ist %. Siehe den Abschnitt „Formatieren der Prompt-Variablen" weiter unten.
prompt2='Str'	String, der als Eingabeaufforderung für interaktive Eingaben in **foreach**- und **while**-Schleifen sowie Fortsetzungszeilen (d.h. Zeilen nach quotierten Zeilenvorschüben) verwendet wird. Siehe den Abschnitt „Formatieren der Prompt-Variablen" weiter unten.
prompt3='Str'	String, der als Eingabeaufforderung für interaktive Eingaben während der Rechtschreibprüfung verwendet wird. Siehe den Abschnitt „Formatieren der Prompt-Variablen" weiter unten.
pushdtohome	Wechsel zum Heimatverzeichnis, wenn **pushd** ohne Argumente aufgerufen wird.
pushdsilent	Verzeichnis-Stack bei Aufruf von **pushd** und **popd** nicht ausgeben.
recexact	Vervollständigung gilt beim ersten passenden Namen als abgeschlossen.

recognize_only_ executables	Bei der Vervollständigung von Befehlen nur ausführbare Dateien ausgeben.
rmstar	Sicherheitsabfrage vor der Ausführung von **rm** *.
savedirs	**dirs -S** vor dem Verlassen der Shell ausführen.
savehist=*Max* [merge]	Vor dem Verlassen der Shell **history -S** ausführen und nicht mehr als *Max* Zeilen abspeichern. Wenn **merge** angegeben wird, werden die Zeilen mit denen früherer Speicherungen zusammengefaßt und nach Uhrzeit sortiert.
sched=string	Formatierung der Ereignis-Ausgabe von **sched**. Siehe Abschnitt „Formatieren der Prompt-Variablen" weiter unten.
shell=*Datei*	Pfadname der aktuellen Shell; der Default ist */bin/tcsh*.
shlvl	Anzahl verschachtelter Shells.
showdots[=-A]	Anzeigen versteckter Dateien bei **ls –F**. Wenn **–A** angegeben wird, werden . und .. nicht angezeigt.
status=*n*	Rückgabewert des letzten Befehls. Eingebaute Befehle geben 0 (erfolgreich) oder 1 (nicht erfolgreich) zurück.
symlinks= {chase|ignore|expand}	Gibt an, wie symbolische Links behandelt werden sollen: Bei *cwd* zu den tatsächlichen Verzeichnisnamen expandieren (**chase**), als existierende Verzeichnisse behandeln (**ignore**) oder Argumente, die wie Pfadnamen aussehen, expandieren (**expand**).
tcsh	Version der **tcsh**.
term	Terminaltyp.
time=*'n %c'*	Wenn die Ausführung eines Befehls mehr als *n* CPU-Sekunden benötigt, werden Benutzerzeit, Systemzeit, verstrichene Zeit und CPU-Ausnutzung ausgegeben. Mit *%c* können weitere Daten ausgegeben werden.
tperiod	Anzahl von Minuten, nach denen wieder der **periodic**-Alias ausgeführt wird.
tty	Name des TTY, wenn vorhanden.
uid	Benutzer-ID.
user	Benutzername.
verbose	Nach einer History-Ersetzung wird der neue Befehl angezeigt; wie **csh –v**.
version	Versionsnummer und zusätzliche Informationen über die Shell (u.a. die beim Kompilieren eingestellten Optionen).
visiblebell	Aufblitzen des Bildschirms anstelle eines akustischen Signals.
watch=([n] Benutzer Terminal . . .)	Überprüfen, ob der *Benutzer* am *Terminal* angemeldet ist, wobei *Terminal* der Name eines TTYs oder **any** sein kann. Die Überprüfung findet alle *n* Minuten statt, der Default ist 10.
who=String	Angeben der Information, die bei **watch** ausgegeben wird.
wordchars=Zeichenliste	Liste von nichtalphanumerischen Zeichen, die als Teil eines Wortes akzeptiert werden. Die Voreinstellung ist `*?_-.[]~=`.

Formatieren der Prompt-Variablen

tcsh bietet eine Reihe von Ersetzungen an, die in der Eingabeaufforderung verwendet werden können (in der **csh** stehen normaler Text und History-Substitution zur Verfügung).

%%	Wörtliches %
%/	Aktuelles Arbeitsverzeichnis
%~	Aktuelles Arbeitsverzeichnis in ~-Schreibweise
%#	# beim Superuser, > bei allen anderen
%?	Rückgabewert des letzten Befehls
%b	Fettdruck aufheben
%c[[0]*n*], %.[[0]*n*]	Die letzten *n* (Voreinstellung: 1) Teile des aktuellen Arbeitsverzeichnisses. Wenn 0 angegeben wird, werden die weggelassenen Teile durch /<skipped> ersetzt.
%d	Wochentag (z.B. Mon, Tue)
%h, %!, !	Nummer des aktuellen Ereignisses in der History
%l	Aktuelles TTY
%m	Erster Teil des Rechnernamens
%n	Benutzername
%p	Aktuelle Zeit mit Sekunden im 12-Stunden-Format
%s	Inverse Darstellung aufheben
%t, %@	Aktuelle Zeit im 12-Stunden-Format
%u	Unterstreichung aufheben
%w	Monat (z.B. Jan, Feb)
%y	Jahr (z.B. 94, 95)
%B	Fettdruck einschalten
%C	Wie **%c**, aber mit vollen Pfadnamen anstelle der ~-Schreibweise
%D	Tag des Monats (z.B. 09, 10)
%M	Vollqualifizierter Rechnername
%P	Aktuelle Zeit mit Sekunden im 24-Stunden-Format
%S	Einschalten der inversen Darstellung
%T	Aktuelle Zeit im 24-Stunden-Format
%U	Einschalten der Unterstreichung
%W	Monat (z.B. 09, 10)
%Y	Jahr (z.B. 1994, 1995)

Beispielhafte .cshrc-Datei

```
# VORDEFINIERTE Variablen

set path=(~ ~/bin /usr/ucb /bin /usr/bin . )
set mail=(/usr/mail/tom)

if ($?prompt) then            # Einstellungen fuer interaktives Arbeiten
  set echo
  set noclobber ignoreeof

  set cdpath=(/usr/lib /usr/spool/uucp)
# Jetzt kann cd macros anstelle von
# cd /usr/lib/macros eingegeben werden

  set history=100
  set prompt='kalle \!% '      # History-Nummer mit ausgeben
  set time=3

# MEINE VARIABLEN

  set man1="/usr/man/man1"    # ermoeglicht  cd $man1, ls $man1
  set a="[a-z]*"              # ermoeglicht  vi $a
  set A="[A-Z]*"              # oder         grep string $A

# ALIASE

  alias c "clear; dirs"       # Anfuehrungsstriche schuetzen ; und |
  alias h "history|more"
  alias j jobs -l
  alias ls ls -sFC            # ls-Befehl umdefinieren
  alias del 'mv \!* ~/tmp_dir' # sicherer als rm
endif
```

csh und tcsh

Umgebungsvariablen

Die C-Shell verwaltet eine Reihe von *Umgebungsvariablen*, die sich von den Shell-Variablen unterscheiden und eigentlich kein Teil der C-Shell sind. Shell-Variablen haben ihre Bedeutung nur in der aktuellen Shell, während Umgebungsvariablen automatisch exportiert werden und somit global verfügbar sind. So sind beispielsweise C-Shell-Variablen nur in dem Skript ansprechbar, in dem sie definiert worden sind, wohingegen Umgebungsvariablen auch von anderen Shell-Skripten, Mail-Programmen oder Editoren verwendet werden können.

So werden Umgebungsvariablen Werte zugewiesen:

```
setenv VAR Wert
```

Per Konvention werden Umgebungsvariablen in Großbuchstaben geschrieben. Sie können eigene Umgebungsvariablen anlegen oder die vordefinierten, weiter unten beschriebenen Umgebungsvariablen verwenden.

Die folgenden Umgebungsvariablen korrespondieren mit C-Shell-Variablen. Wenn sich der Wert in einer von beiden ändert, wird er in die andere kopiert:

HOME Heimatverzeichnis; wie **home**.

PATH Suchpfad für Befehle; wie **path**.

TERM Terminaltyp; wie **term**.

Andere vordefinierte Umgebungsvariablen sind unter anderem (Namen in kursiver Schrift bezeichnen **tcsh**-spezifische Variablen):

EXINIT Ein String von **ex**-Befehlen, ähnlich denen in der *.exrc*-Datei (z.B. **set ai**). Wird von **vi** und **ex** verwendet.

HOST Name des Rechners.

LOGNAME Ein anderer Name für die USER-Variable.

MAIL Der Name der Datei, in der die Mail abgespeichert wird. Wird von Mail-Programmen verwendet. Diese Datei ist nicht identisch mit der **mail**-Shell-Variable, die nur auf neue Mail prüft.

OSTYPE Betriebssystem.

PWD Das aktuelle Verzeichnis, der Wert wird aus **cwd** kopiert.

REMOTEHOST Rechnername des entfernten Rechners.

SHELL Per Voreinstellung nicht definiert.

TERMCAP Der Name der Datei, die die Befehle zum Positionieren des Cursors für das von Ihnen verwendete Terminal enthält. Der Default ist */etc/termcap*.

Ausdrücke

Ausdrücke werden bei @-, **if**- und **while**-Anweisungen verwendet, um z.B. arithmetische Berechnungen, Stringvergleiche oder Dateitests durchzuführen. Auch bei **exit** und **set** können Ausdrücke angegeben werden. Ausdrücke werden durch Kombination von Variablen und Konstanten mit Operatoren angegeben, die denen der Programmiersprache C ähneln. Die Präzedenz der Operatoren ist gleich der in C. Dabei gilt die Faustregel:

1. `* / %`
2. `+ -`

Alle anderen Ausdrücke sollten mit ( ) gruppiert werden. Klammern müssen verwendet werden, wenn der Ausdruck <, >, & oder | enthält.

Operatoren

Operatoren sind von einem der folgenden Typen:

Zuweisungsoperatoren

=	Wertzuweisung
+= -=	Addition/Subtraktion und anschließende Zuweisung
***= /= %=**	Multiplikation/Division/Restbildung und anschließende Zuweisung
&= ^= |=	Bitweises UND/Exklusiv-ODER/ODER und anschließende Zuweisung
++	Inkrementierung
--	Dekrementierung

Arithmetische Operatoren

`* / %` Multiplikation, Ganzzahl-Division, Restbildung
`+ -` Addition, Subtraktion

Bitweise und logische Operatoren

`~` Binäre Inversion (Einer-Komplement)
`!` Logische Negation
`<< >>` Bitweises Verschieben nach links/rechts
`&` Bitweises UND
`^` Bitweises Exklusiv-ODER
`|` Bitweises ODER
`&&` Logisches UND
`||` Logisches ODER
`{` *`Befehl`* **`}`** Gibt 1 zurück, wenn *`Befehl`* erfolgreich war, sonst 0. Dies ist das genaue Gegenteil des normalen Rückgabewertes von *`Befehl`*. Meistens ist es praktischer, die **$status**-Variable zu verwenden.

Vergleichsoperatoren

`== !=` Gleichheit, Ungleichheit
`<= >=` Kleiner gleich, größer gleich
`< >` Kleiner, größer

Dateitestoperatoren

Bevor der Dateitest ausgeführt wird, werden Befehlsersetzung und Dateinamenexpansion auf *`Datei`* ausgeführt.

`-d` *`Datei`* *`Datei`* ist ein Verzeichnis.
`-e` *`Datei`* *`Datei`* existiert.
`-f` *`Datei`* *`Datei`* ist eine normale Datei.
`-o` *`Datei`* *`Datei`* gehört dem Benutzer.
`-r` *`Datei`* Der Benutzer darf *`Datei`* lesen.
`-w` *`Datei`* Der Benutzer darf *`Datei`* schreiben.
`-x` *`Datei`* Der Benutzer darf *`Datei`* ausführen.
`-z` *`Datei`* *`Datei`* hat die Länge 0.
`!` Dreht die Bedeutung der obigen Operatoren um.

Beispiele

Die folgenden Beispiele zeigen @-Befehle und setzen **n** = 4 voraus.

Ausdruck	Wert von $x
`@ x = ($n > 10 || $n < 5)`	1
`@ x = ($n >= 0 && $n < 3)`	0

Ausdruck	Wert von $x
`@ x = ($n << 2)`	16
`@ x = ($n >> 2)`	1
`@ x = $n % 2`	0
`@ x = $n % 3`	1

Die folgenden Beispiele geben jeweils die erste Zeile einer **if**- oder **while**-Anweisung wieder:

Ausdruck	Bedeutung
`while ($#argv != 0)`	Solange noch Argumente vorhanden sind . . .
`if ($today[1] == "Frei")`	Wenn das erste Wort „Frei" ist . . .
`if (-f $argv[1])`	Wenn das erste Argument eine normale Datei ist . . .
`if (! -d $tmpdir)`	Wenn **tmpdir** kein Verzeichnis ist . . .

Befehls-History

Früher ausgeführte Befehle werden in einer sogenannten History-Liste ausgegeben. Sie können auf diese Liste zugreifen, um Befehle zu überprüfen, erneut auszuführen oder zu verändern. Der eingebaute **history**-Befehl zeigt die History-Liste an. Außerdem beeinflussen die vordefinierten Variablen **histchars** und **history** den History-Mechanismus. Die History-Liste kann auf dreierlei Art und Weise benutzt werden:

- Befehlsersetzungen (mit ! und ^)
- Argumentersetzungen (bestimmte Wörter in einem Befehl)
- Verwenden von Modifikatoren, um einzelne Teile eines Befehls oder Wortes zu extrahieren oder zu ersetzen

Befehlsersetzung

!	Einleiten einer Befehlsersetzung
!!	Der letzte Befehl
!*N*	Befehl Nr. *N* in der History-Liste
!-*N*	Der *N*-te Befehl vor dem aktuellen
!*String*	Der letzte mit *String* anfangende Befehl
!?*String*?	Der letzte *String* enthaltende Befehl
!?*String*?%	Das letzte Befehlsargument, das *String* enthält
!$	Das letzte Argument des vorhergehenden Befehls
!!*String*	Der letzte Befehl, an den *String* angehängt wird
!*N String*	Befehl Nr. *N*, an den *String* angehängt wird
!{*s1*}*s2*	Der letzte mit *s1* beginnende Befehl, an den *s2* angehängt wird
^*alt*^*neu*^	Schnellersetzung: Im letzten Befehl wird *alt* durch *neu* ersetzt und der so entstandene Befehl ausgeführt

Beispiele für Befehlsersetzung

Es wird jeweils der folgende Befehl angenommen:

```
%3 vi cprogs/01.c kap002 kap03
```

Befehls-nummer	Eingegebener Befehl	Ausgeführter Befehl
4	**^00^0**	**vi cprogs/01.c kap02 kap03**
5	**nroff !***	**nroff cprogs/01.c kap02 kap03**
6	**nroff !$**	**nroff kap03**
7	**!vi**	**vi cprogs/01.c kap02 kap03**
8	**!6**	**nroff kap03**
9	**!?01**	**vi cprogs/01.c kap02 kap03**
10	**!{nr}.new**	**nroff kap03.new**
11	**!!|lp**	**nroff kap03.new | lp**
12	**more !?pr?%**	**more cprogs/01.c**

Wortersetzung

Jeder Angabe darf ein Doppelpunkt vorangestellt werden.

:0	Name des Befehls
:*n*	Argument Nr. *n*
^	Erstes Argument
$	Letztes Argument
:*n*-*m*	Argumente *n* bis *m*
-*m*	Wörter 0 bis *m*; wie :0-*m*
:*n*-	*n*-tes bis vorletztes Argument
:*n**	*n*-tes bis letztes Argument; wie *n*-$
*****	Alle Argumente; wie ^-$ oder 1-$
#	Aktuelle Kommandozeile bis zu dieser Stelle; ziemlich nutzlos

Beispiele für Wortersetzung

Es wird jeweils der folgende Befehl angenommen:

```
%13 cat kap01 kap02 kap03 biblio rueckseite
```

Befehls-nummer	Eingegebener Befehl	Ausgeführter Befehl
14	**ls !13^**	**ls kap01**
15	**sort !13:***	**sort kap01 kap02 kap03 biblio rueckseite**
16	**lp !cat:3***	**more kap03 biblio rueckseite**

Befehls-nummer	Eingegebener Befehl	Ausgeführter Befehl
17	**!cat:0-3**	**cat kap01 kap02 kap03**
18	**vi !-5:4**	**vi biblio**

History-Modifikatoren

Befehls- und Wortersetzungen können mit einer oder mehreren der folgenden Anweisungen modifiziert werden:

Anzeigen, Ersetzen und Quoting

`:p`	Befehl anzeigen, aber nicht ausführen.
`:s/`*`alt`*`/`*`neu`*	Erstes Auftreten von String *`alt`* durch *neu* ersetzen.
`:gs/`*`alt`*`/`*`neu`*	Jedes Auftreten von *`alt`* durch *neu* ersetzen.
`:&`	Erstes Auftreten der letzten Ersetzung (`:s`- oder ^-Befehl) wiederholen.
`:g&`	Jedes Auftreten der letzten Ersetzung wiederholen.
`:q`	Wortliste in Anführungszeichen setzen.
`:x`	Einzelne Wörter in Anführungszeichen setzen.

Löschen

`:r`	Dateinamenerweiterung entfernen.
`:gr`	Alle Dateinamenerweiterungen entfernen.
`:e`	Alles außer der ersten Erweiterung entfernen.
`:ge`	Alle Erweiterungen entfernen.
`:h`	Alles nach dem letzten Schrägstrich entfernen. Zurück bleibt der Pfadname ohne Dateiname.
`:gh`	Alle Dateinamen entfernen.
`:t`	Alles bis zum letzten Schrägstrich entfernen. Zurück bleibt der Dateiname ohne Pfad.
`:gt`	Alle Pfadnamen entfernen, und nur die Dateinamen zurücklassen.
`:u`	Ersten kleinen Buchstaben groß schreiben (nur **tcsh**).
`:l`	Ersten großen Buchstaben klein schreiben (nur **tcsh**).
`:a`	Den folgenden Modifikator so oft wie möglich auf ein Wort anwenden. Wenn `a` zusammen mit `g` verwendet wird, wird `a` auf jedes Wort angewendet (nur **tcsh**).

Beispiele für History-Modifikatoren

Befehl Nr. 17 sei:

```
%17 cat kap01 kap02 kap03
```

Befehls-nummer	Eingegebener Befehl	Ausgeführter Befehl
19	**!17:s/kap/KAP/**	**cat KAP01 kap02 kap03**
20	**!17g&**	**cat KAP01 KAP02 KAP03**

Befehls-nummer	Eingegebener Befehl	Ausgeführter Befehl
21	**!more:p**	**more cprogs/01.c** *(nur angezeigt)*
22	**cd !$:h**	**cd cprogs**
23	**vi !mo:$:t**	**vi 01.c**
24	**grep stdio !$**	**grep stdio 01.c**
25	**^stdio^include stdio^:q**	**grep "include stdio" 01.c**
26	**nroff !21:t:p**	**nroff 01.c** *(Wollte ich das wirklich?)*
27	**!!**	**nroff 01.c** *(ausführen)*

Manipulation der Kommandozeile

Vervollständigung

Sowohl **tcsh** als auch **csh** bieten die Vervollständigung von Wörtern. Die **tcsh** vervollständigt Wörter und Befehle automatisch, wenn auf die **TAB**-Taste gedrückt wird; die **csh** vervollständigt Wörter und Befehle, wenn die Shell-Variable *filec* gesetzt ist und auf **ESC** gedrückt wird. Wenn die Vervollständigung mehrdeutig ist (d.h. auf die eingegebenen Zeichen mehr als eine Vervollständigung paßt), vervollständigt die Shell soviel wie möglich und gibt ein akustisches Signal aus, um anzuzeigen, daß die Vervollständigung nicht abgeschlossen werden konnte. Eine Liste aller möglichen Vervollständigungen kann durch Drücken von **STRG-D** abgerufen werden. In der **tcsh** wird eine abgeschlossene Vervollständigung durch Anhängen eines Leerzeichens an vollständige Dateinamen oder Befehle und eines Schrägstriches an vollständige Verzeichnisse angezeigt.

Sowohl **csh** als auch **tcsh** erkennen die ~-Schreibweise zur Bezeichnung des Heimatverzeichnisses. Die Shells nehmen an, daß Wörter am Anfang der Kommandozeile und solche, die unmittelbar auf `|`, `&`, `;`, `||` und `&&` folgen, Befehle sind, und passen den Suchpfad entsprechend an. Vervollständigung kann auch in der Mitte eines Wortes aufgerufen werden; dann werden nur die Zeichen links vom Cursor zur Vervollständigung herangezogen. In diesem Fall gibt **STRG-D** die Liste der möglichen Vervollständigungen nur bei **vi**-Tastenbelegung, nicht aber bei Emacs-Tastenbelegung aus.

Verwandte Shell-Variablen

- autolist
- fignore
- listmax
- listmaxrows

Verwandte Befehle zum Editieren der Kommandozeile

- complete-word-back
- complete-word-forward
- expand-glob
- list-glob

Verwandte eingebaute Shell-Befehle

- **complete**
- **uncomplete**

Editieren der Kommandozeile

In der **tcsh** können Sie sich mit dem Cursor in der Kommandozeile bewegen und Befehle editieren. Es gibt zwei Modi zum Editieren der Kommandozeile, die auf den am meisten verwendeten Texteditoren basieren: Emacs-Modus und **vi**-Modus. Zwischen den beiden Modi kann folgendermaßen umgeschaltet werden:

`bindkey -e`	*Emacs-Tastaturbelegung*
`bindkey -v`	*vi-Tastaturbelegung*

Der wesentliche Unterschied zwischen Emacs- und **vi**-Tastaturbelegungen besteht darin, daß Emacs-Tastaturbelegungen keine Modi kennen, d.h., die einzelnen Befehle stehen immer zur Verfügung. Im **vi**-Modus muß dagegen zwischen Einfüge- und Befehls-Modi hin und her geschaltet werden; in jedem Modus stehen andere Befehle zur Verfügung. Weitere Unterschiede:

- Der Emacs-Modus ist einfacher; mit dem **vi**-Modus können feinere Einstellungen vorgenommen werden.
- Im Emacs-Modus können Texte ausgeschnitten und wieder eingefügt werden; außerdem können Markierungen gesetzt werden. Der **vi**-Modus verfügt nicht über diese Funktionen.
- Die Fähigkeiten zum Durchsuchen der Befehls-History unterscheiden sich.

Emacs-Modus

Die Tabellen 5-1 bis 5-3 beschreiben die verschiedenen Tastaturbefehle, die im Emacs-Modus zur Verfügung stehen.

Tabelle 5–1: Befehle zum Positionieren des Cursors (Emacs-Modus)

Befehl	Beschreibung
STRG-B	Cursor ein Zeichen nach links bewegen.
STRG-F	Cursor ein Zeichen nach rechts bewegen.
ESC b	Cursor ein Wort nach links bewegen.
ESC f	Cursor ein Wort nach rechts bewegen.
STRG-A	Cursor an den Zeilenanfang bewegen.
STRG-E	Cursor an das Zeilenende bewegen.

Tabelle 5–2: Befehle zum Löschen von Text (Emacs-Modus)

Befehl	Beschreibung
DEL oder **STRG-H**	Löschen des Zeichens links vom Cursor.
STRG-D	Löschen des Zeichens unter dem Cursor.
ESC d	Löschen des Wortes unter dem Cursor.
ESC DEL oder **ESC STRG-H**	Löschen des Wortes links vom Cursor.
STRG-K	Von der Cursor-Position bis zum Zeilenende löschen.
STRG-U	Ganze Zeile löschen.

Tabelle 5–3: Bearbeitung von Befehlen (Emacs-Modus)

Befehl	Beschreibung
STRG-P	Vorheriger Befehl.
STRG-N	Nächster Befehl.
Pfeil nach oben	Vorheriger Befehl.
Pfeil nach unten	Nächster Befehl.
Befehlsfragment **ESC p**	History nach *Befehlsfragment* durchsuchen. *Befehlsfragment* muß dabei am Anfang eines Befehls stehen.
Befehlsfragment **ESC n**	Wie **ESC p**, aber mit vorwärts gerichteter Suche.
esc *Num*	Nächsten Befehl *Num*-mal wiederholen.
STRG-Y	Zuletzt gelöschten String einfügen.

csh und tcsh

vi-Modus

Im **vi**-Modus gibt es zwei Submodi: den Einfüge- und den Befehlsmodus. Der Einfügemodus ist der Default. Zwischen den beiden Modi kann mit ESC hin und her geschaltet werden; außerdem kann durch Eingabe von **a** (append) oder **i** (insert) vom Befehlsmodus in den Eingabemodus geschaltet werden.

Die Tabellen 5-4 bis 5-10 beschreiben die Editierbefehle, die im **vi**-Modus zur Verfügung stehen.

Tabelle 5–4: Befehle, die im Einfüge- und Befehlsmodus zur Verfügung stehen (vi-Modus)

Befehl	Beschreibung
STRG-P	Vorheriger Befehl
STRG-N	Nächster Befehl
Pfeil nach oben	Vorheriger Befehl
Pfeil nach unten	Nächster Befehl
ESC	Umschalten zwischen den Modi

Tabelle 5-5: Befehle zum Editieren (vi-Einfügemodus)

Befehl	Beschreibung
STRG-B	Cursor ein Zeichen nach links bewegen.
STRG-F	Cursor ein Zeichen nach rechts bewegen.
STRG-A	Cursor an den Zeilenanfang bewegen.
STRG-E	Cursor an das Zeilenende bewegen.
DEL oder **STRG-H**	Zeichen links vom Cursor löschen.
STRG-W	Wort links vom Cursor löschen.
STRG-U	Vom Zeilenanfang bis zur Cursor-Position löschen.
STRG-K	Von der Cursor-Position bis zum Zeilenende löschen.

Tabelle 5-6: Befehle zur Cursor-Positionierung (vi-Befehlsmodus)

Befehl	Beschreibung
h oder **STRG-H**	Cursor ein Zeichen nach links bewegen.
l oder **Leertaste**	Cursor ein Zeichen nach rechts bewegen.
w	Cursor ein Wort nach links bewegen.
b	Cursor ein Wort nach rechts bewegen.
e	Cursor an das nächste Wortende bewegen.
W, **B**, **E**	Wie **w**, **b** und **e**, behandelt aber nur Leerzeichen, Tabulatorzeichen und Zeilenvorschübe als Worttrenner anstelle von allen nichtalphanumerischen Zeichen.
^ oder **STRG-A**	Cursor an den Zeilenanfang bewegen (erstes Zeichen, das weder Leerzeichen noch Tabulator, noch Zeilenwechsel ist).
0	Cursor an den Zeilenanfang bewegen.
$ oder **STRG-E**	Cursor an das Zeilenende bewegen.

Tabelle 5-7: Befehle zum Einfügen von Text (vi-Befehlsmodus)

Befehl	Beschreibung
a	So lange Text hinter dem Cursor einfügen, bis auf **ESC** gedrückt wird.
i	So lange Text vor dem Cursor einfügen, bis auf **ESC** gedrückt wird.
A	So lange Text nach dem Zeilenende einfügen, bis auf **ESC** gedrückt wird.
I	So lange Text vor dem Zeilenanfang einfügen, bis auf **ESC** gedrückt wird.

Tabelle 5-8: Befehle zum Löschen von Text (vi-Befehlsmodus)

Befehl	Beschreibung
x	Zeichen unter dem Cursor löschen.
X oder **DEL**	Zeichen links vom Cursor löschen.
d*m*	Bis zum Ende des Positionierungsbefehls *m* löschen.
D	Wie **d$**.
STRG-W	Ein Wort zurück löschen.

Tabelle 5-8: Befehle zum Löschen von Text (vi-Befehlsmodus) (Fortsetzung)

Befehl	Beschreibung
STRG-U	Vom Zeilenanfang bis zur Cursor-Position löschen.
STRG-K	Von der Cursor-Position bis zum Zeilenende löschen.

Tabelle 5-9: Befehle zum Ersetzen von Text (vi-Befehlsmodus)

Befehl	Beschreibung
c*m*	Alle Zeichen von der Cursor-Position bis zum Ende des Positionierungsbefehls *m* ersetzen, bis auf **ESC** gedrückt wird.
C	Wie **c$**.
r*c*	Zeichen unter dem Cursor durch *c* ersetzen.
R	Mehrere Zeichen ersetzen, bis auf **ESC** gedrückt wird.
s	Zeichen unter dem Cursor durch eingegebene Zeichen ersetzen, bis auf **ESC** gedrückt wird.

Tabelle 5-10: Nach Zeichen suchende Positionierungsbefehle (vi-Befehlsmodus)

Befehl	Beschreibung
f*c*	Cursor zum nächsten Vorkommen von *c* in der Zeile bewegen.
F*c*	Cursor zum vorherigen Vorkommen von *c* in der Zeile bewegen.
t*c*	Cursor vor das nächste Vorkommen von *c* in der Zeile bewegen.
T*c*	Cursor hinter das vorherige Vorkommen von *c* in der Zeile bewegen.
;	Letzten **f**- oder **F**-Befehl wiederholen.
,	Letzten **f**- oder **F**-Befehl in umgekehrter Richtung wiederholen.

csh und tcsh

Eingebaute csh- und tcsh-Befehle

@ [*Variable*[*n*]=*Ausdruck*]

@

Zuweisen des Wertes des arithmetischen *Ausdrucks* an *Variable* oder das *n*-te Element von *Variable*, wenn der Index *n* angegeben wird. Wenn weder *Variable* noch *Ausdruck* angegeben werden, werden die Werte aller Shell-Variablen ausgegeben (wie **set**). Die möglichen Operatoren für Ausdrücke sind unter „Ausdrücke" weiter vorn in diesem Kapitel aufgeführt. Außerdem existieren zwei besondere Formen:

@ *Variable*++	Wert von *Variable* um 1 erhöhen.
@ *Variable*--	Wert von *Variable* um 1 vermindern.

#	# Ignorieren des gesamten Textes, der auf derselben Zeile folgt. # wird in Shell-Skripten als Kommentarzeichen verwendet und ist eigentlich kein Befehl.
#!	*#!Shell* Wird als erste Zeile eines Shell-Skripts verwendet und gibt an, daß das Skript von der *Shell* (mit optionalen Argumenten) ausgeführt werden soll. Wird nicht von allen Shells unterstützt. Beispiel: `#!/bin/csh -f`
:	: „Leerer" Befehl; der Rückgabewert ist 0. Der Doppelpunkt-Befehl wird oft als erstes Zeichen eines Bourne- oder Korn-Shell-Skripts verwendet, um zu verhindern, daß ein # (Doppelkreuz) unbeabsichtigt das erste Zeichen ist.

alias	**alias** [*Name* [*Befehl*]]
	
	 Legt *Name* als Abkürzung oder Alias für *Befehl* fest. Wenn *Befehl* nicht angegeben wird, wird die aktuelle Auflösung von *Name* ausgegeben; wenn auch *Name* weggelassen wird, werden alle Abkürzungen ausgegeben. Abkürzungen können auf der Kommandozeile eingegeben werden, sie werden jedoch meistens in der Datei *.cshrc* aufbewahrt, damit sie direkt nach dem Einloggen zur Verfügung stehen (siehe auch die beispielhafte *.cshrc*-Datei weiter vorn in diesem Kapitel). Abkürzungsdefinitionen können — ähnlich wie die History-Liste — auch Kommandozeilenargumente ansprechen. Mit \!* werden alle Kommandozeilenargumente angesprochen, mit \!^ das erste, mit \!\!:2 das zweite, mit \!$ das letzte usw. Die Abkürzung *Name* darf auch ein Unix-Befehl sein, allerdings geht dann die ursprüngliche Bedeutung des Befehls verloren, es sei denn, es wird *Name* eingegeben. Siehe auch **unalias** und den Abschnitt „Besondere Abkürzungen in der tcsh".
	
	 Beispiele
	
	 Setzen der Größe von **xterm**-Fenstern im X Window System:
	
	 ``alias R 'set noglob; eval `resize`; unset noglob'``
	
	 Anzeigen von Abkürzungen, die den String **ls** enthalten:
	
	 `alias | grep ls`
	
	 Ausführen von **nroff** auf allen Kommandozeilenargumenten:
	
	 `alias ms 'nroff -ms \!*'`
	
	 Kopieren der Datei, die als erstes Argument angegeben wird:

```
alias back 'cp \!^ \!^.old'
```

Verwenden des originalen Befehls **ls** anstelle der Abkürzung:

```
% \ls
```


alloc

Ausgeben der Summen des benutzten und freien Speichers.

bg [*Job-IDs*]

Stellt den aktuellen oder die durch *Job-IDs* angegebenen Job(s) in den Hintergrund.

Beispiel

Um einen lang andauernden Prozeß in den Hintergrund zu setzen, könnte zunächst folgender Befehl eingegeben werden:

```
4% nroff -ms report STRG-Z
```

und danach einer der folgenden:

```
5% bg
5% bg %          Aktueller Job
5% bg %1         Job Nr. 1
5% bg %nr        Paßt auf den Zeilenanfang nroff
5% % &
```


bindkey [*Optionen*] [*Taste*] [*Befehl*]

Nur in der **tcsh**. Zeigt alle Tastenbindungen an oder bindet eine *Taste* an einen Befehl.

–a	Ausgeben der Standard- und alternativen Tastenbindungen.
–b *Taste*	Erwartet, daß *Taste* eines der folgenden Dinge ist: ein Steuerzeichen (in Zirkumflex-Notation, z.B. ^B, oder in C-Notation, z.B. C-B), ein Metazeichen (z.B. M-B), eine Funktionstaste (z.B. F-*String*) oder eine erweiterte Präfix-Taste (z.B. X-B).
–c *Befehl*	Interpretiert *Befehl* als Shell-Befehl (und nicht als Editor-Befehl).
–d *Taste*	Bindet die *Taste* an ihre originale Bindung.
–e	Stellt die Standard-Emacs-Bindungen ein.
–k *Taste*	Erwartet, daß *Taste* eine Cursor-Taste ist (**left**, **right**, **up** oder **down**).
–l	Ausgeben aller Editor-Befehle mit Beschreibungen.
–r *Taste*	Alle Bindungen für *Taste* löschen.
–v	Stellt die Standard-vi-Bindungen ein.

break	**break** Setzt die Ausführung mit dem Befehl fort, der auf den **end**-Befehl folgt, der die innerste **while**- oder **foreach**-Schleife beendet.
breaksw	**breaksw** Beendet eine **switch**-Anweisung; die Ausführung wird nach der **endsw**-Anweisung fortgesetzt.
built–ins	**built–ins** Nur in der **tcsh**. Ausgeben aller eingebauten Shell-Befehle.
bye	**bye** Nur in der **tcsh**. Wie **logout**.
case	**case** *Muster* : Gibt ein *Muster* in der **switch**-Anweisung an.
cd	**cd** [*Verzeichnis*] Wechselt das aktuelle Verzeichnis nach *Verzeichnis*. Der Default ist das Heimatverzeichnis des Benutzers. Wenn *Verzeichnis* ein relativer Pfadname ist, der sich aber nicht im aktuellen Verzeichnis befindet, wird die Variable **cdpath** durchsucht. Siehe auch die beispielhafte *.cshrc*-Datei weiter vorn in diesem Kapitel. In der **tcsh** gibt es noch die folgenden Optionen: – Wechselt in das vorhergehende Verzeichnis. –l ˜-Notation wird ausdrücklich expandiert. –p Verzeichnis-Stack ausgeben.
chdir	**chdir** [*Verzeichnis*] Wie **cd**. Nützlich, wenn Sie **cd** umdefiniert haben.
complete	**complete** [*String* [*Wort*/ *Muster*/ *Liste* [**:** *Auswahl*] / [*Suffix*]]] Nur in der **tcsh**. Gibt alle Vervollständigungen oder, wenn *String* angegeben ist, alle Vervollständigungen für *String* aus. *String* darf ein Suchmuster sein. Mit *Wort* können noch weitere Optionen angegeben werden: c Nur das aktuelle Wort vervollständigen, *Muster* ignorieren. C Nur das aktuelle Wort vervollständigen, dabei *Muster* verwenden.

n Das vorherige Wort vervollständigen.

N Das Wort vor dem vorherigen vervollständigen.

P Erwartet, daß *Muster* ein Zahlenbereich ist. Vervollständigung wird in diesem Bereich durchgeführt.

Es können mehrere *Listen* nach Vervollständigungen durchsucht werden. Einige der *Listen*-Optionen:

(*string*) Elemente der Liste *String*

\`*Befehl*\`
Ausgabe von *Befehl*

a Abkürzungen

b Bindungen

c Befehle

C Externe (nicht eingebaute) Befehle

d Verzeichnisse

D Verzeichnisse, deren Name mit *String* anfängt

e Umgebungsvariablen

f Dateinamen

F Dateinamen, die mit *String* anfangen

g Gruppen

t Textdateien

T Textdateien, deren Name mit *String* anfängt

u Benutzer

Auswahl sollte ein Suchmuster für Dateien sein. Die Vervollständigungen müssen auf dieses Suchmuster passen. An alle Vervollständigungen wird noch *Suffix* angehängt.

continue

Ausführung der innersten **while**- oder **foreach**-Schleife mit dem nächsten Schleifendurchlauf fortsetzen.

default :

Gibt den Default-Fall (üblicherweise letzten) in einer **switch**-Anweisung an.

dirs [*Optionen*]

Gibt den Verzeichnis-Stack aus, wobei das aktuelle Verzeichnis als erstes angezeigt wird. Siehe auch **pushd** und **popd**. Alle Optionen mit Ausnahme von **–l** stehen nur in der **tcsh** zur Verfügung.

→

dirs ←

–l	Das Symbol für das Heimatverzeichnis (~) wird zum tatsächlichen Verzeichnisnamen expandiert.
–n	Ausgabe umbrechen.
–v	Ein Verzeichnis pro Zeile ausgeben.
–L *Datei*	Stack aus *Datei* neu aufbauen. *Datei* sollte mit dem Befehl **dirs -S** *Datei* erzeugt worden sein.
–S *Datei*	Schreibt eine Reihe von **pushd**- und **popd**-Befehlen nach *Datei*. Mit diesen Befehlen kann der Stack später wieder restauriert werden.

echo

echo [–n] *String*

Ausgeben von *String* auf die Standardausgabe. Wenn **–n** angegeben wird, wird die Ausgabe nicht mit einem Zeilenwechsel abgeschlossen. Im Gegensatz zum **echo**-Befehl in der Bourne-Shell und dem externen Befehl */bin/echo* unterstützt die C-Shell-Version keine Escape-Sequenzen. Siehe auch **echo** in Kapitel 2, *Linux-Benutzerbefehle*, und Kapitel 4, *bash: Die Bourne Again Shell*.

echotc

echotc [*Optionen*] *Argumente*

Je nach Parametern Anzeigen der Fähigkeiten des Terminals oder Bewegen des Cursors. Es gibt u.a. folgende Argumente:

baud	Anzeige der aktuellen Übertragungsrate in Baud.
cols	Anzeige der aktuellen Zeile.
cm *Spalte Zeile*	Bewegen des Cursors an die angegebene Stelle.
home	Cursor an die linke obere Ecke des Bildschirms bewegen.
lines	Ausgeben der Zeilenanzahl des Bildschirms.
meta	Abfragen, ob das Terminal metafähig ist (normalerweise ist die Meta-Taste die ALT-Taste).
tabs	Abfragen, ob das Terminal tabulatorfähig ist.

else

else

Internes Schlüsselwort für die **if** . . . **endif**-Anweisung.

end

end

Internes Schlüsselwort, das eine **foreach**-Anweisung beendet.

endif

endif

Internes Schlüsselwort, das eine **if**-Anweisung beendet.

endsw

endsw

Internes Schlüsselwort, das eine **switch**-Anweisung beendet.

eval *Argumente*

eval

Argumente ist eine Kommandozeile, die Shell-Variablen enthalten kann. **eval** erzwingt die Expansion der Variablen und führt dann den resultierenden Befehl aus. Diese „doppelte Expansion" ist nützlich, wenn Shell-Variablen Umleitungssymbole, Abkürzungen oder andere Shell-Variablen enthalten. Beispielsweise finden Umleitungen normalerweise vor der Expansion von Variablen statt, so daß eine Variable, die Umleitungssymbole enthält, erst mit **eval** ausgewertet werden muß, weil ansonsten die Umleitungssymbole nicht interpretiert werden. **eval** wird normalerweise nur in Shell-Skripten verwendet.

Beispiele

Die folgende Zeile kann in die **.login**-Datei geschrieben werden, um Terminal-Charakteristiken einzustellen:

```
set noglob eval `tset -s xterm` unset noglob
```

Die folgenden Befehle demonstrieren die Funktion von **eval**:

```
% set b='$a'
% set a=Hallo
% echo $b                Einmaliges Lesen der Kommandozeile
$a
% eval echo $b           Zweimaliges Lesen der Kommandozeile
Hallo
```

Ein weiteres Beispiel zur Verwendung von **eval** finden Sie unter **alias**.

exec *Befehl*

exec

Ausführen von *Befehl* anstelle der aktuellen Shell. Damit wird die aktuelle Shell beendet, anstatt einen neuen Prozeß für *Befehl* zu erzeugen.

exit [(*Ausdr*)]

exit

Beenden des Shell-Skripts mit dem Rückgabewert *Ausdr*. Der Rückgabewert 0 bedeutet eine erfolgreiche Ausführung, jeder andere Wert einen Fehlschlag. Wenn *Ausdr* nicht angegeben wird, wird als Rückgabewert der Wert der **status**-Variable verwendet. **exit** kann auch auf der Kommandozeile verwendet werden, um das Shell-Fenster zu schließen (also sich gegebenenfalls abzumelden).

fg

fg [*Job–IDs*]

Holt den aktuellen oder die durch *Job-IDs* angegebenen Job(s) in den Vordergrund. *Job-IDs* kann auch in %*Jobnummer*-Schreibweise angegeben werden.

Beispiel

Wenn Sie eine Editiersitzung mit dem **vi** durch Drücken von **STRG-Z** unterbrechen, können Sie sie mit einem der folgenden Befehle wieder aufnehmen:

```
% %
% fg
% fg %
% fg %vi                Paßt auf den Anfang des Befehls
```

filetest

filetest –*op Dateien*

Nur in der **tcsh**. Wendet den Dateitestoperator auf *Dateien* an und gibt die Resultate in einer Liste aus. Eine Liste von Dateitestoperatoren finden Sie im entsprechenden Abschnitt weiter vorn in diesem Kapitel.

foreach

foreach *Name* (*Wortliste*)
    Befehle
end

Weist der Variable *Name* der Reihe nach je einen der Werte in *Wortliste* zu und führt die *Befehle* zwischen **foreach** und **end** aus. **foreach** kann als mehrzeiliger Befehl auf der Kommandozeile (erstes der untenstehenden Beispiele) oder in einem Shell-Skript verwendet werden (zweites Beispiel).

Beispiele

Umbenennen aller Dateien, die mit einem Großbuchstaben beginnen:

```
% foreach i ([A-Z]*)
? mv $i $i.neu
? end
```

Bei jedem Kommandozeilenargument überprüfen, ob es sich um eine Option handelt oder nicht:

```
foreach arg ($argv)
   # Faengt das Argument mit - an?
   if ("$arg" =~ -*) then
      echo "Argument ist eine Option"
   else
      echo "Argument ist ein Dateiname"
   endif
end
```

glob *Wortliste* — glob

Führt Dateinamen-, Variablen- und History-Ersetzungen auf *Wortliste* durch. Backslash-Sequenzen werden nicht berücksichtigt. Die einzelnen Wörter werden durch Null-Zeichen voneinander getrennt. **glob** wird normalerweise in Shell-Skripten verwendet, um einen Wert, der sich für den Rest des Skripts nicht mehr ändern soll, dauerhaft vorzugeben.

---

goto *String* — goto

Springt zu der Zeile, deren führende nichtleere Zeichen *String*, gefolgt von einem :, sind. Der *String* in der **goto**-Zeile kann auch eine Variable oder ein Dateinamenmuster sein, der Name des Sprungziels muß aber ein konstanter, bereits expandierter Wert sein. Das Sprungziel darf nicht innerhalb einer **foreach**- oder **while**-Schleife stehen.

---

hashstat — hashstat

Ausgeben einer Statistik, die den Erfolg der Hash-Tabelle beim Suchen von Befehlen in der **path**-Variable wiedergibt.

---

history [*Optionen*] — history

Ausgeben der History-Liste. Eine Beschreibung der Syntax finden Sie weiter vorn in diesem Kapitel im Abschnitt „Befehls-History".

Optionen

–c Nur in der **tcsh**. Löschen der History-Liste.

–h Ausgeben der History-Liste ohne Nummern.

–r Ausgeben der Liste in umgekehrter Reihenfolge, die ältesten Befehle erscheinen als letztes.

n Nur die letzten *n* Befehle der History ausgeben (Default: der Wert der **history**-Shell-Variable).

–L *Datei* Nur in der **tcsh**. Laden einer Reihe von **pushd**- und **popd**-Befehlen aus *Datei*, mit denen ein abgespeicherter Stack restauriert werden kann.

–M *Datei* Nur in der **tcsh**. Zusammenführen des aktuellen Verzeichnis-Stacks mit dem in *Datei* gespeicherten. Beide werden, zeitlich sortiert, in *Datei* als Folge von **pushd**- und **popd**-Befehlen abgespeichert.

–S *Datei* Nur in der **tcsh**. Schreiben einer Reihe von **pushd**- und **popd**-Befehlen nach *Datei*. Aus dieser *Datei* kann später der aktuelle Verzeichnis-Stack wieder restauriert werden.

→

history ←

Beispiel

Abspeichern und Ausführen der letzten fünf Befehle:

```
history -h 5 > do_it
source do_it
```

hup

hup [*Befehl*]

Nur in der **tcsh**. Führt *Befehl* aus, der aber abgebrochen wird, wenn er ein Hangup-Signal bekommt. Dieses Signal wird von der Shell bei ihrer eigenen Beendigung gesendet. Wenn *Befehl* nicht angegeben wird, beendet sich das aktuelle Shell-Skript bei einem Hangup-Signal.

if

if

Einleiten einer bedingten Anweisung. Die einfachste Form ist:

```
if (Ausdr) Befehl
```

Es gibt noch drei weitere mögliche Formen:

```
if (Ausdr) then    if (Ausdr) then     if (Ausdr) then
   Befehle            Befehle1            Befehle1
endif              else                else if (Ausdr) then
                      Befehle2            Befehle2
                   endif               else
                                          Befehle
                                       endif
```

In der einfachsten Form wird *Befehl* ausgeführt, wenn *Ausdr* wahr ist, ansonsten passiert nichts (Umleitungen finden trotzdem statt; dies ist ein Fehler der Shell). In den anderen Formen werden jeweils ein oder mehrere Befehle ausgeführt. Wenn *Ausdr* wahr ist, werden die Befehle nach **then** ausgeführt, ansonsten wird entweder zu den Befehlen nach **else** verzweigt, oder es wird hinter **else if** verzweigt, wo eine weitere Abfrage stattfindet. Weitere Beispiele finden Sie im Abschnitt „Ausdrücke" weiter vorn in diesem Kapitel sowie unter **shift** und **while**.

Beispiel

Wenn keine Kommandozeilenargumente angegeben werden, wird ein Default angenommen:

```
if ($#argv == 0) then
   echo -n "Kein Dateiname angegeben. "
   echo "Ausgabe wird nach Report geschrieben."
   set outfile = Report
else
   set outfile = $argv[1]
endif
```

jobs

jobs [–l]

Ausgeben aller laufenden oder angehaltenen Jobs. Mit –l werden auch die Prozeß-IDs ausgegeben. Sie können so beispielsweise überprüfen, ob ein langer Übersetzungs- oder Formatierungsvorgang noch läuft. Auch vor dem Abmelden ist **jobs** nützlich.

jobs

kill [*Optionen*] *ID*

kill

Beendet alle Prozesse oder Jobs, die durch *ID* angegeben werden. Der Benutzer muß der Besitzer des Prozesses oder der Superuser sein. Dieser eingebaute Befehl ist ähnlich dem in Kapitel 2 beschriebenen */bin/kill*, erlaubt aber auch die Angabe symbolischer Dateinamen. Prozesse, die sich normal nicht beenden lassen, können mit Hilfe des Signals 9 beendet werden.

Optionen

–l Ausgeben der Signalnamen (keine *ID* angeben).

–*signal* Das zu schickende Signal, entweder als Nummer oder als Name. Der Default ist TERM.

Signale

Die auf dem System bekannten Signale stehen in */usr/include/sys/signal.h* und werden hier auszugsweise ohne das SIG-Präfix wiedergegeben:

`HUP`	1	Verbindung beendet
`INT`	2	Interrupt
`QUIT`	3	Beenden
`ILL`	4	Illegale Maschineninstruktion
`TRAP`	5	Trace trap
`IOT`	6	IOT-Instruktion
`EMT`	7	EMT-Instruktion
`FPE`	8	Fließkommafehler
`KILL`	9	Abbruch (kann nicht abgefangen werden)
`BUS`	10	Adreßfehler (Bus error)
`SEGV`	11	Segmentfehler (Segmentation violation)
`SYS`	12	Falsches Argument im Systemaufruf
`PIPE`	13	Ausgabe in eine Datei, aus der kein Prozeß liest
`ALRM`	14	Auslösen eines Timers
`TERM`	15	Beenden (Default-Signal)
`USR1`	16	Benutzerdefiniertes Signal 1
`USR2`	17	Benutzerdefiniertes Signal 2
`CLD`	18	Kind-Prozeß ist gestorben
`PWR`	19	Neustart nach Stromausfall

Beispiele

Wenn Sie den folgenden Befehl eingegeben haben:

```
44% nroff -ms report &
```

können Sie ihn mit einem der folgenden Befehle beenden:

→

kill ←

`45% kill 19536`	*Prozeß-ID*
`45% kill %`	*Aktueller Job*
`45% kill %1`	*Job Nr. 1*
`45% kill %nr`	*Anfang der Kommandozeile*
`45% kill %?report`	*Passender Ausschnitt der Kommandozeile*

limit

limit [-h] [*Ressource* [*Limit*]]

Ausgeben oder Setzen von Ressourcen-Begrenzungen, die für den aktuellen Prozeß und alle von ihm gestarteten Prozesse gelten. Wenn *Limit* nicht angegeben wird, wird das aktuell für *Ressource* geltende Limit ausgegeben. Wenn *Ressource* ebenfalls weggelassen wird, werden alle Limits ausgegeben. Per Voreinstellung werden die aktuellen Limits angezeigt oder gesetzt; wenn **-h** angegeben wird, werden harte Limits verwendet. Harte Limits stellen eine absolute Grenze dar, die nicht überschritten werden kann. Nur der Superuser kann harte Limits heraufsetzen. Siehe auch **unlimit**.

Option

-h Verwenden von harten Limits.

Ressourcen

cputime Maximale Anzahl von Sekunden, die ein Prozeß an CPU-Zeit verbrauchen darf. Kann mit **cpu** abgekürzt werden.

filesize Maximale Größe einer Datei.

datasize Maximale Größe des Datenbereichs eines Prozesses (einschließlich Stack).

stacksize Maximale Größe des Stacks.

coredumpsize Maximale Größe einer Core-Dump-Datei.

Limit

Limit ist eine Zahl, gefolgt von einem optionalen Zeichen, das die Einheit angibt.

Bei **cputime**: *n***h** (für *n* Stunden)
*n***m** (für *n* Minuten)
mm:*ss* (Minuten und Sekunden)
Bei allen anderen: *n***k** (für *n* Kilobyte, der Default)
*n***m** (für *n* Megabyte)

log

log

Nur in der **tcsh**. Abfragen der **watch**-Variable, welche Benutzer überwacht werden sollen, und Ausgabe einer Liste derjenigen Benutzer, die gerade angemeldet sind. Wenn – als Option verwendet wird, wird die Umgebung zurückgesetzt, als hätte sich der Benutzer mit einer neuen Gruppe angemeldet.

login [*Benutzer* | **-p**] login

Ersetzen der Anmelde-Shell von *Benutzer* durch */bin/login*. Mit **-p** bleiben die Umgebungsvariablen erhalten.

logout logout

Beenden der Anmelde-Shell.

ls-in [*Optionen*] [*Dateien*] ls-in

Nur in der **tcsh**. Schnellere Alternative zu **ls -F**. Wenn Optionen angegeben werden, wird statt dessen **ls** aufgerufen.

newgrp [-] [*Gruppe*] newgrp

Nur in der **tcsh**. Ändern der Gruppen-ID des Benutzers in die angegebene Gruppen-ID oder die originale Gruppen-ID, falls keine angegeben ist. Wenn **-** als Option angegeben wird, wird die Umgebung zurückgesetzt, als ob der Benutzer sich mit einer neuen Gruppe angemeldet hätte.

nice [±*n*] *Befehl* nice

Ändert die Priorität der Ausführung von *Befehl* oder der aktuellen Shell, wenn *Befehl* nicht angegeben wird (siehe auch **nice** in Kapitel 2). Der Wertebereich für *n* ist -20 bis 20, der Default ist 4. -20 ist dabei die höchste Priorität (schnellste Ausführung), 20 die niedrigste. Nur der Superuser darf einen negativen Wert angeben.

+*n* *n* zum aktuellen Prioritätswert addieren (Priorität herabsetzen).

-*n* *n* vom aktuellen Prioritätswert subtrahieren (Priorität heraufsetzen). Kann nur vom Superuser ausgeführt werden.

nohup [*Befehl*] nohup

Befehl wird ausgeführt und soll nicht beendet werden, wenn die Terminalverbindung endet (d.h., wenn Sie sich abmelden oder die Telefonverbindung abbrechen). Wenn *Befehl* nicht angegeben wird, wird das aktuelle Skript nicht beendet (siehe auch **nohup** in Kapitel 2).

notify [*Job-ID*] notify

Sofortiges Ausgeben einer Meldung, wenn ein Hintergrund-Job beendet wird (normalerweise wird erst bei der Ausgabe eines Shell-Prompts eine entsprechende Meldung ausgegeben). Wenn keine *Job-ID* angegeben wird, wirkt der Befehl auf den aktuellen Hintergrund-Job.

onintr

onintr *Marke*
onintr –
onintr

Wird in Shell-Skripten verwendet, um Interrupt-Signale abzufangen (ähnlich dem **trap** 2- bzw. **trap ""** 2-Befehl in der **bash**). Die erste Form entspricht **goto** *Marke*. Die Shell verzweigt nach *Marke:*, wenn sie ein Interrupt-Signal (z.B. durch Drücken von STRG-C) empfängt. Mit der zweiten Form werden alle Interrupts ignoriert. Dies ist sinnvoll am Anfang eines Shell-Skripts oder eines Abschnitts, der ohne Abbruch laufen muß (z.B. beim Verschieben von Dateien). Mit der dritten Form wird die vor **onintr –** gültige Interrupt-Hantierung wiederhergestellt.

Beispiel

```
onintr cleanup        # Bei einem Interrupt nach "cleanup"
  .                   # springen
  .                   # Befehle im Shell-Skript
  .
cleanup:              # Sprungziel für Interrupts
  onintr -            # Keine Interrupts mehr zulassen
  rm -f $tmpdateien   # Angelegte Dateien löschen
  exit 2              # Skript mit Fehlermeldung beenden
```

popd

popd [*Optionen*]

Entfernen des obersten oder *n*-ten Eintrags vom Verzeichnis-Stack. Wenn kein Eintrag angegeben wurde, wird in das nach dem Entfernen oben liegende Verzeichnis gesprungen. Danach wird der aktuelle Verzeichnis-Stack ausgegeben. Der oberste Eintrag hat die Nummer 0 und erscheint bei Ausgaben ganz links. Siehe auch **dirs** oder **pushd**.

Optionen

+*n*	Angeben des *n*-ten Eintrags.
–l	Expandieren der ~-Schreibweise.
–n	Umbrechen langer Zeilen.
–v	Ausgeben genau eines Verzeichnisses pro Zeile.

printenv

printenv [*Variable*]

Ausgeben aller oder der angegebenen Umgebungsvariablen mit ihren Werten.

pushd

pushd *Name*
pushd [*Optionen*]
pushd

In der ersten Form wird in das angegebene Verzeichnis gewechselt, und dieses Verzeichnis wird auf den Stack gelegt. In der zweiten Form wird der *n*-te Eintrag an die Spitze rotiert und zum aktuellen Verzeichnis gemacht. (Die

Numerierung beginnt bei 0.) In der dritten Form vertauscht **pushd** die obersten beiden Einträge des Verzeichnis-Stacks und wechselt zum neuen obenliegenden Verzeichnis. Die Optionen **+n**, **-l**, **-n** und **-v** haben die gleiche Bedeutung wie bei **popd**. Siehe auch **dirs** und **popd**.

pushd

Beispiele

```
% dirs
/home/kalle /usr
% pushd /etc                    /etc auf den Verzeichnis-Stack legen
/etc /home/kalle /usr
% pushd +2                      In das dritte Verzeichnis wechseln
/usr /etc /home/kalle
% pushd                         Die oberen beiden Verzeichnisse vertauschen
/etc /usr /home/kalle
% popd                          Obersten Eintrag verwerfen und zum nächsten
/usr /home/kalle                wechseln
```

rehash

rehash

Neuberechnen der Hash-Tabelle für die PATH-Variable. **rehash** muß immer dann verwendet werden, wenn während der aktuellen Sitzung ein neuer Befehl im Pfad erzeugt wird. Erst danach kann mit Hilfe der PATH-Variable ein Befehl lokalisiert und ausgeführt werden. (Wenn der neue Befehl in einem Verzeichnis steht, das nicht in PATH aufgeführt ist, fügen Sie dieses Verzeichnis zunächst der PATH-Variable hinzu, bevor Sie **rehash** aufrufen.) Siehe auch **unhash**.

repeat *n Befehl*

repeat

Befehl n-mal ausführen.

Beispiele

memo dreimal ausdrucken:

```
% repeat 3 pr memo | lp
```

Zehn Zeilen vom Terminal einlesen und in **item_list** ablegen:

```
% repeat 10 line > item_list
```

50 Muster-Dateien an **report** anhängen:

```
% repeat 50 cat template >> report
```

sched [*Optionen*]
sched *Zeit Befehl*

sched

Nur in der **tcsh**. Wenn keine Optionen angegeben werden, werden alle zur Ausführung vorgemerkten Befehle ausgegeben. Mit der zweiten Form kann ein Befehl zur Ausführung vorgemerkt werden. *Zeit* sollte im Format *hh:mm* angegeben werden (z.B. 13:00).

→

sched ←

Optionen

+*hh:mm* Der Befehl soll nach *hh:mm* ab jetzt ausgeführt werden.

−*n* *n*-tes vorgemerktes Element aus der Liste entfernen.

---

set

set *Variable* = *Wert*
set [*Optionen*] *Variable*[*n*] = *Wert*
set

Weist *Variable* den *Wert* oder, wenn mehrere Werte angegeben werden, die sich aus den Werten ergebende Wortliste zu. Wenn ein Index *n* angegeben wird, wird das *n*-te Wort in *Variable* auf *Wert* gesetzt. (Die Variable muß in diesem Fall zu diesem Zeitpunkt bereits so viele Wörter enthalten.) Wenn keine Argumente angegeben werden, werden Namen und Werte aller gesetzten Variablen ausgegeben. Siehe auch „Vordefinierte Shell-Variablen" weiter vorn in diesem Kapitel.

Optionen

−r Nur in der **tcsh**. Ausgeben der nichtschreibbaren Variablen, oder die angegebene Variable nicht schreibbar machen.

Beispiele

`% set liste=(ja nein vielleicht)`	*Zuweisung einer Wortliste*
`% set liste[3]=vielleicht`	*Zuweisung eines Elements an eine Wortliste*
`% set quote="Gallia est omnis divisa"`	*Variablenzuweisung*
`% set x=5 y=10 history=100`	*Zuweisung mehrerer Variablen*
`% set leer`	*Zuweisung eines Null-Werts an* `leer`

---

setenv

setenv [*Name* [*Wert*]]

Zuweisung von *Wert* an die Umgebungsvariable *Name*. Per Konvention ist *Name* immer in Großbuchstaben geschrieben. Wenn kein *Wert* angegeben wird, wird der Null-Wert zugewiesen. Wenn überhaupt keine Argumente angegeben werden, werden die Namen und Werte aller Umgebungsvariablen ausgegeben. Es ist nicht notwendig, **setenv** für die PATH-Variable zu verwenden, weil PATH automatisch bei Veränderungen von **path** gesetzt wird.

---

settc

settc *Merkmal Wert*

Setzen von Terminalmerkmalen.

---

setty

setty [*Optionen*] [+|−*Modus*]

Nur in der **tcsh**. Verhindert, daß die Shell die TTY-Modi verändert. Per Default gilt dies für den Ausführungs-Modus.

Optionen setty

+*Modus*	Ohne Argumente werden alle Modi ausgegeben, die in der angegebenen Menge eingeschaltet sind. Ansonsten wird der angegebene Modus eingeschaltet.
–*Modus*	Ohne Argumente werden alle Modi ausgegeben, die in der angegebenen Menge ausgeschaltet sind. Ansonsten wird der angegebene Modus ausgeschaltet.
–a	Ausgeben aller Modi der angegebenen Menge.
–d	Bezeichnet die Menge des Editier-Modus (wird bei Editierbefehlen verwendet).
–q	Bezeichnet die Menge des Quote-Modus (wird verwendet, wenn Zeichen wortwörtlich eingegeben werden).
–x	Bezeichnet die Menge des Ausführungs-Modus (Default; wird verwendet, wenn Programme ausgeführt werden).

shift [*Variable*]

shift

Wenn *Variable* angegeben wird, werden die Wörter in der Wortliste der Variable um eine Stelle weitergeschoben, d.h., *Name*[2] wird *Name*[1]. Wenn kein Argument angegeben wird, werden die Positionsparameter (Kommandozeilenargumente) um eine Stelle weitergeschoben, d.h., **$2** wird **$1** usw. **shift** wird üblicherweise in einer **while**-Schleife verwendet. Siehe auch das zusätzliche Beispiel bei **while**.

Beispiel

```
while ($#argv)        # solange noch Argumente da sind
    if (-f $argv[1])
       wc -l $argv[1]
    else
       echo "$argv[1] ist keine normale Datei"
    endif
    shift             # nächstes Argument holen
end
```

source [–h] *Skript*

source

Lesen und Ausführen der Befehle eines C-Shell-Skripts. Wenn **–h** angegeben wird, werden die Befehle der History-Liste hinzugefügt, aber nicht ausgeführt.

Beispiel

```
source ~/.cshrc
```

stop [*Job–IDs*]

stop

Hält den aktuellen oder die durch *Job-IDs* angegebenen Hintergrund-Job(s) an. Dieser Befehl ist das Gegenstück zu STRG-Z oder **suspend**.

suspend

suspend

Anhalten des aktuellen Vordergrund-Jobs (wie STRG-Z). Wird oft verwendet, um einen **su**-Befehl anzuhalten.

switch

switch

Ausführen von Befehlen, abhängig vom Wert einer Variable. **switch** ist einer **if-then-else**-Anweisung vorzuziehen, wenn mehr als drei Auswahlmöglichkeiten zu berücksichtigen sind. Wenn die Variable *String* auf *Muster1* paßt, wird die erste Folge von Befehlen ausgeführt, wenn *String* auf *Muster2* paßt, die zweite Folge usw. Wenn kein Suchmuster paßt, werden die bei **default** angegebenen Befehle ausgeführt. Für die Angabe von *String* kann Befehls-Ersetzung, Variablen-Ersetzung und Dateinamenerweiterung verwendet werden. Suchmuster können mit den Platzhaltersymbolen *, ? und [ ] angegeben werden. Mit **breaksw** wird eine **switch**-Anweisung beendet. Wenn **breaksw** nicht verwendet wird (ein seltener Fall), wird die **switch**-Anweisung fortgesetzt und eine weitere passende Befehlsfolge ausgeführt, bis eine **breaksw**- oder **endsw**-Anweisung erreicht wird. Im folgenden finden Sie die allgemeine Syntax von **switch** zusammen mit einem Beispiel, in dem das erste Kommandozeilenargument verarbeitet wird:

```
switch (string)              switch ($argv[1])
  case Muster1:               case -[nN]:
      Befehle                   nroff $Datei | lp
      breaksw                   breaksw
  case Muster2:               case -[Pp]:
      Befehle                   pr $Datei | lp
      breaksw                   breaksw
  case Muster3:               case -[Mm]:
      Befehle                   more $Datei
      breaksw                   breaksw
      .                       case -[Ss]:
      .                         sort $Datei
      .                         breaksw
  default:                    default:
      Befehle                   echo "Fehler -- Option nicht vorhanden"
                                exit 1
      breaksw                   breaksw
endsw                        endsw
```

telltc

telltc

Ausgeben aller Terminalmerkmale und ihrer Werte.

time

time [*Befehl*]

Ausführen eines *Befehl*s und Anzeigen, wie lange die Ausführung gedauert hat. Ohne Argumente kann **time** in einem Shell-Skript verwendet werden, um die Ausführungsdauer des Skripts zu messen.

umask [*nnn*] Anzeigen der beim Anlegen von Dateien verwendeten Rechte-Maske oder Setzen dieser Maske auf den Oktalwert *nnn.* Diese Maske bestimmt, welche Zugriffsbits gesetzt werden. **umask** ist auch ein Standardbefehl.	**umask**
unalias *Name* Entfernt *Name* von der Liste der Abkürzungen. Siehe die Beschreibung zu **alias**.	**unalias**
uncomplete *Muster* Nur in der **tcsh**. Entfernt mit **complete** angegebene Vervollständigungen.	**uncomplete**
unhash Entfernt die interne Hash-Tabelle. Die Shell verwendet die Hash-Tabelle nicht mehr weiter und durchsucht die **path**-Variable nach Befehlen, was länger dauert. Siehe auch **rehash**.	**unhash**
unlimit [*Ressource*] Hebt die Ressourcen-Beschränkung auf *Ressource* auf. Wenn *Ressource* nicht angegeben wird, werden alle Beschränkungen aufgehoben. Wird **-h** angegeben, werden die harten Limits aufgehoben. Dies kann nur vom Superuser ausgeführt werden.	**unlimit**
unset *Variablen* Entfernt eine oder mehrere *Variablen.* Die Variablen können als Suchmuster unter Verwendung von Platzhalterzeichen für Dateinamen angegeben werden. Siehe auch **set**.	**unset**
unsetenv *Variable* Entfernen einer Umgebungsvariable. Es dürfen *keine* Suchmuster angegeben werden. Siehe auch **setenv**.	**unsetenv**
wait Hält die Programmausführung an, bis alle Kind-Prozesse beendet sind oder der Prozeß ein Interrupt-Signal erhält.	**wait**
watchlog Wie **log**.	**watchlog**

where	**where** *Befehl* Nur in der **tcsh**. Ausgeben aller Abkürzungen und aller eingebauten und sonstigen Befehle, die *Befehl* heißen.
which	**which** *Befehl* Nur in der **tcsh**. Gibt an, welche Version eines Befehls ausgeführt wird. Entspricht dem Linux-Befehl **which**, ist aber schneller und berücksichtigt auch eingebaute **tcsh**-Befehle.

while	**while** (*Ausdruck*)
	    Befehle
	end
	
	Solange *Ausdruck* wahr ist, werden die *Befehle* zwischen **while** und **end** ausgeführt. Mit **break** und **continue** kann eine Schleife beendet oder neu gestartet werden. Siehe auch das Beispiel bei **shift**.
	
	Beispiel
	
	`set benutzer = (elke linus kalle michael reinhard)`
	`while ($argv[1] != $benutzer[1])`
	`   #Durchlaufen aller Benutzer, überprüfen, ob einer passt`
	`   shift benutzer`
	`   #Wenn alle Benutzer ohne Treffer durchlaufen wurden...`
	`   if ($#benutzer == 0) then`
	`     echo "$argv[1] steht nicht in der Benutzerliste"`
	`     exit 1`
	`   endif`
	`end`

Besondere Abkürzungen (Aliase) in der tcsh

In der **tcsh** können bestimmte Aliasnamen mit Sonderbedeutungen gesetzt werden. Die zugehörigen Befehle werden unter bestimmten Voraussetzungen ausgeführt.

beepcmd Wenn ein akustisches Signal ausgegeben wird.

cwdcmd Wenn **cwd** sich ändert.

periodic Alle paar Minuten. Der genaue Abstand wird durch die *tperiod*-Variable angegeben.

precmd Bevor eine neue Eingabeaufforderung ausgegeben wird.

shell *Shell* Wenn ein Skript keine Shell zur Ausführung angibt, wird es mit *Shell* ausgeführt.

Job-Verwaltung

Mit Hilfe der Befehle zur Job-Verwaltung können Vordergrund-Jobs in den Hintergrund gebracht, Hintergrund-Jobs in den Vordergrund geholt und laufende Jobs unterbrochen (vorübergehend angehalten) werden. Die C-Shell stellt die hier aufgeführten Befehle zur Job-

Verwaltung bereit. Weitere Informationen zu diesen Befehlen finden Sie in „Eingebaute csh- und tcsh-Befehle“ weiter vorn in diesem Kapitel.

bg	Bringt einen Job in den Hintergrund.
fg	Holt einen Job in den Vordergrund.
jobs	Gibt die aktiven Jobs aus.
kill	Beendet einen Job.
notify	Gibt eine Meldung aus, wenn ein Hintergrund-Job beendet wird.
stop	Hält einen Hintergrund-Job an.
STRG-Z	Hält den Vordergrund-Job an.

Viele Befehle zur Job-Verwaltung haben eine *Job-ID* als Argument. Dieses Argument kann folgendermaßen angegeben werden:

%*n*	Job Nr. *n*
%*s*	Job, dessen Kommandozeile mit *s* anfängt
%?*s*	Job, dessen Kommandozeile *s* enthält
%%	Aktueller Job
%	Aktueller Job (wie oben)
%+	Aktueller Job (wie oben)
%-	Vorheriger Job

KAPITEL 6

Mustervergleiche

Eine Reihe von Linux-Werkzeugen zur Textbearbeitung ermöglicht es Ihnen, nicht nur nach festen, vorgegebenen Zeichenketten, sondern auch nach Mustern im Text zu suchen und diese manchmal auch zu ersetzen. Zu diesen Werkzeugen gehören die Programme **ed**, **ex**, **vi** und **sed**, die Skriptsprachen **awk** und **Perl**, die Befehle **grep** und **egrep** sowie die im Editor Emacs eingebaute Programmiersprache **Elisp**. Suchmuster enthalten neben normalen Zeichen auch spezielle Zeichen, die sogenannten Metazeichen.

In diesem Kapitel werden die folgenden Themen besprochen:

- Dateinamen und Muster
- Verzeichnis der in den einzelnen Programmen zur Verfügung stehenden Metazeichen
- Beschreibung der Metazeichen
- Beispiele

Eine ausführliche Anleitung finden Sie in *Reguläre Ausdrücke* von Jeffrey Friedl.

Dateinamen und Muster

In Mustervergleichen verwendete Metazeichen unterscheiden sich von denen, die zum Suchen von Dateinamen verwendet werden. Wenn Sie einen Befehl auf der Kommandozeile eingeben, werden die speziellen Zeichen erst von der Shell und danach von dem aufgerufenen Programm gelesen. Nicht quotierte Zeichen werden von der Shell zur Expansion von Dateinamen verwendet. So könnte beispielsweise der Befehl

```
$ grep [A-Z]* chap[12]
```

von der Shell als

```
$ grep Array.c Bug.c Comp.c chap1 chap2
```

interpretiert werden. Damit würde **grep** versuchen, das Suchmuster „Array.c“ in den Dateien *Bug.c*, *Comp.c*, *chap1* und *chap2* zu suchen. Damit die Metazeichen nicht von der Shell, sondern von **grep** ausgewertet werden können, müssen sie in Anführungszeichen gesetzt werden:

```
$ grep "[A-Z]*" chap[12]
```

Doppelte Anführungszeichen reichen in den meisten Fällen, mit einfachen sind Sie aber immer auf der sicheren Seite. Beachten Sie auch, daß * und ? geringfügig andere Bedeutungen bei Mustervergleichen und der Expansion von Dateinamen haben.

Metazeichen in Linux-Programmen

Einige Metazeichen sind nur in manchen Programmen bekannt. Die Metazeichen, die im jeweiligen Programm bekannt sind, sind in der folgenden Tabelle mit einem kleinen Punkt (•) markiert. Eine vollständige Beschreibung der einzelnen Metazeichen folgt in den nächsten Abschnitten. Beachten Sie bitte, daß in Emacs den meisten Metazeichen selbst wiederum ein Backslash vorangestellt werden muß. Konsultieren Sie dazu gegebenenfalls die Emacs-Dokumentation oder das Nutshell-Handbuch *Learning GNU Emacs* von Debra Cameron, Bill Rosenblatt und Eric Raymond. Außerdem verfügt speziell Perl über sehr viel mehr Metazeichen, als hier aufgeführt werden können. Weitere Informationen zu regulären Ausdrücken in Perl finden Sie in Kapitel 14 sowie in *Reguläre Ausdrücke* von Jeffrey Friedl und *Programmieren mit Perl* (Kapitel 2) von Larry Wall, Randal L. Schwartz und Tom Christiansen.

Symbol	ed	ex	vi	sed	awk	grep	egrep	Emacs	Perl	Aktion
.	•	•	•	•	•	•	•	•	•	Paßt auf jedes Zeichen.
*	•	•	•	•	•	•	•	•	•	Paßt auf beliebig viele vorher angegebene Zeichen.
^	•	•	•	•	•	•	•	•	•	Paßt auf einen Zeilenanfang.
$	•	•	•	•	•	•	•	•	•	Paßt auf ein Zeilenende.
\	•	•	•	•	•	•	•	•		Hebt die Sonderbedeutung des folgenden Zeichens auf.
[ ]	•	•	•	•	•	•	•	•	•	Paßt auf ein Zeichen aus einem Bereich oder einer Menge.
\(\)	•	•		•				•	•	Speichert den Text, auf den ein Muster paßt, zur späteren Wiederverwendung.
{ }					•	•			•	Paßt auf eine bestimmte Anzahl von Instanzen.
\{ \}	•			•			•			Paßt auf eine bestimmte Anzahl von Instanzen.
\< \>		•	•					•		Paßt auf einen Wortanfang oder ein Wortende.

Symbol	ed	ex	vi	sed	awk	grep	egrep	Emacs	Perl	Aktion
+					•	•	•	•	•	Paßt auf eines oder mehrere der vorher angegebenen Zeichen.
?					•	•	•	•	•	Paßt auf keines oder eines der vorher angegebenen Zeichen.
|					•		•	•	•	Trennt Auswahlmöglichkeiten.
( )					•		•	•	•	Gruppiert Auswahlmöglichkeiten.

In **ed**, **ex** und **sed** muß sowohl ein Suchmuster (links) als auch ein Ersetzungsmuster (rechts) angegeben werden. In **Emacs** und **Perl** werden Ersetzungsmuster je nach verwendetem Befehl angegeben oder nicht. Die Metazeichen in dieser Tabelle sind nur sinnvoll in Suchmustern.

In **ed**, **ex**, **sed**, **Emacs** und **Perl** stehen die folgenden zusätzlichen Metazeichen zur Verfügung, die nur in Ersetzungsmustern erlaubt sind:

Symbol	ex	sed	ed	Emacs	Perl	Aktion
`\`	•	•	•	•		Hebt die Sonderbedeutung des folgenden Zeichens auf.
`\`*n*	•	•	•	•	•	Setzt einen vorher mit \(\) abgespeicherten Text ein (das, worauf das Suchmuster paßte).
`&`	•	•				Verwendet das vorhergehende Suchmuster noch einmal.
`~`	•					Verwendet das vorhergehende Ersetzungsmuster noch einmal.
`\u \U`	•				•	Ändert alle Kleinbuchstaben in Großbuchstaben.
`\l \L`	•				•	Ändert alle Großbuchstaben in Kleinbuchstaben.
`\E`	•				•	Hebt ein vorhergehendes **\U** oder **\L** wieder auf.
`\e`	•				•	Hebt ein vorhergehendes **\u** oder **\l** wieder auf.

Metazeichen

Die folgenden Zeichen haben nur in Suchmustern eine gesonderte Bedeutung:

`.` Paßt auf *genau ein* beliebiges Zeichen, außer auf einen Zeilenwechsel.

`*` Paßt auf beliebig viele Vorkommen (auch gar keines) des unmittelbar davorstehenden Zeichens. Das davorstehende Zeichen kann wiederum ein regulärer Ausdruck sein; so bezeichnet z.B. `.` (Punkt) ein beliebiges Zeichen und `.*` „beliebig viele beliebige Zeichen" (außer Zeilenvorschübe).

`^` Der folgende reguläre Ausdruck muß am Zeilenanfang passen.

`$` Der vorhergehende reguläre Ausdruck muß am Zeilenende passen.

[ ] Paßt auf jedes der in den eckigen Klammern stehenden Zeichen.

Ein Bindestrich bezeichnet eine Reihe von aufeinanderfolgenden Zeichen. Wenn ein Zirkumflex als erstes Zeichen steht, wird die Bedeutung umgedreht, und der reguläre Ausdruck paßt auf jedes Zeichen, das *nicht* in den eckigen Klammern zu finden ist. Ein Bindestrich oder eine schließende eckige Klammer als erstes Zeichen werden als Listenelement aufgefaßt, alle anderen Zeichen an jeder beliebigen Position ohnehin.

[^] Paßt nicht auf das oder die enthaltene(n) Zeichen.

\{*n*,*m*\} Paßt auf eine bestimmte Anzahl von unmittelbar vorhergehenden Zeichen, wobei es sich wiederum um reguläre Ausdrücke handeln darf. Die erlaubte Anzahl ergibt sich aus den Zahlen innerhalb der geschweiften Klammern: \{*n*\} paßt auf genau *n* Vorkommen, \{*n*,\} paßt auf mindestens *n* Vorkommen und \{*n*,*m*\} auf jede Anzahl von Vorkommen zwischen *n* und *m*. *n* und *m* müssen zwischen 0 und 256 einschließlich liegen.

\ Abschalten der Sonderbedeutung des folgenden Zeichens.

\(\) Abspeichern des vom Muster zwischen den Klammern abgedeckten Textes in einer gesonderten Zwischenablage. Pro Zeile können bis zu neun Textteile gespeichert werden. Sie können in Ersetzungsmustern mit den Escape-Sequenzen \1 bis \9 wieder eingesetzt werden.

\< \> Paßt auf Wortanfänge (\<) und -enden (\>).

+ Paßt auf einen oder mehrere der vorhergehenden regulären Ausdrücke.

? Paßt auf keinen oder einen der vorherigen regulären Ausdrücke.

| Paßt auf einen der vor und nach dem Strich angegebenen regulären Ausdrücke.

( ) Gruppiert reguläre Ausdrücke.

Die folgenden Zeichen haben nur in Ersetzungsmustern eine Sonderbedeutung:

\ Abschalten der Sonderbedeutung für das folgende Zeichen.

n Einsetzen des *n*-ten mit \(und \) abgespeicherten Textes. *n* ist eine Zahl zwischen 1 und 9, wobei 1 den am weitesten links stehenden Ausdruck bezeichnet.

& Verwendet das Suchmuster als Teil des Ersetzungsmusters.

~ Verwendet das vorhergehende Ersetzungsmuster als Teil des jetzigen Ersetzungsmusters.

\u Ändert das erste Zeichen des Ersetzungsmusters in einen Großbuchstaben.

\U Ändert sämtliche Kleinbuchstaben im Ersetzungsmuster in Großbuchstaben.

\l Ändert das erste Zeichen des Ersetzungsmusters in einen Kleinbuchstaben.

\L Ändert sämtliche Großbuchstaben im Ersetzungsmuster in Kleinbuchstaben.

Beispiele zum Suchen

Wenn reguläre Ausdrücke mit **grep**, **egrep** oder **Emacs Lisp** verwendet werden, müssen sie in Anführungszeichen stehen. (Wenn das Suchmuster ein $-Zeichen enthält, müssen Sie einfache Anführungszeichen verwenden, wie z.B. *'Muster'*.) Bei Verwendung mit **ed**, **ex**, **sed**, **awk** und **Perl** werden die regulären Ausdrücke üblicherweise in /-Zeichen eingeschlossen, aber jedes andere Trennzeichen funktioniert auch. Einige Beispiele für Suchmuster:

Suchmuster	Paßt auf
Tiger	Die Zeichenkette *Tiger*.
^Tiger	*Tiger* am Zeilenanfang.
Tiger$	*Tiger* am Zeilenende.
^Tiger$	*Tiger* ist das einzige Wort auf der Zeile.
[tT]iger	*Tiger* oder *tiger*.
T[aeiou]ger	Der zweite Buchstabe ist ein Vokal.
T[^aeiou]ger	Der zweite Buchstabe ist ein Konsonant, Großbuchstabe oder Symbol.
T.ger	Der zweite Buchstabe ist ein beliebiges Zeichen (außer einem Zeilenwechsel).
^...$	Jede Zeile, die genau drei Zeichen enthält.
^\.	Jede Zeile, die mit einem Punkt beginnt.
^\.[a-z][a-z]	Desgleichen, gefolgt von zwei Kleinbuchstaben (z.B. troff-Requests).
^\.[a-z]\{2\}	Desgleichen, aber nur in **grep** und **sed** möglich.
^[^.]	Jede Zeile, die nicht mit einem Punkt beginnt.
Tiger*	*Tiger*, *Tigerin*, *Tigerhöhle* etc.
"Wort"	Ein Wort in doppelten Anführungsstrichen.
"*Wort"*	Ein Wort mit oder ohne doppelte(n) Anführungsstriche(n).
[A-Z][A-Z]*	Ein oder mehrere Großbuchstabe(n).
[A-Z]+	Desgleichen, aber nur in **egrep** und **awk** möglich.
[A-Z].*	Ein Großbuchstabe, gefolgt von beliebig vielen (auch null) Zeichen.
[A-Z]*	Beliebig viele (auch null) Großbuchstaben.
[a-zA-Z]	Ein beliebiger Buchstabe.
[0-9A-Za-z]*	Jede alphanumerische Zeichenfolge.

<table>
<tr><th>egrep- oder awk-Suchmuster</th><th>Paßt auf</th></tr>
<tr><td>[567]</td><td>Eine der Ziffern 5, 6 oder 7</td></tr>
<tr><td>fuenf|sechs|sieben</td><td>Eines der Wörter fünf, sechs oder sieben</td></tr>
<tr><td>80[23]?86</td><td>8086, 80286 oder 80386</td></tr>
<tr><td>Bab(y|ies)</td><td>Baby oder Babies</td></tr>
</table>

ex- oder vi-Suchmuster	Paßt auf
\<Ball	Wörter wie *Ballhaus* oder *Ball*
und\>	Wörter wie *Hintergrund* oder *und*
\<Tiger\>	Das Wort *Tiger*

sed- oder grep-Suchmuster	Paßt auf
0\{5,\}	Fünf oder mehr Nullen hintereinander
[0-9]\{3\}-[0-9]\{3\}-[0-9]\{2\}	Bankleitzahl (*nnn-nnn-nn*)

Beispiele zum Suchen und Ersetzen

Die folgenden Beispiele demonstrieren die in **sed** und **ex** — und teilweise auch in **Perl** und **Emacs** — zur Verfügung stehenden Metazeichen zum Suchen und Ersetzen. Beachten Sie bitte, daß **ex**-Befehle mit einem Doppelpunkt beginnen. Ein Leerzeichen wird durch □, ein Tabulatorzeichen durch *tab* dargestellt.

Befehl	Ergebnis
`s/.*/(&)/`	Ganze Zeile wiedergeben, aber in runde Klammern eingeschlossen.
`s/.*/mv & &.alt/`	Ändern einer Wortliste (ein Wort pro Zeile) in **mv**-Befehle.
`/^$/d`	Leerzeilen löschen.
`:g/^$/d`	Desgleichen, in **ex**.
`/^[□`*tab*`]*$/d`	Leerzeilen und solche, die nur Leer- oder Tabulatorzeichen enthalten, löschen.
`:g/^[□`*tab*`]*$/d`	Desgleichen, in **ex**.
`s/□□*/□/g`	Mehrere Leerzeichen zu einem einzigen komprimieren.
`:%s/□□*/□/g`	Desgleichen, in **ex**.
`:s/[0-9]/Position &:/`	Ziffer in Positionsbeschriftung (auf der aktuellen Zeile) umwandeln.
`:s`	Erste Ersetzung wiederholen.
`:&`	Desgleichen.
`:sg`	Desgleichen, aber für alle Vorkommen auf einer Zeile.
`:&g`	Desgleichen.
`:%&g`	Ersetzung global wiederholen.
`:.,$s/Prolog/\U&/g`	Wort von der aktuellen bis zur letzten Zeile in Großbuchstaben umwandeln.
`:%s/.*/\L&/`	Alle Großbuchstaben in der Datei in Kleinbuchstaben umwandeln.
`:s/\<./\u&/g`	Ersten Buchstaben jedes Wortes auf der aktuellen Zeile in Großbuchstaben umwandeln (nützlich für Überschriften).
`:%s/Ja/Nein/g`	Global ein Wort (`Ja`) durch ein anderes (`Nein`) ersetzen.
`:%s/Ja/~/g`	Global ein anderes Wort durch `Nein` ersetzen (vorherige Ersetzung).

Zum Schluß noch ein paar **sed**-Beispiele, wie man Wörter vertauschen kann. Eine einfache Lösung könnte so aussehen:

```
s/essen oder trinken/trinken oder essen/          Wörter vertauschen
```

Viel cleverer ist es aber, einen Zwischen-Buffer zu verwenden, wie z.B.:

```
s/\([Ee]ssen\) oder \([Tt]rinken\)/\2 oder \1/    Vertauschen mit Zwischen-Buffern
```

KAPITEL 7

Der Editor Emacs

In diesem Kapitel werden die folgenden Punkte behandelt:

- Einführung
- Typische Probleme
- Emacs-Befehlsübersicht nach Gruppen sortiert
- Emacs-Befehlsübersicht nach Tastenkombinationen sortiert
- Emacs-Befehlsübersicht nach Befehlsnamen sortiert

Einführung

Emacs gibt es in vielen verschiedenen Versionen; dieses Buch beschreibt GNU-Emacs von der Free Software Foundation. Mehr Informationen zu GNU-Emacs finden Sie in *Learning GNU Emacs*, zweite Auflage, von Debra Cameron, Bill Rosenblatt und Eric Raymond.

Emacs wird aufgerufen mit dem Befehl:

emacs [*Datei(en)*]

Auf manchen Rechnern wird GNU auch durch Eingabe von **gmacs** anstelle von **emacs** aufgerufen.

Typische Probleme

Ein mitunter auftretendes Problem besteht darin, daß die Entf- oder Backspace-Taste nicht das Zeichen vor dem Cursor löscht wie geplant. Dies liegt an einem inkompatiblen, weil falsch eingestellten Terminal. Eine in vielen Fällen anwendbare Lösung besteht darin, eine Datei namens *.emacs* in Ihrem Home-Verzeichnis anzulegen (oder eine zu bearbeiten, die bereits vorhanden ist) und dort die folgenden Zeilen einzugeben:

```
(keyboard-translate ?\C-h ?\C-?)
(keyboard-translate ?\C-\\ ?\C-h)
```

Jetzt sollte das Löschen mit der Entf- und der Backspace-Taste funktionieren. Die Hilfe kann nun mit C-\, einer willkürlich ausgewählten Tastenkombination, aufgerufen werden.

Ein weiteres potentielles Problem besteht darin, daß die Tastenkombination C-s auf manchen Terminals die Datenübertragung zum angeschlossenen Rechner anhält — ein Relikt eines altertümlichen Protokolls zur Synchronisierung zwischen Terminal und Rechner. Die Verbindung kann zwar mit C-q wieder aktiviert werden, aber damit können Sie immer noch keine Befehle eingeben, deren Tastenkombination C-s enthält. Die einzige Lösung (abgesehen natürlich von der Verwendung modernerer Kommunikationsmethoden) liegt darin, neue Tastenkombinationen anzulegen, die kein C-s enthalten.

Bemerkungen zu den Tabellen

Emacs-Befehle verwenden die STRG- und die Meta-Taste. Auf vielen modernen Tastaturen gibt es eine Alt-Taste, die als Meta-Taste dient. In diesem Abschnitt bedeutet die Notation C-, daß die STRG-Taste zusammen mit der folgenden Taste gedrückt werden muß. Gleiches gilt für M- und die Meta-Taste. Anstelle von Meta können Sie aber auch auf die Escape-Taste drücken, sie wieder loslassen und danach auf die folgende Taste drücken.

In den folgenden Befehlstabellen gibt die erste Spalte die Tastenkombination und die letzte Spalte die ausgeführte Aktion an. Wenn es eine mittlere Spalte gibt, enthält sie den Namen des Befehls. Dieser Befehl kann auch durch Eingabe von M-x, gefolgt vom Befehlsnamen, ausgeführt werden. Wenn Sie unsicher in bezug auf den Namen sind, können Sie auch auf die Tabulator-, die Return- oder die Leertaste drücken. Emacs zeigt dann alle Befehle an, die mit den bereits eingegebenen Zeichen beginnen.

Weil Emacs so ein mächtiger und funktionsreicher Editor ist, der über Hunderte von Befehlen verfügt, können wir hier nicht alle Befehle aufführen, wenn das Buch den Charakter einer Kurzreferenz behalten soll. Sie können durch die verfügbaren Befehle mit C-h (Hilfe) oder M-x (Befehlsnamen) blättern.

Absolut notwendige Befehle

Wenn Sie gerade anfangen, sich in Emacs einzuarbeiten, finden Sie in dieser kurzen Liste die wichtigsten Befehle:

Bindung	Aktion
C-h	Online-Hilfe-System aufrufen.
C-x C-s	Datei (genauer: Buffer) speichern.
C-x C-c	Emacs beenden.
C-x u	Letzten Editierbefehl rückgängig machen (kann auch wiederholt verwendet werden).
C-g	Aktuelle Operation abbrechen.
C-p	Eine Zeile nach oben bewegen.
C-n	Eine Zeile nach unten bewegen.
C-f	Ein Zeichen nach rechts bewegen.
C-b	Ein Zeichen nach links bewegen.

Bindung	Aktion
C-v	Einen Bildschirm nach vorn blättern.
M-v	Einen Bildschirm zurückblättern.
C-s	Inkrementelle Suche.
C-d	Zeichen unter dem Cursor löschen.
Entf	Zeichen unter dem Cursor löschen.
Backspace	Zeichen links vom Cursor löschen.

Befehlsübersicht nach Gruppen sortiert

Zur Erinnerung: Die Tabellen führen die Tastenkombination, den Befehlsnamen und eine Beschreibung der ausgeführten Aktion auf. C- bezeichnet die STRG-Taste, M- die Meta-Taste.

Befehle zur Dateibearbeitung

Bindung	Befehlsname	Aktion
C-x C-f	find-file	Datei einlesen.
C-x C-v	find-alternate-file	Eine andere Datei einlesen; ersetzt die mit C-x C-f eingelesene.
C-x i	insert-file	Datei an der Cursor-Position einfügen.
C-x C-s	save-buffer	Datei speichern.
C-x C-w	write-file	Bufferinhalt in eine Datei schreiben.
C-x C-c	save-buffers-kill-emacs	Emacs beenden.
C-z	suspend-emacs	Emacs unterbrechen (kann mit **exit** oder **fg** wieder aktiviert werden).

Befehle zur Cursor-Positionierung

Bindung	Befehl	Aktion
C-f	forward-char	Cursor ein Zeichen vorwärts (nach rechts) bewegen.
C-b	backward-char	Cursor ein Zeichen rückwärts (nach links) bewegen.
C-p	previous-line	Cursor eine Zeile rückwärts (nach oben) bewegen.
C-n	next-line	Cursor eine Zeile vorwärts (nach unten) bewegen.
M-f	forward-word	Cursor ein Wort vorwärts bewegen.
M-b	backward-word	Cursor ein Wort rückwärts bewegen.
C-a	beginning-of-line	Cursor an den Zeilenanfang bewegen.
C-e	end-of-line	Cursor an das Zeilenende bewegen.
M-a	backward-sentence	Cursor einen Satz rückwärts bewegen.
M-e	forward-sentence	Cursor einen Satz vorwärts bewegen.
M-{	backward-paragraph	Cursor einen Absatz rückwärts bewegen.
M-}	forward-paragraph	Cursor einen Absatz vorwärts bewegen.
C-v	scroll-up	Cursor eine Bildschirmseite nach unten (!) bewegen.
M-v	scroll-down	Cursor eine Bildschirmseite nach oben (!) bewegen.
C-x [	backward-page	Cursor eine Seite rückwärts bewegen.
C-x]	forward-page	Cursor eine Seite vorwärts bewegen.
M->	end-of-buffer	Cursor zum Bufferende bewegen.
M-<	beginning-of-buffer	Cursor zum Bufferanfang bewegen.

Bindung	Befehl	Aktion
(keine)	goto-line	Cursor zur Zeile *n* bewegen.
(keine)	goto-char	Cursor zum Zeichen *n* bewegen.
C-l	recenter	Bildschirm so neu zeichnen, daß die aktuelle Zeile in der Bildschirmmitte liegt.
M-*n*	digit-argument	Nächsten Befehl *n*-mal ausführen.
C-u *n*	universal-argument	Nächsten Befehl *n*-mal ausführen.

Befehle zum Löschen

Bindung	Befehl	Aktion
Entf	backward-delete-char	Zeichen links vom Cursor löschen.
C-d	delete-char	Zeichen unter dem Cursor löschen.
M-Entf	backward-kill-word	Vorhergehendes Wort löschen.
M-d	kill-word	Wort unter dem Cursor löschen.
C-k	kill-line	Alles von der Cursor-Position bis zum Zeilenende löschen.
M-k	kill-sentence	Satz, in dem sich der Cursor befindet, löschen.
C-x Entf	backward-kill-sentence	Vorhergehenden Satz löschen.
C-y	yank	Gelöschten Text zurückholen.
C-w	kill-region	Markierten Bereich löschen (siehe nächsten Abschnitt).
(keine)	backward-kill-paragraph	Vorhergehenden Absatz löschen.
(keine)	kill-paragraph	Alles von der Cursor-Position bis zum Ende des Absatzes löschen.

Absätze und Regionen

Bindung	Befehl	Aktion
C-@	set-mark-command	Anfang oder Ende einer Region markieren.
C-SPACE	(wie davor)	(wie davor)
C-x C-p	mark-page	Seite markieren.
C-x C-x	exchange-point-and-mark	Positionen des Cursors und der Markierung vertauschen.
C-x h	mark-whole-buffer	Buffer markieren.
M-q	fill-paragraph	Absatz neu formatieren.
M-g	fill-region	Region neu formatieren.
M-h	mark-paragraph	Absatz markieren.
M-{	backward-paragraph	Cursor einen Absatz rückwärts bewegen.
M-}	forward-paragraph	Cursor einen Absatz vorwärts bewegen.
(keine)	backward-kill-paragraph	Vorhergehenden Absatz löschen.
(keine)	kill-paragraph	Alles von der Cursor-Position bis zum Absatzende löschen.

Abbrechen und Rückgängigmachen von Befehlen

Bindung	Befehl	Aktion
C-g	keyboard-quit	Aktuellen Befehl abbrechen.
C-x u	advertised-undo	Letzten Editiervorgang rückgängig machen (kann auch wiederholt verwendet werden).

Bindung	Befehl	Aktion
(keine)	revert-buffer	Buffer wieder in den Zustand versetzen, in dem er sich befand, als die Datei das letztemal (auch automatisch) gespeichert wurde.

Vertauschungsbefehle

Bindung	Befehl	Aktion
C-t	transpose-chars	Zwei Zeichen vertauschen.
M-t	transpose-words	Zwei Wörter vertauschen.
C-x C-t	transpose-lines	Zwei Zeilen vertauschen.
(keine)	transpose-sentences	Zwei Sätze vertauschen.
(keine)	transpose-paragraphs	Zwei Absätze vertauschen.

Groß-/Kleinschreibungsbefehle

Bindung	Befehl	Aktion
M-c	capitalize-word	Ersten Buchstaben eines Wortes groß schreiben.
M-u	upcase-word	Ganzes Wort in Großbuchstaben schreiben.
M-l	downcase-word	Ganzes Wort in Kleinbuchstaben schreiben.
M- – M-c	negatives Argument; capitalize-word	Ersten Buchstaben des vorhergehenden Wortes groß schreiben.
M- – M-u	negatives Argument; upcase-word	Ganzes vorhergehendes Wort in Großbuchstaben schreiben.
M- – M-l	negatives Argument; downcase-word	Ganzes vorhergehendes Wort in Kleinbuchstaben schreiben.
(keine)	capitalize-region	Alle Initialbuchstaben der Region groß schreiben.
C-x C-u	upcase-region	Ganze Region in Großbuchstaben schreiben.
C-x C-l	downcase-region	Ganze Region in Kleinbuchstaben schreiben.

Befehle zum inkrementellen Suchen

Bindung	Befehl	Aktion
C-s	isearch-forward	Vorwärts gerichtete inkrementelle Suche beginnen oder wiederholen.
C-r	isearch-backward	Rückwärts gerichtete inkrementelle Suche beginnen oder wiederholen.
Return	(keiner)	Erfolgreiche Suche beenden.
C-g	keyboard-quit	Inkrementelle Suche abbrechen; zum Ausgangspunkt zurückkehren.
Entf	(keiner)	Falsches Zeichen des Suchwortes löschen.
M-C-r	isearch-backward-regex	Rückwärts gerichtete inkrementelle Suche nach regulären Ausdrücken.
M-C-s	isearch-forward-regex	Vorwärts gerichtete inkrementelle Suche nach regulären Ausdrücken.

Wort-Abkürzungsbefehle

Bindung	Befehl	Aktion
(keine)	abbrev-mode	Wort-Abkürzungsmodus starten oder beenden.
C-x -	inverse-add-global-abbrev	Globale Abkürzung und ihre Definition eingeben.
C-x C-h	inverse-add-local-abbrev	Lokale Abkürzung und ihre Definition eingeben.
(keine)	unexpand-abbrev	Letzte Wort-Abkürzung rückgängig machen.
(keine)	write-abbrev-file	Wort-Abkürzungsdatei speichern.
(keine)	edit-abbrevs	Wort-Abkürzungen editieren.
(keine)	list-abbrevs	Wort-Abkürzungen anzeigen.
(keine)	kill-all-abbrevs	Alle Wort-Abkürzungen für die Dauer dieser Sitzung löschen.

Buffer-Manipulationsbefehle

Bindung	Befehl	Aktion
C-x b	switch-to-buffer	Zum angegebenen Buffer wechseln.
C-x C-b	list-buffers	Bufferliste anzeigen.
C-x k	kill-buffer	Buffer löschen.
(keine)	kill-some-buffers	Für jeden Buffer fragen, ob er gelöscht werden soll.
(keine)	rename-buffer	Buffer umbenennen.
C-x s	save-some-buffers	Für jeden Buffer fragen, ob er gespeichert werden soll.

Fensterbefehle

Bindung	Befehl	Aktion
C-x 2	split-window-vertically	Fenster vertikal in zwei aufteilen.
C-x 3	split-window-horizontally	Fenster horizontal in zwei aufteilen.
C-x >	scroll-right	Fenster nach rechts scrollen.
C-x <	scroll-left	Fenster nach links scrollen.
C-x o	other-window	Zum anderen Fenster wechseln.
C-x 0	delete-window	Aktuelles Fenster löschen.
C-x 1	delete-other-windows	Alle Fenster außer dem aktuellen löschen.
(keine)	delete-windows-on	Alle zu einem bestimmten Buffer gehörenden Fenster löschen.
C-x ^	enlarge-window	Fenster vergrößern.
(keine)	shrink-window	Fenster verkleinern.
C-x }	enlarge-window-horizontally	Fenster verbreitern.
C-x {	shrink-window-horizontally	Fenster schmaler machen.
M-C-v	scroll-other-window	Anderes Fenster scrollen.
C-x 4 f	find-file-other-window	Datei laden und im anderen Fenster anzeigen.
C-x 4 b	switch-to-buffer-other-window	Buffer im anderen Fenster auswählen.
(keine)	compare-windows	Zwei Buffer vergleichen; ersten Unterschied anzeigen.

Besondere Zeichen im Shell-Modus

Bindung	Befehl	Aktion
C-c C-c	interrupt-shell-subjob	Aktuellen Job abbrechen.
C-c C-d	shell-send-eof	Dateiendezeichen.
C-c C-u	kill-shell-input	Aktuelle Zeile löschen.
C-c C-w	backward-kill-word	Vorhergehendes Wort löschen.
C-c C-z	stop-shell-subjob	Aktuellen Job unterbrechen.

Einrückbefehle

Bindung	Befehl	Aktion
C-x .	set-fill-prefix	Jeder Zeile des Absatzes — vom Zeilenanfang bis zur aktuellen Cursor-Spalte — Zeichen voranstellen. Wird durch Ausführung dieses Befehls mit dem Cursor in Spalte 1 gelöscht.
(keine)	indented-text-mode	Major-Mode. Jeder Tabulator definiert eine neue Einrückung für die folgenden Zeilen.
(keine)	text-mode	Indented-text-mode verlassen und zum normalen Text-Modus zurückkehren.
M-C-\	indent-region	Region so einrücken, daß sie zur ersten Zeile der Region paßt.
M-m	back-to-indentation	Cursor auf das erste Zeichen der Zeile setzen.
M-C-o	split-line	Zeile an der Cursor-Position umbrechen; bis zur Cursor-Spalte einrücken.
(keine)	fill-individual-paragraphs	Eingerückte Absätze neu formatieren; Einrückungen beibehalten.

Zentrierungsbefehle

Bindung	Befehl	Aktion
M-s	center-line	Aktuelle Zeile zentrieren.
(keine)	center-paragraph	Aktuellen Absatz zentrieren.
(keine)	center-region	Aktuelle Region zentrieren.

Makrobefehle

Bindung	Befehl	Aktion
C-x (	start-kbd-macro	Makrodefinition anfangen.
C-x)	end-kbd-macro	Makrodefinition beenden.
C-x e	call-last-kbd-macro	Zuletzt definiertes Makro ausführen.
M-*n* C-x e	numerisches Argument call-last-kbd-macro	Zuletzt definiertes Makro *n*-mal ausführen.
C-u C-x (	start-kbd-macro	Zuletzt definiertes Makro ausführen, danach weitere Tasteneingaben hinzufügen.
(keine)	name-last-kbd-macro	Zuletzt angelegtes Makro benennen (vor dem Abspeichern).

Bindung	Befehl	Aktion
(keine)	insert-last-keyboard-macro	Benanntes Makro in eine Datei einfügen.
(keine)	load-file	Gespeicherte Makros laden.
(keine)	*macroname*	Gespeichertes Makro ausführen.
C-x q	kbd-macro-query	Abfrage in Makrodefinition einfügen.
C-u C-x q	(keiner)	Rekursives Editieren in einer Makrodefinition starten.
M-C-c	exit-recursive-edit	Rekursives Editieren beenden.

Detaillierte Hilfefunktionen

Bindung	Befehl	Aktion
C-h a	command-apropos	Welche Befehle gibt es zu diesem Stichwort?
(keine)	apropos	Welche Befehle, Funktionen und Variablen gibt es zu diesem Stichwort?
C-h c	describe-key-briefly	Welcher Befehl wird durch diese Tastenkombination ausgeführt?
C-h b	describe-bindings	Welche Tastenbindungen gibt es für diesen Buffer?
C-h k	describe-key	Welchen Befehl führt diese Tastenkombination aus, und was macht er?
C-h l	view-lossage	Was waren die letzten hundert eingegebenen Zeichen?
C-h w	where-is	Wie lautet die Tastenbindung für diesen Befehl?
C-h f	describe-function	Was macht diese Funktion?
C-h v	describe-variable	Was bedeutet diese Variable, und wie lautet ihr Wert?
C-h m	describe-mode	Ausgabe einer Beschreibung des aktuellen Modus.
C-h s	describe-syntax	Wie lautet die Syntaxtabelle dieses Buffers?

Hilfebefehle

Bindung	Befehl	Aktion
C-h t	help-with-tutorial	Starten des Emacs-Lernprogramms.
C-h i	info	Starten des Leseprogramms für Info-Dateien.
C-h n	view-emacs-news	Anzeigen von Neuigkeiten über neue Emacs-Versionen.
C-h C-c	describe-copying	Anzeige der Emacs General Public License.
C-h C-d	describe-distribution	Informationen, wie Emacs von der FSF bestellt werden kann.
C-h C-w	describe-no-warranty	Informationen über die (nicht vorhandene) Garantie von Emacs.

Befehlszusammenfassung nach Tastenkombinationen

Die nächsten beiden alphabetischen Listen nennen eine Reihe von Emacs-Befehlen, jeweils mit Tastaturbindung, Befehlsname und Aktion. C- bezeichnet die STRG-, M- die Meta-Taste.

Tastenkombinationen mit STRG

Bindung	Befehl	Aktion
C-@	set-mark-command	Anfang (oder Ende) der Region markieren.
C-SPACE	(wie davor)	(wie davor)

Bindung	Befehl	Aktion
C-a	beginning-of-line	Cursor an den Zeilenanfang bewegen.
C-b	backward-char	Cursor ein Zeichen rückwärts (nach links) bewegen.
C-c C-c	interrupt-shell-subjob	Aktuellen Job abbrechen.
C-c C-d	shell-send-eof	Dateiendezeichen.
C-c C-u	kill-shell-input	Aktuelle Zeile löschen.
C-c C-w	backward-kill-word	Vorhergehendes Wort löschen.
C-c C-z	stop-shell-subjob	Aktuellen Job unterbrechen.
C-d	delete-char	Zeichen unter dem Cursor löschen.
C-e	end-of-line	Cursor an das Zeilenende bewegen.
C-f	forward-char	Cursor ein Zeichen vorwärts (nach rechts) bewegen.
C-g	keyboard-quit	Aktuellen Befehl abbrechen.
C-h a	command-apropos	Welche Befehle gibt es zu diesem Begriff?
C-h b	describe-bindings	Welche Tastenbindungen gibt es für diesen Buffer?
C-h C-c	describe-copying	Anzeige der Emacs General Public License.
C-h C-d	describe-distribution	Informationen, wie Emacs von der FSF bestellt werden kann.
C-h C-w	describe-no-warranty	Informationen über die (nicht vorhandene) Garantie von Emacs.
C-h c	describe-key-briefly	Welcher Befehl wird durch diese Tastenkombination ausgelöst?
C-h f	describe-function	Was macht diese Funktion?
C-h i	info	Starten des Leseprogramms für Info-Dateien.
C-h k	describe-key	Welchen Befehl führt diese Tastenkombination aus, und was macht er?
C-h l	view-lossage	Was waren die letzten hundert eingegebenen Zeichen?
C-h m	describe-mode	Ausgabe einer Beschreibung des aktuellen Modus.
C-h n	view-emacs-news	Anzeigen von Neuigkeiten über neue Emacs-Versionen.
C-h s	describe-syntax	Wie lautet die Syntaxtabelle dieses Buffers?
C-h t	help-with-tutorial	Starten des Emacs-Lernprogramms.
C-h v	describe-variable	Was bedeutet diese Variable, und wie lautet ihr Wert?
C-h w	where-is	Wie lautet die Tastenbindung für diesen Befehl?
C-k	kill-line	Alles von der Cursor-Position bis zum Zeilenende löschen.
C-l	recenter	Bildschirm so neu zeichnen, daß die aktuelle Zeile in der Bildschirmmitte liegt.
C-n	next-line	Cursor eine Zeile vorwärts (nach unten) bewegen.
C-p	previous-line	Cursor eine Zeile rückwärts (nach oben) bewegen.
C-r	isearch-backward	Rückwärts gerichtete inkrementelle Suche beginnen oder wiederholen.
C-r	(keiner)	Rekursives Editieren anfangen (während einer Suchen-und-Ersetzen-Operation).
C-s	isearch-forward	Vorwärts gerichtete inkrementelle Suche beginnen oder wiederholen.
C-t	transpose-chars	Zwei Zeichen vertauschen.
C-u *n*	universal-argument	Nächsten Befehl *n*-mal ausführen.
C-u C-x (	start-kbd-macro	Zuletzt definiertes Makro ausführen, danach weitere Tasteneingaben hinzufügen.
C-u C-x q	(keiner)	Rekursives Editieren in einer Makrodefinition.
C-v	scroll-up	Cursor eine Bildschirmseite nach unten (!) bewegen.
C-w	kill-region	Markierten Bereich löschen (siehe nächster Abschnitt).

Bindung	Befehl	Aktion
C-x (	start-kbd-macro	Makrodefinition anfangen.
C-x)	end-kbd-macro	Makrodefinition beenden.
C-x [	backward-page	Cursor eine Seite rückwärts bewegen.
C-x]	forward-page	Cursor eine Seite vorwärts bewegen.
C-x ^	enlarge-window	Fenster vergrößern.
C-x {	shrink-window-horizontally	Fenster schmaler machen.
C-x }	enlarge-window-horizontally	Fenster verbreitern.
C-x <	scroll-left	Fenster nach links scrollen.
C-x >	scroll-right	Fenster nach rechts scrollen.
C-x -	inverse-add-global-abbrev	Globale Abkürzung und ihre Definition eingeben.
C-x .	set-fill-prefix	Jeder Zeile des Absatzes — vom Zeilenanfang bis zur aktuellen Cursor-Spalte — Zeichen voranstellen. Wird durch Ausführung dieses Befehls mit dem Cursor in Spalte 1 gelöscht.
C-x 0	delete-window	Aktuelles Fenster löschen.
C-x 1	delete-other-windows	Alle Fenster außer dem aktuellen löschen.
C-x 2	split-window-vertically	Fenster vertikal in zwei aufteilen.
C-x 3	split-window-horizontally	Fenster horizontal in zwei aufteilen.
C-x 4 b	switch-to-buffer-other-window	Buffer im anderen Fenster auswählen.
C-x 4 f	find-file-other-window	Datei laden und im anderen Fenster anzeigen.
C-x b	switch-to-buffer	Zum angegebenen Buffer wechseln.
C-x C-b	list-buffers	Bufferliste anzeigen.
C-x C-c	save-buffers-kill-emacs	Emacs beenden.
C-x C-f	find-file	Datei einlesen.
C-x C-h	inverse-add-local-abbrev	Lokale Abkürzung und ihre Definition eingeben.
C-x C-l	downcase-region	Ganze Region in Kleinbuchstaben schreiben.
C-x C-p	mark-page	Seite markieren.
C-x C-s	save-buffer	Datei speichern.
C-x C-t	transpose-lines	Zwei Zeilen vertauschen.
C-x C-u	upcase-region	Ganze Region in Großbuchstaben schreiben.
C-x C-v	find-alternate-file	Eine andere Datei einlesen; ersetzt die mit C-x C-f eingelesene.
C-x C-w	write-file	Bufferinhalt in eine Datei schreiben.
C-x C-x	exchange-point-and-mark	Positionen des Cursors und der Markierung vertauschen.
C-x Entf	backward-kill-sentence	Vorhergehenden Satz löschen.
C-x e	call-last-kbd-macro	Zuletzt definiertes Makro ausführen.
C-x h	mark-whole-buffer	Buffer markieren.
C-x i	insert-file	Datei an der Cursor-Position einfügen.
C-x k	kill-buffer	Buffer löschen.
C-x o	other-window	Zum anderen Fenster wechseln.
C-x q	kbd-macro-query	Abfrage in Makrodefinition einfügen.
C-x s	save-some-buffers	Für jeden Buffer fragen, ob er gespeichert werden soll.
C-x u	advertised-undo	Letzten Editiervorgang rückgängig machen (kann auch wiederholt verwendet werden).
C-y	yank	Gelöschten Text zurückholen.

Bindung	Befehl	Aktion
C-z	suspend-emacs	Emacs unterbrechen (kann mit **exit** oder **fg** wieder aktiviert werden).

Tastenkombinationen mit Meta

Bindung	Befehl	Aktion
M- – M-c	negatives Argument; capitalize-word	Ersten Buchstaben des vorhergehenden Wortes groß schreiben.
M- – M-l	negatives Argument; downcase-word	Ganzes vorhergehendes Wort in Kleinbuchstaben schreiben.
M- – M-u	negatives Argument; upcase-word	Ganzes vorhergehendes Wort in Großbuchstaben schreiben.
M-$	spell-word	Rechtschreibung des Wortes nach dem Cursor überprüfen.
M-<	beginning-of-buffer	Cursor zum Bufferanfang bewegen.
M->	end-of-buffer	Cursor zum Bufferende bewegen.
M-{	backward-paragraph	Cursor einen Absatz rückwärts bewegen.
M-}	forward-paragraph	Cursor einen Absatz vorwärts bewegen.
M-^	delete-indentation	Aneinanderhängen dieser und der vorhergehenden Zeile.
M-*n*	digit-argument	Nächsten Befehl *n*-mal ausführen.
M-*n* C-x e	digit argument und call-last-kbd-macro	Zuletzt definiertes Makro *n*-mal ausführen.
M-a	backward-sentence	Cursor einen Satz rückwärts bewegen.
M-b	backward-word	Cursor ein Wort rückwärts bewegen.
M-C-\	indent-region	Region so einrücken, daß sie zur ersten Zeile der Region paßt.
M-C-c	exit-recursive-edit	Rekursives Editieren beenden.
M-C-o	split-line	Zeile an der Cursor-Position umbrechen; bis zur Cursor-Spalte einrücken.
M-C-r	isearch-backward-regex	Rückwärts gerichtete inkrementelle Suche nach regulären Ausdrücken.
M-C-s	isearch-forward-regex	Vorwärts gerichtete inkrementelle Suche nach regulären Ausdrücken.
M-C-v	scroll-other-window	Anderes Fenster scrollen.
M-c	capitalize-word	Ersten Buchstaben eines Wortes groß schreiben.
M-d	kill-word	Wort unter dem Cursor löschen.
M-Entf	backward-kill-word	Vorhergehendes Wort löschen.
M-e	forward-sentence	Cursor einen Satz vorwärts bewegen.
M-f	forward-word	Cursor ein Wort vorwärts bewegen.
M-g	fill-region	Region neu formatieren.
M-h	mark-paragraph	Absatz markieren.
M-k	kill-sentence	Satz, in dem sich der Cursor befindet, löschen.
M-l	downcase-word	Ganzes Wort in Kleinbuchstaben schreiben.
M-m	back-to-indentation	Cursor auf das erste Zeichen der Zeile setzen.
M-q	fill-paragraph	Absatz neu formatieren.
M-s	center-line	Aktuelle Zeile zentrieren.
M-t	transpose-words	Zwei Wörter vertauschen.
M-u	upcase-word	Ganzes Wort in Großbuchstaben schreiben.

Bindung	Befehl	Aktion
M-v	scroll-down	Cursor eine Bildschirmseite nach oben (!) bewegen.
M-x	(keiner)	Befehl über den Befehlsnamen aufrufen.

Befehlsübersicht nach Befehlsnamen sortiert

Die nachstehenden Emacs-Befehle sind in alphabetischer Reihenfolge geordnet. Mit M-x kann ein Befehl über seinen Namen aufgerufen werden. Die Tabellen geben jeweils den Befehlsnamen, die Tastenkombination und die ausgeführte Aktion an. C- bezeichnet die STRG-, M- die Meta-Taste.

Befehl	Bindung	Aktion
macroname	(keine)	Gespeichertes Makro ausführen.
abbrev-mode	(keine)	Wort-Abkürzungsmodus starten oder beenden.
advertised-undo	C-x u	Letzten Editiervorgang rückgängig machen (kann auch wiederholt verwendet werden).
apropos	(keine)	Welche Befehle, Funktionen und Variablen gibt es zu diesem Stichwort?
back-to-indentation	M-m	Cursor auf das erste Zeichen der Zeile setzen.
backward-char	C-b	Cursor ein Zeichen rückwärts (nach links) bewegen.
backward-delete-char	Entf	Zeichen links vom Cursor löschen.
backward-kill-paragraph	(keine)	Vorhergehenden Absatz löschen.
backward-kill-sentence	C-x Entf	Vorhergehenden Satz löschen.
backward-kill-word	C-c C-w	Vorhergehendes Wort löschen.
backward-kill-word	M-Entf	Vorhergehendes Wort löschen.
backward-page	C-x [	Cursor eine Seite rückwärts bewegen.
backward-paragraph	M-{	Cursor einen Absatz rückwärts bewegen.
backward-sentence	M-a	Cursor einen Satz rückwärts bewegen.
backward-word	M-b	Cursor ein Wort rückwärts bewegen.
beginning-of-buffer	M-<	Cursor zum Bufferanfang bewegen.
beginning-of-line	C-a	Cursor an den Zeilenanfang bewegen.
call-last-kbd-macro	C-x e	Zuletzt definiertes Makro ausführen.
capitalize-region	(keine)	Alle Initialbuchstaben der Region groß schreiben.
capitalize-word	M-c	Ersten Buchstaben eines Wortes groß schreiben.
negatives Argument; capitalize-word	M- – M-c	Ersten Buchstaben des vorhergehenden Wortes groß schreiben.
center-line	M-s	Aktuelle Zeile zentrieren.
center-paragraph	(keine)	Aktuellen Absatz zentrieren.
center-region	(keine)	Aktuelle Region zentrieren.
command-apropos	C-h a	Welche Befehle gibt es zu diesem Stichwort?
compare-windows	(keine)	Zwei Buffer vergleichen; ersten Unterschied anzeigen.
delete-char	C-d	Zeichen unter dem Cursor löschen.
delete-indentation	M-^	Diese und die vorhergehende Zeile zu einer zusammenfassen.
delete-other-windows	C-x 1	Alle Fenster außer dem aktuellen löschen.
delete-window	C-x 0	Aktuelles Fenster löschen.
delete-windows-on	(keine)	Alle zu einem bestimmten Buffer gehörenden Fenster löschen.

Befehl	Bindung	Aktion
describe-bindings	C-h b	Welche Tastenbindungen gibt es für diesen Buffer?
describe-copying	C-h C-c	Anzeige der Emacs General Public License.
describe-distribution	C-h C-d	Informationen, wie Emacs von der FSF bestellt werden kann.
describe-function	C-h f	Was macht diese Funktion?
describe-key	C-h k	Welchen Befehl führt diese Tastenkombination aus, und was macht er?
describe-key-briefly	C-h c	Welcher Befehl wird durch diese Tastenkombination ausgeführt?
describe-mode	C-h m	Ausgabe einer Beschreibung des aktuellen Modus.
describe-no-warranty	C-h C-w	Informationen über die (nicht vorhandene) Garantie von Emacs.
describe-syntax	C-h s	Wie lautet die Syntaxtabelle dieses Buffers?
describe-variable	C-h v	Was bedeutet diese Variable, und wie lautet ihr Wert?
digit-argument	M-*n*	Nächsten Befehl *n*-mal ausführen.
downcase-region	C-x C-l	Ganze Region in Kleinbuchstaben schreiben.
downcase-word	M-l	Ganzes Wort in Kleinbuchstaben schreiben.
negatives Argument; downcase-word	M- – M-l	Ganzes vorheriges Wort in Kleinbuchstaben schreiben.
edit-abbrevs	(keine)	Wort-Abkürzungen editieren.
end-kbd-macro	C-x)	Makrodefinition beenden.
end-of-buffer	M->	Cursor zum Bufferende bewegen.
end-of-line	C-e	Cursor an das Zeilenende bewegen.
enlarge-window	C-x ^	Fenster vergrößern.
enlarge-window-horizontally	C-x }	Fenster verbreitern.
exchange-point-and-mark	C-x C-x	Positionen des Cursors und der Markierung vertauschen.
exit-recursive-edit	M-C-c	Rekursives Editieren beenden.
fill-individual-paragraphs	(keine)	Eingerückte Absätze neu formatieren; Einrückungen beibehalten.
fill-paragraph	M-q	Absatz neu formatieren.
fill-region	M-g	Region neu formatieren.
find-alternate-file	C-x C-v	Eine andere Datei einlesen; ersetzt die mit C-x C-f eingelesene.
find-file	C-x C-f	Datei einlesen.
find-file-other-window	C-x 4 f	Datei laden und im anderen Fenster anzeigen.
forward-char	C-f	Cursor ein Zeichen vorwärts (nach rechts) bewegen.
forward-page	C-x]	Cursor eine Seite vorwärts bewegen.
forward-paragraph	M-}	Cursor einen Absatz vorwärts bewegen.
forward-sentence	M-e	Cursor einen Satz vorwärts bewegen.
forward-word	M-f	Cursor ein Wort vorwärts bewegen.
goto-char	(keine)	Cursor zum Zeichen *n* bewegen.
goto-line	(keine)	Cursor zur Zeile *n* bewegen.
help-command	C-h	Aufrufen des Online-Hilfe-Systems.
help-with-tutorial	C-h t	Starten des Emacs-Lernprogramms.
indent-region	M-C-\	Region so einrücken, daß sie zur ersten Zeile der Region paßt.

Befehl	Bindung	Aktion
indented-text-mode	(keine)	Major-Mode. Jeder Tabulator definiert eine neue Einrückung für die folgenden Zeilen.
info	C-h i	Starten des Leseprogramms für Info-Dateien.
insert-file	C-x i	Datei an der Cursor-Position einfügen.
insert-last-keyboard-macro	(keine)	Benanntes Makro in eine Datei einfügen.
interrupt-shell-subjob	C-c C-c	Aktuellen Job abbrechen.
inverse-add-global-abbrev	C-x -	Globale Abkürzung und ihre Definition eingeben.
inverse-add-local-abbrev	C-x C-h	Lokale Abkürzung und ihre Definition eingeben.
isearch-backward	C-r	Rückwärts gerichtete inkrementelle Suche beginnen oder wiederholen.
isearch-backward-regex	M-C-r	Rückwärts gerichtete inkrementelle Suche nach regulären Ausdrücken.
isearch-forward	C-s	Vorwärts gerichtete inkrementelle Suche beginnen oder wiederholen.
isearch-forward-regex	M-C-s	Vorwärts gerichtete inkrementelle Suche nach regulären Ausdrücken.
kbd-macro-query	C-x q	Abfrage in Makrodefinition einfügen.
keyboard-quit	C-g	Aktuellen Befehl abbrechen.
kill-all-abbrevs	(keine)	Alle Wort-Abkürzungen für die Dauer dieser Sitzung löschen.
kill-buffer	C-x k	Buffer löschen.
kill-line	C-k	Alles von der Cursor-Position bis zum Zeilenende löschen.
kill-paragraph	(keine)	Alles von der Cursor-Position bis zum Absatzende löschen.
kill-region	C-w	Markierten Bereich löschen (siehe nächsten Abschnitt).
kill-sentence	M-k	Satz, in dem sich der Cursor befindet, löschen.
kill-shell-input	C-c C-u	Aktuelle Zeile löschen.
kill-some-buffers	(keine)	Für jeden Buffer fragen, ob er gelöscht werden soll.
kill-word	M-d	Wort unter dem Cursor löschen.
list-abbrevs	(keine)	Wort-Abkürzungen anzeigen.
list-buffers	C-x C-b	Bufferliste anzeigen.
load-file	(keine)	Gespeicherte Makros laden.
mark-page	C-x C-p	Seite markieren.
mark-paragraph	M-h	Absatz markieren.
mark-whole-buffer	C-x h	Buffer markieren.
name-last-kbd-macro	(keine)	Zuletzt angelegtes Makro benennen (vor dem Abspeichern).
next-line	C-n	Cursor eine Zeile vorwärts (nach unten) bewegen.
other-window	C-x o	Zum anderen Fenster wechseln.
previous-line	C-p	Cursor eine Zeile rückwärts (nach oben) bewegen.
query-replace-regex	(keine)	Suchen und Ersetzen mit einem regulären Ausdruck.
recenter	C-l	Bildschirm so neu zeichnen, daß die aktuelle Zeile in der Bildschirmmitte liegt.
rename-buffer	(keine)	Buffer umbenennen.
revert-buffer	(keine)	Buffer wieder in den Zustand versetzen, in dem er sich befand, als die Datei das letztemal gespeichert wurde (auch automatisch).
save-buffer	C-x C-s	Datei speichern.

Befehl	Bindung	Aktion
save-buffers-kill-emacs	C-x C-c	Emacs beenden.
save-some-buffers	C-x s	Für jeden Buffer fragen, ob er gespeichert werden soll.
scroll-down	M-v	Cursor eine Bildschirmseite nach oben (!) bewegen.
scroll-left	C-x <	Fenster nach links scrollen.
scroll-other-window	M-C-v	Anderes Fenster scrollen.
scroll-right	C-x >	Fenster nach rechts scrollen.
scroll-up	C-v	Cursor eine Bildschirmseite nach unten (!) bewegen.
set-fill-prefix	C-x .	Jeder Zeile des Absatzes — vom Zeilenanfang bis zur aktuellen Cursor-Spalte — Zeichen voranstellen. Wird durch Ausführung dieses Befehls mit dem Cursor in Spalte 1 gelöscht.
set-mark-command	C-@ oder C-SPACE	Anfang (oder Ende) einer Region markieren.
shell-send-eof	C-c C-d	Dateiendezeichen.
shrink-window	(keine)	Fenster verkleinern.
shrink-window-horizontally	C-x {	Fenster schmaler machen.
spell-buffer	(keine)	Rechtschreibung des aktuellen Buffers überprüfen.
spell-region	(keine)	Rechtschreibung der aktuellen Region überprüfen.
spell-string	(keine)	Rechtschreibung einer im Minibuffer eingegebenen Zeichenkette überprüfen.
spell-word	M-$	Rechtschreibung des Wortes nach dem Cursor überprüfen.
split-line	M-C-o	Zeile an der Cursor-Position umbrechen; bis zur Cursor-Spalte einrücken.
split-window-horizontally	C-x 3	Fenster horizontal in zwei aufteilen.
split-window-vertically	C-x 2	Fenster vertikal in zwei aufteilen.
start-kbd-macro	C-x (	Makrodefinition anfangen.
stop-shell-subjob	C-c C-z	Aktuellen Job unterbrechen.
suspend-emacs	C-z	Emacs unterbrechen (kann mit **exit** oder **fg** wieder aktiviert werden).
switch-to-buffer	C-x b	Zum angegebenen Buffer wechseln.
switch-to-buffer-other-window	C-x 4 b	Buffer im anderen Fenster auswählen.
text-mode	(keine)	Indented-text-mode verlassen und zum normalen Text-Modus zurückkehren.
transpose-chars	C-t	Zwei Zeichen vertauschen.
transpose-lines	C-x C-t	Zwei Zeilen vertauschen.
transpose-paragraphs	(keine)	Zwei Absätze vertauschen.
transpose-sentences	(keine)	Zwei Sätze vertauschen.
transpose-words	M-t	Zwei Wörter vertauschen.
unexpand-abbrev	(keine)	Letzte Wort-Abkürzung rückgängig machen.
universal-argument	C-u *n*	Nächsten Befehl *n*-mal ausführen.
upcase-region	C-x C-u	Ganze Region in Großbuchstaben schreiben.
upcase-word	M-u	Ganzes Wort in Großbuchstaben schreiben.
negatives Argument; upcase-word	M- – M-u	Ganzes vorhergehendes Wort in Großbuchstaben schreiben.
view-emacs-news	C-h n	Anzeigen von Neuigkeiten über neue Emacs-Versionen.
view-lossage	C-h l	Was waren die letzten hundert eingegebenen Zeichen?
where-is	C-h w	Wie lautet die Tastenbindung für diesen Befehl?

Befehl	Bindung	Aktion
write-abbrev-file	(keine)	Wort-Abkürzungsdatei speichern.
write-file	C-x C-w	Bufferinhalt in eine Datei schreiben.
yank	C-y	Gelöschten Text zurückholen.

KAPITEL 8

Der Editor vi

Auf Linux-Systemen steht üblicherweise eine erweiterte Version des **vi** namens **vim** oder **nvi** zur Verfügung. In diesem Kapitel werden die folgenden Punkte behandelt:

- Überblick über das Arbeiten mit dem **vi**
- Cursor-Bewegungen
- Editierbefehle
- Speichern und Beenden
- Bearbeitung mehrerer Dateien
- Shell-Interaktion
- Makros
- Diverse Befehle
- Alphabetische Tastenübersicht
- **vi**-Einstellungen

Überblick über das Arbeiten mit dem vi

In diesem Abschnitt finden Sie die folgenden Punkte:

- Syntax der Kommandozeile
- **vi**-Modi
- Syntax der **vi**-Befehle
- Befehle auf der Statuszeile

Mehr Informationen über **vi** finden Sie in *Textbearbeitung mit dem vi-Editor* von Linda Lamb und Arnold Robbins.

Syntax der Kommandozeile

Die drei gebräuchlichsten Befehle zum Starten einer **vi**-Sitzung sind:

> vi *Datei(en)*
> vi +*n* *Datei(en)*
> vi +/*Muster* *Datei(en)*

Sie können eine *Datei* zum Editieren öffnen und optional eine Zeilennummer oder ein *Muster* angeben, wenn **vi** an einer bestimmten Stelle beginnen soll. Wenn keine *Datei* angegeben wird, startet **vi** mit einem leeren Buffer.

Befehlsmodus

Wenn eine Datei geöffnet wurde, befinden Sie sich im Befehlsmodus. Hier können Sie folgende Operationen ausführen:

- In den Einfügemodus wechseln
- Editierbefehle eingeben
- Den Cursor bewegen
- **ex**-Befehle aufrufen
- Eine Linux-Shell starten
- Die aktuelle Version der Datei abspeichern und **vi** beenden.

Einfügemodus

Im Einfügemodus können Sie neuen Text eingeben. Durch Drücken der ESCAPE-Taste verlassen Sie den Einfügemodus und kehren zum Befehlsmodus zurück. Mit den folgenden Befehlen können Sie den Einfügemodus aktivieren:

a	Hinter dem Cursor anhängen.
A	Am Ende der Zeile anhängen.
c	Austauschoperation starten.
C	Text bis zum Zeilenende austauschen.
i	Vor dem Cursor einfügen.
I	Am Zeilenanfang einfügen.
o	Einfügen einer Zeile unter der aktuellen.
O	Einfügen einer Zeile über der aktuellen.
R	Text überschreiben.
s	Ein Zeichen austauschen.
S	Eine Zeile austauschen.

Syntax der vi-Befehle

vi-Befehle haben allgemein die folgende Form:

[*n*] *Operator* [*m*] *Objekt*

Die grundlegenden Editieroperatoren sind:

c	Ändern
d	Löschen
y	Operationen mit der Zwischenablage

Wenn das Objekt der Operation die aktuelle Zeile ist, ist der Buchstabe für das Objekt derselbe wie der des Operators: **cc**, **dd**, **yy**. Anderenfalls arbeiten die Operatoren auf Objekten, die durch Befehle zur Cursor-Bewegung oder durch Befehle zum Mustervergleich bestimmt werden. *n* und *m* geben an, wie oft bzw. auf wie vielen Objekten eine Operation ausgeführt werden soll. Wenn sowohl *n* als auch *m* angegeben werden, wird die Operation $n \times m$-mal ausgeführt.

Ein Objekt kann einer der folgenden Textblöcke sein:

Wort	Alle Zeichen bis zu einem Leer- oder Satzzeichen. Wenn der Objektbuchstabe groß geschrieben wird, werden nur Leerzeichen als Trennzeichen erkannt.
Satz	Alle Zeichen bis zu einem `.`, `!` oder `?`, gefolgt von zwei Leerzeichen.
Absatz	Alle Zeichen bis zur nächsten leeren Zeile oder einem Absatzmakro, das durch die **para=**-Option definiert wird.
Abschnitt	Alle Zeichen bis zur nächsten Abschnittsüberschrift, die durch die **sect=**-Option definiert wird.

Beispiele

2cw	Vertauschen der nächsten beiden Wörter.
d}	Alles bis zum Beginn des nächsten Absatzes löschen.
d^	Alles zurück bis zum Zeilenanfang löschen.
5yy	Kopieren der nächsten fünf Zeilen in die Zwischenablage.
y]]	Alles bis zum Beginn des nächsten Abschnitts kopieren.

Befehle auf der Statuszeile

Die meisten Befehle werden während der Eingabe nicht auf dem Bildschirm angezeigt. Bei den folgenden Befehlen wird die Eingabe aber in der Statuszeile, der letzten Zeile des Bildschirms, wiedergegeben:

/	Vorwärts gerichtete Suche nach einem Muster.
?	Rückwärts gerichtete Suche nach einem Muster.
:	Aufrufen eines **ex**-Befehls.

!	Aufrufen eines Shell-Befehls, der als Eingabe ein Objekt des aktuellen Buffers enthält und dieses durch die Befehlsausgabe ersetzt.

Befehle, die auf der Statuszeile eingegeben werden, werden mit der RETURN-Taste abgeschlossen. Außerdem werden auf der Statuszeile Fehlermeldungen und die Ausgabe des **STRG-G**-Befehls angezeigt.

Cursor-Bewegungen

Wird vor dem jeweiligen Befehl eine Zahl eingegeben, wird der Befehl entsprechend oft wiederholt. Cursor-Bewegungen dienen auch als Objekte für Austausch-, Lösch- und Kopieroperationen.

Zeichen

h, **j**, **k**, **l**	Nach links, nach unten, nach oben, nach rechts (←, ↓, ↑, →)
Leertaste	Nach rechts

Text

w, **W**, **b**, **B**	Wortweise vorwärts bzw. rückwärts
e, **E**	Zum Wortende
), **(**	Zum Anfang des nächsten bzw. aktuellen Satzes
}, **{**	Zum Anfang des nächsten bzw. aktuellen Absatzes
]], **[[**	Zum Anfang des nächsten bzw. aktuellen Abschnitts

Zeilen

0, **$**	Erstes bzw. letztes Zeichen der aktuellen Zeile
^	Erstes nichtleeres Zeichen der aktuellen Zeile
+, **-**	Erstes Zeichen der nächsten bzw. vorhergehenden Zeile
RETURN	Erstes Zeichen der nächsten Zeile
n|	Spalte *n* der aktuellen Zeile
H	Erste Bildschirmzeile
M	Mittlere Bildschirmzeile
L	Letzte Bildschirmzeile
*n***H**	*n*-te Bildschirmzeile
*n***L**	*n*-te Bildschirmzeile von unten

Bildschirm

STRG-F, **STRG-B**	Einen Bildschirm vorwärts bzw. rückwärts scrollen.
STRG-D, **STRG-U**	Einen halben Bildschirm vorwärts bzw. rückwärts scrollen.
STRG-E, **STRG-Y**	Anzeigen einer weiteren Zeile am Bildschirmende bzw. -anfang.
z RETURN	Aktuelle Zeile am Bildschirmanfang anzeigen.
z.	Aktuelle Zeile in der Bildschirmmitte anzeigen.

z -	Aktuelle Zeile am Bildschirmende anzeigen.
STRG-L, **STRG-R**	Bildschirm neu zeichnen (ohne zu scrollen).

Suchen

/*Muster*	Vorwärts gerichtete Suche nach *Muster*.
/	Vorwärts gerichtete Suche wiederholen.
/*Muster*/+*n*	Sprung zur *n*-ten Zeile nach *Muster*.
?*Muster*	Rückwärts gerichtete Suche nach *Muster*.
?	Rückwärts gerichtete Suche wiederholen.
?*Muster*?-*n*	Sprung zur *n*-ten Zeile vor *Muster*.
n	Letzte Suchoperation wiederholen.
N	Letzte Suchoperation in umgekehrter Richtung wiederholen.
%	Suchen der passenden runden, eckigen oder geschweiften Klammer.
f*x*	Cursor auf das nächste *x* der aktuellen Zeile positionieren.
F*x*	Cursor auf das letzte *x* der aktuellen Zeile positionieren.
t*x*	Cursor ein Zeichen vor dem nächsten *x* der aktuellen Zeile positionieren.
T*x*	Cursor ein Zeichen hinter dem letzten *x* der aktuellen Zeile positionieren.
,	Richtung der letzten Suche mit **f**, **F**, **t** oder **T** umdrehen.
;	Letzte Zeichensuche (**f**, **F**, **t** oder **T**) wiederholen.

Zeilennumerierung

STRG-G	Nummer der aktuellen Zeile anzeigen.
*n***G**	Sprung zur Zeile *n*.
G	Sprung zur letzten Zeile der Datei.
:*n*	Sprung zur Zeile *n*.

Markieren von Positionen

m*x*	Aktuelle Position mit dem Zeichen *x* markieren.
`*x*	(Backquote) Cursor zur Markierung *x* bewegen.
'*x*	(Apostroph) Cursor an den Anfang der Zeile, welche die Markierung *x* enthält, bewegen.
``	(Backquotes) Rücksprung zur letzten Markierung (oder zu der Stelle, an der eine Suche begonnen wurde).
''	(Apostrophe) Wie oben, aber Rücksprung an den Start der Zeile.

Editierbefehle

Zur Erinnerung: **c**, **d** und **y** sind die grundlegenden Editieroperatoren.

Neuen Text einfügen

a	Hinter dem Cursor einfügen.
A	Am Ende der Zeile anhängen.

`i`	Vor dem Cursor einfügen.
`I`	Am Anfang der Zeile einfügen.
`o`	Einfügen einer neuen Zeile oberhalb des Cursors.
`O`	Einfügen einer neuen Zeile unterhalb des Cursors.
ESC	Einfügemodus beenden.
TAB	Tabulatorzeichen einfügen.
Backspace	Ein Zeichen zurück bewegen.
RETURN	Zum ersten Zeichen der nächsten Zeile springen.
STRG-J	Eine Zeile nach unten bewegen.
STRG-I	Tabulatorzeichen einfügen.
STRG-T	Zur nächsten Tabulatorposition springen.
STRG-D	Zur vorhergehenden Tabulatorposition springen.
STRG-H	Ein Zeichen rückwärts bewegen.
STRG-U	Aktuelle Zeile löschen.
STRG-V	Nächstes Zeichen uninterpretiert einfügen.
STRG-W	Ein Wort zurück bewegen.

Die letzten vier STRG-Befehle werden durch die **stty**-Einstellungen bestimmt. Auf Ihrem Terminal können auch andere Einstellungen vorkommen.

Text verändern und löschen

`cw`	Wort ändern.
`cc`	Zeile ändern.
`C`	Text von der aktuellen Position bis zum Zeilenende ändern.
`dd`	Aktuelle Zeile löschen.
n`dd`	*n* Zeilen löschen.
`D`	Bis zum Zeilenende löschen.
`dw`	Wort löschen.
`d}`	Bis zum nächsten Absatz löschen.
`d^`	Bis zum Zeilenanfang rückwärts löschen.
`d/`*Muster*	Bis zum ersten Vorkommen des Musters löschen.
`dn`	Bis zum letzten Vorkommen des Musters löschen.
`df`*a*	Alle Zeichen bis zum nächsten *a* auf der aktuellen Zeile (einschließlich) löschen.
`dt`*a*	Alle Zeichen bis zum nächsten *a* auf der aktuellen Zeile (ausschließlich) löschen.
`dL`	Bis zum Bildschirmende löschen.
`dG`	Bis zum Dateiende löschen.
`p`	Zuletzt gelöschten Text hinter dem Cursor einfügen.
`P`	Zuletzt gelöschten Text vor dem Cursor einfügen.
`r`*x*	Zeichen durch *x* ersetzen.
`R`*Text*	*Text* ab der Cursor-Position ersetzen.
`s`	Ein Zeichen austauschen.
n`s`	*n* Zeichen austauschen.
`S`	Ganze Zeile austauschen.
`u`	Letzte Änderung rückgängig machen.
`U`	Aktuelle Zeile restaurieren.

x	Zeichen unter dem Cursor löschen.
X	Ein Zeichen nach links löschen.
*n***X**	Letzte *n* Zeichen löschen.
.	Letzte Änderung wiederholen.
~	Groß-/Kleinschreibung vertauschen.

Kopieren und Verschieben

Y	Aktuelle Zeile in einen neuen Buffer kopieren.
yy	Aktuelle Zeile kopieren.
"*x***yy**	Aktuelle Zeile in Buffer *x* kopieren.
"*x***d**	Aktuelle Zeile in Buffer *x* verschieben.
"*X***d**	Aktuelle Zeile an Buffer *x* anhängen und löschen.
"*x***p**	Inhalt von Buffer *x* einfügen.
y]]	Alles bis zur nächsten Abschnittsüberschrift kopieren.
ye	Alles bis zum Wortende kopieren.

Speichern und Beenden

Das Schreiben einer Datei bedeutet hier Abspeichern der Änderungen und Aktualisieren des Zeitstempels der Datei.

ZZ	**vi** beenden; Datei nur schreiben, wenn Änderungen vorgenommen worden sind.
:x	Wie **ZZ**.
:wq	Schreiben und beenden.
:w	Schreiben.
:w *Datei*	Kopie des Buffers nach *Datei* schreiben.
:*n1***,***n2***w** *Datei*	Zeilen *n1* bis *n2* in die neue *Datei* schreiben.
:*n1***,***n2***w >>** *Datei*	Zeilen *n1* bis *n2* an die existierende *Datei* anhängen.
:w!	Datei schreiben, dabei Schreibschutz (wenn möglich) nicht beachten.
:w! *Datei*	Datei *Datei* mit dem aktuellen Buffer überschreiben.
:w %.*neu*	Den aktuellen Buffer namens *Datei* als *Datei.neu* speichern.
:q	Bearbeiten der Datei beenden.
:q!	Bearbeiten der Datei beenden, dabei Änderungen verwerfen.
Q	**vi** beenden und **ex** aufrufen.
:vi	Rückkehr zum **vi** nach einem Q-Befehl.
:e *Datei2*	*Datei2* editieren, ohne **vi** zu verlassen.
:n	Nächste Datei editieren.
:e!	Zustand beim letzten Speichern der Datei restaurieren.
:e#	Andere Datei editieren.
%	Aktueller Dateiname.
#	Alternativer Dateiname.

Bearbeiten mehrerer Dateien

:e *Datei*	Andere *Datei* bearbeiten; aktuelle Datei wird alternative Datei.
:e!	Letzte gespeicherte Version der Datei zurückholen.
:e + *Datei*	Editieren am Ende von *Datei* anfangen.
:e +*n Datei*	*Datei* an Zeile *n* öffnen.
:e #	An die vorige Position in der alternativen Datei springen.
:ta *Tag*	Datei an der Stelle *Tag* editieren.
:n	Nächste Datei editieren.
:n!	Nächste Datei editieren, Änderungen ggf. verwerfen.
:n *Dateien*	Neue Dateiliste *Dateien* angeben.
STRG-G	Aktuellen Dateinamen und Zeilennummer anzeigen.
:args	Alle zu editierenden Dateien anzeigen.
:rew	Zur ersten zu bearbeitenden Datei zurückspringen.

Shell-Interaktion

:r *Datei*	Inhalt der *Datei* hinter dem Cursor einfügen.
:r !*Befehl*	Ausgabe des *Befehl*s hinter der aktuellen Zeile einfügen.
:*n***r !***Befehl*	Wie zuvor, aber hinter Zeile *n* einfügen (0 bedeutet am Dateianfang).
:!*Befehl*	*Befehl* ausführen.
!*Objekt Befehl*	*Befehl* mit dem Buffer *Objekt* als Eingabe starten, und das Objekt durch die Ausgabe ersetzen.
:*n1,n2*! *Befehl*	*Befehl* mit den Zeilen *n1* – *n2* als Eingabe starten, und die Zeilen durch die Ausgabe ersetzen.
*n***!!***Befehl*	*Befehl* mit den nächsten *n* Zeilen als Eingabe starten, und die Zeilen durch die Ausgabe ersetzen.
!!	Letzten Shell-Befehl wiederholen.
:sh	Sub-Shell erzeugen; Rückkehr zur gerade bearbeiteten Datei mit *EOF* (STRG-D).
STRG-Z	Editor unterbrechen, weitermachen mit **fg**.
:so *Datei*	Befehle aus *Datei* lesen und ausführen.

Makros

:ab *Abk Text*	*Abk* als Abkürzung für *Text* verwenden.
:unab *Abk*	Abkürzung für *Abk* löschen.
:ab	Abkürzungen anzeigen.
:map *c String*	Zeichen *c* auf die Befehlsfolge *String* abbilden.
:unmap *c*	Abbildung für das Zeichen *c* löschen.
:map	Abgebildete Zeichen anzeigen.
:map! *c String*	Zeichen *c* auf die Zeichenfolge *String* im Einfügemodus abbilden.
:unmap! *c*	Abbildung des Zeichens *c* für den Einfügemodus abschalten (evtl. muß das Zeichen mit **STRG-V** quotiert werden).
:map!	Zeichen, die im Einfügemodus abgebildet werden, anzeigen.

Die folgenden Zeichen werden im Befehlsmodus nicht verwendet und können auf benutzerdefinierte Befehle abgebildet werden.

Buchstaben:	`g K q V v`
STRG-Kombinationen:	`^A ^K ^O ^T ^W ^X`
Symbole:	`_ * \ =`

(Anmerkung: Das Zeichen = wird vom **vi** im Lisp-Modus verwendet.)

Diverse Befehle

J Zwei Zeilen zusammenfassen.
:j! Zwei Zeilen zusammenfassen, dabei Leerzeichen erhalten.
<< Die aktuelle Zeile eine Verschiebebreite nach links verschieben (Default ist acht Zeichen).
>> Die aktuelle Zeile eine Verschiebebreite nach rechts verschieben (Default ist acht Zeichen).
>} Bis zum Absatzende nach rechts verschieben.
<% Bis zur dazugehörigen runden, eckigen, geschweiften etc. Klammer nach links verschieben (der Cursor muß auf dem entsprechenden Zeichen stehen).

Alphabetische Tastenliste

Aus Platzgründen werden STRG-Kombinationen mit ^ gekennzeichnet.

a Text hinter dem Cursor einfügen.
A Text am Ende der Zeile anhängen.
^A Unbenutzt.

b Zurück zum Wortanfang auf der aktuellen Zeile.
B Zurück zum Wortanfang, Satzzeichen nicht berücksichtigen.
^B Eine Fenstergröße zurückrollen.

c Austauschoperator.
C Bis zum Zeilenende ersetzen.
^C Unbenutzt im Befehlsmodus; beendet den Einfügemodus.

d Löschoperator.
D Bis zum Ende der aktuellen Zeile löschen.
^D Halbe Fenstergröße herunterrollen; im Einfügemodus Einrückung auf **shiftwidth** aufheben, wenn **autoindent** eingeschaltet ist.

e Zum Wortende springen.
E Zum Wortende springen, Satzzeichen nicht berücksichtigen.
^E Eine weitere Zeile am Ende des Fensters anzeigen.

f Nächstes Zeichen nach vorn auf der aktuellen Zeile suchen.
F Nächstes Zeichen nach hinten auf der aktuellen Zeile suchen.
^F Ein Fenster nach vorn rollen.

g Unbenutzt.
G Zur angegebenen Zeile oder zum Zeilenende springen.

^G Informationen über die Datei in der Statuszeile ausgeben.

h Cursor ein Zeichen nach links bewegen.
H Cursor auf das erste Zeichen der Datei setzen.
^H Cursor ein Zeichen nach links bewegen; im Einfügemodus Backspace-Taste.

i Text vor dem Cursor einfügen.
I Text vor dem ersten nichtleeren Zeichen der aktuellen Zeile einfügen.
^I Unbenutzt im Befehlsmodus; im Einfügemodus Tabulatortaste.

j Cursor eine Zeile nach unten bewegen.
J Zwei Zeilen zusammenfassen.
^J Cursor eine Zeile nach unten bewegen (auch im Einfügemodus).

k Cursor eine Zeile nach oben bewegen.
K Unbenutzt.
^K Unbenutzt.

l Cursor ein Zeichen nach rechts bewegen.
L Cursor auf das letzte sichtbare Zeichen bewegen.
^L Bildschirm neu zeichnen.

m Aktuelle Cursor-Position im Register (a-z) festhalten.
M Cursor auf die mittlere sichtbare Zeile positionieren.
^M Wagenrücklauf.

n Letzten Suchbefehl wiederholen.
N Letzten Suchbefehl in umgekehrter Richtung wiederholen.
^N Cursor eine Zeile nach unten bewegen.

o Neue Zeile unter der aktuellen einfügen.
O Neue Zeile über der aktuellen einfügen.
^O Unbenutzt.

p Gelöschten oder kopierten Text hinter oder unter dem Cursor einfügen.
P Gelöschten oder kopierten Text vor oder über dem Cursor einfügen.
^P Cursor ein Zeichen nach oben bewegen.

q Unbenutzt.
Q vi beenden und **ex** aufrufen.
^Q Unbenutzt. (Auf manchen Terminals Wiederaufnahme der Datenübertragung.)

r Zeichen unter dem Cursor durch das nächste eingegebene Zeichen ersetzen.
R Zeichen ersetzen.
^R Bildschirm neu zeichnen.

s Zeichen unter dem Cursor durch die eingegebenen Zeichen ersetzen.
S Ganze Zeile ändern.
^S Unbenutzt. (Auf manchen Terminals Anhalten der Datenübertragung.)

t Cursor ein Zeichen vor dem nächsten Vorkommen des nächsten eingegebenen Zeichens positionieren.
T Cursor ein Zeichen nach dem letzten Vorkommen des nächsten eingegebenen Zeichens positionieren.

^T	Unbenutzt im Befehlsmodus; im Einfügemodus Sprung auf die nächste Tabulatorposition.
u	Letzte Änderung rückgängig machen.
U	Aktuelle Zeile restaurieren.
^U	Bildschirm eine halbe Fenstergröße nach oben rollen.
v	Unbenutzt.
V	Unbenutzt.
^V	Unbenutzt im Befehlsmodus; im Einfügemodus: nächstes Zeichen uninterpretiert einfügen.
w	Zum Anfang des nächsten Wortes springen.
W	Zum Anfang des nächsten Wortes springen, dabei keine Satzzeichen berücksichtigen.
^W	Unbenutzt im Befehlsmodus; im Einfügemodus Rücksprung an den Anfang des aktuellen Wortes.
x	Zeichen unter dem Cursor löschen.
X	Zeichen vor dem Cursor löschen.
^X	Unbenutzt.
y	Kopier- oder Ausschneideoperator.
Y	Kopie der aktuellen Zeile anlegen.
^Y	Eine weitere Zeile am Bildschirmanfang anzeigen.
z	Aktuelle Zeile neu positionieren. Auf **z** muß eine dieser Eingaben folgen: RETURN (Zeile am Bildschirmanfang positionieren), . (Zeile in der Bildschirmmitte positionieren) oder – (Zeile am Bildschirmende positionieren).
ZZ	Änderungen abspeichern, und Editor beenden.
^Z	vi unterbrechen.

vi-Einstellungen

Dieser Abschnitt behandelt die folgenden Punkte:

- Der :**set**-Befehl
- Optionen des :**set**-Befehls
- Beispielhafte *.exrc*-Datei

Der :set-Befehl

Der :**set**-Befehl ermöglicht es, Einstellungen vorzunehmen, die diverse Operationen des **vi** beeinflussen. Die Optionen können entweder in der *.exrc*-Datei eingetragen oder in einer **vi**-Sitzung eingestellt werden.

Der Doppelpunkt darf nicht eingegeben werden, wenn der Befehl in der *.exrc* steht.

:set *x*	Option *x* einschalten.
:set no*x*	Option *x* ausschalten.

vi

`:set x=Wert`	Option *x* auf den Wert *Wert* setzen.
`:set`	Geänderte Optionen anzeigen.
`:set all`	Alle Optionen anzeigen.
`:set x?`	Wert der Option *x* anzeigen.

Optionen des :set-Befehls

In der folgenden Tabelle werden die Optionen des **:set**-Befehls beschrieben. Die erste Spalte enthält dabei neben dem Optionsnamen eine eventuell mögliche Abkürzung. In der zweiten Spalte finden Sie den Default-Wert und in der dritten Spalte eine Beschreibung des Verhaltens von **vi**, wenn die jeweilige Option eingeschaltet ist.

Option	Voreinstellung	Beschreibung
autoindent (ai)	noai	Im Einfügemodus jede Zeile auf die gleiche Ebene wie die vorige oder folgende einrücken. Wird zusammen mit der **shiftwidth**-Option verwendet.
autoprint (ap)	ap	Anzeigen der Änderungen nach jedem Editorbefehl (bei globalen Ersetzungen Anzeigen der letzten Ersetzung).
autowrite (aw)	noaw	Automatisches Speichern der Datei vor dem Öffnen einer anderen Datei mit **:n** oder der Ausführung eines Linux-Befehls mit :!, sofern die Datei verändert worden ist.
beautify (bf)	nobf	Während der Eingabe alle Steuerungszeichen außer Tabulator und Zeilenwechsel ignorieren.
directory= (dir)	/tmp	Name des Verzeichnisses, in dem **ex** temporäre Bufferdateien ablegt. Das Verzeichnis muß schreibbar sein.
edcompatible	noed-compatible	Verwendung **ed**-ähnlichen Verhaltens bei Substitutionsbefehlen.
errorbells (eb)	errorbells	Ausgeben einer akustischen Warnung, wenn ein Fehler aufgetreten ist.
exrc (ex)	noexrc	Ausführung von *.exrc*-Dateien außerhalb des Home-Verzeichnisses des Benutzers erlauben.
hardtabs= (ht)	8	Schrittweite für Hardware-Tabulatoren des Terminals einstellen.
ignorecase (ic)	noic	Groß-/Kleinschreibung während Suchoperationen nicht berücksichtigen.
lisp	nolisp	Einrückungen entsprechend den Lisp-Konventionen vornehmen. ( ), { }, [[und]] werden entsprechend den Lisp-Bedeutungen modifiziert.
list	nolist	Tabulatoren als ^I und Zeilenenden als $ ausgeben. (Mit **list** kann überprüft werden, ob es sich bei einem Zeichen um ein Tabulator- oder ein Leerzeichen handelt.)

Option	Voreinstellung	Beschreibung
magic	**magic**	Die Platzhalterzeichen **.** (Punkt), * (Stern) und [ ] (eckige Klammern) haben ihre besondere Bedeutung in Mustervergleichen.
mesg	**mesg**	Systemmeldungen werden während des Editierens mit **vi** angezeigt.
number (**nu**)	**nonu**	Anzeigen der Zeilennummern am linken Bildrand während des Editierens.
open	**open**	**ex**-Open-Modus darf verwendet werden.
optimize (**opt**)	**noopt**	Wagenrückläufe an Zeilenenden werden unterdrückt, wenn mehrere Zeilen ausgegeben werden. Dies beschleunigt die Ausgabe auf primitiven Terminals, wenn Zeilen mit führenden Leer- oder Tabulatorzeichen ausgegeben werden.
paragraphs= (**para**)	**IPLPPPQPLI pplpipbp**	Angeben der Absatzbegrenzungen beim Bewegen mit { und }. Die Zeichenpaare im angegebenen Wert entsprechen den Namen der nroff/troff-Makros, die Absätze einleiten.
prompt	**prompt**	Anzeigen der **ex**-Eingabeaufforderung beim **Q**-Befehl.
readonly (**ro**)	**noro**	Jede Schreiboperation schlägt fehl, wenn sie nicht mit **!** kombiniert wird (im Zusammenhang mit **w**, **ZZ** und **autowrite**).
redraw (**re**)	**noredraw**	Das Terminal baut den Bildschirm nach jeder Editieroperation neu auf, d.h., im Einfügemodus werden bereits vorhandene Zeichen weitergeschoben und auf gelöschte Zeilen folgende Zeilen unmittelbar nachgezogen. Der Default hängt von der Verbindungsgeschwindigkeit und dem Terminaltyp ab. **noredraw** ist sinnvoll bei einer langsamen Verbindung und einem primitiven Terminal: Gelöschte Zeilen werden als @ angezeigt, und eingefügter Text überschreibt zunächst den vorhandenen Text, bis auf ESC gedrückt wird.
remap	**remap**	Erlauben von verschachtelten Abbildungen.
report=	5	Ausgeben einer Meldung in der letzten Zeile, wenn Editieroperationen durchgeführt werden, die sich über mehr als die angegebene Anzahl von Zeilen erstrecken. Beispielsweise wird bei **6dd** die Meldung „6 lines deleted" ausgegeben.
scroll=	**<1/2 Fenster>**	Textmenge, die automatisch gescrollt wird.

Option	Voreinstellung	Beschreibung
sections= (**sect**)	**SHNHH HU**	Definition der Abschnittsbegrenzungen für Bewegungen mit [[und]]. Die angegebenen Zeichenpaare entsprechen den nroff/troff-Makros, die Abschnitte einleiten.
shell= (**sh**)	**/bin/sh**	Pfadname der Shell, die bei Shell-Befehlen (**:!** und **:sh**) verwendet wird. Der Default-Wert ist der Wert der SHELL-Umgebungsvariable.
shiftwidth= (**sw**)	**8**	Angeben der Anzahl von Leerzeichen, die bei Einrückbefehlen (**^T**, **^D**, **>>** und **<<**) eingefügt werden sollen.
showmatch (**sm**)	**nosm**	Wenn eine) oder eine } eingegeben wird, springt der Cursor kurz auf die dazugehörige (oder { und wieder zurück. Wenn die passende Klammer nicht auf dem Bildschirm zu sehen ist, wird eine akustische Warnung ausgegeben. Sehr nützlich beim Programmieren.
showmode	**noshowmode**	Ausgeben einer Meldung in der letzten Bildschirmzeile im Einfügemodus über die Art des Einfügens (beispielsweise „Open Mode" oder „Append Mode").
slowopen (**slow**)		Die Anzeige während des Eingebens nicht aktualisieren. Der Default ist abhängig von der Verbindungsgeschwindigkeit und dem Terminaltyp.
tabstop= (**ts**)	**8**	Angeben der Anzahl von Leerzeichen, die bei Tabulatorzeichen während des Editierens eingefügt werden. (Drucker benutzen davon unabhängig einen Wert von 8.)
taglength= (**tl**)	**0**	Angeben der Anzahl von Zeichen, die bei der Überprüfung von Tags maßgeblich sind. Der Default (0) besagt, daß alle Zeichen maßgeblich sind.
tags=	**tags /usr/lib/tags**	Angeben des Pfadnamens von Tag-Dateien (siehe Beschreibung des **ctags**-Befehls in Kapitel 12). Default ist die Datei **tags** im aktuellen Verzeichnis sowie */usr/lib/tags*.
term=		Einstellen des Terminaltyps.
terse	**noterse**	Ausgeben kürzerer Fehlermeldungen.
timeout (**to**)	**timeout**	Timeout für Tastenbindungen nach einer Sekunde.
ttytype=		Einstellen des Terminaltyps. Der Default ist der Wert der TERM-Umgebungsvariable.
warn	**warn**	Ausgeben der Meldung „No write since last change".
window= (**w**)		Anzeigen einer bestimmten Anzahl von Zeilen auf dem Bildschirm. Der Default ist abhängig von der Verbindungsgeschwindigkeit und dem Terminaltyp.

Option	Voreinstellung	Beschreibung
wrapmargin= **(wm)**	0	Definieren des rechten Randes. Wenn dieser Wert größer als null ist, werden automatisch Wagenrückläufe als Zeilenumbrüche eingefügt.
wrapscan **(ws)**	ws	Es wird über Anfang bzw. Ende der Datei hinweg gesucht.
writeany **(wa)**	nowa	Es darf in jede Datei abgespeichert werden.

Beispiel einer .exrc-Datei

```
set nowrapscan wrapmargin=7
set sections=SeAhBhChDh nomesg
map q :w^M:n^M
map v dwElp
ab ORA O'Reilly Verlag
```

vi

KAPITEL 9

Der Editor ex

ex ist ein zeilenorientierter Editor, der die Basis für den bildschirmorientierten Editor **vi** bildet. **ex**-Befehle wirken entweder auf die aktuelle Zeile oder einen Bereich von Zeilen in einer Datei. Unter Linux wird **ex** oft auch **hex** genannt.

Sie werden **ex** meistens aus dem **vi** heraus benutzen. Im **vi** werden **ex**-Befehle mit einem Doppelpunkt eingeleitet und mit RETURN abgeschlossen.

ex kann aber auch eigenständig, also von der Kommandozeile, aufgerufen werden — genau wie **vi** auch. Außerdem können Sie den Q-Befehl im **vi** verwenden, um **vi** zu verlassen und zum Editor **ex** zu wechseln.

In diesem Kapitel werden die folgenden Punkte behandelt:

- Syntax der **ex**-Befehle
- Alphabetisch sortierte Zusammenfassung der Befehle

Weitere Informationen finden Sie in *Textbearbeitung mit dem vi-Editor* von Linda Lamb und Arnold Robbins.

Syntax der ex-Befehle

Ein **ex**-Befehl wird vom **vi** aus in folgender Form eingegeben:

:[*Adresse*] *Befehl* [*Optionen*]

Am einleitenden : erkennt **vi**, daß es sich um einen **ex**-Befehl handelt. Während Sie den Befehl eingeben, wird er in der Statuszeile angezeigt. Sie schließen die Befehlseingabe durch Drücken der RETURN-Taste ab. *Adresse* bezeichnet die Zeile oder die Zeilen, auf der oder denen *Befehl* arbeiten soll. Was *Optionen* und *Adresse* genau bedeuten, lesen Sie im folgenden; die **ex**-Befehle werden in der alphabetischen Übersicht beschrieben.

Sie können **ex** folgendermaßen beenden:

:x	Änderungen speichern und beenden.
:q!	Beenden, ohne zu speichern.
:vi	**vi** aufrufen.

Optionen

!	Bezeichnet eine Variante des Befehls, die vom normalen Verhalten abweicht.
Anzahl	Gibt an, wie oft der Befehl wiederholt werden soll. Im Gegensatz zu **vi**-Befehlen kann *Anzahl* den **ex**-Befehlen nicht vorangestellt werden, da **ex** eine vorangestellte Zahl als Zeilenangabe interpretiert. So löscht beispielsweise **d3** drei Zeilen einschließlich der aktuellen, **3d** aber die Zeile Nummer 3.
Datei	Der Name der Datei, die durch den Befehl bearbeitet werden soll. % bezeichnet die aktuelle Datei, # die zuletzt bearbeitete.

Adressen

Wenn keine Adresse angegeben wird, wirkt der Befehl auf die aktuelle Zeile. Wenn ein Zeilenbereich bearbeitet werden soll, muß folgendes Format verwendet werden:

x,*y*

wobei *x* und *y* die jeweils erste und letzte Zeile des betroffenen Bereichs darstellen (*x* muß kleiner oder gleich *y* sein). *x* und *y* können Zeilennummern oder symbolische Ausdrücke sein. Wenn ; anstelle von , verwendet wird, wird die aktuelle Zeile auf *x* gesetzt, bevor *y* ausgewertet wird. Die Schreibweise **1,$** bezeichnet, genau wie %, alle Zeilen der Datei.

Adreßsymbole

1,$	Alle Zeilen der Datei
%	Alle Zeilen; wie **1,$**
x,*y*	Die Zeilen von *x* bis *y*
x;*y*	Die Zeilen von *x* bis *y*, wobei die aktuelle Zeile auf *x* gesetzt wird
0	Dateianfang
.	Aktuelle Zeile
n	Absolute Zeilennummer *n*
$	Letzte Zeile
x-*n*	*n* Zeilen vor *x*
x+*n*	*n* Zeilen nach *x*
-[*n*]	Eine oder *n* Zeilen weiter vorn
+[*n*]	Eine oder *n* Zeilen weiter hinten
'*x*	Mit der Markierung *x* versehene Zeile
''	Vorherige Markierung
/*Muster*/	Vorwärts bis zur nächsten Zeile, auf die *Muster* paßt
?*Muster*?	Zurück bis zur nächsten Zeile, auf die *Muster* paßt

Siehe Kapitel 6, um weitere Informationen zu Mustervergleichen zu erhalten.

Alphabetisch sortierte Übersicht der ex-Befehle

ex-Befehle können so weit verkürzt werden, wie der Name noch eindeutig ist. In der folgenden Übersicht steht der volle Name des Befehls am Rand und die kürzestmögliche Abkürzung in der syntaktischen Beschreibung. Die Beispiele sind so dargestellt, wie sie aus dem **vi** heraus eingegeben werden, also mit Doppelpunkt.

---

abbrev

ab [*String Text*]

Definiert *String* als Abkürzung für *Text*, d.h., wenn *String* eingegeben wird, wird dieser durch *Text* ersetzt. Wenn keine Parameter angegeben werden, werden alle aktuellen Abkürzungen angezeigt.

Beispiele

Anmerkung: ^M erscheint bei Eingabe von **STRG-V**, gefolgt von RETURN.

```
:ab ora O'Reilly Verlag
:ab id Name:^MPosition:^MTelefon:
```

---

append

[*Adresse*] **a**[!]
Text
.

Anhängen von *Text* an die *Adresse* oder an die aktuelle Adresse, wenn keine angegeben ist. Durch Hinzufügen von ! wird die **autoindent**-Einstellung, die während des Einfügens verwendet wird, umgeschaltet, d.h., wenn **autoindent** vorher eingeschaltet war, ist es während der Ausführung dieses Befehls abgeschaltet und umgekehrt.

---

args

ar

Ausgeben der Dateinamen-Argumente (die Liste der zu editierenden Dateien). Die aktuelle Datei wird in eckigen Klammern angezeigt ([]).

---

change

[*Adresse*] **c**[!]
Text
.

Ersetzen der angegebenen Zeilen durch *Text*. Durch Anhängen eines ! wird die **autoindent**-Einstellung während des Ersetzens umgeschaltet.

---

copy

[*Adresse*] **co** *Ziel*

Kopieren der Zeilen in *Adresse* nach *Ziel*. Dies ist identisch mit dem **t**-Befehl.

Beispiel

`:1,10 co 50`	*Kopieren der ersten zehn Zeilen hinter Zeile 50*

delete	[*Adresse*] **d** [*Buffer*] Löschen der Zeilen in *Adresse.* Wenn *Buffer* angegeben wird, werden die Zeilen dort abgespeichert oder angehängt. ***Beispiele*** `:/Teil I/,/Teil II/-1d` *Bis zur Zeile oberhalb von „Teil II" löschen* `:/main/+d` *Zeile unterhalb von „main" löschen* `:.,$d` *Von der aktuellen Zeile bis zum Ende löschen*
edit	**e**[!] [+*n*] [*Datei*] Neue *Datei* editieren. Wenn ein ! angehängt wird, werden alle Änderungen an der aktuellen Datei verworfen. Wenn keine *Datei* angegeben wird, wird eine weitere Kopie der aktuellen Datei editiert. Wird das +*n*-Argument angegeben, wird in der neuen Datei auf Zeile *n* gesprungen. ***Beispiele*** `:e Datei` `:e#` *Rücksprung zur vorher bearbeiteten Datei* `:e!` *Alle Änderungen seit dem letzten Speichern verwerfen*
file	**f** [*Dateiname*] Ändern des Namens der aktuellen Datei in *Dateiname.* Die Datei gilt als nicht bearbeitet. Wenn *Dateiname* nicht angegeben wird, wird der aktuelle Zustand der Datei ausgegeben. ***Beispiel*** `:f %.neu`
global	[*Adresse*] **g**[!]/*Muster*/[*Befehle*] Ausführen der *Befehle* auf allen Zeilen, die *Muster* enthalten, oder, wenn *Adresse* angegeben wird, auf allen Zeilen dieses Bereichs. Wenn *Befehle* weggelassen wird, werden alle entsprechenden Zeilen ausgegeben. Mit ! werden die Befehle auf allen Zeilen ausgeführt, die das Muster *Muster* nicht enthalten. ***Beispiele*** `:g/Linux/p` *Ausgeben aller Zeilen, die „Linux" enthalten* `:g/Name:/s/tom/Tom/` *In allen Zeilen, die „Name:" enthalten, „tom" durch „Tom" ersetzen*
insert	*Adresse* **i**[!] *Text* . Text an der Zeile vor der angegebenen *Adresse* einfügen. Wenn keine Adresse angegeben ist, wird der Text an der aktuellen Adresse eingefügt. Mit ! wird die Einstellung von **autoindent** für das Einfügen umgeschaltet.

[*Adresse*] j[!] [*Anzahl*] Der Text in *Adresse* wird auf einer Zeile zusammengefaßt, wobei hinter jedem Punkt (.) zwei Leerzeichen eingefügt werden, hinter) keine Leerzeichen stehen und ansonsten alle Leerzeichenfolgen zu einem Leerzeichen zusammengefaßt werden. Mit ! werden die Leerzeichen nicht verändert. ***Beispiel*** `:1,5j!` — *Die ersten fünf Zeilen in einer zusammenfassen, Leerzeichen nicht verändern*	**join**
[*Adresse*] **k** *Zeichen* *Adresse* mit *Zeichen* markieren. Zu dieser Zeile kann später zurückgesprungen werden.	**k**
[*Adresse*] **l** [*Anzahl*] Ausgeben der angegebenen Zeilen, so daß Tabulatorzeichen als ^I und Zeilenenden als **$** erscheinen. **l** ist eine temporäre Version von **:set list**.	**list**
map[!] [*Zeichen Befehle*] Definition eines Tastaturmakros namens *Zeichen* als Befehlsfolge *Befehle*. *Zeichen* ist normalerweise ein einziges Zeichen oder die Zeichenfolge *#n*, die Funktionstasten bezeichnet. Mit ! wird ein Makro für den Einfügemodus definiert. Wenn kein Argument angegeben wird, werden die aktuell definierten Makros angezeigt. ***Beispiele*** `:map K dwwP` — *Vertauschen zweier Wörter* `:map q :w^M:n^M` — *Aktuelle Datei abspeichern und zur nächsten wechseln* `:map! + ^[bi(^[ea)` — *Vorhergehendes Wort in runde Klammern einschließen*	**map**
[*Adresse*] **ma** *Zeichen* *Adresse* mit *Zeichen* markieren. Zu dieser Zeile kann später zurückgesprungen werden. Wie **k**.	**mark**
[*Adresse*] **m** *Ziel* Verschieben der mit *Adresse* bezeichneten Zeilen nach *Ziel*. ***Beispiel*** `:.,/Note/m /ENDE/` — *Textblock hinter die Zeile mit „ENDE“ verschieben*	**move**
n[!] [[+*Befehl*] *Dateiliste*] Bearbeiten der nächsten auf der Kommandozeile eingegebenen Datei. Mit **args** kann die Dateiliste angezeigt werden. Wenn *Dateiliste* angegeben wird,	**next** →

next ←	wird die aktuelle Dateiliste durch *Dateiliste* ersetzt und mit dem Editieren der ersten Datei dieser Liste begonnen. Wenn *Befehl* angegeben wird (darf keine Leerzeichen enthalten), wird dieser Befehl nach dem Editieren der ersten Datei ausgeführt. ***Beispiel*** `:n kap*` *Editieren aller „kapitel"-Dateien*
number	[*Adresse*] **nu** [*Anzahl*] Ausgeben jeder Zeile in *Adresse* mit der vorangestellten Zeilennummer. Anstelle von **number** kann dieser Befehl auch mit # aufgerufen werden. *Anzahl* gibt an, wie viele Zeilen angezeigt werden sollen.
open	[*Adresse*] **o** [*/Muster/*] Starten des Open-Modus von **vi** an den mit *Adresse* angegebenen Zeilen oder den Zeilen, auf die *Muster* paßt. Der Open-Modus kann mit **Q** aufgerufen und wieder verlassen werden. Im Open-Modus können die normalen **vi**-Befehle verwendet werden, sie wirken aber nur auf jeweils eine Zeile. Dies kann bei langsamen Terminalverbindungen nützlich sein.
preserve	**pre** Speichern des aktuellen Buffers, als ob das System abgestürzt wäre.
print	[*Adresse*] **p** [*Anzahl*] Ausgeben der Zeilen, die durch *Adresse* spezifiziert werden. *Anzahl* gibt an, wie viele Zeilen ausgegeben werden sollen. Eine andere Abkürzung für diesen Befehl ist **P**. ***Beispiel*** `:100;+5p` *Anzeigen von Zeile 100 und den folgenden fünf Zeilen*
put	[*Adresse*] **pu** [*Zeichen*] Zurückholen der Zeilen, die zuletzt aus dem Buffer *Zeichen* gelöscht oder kopiert worden sind. Wenn *Zeichen* nicht angegeben wird, werden die zuletzt gelöschten oder kopierten Zeilen zurückgeholt.
quit	**q**[**!**] Beenden der aktuellen Editiersitzung. Mit ! können sämtliche Änderungen seit dem letzten Speichern verworfen werden. Wenn noch Dateien zur Bearbeitung ausstehen, auf die bisher noch nicht zugegriffen wurde, muß die Sitzung durch Eingabe von **q!** oder zweimaliges Eingeben von **q** beendet werden.

[*Adresse*] **r** *Datei* Einfügen von *Datei* hinter *Adresse.* Wenn *Datei* nicht angegeben wird, wird der aktuelle Dateiname verwendet. ***Beispiel*** `:0r $HOME/data` *Einfügen einer Datei am Anfang der aktuellen Datei*	**read**
[*Adresse*] **r** !*Befehl* Einfügen der Ausgabe des Linux-*Befehls* an der Zeile hinter *Adresse.* ***Beispiel*** `:$r !cal` *Einfügen eines Kalenders am Ende der aktuellen Datei*	**read**
rec [*Datei*] *Datei* aus dem Sicherungsbereich des Systems retten.	**recover**
rew[!] Zurücksetzen der Dateiliste und Editieren der ersten Datei auf dieser Liste. Mit ! werden alle seit dem letzten Speichern gemachten Änderungen verworfen.	**rewind**

set *Parameter1 Parameter2 ...*
 	
Jeder *Parameter* setzt einen Wert für eine Option. Wenn kein Parameter angegeben wird, werden die Werte aller Optionen, die nicht die Default-Werte haben, ausgegeben. Bei zweiwertigen Optionen können die *Parameter* als *option* oder **no***option* definiert werden, andere Optionen können mit der Schreibweise *option*=*Wert* zugewiesen werden. Mit **all** werden die aktuellen Einstellungen angezeigt.
 	
Beispiele
 	
`:set nows wm=10`
`:set all`
	set

sh Erzeugen einer neuen Shell. Wenn diese Shell beendet wird, wird das Editieren fortgesetzt.	**shell**
so *Datei* Einlesen und Ausführen der Befehle in *Datei.* ***Beispiel*** `:so $HOME/.exrc`	**source**

substitute	[*Adresse*] s [*/Muster/Ersetzungsmuster/*] [*Optionen*] [*Anzahl*] Ersetzen jedes Vorkommens von *Muster* in den angegebenen Zeilen durch *Ersetzungsmuster*. Wenn *Muster* und *Ersetzungsmuster* weggelassen werden, wird die letzte Ersetzung wiederholt. *Anzahl* gibt die Anzahl der Zeilen ab *Adresse* an, auf denen ersetzt werden soll. Weitere Beispiele finden Sie in „Beispiele zum Suchen und Ersetzen“ in Kapitel 6. ***Optionen*** c — Vor jeder Ersetzung nachfragen. g — Jedes Vorkommen (und nicht nur das erste) von *Muster* auf jeder Zeile ersetzen. p — Ausgeben der letzten Zeile, auf der eine Ersetzung vorgenommen wurde. ***Beispiele*** `:1,10s/ja/nein/g` — *In den ersten zehn Zeilen ersetzen* `:%s/[Hh]allo/Tach/gc` — *Globale Ersetzungen bestätigen* `:s/Prolog/\U&/ 3` — *In den folgenden drei Zeilen das erste Vorkommen von „Prolog“ in Großbuchstaben umwandeln.*
t	[*Adresse*] t *Ziel* Kopieren der in *Adresse* angegebenen Zeilen nach *Ziel*. Identisch mit **copy**. ***Beispiel*** `:%t$` — *Datei kopieren und am Ende anhängen*

tag	[*Adresse*] ta *Tag*
	
	Datei, die *Tag* enthält, bearbeiten.
	
	Beispiel
	
	ctags aufrufen und zur Datei wechseln, die *meine_funktion* enthält:
	
	`:!ctags *.c`
	`:tag meine_funktion`

unabbreviate	una *Wort* Aufheben der Abkürzung für *Wort*.
undo	u Aufheben der beim letzten Editierbefehl gemachten Änderungen.

unm[!] *Zeichen* *Zeichen* von der Liste der Tastaturmakros entfernen. Mit ! wird ein Tastaturmakro für den Eingabemodus entfernt.	**unmap**
[*Adresse*] v/*Muster*/[*Befehle*] Ausführen der *Befehle* auf allen Zeilen, die *Muster* nicht enthalten. Wenn *Befehle* angegeben wird, werden alle passenden Zeilen angezeigt. **v** entspricht **g!**. ***Beispiel*** **`:v/#include/d`** *Alle Zeilen außer „#include"-Anweisungen löschen*	**v**
ve Ausgeben der Versionsnummer des Editors.	**version**
[*Adresse*] **vi** [*Typ*] [*Anzahl*] Aufrufen des Visual-Modus (**vi**) an der Zeile *Adresse*. Der Modus wird mit Q wieder beendet. *Typ* kann entweder –, ^ oder . sein (siehe dazu den **z**-Befehl). *Anzahl* gibt die anfängliche Fenstergröße an.	**visual**
vi [+*n*] Datei *Datei* im Visual-Modus (**vi**) editieren (optional ab Zeile *n*).	**vi**
[*Adresse*] w[!] [[>>] *Datei*] Schreiben der mit *Adresse* bezeichneten Zeilen in *Datei*. Wenn *Adresse* nicht angegeben wird, wird der gesamte Buffer geschrieben. Wenn auch *Datei* weggelassen wird, wird der Bufferinhalt in die aktuelle Datei gespeichert. Wenn >> *Datei* verwendet wird, wird der Inhalt an das Ende der existierenden *Datei* angehängt. Mit ! wird jeder bereits vorhandene Inhalt von *Datei* überschrieben.	**write**
[*Adresse*] w !*Befehl* Die durch *Adresse* bezeichneten Zeilen an den *Befehl* schicken. ***Beispiele*** **`:1,10w namen_liste`** *Die ersten zehn Zeilen an den Befehl* `namen_liste` *schicken* **`:50w >> namen_liste`** *Jetzt Zeile 50 anhängen*	**write**

ex

wq	wq[!] Datei abspeichern und beenden in einem. Mit ! wird ein eventuell vorhandener Inhalt der Datei ohne Rückfrage überschrieben.
xit	x Abspeichern der Datei, wenn sie seit dem letzten Speichern verändert wurde; danach Beenden.
yank	[*Adresse*] ya [*Zeichen*] [*Anzahl*] Kopieren der durch *Adresse* bezeichneten Zeilen in den benannten Buffer *Zeichen*. Wenn *Zeichen* nicht angegeben wird, werden die Zeilen in die allgemeine Zwischenablage kopiert. *Anzahl* gibt an, wie viele Zeilen — beginnend mit *Adresse* — kopiert werden sollen. ***Beispiel*** `:101,200 ya a`
z	[*Adresse*] z [*Typ*] [*Anzahl*] Ausgeben eines Textfensters. Die durch *Adresse* angegebene Zeile erscheint am oberen Rand. *Anzahl* gibt an, wie viele Zeilen angezeigt werden sollen. *Typ* + Angegebene Zeile am oberen Fensterrand anzeigen (Default). – Angegebene Zeile am unteren Fensterrand anzeigen. . Angegebene Zeile in der Fenstermitte anzeigen. ^ Ein Fenster nach oben bewegen. = Angegebene Zeile in der Fenstermitte anzeigen und zur aktuellen Zeile machen.
!	[*Adresse*] !*Befehl* Ausführen des Linux-*Befehls* in einer Shell. Wenn *Adresse* angegeben wird, werden die damit bezeichneten Zeilen als Standardeingabe an *Befehl* geschickt und durch die Ausgabe des Befehls ersetzt. ***Beispiele*** `:!ls` *Anzeigen der Dateien im aktuellen Verzeichnis* `:11,20!sort -f` *Zeilen 11–20 der aktuellen Datei sortieren*
=	[*Adresse*] = Ausgeben der Zeilennummer der nächsten Zeile, auf die *Adresse* paßt. Wenn *Adresse* nicht angegeben wird, wird die Nummer der letzten Zeile ausgegeben.

[*Adresse*] < [*Anzahl*] **<>**
[*Adresse*] > [*Anzahl*]

Verschieben der durch *Adresse* angegebenen Zeilen nach links (<) oder rechts (>). Bei einer Verschiebung nach links werden nur Leer- und Tabulatorzeichen entfernt. *Anzahl* gibt an, wie viele Zeilen — beginnend mit *Adresse* — verschoben werden sollen.

Adresse *Adresse*

Ausgeben der mit *Adresse* bezeichneten Zeile.

RETURN **RETURN**

Ausgeben der nächsten Zeile der Datei.

& [*Optionen*] [*Anzahl*] **&**

Wiederholen des letzten Ersetzungsbefehls (**s**). *Anzahl* gibt an, in wie vielen Zeilen — beginnend mit *Adresse* — ersetzt werden soll.

Beispiele

`:s/Gemahnt/Bezahlt/`	*Auf der aktuellen Zeile ersetzen*
`:g/Status/&`	*Ersetzung auf allen „Status"-Zeilen wiederholen*

[*Adresse*] ~ [*Anzahl*] **~**

Ersetzen des letzten regulären Ausdrucks durch das letzte Ersetzungsmuster aus einem Ersetzungsbefehl.

KAPITEL 10

Der Editor sed

In diesem Kapitel finden Sie die folgenden Abschnitte:

- Überblick über **sed**
- Kommandozeilensyntax
- Syntax der **sed**-Befehle
- Nach Gruppen sortierte Zusammenfassung der **sed**-Befehle
- Alphabetisch sortierte Zusammenfassung der **sed**-Befehle

Mehr Informationen zu **sed** finden Sie in *sed & awk*, zweite Auflage, von Dale Dougherty und Arnold Robbins.

Überblick über sed

sed ist ein nicht interaktiver oder datenflußorientierter Editor.* **sed** interpretiert ein sogenanntes Skript und führt die darin angegebenen Aktionen aus. **sed** ist datenflußorientiert wie viele andere Unix-Befehle, weil die Eingabe gewissermaßen durch das Programm hindurch zur Standardausgabe fließt. Ein anderes Beispiel für einen datenflußorientierten Befehl ist **sort**, ein Gegenbeispiel **vi**. Die Eingaben für **sed** kommen normalerweise aus einer Datei, können aber auch von der Tastatur entgegengenommen werden. Die Ausgabe erfolgt standardmäßig über den Bildschirm, sie kann aber auch in eine Datei umgelenkt werden.

Gängige Anwendungsbeispiele für **sed** sind:

- Automatisches Editieren einer oder mehrerer Dateien

*Der Name **sed** ist eine Abkürzung des englischen „stream editor“.

- Sich wiederholende Editiervorgänge auf vielen Dateien vereinfachen
- Konvertierungsprogramme schreiben

sed arbeitet folgendermaßen:

- Jede Eingabezeile wird in einen gesonderten Speicherbereich kopiert.
- Alle Editierbefehle eines **sed**-Skripts werden auf diesen Speicherbereich angewendet.
- Editierbefehle werden auf alle Zeilen angewendet, es sei denn, sie sind durch Angabe einer Zeilenadresse auf einen bestimmten Bereich beschränkt.
- Wenn ein Befehl die Eingabezeile verändert, werden die folgenden Befehle auf die geänderte und nicht auf die originale Zeile angewendet.
- Die ursprüngliche Eingabezeile bleibt unverändert, weil die Editierbefehle eine Kopie der Eingabezeile verändern. Diese Kopie wird auf die Standardausgabe geschrieben, kann aber auch in eine Datei umgeleitet werden.

Kommandozeilensyntax

sed kann auf zweierlei Weise aufgerufen werden:

> **sed** [*Optionen*] '*Befehl*' *Datei(en)*
> **sed** [*Optionen*] **–f** *Skriptdatei Datei(en)*

Mit der ersten Schreibweise kann ein Editierbefehl auf der Kommandozeile in einfachen Anführungsstrichen angegeben werden. Mit der zweiten Form kann eine *Skriptdatei* angegeben werden, der **sed** die auszuführenden Befehle entnimmt. Wenn keine zu bearbeitenden Dateien angegeben werden, liest **sed** von der Standardeingabe.

sed kennt die folgenden *Optionen*:

-e *Befehl* — Das nächste Argument ist ein Editierbefehl. Diese Option wird nur benötigt, wenn zwei oder mehr Editierbefehle auf der Kommandozeile angegeben werden sollen.

-f *Datei* — Das nächste Argument ist eine Skriptdatei mit Editierbefehlen.

-g — Alle Substitutionen sind global.

-n — Unterdrücken der standardmäßigen Ausgabe; **sed** gibt nur die Zeilen aus, die mit dem **p**-Befehl oder der **p**-Option des **s**-Befehls angegeben wurden.

Syntax der sed-Befehle

sed-Befehle haben die Form:

> [*Adresse*][,*Adresse*][!]*Befehl* [*Argumente*]

sed-Befehle bestehen aus *Adressen* und *Befehlen*. *Befehle* bestehen aus einem einzelnen Buchstaben oder Sonderzeichen und werden später alphabetisch und nach Gruppen sortiert beschrieben. Einzelne Befehle können *Argumente* haben: eine Markierung beim **b**- und **t**-Befehl, ein Dateiname beim **r**- und **w**-Befehl und Optionen beim **s**-Befehl. Das Format der *Adressen* wird im folgenden Abschnitt beschrieben.

Musteradressierung

Bei jedem **sed**-Befehl können keine, eine oder zwei Adressen angegeben werden. Eine Adresse kann eine Zeilennummer, das Symbol **$** für die letzte Zeile oder ein regulärer Ausdruck, der in Schrägstriche eingeschlossen wird (*/Muster/*), sein. Reguläre Ausdrücke werden in Kapitel 6, *Mustervergleiche*, beschrieben. Darüber hinaus kann **\n** angegeben werden, was auf jeden Zeilenumbruch im Arbeitsbereich von **sed** paßt (solche Zeilenumbrüche entstammen dem N-Befehl), nicht aber auf den Zeilenumbruch am Ende des Arbeitsbereichs.

Wenn beim Befehl angegeben wird:	Wird der Befehl angewendet auf:
Keine Adresse	Jede Eingabezeile.
Eine Adresse	Jede Zeile, die auf die Adresse paßt. Einige Befehle (**a**, **i**, **r**, **q** und =) können nur eine Adresse haben.
Zwei durch Kommata getrennte Adressen	Die erste passende Zeile und alle weiteren bis zur ersten Zeile, die auf die zweite Adresse paßt.
Eine Adresse, gefolgt von !	Alle Zeilen, die nicht auf diese Adresse passen.

Beispiele

`s/xx/yy/g`	*Alle Vorkommen auf allen Zeilen ersetzen*
`/BSD/d`	*Alle Zeilen löschen, die* `BSD` *enthalten*
`/^BEGIN/,/^END/p`	*Text zwischen* `BEGIN` *und* `END` *(einschließlich) ausgeben*
`/SAVE/!d`	*Alle Zeilen löschen, die nicht* `SAVE` *enthalten*
`/BEGIN/,/END/!s/xx/yy/g`	*Auf allen Zeilen ersetzen, die nicht im Bereich zwischen* `BEGIN` *und* `END` *liegen*

Geschweifte Klammern ({}) werden in **sed** verwendet, um Adressen ineinander zu verschachteln oder mehrere Befehle auf ein und dieselbe Adresse anzuwenden:

```
[/Adresse/][,/Adresse/]{
Befehl1
[ weitere Befehle ]
}
```

Die öffnende geschweifte Klammer muß am Zeilenende, die schließende allein auf einer Zeile stehen. Beachten Sie, daß den Klammern keine Leerzeichen folgen dürfen.

Nach Gruppen sortierte Zusammenfassung der sed-Befehle

In den folgenden Listen sind die **sed**-Funktionen nach Funktionsgruppen sortiert und knapp beschrieben. Vollständige Beschreibungen mit Syntax und Beispielen finden Sie in der folgenden, alphabetisch sortierten Übersicht.

Elementare Editierfunktionen

a Text am Ende einer Zeile anhängen.
c Text ersetzen (normalerweise einen Textblock).
i Text am Anfang einer Zeile einfügen.

`d` Zeilen löschen.
`s` Ersetzungen vornehmen.
`y` Zeichen konvertieren (wie **tr** in Kapitel 2, *Linux-Benutzerbefehle*).

Zeileninformationen

`=` Anzeigen der Zeilennummer.
`l` Anzeigen von Steuerzeichen in ASCII.
`p` Anzeigen der Zeile.

Ein-/Ausgabebefehle

`n` Aktuelle Zeile überspringen und mit der nächsten weitermachen.
`r` Einlesen einer anderen Datei.
`w` Schreiben in eine andere Datei.
`q` Beenden des **sed**-Skripts (keine weiteren Ausgaben).

Kopieren und Einfügen

`h` Kopieren des Arbeitsbereichs in die Zwischenablage, deren vorheriger Inhalt verlorengeht.
`H` Kopieren des Arbeitsbereichs in die Zwischenablage, dabei an dort vorhandene Daten anhängen.
`g` Zurückholen der Zwischenablage in den Arbeitsbereich, dessen vorheriger Inhalt verlorengeht.
`G` Zurückholen der Zwischenablage in den Arbeitsbereich, dabei an dort vorhandene Daten anhängen.
`x` Inhalte von Arbeitsbereich und Zwischenablage austauschen.

Verzweigungsbefehle

`b` Verzweigen nach *Ziel* oder zum Ende des Skripts.
`t` Wie **b**, aber nur nach einer Ersetzung verzweigen.
`:Ziel` Ziel (*Ziel*) für **b** und **t**.

Verarbeiten mehrerer Eingabezeilen auf einmal

`N` Einlesen einer weiteren Eingabezeile (dabei wird ein eingebetteter Zeilenwechsel eingefügt).
`D` Alles bis zum eingebetteten Zeilenwechsel löschen.
`P` Alles bis zum eingebetteten Zeilenwechsel ausgeben.

Alphabetisch sortierte Übersicht der sed-Befehle

:*Ziel* Benennen einer Zeile in einem Skript für Sprünge mit **b** oder **t**. *Ziel* darf bis zu sieben Zeichen enthalten.	:
[/*Muster*/]= Ausgeben der Zeilennummer jeder Zeile, die *Muster* enthält.	=

[*Adresse*]**a**
Text — **a**

An jede Zeile, die durch *Adresse* beschrieben wird, wird *Text* angehängt. Wenn *Text* sich über mehr als eine Zeile erstreckt, müssen enthaltene Zeilenvorschübe durch einen Backslash „versteckt" werden. *Text* gilt als beendet durch den ersten nicht versteckten Zeilenwechsel. Der angehängte Text steht nicht im Arbeitsbereich zur Verfügung und kann somit auch nicht von nachfolgenden Befehlen verwendet werden. Das Ergebnis dieses Befehls wird nach Abschluß des Editiervorgangs auf die Standardausgabe geschrieben, unabhängig davon, wie die aktuelle Zeile im Arbeitsbereich verändert wird.

Beispiel

```
$a\
Dies wird in die letzte Zeile der Datei geschrieben\
(angegeben durch $). Saemtliche Zeilenvorschuebe am Ende einer\
Zeile mit Ausnahme des letzten sind versteckt.
```

[*Adresse1*][,*Adresse2*]**b**[*Ziel*] — **b**

Bedingungsloser Sprung nach *:Ziel* an einer anderen Stelle im Skript, d.h., der auf *Ziel* folgende Befehl ist der nächste Befehl, der auf die aktuelle Zeile angewendet wird. Wenn *Ziel* nicht angegeben wird, wird die Verarbeitung abgebrochen.

Beispiel

Zeilen zwischen .TS und .TE ignorieren; weitere Abarbeitung des Skripts nach .TE:

```
/^\.TS/,/^\.TE/b
```

[*Adresse1*][,*Adresse2*]**c**
Text — **c**

Ersetzen der durch die Adresse angegebenen Zeilen durch *Text*. Wenn ein Bereich von Zeilen angegeben wird, werden alle Zeilen zusammen durch eine einzige Kopie von *Text* ersetzt. Zeilenvorschübe innerhalb von *Text* müssen mit Ausnahme des letzten durch einen Backslash „versteckt" werden. Der Inhalt des Arbeitsbereichs wird gelöscht und steht nachfolgenden Editierbefehlen nicht mehr zur Verfügung.

→

c
←

Beispiel

Ersetzen der ersten hundert Zeilen einer Datei:

```
1,100c\
\
< die ersten hundert Namen >
```

d [*Adresse1*][,*Adresse2*]**d**

Löschen der adressierten Zeilen aus dem Arbeitsbereich. Die entsprechenden Zeilen werden also nicht an die Standardausgabe weitergereicht. Die nächste Zeile wird eingelesen und mit dem ersten Befehl des Skripts bearbeitet.

Beispiel

Alle leeren Zeilen löschen:

```
/^$/d
```

D [*Adresse1*][,*Adresse2*]**D**

Löschen des ersten Teils (alles bis zu einem enthaltenen Zeilenwechsel) eines mehrzeiligen Arbeitsbereichs, der durch den **N**-Befehl angelegt wurde. Der Editiervorgang wird danach mit dem ersten Befehl des Skripts fortgesetzt. Wenn die Ausführung dieses Befehls zur Leerung des Arbeitsbereichs führt, wird eine neue Zeile eingelesen, als ob **d** ausgeführt worden wäre.

Beispiel

Mehrere leere Zeilen zu einer zusammenfassen:

```
/^$/{
N
/^\n$/D
}
```

g [*Adresse1*][,*Adresse2*]**g**

Einfügen des Inhalts der Zwischenablage (siehe **h**- und **H**-Befehle) in den Arbeitsbereich. Alles, was vorher im Arbeitsbereich enthalten war, wird gelöscht. Das Beispiel zeigt eine einfache Methode, Zeilen zu kopieren.

Beispiel

Das folgende Skript nimmt alle Zeilen, die das Wort *Position:* enthalten, und kopiert sie an eine durch einen Platzhalter markierte Stelle weiter hinten in der Datei. Der Platzhalter wird überschrieben.

```
/Position:/H
/<Diese Zeile wird mit der Positionsliste überschrieben>/g
```

[*Adresse1*][,*Adresse2*]G

G

Wie **g**, aber der Text wird unterhalb der angegebenen Adresse eingefügt, anstatt den dortigen Text zu überschreiben. Das Beispiel zeigt eine einfache Methode, Text zu kopieren und wieder einzufügen.

Beispiel

Das folgende Skript nimmt alle Zeilen, die das Wort *Position:* enthalten, und verschiebt sie hinter eine durch einen Platzhalter markierte Stelle weiter hinten in der Datei. Die ursprünglichen *Position:*-Zeilen werden gelöscht.

```
/Position:/{
H
d
}
/Liste der Position:/G
```

[*Adresse1*][,*Adresse2*]h

h

Kopieren des Arbeitsbereichs in die Zwischenablage, einen speziellen temporären Buffer. Der vorherige Inhalt der Zwischenablage wird verworfen. **h** kann verwendet werden, um eine Zeile abzuspeichern, bevor sie editiert wird.

Beispiel

```
# Eine Zeile editieren, Veraenderungen ausgeben,
# Original noch einmal anzeigen
/Linux/{
h
s/.* Linux \(.*\) .*/\1:/
p
x
}
```

Beispieleingabe:

```
Beschreibung des Linux-ls-Befehls.
Beschreibung des Linux-cp-Befehls.
```

Beispielausgabe:

```
ls:
Beschreibung des Linux-ls-Befehls.
cp:
Beschreibung des Linux-cp-Befehls.
```

[*Adresse1*][,*Adresse2*]H

H

Anhängen des Inhalts des Arbeitsbereichs sowie eines führenden Zeilenwechsels an den Inhalt der Zwischenablage. Auch wenn die Zwischenablage leer ist, wird der führende Zeilenwechsel mit eingefügt. **H** entspricht einem inkrementellen Kopiervorgang. Siehe dazu die Beispiele unter **g** und **G**.

i	[*Adresse1*]i\
	Text
	
	Einfügen von *Text* vor jeder Zeile, die durch *Adresse* bestimmt wird. (Siehe die Beschreibung zum **a**-Befehl, um nähere Informationen zum Format von *Text* zu erhalten.)
	
	Beispiel
	
	`/Position 1/i\`
	`Die fünf Positionen sind unten aufgeführt:`

l	[*Adresse1*][,*Adresse2*]l Anzeigen des Inhalts des Arbeitsbereichs, wobei nichtdruckbare Zeichen als ASCII-Zeichen dargestellt werden. Zu lange Zeilen werden umgebrochen.

n	[*Adresse1*][,*Adresse2*]n
	
	Einlesen der nächsten Zeile in den Arbeitsbereich. Die aktuelle Zeile wird auf die Standardausgabe geschrieben und die nächste Zeile zur aktuellen gemacht. Es wird danach der nächste, auf **n** folgende Befehl ausgeführt, anstatt am Anfang des Skripts fortzufahren.
	
	Beispiel
	
	In den **ms**-Makros steht eine Abschnittsüberschrift auf einer Zeile unter einem .NH-Makro. Um alle Überschriften anzuzeigen, können Sie das folgende Skript mit **sed -n** aufrufen:
	
	`/^\.NH/{`
	`n`
	`p`
	`}`

N	[*Adresse1*][,*Adresse2*]N
	
	Anhängen der nächsten Eingabezeile an den Inhalt des Arbeitsbereichs. Die beiden Zeilen werden durch einen eingebetteten Zeilenwechsel getrennt. (Dieser Befehl ist gedacht für Mustervergleiche, die sich über mehrere Zeilen erstrecken.) Mit **\n** können Zeilenvorschübe in Suchmustern angegeben werden, so daß es möglich ist, Mustervergleiche anzustellen, die sich über mehrere Zeilen erstrecken. Siehe dazu das Beispiel bei **D**.
	
	Beispiele
	
	Wie im vorigen Beispiel, aber die Zeile mit .NH wird zusätzlich zur Abschnittsüberschrift angegeben:
	
	`/^\.NH/{`
	`N`
	`p`
	`}`

Zusammenfassen zweier Zeilen (Zeilenwechsel wird durch Leerzeichen ersetzt):

```
/^\.NH/{
N
s/\n/ /
p
}
```

N

[*Adresse1*][,*Adresse2*]**p**

p

Ausgeben der durch *Adresse* bestimmten Zeilen. Wenn nicht die Option **-n** auf der Kommandozeile angegeben wurde, führt dieser Befehl zu doppelten Zeilen in der Ausgabe. Üblicherweise wird dieser Befehl vor Befehlen verwendet, welche die Abarbeitungsreihenfolge des Skripts beeinflussen (**d**, **N**, **b**) und so dazu führen können, daß die aktuelle Zeile nicht ausgegeben wird. Siehe dazu die Beispiele bei **h**, **n** und **N**.

[*Adresse1*][,*Adresse2*]**P**

P

Ausgeben des ersten Teils (bis zum ersten Zeilenwechsel) eines mehrzeiligen Textes, der durch **N** angelegt wurde. Wenn auf die gleiche Zeile nicht vorher **N** angewendet wurde, ist **p** identisch mit **P**.

[*Adresse*]**q**

q

Abbrechen der Skriptabarbeitung, wenn die Adresse *Adresse* erreicht wird. Die angegebene Zeile wird zunächst ausgegeben (es sei denn, die Default-Ausgabe wurde unterdrückt), anschließend folgt eventuell mit **a** oder **r** angehängter Text.

Beispiele

Alles nach der bezeichneten Zeile löschen:

```
/Es folgt der kaputte Text:/q
```

Nur die ersten fünfzig Zeilen einer Datei ausgeben:

```
50q
```

[*Adresse*]**r** *Datei*

r

Einlesen des Inhalts von *Datei*. Der Dateiinhalt wird an den Inhalt des Arbeitsbereichs angehängt. Zwischen dem **r** und dem Dateinamen muß genau ein Leerzeichen stehen.

Beispiel

```
/Es folgt die Liste der Positionen:/r pos_datei
```

[*Adresse1*][,*Adresse2*]**s**/*Muster*/*Ersetzungsmuster*/[*Flags*]

s

Ersetzen von *Muster* durch *Ersetzungsmuster* auf jeder durch *Adresse* bezeichneten Zeile. Wenn durch Muster spezifizierte Adressen verwendet wurden, bezeichnet das

→

s
←

Muster // die letzte bezeichnete Musteradresse. Zusätzlich können die folgenden Optionen verwendet werden:

n	Ersetzen des *n*-ten Vorkommens von */Muster/* auf jeder adressierten Zeile. *n* kann jede beliebige ganze Zahl zwischen 1 und 512 sein; der Default ist 1.
g	Ersetzen aller Vorkommen von */Muster/* auf einer Zeile, nicht nur des ersten.
p	Ausgeben jeder Zeile, in der eine Ersetzung vorgenommen wurde. Wenn mehrere Ersetzungen in einer Zeile vorgenommen wurden, wird die Zeile auch mehrfach ausgegeben.
w *Datei*	Ausgeben jeder Zeile, in der eine Ersetzung vorgenommen wurde, in die Datei *Datei*.

Beispiele

Einige kurze, kommentierte Skripten:

```
# Ersetzen des 3. und 4. doppelten Anführungszeichens
# durch ( und ):
/function/{
s/"/(/3
s/"/)/4
}

# Entfernen aller doppelten Anfuehrungszeichen auf einer
# bestimmten Zeile:
/Title/s/"//g

# Entfernen des ersten Doppelpunkts oder aller doppelten
# Anfuehrungszeichen; Ausgabe der resultierenden Zeilen:
s/://p
s/"//gp

# Ersetzen des ersten "if", das kein "ifdef" ist:
/ifdef/!s/if/   if/
```

t

[*Adresse1*][,*Adresse2*]**t** [*Ziel*]

Überprüfen, ob auf den durch *Adresse* bezeichneten Zeilen Ersetzungen vorgenommen worden sind. Wenn dies der Fall ist, wird auf die durch *:Ziel* markierte Zeile (siehe auch **b** und :) verzweigt. Wenn *Ziel* weggelassen wird, werden alle folgenden Befehle übersprungen. Der **t**-Befehl entspricht der **case**-Anweisung in der Programmiersprache C oder den Shell-Programmiersprachen. Jeder Fall wird überprüft; wenn eine Überprüfung wahr ist, wird das Konstrukt beendet.

Beispiel

Angenommen, Sie wollen leere Felder einer Datenbank auffüllen und haben die folgenden Daten:

```
ID: 1   Name: kalle   Gebiet: 45
ID: 2   Name: tanja
ID: 3
```

Sie wollen das folgende Format erreichen:

```
ID: 1   Name: kalle   Gebiet: 45   Telefon: ??
ID: 2   Name: tanja   Gebiet: ??   Telefon: ??
ID: 3   Name: ??      Gebiet: ??   Telefon: ??
```

Sie müssen also überprüfen, wie viele Felder bereits vorhanden sind. Dies kann mit dem folgenden Skript geschehen (es wird angenommen, daß die einzelnen Felder durch Tabulatoren getrennt sind):

```
/ID/{
s/ID: .* Name: .* Gebiet: .*/&   Telefon: ??/p
t
s/ID: .* Name: .*/&   Gebiet: ??   Telefon: ??/p
t
s/ID: .*/&   Name: ??     Gebiet: ??   Telefon: ??/p
}
```

[*Adresse1*][,*Adresse2*]**w** *Datei* **w**

Anhängen des Inhalts des Arbeitsbereichs an die *Datei*. Das Speichern erfolgt in dem Moment, in dem der Befehl erreicht wird, nicht etwa erst, wenn der Arbeitsbereich wieder ausgegeben wird. Zwischen dem **w** und dem Dateinamen muß genau ein Leerzeichen stehen. Wenn die Datei noch nicht existiert, wird sie angelegt. Wenn sie bereits existiert, wird sie bei jeder Ausführung des Skripts überschrieben. Mehrfache **w**-Befehle, die in dieselbe Datei speichern, hängen ihre Daten jeweils hinten an die Datei an.

Beispiel

```
# Abspeichern von tbl- und eqn-Bloecken in eine Datei:
/^\.TS/,/^\.TE/w troff_kram
/^\.EQ/,/^\.EN/w troff_kram
```

[*Adresse1*][,*Adresse2*]**x** **x**

Vertauschen des Arbeitsbereichs mit der Zwischenablage. Siehe das Beispiel bei der Beschreibung des **h**-Befehls.

[*Adresse1*][,*Adresse2*]**y**/*abc*/*xyz*/ **y**

Konvertieren von Zeichen. Jedes Vorkommen von *a* wird in *x*, jedes *b* in *y*, jedes *c* in *z* konvertiert usw.

Beispiel

```
# 1, 2, 3, ... in A, B, C, ... umwandeln
/^item [1-9]/y/123456789/ABCDEFGHI/
```

KAPITEL 11

Die Skriptsprache gawk

In diesem Kapitel werden die folgenden Themen behandelt:

- Überblick über **gawk**
- Kommandozeilensyntax
- Muster und Prozeduren
- Systemvariablen
- Operatoren
- Variablen- und Feldzuweisungen
- Nach Gruppen sortierte Zusammenfassung der Befehle
- Alphabetisch sortierte Zusammenfassung der Befehle

Weitere Informationen finden Sie in *sed & awk*, zweite Auflage, von Dale Dougherty und Arnold Robbins.

Überblick über gawk

gawk ist die GNU-Version von **awk**, einem mächtigen Programm für Mustervergleiche bei der Verarbeitung von Textdateien, die aus Datensätzen fester oder variabler Länge bestehen können, die durch ein Trennzeichen (per Voreinstellung der Zeilenwechsel) voneinander getrennt sind. **gawk** kann von der Kommandozeile aus oder in **gawk**-Skripten benutzt werden.

Mit **gawk** können Sie:

- Bequem eine Textdatei so verarbeiten, als bestünde sie aus Datensätzen und Feldern in einer textuellen Datenbank.

- Variablen benutzen, um die Datenbank zu verändern.
- Shell-Befehle aus Skripten heraus aufrufen.
- Arithmetische und Zeichenketten-Operationen ausführen.
- Programmiersprachenkonstrukte wie Schleifen und bedingte Ausdrücke verwenden.
- Eigene Funktionen definieren.
- Die Ergebnisse von Shell-Befehlen weiterverarbeiten.
- Kommandozeilenargumente benutzerfreundlicher verarbeiten.
- Formatierte Berichte erstellen.

Kommandozeilensyntax

Mit dem Aufruf von **awk** wird auf vielen Systemen, auf denen **gawk** vorhanden ist, letzteres aufgerufen. Es gibt zwei Aufrufformen für **gawk**:

> **gawk** [*Optionen*] '*Skript*' *Variable=Wert Datei(en)*
> **gawk** [*Optionen*] **–f** *Skriptdatei Variable=Wert Datei(en)*

Sie können entweder ein *Skript* direkt auf der Kommandozeile angeben oder ein Skript in einer Skriptdatei *Skriptdatei* ablegen und den Namen der Datei mit **–f** angeben. Wenn Sie sehr lange **gawk**-Programme benutzen, ist die Verwendung einer Skriptdatei vorzuziehen, weil Sie so die Fehlermeldung `arg list too long` der Shell vermeiden können. Variablen kann auf der Kommandozeile ein Wert zugewiesen werden. Der Wert kann ein Literal, eine Shell-Variable (*$name*) oder eine Befehls-Substitution sein, er steht Ihrem **gawk**-Programm aber erst nach dem Lesen der ersten Eingabezeile (d.h. nach der **BEGIN**-Anweisung) zur Verfügung. **gawk** arbeitet auf einer oder mehreren Dateien. Wenn keine Dateien oder der Dateiname – angegeben werden, liest **gawk** von der Standardeingabe.

Um die ersten drei durch Doppelpunkte getrennten Felder der Paßwort-Datei jeweils auf einer eigenen Zeile auszugeben, können Sie folgenden Befehl verwenden, wobei der Doppelpunkt durch die Option **–F** als Feldtrennzeichen festgelegt wird:

```
gawk -F: '{print $1; print $2; print $3}' /etc/passwd
```

Sie finden viele verschiedene Beispiele für **gawk**-Skripten im Abschnitt „Muster und Prozeduren".

Optionen

Alle Optionen gibt es sowohl im traditionellen (einbuchstabigen) POSIX-Format als auch im langen GNU-Format. Hier sind einige der Optionen:

––
: Alle folgenden Argumente sind Befehle oder Dateinamen, aber keine Optionen.

–f *Datei*, **––file-program=***Datei*
: **gawk**-Befehle aus der *Datei* anstatt von der Kommandozeile lesen.

-v *Variable*= *Wert*, **--assign=** *Variable*= *Wert*

Zuweisung von *Wert* an *Variable*. Auf diese Art und Weise können Zuweisungen vorgenommen werden, die bereits vor Ausführung des Skripts gültig sind.

-F*c*, **--field-separator=***c*

Einstellen des Feldseparators auf das Zeichen *c*. Der gleiche Effekt kann durch Setzen der Variable **FS** erzielt werden. *c* darf ein regulärer Ausdruck sein. Jede Eingabezeile (jeder Datensatz) wird durch Leer- oder Tabulatorzeichen oder einen benutzerdefinierten Feldseparator in Felder aufgeteilt. Auf die einzelnen Felder kann mit den Variablen **$1**, **$2** ... **$***n* zugegriffen werden. **$0** steht für die gesamte Eingabezeile.

-W *Option*

Alle **-W**-Optionen sind **gawk**-spezifisch, sie können also mit **awk** nicht verwendet werden. Alternativ zu dieser Schreibweise kann auch --*Option* (z.B. **--compat**) geschrieben werden. *Option* kann folgende Werte annehmen:

compat	Genauso verhalten wie **awk**.
copyleft	Copyleft-Meldung ausgeben und beenden.
copyright	Wie **copyleft**.
help	Syntax und Liste der Optionen ausgeben, dann beenden.
lint	Warnungen bei Befehlen ausgeben, die sich nicht auf andere Versionen von **awk** übertragen lassen oder die **gawk** für problematisch hält.
lint-old	Wie **lint**, vergleicht aber mit einer älteren Version von **awk**.
posix	Genaue Einhaltung der POSIX-Standards erwarten. Außerdem werden *x*-Escape-Sequenzen, die Synonymfunktion, ** und **= ignoriert.
re-interval	Erlaubt die Verwendung von *{n,m}* in regulären Ausdrücken.
source=*Programm*	Betrachtet den Rest der Kommandozeile als **gawk**-Befehle, als ob sie aus einer Datei eingelesen würden.
traditional	Genauso verhalten wie **awk**.
usage	Wie **help**.
version	Hilfetext ausgeben und beenden.

Muster und Prozeduren

gawk-Skripten bestehen aus Mustern und Prozeduren:

Muster {*Prozedur*}

Beide können weggelassen werden. Wenn *Muster* fehlt, wird {*Prozedur*} auf alle Zeilen angewendet. Wenn {*Prozedur*} nicht angegeben wird, werden die passenden Zeilen ausgegeben.

Muster

Ein Muster kann eines der folgenden Elemente sein:

> */regulärer Ausdruck/*
> *relationaler Ausdruck*
> *Mustervergleichsausdruck*
> *Muster,Muster*
> **BEGIN**
> **END**

- Ausdrücke können aus quotierten Zeichenketten, Zahlen, Operatoren, Funktionen, definierten Variablen oder allen im Abschnitt „gawk-Systemvariablen" beschriebenen Variablen zusammengesetzt sein.
- Reguläre Ausdrücke benutzen eine erweiterte Menge von Metazeichen und werden in Kapitel 6 beschrieben.
- Außerdem können ^ und **$** verwendet werden, um den Anfang bzw. das Ende eines Feldes zu bezeichnen (anstelle des Zeilenanfangs bzw. Zeilenendes wie normalerweise).
- Relationale Ausdrücke verwenden die relationalen Operatoren, die im Abschnitt „Operatoren" näher beschrieben werden. Vergleiche können zeichenketten- oder zahlenbasiert sein. Beispielsweise werden mit **$2 > $1** alle Zeilen ausgewählt, in denen das zweite Feld größer als das erste ist.
- Mustervergleichsausdrücke verwenden die Operatoren ~ (Vergleich paßt) und !~ (Vergleich paßt nicht). Siehe dazu auch den Abschnitt „Operatoren" weiter hinten.
- Mit **BEGIN** können Prozeduren angegeben werden, die ausgeführt werden, *bevor* die erste Eingabezeile ausgeführt wird. In diesen Prozeduren werden üblicherweise globale Variablen gesetzt.
- Mit **END** können Prozeduren angegeben werden, die ausgeführt werden, *nachdem* die letzte Eingabezeile gelesen wurde.
- Wenn es mehrere **BEGIN**- oder **END**-Muster gibt, werden die zugehörigen Aktionen in der Reihenfolge ausgeführt, in der sie im Skript auftauchen.
- *Muster,Muster* gibt einen Bereich von Zeilen an.

Mit Ausnahme von **BEGIN** und **END** können Muster mit den Booleschen Operatoren || (oder), **&&** (und) und **!** (nicht) verknüpft werden.

Neben den anderen Operatoren für reguläre Ausdrücke unterstützt GNU-**awk** POSIX-Zeichenlisten, die nützlich sind, um in anderen Sprachen als Englisch nach Nicht-ASCII-Zeichen zu suchen. Diese Listen werden nur in `[ ]`-Bereichen verstanden. Eine typische Anwendung wäre `[[:lower:]]`, was im Englischen `[a-z]` entsprechen würde.

Die folgende Tabelle führt die POSIX-Zeichenlisten auf.

Notation	Bedeutung
`[:alnum:]`	Alphanumerische Zeichen
`[:alpha:]`	Zeichen des Alphabets, in Klein- und Großbuchstaben

Notation	Bedeutung
`[:blank:]`	Druckbarer Leerraum: Leerzeichen und Tabulatoren, aber keine Steuerzeichen
`[:cntrl:]`	Steuerzeichen wie ^A bis ^Z
`[:digit:]`	Dezimalziffern
`[:graph:]`	Druckbare Zeichen ohne Leerraum
`[:lower:]`	Kleinbuchstaben des Alphabets
`[:print:]`	Druckbare Zeichen; umfaßt auch Leerraum, aber keine Steuerzeichen
`[:punct:]`	Satzzeichen, eine Untermenge der druckbaren Zeichen
`[:space:]`	Leerraum; umfaßt Leerzeichen, Tabulatoren und einige Steuerzeichen
`[:upper:]`	Großbuchstaben des Alphabets
`[:xdigit:]`	Hexadezimalziffern

Prozeduren

Prozeduren bestehen aus einem oder mehreren Befehlen, Funktionen oder Variablenzuweisungen, die durch Zeilenvorschübe oder Semikola getrennt werden und in geschweiften Klammern stehen. Die Befehle können in vier Gruppen aufgeteilt werden:

- Variablen- oder Feldzuweisungen
- Ausgabebefehle
- Eingebaute Funktionen
- Kontrollflußbefehle

Einfache Beispiele mit Mustern und Prozeduren

1. Ausgeben des ersten Feldes jeder Zeile (kein Muster angegeben):

   ```
   { print $1 }
   ```

2. Alle Zeilen ausgeben, die *Muster* enthalten:

   ```
   /Muster/
   ```

3. Ausgeben des ersten Feldes von Zeilen, die *Muster* enthalten:

   ```
   /Muster/{ print $1 }
   ```

4. Ausgeben von Datensätzen mit mehr als zwei Feldern:

   ```
   NF > 2
   ```

5. Interpretieren jeder Gruppe von Zeilen bis zur nächsten Leerzeile als einen Eingabedatensatz:

   ```
   BEGIN { FS = "\n"; RS = "" }
   ```

6. Ausgeben von Feld 2 und 3 in umgekehrter Reihenfolge, aber nur auf den Zeilen, deren erstes Feld auf die Zeichenkette „DRINGEND“ paßt:

   ```
   $1 ~ /DRINGEND/ { print $3, $2 }
   ```

7. Zählen und ausgeben, wie oft *Muster* auftritt:

```
/Muster/ { ++x } END { print x }
```

8. Die Zahlen der zweiten Spalte addieren, und die Gesamtsumme ausgeben:

```
{total += $2 }; END { print "Die Spaltensumme ist", total}
```

9. Ausgeben von Zeilen, die weniger als 20 Zeichen enthalten:

```
length($0) < 20
```

10. Ausgeben jeder Zeile, die *Name:* enthält und genau sieben Felder hat:

```
NF == 7 && /^Name:/
```

11. Invertieren der Feldreihenfolge:

```
{ for (i = NF; i >= 1; i--) print $i }
```

gawk-Systemvariablen

Variable	Beschreibung
$*n*	*n*-tes Feld des aktuellen Datensatzes; die Felder sind durch **FS** getrennt
$0	Gesamter Datensatz
ARGC	Anzahl der Argumente der Kommandozeile
ARGIND	Stelle der aktuellen Datei auf der Kommandozeile (beginnend mit 0)
ARGV	Ein Feld mit den Kommandozeilenargumenten
CONVFMT	Konvertierungsformat für Zahlen (der Default ist %**.6g**)
ENVIRON	Ein assoziatives Feld, das die Umgebungsvariablen enthält
ERRNO	Beschreibung des letzten Systemfehlers
FIELDWIDTHS	Durch Leerzeichen getrennte Liste der Feldbreiten
FILENAME	Aktueller Dateiname
FNR	Wie **NR**, aber abhängig von der aktuellen Datei
FS	Feldseparator (der Default sind Leerzeichen, Tabulatoren und Zeilenvorschübe)
IGNORECASE	Wenn diese Variable auf wahr gesetzt ist, wird bei Vergleichen keine Groß-/Kleinschreibung beachtet.
NF	Anzahl der Felder im aktuellen Datensatz
NR	Nummer des aktuellen Datensatzes
OFMT	Ausgabeformat für Zahlen (der Default ist %**.6g**)
OFS	Separator für Ausgabefelder (Default: ein Leerzeichen)
ORS	Separator für Ausgabedatensätze (Default: ein Zeilenwechsel)
RLENGTH	Länge des Strings, der auf die **match**-Funktion paßte
RS	Separator für Datensätze (Default: ein Zeilenwechsel)
RSTART	Erste Position in der Zeichenkette, die auf die **match**-Funktion paßte
SUBSEP	Trennzeichen für Feldindizes (der Default ist \034)

Operatoren

Die folgende Tabelle gibt alle in **gawk** verfügbaren Operatoren in aufsteigender Präzedenz wieder.

Symbol	Bedeutung
`= =+ -= *= /= %= ^= **=`	Zuweisung
`?:`	Bedingter Ausdruck wie in C
`||`	Logisches ODER
`&&`	Logisches UND
`~ !~`	Mustervergleich und negativer Mustervergleich
`< <= > >= != ==`	Relationale Operatoren
(leer)	Verkettung
`+ -`	Addition und Subtraktion
`* / %`	Multiplikation, Division und Restbildung
`+ - !`	Unäres Plus und Minus und logische Negation
`^ **`	Potenzierung
`++ --`	Inkrementierung und Dekrementierung, entweder voran- oder nachgestellt
`$`	Feldreferenz

Variablen- und Feldzuweisungen

Variablen kann mit dem =-Zeichen ein Wert zugewiesen werden. Beispiel:

```
FS = ","
```

Außerdem können Ausdrücke mit den Operatoren +, –, *, / und % (Restbildung) an Variablen zugewiesen werden.

Felder werden mit der **split**-Funktion (siehe den Eintrag in „Alphabetische Zusammenfassung der Befehle") angelegt oder einfach in einer Zuweisungsanweisung angesprochen. Feldelemente werden mit Zahlen (*Feld*`[1]` ... *Feld*`[`*n*`]`) oder mit Namen indiziert. So kann beispielsweise die Anzahl der Vorkommen eines Musters mit folgendem Skript gezählt werden:

```
/Muster/ { Feld["/Muster/"]++ }
END { print Feld["/Muster/"] }
```

In **gawk** müssen Variablen vor ihrer Verwendung nicht deklariert und Felder nicht dimensioniert werden; sie werden jeweils beim ersten Zugriff angelegt. Alle Variablen werden als Zeichenketten abgelegt, können aber als Zeichenketten oder als Zahlen verwendet werden. **gawk** ermittelt aus dem Kontext, ob eine Variable als Zeichenkette oder als Zahl interpretiert werden muß, dies kann aber auch vom Benutzer festgelegt werden. Um zu erzwingen, daß eine Variable als Zeichenkette interpretiert wird, muß eine leere Zeichenkette angehängt werden:

```
Variable ""
```

Um zu erzwingen, daß eine Variable als Zahl interpretiert wird, muß null hinzuaddiert werden:

```
Variable + 0
```

Nach Gruppen sortierte Zusammenfassung der gawk-Befehle

gawk-Befehle können folgendermaßen eingeteilt werden:

Arithmetische Funktionen	Zeichenketten-Funktionen	Kontrollfluß-Anweisungen	Ein-/Ausgabe-Verarbeitung	Zeit-Funktionen	Diverses
atan2	gsub	break	close	systime	delete
cos	index	continue	getline	strftime	function
exp	length	do/while	next		system
int	match	exit	print		
log	split	for	printf		
rand	sub	if	sprintf		
sin	substr	return			
sqrt	tolower	while			
srand	toupper				

Alphabetisch sortierte Zusammenfassung der Befehle

Die folgende Liste enthält alle in **gawk** unter Linux zur Verfügung stehenden Befehle und Funktionen.

atan2	**atan2** (*y*,*x*) Gibt den Arcus Tangens von *y*/*x* im Bogenmaß zurück.
break	**break** Abbrechen einer **while**- oder **for**-Schleife.
close	**close** (*Dateiname=Ausdr*) **close** (*Befehls-Ausdr*) In den meisten **gawk**-Implementierungen können nur zehn Dateien und eine Pipe geöffnet sein. Daher stellt **gawk** die **close**-Anweisung zur Verfügung, mit der eine Datei oder eine Pipe wieder geschlossen werden kann. Das Argument ist das gleiche wie beim Öffnen der Datei oder der Pipe.
continue	**continue** Unmittelbar den nächsten Schleifendurchlauf einer **while**- oder **for**-Schleife anfangen, ohne die restlichen Befehle bis zum Schleifenende abzuwarten.
cos	**cos** (*x*) Gibt den Kosinus von *x* (ein Winkel im Bogenmaß) zurück.

delete (*Feld*[*Element*]) Löscht ein *Element* in *Feld*.	**delete**
do *Schleifenkörper* **while** (*Ausdr*) Schleifenkonstrukt: Die Anweisungen im *Schleifenkörper* werden ausgeführt. Danach wird *Ausdr* evaluiert. Ist das Ergebnis wahr, wird der *Schleifenkörper* erneut ausgeführt.	**do**
exit Keine weiteren Anweisungen ausführen, und keine weiteren Eingabezeilen lesen. END-Prozeduren werden aber noch ausgeführt.	**exit**
exp (*Arg*) Gibt den Exponent von *Arg* zurück. (Diese Funktion ist die Inversion von **log**.)	**exp**
for (*i=von* ; *i<= bis* ; *i++*) *Befehl* Solange die Variable *i* zwischen *von* und *bis* liegt, wird *Befehl* ausgeführt. Wenn es sich bei *Befehl* um mehrere Befehle handelt, müssen diese in geschweiften Klammern stehen. Anstelle von <= kann auch jeder andere Vergleichsoperator verwendet werden; außerdem ++ zum Inkrementieren und -- zum Dekrementieren der Variable.	**for**
for (*Element* **in** *Feld*) *Befehl* Für jedes *Element* in dem assoziativen Feld *Feld* wird einmal *Befehl* ausgeführt. Wenn es sich bei *Befehl* um mehrere Befehle handelt, müssen diese in geschweiften Klammern stehen. Auf jedes Element des Feldes kann mit *Feld*[*Element*] zugegriffen werden. Die Elemente von **gawk**-Feldern werden so abgelegt, daß auf jedes Element mit etwa der gleichen Geschwindigkeit zugegriffen werden kann. Die Reihenfolge erscheint dem Benutzer daher zufällig. Wenn die Ausgabe in einer sortierten Reihenfolge geschehen soll, muß sie noch den **sort**-Befehl durchlaufen.	**for**

function *Name*(*Parameter-Liste*) {
    Anweisungen
}
 	
Anlegen der benutzerdefinierten Funktion *Name*, die aus den **gawk**-Befehlen *Anweisungen* besteht, denen die angegebenen Parameter zur Verfügung stehen.
	function

getline	**getline** [*Variable*] [<*Datei*] *Befehl* **|** **getline** [*Variable*] Die erste Variante liest Eingabedaten aus *Datei* oder der nächsten Datei auf der Kommandozeile; die zweite liest die Ausgabe von *Befehl* als Eingabe. Beide Varianten lesen eine Zeile zur gleichen Zeit und pro Aufruf. Die Eingabezeile wird der Variable $0 zugewiesen und in Felder zerlegt, wobei die Variablen **NF**, **NR** und **FNR** entsprechend gesetzt werden. Wenn *Variable* angegeben wird, wird die Eingabezeile statt nach $0 nach *Variable* geschrieben; $0 bleibt in diesem Fall unverändert. In diesem Fall wird also auch die aktuelle Zeile nicht verändert. **getline** ist eine Funktion und gibt 1 zurück, wenn ein Datensatz erfolgreich gelesen werden konnte, 0, wenn die Eingabedatei zu Ende ist, und -1, wenn ein anderer Fehler aufgetreten ist.
gensub	**gensub** *(r, s, n, t)* Ersetzt *s* im *n*-ten Treffer des regulären Ausdrucks *r* im String *t*. *t* wird nicht verändert, aber der neue String als Ergebnis zurückgegeben. Wenn *n* **g** oder **G** ist, werden alle Treffer verändert. Wenn *t* nicht angegeben wird, wird $0 verwendet.
gsub	**gsub** *(r, s, t)* Globales Ersetzen des regulären Ausdrucks *r* durch *s* in der Zeichenkette *t*. **gsub** gibt die Anzahl der durchgeführten Ersetzungen zurück. Wenn *t* nicht angegeben wird, wird $0 verwendet.

if	**if** (*Bedingung*)
	    Befehl1
	[**else**]
	    [*Befehl2*]
	
	Wenn die *Bedingung* wahr ist, wird *Befehl1* ausgeführt, ansonsten *Befehl2*. Die Bedingung kann mit Ausdrücken formuliert werden, die einen der Vergleichsoperatoren <, <=, ==, !=, >= oder > oder den Mustervergleichsoperator ~ enthalten. Wenn es sich bei *Befehl1* oder *Befehl2* um mehrere Befehle handelt, müssen diese in geschweiften Klammern stehen. Mit der folgenden Programmzeile wird bestimmt, ob das erste Wort jeder Zeile mit einem kleinen oder großen A anfängt:
	
	`if ($1 ~ /[Aa]*/)`
	    ...fängt mit A oder a an

index	**index** (*Substr*,*Str*) Gibt die Position der Teilzeichenkette *Substr* in der Zeichenkette *Str* zurück.

int (*Arg*) | **int**

Gibt den ganzzahligen Anteil von *Arg* zurück.

length (*Arg*) | **length**

Gibt die Länge von *Arg* zurück. Wenn *Arg* nicht angegeben ist, wird $0 angenommen. **length** kann daher auch als vordefinierte Variable angesehen werden, welche die Länge des aktuellen Datensatzes enthält.

gawk

log (*Arg*) | **log**

Gibt den Logarithmus naturalis von *Arg* zurück. Diese Funktion ist die Inversion von **exp**.

match (*s*,*r*) | **match**

Gibt die erste Position in *s* zurück, auf die der reguläre Ausdruck *r* paßt. Wenn *r* nirgendwo paßt, wird 0 zurückgegeben. **match** setzt die Variablen **RSTART** und **RLENGTH**.

next | **next**

Lesen der nächsten Eingabezeile und Anfangen eines neuen Durchlaufs durch die Muster-/Prozeduranweisungen.

print [*Args*] [*Ausgabeziel*] | **print**

Gibt *Args* auf den Ausgabekanal aus. Wörtlich auszugebende Zeichenketten müssen in Anführungszeichen gesetzt werden. Datenfelder werden in der Reihenfolge, in der sie angegeben werden, ausgegeben. Wenn sie durch Kommata in der Argumentliste getrennt sind, werden sie bei der Ausgabe durch das mit **OFS** festgelegte Zeichen getrennt; wenn sie durch Leerzeichen getrennt sind, werden sie bei der Ausgabe aneinandergehängt. Bei *Ausgabeziel* handelt es sich um einen Shell-Ausdruck zur Ausgabeumleitung, der bestimmt, wohin die Daten geschrieben werden.

printf [*Format* [, *Ausdrücke*]] | **printf**

Formatierte **print**-Ausgabe. Ausdrücke und Variablen können entsprechend den Anweisungen im *Format*-Argument formatiert werden. Die Anzahl der *Ausdrücke* muß mit der in der Formatanweisung angegebenen Zahl übereinstimmen.

Format verwendet dieselben Konventionen wie die **printf**-Funktion der Programmiersprache C. Im folgenden die gebräuchlichsten Formate:

%s Eine Zeichenkette.

%d Eine ganze Zahl in Dezimal-Schreibweise.

→

printf ←	%*n*.*m*f — Eine Fließkommazahl; *n* gibt die Gesamtanzahl auszugebender Stellen, *m* die Anzahl auszugebender Stellen nach dem Dezimaltrennzeichen an.
	%[-]*nc* — *n* gibt die minimale Feldlänge für eine Formatierung des Typs *c* an. Wenn - angegeben ist, wird der Wert bei der Ausgabe zentriert, ansonsten rechtsbündig ausgerichtet.
	
	Zusätzlich kann eine Feldbreite angegeben werden.
	
	Format darf auch eingebettete Escape-Sequenzen enthalten; die gebräuchlichsten sind **\n** (Zeilenwechsel) und **\t** (Tabulator).
	
	Leerzeichen und wörtlicher Text dürfen im *Format*-Argument stehen, wenn das gesamte Argument in Anführungszeichen steht. Wenn mehrere Ausdrücke ausgegeben werden sollen, müssen auch mehrere Formatanweisungen vorhanden sein.
	
	Beispiel
	
	Mit dem Skript:
	`{printf ("Die Summe der Zeile %s ist %d.\n", NR, $1+$2)}`
	und der Eingabedatei:
	`5   5`
	wird der folgende Text, gefolgt von einem Zeilenwechsel, ausgegeben:
	`Die Summe der Zeile 1 ist 10.`

rand	**rand ()** Erzeugen einer Zufallszahl zwischen 0 und 1. Diese Funktion gibt bei jedem Aufruf des Skripts die gleiche Folge von Zufallszahlen zurück, es sei denn, dem Zufallszahlengenerator wird mit der **srand()**-Funktion ein Startwert vorgegeben.
return	**return** [*Ausdr*] Gibt in benutzerdefinierten Funktionen den Wert *Ausdr* zurück und beendet die Funktion.
sin	**sin** (*x*) Gibt den Sinus von *x* (ein Winkel im Bogenmaß) zurück.
split	**split** (*String*,*Feld*[,*Sep*]) Aufbrechen der Zeichenkette *String* in die Feldelemente *Feld*[1] ... *Feld*[*n*]. Die Zeichenkette wird bei jedem Vorkommen des Separators *Sep* aufgebrochen. Wenn *Sep* nicht angegeben wird, wird der Wert von **FS** verwendet. **split** gibt die Anzahl der angelegten Feldelemente zurück.

sprintf [*Format* [, *Ausdrücke*]] — sprintf

Gibt den Wert eines oder mehrerer *Ausdrücke* nach den Anweisungen in *Format* formatiert zurück; die Daten werden lediglich formatiert, aber nicht ausgegeben.

sqrt (*Arg*) — sqrt

Gibt die Quadratwurzel von *Arg* zurück.

srand (*Ausdr*) — srand

Setzen eines neuen Startwertes für den Zufallszahlengenerator. Die Voreinstellung für *Ausdr* ist die aktuelle Tageszeit.

strftime (*Format, Zeit*) — strftime

Gibt die *Zeit* (die genauso formatiert sein sollte, wie sie von **systime()** zurückgegeben wird) im durch *Format* spezifizierten Format zurück. Der Aufbau von *Format* ist derselbe wie bei der C-Funktion **strftime** oder dem in Kapitel 2 besprochenen **date**-Befehl.

sub (*r,s,t*) — sub

Ersetzen der ersten Stelle in *t*, auf die der reguläre Ausdruck *r* paßt, durch *s*. Wenn ersetzt werden konnte, wird 1 zurückgegeben, ansonsten 0. Der Default für *t* ist $0.

substr (*String,m*[,*n*]) — substr

Ausgeben der Teilzeichenkette von *String*, die an Position *m* beginnt und aus den folgenden *n* Zeichen besteht. Wenn *n* nicht angegeben wird, werden alle folgenden Zeichen bis zum Ende der Zeichenkette zurückgegeben.

system (*Befehl*) — system

Ausführen des angegebenen Shell-*Befehls*. Der Rückgabewert dieses Befehls ist auch der Rückgabewert von **system()**. Üblicherweise steht dabei 1 für eine erfolgreiche Ausführung, 0 für vollständige Ausführung (z.B. Dateiende) und −1 für einen Fehler. Die Ausgabe des Shell-Befehls steht dem **gawk**-Skript nicht zur Verfügung. Hierzu muß die Syntax „*Befehl* **|** **getline**“ verwendet werden.

systime () — systime

Gibt die Anzahl der Sekunden seit Mitternacht des 1. Januar 1970 zurück.

tolower	**tolower (*String*)** Ändert alle Großbuchstaben in *String* in Kleinbuchstaben und gibt die geänderte Zeichenkette zurück.
toupper	**toupper (*String*)** Ändert alle Kleinbuchstaben in *String* in Großbuchstaben und gibt die geänderte Zeichenkette zurück.
while	**while (*Bedingung*)** *Befehl* Führt *Befehl* aus, solange die *Bedingung* wahr ist. Eine Beschreibung der erlaubten Bedingungsausdrücke finden Sie in der Beschreibung der **if**-Anweisung. Wenn es sich bei *Befehl* um mehrere Befehle handelt, müssen diese in geschweiften Klammern stehen.

KAPITEL 12

Programmierung

Dieses Kapitel enthält eine Reihe von Tabellen mit häufig benutzten Befehlen zur Programmierung.

Gebräuchliche Befehle

Im folgenden finden Sie eine Reihe von Tabellen mit Befehlen, die häufig zur Software-Entwicklung verwendet werden. Diese und viele weitere Befehle werden detailliert im nächsten Abschnitt, „Alphabetische Befehlsübersicht“, beschrieben.

Erstellen von Programmen

ar	Bibliotheksdateien erzeugen und aktualisieren.
as	Objektdateien erzeugen.
bison	Erzeugen von Parsing-Tabellen.
cpp	Präprozessor für C-Code.
g++	GNU C++ Compiler.
gcc	GNU C Compiler.
ld	Link-Editor.
flex	Programm zur Generierung von lexikalischen Analyseprogrammen.
m4	Makroprozessor.
make	Werkzeug zur kontrollierten Erzeugung von Programmen.
rpcgen	Übersetzung von RPC-Spezifikationen in C-Programme.
yacc	Erzeugen von Parsing-Tabellen.

Verwaltung und Pflege von Programmen

ctags	Erzeugen von Symbollisten für den Editor **vi**.
etags	Erzeugen von Symbollisten für den Editor Emacs.

gdb	GNU Debugger.
gprof	Anzeige der Profile-Daten einer Objektdatei.
imake	CPP-Schnittstelle zu **make**.
make	Pflegen, Aktualisieren und neues Erzeugen von zusammengehörigen Programmen und Dateie
nm	Ausgabe der Symboltabelle einer Objektdatei.
patch	Anbringen von Patches auf einer oder mehreren Dateien.
size	Ausgabe der Größe einer Objektdatei in Byte.
strip	Entfernen der Symbole in einer Objektdatei.

Alphabetische Befehlsübersicht

ar

ar [−V] *Funktion* [*Argumente*] [*Name*] *Archiv* [*Dateien*]

Faßt eine Gruppe von *Dateien* zu einer Archivdatei *Archiv* zusammen. Dieser Befehl wird meistens dazu verwendet, Bibliotheksdateien zu erzeugen, die vom Link-Editor **ld** verwendet werden. Es darf nur ein *Funktions*-Buchstabe verwendet werden, an den aber zusätzliche *Argumente* angehängt werden dürfen (ohne Zwischenräume). *Name* bezeichnet den Namen einer Datei in *Archiv*. Wenn Dateien im Archiv ersetzt oder neue hinzugefügt werden, kann angegeben werden, daß sie vor oder hinter *Name* erscheinen sollen. Mit **-V** wird die Versionsnummer von **ar** auf Standardfehler ausgegeben.

Funktions-Buchstabe

d	Löschen von *Dateien* aus *Archiv*.
m	Verschieben von *Dateien* nach *Archiv*.
p	Ausgeben von *Dateien* in *Archiv*.
q	Anhängen von *Dateien* an *Archiv*.
r	Ersetzen von *Dateien* in *Archiv*.
t	Anzeigen des Inhalts von *Archiv* oder von *Dateien*.
x	Löschen von *Dateien* aus *Archiv*.

Argumente

a	Wird bei **r** und **m** verwendet und gibt an, daß die *Dateien* hinter *Name* in das Archiv eingefügt werden sollen.
b	Wie **a**, aber es wird vor *Name* eingefügt.
c	Stillschweigendes Erzeugen des *Archivs*.
i	Wie **b**.
l	Nur zur Kompatibilität mit früheren Versionen, hat unter Linux keine Bedeutung.
o	Ursprüngliche Zeitstempel beibehalten.
s	Erzwingen, daß die Symboltabelle des *Archivs* neu erzeugt wird (nützlich nach Verwendung des **strip**-Befehls).

u Wird im Zusammenhang mit **r** verwendet, um nur die *Dateien* zu ersetzen, die sich geändert haben, seit sie in das *Archiv* gestellt worden sind.

v Verbose-Modus; zu jeder Aktion wird eine Beschreibung ausgegeben.

Beispiel

Ersetzen von **mylib.a** durch alle Objektdateien des aktuellen Verzeichnisses:

```
ar r mylib.a `ls *.o`
```


as [*Optionen*] *Dateien*

Erzeugen einer Objektdatei aus allen in *Dateien* angegebenen Assembler-Quelldateien. Die Objektdateien erhalten den gleichen Namen wie die Quelldateien; das Suffix **.s** wird durch **.o** ersetzt. Zusätzlich zu den hier angegebenen Optionen gibt es auf manchen Systemen weitere, systemspezifische Optionen.

Optionen

-- [| *Dateien*]
: Einlesen der Quelldateien von der Standardeingabe oder, wenn das Pipe-Symbol angegeben ist, aus den *Dateien.*

-a[dhlns][=*Datei*]
: Wenn nur die **-a**-Option angegeben wird, werden Hochsprachen- und Assembler-Listing sowie die Symboltabelle ausgegeben. Die anderen Optionen schalten weitere Ausgaben ein oder aus:

-ad Keine Debugging-Anweisungen ausgeben.

-ah Wenn vorhanden, den Quelltext der Hochsprache mit ausgeben.

-al Ausgeben eines Assembler-Listings.

-an Unterdrücken der Verarbeitung von Ausdrücken.

-as Ausgeben der Symboltabelle.

=*Datei* Die Ausgabe wird in die Datei *Datei* geschrieben.

-defsym *Symbol*=*Wert*
: Definiert das *Symbol* so, daß es den Wert *Wert* hat. *Wert* muß eine ganze Zahl sein.

-f Weglassen des Präprozessorlaufes.

-o *Objektdatei*
: Schreiben der Ausgabe nach *Objektdatei* (der Default ist *Datei*.o).

-v Ausgeben der Versionsnummer des Assemblers.

→

as ←	–I *Pfad* Durchsuchen des *Pfades* in **.include**-Anweisungen. –K Ausgeben einer Warnung, bevor Differenzen (wie in .word SYM2-SYM1) verändert werden. –L Lokale Symbole, die mit **L** beginnen, nicht entfernen. –R Sowohl Daten- als auch Text-Segment in die „text section" schreiben. –W „Quiet mode", Unterdrücken von Ausgaben.

bison

bison [*Optionen*] *Datei*

Konvertiert eine Datei *Datei* mit einer kontextfreien Grammatik in Parsing-Tabellen, die in die Datei *Datei.c* geschrieben werden. **bison** ist weitgehend kompatibel mit **yacc** und auch danach benannt. Die Eingabedateien sollten das Suffix *.y* haben, die Ausgabedateien behalten den Basisnamen der Eingabedatei. Alle Lang-Optionen (also die, die mit -- anfangen) können statt dessen auch mit einem + eingeleitet werden.

Optionen

–b *Präfix*, **––file-prefix=***Präfix*
: Alle Ausgabedateien fangen mit *Präfix* an.

–d, **––defines**
: Erzeugen einer Datei *Datei.h*, die **#define**-Anweisungen enthält. Diese bilden die von **bison** verwendeten Token-Codes auf die vom Benutzer bestimmten Token-Namen ab.

–r, **––raw**
: Verwenden von **bison**-Token-Nummern anstelle der **yacc**-kompatiblen Übersetzungen in *Datei.h*.

–k, **––token-table**
: Einfügen der Token-Namen und -Werte von YYNTOKENS, YYNNTS, YYNRULES und YYNSTATES in *Datei.c*.

–l, **––no-lines**
: Ausgabe von **#line**-Konstrukten in *Datei.c* unterdrücken. Sollte nur verwendet werden, wenn der Parser vollständig funktioniert.

–n, **––no-parser**
: Unterdrücken der Ausgabe des Parser-Codes; es werden nur die Deklarationen geschrieben. Alle Übersetzungen werden in den Body einer Switch-Anweisung geschrieben, die in die Datei *Datei.act* ausgegeben wird.

–o *Datei*, **––output-file=***Datei*
: Schreiben der Ausgabe nach *Datei*.

–p *Präfix*, **––name-prefix=***Präfix*
: Ersetzen von **yy** durch *Präfix* in allen extern verwendeten Symbolen.

-t, --debug
Code zum Laufzeit-Debugging mit einfügen.

-v, --verbose
Verbose-Modus. Ausgeben von Diagnose-Meldungen und Angaben zu den Parsing-Tabellen nach *Datei.output*.

-V, --version
Ausgeben der Versionsnummer.

-y, --yacc, --fixed-output-files
Verwenden der **yacc**-Konventionen bei der Benennung von Ausgabedateien.

c++ [*Optionen*] *Dateien*

Siehe **g++**.

cc [*Optionen*] *Dateien*

Siehe **gcc**.

cpp [*Optionen*] [*Eingabedatei* [*Ausgabedatei*]]

GNU-C-Präprozessor. **cpp** wird als erster Durchgang jedes C-Übersetzungsvorgangs durch den **gcc**-Befehl aufgerufen. Die Ausgabe von **cpp** erfolgt in einer Form, die als Eingabe für den nächsten Durchgang des C-Compilers verwendet werden kann. Normalerweise ruft **cpp** den **gcc** auf, sobald er seine Verarbeitung abgeschlossen hat. *Eingabedatei* und *Ausgabedatei* sind die Ein- und Ausgabedatei für den Präprozessor; die Voreinstellungen sind Standardeingabe und -ausgabe.

Optionen

-$
Zurückweisen von **$** in Bezeichnern.

-dM
Unterdrücken der normalen Ausgabe. Statt dessen wird eine Reihe von **#defines** geschrieben, welche die im Quelltext verwendeten Makros erzeugen.

-dD
Ähnlich **-dM**. Vordefinierte Makros werden unterdrückt, und die Ergebnisse des Präprozessorlaufes werden mit ausgegeben.

-idirafter *Verzeichnis*
Suchen von Header-Dateien in *Verzeichnis*, wenn die Header-Datei in keinem anderen Verzeichnis im Include-Pfad gefunden wurde.

-imacros *Datei*
Verarbeitet zunächst die Makros in *Datei*, bevor die eigentliche Eingabedatei verarbeitet wird.

→

–include *Datei*
Verarbeitet zunächst *Datei* vor der eigentlichen Eingabedatei.

–iprefix *Präfix*
Wenn Verzeichnisse mit **–iwithprefix** hinzugefügt werden, wird diesen *Präfix* vorangestellt.

–iwithprefix *Verzeichnis*
Anhängen von *Verzeichnis* an die Liste der Verzeichnisse, die durchsucht werden, wenn eine Header-Datei im Include-Pfad nicht gefunden werden konnte. Falls **–iprefix** angegeben wurde, wird dieses Präfix *Verzeichnis* vorangestellt.

–lang-c, **–lang-c++**, **–lang-objc**, **–lang-objc++**
Angeben, daß der Quelltext in C, C++, Objective C oder Objective C++ geschrieben ist.

–lint Alle lint-Befehle in Kommentaren werden als **#pragma lint** *Befehl* ausgegeben.

–nostdinc Nur die angegebenen, aber nicht die voreingestellten Verzeichnisse werden nach Header-Dateien durchsucht.

–nostdinc++
Unterdrücken des Durchsuchens von Verzeichnissen, die vermutlich C++-spezifische Header-Dateien enthalten.

–pedantic Ausgeben besonders vieler Warnungen.

–pedantic-errors
Ausgeben eines fatalen Fehlers (der die Verarbeitung abbricht), wenn **–pedantic** eine Warnung ausgegeben hätte.

–traditional
Verhalten wie traditionelles K&R-C, nicht ANSI-C.

–undef Unterdrücken der Definition aller nichtstandardisierten Makros.

–C Ausgeben aller Kommentare (außer denen, die auf der **cpp**-Kommandozeile angegeben wurden). Per Voreinstellung entfernt **cpp** alle C-Kommentare.

–D*Name*[=*Def*]
Definiert *Name* mit dem Wert *Def* wie mit **#define**. Wenn kein Wert =*Def* angegeben wird, erhält *Name* den Wert 1. **–D** hat eine niedrigere Priorität als **–U**.

–H Ausgeben der Pfadnamen eingefügter Dateien (einer pro Zeile) auf Standardfehler.

–I*Verzeichnis*
Durchsuchen des Verzeichnisses *Verzeichnis* nach **#include**-Dateien, deren Namen nicht mit / beginnen, bevor die Standardverzeichnisse durchsucht werden. **#include**-Dateien, die in doppelten Anführungszeichen stehen und deren Namen nicht mit / beginnen, werden zunächst im aktuellen Verzeichnis, dann in

mit -I angegebenen Verzeichnissen und schließlich in Standardverzeichnissen gesucht.

–M [–MG]
Unterdrücken der normalen Ausgabe. Statt dessen werden **make**-Regeln ausgegeben, welche die Abhängigkeiten der Quelldatei beschreiben. Wenn **–MG** verwendet wird, wird angenommen, daß nicht vorhandene Header-Dateien während des Kompilationsprozesses im gleichen Verzeichnis wie die Quelldatei erzeugt werden.

–MD *Datei*
Ähnlich wie **–M**; die Ausgabe wird nach *Datei* geschrieben und die normale Verarbeitung nicht unterdrückt.

–MM Ähnlich wie **–M**; es werden nur Abhängigkeiten für Dateien ausgegeben, die mit **#include** "*Datei*" angegeben worden sind.

–MMD *Datei*
Ähnlich wie **–MMD**; es werden nur Abhängigkeiten von Header-Dateien des Benutzers ausgegeben.

–P Unterdrücken der Zeileninformationen, die im nächsten Durchgang vom Compiler verwendet werden würden.

–U*Name* Entfernen jeder vorherigen Definition von *Name*. *Name* kann entweder ein internes, reserviertes Symbol des Präprozessors (auf Intel-Rechnern definiert **cpp unix** und **i386**) oder ein mit **–D** definiertes Symbol sein.

–Wcomment, –Wcomments
Ausgeben einer Warnung, wenn der Anfang eines verschachtelten Kommentars gefunden wird.

–Wtraditional
Ausgeben einer Warnung bei Konstrukten, die in ANSI-C anders als in traditionellem K&R-C interpretiert werden.

Besondere Symbole

cpp kennt eine Reihe von besonderen Symbolen, unter anderem:

__DATE__
Aktuelles Datum (z.B. May 27 1997)

__FILE__ Aktueller Dateiname (als C-String)

__LINE__ Aktuelle Zeilennummer (als Ganzzahl im Dezimalsystem)

__TIME__
Aktuelle Uhrzeit (z.B. 08:25:00)

Diese Symbole können überall, auch in Makros, verwendet werden, genau wie andere definierte Symbole auch. Die Zeilennummer und der Dateiname können mit der **#line**-Anweisung geändert werden.

→

cpp
←

Anweisungen

Alle Zeilen mit Anweisungen für **cpp** haben ein # in Spalte 1. Zwischen dem # und der Anweisung dürfen beliebig viele Leer- und Tabulatorzeichen stehen. Es gibt folgende Anweisungen:

#define *Name Token-String*
: Definiert ein Makro *Name* mit dem Wert *Token-String*. Weitere Vorkommen von *Name* werden durch *Token-String* ersetzt.

#define *Name(Arg, ..., Arg) Token-String*
: Makro-Substitution mit Argumenten. Bei einem Vorkommen von *Name* werden die dort angegebenen Argumente entsprechend in *Token-String* eingesetzt.

#undef *Name*
: Hebt die Definition von *Name* auf. Auf derselben Zeile dürfen keine weiteren Token folgen.

#ident *String*
: Fügt *String* in die „comment section" der Objektdatei ein.

#include "*Dateiname*", **#include**<*Dateiname*>
: Fügt den Inhalt von *Dateiname* an dieser Stelle in den Quelltext ein. Hinter dem abschließenden " oder > dürfen auf derselben Zeile keine weiteren Token mehr stehen.

#line *Integer-Konstante* "*Dateiname*"
: Gibt dem Compiler vor, daß die nächste Zeile als Zeile mit der Nummer *Integer-Konstante* zu betrachten ist. Falls *Dateiname* ebenfalls angegeben ist, wird dem Compiler weiterhin vorgegeben, daß die Eingabedatei als Datei mit dem Namen *Dateiname* zu betrachten ist.

#endif
: Abschluß eines Abschnitts von Programmzeilen, die mit **#if**, **#ifdef** oder **#ifndef** eingeleitet wurden. Dahinter sind keine weiteren Token auf derselben Zeile erlaubt.

#ifdef *Name*
: Alle folgenden Zeilen bis zum dazugehörigen **#endif** oder dem nächsten **#else** oder **#elif** werden nur in die Ausgabe übernommen, wenn *Name* definiert ist. Hinter *Name* sind auf derselben Zeile keine weiteren Token erlaubt.

#ifndef *Name*
: Alle folgenden Zeilen bis zum dazugehörigen **#endif** oder dem nächsten **#else** oder **#elif** werden nur in die Ausgabe übernommen, wenn *Name* nicht definiert ist. Hinter *Name* sind auf derselben Zeile keine weiteren Token erlaubt.

#if *KonstanterAusdruck*
: Alle folgenden Zeilen bis zum dazugehörigen **#endif** oder dem nächsten **#else** oder **#elif** werden nur in die Ausgabe übernommen, wenn *KonstanterAusdruck* zu einem von null verschiede-

nen Wert ausgewertet wird. Hinter *KonstanterAusdruck* sind auf derselben Zeile keine weiteren Token erlaubt.

#elif *KonstanterAusdruck*
: Zwischen einer **#if**-, **#ifdef**- oder **#ifndef**-Anweisung und einer **#else**- oder **#endif**-Anweisung dürfen beliebig viele **#elif**-Anweisungen stehen. Die Zeilen zwischen der **#elif**- und der nächsten **#else**-, **#elif**- oder **#endif**-Anweisung werden genau dann in die Ausgabe übernommen, wenn die vorhergehende Test-Anweisung und alle folgenden **#elif**-Anweisungen zu null und *KonstanterAusdruck* zu einem von null verschiedenen Wert ausgewertet werden. Wenn *KonstanterAusdruck* zu einem von null verschiedenen Wert ausgewertet wird, werden alle folgenden **#elif**- und **#else**-Anweisungen bis zum dazugehörigen **#endif** ignoriert.

#else
: Alle zwischen dieser Anweisung und dem dazugehörigen **#endif** stehenden Zeilen werden nur dann in die Ausgabe übernommen, wenn alle vorhergehenden Test-Anweisungen zu null ausgewertet wurden. Auf derselben Zeile sind keine weiteren Token erlaubt.

#error
: Ausgeben eines fatalen Fehlers.

#warning
: Ausgeben einer Warnung.

ctags [*Optionen*] *Dateien*

ctags

Erzeugen einer Liste von Funktions- und Makronamen, die in den in *Dateien* angegebenen C-, Pascal-, FORTRAN-, **yacc**- oder **lex**-Quelldateien vorkommen. Die Ausgabedatei hat standardmäßig den Namen **tags** und folgendes Format:

Name *Datei* *Kontext*

wobei *Name* der Funktions- oder Makroname, *Datei* die Quelldatei, in der *Name* definiert wurde, und *Kontext* ein Suchmuster ist, das die *Name* definierende Zeile angibt. Nachdem diese Liste erzeugt wurde, kann **vi** mit einer beliebigen Datei aufgerufen werden. Durch Eingabe von

```
:set tags=Tags-Datei
:tag name
```

lädt **vi** die Quelldatei, in der *Name* laut *Tags-Datei* definiert ist. Die Quelldatei kann auch auf der Kommandozeile mit **-f** angegeben werden.

etags erzeugt eine entsprechende Datei, die mit Emacs verwendet werden kann.

Optionen

-a, --append
: Anhängen der Ausgabe an eine bereits existierende Tag-Liste.

→

ctags
←

−d, −−defines
Auch Tag-Einträge für C-Präprozessor-Definitionen ausgeben.

−o *Datei*, **−−output=***Datei*
Schreiben der Ausgabe nach *Datei*.

−t, −−typedefs
Tag-Einträge für **typedefs** schreiben.

−u, −−update
Aktualisieren der Tags-Datei, so daß die veränderten Orte von Funktionen wiedergegeben werden. Alte Tags werden gelöscht, neue angehängt. Diese Option ist z.B. nützlich, wenn Funktionen in eine andere Quelldatei verschoben worden sind.

−v, −−vgrind
Ausgeben eines Index-Listings nach Standardausgabe, das jede Funktion mit Quelldatei und Seitennummer enthält (eine Seite entspricht 64 Zeilen).

−w, −−no-warn
Unterdrücken von Warnungen.

−x, −−cxref
Ausgeben eines Listings, in dem für jede Funktion Zeilennummer, Quelldatei und Kontext angegeben werden.

−B, −−backward-search
Durchsucht die Dateien vom Ende zum Anfang nach Tags.

−C, −−c++
Erwartet, daß *.c*- und *.h*-Dateien C++-Code (anstelle von C-Code) enthalten.

−S, −−ignore-indentation
Normalerweise verwendet **ctags** Einrückungen, um die Tag-Datei zu parsen. Mit dieser Option verläßt sich **ctags** weniger darauf.

−T, −−typedefs-and-c++
Ausgeben von Tag-Einträgen für typedefs, structs, enums, unions und C++-Member-Funktionen.

---

etags

etags [*Optionen*] *Dateien*

Erzeugen einer Liste von Funktions- und Makronamen, die in den in *Dateien* angegebenen C-, Pascal-, FORTRAN-, **yacc**- oder **lex**-Quelldateien vorkommen. Die Ausgabedatei hat standardmäßig den Namen **tags** und folgendes Format:

Name *Datei* *Kontext*

wobei *Name* der Funktions- oder Makroname, *Datei* die Quelldatei, in der *Name* definiert wurde, und *Kontext* ein Suchmuster ist, das die *Name* definierende Zeile angibt. Nachdem diese Liste erzeugt wurde, kann Emacs mit einer beliebigen Datei aufgerufen werden.

Nach Eingabe von

```
ESC-x visit-tags-table
```

fragt Emacs nach dem Namen einer Tag-Datei; der Default ist TAGS. Jetzt kann mit

```
ESC-x find-tag
```

in die Datei gewechselt werden, die laut *Tags-Datei* einen bestimmten *Namen* enthält. Emacs fragt nach dem zu suchenden Tag. **ctags** erzeugt eine entsprechende Datei, die mit **vi** verwendet werden kann.

Optionen

–a, ––append
: Anhängen der Ausgabe an eine bereits existierende Tag-Liste.

–d, ––defines
: Auch Tag-Einträge für C-Präprozessor-Definitionen ausgeben.

–i *Datei*, **––include=***Datei*
: Fügt eine Anmerkung zur Tags-Datei hinzu, daß *Datei* neben der normalen Eingabedatei gelesen werden soll.

–l *Sprache*, **––language=***Sprache*
: Von den auf diese Option folgenden Dateien wird angenommen, daß sie in der Sprache *Sprache* geschrieben sind. Verwenden Sie die Option **–h**, um eine Liste der Sprachen und der Default-Dateinamenserweiterungen zu bekommen.

–o *Datei*, **––output=***Datei*
: Schreiben der Ausgabe nach *Datei*.

–r *regex*, **––regex=***Regex*
: Einen Tag für jede Zeile aufnehmen, auf die in den auf diese Option folgenden Dateien der reguläre Ausdruck *Regex* paßt.

–C, ––c++
: Erwartet, daß *.c*- und *.h*-Dateien C++-Code (anstelle von C-Code) enthalten.

–D, ––no-defines
: Unterdrücken der Ausgabe von Tag-Einträgen für C-Präprozessor-Definitionen.

–H, ––help
: Einen Hilfetext ausgeben.

–R, ––noregex
: Für die auf diese Option folgenden Dateien keine Tags auf der Basis der Musterübereinstimmung aufnehmen.

–S, ––ignore-indentation
: Normalerweise verwendet **etags** Einrückungen, um die Tag-Datei zu parsen. Mit dieser Option verläßt sich **etags** weniger darauf.

→

etags ←

-V, --version
Die Versionsnummer ausgeben.

flex

flex [*Optionen*] [*Datei*]

flex (Fast Lexical Analyzer Generator) ist eine schnellere Variante von **lex**. Aus regulären Ausdrücken und C-Anweisungen, die in einer oder mehreren Eingabedateien stehen, erzeugt **flex** ein Programm zur lexikalischen Analyse mit dem Namen *lex.yy.c*. Siehe auch **bison**, **yacc** sowie *lex & yacc* von John Levine, Tony Mason und Doug Brown.

Optionen

-b Erzeugen von Backup-Informationen in *lex.backup*.

-d Debugging-Modus.

-f Schnellere Übersetzung (nur bei kleinen Programmen).

-h Zusammenfassung der Optionen.

-i Scannen ohne Berücksichtigung von Groß- und Kleinschreibung.

-l Größtmögliche Kompatibilität mit **lex**.

-o *Datei*
Schreiben der Ausgabe nach *Datei* anstatt nach *lex.yy.c*.

-p Ausgeben eines Performanz-Berichts.

-s Abbruch, wenn der Scanner auf Eingabesymbole trifft, die zu keiner seiner Regeln passen.

-t Schreiben der Ausgabe nach Standardausgabe.

-v Ausgeben einer Statistik.

-w Unterdrücken von Warnungen.

-B Erzeugen eines nicht interaktiven Scanners, der im Batch-Betrieb arbeitet.

-F Verwenden einer schnellen Tabellen-Repräsentation für den Scanner.

-I Erzeugen eines interaktiven Scanners (Default).

-L Unterdrücken von **#line**-Anweisungen in *lex.yy.c*.

-P *Präfix*
Verwenden von *Präfix* anstelle des Defaults **yy** für alle global sichtbaren Variablen und Funktionen.

-V Ausgabe der Versionsnummer.

-7 Erzeugen eines 7-Bit-Scanners.

-8 Erzeugen eines 8-Bit-Scanners (Default).

-+ Erzeugen einer C++-Scanner-Klasse.

–C	Scanner-Tabellen komprimieren, aber keine Äquivalenzklassen erzeugen.	**flex**
–Ca	Tabellen ausrichten. Dies bringt schnelleren Zugriff auf Kosten eines höheren Speicherverbrauchs.	
–Ce	Erzeugen von Äquivalenzklassen. Dies bringt kleinere Tabellen bei geringen Performanzeinbußen (Default).	
–Cf	Erzeugen von vollen, nicht komprimierten Scanner-Tabellen.	
–CF	Erzeugen von schnellen Scanner-Tabellen. Ähnlich wie **-F**.	
–Cm	Erzeugen von Meta-Äquivalenzklassen (Default).	
–Cr	**read()**-Systemaufrufe anstatt der Funktionen der Standard-I/O-Bibliothek verwenden.	

g++ [*Optionen*] *Dateien* **g++**

Aufrufen von **gcc** mit den zur Übersetzung von C++-Quelldateien notwendigen Optionen. **g++** erkennt die gleichen Dateiextensionen wie **gcc** sowie zusätzlich C++-Quelldateien (*.C*-, *.cc*- und *.cxx*-Dateien) und bereits vom Präprozessor verarbeitete C++-Dateien (*.ii*-Dateien). Siehe auch **gcc**.

gcc [*Optionen*] *Dateien* **gcc**

Kompiliert eine oder mehrere C-Quelldateien (*Datei.c*), Assembler-Quelldateien (*Datei.s*) oder bereits vom Präprozessor verarbeitete Quelldateien (*Datei.i*). Wenn das Suffix der Datei nicht bekannt ist, wird angenommen, daß es sich um eine Objektdatei oder eine Bibliothek handelt. **gcc** ruft automatisch den Link-Editor **ld** auf, es sei denn, eine der Optionen **–c**, **–S** oder **–E** wurde angegeben. Wenn eine Objektdatei erzeugt wird, hat diese das Suffix *.o* und den gleichen Basisnamen wie die Quelldatei. Per Voreinstellung wird die Ausgabe nach *a.out* geschrieben. **gcc** kennt viele systemspezifische Optionen, die hier nicht besprochen werden.

Anmerkung: **gcc** ist die GNU-Variante von **cc**. Auf den meisten Linux-Systemen wird bei Eingabe von **cc** ebenfalls der **gcc** aufgerufen. Der Befehl **g++** ruft den **gcc** mit den zur Übersetzung von C++-Quelltexten notwendigen Optionen auf.

Optionen

–a Erzeugen von Profiler-Informationen für Anweisungsblöcke.

–ansi Erzwingen voller Konformität mit dem ANSI-Standard.

–b *Maschine*
Erzeugen von Maschinencode für einen Rechner des Typs *Maschine*.

–c Erzeugen einer „linkbaren“ Objektdatei für jede Quelldatei; der Link-Editor wird nicht aufgerufen.

→

–dD Ausgeben von mit **#define** definierten Symbolen.

–dM Unterdrücken der normalen Ausgabe. Statt dessen werden alle **#defines** ausgegeben, die nach dem Ende des Präprozessoraufrufs definiert werden.

–dN Nur die Makronamen von **#defines** werden ausgegeben, nicht die Argumente oder Werte.

–fno-asm `asm`, `inline` und `typeof` nicht als Schlüsselwörter ansehen. Wird von **–ansi** impliziert.

–fno-builtin
Keine eingebauten Funktionen erkennen, wenn sie nicht mit zwei Unterstrichen beginnen.

–fno-gnu-keywords
`classof`, `headof`, `signature` und `sigof` nicht als Schlüsselwörter ansehen.

–fno-ident **#ident**-Anweisungen werden nicht beachtet.

–fsigned-bitfields

–funsigned-bitfields

–fno-signed-bitfields

–fno-unsigned-bitfields
Setzt die Default-Kontrolle von Bitfeldern auf vorzeichenbehaftet oder nicht vorzeichenbehaftet, wenn dies nicht explizit deklariert wird.

–fsigned-char
Der Datentyp **char** wird als vorzeichenlos interpretiert.

–fsyntax-only
Es wird nur die Syntax des Quelltextes überprüft, aber keine Objektdatei erzeugt.

–funsigned-char
Der Datentyp **char** wird als vorzeichenbehaftet interpretiert.

–g Einfügen von Debugging-Informationen zur Verwendung mit **gdb** in die Objektdatei.

–g*Stufe* Einfügen von Debugging-Informationen der Stufe *Stufe*. Gültige Werte sind 1, 2 und 3, wobei 1 den niedrigsten Informationsgehalt bezeichnet. Der Default ist 2.

–idirafter *Verzeichnis*
Das Verzeichnis *Verzeichnis* wird durchsucht, wenn keine Header-Datei im normalen Include-Pfad gefunden werden konnte.

–include *Datei*
Vor der Verarbeitung der Eingabedateien wird zunächst *Datei* verarbeitet.

–imacros *Datei*
Vor der Verarbeitung der Eingabedateien werden zunächst die Makros in *Datei* verarbeitet.

–iprefix *Präfix*
Wenn Verzeichnisse dem Suchpfad mit **–iwithprefix** hinzugefügt werden, wird jedem dieser Verzeichnisse *Präfix* vorangestellt.

–isystem *Verzeichnis*
Fügt *Verzeichnis* der Liste der Verzeichnisse hinzu, die durchsucht werden, wenn keine Systemdatei im normalen Include-Pfad gefunden wird.

–iwithprefix *Verzeichnis*
Das Verzeichnis *Verzeichnis* wird der Liste der Verzeichnisse hinzugefügt, die durchsucht werden, wenn keine Header-Datei im normalen Include-Pfad gefunden werden konnte. Wenn vorher **–iprefix** verwendet wurde, wird dieser Wert dem Verzeichnisnamen vorangestellt.

–l*lib* „Linken" mit Bibliothek *lib.*

–nostartfiles
Der Link-Editor ignoriert die standardmäßigen System-Startdateien.

–nostdinc Header-Dateien werden nur in den angegebenen, aber nicht in den Standardverzeichnissen gesucht.

–nostdinc++
Header-Dateien werden nicht in Verzeichnissen durchsucht, in denen C++-spezifische Header-Dateien vermutet werden.

–nostdlib Nicht mit den Standardbibliotheken „linken".

–o *Datei* Schreiben der Ausgabe nach *Datei.* Der Default ist *a.out.*

–p Profiling-Informationen zur Verwendung mit **prof** ausgeben.

–pedantic Besonders viele Warnungen ausgeben.

–pedantic-errors
Ausgeben eines Fehlers (und damit kein Erzeugen einer Objektdatei) in allen Fällen, in denen **–pedantic** eine Warnung ausgegeben hätte.

–pg Einfügen von Profiling-Informationen zur Verwendung mit **gprof**.

–pipe Die temporären Informationen zwischen den Compiler-Läufen werden über Pipes anstelle von temporären Dateien übertragen.

–s Alle Informationen über Symboltabellen und Relozierungen aus der ausführbaren Datei entfernen.

–save-temps
Temporäre Dateien beim Kompilieren im aktuellen Verzeichnis speichern.

→

gcc ←

–static Statische anstelle von dynamischen Bibliotheken erzeugen.

–traditional
Weitestgehendes Imitieren des Verhaltens traditioneller C-Compiler.

–traditional-cpp
Weitestgehendes Imitieren des Verhaltens traditioneller C-Präprozessoren.

–trigraphs Unterstützung für Trigraphen einschalten.

–u *Symbol*
Erzwingen, daß der Link-Editor in den Bibliotheken nach dem Symbol *Symbol* sucht und diese Bibliotheken dazubindet, falls das Symbol gefunden wurde.

–undef Nur die Konstanten definieren, die vom Sprachstandard gefordert werden, nicht systemspezifische Konstanten wie „unix".

–v Verbose-Modus. Angezeigt werden die ausgeführten Befehle, die Versionsnummer des **gcc** und die Versionsnummer des Präprozessors.

–w Unterdrücken von Warnungen.

–x *Sprache*
Erwartet, daß die Quelldatei in der Sprache *Sprache* geschrieben ist. Gültige Werte für *Sprache* sind: **c**, **objective-c**, **c-header**, **c++**, **cpp-output**, **assembler** und **assembler-with-cpp**. Wenn **none** angegeben wird, wird die Sprache anhand der Dateiextension geraten.

–A*Bedingung*(*Antwort*)
Wenn der Präprozessor auf einen konditionalen Ausdruck wie **#if** *Bedingung* stößt, wird *Antwort* angenommen. Die Standardantworten können mit **–A–** abgeschaltet werden.

–B*Pfad* *Pfad* als das Verzeichnis angeben, in dem die Compiler-Dateien liegen.

–C Kommentare bleiben während des Präprozessierens erhalten. Nur sinnvoll mit **-E**.

–D*Name*[=*Def*]
Definiert das Symbol *Name* mit dem Wert *Def*, genau wie mit einer **#define**-Anweisung. Wenn *=Def* nicht angegeben wird, wird 1 als Wert angenommen. **–D** hat eine niedrigere Priorität als **–U**.

–E Quelldateien werden präprozessiert, aber nicht kompiliert. Das Ergebnis wird auf Standardausgabe ausgegeben.

–I*Verzeichnis*
Einfügen von *Verzeichnis* in die Liste der Verzeichnisse, in denen nach Header-Dateien gesucht wird. Wenn *Verzeichnis* – ist, werden die mit **–I** vor dem **–I–** angegebenen Verzeichnisse

nur durchsucht, wenn **#include „Datei"** anstelle von **#include <Datei>** angegeben wurde.

–L*Verzeichnis*
Durchsuchen von *Verzeichnis* nach Bibliotheken zusätzlich zu den Standardverzeichnissen.

–M Anstatt zu kompilieren, wird eine Regel ausgegeben, die zur Aufnahme in Makefiles geeignet ist und die Abhängigkeiten der Quelldatei auf der Basis der **#include**-Anweisungen beschreibt. Impliziert **–E**.

–MD Ähnlich wie **–M**, schreibt aber neben der normalen Kompilation Abhängigkeitsinformationen in Dateien, die auf „*.d*" enden.

–MG Wird zusammen mit **–M** oder **–MM** benutzt. Unterdrückt Fehlermeldungen, wenn keine Header-Datei existiert; das ist nützlich, wenn die Datei während des Erstellungsvorgangs automatisch erzeugt wird.

–MMD Ähnlich wie **–MD**, speichert aber nur Informationen über Header-Dateien, nicht über System-Header-Dateien.

–MM Ähnlich wie **–M**, beschränkt die Regeln aber auf Nicht-Standard-**#include**-Dateien, also nur Dateien, die mit **#include „Datei"** eingebunden werden, aber nicht die, die mit **#include <Datei>** eingebunden werden.

–H Ausgeben der eingefügten Dateien (eine pro Zeile) nach Standardausgabe.

–O[*Stufe*] Optimieren der Objektdateien. *Stufe* kann einer der Werte 1, 2, 3 oder 0 sein. Der Default ist 1. 0 schaltet die Optimierung ab, 3 ist die höchste Optimierungsstufe.

–P Präprozessiert die Eingabe ohne Erzeugung von Zeileninformationen, die im nächsten Durchlauf verwendet werden könnten. Nur sinnvoll zusammen mit **-E**.

–S Erzeugen von Assembler-Dateien aus den Quelldateien, aber kein Aufrufen des Assemblers.

–U*Name* Entfernen von bisher bekannten Definitionen des Symbols *Name*, wobei *Name* ein reserviertes Symbol des Präprozessors oder ein mit **–D** definiertes Symbol sein kann. Auf Intel-Rechnern definierte Symbole sind **unix** und **i386**.

–V *Version*
Wenn vorhanden, wird der **gcc** mit der angegebenen *Version* gestartet.

–W Ausgeben von mehr Warnungen als normal.

–Wl,*Option*
Aufrufen des Link-Editors mit *Option*. *Option* kann eine durch Kommata getrennte Liste von Optionen sein.

→

–Wa,*Option*
Aufrufen des Assemblers mit *Option*. *Option* kann eine durch Kommata getrennte Liste von Optionen sein.

–Waggregate-return
Ausgeben einer Warnung, wenn Funktionen definiert oder aufgerufen werden, die structs oder unions zurückgeben.

–Wall Schaltet **–W**, **–Wchar-subscripts**, **–Wcomment**, **–Wformat**, **–Wimplicit**, **–Wparentheses**, **–Wreturn-type**, **–Wswitch**, **–Wtemplate-debugging**, **–Wtrigraphs**, **–Wuninitialized** und **–Wunused** ein.

–Wcast-align
Ausgeben einer Warnung, wenn Pointer auf einen Typ „gecastet" werden, so daß die notwendige Ausrichtung größer wird als ursprünglich.

–Wcast-qual
Ausgeben einer Warnung, wenn Pointer auf Typen „gecastet" werden, die nicht die gleichen Typattribute wie das Original haben.

–Wchar-subscripts
Ausgeben einer Warnung, wenn Arrays mit Indizes vom Typ **char** definiert oder verwendet werden.

–Wcomment
Ausgeben einer Warnung, wenn der Beginn eines verschachtelten Kommentars gefunden wird.

–Wconversion
Ausgeben einer Warnung bei bestimmten Typkonversionen.

–Werror Abbruch beim ersten Auftreten eines Fehlers.

–Wformat Ausgeben einer Warnung bei inkorrekt formatierten **printf**- und **scanf**-Aufrufen.

–Wimplicit
Ausgeben einer Warnung, wenn Funktionen oder Parameter implizit definiert werden.

–Winline Ausgeben einer Warnung bei illegalen Inline-Funktionen.

–Wmissing-declarations
Ausgeben einer Warnung, wenn eine globale Funktion definiert wird, ohne vorher deklariert worden zu sein.

–Wmissing-prototypes
Ausgeben einer Warnung, wenn globale Funktionen definiert werden, ohne daß vorher ein Prototyp deklariert wurde.

–Wnested-externs
Ausgeben einer Warnung, wenn eine **extern**-Deklaration innerhalb einer Funktion gefunden wurde.

–Wno-import
Keine Warnung ausgeben, wenn **#import** verwendet wird.

–Wp,*Optionen*
Die angegebenen *Optionen* an den Präprozessor übergeben. Mehrere Optionen werden durch Kommata getrennt. Diese Option hat nichts mit Warnungen zu tun.

–Wparentheses
Mehr Warnungen bezüglich vergessener Klammern ausgeben.

–Wpointer-arith
Ausgeben einer Warnung bei Auftreten von Code, der versucht, die Größe einer Funktion oder von **void** zu bestimmen.

–Wredundant-decls
Ausgeben einer Warnung, wenn etwas öfter als einmal in einem Gültigkeitsbereich deklariert wird.

–Wreturn-type
Ausgeben einer Warnung, wenn Funktionen ohne Rückgabewerte oder mit falschen Rückgabewerten definiert werden.

–Wshadow
Ausgeben einer Warnung, wenn eine lokale Variable eine andere überschattet.

–Wstrict-prototypes
Nur Code akzeptieren, in dem alle Argumenttypen in Funktionsdeklarationen und -definitionen spezifiziert werden.

–Wswitch Ausgeben einer Warnung bei switch-Anweisungen bezüglich Aufzählungstypen, in denen nicht alle Werte des Aufzählungstyps auftreten.

–Wtemplate-debugging
Ausgeben einer Warnung, wenn Debugging-Informationen für C++-Templates nicht zur Verfügung stehen.

–Wtraditional
Ausgeben einer Warnung, wenn Code verwendet wird, der in ANSI-C und traditionellem K&R-C unterschiedlich interpretiert wird.

–Wtrigraphs
Ausgeben einer Warnung bei Trigraphen.

–Wuninitialized
Ausgeben einer Warnung, wenn nicht initialisierte, automatische Variablen verwendet werden.

–Wunused
Ausgeben einer Warnung, wenn eine Variable oder Funktion nicht benutzt wird.

→

gcc ←

–Xlinker *Option*
Option an den Link-Editor übergeben. Eine Link-Editor-Option mit einem Argument erfordert zwei –X-Optionen, die erste gibt dabei die Option und die zweite das Argument an.

Pragma-Anweisungen

#pragma interface [*Header-Datei*]
Wird in Header-Dateien benutzt und erzwingt, daß die Definitionsinformation in den Objektdateien als Referenz und nicht als lokale Kopie aufgenommen wird. C++-spezifisch.

#pragma implementation [*Header-Datei*]
Wird in normalen Quelldateien verwendet und erzwingt die Ausgabe vollständiger Informationen aus der Header-Datei *Header-Datei* (oder, wenn *Header-Datei* nicht angegeben wird, aus der Header-Datei, die denselben Basisnamen wie die Datei hat, welche die Pragma-Anweisung enthält). Diese Information ist global sichtbar. Normalerweise enthält die angegebene Header-Datei eine **#pragma interface**-Anweisung.

---

gdb

gdb [*Optionen*] [*Programm* [*Core* | *PID*]]

GDB, der GNU DeBugger, ermöglicht es, in einzelnen Schritten durch ein C-, C++- oder Modula-2-Programm zu laufen, um so herauszufinden, an welcher Stelle ein Fehler auftritt. Das Programm, das untersucht werden soll, wird üblicherweise als Kommandozeilenargument angegeben. Außerdem kann eine Core-Datei oder eine Prozeßnummer (wenn ein bereits laufendes Programm durch einen Debugger geschickt werden soll) angegeben werden.

Optionen

–s *Datei*, **–symbols=***Datei*
Laden der Symboltabelle aus der *Datei*. Wird auch **-e** angegeben, ist diese *Datei* auch das Programm, das durch den Debugger soll.

–e *Datei*, **–exec=***Datei*
Debuggen der *Datei*. Wenn zusätzlich **-s** angegeben wird, wird auch die Symboltabelle eingelesen.

–c *Datei*, **–core=***Datei*
Suchen von Core-Dump-Informationen in der *Datei*.

–x *Datei*, **–command=***Datei*
Lesen und Ausführen von **gdb**-Befehlen aus der *Datei*.

–d *Verzeichnis*, **–directory=***Verzeichnis*
Quelldateien auch im *Verzeichnis* suchen.

–n, –nx Die Datei *.gdbinit* nicht berücksichtigen.

–q, –quiet
Start- und Copyright-Meldungen unterdrücken.

–batch Ausführen aller in *.gdbinit* und mit **-x** angegebenen Befehle ohne Ausgeben von Start-Meldungen. Nach der Ausführung beendet sich **gdb** wieder.

–cd=*Verzeichnis*
Verzeichnis als aktuelles Arbeitsverzeichnis von **gdb** verwenden.

–f, –fullname
Anzeigen des vollen Pfadnamens und der Zeilennummer in jedem Stack Frame.

–b *bps* Einstellen der Geschwindigkeit der seriellen Schnittstelle, die vom GDB benutzt wird.

–tty=*Gerät*
Einstellen der Standardeingabe und -ausgabe auf *Gerät.*

Gebräuchliche Befehle

Die folgenden Befehle des GDB werden besonders häufig verwendet. Sie finden hier nur eine Auswahl, da es viel zu viele Befehle im GDB gibt, um sie alle hier aufführen zu können.

backtrace Ausgeben der aktuellen Stelle im Programm sowie eines Stack Traces, der anzeigt, wie das Programm an die aktuelle Stelle gekommen ist. (**where** macht das gleiche.)

breakpoint
Setzen eines Haltepunktes.

cd Wechseln des aktuellen Verzeichnisses.

clear Löschen des Haltepunktes, an dem das Programm zuletzt angehalten hat.

commands
Ausgeben der Befehle, die ausgeführt werden, wenn das Programm auf einen Haltepunkt stößt.

continue Fortsetzen der Programmausführung nach dem Erreichen eines Haltepunktes.

delete Löschen eines Haltepunktes oder eines Überwachungspunktes; wird auch in Verbindung mit anderen Befehlen benutzt.

display Anzeigen von Variablen oder Ausdrücken, wenn ein Haltepunkt erreicht wird.

down Abwärts im Stack bewegen. Der erreichte Stack Frame wird der aktuelle.

frame Auswahl eines Frames für den nächsten **continue**-Befehl.

info Ausgeben von Informationen über das Programm. **info breakpoints** zeigt beispielsweise alle Halte- und Überwachungspunkte an.

→

gdb ←

jump Fortsetzen der Ausführung an einer anderen Stelle in der Quelldatei.

kill Abbrechen des von **gdb** kontrollierten Prozesses.

list Ausgeben eines Teils der Quelldatei, die zu der aktuellen Stelle im Programm gehört.

next Ausführen der nächsten Zeile Quelltext. Wenn es sich um einen Funktionsaufruf handelt, wird diese Funktion vollständig ausgeführt.

print Ausgeben des Wertes einer Variable oder eines Ausdrucks.

pwd Ausgeben des aktuellen Arbeitsverzeichnisses.

ptype Ausgeben des Inhalts eines Datentyps (z.B. einer Struktur oder einer C++-Klasse).

quit Beenden von **gdb**.

reverse-search
Rückwärts nach einem regulären Ausdruck in der Quelldatei suchen.

run Starten des Programms.

search Vorwärts nach einem regulären Ausdruck in der Quelldatei suchen.

set variable
Zuweisen eines Wertes an eine Variable.

signal Senden eines Signals an den laufenden Prozeß.

step Ausführen der nächsten Zeile des Quelltextes. Wenn es sich um einen Funktionsaufruf handelt, wird in die Funktion hineingesprungen und dort angehalten.

undisplay Aufheben des **display**-Befehls; Ausdrücke werden nicht mehr angezeigt.

until Beenden der aktuellen Schleife.

up Aufwärts im Stack bewegen. Der erreichte Stack Frame wird der aktuelle.

watch Setzen eines Überwachungspunktes *(watchpoint)*, also eines Haltepunktes auf Daten.

whatis Ausgeben des Typs einer Variable oder einer Funktion.

---

gprof

gprof [*Optionen*] [*Objektdatei*]

Anzeigen der Profiling-Daten einer Objektdatei. Die Symboltabelle der Datei wird mit dem Profil des Aufrufgraphen in der Datei *gmon.out* verglichen, die beim Kompilieren mit **gcc -pg** angelegt wurde.

Optionen

gprof

–a Statisch deklarierte Funktionen nicht ausgeben. Da die ihnen zugeordneten Informationen für die Profiling-Daten trotzdem relevant sein könnten, werden diese an die Informationen der unmittelbar zuvor geladenen Funktionen angehängt.

–b Keine Informationen über jedes Feld anzeigen.

–c Verwenden der „text section" der Objektdatei, um den statischen Aufrufgraphen des Programms zu bestimmen. Statische Eltern und Kinder werden mit null Aufrufen angezeigt.

–e *Routine*
Keine Einträge für *Routine* und deren Kinder anzeigen.

–f *Routine*
Nur *Routine* ausgeben. Die Zeit, die in anderen Routinen verbracht wurde, wird *Routine* zugeschlagen.

–k *von nach*
Entfernen der Kanten zwischen den Routinen *von* und *nach*.

–s Zusammenfassen der Profiling-Information in der Datei *gmon.sum*.

–v Ausgeben der Versionsnummer und Beenden von **gprof**.

–z Auch nicht verwendete Aufrufe ausgeben.

–E *Routine*
Keine Einträge für *Routine* und deren Kinder anzeigen. Die in diesen Programmteilen verbrachte Zeit wird bei der Berechnung der Gesamtzeit ebenfalls vernachlässigt.

–F *Routine*
Nur *Routine* ausgeben. Die Zeit, die in anderen Routinen verbracht wurde, wird vernachlässigt.

---

imake *Optionen*

imake

imake (*include make*) ist eine **cpp**-Schnittstelle zum **make**-Werkzeug und beseitigt die üblichen Portabilitätsprobleme von **make**, indem Systemabhängigkeiten in einem zentralen Satz von Konfigurationsdateien aufgeführt werden, die somit von der Beschreibung der zu erzeugenden Programme getrennt sind. Die **make**-Ziele werden in einer Datei *Imakefile* systemunabhängig in Form von **cpp**-Makros beschrieben. **imake** verarbeitet die Konfigurationsdateien und das *Imakefile* mit **cpp** und erzeugt daraus systemabhängige *Makefiles*, die danach von **make** verwendet werden können.

Eine der Konfigurationsdateien ist eine Template-Datei, die Master-Datei von **imake**. Diese Template-Datei, die standardmäßig *Imake.tmpl* heißt, lädt die anderen Konfigurationsdateien, die systemabhängige Beschreibungen wie Variablenzuweisungen, lokale Einstellungen und **cpp**-Makros enthalten, per **#include**-Anweisung und steuert die Reihenfolge, in der diese Dateien

→

verarbeitet werden. Jede Datei beeinflußt die Verarbeitung später eingefügter Dateien und nachfolgender Abschnitte in *Imake.tmpl*. In **imake**-Konfigurationsdateien können Kommentare verwendet werden, aber dem einleitenden # muß ein leerer C-Kommentar vorangestellt werden: `/**/#`

Siehe auch **cpp**, **make** sowie *Software Portability with imake.*

Optionen

-D*Definition*
: Setzen verzeichnisspezifischer Variablen. Diese Option wird direkt an **cpp** weitergegeben.

-e
: Ausführen des erzeugten *Makefile*. Standardmäßig wird dies dem Benutzer überlassen.

-f *Dateiname*
: Angeben des Namens der verzeichnisspezifischen Eingabedatei. Die Voreinstellung ist *Imakefile*.

-I*Verzeichnis*
: Angeben des Verzeichnisses, in dem die Template-Datei und die anderen Konfigurationsdateien zu finden sind. Diese Option wird direkt an **cpp** weitergegeben.

-s *Dateiname*
: Angeben des Namens des zu erzeugenden *Makefile*. Wenn *Dateiname* ein Bindestrich ist, wird die Ausgabe auf die Standardausgabe geschrieben. Standardmäßig heißt die erzeugte Datei *Makefile*.

-T*Template*
: Angeben der von **cpp** verwendeten Template-Datei. Diese Datei steht üblicherweise in einem Verzeichnis, das mit **-I** angegeben wurde. Der Default ist *Imake.tmpl*.

-v
: Ausgeben der **cpp**-Kommandozeile, mit der das *Makefile* erzeugt wird.

Werkzeuge

Im folgenden finden Sie eine Liste von Werkzeugen, die von **imake** verwendet werden.

makedepend [*Optionen*] *Dateien*
: Erzeugen der Abhängigkeiten von Header-Dateien. **makedepend** liest die übergebenen *Dateien* ein und sucht nach **#include**-, **#define**-, **#undef**-, **#ifdef**-, **#ifndef**-, **#endif**-, **#if**- und **#else**-Anweisungen, um zu bestimmen, welche **#include**-Anweisungen während der Übersetzung tatsächlich zum Tragen kommen. **makedepend** bestimmt daraus rekursiv die Abhängigkeiten und schreibt diese in das *Makefile*. Diese Angabe wird von **make** verwendet, um zu bestimmen, welche Dateien neu übersetzt werden müssen, wenn eine Header-Datei verändert wurde. **makedepend** kennt die folgenden Optionen:

-- *Optionen* --
Ignorieren aller unbekannten Optionen nach dem doppelten Bindestrich. Ein zweiter doppelter Bindestrich beendet diesen Zustand. Bekannte Optionen zwischen den beiden doppelten Bindestrichen werden normal verarbeitet.

–a
Anhängen der Abhängigkeiten an die existierenden, anstatt existierende Abhängigkeiten zu ersetzen.

–f*Dateiname*
Ausgeben der Abhängigkeiten in die Datei mit dem Namen *Dateiname*, anstatt sie an *Makefile* anzuhängen.

–m
Ausgeben einer Warnung, wenn eine Header-Datei mehrfach eingelesen wird.

–s*String*
Verwenden von *String* als Abgrenzung im *Makefile*. Der Default ist **# DO NOT DELETE THIS LINE — make depend depends on it**.

–v
Verbose-Modus. Ausgeben aller Dateien, die von der untersuchten Quelldatei eingelesen werden.

–D*Name*=*Wert*
–D*Name*
Definieren des Symbols *Name* mit dem angegebenen Wert (erste Variante) oder mit 1 (zweite Variante).

–I*Verzeichnis*
Hinzufügen des Verzeichnisses *Verzeichnis* zur Liste der zu durchsuchenden Verzeichnisse.

–Y*Verzeichnis*
Nur in *Verzeichnis* nach Header-Dateien suchen. Die Standardverzeichnisse werden ignoriert.

mkdirhier *Verzeichnis...*
Erzeugen des Verzeichnisses *Verzeichnis* und aller fehlenden Eltern-Verzeichnisse während der Installation von Dateien.

xmkmf [*Option*] [*WurzelVerzeichnis*] [*AktuellesVerzeichnis*]
Erstmaliges Erzeugen eines *Makefile* aus einem *Imakefile*. *WurzelVerzeichnis* gibt den Ort des Wurzelverzeichnisses des Projekts an. *AktuellesVerzeichnis* wird normalerweise weggelassen und bezeichnet einen relativen Dateinamen vom Beginn des Quelltextbaumes zum aktuellen Verzeichnis. Die Option **–a** entspricht der folgenden Befehlsfolge:

```
% xmkmf
% make Makefiles
% make includes
% make depend
```

→

Konfigurationsdateien

Im folgenden finden Sie eine Liste der von **imake** verwendeten Konfigurationsdateien.

Imake.tmpl
: Haupt-Template von **imake**. *Imake.tmpl* speichert alle anderen Konfigurationsdateien sowie die Datei *Imakefile* im aktuellen Verzeichnis.

Imake.rules
: Enthält **cpp**-Makros, die für die jeweilige Plattform geschrieben wurden. Die Makros werden von **imake** mit Hilfe des **cpp** verarbeitet. Fortsetzungszeilen werden durch die Zeichenkette @@\ (zwei Klammeraffen und ein Backslash) angezeigt.

site.def
: Enthält Informationen, die für die lokale Installation spezifisch sind (und nicht für den jeweiligen Hersteller des Systems). Dazu gehören beispielsweise Installationsverzeichnisse, welche Programme erzeugt werden sollen und welche besonderen Programme oder Programmversionen während des Übersetzungsprozesses verwendet werden sollen. Die Datei *site.def* ist auf jedem Rechner anders.

Project.tmpl
: Enthält X-spezifische Variablen.

Library.tmpl
: Enthält Regeln zur Verwendung und Erzeugung von Bibliotheken.

Server.tmpl
: Enthält Server-spezifische Regeln.

.cf
: Bei den *.cf*-Dateien handelt es sich um die herstellerabhängigen, sogenannten *VendorFiles*, die in *Imake.vb* zu finden sind. Eine *.cf*-Datei enthält plattformspezifische Definitionen wie Versionsnummern des Betriebssystems oder des Compilers sowie Workarounds für auf dieser Plattform nicht vorhandene Befehle. Die Definitionen in den *.cf*-Dateien haben Vorrang vor den Defaults in *Imake.params*.

Die Datei Imakefile

Die Datei *Imakefile* ist eine Datei, die in jedem Verzeichnis zu finden ist und angibt, welche Dateien zu erzeugen und zu installieren sowie welche Regeln dazu anzuwenden sind. **imake** liest die Datei *Imakefile* ein und expandiert die dort zu findenden Regeln in Einträge in der Datei *Makefile*. Ein *Imakefile* kann außerdem **make**-Variablendefinitionen und Abhängigkeiten enthalten. Die Abhängigkeiten werden in Form von **cpp**-Makros beschrieben, die in *Imake.rules* definiert sind. Wenn Sie das *Imakefile* verändern, müssen Sie das zugehörige *Makefile* und die Abhängigkeiten neu erzeugen.

ld [*Optionen*] *Objektdateien*

ld faßt mehrere *Objektdateien* in der angegebenen Reihenfolge in einer einzelnen, ausführbaren Datei zusammen, die standardmäßig *a.out* heißt. **ld** ist der Link-Editor und wird meistens automatisch vom Compiler aufgerufen.

Optionen

–c *Datei* Lesen und Ausführen von Link-Editor-Befehlen aus der *Datei*.

–d, –dc, –dp
: Diese drei Optionen sind Synonyme. Sie weisen häufig verwendeten Symbolen auch dann Platz zu, wenn eine relozierbare Datei erzeugt wird.

–defsym *Symbol* = *Ausdruck*
: Erzeugen des globalen Symbols *Symbol* mit dem Wert *Ausdruck*.

–e *Symbol*
: *Symbol* als Adresse des Einsprungpunktes der erzeugten Datei verwenden.

–i Erzeugen einer „linkbaren" Ausgabedatei; die Magic Number wird, wenn möglich, auf OMAGIC gesetzt.

–l*Arch* Aufnehmen der Archivdatei oder der dynamischen Bibliothek *Arch* in die Liste der zu „linkenden" Dateien.

–m *Link-Editor*
: Emulation von *Link-Editor*.

–n Die „Text Section" der Ausgabedatei auf Nur-Lesen setzen. Die Magic Number wird, wenn möglich, auf NMAGIC gesetzt.

–noinhibit-exec
: Auch wenn beim „Linken" Fehler aufgetreten sind, wird eine Ausgabedatei erzeugt.

–o *Datei* Die Ausgabe wird nach *Datei* anstelle von *a.out* geschrieben.

–oformat *Format*
: Angabe des Formats der Ausgabe.

–r Erzeugen einer „linkbaren" Ausgabedatei; die Magic Number wird, wenn möglich, auf QMAGIC gesetzt.

–s Keine Symbolinformationen in der Ausgabe aufnehmen.

–sort-common
: Globale allgemeine Symbole werden nicht nach Größe sortiert.

–t Ausgeben des Namens jeder Eingabedatei, während sie verarbeitet wird.

–u *Symbol*
: Deklarieren des Symbols *Symbol* als undefiniert.

–v, **––version**
: Anzeigen der Versionsnummer.

→

--verbose
Ausgeben von Informationen über **ld** sowie der Namen der Eingabedateien, während versucht wird, sie zu öffnen.

-warn-common
Ausgeben einer Warnung, wenn allgemein verwendete Symbole mit anderen Konstrukten kombiniert werden.

-warn-once
Nur eine Warnung für jedes undefinierte Symbol ausgeben.

-x Wird in Verbindung mit **-s** und **-S** verwendet und löscht alle lokalen Symbole, die mit **L** beginnen.

-L *Verzeichnis*
Durchsuchen des Verzeichnisses *Verzeichnis* nach Bibliotheken vor den Standardverzeichnissen.

-M Ausgeben einer Link-Editor-Symboltabelle auf Standardausgabe.

-Map *Datei*
Ausgeben einer Link-Editor-Symboltabelle in die *Datei.*

-N Sowohl Daten- als auch Textsegmente dürfen gelesen und geschrieben werden. Wenn Unix Magic Numbers unterstützt werden, wird die Ausgabe entsprechend markiert. Das Datensegment wird nicht an einer Seitengrenze ausgerichtet.

-R *Datei* Einlesen der Symbolnamen und Adressen aus der *Datei. Datei* wird aber nicht reloziert und auch nicht in die Ausgabedatei mit aufgenommen.

-S Keine Symbolinformationen für den Debugger in die Ausgabedatei schreiben.

-Tbss *Adresse*
Anfang des Bss-Segments der Ausgabedatei auf *Adresse* festlegen.

-Tdata *Adresse*
Anfang des Daten-Segments der Ausgabedatei auf *Adresse* festlegen.

-Ttext *Adresse*
Anfang des Text-Segments der Ausgabedatei auf *Adresse* festlegen.

-Ur Identisch mit **-r**, außer wenn C++-Programme „gelinkt" werden. In diesem Fall werden auch Referenzen auf Konstruktoren aufgelöst.

-X Wird in Verbindung mit **-s** und **-S** verwendet und löscht alle lokalen Symbole, die mit **L** beginnen.

-V Ausgeben der Versionsnummer und der Emulationen, die bei der **-m**-Option verwendet werden können.

ldd [*Optionen*] *Programme* — **ldd**

Ausgeben einer Liste dynamischer Bibliotheken, welche die angegebenen *Programme* benötigen.

Optionen

-v Ausgeben der Versionsnummer von **ldd**.

-V Ausgeben der Versionsnummer des Link-Editors.

m4 [*Optionen*] [*Makros*] [*Dateien*] — **m4**

Makroprozessor für C- und andere Dateien.

Optionen

-e Interaktiv arbeiten und Interrupts ignorieren.

-d*Stufe*, **--debug=***Stufe*
Einstellen der Debugging-*Stufe*.

-l*n*, **--arglength=***n*
Angeben der Länge der Debugging-Ausgabe.

-o *Datei*, **--error-output=***Datei*
Schreiben der Ausgabe nach *Datei*. Entgegen dem Optionsnamen werden Fehlermeldungen nach Standardfehler geschrieben.

-p, --prefix-built-ins
Den Namen aller eingebauten Makros **m4_** voranstellen.

-s, --synclines
#line-Anweisungen für den C-Präprozessor einfügen.

-B*n* Einstellen der Größe des Rückhalte- und Argumentbuffers auf *n* (der Default ist 4096).

-D*Name*[=*Wert*], **--define=***Name*[=*Wert*]
Definieren des Symbols *Name* mit dem Wert *Wert* oder mit 0, falls *Wert* nicht angegeben wird.

-E, --fatal-warnings
Alle Warnungen werden als fatal angesehen und die Ausführung nach der ersten Warnung abgebrochen.

-F*Datei*, **--freeze-state** *Datei*
Abspeichern eines eingefrorenen Zustands in der *Datei*, aus der er später wieder geladen werden kann.

-G, --traditional
Verhalten wie ein traditioneller **m4**; Ignorieren der GNU-Erweiterungen.

-H*n*, **--hashsize=***n*
Einstellen der Größe der Hash-Tabelle für die Symbole auf *n* (der Default ist 509).

→

m4
←

−I *Verzeichnis*, **−−include=** *Verzeichnis*
Include-Dateien auch in *Verzeichnis* suchen.

−Q, −−quiet, −−silent
Keine Warnungen ausgeben.

−R*Datei*, **−−reload-state** *Datei*
Einlesen des eingefrorenen Zustands in der *Datei* vor der Programmausführung.

−U*Name*, **−−undefine=***Name*
Aufheben der Symboldefinition von *Name*.

make

make [*Optionen*] [*Ziele*] [*Makrodefinitionen*]

Erzeugen eines oder mehrerer sogenannter Ziele anhand der Abhängigkeitsinformationen in der Beschreibungsdatei im aktuellen Verzeichnis. Per Voreinstellung heißt diese Datei *makefile* oder *Makefile*. Optionen, Ziele und Makrodefinitionen dürfen in beliebiger Reihenfolge auftreten. Makrodefinitionen werden in folgender Form angegeben:

```
Name=String
```

Weitere Informationen über **make** finden Sie im Nutshell-Handbuch *Managing Projects with make* von Andrew Oram and Steve Talbott.

Optionen

−b Ist obsolet und wird ignoriert.

−d, −dd, −−debug
Ausgeben detaillierter Informationen zum Debuggen von Makefiles.

−e, −−environment-overrides
Umgebungsvariablen haben Vorrang vor Makrodefinitionen in Makefiles.

−f *Datei*, **−−file** *Datei*, **−−makefile** *Datei*
Datei wird als Beschreibungsdatei verwendet; wenn **−** angegeben wird, werden die Informationen von der Standardeingabe gelesen.

−h, −−help Ausgeben der Optionen von **make**.

−i, −−ignore-errors
Ignorieren von Fehlercodes aufgerufener Befehle (wie .IGNORE).

−j [*Jobs*], **−−jobs** [*Jobs*]
Wenn möglich, *Jobs* verschiedene Jobs gleichzeitig ausführen. Wenn keine Zahl angegeben wird, wird versucht, so viele Jobs wie möglich auszuführen.

−k, −−keep-going
Wenn das aktuelle Ziel nicht erzeugt werden kann, trotzdem versuchen, andere Ziele zu erzeugen.

-l [*Last*], **--load-average** [*Last*], **--max-load** [*Last*]
Wird im Zusammenhang mit **-j** verwendet. **make** versucht, die Systemlast unter *Last*, einer Fließkommazahl, zu halten.

-m Obsolet, wird ignoriert.

-n, --just-print, --dry-run, --recon
Ausgeben der Befehle, die ausgeführt würden, ohne sie tatsächlich auszuführen (wird zum Testen von Makefiles verwendet).

-o *Datei*, **--old-file** *Datei*, **--assume-old** *Datei*
Datei und andere Ziele, die davon abhängig sind, nicht neu erzeugen.

-p, --print-data-base
Ausgeben der Regeln und Variablen neben der normalen Ausführung.

-q, --question
Ausgeben von 0, wenn nichts neu erzeugt werden muß, ansonsten wird ein von null verschiedener Wert ausgegeben.

-r, --no-built-in-rules
Keine eingebauten Regeln verwenden.

-s, --silent, --quiet
Kommandozeilen nicht anzeigen (wie **.SILENT**).

-t, --touch Neu zu erzeugende Dateien auf die aktuelle Uhrzeit setzen, so daß sie als aktuell gelten und nicht neu erzeugt werden.

-v, --version
Anzeigen der Versionsnummer von **make**.

-w, --print-directory
Ausgeben des aktuellen Arbeitsverzeichnisses vor und nach der Ausführung.

--warn -undefined -variables
Ausgeben einer Warnung, wenn ein Makro verwendet wird, ohne definiert zu sein.

-C *Verzeichnis*, **--directory** *Verzeichnis*
Wechseln nach *Verzeichnis* vor dem Beginn der normalen Operationen. Folgende **-C**-Anweisungen veranlassen einen Verzeichniswechsel in ein relativ zum aktuellen Arbeitsverzeichnis bestimmtes Verzeichnis.

-I *Verzeichnis*, **--include-dir** *Verzeichnis*
Include-Dateien auch in *Verzeichnis* suchen.

-S, --no-keep-going, --stop
Aufheben von **-k**. Dies ist in rekursiven **make**-Aufrufen nützlich.

→

–W *Datei*, **--what-if** *Datei*, **--new-file** *Datei* **--assume-new** *Datei*
Annehmen, daß *Datei* gerade verändert worden ist.

Format der Beschreibungsdateien

Anweisungen in den Beschreibungsdateien werden Zeile für Zeile interpretiert. Wenn sich eine Anweisung über mehrere Zeilen erstrecken soll, muß am Ende aller Zeilen — mit Ausnahme der letzten — ein Backslash (\) stehen, damit die nachfolgenden Zeilen als Folgezeilen interpretiert werden. Die Beschreibungsdateien dürfen die folgenden Typen von Zeilen enthalten:

Leerzeilen
Leerzeilen werden ignoriert.

Kommentarzeilen
Ein Doppelkreuz (#) kann an beliebiger Stelle einer Zeile verwendet werden. **make** ignoriert alles, was dem Doppelkreuz auf derselben Zeile folgt.

Abhängigkeitszeilen
In Abhängigkeit von einem oder mehreren Zielen werden die folgenden Befehle ausgeführt. Die folgenden Schreibweisen sind möglich:

```
Ziele : Abhaengigkeiten
Ziele : Abhaengigkeiten ; Befehl
```

Die folgenden Befehle werden ausgeführt, wenn die *Abhängigkeiten*, deren Namen Platzhalterzeichen enthalten dürfen, neuer sind als die Ziele oder deren Ziele noch gar nicht existieren. Wenn keine Abhängigkeiten angegeben werden, werden die Befehle immer ausgeführt, wenn das entsprechende Ziel angegeben wird. Vor den *Ziele*n darf kein Tabulatorzeichen stehen.

Suffix-Regeln
Suffix-Regeln geben an, wie eine Datei mit dem zweiten Suffix aus einer Datei mit dem ersten Suffix erzeugt werden kann, wenn die Dateinamen vor dem Suffix identisch sind. Es kann eines der beiden folgenden Formate verwendet werden:

```
.Suffix1.Suffix2:
.Suffix:
```

Die zweite Schreibweise besagt, daß die Datei mit dem Basis-Dateinamen aus der Datei mit demselben Dateinamen und dem angehängten Suffix erzeugt werden kann.

Befehle Befehle stehen unterhalb einer Abhängigkeitszeile. Befehlszeilen fangen grundsätzlich mit einem Tabulatorzeichen an. Wenn einer Befehlszeile ein Bindestrich (–) vorangestellt wird, ignoriert **make** Fehler in der Befehlsausführung. Wenn der Befehlszeile ein Klammeraffe (@) vorangestellt wird, wird die Befehlszeile nicht auf dem

Bildschirm ausgegeben, es sei denn, **make** wurde mit der Option **-n** aufgerufen.

Makrodefinitionen

Makrodefinitionen haben die folgende Form:

```
Name = String
        oder
define Name
String
endef
```

Die Leerzeichen vor und nach dem Gleichheitszeichen sind optional.

Include-Anweisungen

Include-Anweisungen ähneln den entsprechenden Anweisungen des C-Präprozessors und haben die Form:

```
include Dateien
```

Interne Makros

$? Die Liste der Abhängigkeiten, die neuer als das aktuelle Ziel sind. Kann nur in normalen Regeln, aber nicht in Suffix-Regeln verwendet werden.

$@ Der Name des aktuellen Ziels. Werden Bibliotheken erzeugt, bezeichnet dieses Makro den Namen der Bibliothek. Kann in normalen Regeln und Suffix-Regeln verwendet werden.

$< Der Name der aktuellen Abhängigkeit, die neuer ist als das aktuelle Ziel.

$* Der Name (ohne Suffix) der aktuellen Abhängigkeit, der neuer ist als das aktuelle Ziel. Kann nur in Suffix-Regeln verwendet werden.

$% Der Name der dazugehörigen .o-Datei, wenn das aktuelle Ziel eine Bibliothek ist. Kann in normalen Regeln und in Suffix-Regeln verwendet werden.

$^ Eine durch Leerzeichen getrennte Liste aller Abhängigkeiten; jede Abhängigkeit tritt nur einmal auf.

$+ Eine durch Leerzeichen getrennte Liste aller Abhängigkeiten; jede Abhängigkeit kann mehrfach auftreten.

Muster-Regeln

Muster-Regeln sind eine Generalisierung der Suffix-Regeln. Wenn sowohl Ziel als auch Abhängigkeit ein %-Zeichen enthalten, ersetzt **make** entsprechende Teile existierender Dateinamen. Beispielsweise kann die eingebaute Suffix-Regel

```
$(cc) -o $@ $<
```

folgendermaßen als Muster-Regel formuliert werden:

→

```
%.o : %.c
    $(cc) -o $@ $<
```

Makromodifikatoren

D Der Verzeichnis-Anteil jedes internen Makronamens mit Ausnahme von **$?**. Verwendungsmöglichkeiten:

$(*D) $(@D) $(?D) $(<D)
$(%D) $(@D) $(^D)

F Der Datei-Anteil jedes internen Makronamens mit Ausnahme von **$?**. Verwendungsmöglichkeiten:

$(*F) $$(@F) $(?F) $(<F)
$(%F) $(@F) $(^F)

Funktionen

$(subst *von, nach, String***)**
Ersetzen jedes Auftretens von *von* in *String* durch *nach*.

$(patsubst *Muster, nach, String***)**
Ähnlich wie **subst**, aber interpretiert % als Platzhalterzeichen in *Muster*. Ersetzt jedes Wort in *String*, das auf *Muster* paßt, durch *nach*.

$(strip *String***)**
Entfernen von überflüssigen Leerzeichen und Tabulatoren.

$(findstring *Substring, Hauptstring***)**
Gibt *Substring* zurück, wenn dieser in *Hauptstring* existiert, anderenfalls wird ein leerer String zurückgegeben.

$(filter *Muster, String***)**
Gibt diejenigen Wörter in *String* zurück, die auf mindestens ein Wort in *Muster* passen. *Muster* darf den Platzhalter % enthalten.

$(filter-out *Muster, String***)**
Entfernt diejenigen Wörter in *String*, die auf mindestens ein Wort in *Muster* passen. *Muster* darf das Platzhalterzeichen % enthalten.

$(sort *Liste***)**
Gibt *Liste* in lexikalisch sortierter Reihenfolge zurück.

$(dir *Liste***)**
Gibt den Verzeichnis-Anteil (alles bis zum letzten Schrägstrich) jedes Dateinamens in *Liste* zurück.

$(notdir *Liste***)**
Gibt den Dateinamen-Anteil (alles nach dem letzten Schrägstrich) jedes Dateinamens in *Liste* zurück.

$(suffix *Liste***)**
Gibt den Suffix-Anteil (alles nach dem letzten Punkt) jedes Dateinamens in *Liste* zurück.

$(basename *Liste*)

Gibt den Basis-Dateinamen (alles bis zum letzten Punkt) jedes Dateinamens in *Liste* zurück.

$(addsuffix *Suffix,Liste*)

Rückgabe jedes Dateinamens in *Liste*, wobei jeweils *Suffix* angehängt wird.

$(addprefix *Präfix,Liste*)

Rückgabe jedes Dateinamens in *Liste*, wobei jeweils *Präfix* vorangestellt wird.

$(join *Liste1,Liste2*)

Zurückgeben einer Liste, in der Wort für Wort die jeweiligen Elemente der beiden Listen aneinandergehängt werden. Beispiel: `$(join a b,.c .o)` ergibt `a.c b.o`.

$(word *n,String*)

Gibt das *n*-te Wort von *String* zurück.

$(words *String*)

Gibt die Anzahl der Wörter in *String* zurück.

$(firstword *Liste*)

Gibt das erste Wort in *Liste* zurück.

$(wildcard *Muster*)

Gibt eine Liste von Dateien im aktuellen Verzeichnis zurück, deren Namen auf *Muster* passen.

$(origin *Variable*)

Gibt eine der folgenden Zeichenketten zurück, die angeben, wie die *Variable* definiert wurde: **undefined**, **default**, **environment**, **environment override**, **Datei**, **command line**, **override** oder **automatic**.

$(shell *Befehl*)

Führt den *Befehl* aus und gibt das Ergebnis zurück. Zeilenvorschübe in der Ausgabe des Befehls werden in Leerzeichen umgewandelt. Diese **make**-Funktion funktioniert ähnlich wie die Befehls-Substitution in den meisten Shells.

Ersetzen von Makrozeichenketten

${*Makro*:*s1*=*s2*}

Evaluiert die aktuelle Definition von **$**{*Makro*}, nachdem für jedes Auftreten von *s1*, das direkt vor einem Leer- oder Tabulatorzeichen oder einem Zeilenende steht, *s2* eingesetzt wurde.

Besondere Ziele

.DEFAULT: Befehle, die zu diesem Ziel gehören, werden ausgeführt, wenn **make** keine Einträge oder Suffix-Regeln in der Beschreibungsdatei findet, mit denen das geforderte Ziel erzeugt werden kann.

→

make ←

.EXPORT_ALL_VARIABLES:
Wenn dieses Ziel in der Beschreibungsdatei angegeben wird, werden alle Makros zu den Kind-Prozessen exportiert.

.IGNORE: Fehlercodes von Befehlen werden ignoriert. Entspricht der **–i**-Option.

.PHONY: Befehle, die zu einem so gekennzeichneten Ziel gehören, werden immer ausgeführt, auch wenn das Ziel existiert und aktuell ist.

.PRECIOUS: Dateien, die zu einem so gekennzeichneten Ziel gehören, werden nicht gelöscht, wenn **make** ein Signal (wie Interrupt) erhält, das die Bearbeitung abbricht, oder wenn der aufgerufene Befehl einen Fehlercode zurückgibt.

.SILENT: Die Befehle werden ausgeführt, aber nicht ausgegeben. Entspricht der **–s**-Option.

.SUFFIXES: Die hier angegebenen Suffixe sollen in Suffix-Regeln berücksichtigt werden. Wenn keine Suffixe angegeben werden, werden die existierenden Suffix-Regeln abgeschaltet.

---

nm

nm [*Optionen*] [*Objektdateien*]

Ausgeben der Symboltabelle einer oder mehrerer Objektdateien in alphabetischer Reihenfolge. Wenn keine Dateien angegeben werden, wird die Symboltabelle der Datei *a.out* ausgegeben. Zur Ausgabe jedes Symbols gehören Wert, Typ, Größe, Name etc. Weiterhin kann ein Schlüsselbuchstabe, der das Symbol näher beschreibt, ausgegeben werden.

Optionen

–a, ––debug-syms
Ausgeben von Symbolen für den Debugger.

–f *Format* Angabe des Ausgabeformats (**bsd**, **sysv** oder **posix**). Der Default ist **bsd**.

–g, ––extern-only
Nur externe Symbole ausgeben.

–n, –v, ––numeric-sort
Sortieren der externen Symbole nach Adressen.

–p, ––no-sort Kein Sortieren der Symbole.

–r, ––reverse-sort
Alphabetisches oder numerisches Sortieren der Symbole in umgekehrter Reihenfolge.

––size-sort Sortieren der Symbole nach Größe.

-u, --undefined-only
Nur undefinierte Symbole ausgeben.

-A, -o, -print-file-name
Ausgeben der Dateinamen, aus denen die jeweiligen Symbole stammen, vor den Symbolen.

-C, --demangle
Übersetzen von internen Symbolnamen in lesbare Versionen.

-D, --dynamic Ausgeben dynamischer (nicht normaler) Symbole. Dies ist nur bei dynamischen Objekten (wie beispielsweise manchen dynamischen Bibliotheken) sinnvoll.

-P, --portability
Wie **-f posix**.

-V, --version Ausgeben der Versionsnummer von **nm** auf Standardfehler.

patch [*Optionen*] [*Original* [*Patch-Datei*]]

Anwenden der Patches in *Patch-Datei* auf *Original*. Das Original wird durch die neue, „gepatchte" Version ersetzt. Eine Sicherungskopie des Originals wird nach *Original.orig* oder *Original~* geschrieben.

Optionen

+ [*Optionen*] [*Original2*]
Erneutes Anwenden der Patches mit anderen Optionen oder auf ein anderes Original.

-b *Suffix*, **--suffix=***Suffix*
Die Originaldatei wird in *Original.Suffix* gesichert.

-B *Präfix*, **--prefix=***Präfix*
Der Sicherung der Originaldatei wird *Präfix* vorangestellt.

-c, --context *Patch-Datei* wird als Kontext-Diff interpretiert.

-d *Verzeichnis*, **--directory=***Verzeichnis*
Wechseln nach *Verzeichnis*, bevor das Patchen beginnt.

-D *String*, **--ifdef=***String*
Alle Veränderungen am Original werden mit

```
#ifdef
String
#endif
```

gekennzeichnet.

-e, --ed Der Inhalt von *Patch-Datei* wird als **ed**-Befehl interpretiert.

-E, --remove-empty-files
Wenn die Anwendung von **patch** zu leeren Dateien führt, werden diese gelöscht.

→

patch
←

–f, ––force Erzwingt alle Änderungen, auch wenn diese falsch aussehen. Wenn die Originaldatei nicht existiert, wird der entsprechende Patch übersprungen. Patches werden auch angewandt, wenn die Versionsnummer falsch ist. Patches werden als irreversibel angenommen.

–t, ––batch Patches werden übersprungen, wenn die Originaldatei nicht existiert.

–F *Anzahl*, **––fuzz=***Anzahl*
Angeben der maximalen Anzahl von Zeilen, die ignoriert werden sollen, wenn **patch** entscheidet, an welcher Stelle ein Patch angebracht werden soll. Der Default ist 2. Diese Option ist nur bei Kontext-Diffs sinnvoll.

–l, ––ignore-whitespace
Bei Mustervergleichen wird Leerraum (Whitespace) ignoriert.

–n, ––normal Interpretiert *Patch-Datei* als normale Diff-Datei (kein Kontext-Diff).

–N, ––forward Ignorieren von Patches, die vermutlich rückgängig gemacht oder bereits angewendet wurden.

–o *Datei*, **––output=***Datei*
Schreiben der Ausgabe nach *Datei.*

–p[*Anzahl*], **––strip**[=*Anzahl*]
Gibt an, wieviel vom Pfadnamen weggelassen wird. Wenn *Anzahl* 0 ist, wird alles weggelassen, so daß nur der Dateiname übrigbleibt. Wenn *Anzahl* 1 ist, wird der erste Schrägstrich weggelassen; jeder weitere höhere Wert läßt einen weiteren Verzeichnisnamen weg.

–r *Datei*, **––reject-file=***Datei*
Schreibt nicht akzeptierte Abschnitte (Teile der Patch-Datei, die nicht angewendet werden konnten) in die Datei *Datei.* Der Default ist *Original.rej.*

–R, ––reverse Ausführen eines umgedrehten Patch-Vorgangs. Damit kann versucht werden, eine Patch-Operation rückgängig zu machen, indem die alten und neuen Dateien vertauscht werden.

–s, ––silent, ––quiet
Unterdrücken der Ausgaben während des Patch-Vorgangs.

–S, ––skip Springen zum nächsten Patch in der Patch-Datei.

–u, ––unified Interpretiert *Patch-Datei* als vereinheitlichtes Kontext-Diff.

–V *Methode*, **––version-control=***Methode*
Gibt an, wie Sicherungskopien erzeugt werden sollen (kann mit **–B** überschrieben werden). Erlaubte Werte für *Methode* sind:

t, numbered	Numerierte Sicherungskopien.
nil, existing	Dateien werden anhand bereits vorhandener Sicherungen gesichert. Einfache Sicherungen sind der Default. Dies ist das Default-Verhalten von **patch**.
never, simple	Es werden nur einfache Sicherungskopien angelegt.

TMPDIR
Gibt das Verzeichnis für temporäre Dateien an, voreingestellt ist */tmp*.

SIMPLE_BACKUP_SUFFIX
Enthält ein Suffix, das an Sicherungskopien anstelle von *.orig* oder ~ angehängt wird.

VERSION_CONTROL
Gibt an, wie Sicherungskopien benannt werden sollen (siehe **–V**).

rpcgen [*Optionen*] *Datei*

rpcgen parst die in RPC geschriebene *Datei* und erzeugt ein C-Programm, das die RPC-Beschreibung implementiert. Header-Dateien, die aus *Datei.x* erzeugt wurden, werden nach *Datei.h*, XDR-Routinen nach *Datei_xdr.c*, Server-Code nach *Datei_svc.c* und Client-Code nach *Datei_clnt.c* geschrieben. Zeilen, die mit einem %-Zeichen beginnen, werden ignoriert. Standardmäßig erzeugt **rpcgen** Code, der kompatibel ist mit SunOS 4.1. Nähere Informationen zu RPC finden Sie in *Power Programming with RPC* von John Bloomer.

–a
Erzeugen aller Dateien (Client- und Server-Code).

–5
Erzeugen von SVR4-kompatiblem Code.

–c
Erzeugen von XDR-Routinen. Kann nicht in Verbindung mit anderen Optionen verwendet werden.

–C
Erzeugen von ANSI-C-Code (Default).

–k
Erzeugen von K&R-C-Code.

–D*Name*[=*Wert*]
Definieren des Symbols *Name*. Der Wert von *Name* ist *Wert* oder 1, falls *Wert* nicht angegeben wird.

–h
Ausgeben einer Header-Datei. Wenn auch **–T** angegeben wird, enthält die Header-Datei Code für RPC-Sprungtabellen. Kann nicht in Verbindung mit anderen Optionen verwendet werden.

–I
Produziert einen Server, der mit **inetd** kompatibel ist.

–K *Sek*
Gibt die Zeit an, die der Server warten soll, nachdem er eine Anfrage beantwortet hat und bevor er sich beendet.

→

rpcgen ←

	Der Default ist 120. Wenn *Sek* -1 ist, beendet sich der Server nie.
–l	Erzeugt Client-Code. Kann nicht in Verbindung mit anderen Optionen verwendet werden.
–m	Nur Server-Code erzeugen. Es wird keine main()-Funktion erzeugt. Kann nicht in Verbindung mit anderen Optionen verwendet werden.
–N	Neuer Stil. Prozeduren dürfen mehr als ein Argument haben. Nicht unbedingt kompatibel mit dem alten Stil.
–o [*Datei*]	Schreiben der Ausgabe nach *Datei* oder nach Standardausgabe.
–Ss	Nur ein Server-Code-Gerüst erzeugen.
–t	Erzeugen einer RPC-Sprungtabelle. Kann nicht in Verbindung mit anderen Optionen verwendet werden.
–T	Unterstützung für RPC-Sprungtabellen erzeugen.

size

size [*Optionen*] [*Objektdatei...*]

Ausgeben der Anzahl an Bytes in jeder Sektion von *Objektdatei* sowie der Gesamtgröße. Wenn *Objektdatei* nicht angegeben wird, wird *a.out* angenommen.

–d	Ausgeben der Größe in dezimaler und hexadezimaler Darstellung.
––format *Format*	Formatieren der Ausgabe im System-V-Format (**––format sysv**) oder BSD-Format (**––format berkeley**).
–o	Ausgeben der Größe in oktaler und hexadezimaler Darstellung.
––radix *Zahl*	Gibt an, wie die Größe ausgegeben werden soll: hexadezimal und dezimal (wenn *Zahl* 10 oder 16 ist) oder hexadezimal und oktal (wenn *Zahl* 8 ist).
–x	Gibt die Größe in hexadezimaler und dezimaler Darstellung an.
–A	Verhalten entsprechend dem System-V-**size**-Befehl.
–B	Verhalten entsprechend dem BSD-**size**-Befehl.

strip

strip [*Optionen*] *Dateien*

Entfernen der Symbole aus den Objektdateien *Dateien*, wodurch die Größe der Objektdateien reduziert und Plattenplatz gespart wird.

Optionen

strip

−F *Format*, **−−target=***Format*
Nimmt an, daß die Eingabedateien das Format *Format* haben.

−O *Format*, **−−output-target=***Format*
Schreibt die Ausgabedateien im Format *Format.*

−R *Sektion*, **−−remove-section=***Sektion*
Löscht die *Sektion.*

−s, −−strip-all Entfernt alle Symbole.

−S, −g, −−strip-debug
Entfernt Debugging-Symbole.

−x, −−discard-all
Entfernt nichtglobale Symbole.

−X, −−discard-locals
Entfernt vom Compiler erzeugte lokale Symbole.

−v, −−verbose Verbose-Modus.

yacc [*Optionen*] *Datei*

yacc

Erzeugt aus einer Eingabedatei, die eine kontextfreie Grammatik enthält, Parsing-Tabellen und schreibt diese nach *y.tab.c.* Der Name **yacc** steht für „yet another compiler-compiler". Siehe auch **flex**, **bison** und *lex & yacc* von John Levine, Tony Mason und Doug Brown.

Optionen

−b *Präfix* Stellt dem Namen der Ausgabedatei *Präfix* anstelle von *y* voran.

−d Erzeugt eine Datei *y.tab.h*, die **#define**-Anweisungen enthält, welche die Token von **yacc** auf die vom Benutzer deklarierten Token-Namen abbilden.

−l Unterdrücken der **#line**-Anweisungen in *y.tab.c.* Diese Option sollte nur verwendet werden, wenn die Parsing-Tabellen keinen Fehler mehr enthalten.

−t Erzeugen von Laufzeit-Debugging-Code.

−v Erzeugen von *y.output*, einer Datei, die diagnostische Informationen und Anmerkungen zu den Parsing-Tabellen enthält.

KAPITEL 13

RCS und CVS

Das Programm RCS

Das Revision Control System (RCS) ist entwickelt worden, um mehrere Versionen einer Datei zu verwalten und so den benötigten Speicherplatz zu reduzieren. Mit RCS können Sie automatisch Versionen speichern und zurückholen, verschiedene Versionen zusammenführen oder vergleichen, ein Protokoll über die Änderungen führen und Versionen mit symbolischen Schlüsselwörtern kenntlich machen. Dieses Kapitel beschreibt die Version 5.7, aber wir gehen auch auf die wichtigsten Unterschiede zwischen den Versionen 4 und 5 ein.

Befehlsübersicht

Die drei wichtigsten RCS-Befehle sind:

ci Versionen einchecken (eine Datei unter RCS-Kontrolle stellen).

co Versionen auschecken.

rcs Attribute von RCS-Dateien einrichten oder verändern.

Zwei Befehle liefern Informationen über RCS-Dateien:

ident Holt Werte von Schlüsseln aus einer RCS-Datei.

rlog Zeigt eine Übersicht über die Versionen in einer RCS-Datei an.

Sie können RCS-Dateien mit den beiden folgenden Befehlen vergleichen:

rcsdiff Zeigt Unterschiede zwischen Versionen an.

rcsmerge Änderungen an zwei RCS-Dateien in einer dritten RCS-Datei zusammenführen.

Der folgende Befehl hilft bei der Verwaltung von Konfigurationen:

rcsclean Arbeitsdateien entfernen, die nicht geändert worden sind.

Grundlegende Operationen

Normalerweise halten Sie die RCS-Dateien in einem Unterverzeichnis namens **RCS**, der erste Schritt bei der Verwendung von RCS sollte also sein:

```
mkdir RCS
```

Jetzt können Sie eine oder mehrere existierende Dateien unter RCS-Kontrolle stellen, indem Sie diese Datei „einchecken":

```
ci datei
```

Damit wird im Verzeichnis **RCS** eine Datei namens *datei*,**v** erzeugt. *datei*,**v** ist eine sogenannte RCS-Datei, in der alle zukünftigen Versionen von *datei* abgespeichert werden. Wenn Sie **ci** zum erstenmal auf einer Datei ausführen, müssen Sie den Inhalt der Datei angeben. **ci** legt *datei* dann als Version 1.1 in der RCS-Datei ab.

Um eine neue Version zu bearbeiten, müssen Sie eine Kopie der Datei auschecken:

```
co -l datei
```

Damit holt RCS eine Kopie von *datei* aus der RCS-Datei. Sie müssen die Datei mit **–l** sperren, damit Sie sie bearbeiten können. Man nennt diese Kopie eine Arbeitsdatei. Wenn Sie mit der Bearbeitung fertig sind, können Sie die Änderungen festschreiben, indem Sie die Arbeitsdatei wieder einchecken:

```
ci datei
```

Dieses Mal werden Sie gebeten anzugeben, was für Änderungen Sie gemacht haben, woraufhin die Datei als Version 1.2 abgelegt wird. Beachten Sie, daß beim Einchecken die Arbeitsdatei normalerweise gelöscht wird. Um eine nur lesbare Kopie zu bekommen, checken Sie die Datei ohne Sperre aus:

```
co datei
```

Das ist hilfreich, wenn Sie eine Kopie zum Kompilieren oder Suchen benötigen. Diese Kombination aus **ci** und **co** können Sie auch abkürzen:

```
ci -u datei
```

Damit wird die Datei eingecheckt, unmittelbar darauf aber nur zum Lesen wieder ausgecheckt. Um die Unterschiede zwischen einer Arbeitsdatei und der letzten eingecheckten Version dieser Datei zu bekommen, verwenden Sie:

```
rcsdiff datei
```

rlog ist ein weiterer nützlicher Befehl, der die Änderungsbeschreibungen zusammenfaßt. Systemverwalter können den Befehl **rcs** verwenden, um das Default-Verhalten von RCS einzustellen.

Allgemeine Spezifikationen von RCS

In diesem Abschnitt werden die folgenden Themen besprochen:

- Ersetzung von Schlüsselwörtern
- Numerierung von Versionen
- Angeben des Datums
- Angeben des Zustands
- Standardoptionen und Umgebungsvariablen

Ersetzung von Schlüsselwörtern

Mit RCS können Sie Schlüsselwort-Variablen in Ihre Arbeitsdateien schreiben. Diese Variablen werden dann später zu Versionsanmerkungen expandiert. Sie können diese Anmerkungen entweder als eingebettete Kommentare in der Eingabedatei oder als Textstrings verwenden, die auf dem Bildschirm ausgegeben werden. Um Versionsanmerkungen über die Ersetzung von Schlüsselwörtern zu erzeugen, gehen Sie folgendermaßen vor:

1. Verwenden Sie in Ihrer Arbeitsdatei eines oder mehrere der unten aufgeführten Schlüsselwörter.
2. Checken Sie die Datei ein.
3. Checken Sie die Datei wieder aus. Beim Auschecken erweitert der Befehl **co** jedes Schlüsselwort um seinen Wert. **co** ersetzt also **$*schluesselwort*$** durch **$*schluesselwort*:*wert*$**.
4. Bei weiteren Ein- und Auscheckvorgängen werden alle existierenden Schlüsselwort-Werte aktualisiert. Wenn im folgenden nichts anderes vermerkt ist, dann werden existierende Werte durch neue Werte ersetzt.

Anmerkung: In der Version 5 von RCS haben die meisten Befehle die Option **-k**, mit der die Ersetzung von Schlüsselwörtern flexibler wird.

Schlüsselwörter

$Author$ Der Benutzername desjenigen, der die Version eingecheckt hat.

$Date$ Datum und Uhrzeit des Eincheckvorgangs.

$Header$

Eine Titelzeile, die den vollständigen Pfadnamen der RCS-Datei, die Versionsnummer, das Datum, den Autor, den Zustand und (wenn die Datei gesperrt ist) den Namen des Inhabers der Sperre enthält.

Id Wie **$Header$**, aber ohne den vollständigen Dateinamen der RCS-Datei.

$Locker$ Der Name desjenigen, der die Version gesperrt hat. Wenn die Datei gerade nicht gesperrt ist, ist der Wert dieses Schlüsselwortes leer.

Log Die Meldung, die beim Einchecken eingegeben wurde, um die Datei zu beschreiben, davor aber auch der RCS-Dateiname, die Versionsnummer, der Autor und das Datum. Diese Werte werden nicht überschrieben, sondern angesammelt, so daß Sie hier als Wert die vollständige Änderungsgeschichte der Datei bekommen.

$RCSfile$
Der RCS-Dateiname ohne den Pfad.

$Revision$
Die zugewiesene Versionsnummer.

$Source$ Der RCS-Dateiname einschließlich Pfadname.

$State$ Der Zustand, der durch die Option **–s** von **ci** oder **rcs** zugewiesen wurde.

Beispielwerte

Nehmen wir an, daß die Datei **/projects/new/chapter3** vom Benutzer **daniel** ein- und ausgecheckt worden ist. Für die zweite Version der Datei würden die einzelnen Schlüsselwörter folgende Werte haben:

```
$Author: daniel $

$Date: 92/03/18 17:51:36 $

$Header: /projects/new/chapter3,v 1.2 92/03/18 17:51:36 daniel \
    Exp Locker: daniel $
$Id: chapter3,v 1.2 92/03/18 17:51:36 daniel Exp Locker: daniel $

$Locker: daniel $

$Log:    chapter3,v $
# Revision 1.2  92/03/18  17:51:36  daniel
# Abschnitt ueber Fehlerbehandlung hinzugefuegt
#
# Revision 1.1  92/03/18  16:49:59  daniel
# Initial revision
#

$RCSfile: chapter3,v $

$Revision: 1.2 $

$Source: /projects/new/chapter3,v $

$State: Exp $
```

Numerierung von Versionen

Wenn Sie nichts anderes angeben, arbeiten die RCS-Befehle normalerweise auf der letzten Version. Manche Befehle haben eine Option **–r**, die verwendet wird, um eine Versionsnummer anzugeben. Außerdem verstehen viele Optionen eine Versionsnummer als optionales Argument. (In der Befehlsübersicht wird dieses Argument als [*R*] wiedergegeben.) Versionsnummern bestehen aus bis zu vier Bestandteilen: Release, Level, Zweig und Folge, aber die meisten Versionen bestehen nur aus Release und Level.

Beispielsweise können Sie die Version 1.4 folgendermaßen auschecken:

```
co -l -r1.4 ch01
```

Wenn Sie diese wieder einchecken, dann wird die neue Version als Version 1.5 bezeichnet. Nehmen wir nun aber an, daß die bearbeitete Version für das nächste Release verwendet werden soll. Sie würden dann folgendes eingeben:

```
ci -r2 ch01
```

Damit wird die Version 2.1 erzeugt. Sie können auch einen Zweig einer früheren Version erzeugen. Mit dem folgenden Befehl wird die Version 1.4.1.1 erzeugt:

```
ci -r1.4.1 ch01
```

Versionen können aber nicht nur mit Zahlen angegeben werden. Sie können auch mit der Option **-n** der Befehle **ci** und **rcs** einen Text als Versionsnamen verwenden. Dieser Name kann dann überall da verwendet werden, wo eine Versionsnummer als Argument erwartet wird. Beispielsweise könnten Sie alle Ihre C-Programme mit dem gleichen Versionstext, unabhängig von der Versionsnummer, einchecken:

```
ci -u -nPrototyp *.c
```

Außerdem können Sie seit der RCS-Version 5.6 ein Dollarzeichen ($) verwenden, worauf die Versionsnummer aus den Schlüsselwörtern der Arbeitsdatei gebildet wird. Ein Beispiel:

```
rcsdiff -r$ ch01
```

vergleicht **ch01** mit der eingecheckten Version. Sie können auch Namen und Symbole kombinieren. Der Befehl

```
rcs -nDraft:$ ch*
```

weist den Versionsnummern mehrerer Dateien einen Namen zu.

RCS und CVS

Angeben des Datums

Versionen bekommen einen Zeitstempel mit Datum und Uhrzeit des Eincheckens. Mehrere Schlüsselwort-Strings verwenden diesen in ihren Werten. Die Datumsangaben können in Optionen von **ci**, **co** und **rlog** angegeben werden. RCS verwendet standardmäßig das folgende Datumsformat:

`1995/10/16 02:00:00` *(jahr/monat/tag uhrzeit)*

Die Default-Zeitzone ist Greenwich Mean Time (GMT), auch als Coordinated Universal Time (UTC) bezeichnet. Daten können in freiem Format angegeben werden, Sie können also viele verschiedene Varianten benutzen. Hier sind einige der gängigeren Formate, die die gleiche Zeit wie im obigen Beispiel angeben:

```
6:00 pm lt                    (unter der Annahme, daß heute der 16.10.1995 ist)
2:00 AM, Oct. 16, 1995
Mon Oct 16 18:00:00 1995 LT
Mon Oct 16 18:00:00 PST 1995
```

Das klein oder groß geschriebene „lt" verweist auf die lokale Zeit (local time; hier: Pacific Standard Time). Die dritte Zeile enthält das **ctime**-Format (mit dem zusätzlichen „LT"), die vierte das **date**-Format.

Angeben von Zuständen

In manchen Fällen (speziell in Programmierumgebungen) wollen Sie den Zustand einer Reihe von Versionen angeben. RCS-Dateien werden durch einen Text-String gekennzeichnet, der ihren *Zustand* beschreibt. Der Default-Zustand ist **Exp** (experimentell). Andere häufig verwendete Zustände sind **Stab** (stabil) und **Rel** (released). Diese Begriffe können vom Benutzer frei gewählt werden und haben für RCS keine Bedeutung. Mehrere Schlüsselwort-Strings enthalten den Zustand in ihren Werten. Außerdem können Zustände bei Optionen von **ci**, **co**, **rcs** und **rlog** angegeben werden.

Standardoptionen

Die Version 5.6 von RCS definiert eine Umgebungsvariable RCSINIT, mit der Default-Optionen für RCS-Befehle festgelegt werden können. Wenn Sie RCSINIT eine durch Leerzeichen getrennte Liste von Optionen zuweisen, dann werden diese den Optionen, die Sie auf der Kommandozeile angeben, vorangestellt. Drei Optionen kann man in RCSINIT nutzbringend verwenden: **-q**, **-V** und **-x**. Man kann diese als Standardoptionen betrachten, weil die meisten RCS-Befehle diese akzeptieren. Beachten Sie, daß **-V** in Version 5 und **-x** in Version 5.6 von RCS neu eingeführt wurden.

-q[*R*]
: Stiller Modus, keine Ausgaben außer Fehler und Warnungen anzeigen. *R* bezeichnet eine Dateiversion.

-V*n*
: Version *n* von RCS emulieren. Das ist nützlich, wenn Dateien zwischen Systemen ausgetauscht werden, auf denen unterschiedliche Versionen von RCS laufen. *n* kann 3, 4 oder 5 sein.

-x*Suffixe*
: Gibt eine alternative Liste von *Suffixe*n für RCS-Dateien an. Die Suffixe werden durch / voneinander getrennt. Auf UNIX-Systemen enden RCS-Dateien normalerweise mit der Zeichenfolge ,v. Mit der Option **-x** kann auch auf Systemen gearbeitet werden, die keine Kommata in Dateinamen erlauben.

Wenn Sie beispielsweise eine Arbeitsdatei in eine RCS-Datei einstellen wollen, dann sucht der Befehl

```
ci -x,v/ ch01                    (zweites Suffix ist leer)
```

in der folgenden Reihenfolge nach der RCS-Datei:

```
RCS/ch01,v
ch01,v
RCS/ch01
```

Alphabetische Befehlsübersicht

Details zur Syntax der Schlüsselwörter, Versionsnummern, Datumsangaben, Zustände und zu Standardoptionen finden Sie in den vorangegangenen Abschnitten.

ci

ci [*Optionen*] *Dateien*

Versionen einchecken. **ci** speichert den Inhalt der angegebenen Arbeitsdateien *Dateien* in ihren korrespondierenden RCS-Dateien. Normalerweise löscht **ci** die

Arbeitsdatei nach dem Speichern. Wenn keine RCS-Datei existiert, dann ist die Arbeitsdatei die initiale Version. In diesem Fall wird die RCS-Datei angelegt, und Sie müssen eine Beschreibung für die Datei angeben. Wenn eine RCS-Datei existiert, dann zählt **ci** die Versionsnummer herauf und fordert Sie auf, eine Beschreibung der vorgenommenen Änderungen einzugeben. Ab Version 5.6 von RCS wird die vorige Version verwendet, wenn eine Datei ohne Änderungen eingecheckt wird. In älteren RCS-Versionen werden dagegen auch Versionen eingecheckt, die keine Änderungen enthalten.

Die sich gegenseitig ausschließenden Optionen **-u**, **-l** und **-r** sind am gängigsten. Verwenden Sie **-u**, um eine nur lesbare Kopie Ihrer Arbeitsdatei zu behalten (beispielsweise zum Kompilieren oder Durchsuchen). Verwenden Sie **-l**, um die Version zu aktualisieren und unmittelbar darauf erneut mit Sperre auszuchecken. Damit können Sie zwischendurch Änderungen festschreiben, aber trotzdem weiter editieren (wenn Sie beispielsweise größere Änderungen vornehmen). Verwenden Sie **-r**, um eine Datei mit einer anderen Versionsnummer einzuchecken. **ci** versteht die Standardoptionen **-q**, **-V** und **-x**.

Optionen

-d[*Datum*]
: Einchecken der Datei mit dem Zeitstempel *Datum* oder, wenn kein Datum angegeben wird, mit dem Zeitpunkt der letzten Änderung.

-f[*R*]
: Einchecken erzwingen, auch wenn es keine Unterschiede gibt.

-I[*R*]
: Interaktiver Modus; der Benutzer wird auch dann nach einer Beschreibung gefragt, wenn die Standardeingabe kein Terminal ist (beispielsweise wenn **ci** ein Teil einer Befehls-Pipeline ist). **-I** wurde in Version 5 neu eingeführt.

-i[*R*]
: Erzeugen (Initialisieren) und Einchecken einer RCS-Datei. Wenn die RCS-Datei bereits existiert, wird eine Warnung ausgegeben.

-j[*R*]
: Eine Datei ohne Initialisierung einchecken. Wenn die Datei noch nicht existiert, wird eine Fehlermeldung ausgegeben.

-k[*R*]
: Weist die Versionsnummer, das Erzeugungsdatum, den Zustand und den Autor anhand der Schlüsselwort-Werte zu, die in der Arbeitsdatei stehen, anstatt diese Informationen aus der lokalen Umgebung zu ermitteln. **-k** ist für die Verteilung von Software nützlich: Die voreingestellten Schlüsselwörter dienen als Zeitstempel, den alle Distributions-Stellen verwenden.

-l[*R*]
: Nach dem Einchecken ein **co -l** ausführen. Dadurch bekommt man eine gesperrte Kopie der nächsten Version.

-m*Str*
: Den String *Str* als Änderungsinformation für alle eingecheckten Dateien verwenden. Wenn mehrere Dateien eingecheckt werden, fragt **ci** normalerweise, ob die Beschreibung der letzten Datei noch einmal verwendet werden soll. **-m** umgeht diese Abfrage.

-M[*R*]
: Setzt die Änderungszeit der Arbeitsdatei auf die der herausgeholten Version. Die Verwendung von **-M** kann **make** verwirren und ist daher mit Vorsicht zu genießen. (Neu in Version 5.6.)

→

ci ←

-n*Name* Verknüpft den Text *Name* mit der neuen Versionsnummer.

-N*Name* Wie **-n**, überschreibt aber den vorigen Text.

-r[*R*] Checkt die Datei als Revision *R* ein.

-r Alleinstehend schaltet **-r** auf das Default-Verhalten beim Freigeben von Sperren und Entfernen der Arbeitsdatei zurück. Diese Option hat Vorrang vor den Optionen **-l** und **-u**, die möglicherweise von Shell-Aliasnamen oder -Skripten initialisiert worden sind. Dieses Verhalten von **-r** gibt es nur bei **ci**.

-s*Zustand*
Legt den Zustand der eingecheckten Version auf *Zustand* fest.

-T Macht die Änderungszeit der RCS-Datei zur Eincheckzeit der letzten Version, wenn die RCS-Datei neuer ist als die neueste Version.

-t*Datei* Ersetzt die Beschreibung der RCS-Datei durch den Inhalt von *Datei*. Das funktioniert in der Version 5 nur beim initialen Einchecken.

-t-*String*
Ersetzt die Beschreibung der RCS-Datei durch *String*. Das funktioniert in der Version 5 nur beim initialen Einchecken.

-u[*R*] Nach dem Einchecken ein **co -u** ausführen. Damit bekommen Sie eine nur lesbare Kopie.

-w*Benutzer*
Das Author-Feld der eingecheckten Version auf *Benutzer* setzen.

-z[*Zone*]
Gibt das Format des Datums bei der Ersetzung von Schlüsselwörtern an. Wenn *Zone* leer ist, wird als Default UTC-Zeit ohne Angabe einer Zeitzone verwendet. Ist das Argument **LT**, wird die lokale Zeitzone und das in ISO 8601 festgelegte Format verwendet, wobei auch der Unterschied zur UTC angegeben wird. Sie können auch einen numerischen Unterschied zur UTC angeben. Beispielsweise würde **-z+4:30** einen String wie `1998-11-24 02:30:00+4:30` ausgeben.

Beispiele

Einchecken von Kapiteldateien mit der gleichen Änderungsbeschreibung:

```
ci -m'Die ersten Aenderungen' chap*
```

Änderungen an **edit.c** einchecken, und eine nur lesbare Kopie zurückbehalten:

```
ci -u prog.c
```

Versions-Level 2 anfangen; Version 2.1 heißt „Prototyp“:

```
ci -r2 -nPrototyp prog.c
```

co

co [*Optionen*] *Dateien*

Auschecken einer vorher eingecheckten Version und Kopieren derselben in eine Arbeitsdatei (oder auf die Standardausgabe ausgeben, wenn **-p** angegeben wurde). Wenn Sie die Arbeitsdatei bearbeiten und wieder einchecken wollen, geben Sie **–l** an, um die Datei zu sperren. **co** versteht die Standardoptionen **–q**, **–V** und **–x**.

Optionen

–d*Datum*
: Letzte Version herausholen, deren Zeitstempel gleich oder vor *Datum* ist.

–f[*R*]
: Überschreiben der Arbeitsdatei erzwingen.

–I[*R*]
: Interaktiver Modus; beim Benutzer auch dann rückfragen, wenn die Standardeingabe kein Terminal ist. (Neu in Version 5.)

–j*R2*:*R3*
: Dies funktioniert wie **rcsmerge**. *R2* und *R3* geben die beiden Versionen an, deren Änderungen in einer dritten Datei zusammengeführt werden: entweder in der entsprechenden Arbeitsdatei oder in einer dritten Version (die dann durch andere **co**-Optionen angegeben wird).

–k*c*
: Expandiert Schlüsselwort-Symbole entsprechend dem Wert von *c*. *c* kann folgende Werte annehmen:

  b Wie **o**, führt aber die Operation im Binärmodus durch und erzeugt die Schlüsselwörter und Werte der letzten Version binär.

  k Erweitert nur Symbole zu Schlüsselwörtern (keine Werte). Das ist nützlich, um triviale Unterschiede beim Vergleichen von Dateien zu unterdrücken.

  kv Expandiert Symbole zu Schlüsselwörtern und Werten (der Default). Der Name des Sperreninhabers wird nur bei **ci -l** und **co -l** eingesetzt.

  kvl Wie **kv**, setzt aber immer den Namen des Sperreninhabers ein.

  o Expandiert Symbole auf das Schlüsselwort und den Wert der vorigen Version. Das ist bei Binärdateien nützlich, bei denen keine Substrings geändert werden dürfen.

  v Expandiert Symbole nur zu Werten (keine Schlüsselwörter). Das verhindert die weitere Ersetzung von Schlüsselwörtern und wird deswegen nicht empfohlen.

–l[*R*]
: Wie **–r**, sperrt aber auch die herausgeholte Version.

–M[*R*]
: Setzt die Änderungszeit der Arbeitsdatei auf die der herausgeholten Version. Die Verwendung von **–M** kann **make** verwirren und sollte daher mit Vorsicht eingesetzt werden. (Neu in Version 5.6.)

–p[*R*]
: Schreibt die herausgeholte Version nicht in eine Arbeitsdatei, sondern auf die Standardausgabe. Das ist zur Ausgabeumleitung und zur Filterung nützlich.

–r[*R*]
: Holt die letzte Version oder, wenn *R* angegeben wird, die letzte Version heraus, die kleiner oder gleich *R* ist.

→

co ←

-s*Zustand*
Holt die letzte Version heraus, die den Zustand *Zustand* hat.

-T Erhält die Änderungszeit der RCS-Datei selbst dann, wenn eine Sperre hinzugefügt oder entfernt wird.

-u[*R*] Wie -, entsperrt aber auch die herausgeholte Version, wenn Sie sie vorher gesperrt hatten.

-w[*Benutzer*]
Holt die letzte Version heraus, die entweder vom aktuellen Benutzer oder von *Benutzer* eingecheckt wurde.

Beispiele

Sortieren der letzten gespeicherten Version von *Datei*:

```
co -p Datei | sort
```

Alle Dateinamen, die mit einem Großbuchstaben beginnen, auschecken und zum Bearbeiten sperren:

```
co -l [A-Z]*
```

Beachten Sie, daß die Expansion von Dateinamen nur dann funktioniert, wenn es bereits eine Arbeitskopie im aktuellen Verzeichnis gibt. Daher funktioniert dieses Beispiel nur, wenn die Dateien vorher mit **ci -u** eingecheckt wurden. Hier kommen schließlich noch einige unterschiedliche Möglichkeiten, die Arbeitsdateien für eine Reihe von RCS-Dateien (im aktuellen Verzeichnis) auszuchecken:

```
co -r3 *,v                      Letzte Versionen von Release 3
co -r3 -wjim *,v                Dito, aber nur von jim eingecheckte
co -d'May 5, 2 pm LT' *,v       Letzte Versionen, die am oder vor
                                dem Datum geändert wurden
co -rPrototyp *,v               Letzte Versionen namens Prototyp
```

ident

ident [*Option*] [*Dateien*]

Extrahiert Schlüsselwort/Wert-Symbole aus den *Dateien. Dateien* können Textdateien, Objektdateien oder Abzüge sein.

Option

-q Unterdrückt die Warnung, wenn keine Schlüsselwort-Muster gefunden wurden.

Beispiele

Wenn die Datei **cprog.c** kompiliert wird und die folgende Codezeile enthält:

```
char rcsID[] = "$Author: george $";
```

dann wird die folgende Ausgabe erzeugt:

```
% ident prog.c prog.o
prog.c:
     $Author: george $
```

```
prog.o:
     $Author: george $
```

ident

Alle Schlüsselwörter aller RCS-Dateien anzeigen (Warnungen unterdrücken):

```
co -p RCS/*,v | ident -q
```

rcs [*Optionen*] *Dateien*

rcs

Dies ist ein Verwaltungsbefehl, mit dem die Default-Attribute von RCS-Dateien eingerichtet oder geändert werden können. Unter anderem können Sie mit **rcs** das strenge Sperren (**−L**) einstellen, Versionen löschen (**−o**) und durch **co** (**−l** und **−u**) gesetzte Sperren aufheben. RCS-Dateien haben eine Zugriffsliste (die mit **−a** erzeugt wird); jeder, dessen Benutzername auf dieser Liste steht, kann **rcs** ausführen. Die Zugriffsliste ist oft leer, was bedeutet, daß jeder **rcs** verwenden kann. Außerdem können Sie **rcs** immer dann ausführen, wenn Ihnen die Datei gehört, wenn Sie der Superuser sind oder wenn Sie **rcs** mit **−i** aufrufen. **rcs** versteht die Standardoptionen **−q**, **−V** und **−x**.

Optionen

−a*Benutzer*
: Hängt die durch Kommata getrennte Liste von *Benutzern* an die Zugriffsliste an.

−A*AndereDatei*
: Hängt die Zugriffsliste der Datei *AndereDatei* an die Zugriffsliste von *Dateien* an.

−b[*R*]
: Macht *R* oder, wenn *R* nicht angegeben wird, den höchsten Zweig am Stamm zum Default-Zweig.

−c'*s*'
: Das Kommentarzeichen für **$Log**-Schlüsselwörter wird auf den String *s* gesetzt. Per Default expandiert **co** **$Log**-Schlüsselwörter in Kommentare mit vorangestelltem #. Sie könnten beispielsweise *s* für troff-Dateien auf `.\"` und für C-Dateien auf `*` setzen (und müßten dann bei C-Dateien manuell ein `/*` bzw. `*/` vor bzw. hinter dem **$Log** einfügen).

−e[*Benutzer*]
: Löscht alle oder nur die angegebenen *Benutzer* von der Zugriffsliste.

−i
: Erzeugt (initialisiert) eine RCS-Datei, legt aber keine Version ab.

−I
: Interaktiver Modus; beim Benutzer auch dann rückfragen, wenn die Standardeingabe kein Terminal ist. (Neu in Version 5.)

−k*c*
: *c* als Default-Stil für die Ersetzung von Schlüsselwörtern verwenden. (Die möglichen Werte für *c* finden Sie in der Beschreibung von **co**.) **−kkv** restauriert den Default-Ersetzungsstil; alle anderen Stile führen zu Inkompatibilitäten mit der Version 4 oder früheren Versionen.

−l[*R*]
: Sperrt die Version *R* oder die letzte Version. **−l** sperrt eine Datei „im nachhinein“ und ist nützlich, wenn Sie eine Datei aus Versehen mit **co** anstatt mit **co −l** ausgecheckt haben.

→

RCS und CVS

–L Schaltet strenge Sperren ein (der Default). Das bedeutet, daß alle, auch der Besitzer der RCS-Datei, **co –l** verwenden müssen, um eine Datei zu sperren. Strenge Sperren sollten verwendet werden, wenn Dateien gemeinsam genutzt werden (siehe **–U**).

–m*R*:*String*
Den String *String* als neue Änderungsbeschreibung der Version *R* verwenden. (Neu in Version 5.6.)

–M E-Mail-Benachrichtigungen beim Zerstören von Sperren mit **rcs –u** abschalten. Das sollte nur verwendet werden, wenn die Benutzer auf andere Art und Weise informiert werden, daß ihre Sperren zerstört worden sind.

–n*Schalter*
Eine Verknüpfung zwischen einer Version und einem Namen hinzufügen oder entfernen. *Schalter* kann folgende Werte annehmen:

Name:*R*	*Name* mit der Version *R* verknüpfen.
Name:	*Name* mit der letzten Version verknüpfen.
Name	Die Verknüpfung von *Name* entfernen.

–N*Schalter*
Wie **–n**, überschreibt aber bereits existierende Namen.

–o*R_liste* In *R_liste* angegebene (veraltete) Versionen löschen. *R_liste* kann als *R1*, *R1–R2*, *R1–* oder *–R2* angegeben werden. Wenn ein Zweig angegeben wird, wird nur die letzte Version darin gelöscht. In Version 5.6 wurde das Bereichstrennzeichen auf : geändert, – ist aber immer noch zulässig.

–s*Zustand*[:*R*]
Setzt den Zustand der Version *R* (oder der letzten Version) auf das Wort *Zustand*.

–t[*Datei*]
Ersetzt die Beschreibung der RCS-Datei durch den Inhalt von *Datei* oder durch die Standardeingabe, wenn keine Datei angegeben wurde.

–t–*String*
Ersetzt die Beschreibung der RCS-Datei durch *String*. Erhält die Änderungszeit der RCS-Datei, selbst wenn eine Version entfernt wird.

–u[*R*] Das Gegenstück zu **–l**: Entsperren einer Version, die vorher mit **co –l** ausgecheckt wurde. Wenn jemand anderes die Sperre angefordert hat, dann werden Sie nach einem Grund gefragt, warum Sie die Sperre zerstört haben. Dieser Grund wird dann an den bisherigen Inhaber der Sperre als E-Mail geschickt.

–U Laxe Sperren einschalten. Alle außer dem Eigentümer der Datei müssen **co –l** verwenden, um Dateien zu editieren. (Siehe **–L**.)

-V Ausgeben der Versionsnummer von RCS.

-z*Zone* Macht *Zone* zur Default-Zeitzone für die Zeitstempel-Optionen der Befehle **ci** und **co**.

Beispiele

Den Text **An_den_Kunden** mit der letzten Version aller RCS-Dateien verknüpfen:

```
rcs -nAn_den_Kunden: RCS/*
```

Drei Benutzer zur Zugriffsliste der Datei **beatle_deals** hinzufügen:

```
rcs -ageorge,paul,ringo beatle_deals
```

Versionen 1.2 bis 1.5 löschen:

```
rcs -o1.2-1.5 doc
```

Die Beschreibung einer RCS-Datei durch den Inhalt einer Variable löschen:

```
echo "$description" | rcs -t datei
```


rcsclean [*Optionen*] [*Dateien*]

Vergleicht ausgecheckte Dateien mit den korrespondierenden letzten Versionen (oder mit Version *R*, je nach Option). Wenn keine Unterschiede vorhanden sind, werden die Arbeitsdateien entfernt. (Mit **rcsdiff** können Sie sich eventuelle Unterschiede anzeigen lassen.) **rcsclean** ist in Makefiles besonders nützlich. Beispielsweise könnten Sie ein „Aufräum"-Ziel einführen, um Ihre Verzeichnisse zu aktualisieren. **rcsclean** ist darüber hinaus auch vor einem **rcsfreeze** gut zu gebrauchen. Der Befehl versteht die Standardoptionen **-q**, **-V** und **-x**.

Optionen

-k*c* Wenn Versionen verglichen werden, werden die Schlüsselwörter mit dem Stil *c* expandiert. (Die Werte für *c* werden bei **co** beschrieben.)

-n[*R*] Zeigt an, was gemacht werden würde, führt aber nichts aus.

-r[*R*] Vergleichen mit der Version *R*. *R* kann auch bei anderen Optionen angegeben werden, so daß **-r** redundant ist.

-T Erhält die Änderungszeit der RCS-Datei auch dann, wenn eine Sperre hinzugefügt oder entfernt wird.

-u[*R*] Entsperrt die Version, wenn sie gleich der Arbeitsdatei ist.

-z[*Zone*]
Stellt das Zeitzonenformat für die Ersetzung von Schlüsselwörtern ein.

Beispiel

Entfernt unveränderte Kopien der Programm- und Header-Dateien:

```
rcsclean *.c *.h
```

rcsdiff

rcsdiff [*Optionen*] [*Diff_Optionen*] *Dateien*

Vergleicht Versionen mittels **diff**. Die Versionen werden folgendermaßen mit **-r** angegeben:

Anzahl der angegebenen Revisionen:	**Durchgeführter Vergleich:**
Keine	Arbeitsdatei mit der letzten Version
Eine	Arbeitsdatei mit der angegebenen Version
Zwei	Zwei Versionen untereinander

rcsdiff versteht die Standardoptionen **-q**, **-T**, **-V**, **-x** und **-z** sowie *Diff_Optionen*, alle zulässigen Optionen von **diff**. **rcsdiff** gibt den Wert 0 (keine Unterschiede vorhanden), 1 (Unterschiede vorhanden) oder 2 (unbekanntes Problem) zurück.

Optionen

-k*c*
: Wenn Versionen verglichen werden, werden die Schlüsselwörter mit dem Stil *c* expandiert. (Die Werte für *c* werden bei **co** beschrieben.)

-r*R1*
: Verwendet Version *R1* für den Vergleich.

-r*R2*
: Verwendet Version *R2* für den Vergleich. (**-r***R1* muß ebenfalls angegeben sein.)

rcsmerge

rcsmerge [*Optionen*] *Datei*

Führt ein dreiseitiges Zusammenführen von Dateirevisionen aus, wobei zwei verschiedene Versionen als Ausgangspunkt dienen und die Änderungen in die Arbeitsdatei *Datei* geschrieben werden. Sie müssen entweder eine oder zwei Versionen angeben, die zusammengeführt werden sollen (üblicherweise mit **-r**). Überschneidungen werden wie bei **merge** behandelt; Warnungen werden in die Ergebnisdatei geschrieben. **rcsmerge** versteht die Standardoptionen **-q**, **-V**, **-x** und **-z**. Der Rückgabewert von **rcsmerge** ist 0 (keine Überschneidungen vorhanden), 1 (Überschneidungen vorhanden) oder 2 (unbekanntes Problem).

Optionen

-k*c*
: Wenn Versionen verglichen werden, werden die Schlüsselwörter mit dem Stil *c* expandiert. (Die Werte für *c* werden bei **co** beschrieben.)

-p[*R*]
: Schreibt die zusammengeführte Version auf die Standardausgabe, anstatt *datei* zu überschreiben.

-r[*R*]
: Führt die Version *R* oder, wenn *R* nicht angegeben wird, die letzte Version zusammen.

Beispiele

Nehmen wir an, daß Sie eine alte Version (1.3) von **prog.c** bearbeiten müssen, die aktuelle Datei aber schon bei Version 1.6 ist. Die Änderungen werden folgendermaßen zusammengeführt:

```
co -l prog.c
```
(letzte Version durch Hinzufügen der Änderungen in Version 1.3 editieren, dann:)
```
rcsmerge -p -r1.3 -r1.6 prog.c > prog.updated.c
```

Die Änderungen zwischen Version 3.5 und Version 3.2 rückgängig machen, und die Arbeitsdatei überschreiben:

```
rcsmerge -r3.5 -r3.2 chap08
```


rlog [*Optionen*] *Dateien*

Zeigt Informationen über die RCS-Dateien *Dateien* an, darunter die Änderungsbeschreibungen jeder Version, die Anzahl der hinzugefügten oder entfernten Zeilen, das Datum des letzten Eincheckens usw. Ohne Optionen zeigt **rlog** alle Informationen an; mit den Optionen können Sie bestimmte Elemente auswählen. **rlog** versteht die Standardoptionen **–T**, **–V**, **–x** und **–z**.

Optionen

–b
Anzeige verkürzen, nur den Default-Zweig ausgeben.

–d*Daten*
Informationen über Versionen anzeigen, deren Zeitstempel vom Einchecken in den durch *Daten* (eine durch Semikola getrennte Liste) angegebenen Bereich fallen. Verwenden Sie Anführungsstriche. Jedes Datum kann folgendermaßen angegeben werden:

d1 < *d2*
Versionen, die zwischen *d1* (Datum 1) und *d2* (Datum 2) einschließlich liegen.

d1 <
Versionen, die nach *d1* (einschließlich) eingecheckt wurden.

d1 >
Versionen, die vor *d1* (einschließlich) eingecheckt wurden.

–h
Zeigt den Anfang der normalen Ausgabe an.

–l[*Benutzer*]
Zeigt nur Informationen über gesperrte Versionen an. Wenn *Benutzer* angegeben wird, dann werden nur Informationen zu Versionen angezeigt, die von einem der in *Benutzer* genannten Benutzer gesperrt wurden.

–L
Dateien überspringen, die nicht gesperrt sind.

–N
Keine symbolischen Namen anzeigen.

–r[*Liste*]
Informationen über Versionen in der durch Kommata getrennten Liste von Versionsnummern, *Liste*, anzeigen. Wenn *Liste* nicht angegeben wird, wird die letzte Version verwendet. Die einzelnen Elemente der Liste können folgendermaßen angegeben werden:

R1
Version *R1*. Wenn *R1* ein Zweig ist, dann werden alle Versionen auf diesem Zweig verwendet.

R1.
Wenn *R1* ein Zweig ist, dann wird nur die letzte Version dieses Zweigs angezeigt.

→

R1–*R2* Versionen *R1* bis *R2*.

–*R1* Versionen vom Anfang des Zweigs bis *R1*.

R1– Versionen von *R2* bis zum Ende des Zweigs.

In Version 5.6 wurde das Bereichstrennzeichen auf : geändert, – ist aber immer noch zulässig.

–R Nur den Namen der RCS-Datei anzeigen.

–s*Zustaende*

Informationen über Versionen anzeigen, die einen korrespondierenden Zustand in der durch Kommata getrennten Liste von Zuständen, *Zustaende*, haben.

–t Wie **–h**, zeigt aber auch die Beschreibung der Datei an.

–w[*Benutzer*]

Zeigt Informationen über Versionen an, die von einem in der durch Kommata getrennten Liste *Benutzer* aufgeführten Benutzer eingecheckt wurden. Wenn *Benutzer* nicht angegeben wird, wird der Name des aufrufenden Benutzers angenommen.

Beispiele

Anzeigen der Änderungsgeschichte einer Datei:

```
rlog RCS/*,v | more
```

Anzeigen der RCS-Dateien, die vom Benutzer **daniel** gesperrt sind:

```
rlog -R -L -ldaniel RCS/*
```

Anzeigen der Titelzeile (keine Änderungsgeschichte) einer Arbeitsdatei:

```
rlog -t calc.c
```

Das Programm CVS

CVS (Concurrent Version System) ist ein Frontend zum Versionskontrollsystem RCS. Während RCS Änderungen und Versionen von Dateien in einem Verzeichnis verwaltet, erweitert CVS die Kontrollstruktur zu einer hierarchischen Sammlung von Verzeichnissen mit Dateien unter Versionskontrolle. CVS kann das gleichzeitige Editieren von Dateien durch mehrere Anwender steuern und aus einer Sammlung von Verzeichnissen und Dateien ein Software-Release erstellen.

CVS verwendet eine Haupt-Kopie der Quelldateien, das sogenannte *Repository*. Dies enthält alle Informationen, die notwendig sind, um ein früheres Release entweder auf der Basis einer symbolischen Versionsmarke oder eines bestimmten Datums zu rekonstruieren. Die Benutzer verwenden private Kopien der Dateien, die sie benötigen (normalerweise in ihren Heimatverzeichnissen). CVS-Befehle dienen zur Aktualisierung des Repositories mit den Änderungen, die der Benutzer an seinem Arbeitsverzeichnis vorgenommen hat.

Übersicht über das CVS

Das CVS-Repository enthält alle Dateien und Verzeichnisse Ihrer Quellen unter Versionskontrolle, außerdem aber auch die Verwaltungsdateien des CVS. Sie erzeugen ein Repository mit der Funktion **init**. Standardmäßig wird das Repository in einem durch die Umgebungsvariable CVSROOT angegebenen Verzeichnis erzeugt. Sie können diese Variable verwenden, um auf Ihr Default-Repository zu zeigen, oder mit der Option **-d** ein anderes Wurzelverzeichnis angeben. Ein Beispiel:

```
%cvs -d /work/projects/cvsroot init
```

richtet das CVS-Repository im Verzeichnis */work/projects/cvsroot* ein. Wenn Sie CVS verwenden, um Quelldateien zu editieren, dann arbeiten Sie nicht im Repository-Verzeichnis, sondern einem anderen Verzeichnis Ihrer Wahl. Sie müssen dann sicherstellen, daß Sie CVSROOT auf das richtige Verzeichnis gesetzt haben oder die Option **-d** beim Auschecken von Dateien verwenden (für zukünftige Aktivitäten wird die Lage des Repositories dann im Arbeitsverzeichnis festgehalten).

Verwaltungsdateien werden im Verzeichnis $CVSROOT/CVSROOT abgespeichert. Die nützlichste Datei hier ist die Datei *modules*. Jede Zeile in dieser Datei definiert ein Modul, eine Gruppe von Dateien im Repository. Der Name des Moduls kommt als erstes, danach folgt Leerraum und das Verzeichnis, in dem die Dateien stehen. Der Pfad des Verzeichnisses wird relativ zu CVSROOT angegeben. Sie können entweder Modulnamen oder Verzeichnisnamen verwenden, wenn Sie mit **checkout** ein Arbeitsverzeichnis erzeugen.

CVS-Befehle

CVS stellt eine Anzahl von Befehlen mit vielen Optionen bereit, mit denen die meisten Bedürfnisse bei der verteilten Software-Entwicklung abgedeckt werden. Zur grundlegenden Nutzung von CVS sind aber nur fünf Befehle notwendig.

Alle Befehle fangen mit **cvs** an, darauf folgt ein CVS-Befehl und eventuelle Optionen. CVS-Befehle haben die folgende Syntax:

% **cvs** [*cvs-optionen*] *befehl* [*befehls-optionen*] *dateien*

Ein Befehl ist immer notwendig; es sei denn, Sie fordern mit **cvs -H** Hilfe an oder fragen die Version mit **cvs -v** ab. Die Optionen der Funktion **cvs** müssen vor dem Befehl und eventuellen Befehlsoptionen stehen, um Verwirrung und Fehler zu vermeiden.

Die folgenden Befehle decken die grundlegenden Funktionen des CVS-Systems ab:

checkout
: Erzeugt Ihre private Kopie der Quellen der Module, benannter Sammlungen von Quelldateien. Dies ist Ihre Arbeitskopie, die Sie editieren können, ohne andere bei ihrer Arbeit zu stören.

update
: Aktualisiert Ihre Kopie der Quelldateien mit den Änderungen, die andere inzwischen in das Repository eingecheckt haben.

add
: Fügt den Modulen in Ihrem Arbeitsverzeichnis neue Dateien hinzu. Diese Dateien werden in das Repository übertragen, wenn Sie **cvs commit** ausführen, um Ihre Änderungen

einzuchecken. Um neue Dateien zum Repository hinzuzufügen, die nicht in einem Modul stehen, an dem Sie arbeiten, verwenden Sie **cvs import**.

remove
: Löscht Dateien aus dem Repository. Stellen Sie sicher, daß Sie die Dateien aus Ihrer privaten Kopie löschen, bevor Sie diesen Befehl verwenden. Die Dateien im Repository werden entfernt, wenn Sie **cvs commit** ausführen.

commit
: Überträgt Ihre Änderungen in das Repository. Dies ähnelt dem Einchecken von Dateien im RCS.

Im Gegensatz zu RCS verwendet CVS von Haus aus keine Dateisperren. Mehrere Leute können gleichzeitig an einer Datei arbeiten. CVS koordiniert diese Änderungen, wenn Sie **update** ausführen (oder zwingt Sie, **update** auszuführen, wenn Sie **commit** verwenden wollen, es aber im Repository neuere Versionen gibt). Wenn Sie Ihr Arbeitsverzeichnis mit **update** aktualisieren und es eine neue Version gibt, dann vergleicht CVS die Dateien im Repository und im Arbeitsverzeichnis und übernimmt die Änderungen aus dem Repository in Ihre Dateien. Wenn dabei keine Konflikte auftreten, können die Dateien als neue Version in das Repository eingecheckt werden.

Falls Konflikte auftreten, wird **merge** auf den Dateien ausgeführt und die betroffenen Zeilen in der neuen Version der Arbeitsdatei markiert. (Die ursprüngliche Arbeitsdatei wird im Arbeitsverzeichnis als *.#dateiname.vernummer* gespeichert.) Sie können dann die Konflikte durch Editieren von Hand auflösen und Ihre Änderungen mit **update** und **commit** in das Repository übertragen.

Wenn mehrere Entwickler gleichzeitig an Quellcode arbeiten, dann wollen Sie vielleicht fortgeschrittene CVS-Funktionalität verwenden, um das Editieren von Dateien zu koordinieren. Das kann mit den Funktionen **watch** und **edit** gemacht werden.

Der Befehl **watch** benachrichtigt einen Benutzer, wenn an bestimmten Daten gearbeitet wird. Das zwingt andere Benutzer, die Datei mit **cvs edit** zum Editieren auszuchecken und zu sperren. Wie benachrichtigt wird, wird in der Verwaltungsdatei *$CVSROOT/CVSROOT/notify* festgelegt.

Verwaltungsdateien

Das Verzeichnis CVSROOT im Repository enthält die Dateien, die CVS zu Verwaltungszwecken verwendet. Wie bereits erwähnt, ist die Datei *modules* wahrscheinlich die wichtigste dieser Dateien. Andere Dateien können dazu dienen, bei jeder Commit-Operation ein Programm auszuführen, die Protokollinformationen zu formatieren oder anzugeben, wie Benutzer benachrichtigt werden, wenn Dateien, die unter **watch** stehen, geändert werden.

Sie können die Verwaltungsdateien genauso editieren wie andere Dateien, weil sie ebenfalls im Repository stehen. Checken Sie einfach eine Datei aus und später Ihre Änderungen wieder ein:

```
%cvs checkout CVSROOT/modules
...Datei editieren...
%cvs commit CVSROOT/modules
```

Die folgende Liste beschreibt die Verwaltungsdateien, die CVS verwenden kann.

Die Datei modules

Diese Datei definiert symbolische Namen für Ansammlungen von Dateien in Ihrem Repository. Jede Zeile in der Datei definiert ein Modul. Dabei kommt zuerst der Name des Moduls und dann Optionen, Verzeichnisnamen, Dateien oder andere Modulnamen, aus denen sich dieses Modul zusammensetzt. Wenn Sie ein Modul mit **checkout** auschecken, wird ein Verzeichnis mit dem Modulnamen als Arbeitsverzeichnis erzeugt und mit den Dateien des Moduls gefüllt.

Ein einfaches Modul wird mit der folgenden Zeile erzeugt:

Modulname -a *Aliasnamen*

Damit wird das Modul *Modulname* definiert. Die Option **-a** weist auf eine einfache Moduldefinition hin, und *Aliasnamen* sind entweder Verzeichnisnamen (relativ zu CVSROOT) oder andere definierte Module. Etwas generischer lautet die Syntax:

Modulname [Optionen] Verzeichnis [Dateien] [&Module]

In dieser Syntax muß ein Verzeichnis *Verzeichnis* in der Definition angegeben werden. Sie können festlegen, daß nur bestimmte *Dateien* aus dem Verzeichnis verwendet werden. Andere Module können durch Voranstellen von Kaufmanns-Unds (&) vor den Modulnamen angegeben werden. Die folgenden Optionen können in Moduldefinitionen verwendet werden:

-e *Programm*
: Gibt das *Programm* an, das ausgeführt werden soll, wenn die Dateien im Modul exportiert werden.

-i *Programm*
: Gibt das *Programm* an, das ausgeführt werden soll, wenn Dateien mit **commit** in das Modul übertragen werden.

-o *Programm*
: Gibt das *Programm* an, das ausgeführt werden soll, wenn Dateien aus dem Modul mit **checkout** übertragen werden.

-s *Status*
: Weist dem Modul einen Status zu. Die Dateien im Modul werden bei einem **cvs checkout -s** nach diesem Status sortiert.

-t *Programm*
: Gibt das *Programm* an, das ausgeführt werden soll, wenn einer Datei im Modul mit **rtag** ein Tag zugewiesen wird.

-u *Programm*
: Gibt das *Programm* an, das ausgeführt werden soll, wenn das ausgecheckte Modul aktualisiert wird (wenn also **update** im Top-Level-Verzeichnis des Arbeitsverzeichnisses ausgeführt wird).

Die Datei cvswrappers

Diese Datei definiert Skripten, die auf Dateien ausgeführt werden sollen, wenn diese in das Repository ein- oder aus diesem ausgecheckt werden. Jede Zeile beginnt mit einem Ausdruck, der Wildcard-Zeichen verwenden kann und die Dateien oder das Verzeichnis angibt, auf dem das Skript arbeiten soll. Die folgenden Optionen definieren die Aktionen:

–f '*Skript* %s'
: Das *Skript* auf der Datei ausführen, wenn sie ausgecheckt wird. Das `%s` wird durch den Namen der Datei ersetzt.

–t '*Skript* %s %s'
: Das *Skript* auf der Datei ausführen, wenn diese (mit **commit**) in das Repository eingecheckt wird. Das erste Argument des Skripts ist die zu filternde Datei, das zweite Argument der Pfad zum Verzeichnis, in das die gefilterte Datei geschrieben werden soll.

–m '[**COPY**|**MERGE**]'
: Gibt an, wie gefilterte Dateien bei einem **update** in das Arbeitsverzeichnis übertragen werden. **COPY** kopiert die gefilterte Datei einfach in das Verzeichnis, während **MERGE** die Änderungen mehrerer Benutzer zusammenführt.

–k '*Modus*'
: Legt die **–k**-Option für die RCS-Schlüsselwort-Expansion fest.

Die Dateien commitinfo, editinfo und loginfo

Diese drei Verwaltungsdateien geben Programme an, die ausgeführt werden sollen, wann immer Dateien in das Repository eingecheckt werden. Alle drei Dateien verwenden die gleiche Syntax. Sie stellen eine Alternative zur Angabe von Commit-Programmen mit der Option **–i** in der Datei *modules* dar.

Die Zeilen in diesen Dateien beginnen mit einem regulären Ausdruck, der beim Einchecken einer Datei mit deren Namen verglichen wird. Die Schlüsselwörter `ALL` und `DEFAULT` können verwendet werden, um das Programm über alle eingecheckten Dateien oder nur über Dateien, auf die keine Zeile in der Verwaltungsdatei paßt, laufen zu lassen.

Auf den regulären Ausdruck folgen Leerraum und der Dateiname oder ein Kommandozeilenmuster für das auszuführende Programm.

Die Datei *commitinfo* legt Überprüfungsprogramme fest, die eine Datei überprüfen, bevor sie wirklich in das Repository übernommen wird. Wenn das Programm mit einem von null verschiedenen Rückgabewert beendet wird, wird die Commit-Operation abgebrochen. Ein mit `ALL` angegebenes Programm wird neben der ersten auf einen regulären Ausdruck passenden Zeile oder dem `DEFAULT`-Programm verwendet.

Die Datei *editinfo* legt Programme fest, mit denen die Änderungsbeschreibungen einer eingecheckten Datei bearbeitet oder kontrolliert werden. In dieser Datei wird das Schlüsselwort `ALL` nicht unterstützt.

Die Datei *loginfo* bestimmt ein Programm, an das die Änderungsbeschreibungen gehen sollen, wenn die **commit**-Operation vollständig ausgeführt worden ist. Sie können die Information an eine Datei anhängen, an einen Systemverwalter als E-Mail schicken usw. Das Programm bekommt die Information auf der Standardeingabe. Wenn im Befehl eine %**s**-Variable verwendet wird, wird diese beim Aufrufen des Programms durch den Dateinamen ersetzt. Ein mit `ALL` angegebenes Programm wird neben der ersten auf einen regulären Ausdruck passenden Zeile oder dem `DEFAULT`-Programm verwendet.

Die Datei rcsinfo

Die Datei *rcsinfo* verwendet eine Syntax, die der der anderen Verwaltungsdateien ähnlich ist, bestimmt aber eine Datei mit einem Muster für eine Änderungsbeschreibung, die verwendet werden soll, wenn eine Datei eingecheckt wird. Der zweite Eintrag in jeder Zeile sollte ein vollständiger Pfadname auf die Datei sein, die diese Information enthält.

Die Datei cvsignore

Diese Datei enthält eine Liste von Dateinamenmustern, die bei **update**-, **import**- und **release**-Operationen ignoriert werden sollen. Dabei handelt es sich um die Dateien in Ihrem Arbeitsverzeichnis, die Sie nicht unter CVS-Kontrolle stellen wollen, wie beispielsweise Objekt-, Backup- oder Archivdateien. CVS hat eine Default-Liste, deren Einträge es bereits ignoriert. Sie können Muster in der *cvsignore*-Datei (gelten für das gesamte Repository) und in den *.cvsignore*-Dateien in den Anwenderverzeichnissen (gelten für den jeweiligen Anwender) sowie in der Umgebungsvariable $CVSIGNORE angeben.

Die Datei history

Diese Datei speichert Protokollinformationen für das Repository. Sie wird durch den Befehl **init** beim Anlegen des Repositories automatisch erzeugt. Die Informationen aus dieser Datei werden vom Befehl **history** ausgelesen.

Umgebungsvariablen

Die folgenden Umgebungsvariablen werden von CVS verwendet:

$CVSIGNORE
: Eine Liste von durch Leerraum-Zeichen (Whitespace) getrennten Dateinamenmustern, die CVS in Arbeitsverzeichnissen ignoriert.

$CVSWRAPPERS
: Eine Liste von durch Leerraum-Zeichen getrennten Dateinamenmustern, die CVS als Wrapper-Programme verwendet.

$CVSREAD
: Wenn diese Variable einen Wert hat, dann erzeugen **checkout** und **update** die Dateien im Arbeitsverzeichnis nur zum Lesen. Standardmäßig abgeschaltet.

$CVSROOT
: Der vollständige Pfadname zum CVS-Repository.

$CVSEDITOR
: Legt fest, welches Programm bei einem **commit** zur Eingabe der Änderungsbeschreibung verwendet werden soll.

Allgemeine Befehlsoptionen

Die folgenden Optionen werden von einer Reihe von CVS-Befehlen verstanden. Sie funktionieren nicht mit allen Befehlen, aber wenn sie verstanden werden, dann haben sie überall die gleiche Bedeutung. Eine Ausnahme ist der Befehl **history**, der ähnlich benannte Optionen mit anderen Bedeutungen kennt. Die jeweils unterstützten allgemeinen Optionen werden in der Befehlsreferenz weiter hinten in diesem Kapitel genannt.

–D *Datum*

Verwendet die neueste Version, die vor *Datum* eingecheckt wurde. Diese Einstellung bleibt während Ihrer Änderungen an Ihrer privaten Kopie der Datei erhalten, d.h., CVS beläßt das Datum auf der Datei, solange Sie das nicht im **update**-Befehl ändern. Das Datum kann in einer Reihe von Formaten angeben werden, darunter:

```
1 month ago
2 hours ago
400000 seconds ago
last year
last Monday
yesterday
a fortnight ago
11/30/98 10:00:02 EST
January 15, 1998 10:0am
22:00 GMT
```

–f Wenn Sie ein Release über ein bestimmtes Datum oder ein symbolisches Tag anfordern, dann werden auch alle Dateien in der jüngsten Version einbezogen, die nach dem Tag oder Datum hinzugefügt wurden.

–H Zeigt die Optionen zu diesem Befehl an.

–k *Schalter*

Die **–k**-Optionen des **co**-Befehls von RCS. Die Schalter dieser Option beeinflussen die Verarbeitung von RCS-Schlüsselwörtern. In der RCS-Befehlsreferenz weiter vorn in diesem Kapitel finden Sie eine nähere Beschreibung.

–l Der Befehl wird nur im aktuellen Arbeitsverzeichnis, aber nicht in den Unterverzeichnissen ausgeführt.

–n Führt ein eventuell in der Modul-Datenbank angegebenes Programm bei **checkout**, **commit**, **tag** oder **update** nicht aus.

–P Entfernt Verzeichnisse, die nach einem **update** oder **checkout** leer sind. Ohne diese Option bleiben leere Verzeichnisse erhalten.

–p Leitet die mit **checkout** oder **update** aus dem Repository geholten Dateien auf die Standardausgabe, anstatt sie in das Arbeitsverzeichnis zu schreiben.

–r *Tag* Verwendet die durch *Tag* angegebene Version. Standardmäßig verwenden die Befehle die aktuellste Version im Repository. Zwei besondere Tags können hier verwendet werden: `HEAD` bezeichnet die aktuellste Version im Repository, `BASE` die letzte Version, die Sie ausgecheckt haben. Wenn Sie bei **checkout** oder **update** ein Tag angeben, merkt sich CVS das und verwendet dieses Tag auch bei weiteren **update**-Operationen, bis Sie etwas anderes angeben.

CVS-Befehle

add

cvs add [*Optionen*] *Dateien*

Stellt die *Dateien* in Ihrem Arbeitsverzeichnis unter CVS-Kontrolle. Wenn Sie das nächste Mal **commit** verwenden, um Ihre Änderungen einzuchecken, werden die neuen Dateien dem Repository hinzugefügt und Sie um eine Änderungsbeschreibung gebeten.

add

–m'*Beschreibung*'
: Gibt die Änderungsbeschreibung auf der Kommandozeile an, anstatt beim **commit** einen Editor zu starten.

---

cvs admin *Optionen Dateien*

admin

Schnittstelle zu den Verwaltungsfunktionen von RCS. Der Befehl gibt seine Argumente einfach an **rcs** weiter. Die Optionen sind die gleichen wie beim weiter vorn in diesem Kapitel beschriebenen **rcs**, allerdings sind nicht alle Optionen für die CVS-Verwaltung sinnvoll und nützlich.

---

cvs checkout [*Optionen*] *Module*

checkout

Erzeugt ein Arbeitsverzeichnis und kopiert CVS-Dateien hinein. Sie können entweder die Namen von in der Verwaltungsdatei *Module* angegebenen Modulen oder Verzeichnisnamen relativ zu CVSROOT angeben. Das Arbeitsverzeichnis wird in dem Verzeichnis angelegt, in dem der **checkout**-Befehl ausgeführt wird, und alle Unterverzeichnisse werden rekursiv erzeugt und mit Dateien gefüllt. Das Top-Level-Verzeichnis bekommt den gleichen Namen wie das Modul oder das Quell-Verzeichnis. Die Dateien werden per Voreinstellung zum Lesen und zum Schreiben erzeugt. Die Option **–r** überschreibt dieses Verhalten.

RCS und CVS

Optionen

Die folgenden Standardoptionen können bei **checkout** verwendet werden: **–D**, **–f**, **–k**, **–l**, **–n**, **–P**, **–p** und **–r**. Die folgenden Optionen gibt es zusätzlich beim Befehl **checkout**:

–A Setzt „bleibende" Optionen wie Tags, Daten oder mit **–k** eingestellte Schalter zurück.

–c Gibt die Dateien auf der Standardausgabe aus, anstatt sie in Ihr Arbeitsverzeichnis zu kopieren.

–d *Verzeichnis*
: Erzeugt ein Verzeichnis namens *Verzeichnis* für Arbeitsdateien, anstatt den Modulnamen zu verwenden.

–j *Tag* Führt die Änderungen zwischen Versionen zusammen und kopiert sie in das Arbeitsverzeichnis. Wenn Sie die Option **–j** zweimal verwenden, werden die Änderungen aus der in der ersten Option angegebenen Version mit denen der in der zweiten Option angegebenen Version zusammengeführt. Wenn die Option **–j** nur einmal verwendet wird, werden die Änderungen der „Vorfahren"-Version des Arbeitsverzeichnisses und der mit **–j** angegebenen Version zusammengeführt. Die Vorfahren-Version ist die gemeinsame Zweigversion der beiden. *Tag* kann entweder eine Versionsnummer oder ein symbolisches Tag sein, das Datum kann optional in der Form *Tag:Datum* angegeben werden.

→

checkout ←	**–N** Wenn diese Option zusammen mit **–d** *Verzeichnis* verwendet wird, dann veranlaßt sie, daß volle Modulpfade im Arbeitsverzeichnis verwendet werden. Der Default kürzt die Pfade für ein bestimmtes Zielverzeichnis. **–s** Kopiert Dateien auf die Standardausgabe (wie **–c**), gibt dabei aber auch den Status aller Module aus. Die Ausgabe ist nach den Status-Strings sortiert.

commit

cvs commit [*Optionen*] [*Dateien*]

Überträgt die Änderungen, die Sie an den Dateien in Ihrem Arbeitsverzeichnis vorgenommen haben, in das Repository. Die Dateien müssen bereits die Änderungen der letzten Version im Repository enthalten. Falls das nicht der Fall ist, wird **commit** Sie darüber informieren, daß Ihre Arbeitsdateien nicht auf dem neuesten Stand sind, und die weitere Verarbeitung abbrechen. Um Ihre Arbeitsdateien zu aktualisieren, verwenden Sie den Befehl **update**. Standardmäßig sucht **commit** nach Änderungen in allen Dateien in Ihrem aktuellen Arbeitsverzeichnis einschließlich der Unterverzeichnisse. Wenn die Änderungen übertragen worden sind, wird ein Editor geöffnet, in dem Sie Ihre Änderungsbeschreibung angeben können, es sei denn, Sie haben bereits mit **–m** einen Text angegeben.

Optionen

Dieser Befehl versteht die Standardoptionen **–l**, **–n**, **–R** und **–r**. Die folgenden Optionen werden ebenfalls von **commit** unterstützt:

–F *Datei* Verwendet die Änderungsbeschreibung in *Datei.*

–f Erzwingt das Anlegen einer neuen Version, selbst wenn es keine Änderungen gegenüber der aktuellen Version gibt.

–m *Text* *Text* als Änderungsbeschreibung für die eingecheckte Version verwenden.

cvs

cvs *Optionen*
cvs [*CVS–Optionen*] *Befehl* [*Befehls–Optionen*] [*Argumente*]

Ruft das CVS-Programm auf. Optionen, die allgemeines CVS-Verhalten beeinflussen, müssen direkt auf **cvs** folgen. Danach kommt ein CVS-Befehl mit eigenen Optionen und Parametern.

Die allgemeinen Optionen von **cvs** lauten:

–b *Binverzeichnis*
Verwendet *Binverzeichnis* als Verzeichnis der RCS-Programme. Diese Option überschreibt die Einstellung aus der Umgebungsvariable `RCSBIN`. *Binverzeichnis* sollte ein vollständiger Dateiname sein.

–d *Rootverzeichnis*
Verwendet *Rootverzeichnis* als CVS-Wurzelverzeichnis. Diese Option überschreibt die Einstellung aus der Umgebungsvariable `CVSROOT` und sollte als vollständiger Dateiname angegeben werden.

–e *Editor* Verwendet *Editor* als Pfad zum Editor, den CVS aufruft, damit Sie Änderungsbeschreibungen eingeben können. Diese Option überschreibt die Einstellungen aus den Umgebungsvariablen `CVSEDITOR` und `EDITOR`.

–f Ignoriert die Einstellungen in der Datei *.cvsrc* im Heimatverzeichnis des Benutzers.

–H, ––help
Zeigt Informationen über den Befehl **cvs** an. Keine weiteren Befehle können angegeben werden.

–l Den Befehl nicht im Befehlsprotokoll von CVS aufzeichnen.

–n Statusinformationen von einem Befehl holen, ohne diesen wirklich auszuführen. Dabei werden keine Dateien verändert.

–Q Meldungen des Befehls unterdrücken.

–q Nur Informationen anzeigen; weniger schweigsam als **–Q**.

–r Dateien im Arbeitsverzeichnis nur lesbar machen.

–s *Var=Wert*
Setzt die Benutzervariable *Var* auf *Wert*.

–T *Tempverzeichnis*
Gibt den vollen Pfadnamen des Verzeichnisses an, in dem temporäre Dateien abgelegt werden. Diese Option überschreibt die Einstellung aus der Umgebungsvariable `TEMPDIR`.

–t Führt eine Ablaufverfolgung des Befehls durch.

–v ––version
Zeigt die Versionsnummer von CVS an.

–w Macht die Dateien im Arbeitsverzeichnis schreibbar. Diese Option überschreibt die Einstellung aus der Umgebungsvariable `CVSREAD`.

cvs diff [*Optionen*] [*Dateien*]

Vergleicht Dateien aus verschiedenen Versionen. Standardmäßig werden alle Dateien in Ihrem Arbeitsverzeichnis mit der Version verglichen, auf der sie basieren. Sie können einen oder mehrere Datei- oder Verzeichnisnamen angeben, um nur diese zu vergleichen. Es ist nützlich, hierbei die Standardoption **–r** zu verwenden: entweder einmal, um Ihre Arbeitsdateien mit der angegebenen Version zu vergleichen, oder zweimal, um die beiden angegebenen Versionen zu vergleichen. Wenn die Option **–r** zweimal angegeben wird, wird Ihr Arbeitsverzeichnis nicht verwendet. Dieser Befehl basiert auf **rcsdiff** und damit auf **diff**. Alle Optionen, die CVS nicht versteht, werden an **rcsdiff** und **diff** weitergereicht. Lesen Sie dazu die Beschreibung von **rcsdiff** weiter vorn in diesem Kapitel sowie den Eintrag zu **diff** in Kapitel 2. Die von diesem Befehl unterstützten Standardoptionen sind **–D**, **–k**, **–l**, **–R** und **–r**.

edit

cvs edit [*Optionen*] [*Dateien*]

Deklariert die Dateien *Dateien* zum Editieren. Dieser Befehl macht die Dateien schreibbar und informiert jeden, der **watch** auf dieser Datei aufgerufen hat, daß Sie vorhaben, diese Datei zu editieren. Um die Kontrolle über diese Datei zurückzugeben, können Sie **cvs commit** oder **cvs unedit** verwenden. Auch für den Benutzer dieses Befehls wird ein temporärer **watch**-Befehl ausgeführt. Wenn jemand anderes **edit**, **unedit**, **commit** oder **release** auf einer der *Dateien* ausführt, wird der Benutzer benachrichtigt. Mit der Option **–a** können Sie angeben, welche Benachrichtigungen Sie bekommen möchten.

Optionen

–a [**edit**|**unedit**|**commit**|**all**|**none**]
: Gibt die Aktion für den temporären **watch**-Befehl auf den angegebenen Dateien an. Standardmäßig rufen alle Aktionen (**edit**, **unedit** und **commit**) eine Benachrichtigung hervor.

–l
: Nur das lokale Verzeichnis verwenden, keine Unterverzeichnisse mit einbeziehen.

editors

cvs editors [**–l**] *Dateien*

Zeigt die Benutzer an, die derzeit nach dem Aufruf von **cvs edit** an den *Dateien* arbeiten. Mit der Option **–l** wird dieser Befehl nur im aktuellen Verzeichnis und nicht in den Unterverzeichnissen ausgeführt.

export

cvs export *Optionen Module*

Exportiert eine Release-Kopie der durch *Module* angegebenen Dateien. Dieser Befehl arbeitet wie **checkout**, bezieht aber keine CVS-Verzeichnisse und -Verwaltungsdateien mit ein. Sie müssen ein Datum (**–D** *Datum*) oder ein Tag (**–r** *Tag*) angeben, damit die zu exportierenden Dateien bestimmt werden können.

Die Standardoptionen **–D**, **–f**, **–l**, **–n**, **–R** und **–r** sind bei diesem Befehl nützlich. Außerdem unterstützt er die folgenden Optionen:

–d *Verzeichnis*
: Erzeugt und verwendet für die exportierten Dateien das Verzeichnis *Verzeichnis*, anstatt den Modulnamen zu verwenden.

–k *Modus*
: Stellt den Modus für die Expansion von Schlüsselwörtern in den Dateien ein.

–N
: Wenn diese Option zusammen mit **–d** *Verzeichnis* verwendet wird, dann veranlaßt sie, daß volle Modulpfade im Arbeitsverzeichnis verwendet werden. Der Default kürzt die Pfade für ein bestimmtes Zielverzeichnis.

cvs history [*Optionen*] [*Dateien*]

Zeigt die Benutzungsstatistiken der Befehle **checkout**, **commit**, **rtag**, **update** und **release** an. Diese Information wird in der Verwaltungsdatei *history* abgelegt. Mit den Optionen dieses Befehls können Sie bestimmen, wie die Berichte ausgegeben werden. Diese Optionen stimmen nicht mit den allgemeinen Optionen überein, auch wenn sie teilweise die gleichen Namen haben. Die Optionen können verschiedenartig kombiniert werden, um ganz bestimmte Informationen zu bekommen.

–a Daten für alle Benutzer ausgeben.

–b *String* Nur Daten bis zu einem Datensatz ausgeben, der *String* in seinem Modulnamen, Dateinamen oder Repository-Pfad enthält.

–c Informationen über jeden **commit**-Befehl ausgeben.

–D *Datum*
Alle Daten seit dem angegebenen *Datum* ausgeben.

–e Alle Informationen ausgeben.

–l Nur die letzte Änderung anzeigen.

–m *Modul*
Nur Informationen über das angegebene *Modul* anzeigen.

–o Informationen über jeden **checkout**-Befehl anzeigen.

–p *Repository*
Gibt ein *Repository* an.

–r *Version*
Gibt Informationen seit der in *Version* angegebenen Versionsnummer oder seit dem angegebenen Tag aus.

–T Gibt Informationen für jeden **rtag**-Befehl aus.

–t *Tag* Gibt Datensätze bis zum ersten Auftreten des angegebenen *Tag*s zurück.

–u *Benutzer*
Gibt nur Informationen zum angegebenen *Benutzer* aus.

–w Gibt nur Datensätze zum aktuellen Verzeichnis (in dem **history** ausgeführt wird) aus.

–x *Typ* Gibt Datensätze auf der Basis eines bestimmten *Typs* aus. *Typ* kann für einen bestimmten Befehl oder die Ergebnisse eines **update**-Befehls oder eines **commit**-Befehls stehen. Die zulässigen Typen sind:

F release

O checkout

T rtag

→

history ←

Die Typen für die Ergebnisse von **update** sind:

C Eine Zusammenführung führte zu Konflikten.

G Eine Zusammenführung war erfolgreich.

U Eine Datei wurde aus dem Repository aktualisiert.

W Eine Arbeitsdatei wurde im Repository nicht gefunden und aus dem Arbeitsverzeichnis gelöscht.

Die Typen für die Ergebnisse von **commit** lauten:

A Eine neue Datei wurde zum Repository hinzugefügt.

M Eine Datei wurde geändert.

R Eine Datei wurde entfernt.

import

cvs import [*Optionen*] *Repository Hersteller Release*

Stellt eine gesamte Distribution in das Repository ein. Dieser Befehl wird für vollständige Aktualisierungen von einer äußeren Quelle verwendet und kann auch dazu benutzt werden, ein neues Repository anzulegen. Das *Repository* ist der Pfadname zum neuen Repository, relativ zu CVSROOT. Dieses Verzeichnis wird erzeugt, wenn es noch nicht existiert. Die importierten Dateien werden als Version auf einem Zweig erster Ordnung (d.h. 1.1.1) verwendet. Das Argument *Hersteller* dient als Tag für den gesamten Zweig, *Release* als Tag nur für die importierten Dateien.

Optionen

Die Standardoption **–m** *Text* kann verwendet werden, um eine Beschreibung für diesen Befehl anzugeben. Weitere von **import** unterstützte Optionen:

–b *Zweig* Gibt eine andere *Zweig*-Versionsnummer für die importierten Dateien an. Importierte Dateien werden immer in den Zweig 1.1.1 gestellt, sofern Sie nicht diese Option verwenden.

–k *Modus*
Stellt den *Modus* für die Expansion von Schlüsselwörtern in den Dateien ein.

–I *Name* Gibt die Dateien an, die beim Import ignoriert werden sollen. *Name* kann ein Dateiname oder ein Muster sein. Wenn Sie alle Dateien einbeziehen und keine ignorieren wollen, können Sie **–I !** verwenden.

–W *Name*
Gibt eine Datei *Name* oder ein Muster an, die/das während des Imports gefiltert werden soll.

init

cvs init

Erzeugt ein Repository im durch CVSROOT oder die **–d**-Option von CVS angegebenen Verzeichnis.

cvs log *Optionen Dateien*

log

Zeigt die Änderungsbeschreibungen für die angegebenen Dateien an. Dazu gehören die Dateiinformationen, die Versionsnummern, der Autor und die Beschreibungstexte selbst. Dieser Befehl verwendet Informationen auf der Basis des RCS-Befehls **rlog**. Die Beschreibung zu **rlog** weiter vorn in diesem Kapitel enthält eine Beschreibung der Anzeigeoptionen.

cvs rdiff [*Optionen*] *Module*

rdiff

Führt eine **diff**-Operation für zwei Versionen durch und erzeugt eine Patch-Datei, die verwendet werden kann, um die neue Version aus einer alten Version zu erzeugen. Dieser Befehl arbeitet auf dem Repository und benötigt kein Arbeitsverzeichnis oder vorhergehendes **checkout**. Die Versionen können mit den beiden Standardoptionen **–D** und **–r** angegeben werden. Wenn Sie nur eine Version angeben, wird sie mit der aktuellen Version verglichen.

Optionen

Dieser Befehl versteht die folgenden allgemeinen Optionen: **–D**, **–f**, **–l** und **–r**. Außerdem versteht er die folgenden Optionen:

–c
: Kontextzeilen in der Ausgabe von **diff** verwenden (Default).

–s
: Eine Übersicht erzeugen, welche Dateien geändert worden sind, aber keine Patch-Datei erzeugen. Die Information wird auf der Standardausgabe angezeigt.

–t
: Führt ein **diff** auf den letzten beiden Versionen durch und zeigt die Unterschiede auf der Standardausgabe an. Das ist eine bequeme Möglichkeit, sich die letzten beiden Änderungen anzeigen zu lassen.

–u
: Erzeugt „unified" Kontext-Diffs.

–V *Version*
: Expandiert RCS-Schlüsselwörter im Format der angegebenen RCS-*Version*. (Das Expansionsformat änderte sich mit der Version 5.)

cvs release [–d] *Module*

release

Gibt aus einem **checkout** stammende Dateien frei, wenn Sie keine Änderungen mehr in das Repository zu übertragen haben. Die Option **–d** gibt an, daß die Dateien aus Ihrem Arbeitsverzeichnis gelöscht werden sollen.

cvs remove [*Optionen*] [*Dateien*]

remove

Entfernt die angegebenen *Dateien* aus dem Repository. Sie müssen dazu die Dateien zunächst aus Ihrem Arbeitsverzeichnis löschen. Wenn Sie den nächsten **commit**-Befehl ausführen, werden die Dateien entfernt, sofern keine anderen Konflikte vorliegen. Wenn Sie keine Dateien angeben, arbeitet dieser Befehl auf Ihrem gesamten Arbeitsverzeichnis.

→

remove ←	***Optionen*** **–l** Nur im lokalen Verzeichnis arbeiten, keine Unterverzeichnisse berücksichtigen. **–R** Diesen Befehl rekursiv auf Ihrem Arbeitsverzeichnis anwenden. Dies ist die Default-Einstellung.
rtag	**cvs rtag** [*Optionen*] *Tag Module* Fügt der aktuellen (Default-)Version oder der angegebenen Version in *Module* den symbolischen *Tag* hinzu. Um Tags auf der Basis Ihres Arbeitsverzeichnisses zu vergeben, sollten Sie statt dessen **cvs tag** verwenden. ***Optionen*** **rtag** versteht die folgenden allgemeinen Optionen: **–D**, **–f**, **–F**, **–l**, **–n**, **–R** und **–r**. Außerdem gibt es die folgenden Optionen: **–a** In entfernten Dateien (die im Verzeichnis *Attic* stehen) nach *Tag* suchen und es aus diesen Dateien entfernen, wodurch die Wiederverwendung ermöglicht wird. **–b** Das Tag als Zweig-Tag verwenden. **–d** Das Tag löschen, anstatt es hinzuzufügen.
status	**cvs status** [*Optionen*] [*Dateien*] Zeigt den Status der Dateien im Arbeitsverzeichnis relativ zum Repository an. Dieser Befehl zeigt Ihnen die potentiellen Ergebnisse eines **cvs update**. Er unterstützt die allgemeinen Optionen **–l** und **–R**. Außerdem zeigt die Option **–v** umfangreiche Informationen über die Dateien an.
tag	**cvs tag** [*Optionen*] *Tag* [*Dateien*] Weist den *Dateien* im Repository, die am dichtesten an den Versionen in Ihrem Arbeitsverzeichnis dran sind, das symbolische *Tag* zu. Das Tag wird den Dateien im Repository unmittelbar zugewiesen und bleibt an den Dateien im Arbeitsverzeichnis „kleben“. ***Optionen*** Dieser Befehl unterstützt die folgenden allgemeinen Optionen: **–F**, **–l** und **–R**. Außerdem werden die folgenden Optionen unterstützt: **–b** Erzeugt das Tag als Zweig-Tag. **–c** Überprüfen, ob die aktuellen Arbeitsdateien gegenüber dem Repository unverändert sind. **–d** Das Tag löschen, anstatt es hinzuzufügen.

cvs unedit [-l] *Dateien*

unedit

Das Resultat des Befehls **edit** auf den angegebenen *Dateien* rückgängig machen, keine gemachten Änderungen speichern, und die Dateien wieder auf die Versionen im Repository zurücksetzen. Damit können Sie die Arbeit an Dateien verwerfen, die Sie vorher zum Editieren angemeldet haben. Die Benutzer, die **watch** auf diesen Dateien aufgerufen haben, werden informiert. Mit der Option **-l** arbeitet dieser Befehl nur auf dem lokalen Verzeichnis, aber nicht in Unterverzeichnissen.

cvs update [*Optionen*] *Dateien*

update

Überträgt kürzlich gemachte Änderungen aus dem Repository in die *Dateien* in Ihrem Arbeitsverzeichnis.

Optionen

Dieser Befehl unterstützt die Standardoptionen **-D**, **-f**, **-k**, **-l**, **-P**, **-p**, **-R** und **-r**. Außerdem kennt **update** die folgenden Befehle:

-A Setzt die „klebrigen" Tags, Datumsangaben und **-k**-Schalter zurück.

-d Erzeugt neue Verzeichnisse, die im Repository stehen, sich aber nicht in Ihrem Arbeitsverzeichnis befinden.

-I *Name* Ignoriert die Dateien in Ihrem Arbeitsverzeichnis, auf die *Name* paßt. *Name* kann ein Muster zum Vergleichen sein, und es können auch mehrere **-I**-Optionen verwendet werden. Um keine Datei zu ignorieren, können Sie **-I !** verwenden.

-j[*Version:Datum*]
Gibt eine *Version* mit einem optionalen *Datum* an, von der die Dateien aktualisiert werden sollen. Wenn Sie die Option **-j** zweimal verwenden, werden die Dateien aus der ersten Version mit denen in der zweiten Version zusammengeführt und in das Arbeitsverzeichnis geschrieben. Wird nur eine **-j**-Option verwendet, werden die Änderungen aus der Vorfahren-Version mit der angegebenen Version im Arbeitsverzeichnis zusammengeführt. Die Vorfahren-Version ist die gemeinsame Zweigversion der beiden.

-W*Dateien*
Filtert die angegebenen *Dateien* während der Aktualisierung. *Dateien* kann ein Muster sein, wie es in der Datei *.cvswrappers* verwendet wird.

cvs watch *Funktion* [*Optionen*] *Dateien*

watch

Schaltet **watch**-Features und -Benachrichtigungen über die angegebenen *Dateien* ein. Mit dem Argument *Funktion* können Sie ein **watch** ein- oder ausschalten und Benutzer zur Benachrichtigungsliste hinzufügen oder davon löschen. Die folgenden Funktionen sind vorhanden:

→

watch ←	**on**	Dateien beobachten. Wenn eine Datei oder ein Verzeichnis ausgecheckt wird, wird die Arbeitskopie nur zum Lesen angelegt. Die Benutzer müssen **cvs edit** verwenden, um die Dateien zu bearbeiten.
	off	Entfernt die Beobachtung einer Datei.
	add	Fügt den aktuellen Benutzer zur Benachrichtigungsliste der beobachteten Dateien hinzu. Die Option **–a** gibt an, bei welchen Ereignissen der Benutzer benachrichtigt wird; diese Option wird unten beschrieben.
	remove	Entfernt den aktuellen Benutzer aus der Benachrichtigungsliste der beobachteten Dateien. Die Option **–a** kann dazu verwendet werden, um anzugeben, welche Arten von Benachrichtigungen (anstelle von allen) entfernt werden sollen.
	Optionen	
	–a *Aktion*	Gibt die *Aktion* an, die die Benachrichtigung auslösen soll. Diese Option wird bei den Funktionen **add** und **watch** von **cvs watch** verwendet. *Aktion* kann die folgenden Werte haben: **edit**, **unedit** und **commit**. Diese geben an, wann die entsprechenden Befehle für die beobachteten Dateien ausgeführt werden sollen. Außerdem gibt es noch **all**, was alle bisher genannten Aktionen umfaßt, und **none**, was keine der Aktionen beinhaltet.
	–l	Nur im angegebenen Verzeichnis arbeiten, Unterverzeichnisse ignorieren.
watchers	**cvs watchers** [*Optionen*] *Dateien* Führt alle Benutzer auf, die **watch** auf den angegebenen *Dateien* aufgerufen haben. Angezeigt werden der Name des Benutzers, die Namen der beobachteten Dateien und die E-Mail-Adresse des Benutzers. Die einzige unterstützte Option **–l** ist die gleiche wie bei **watch**.	

KAPITEL 14

Perl

Dieses Kapitel basiert auf der Schnellübersicht *Perl 5 — kurz & gut* von Johan Vromans und enthält eine Beschreibung der Anweisungen, Funktionen und Variablen von Perl (Version 5.005) sowie viele weitere nützliche Informationen. Diese Übersicht soll Linux-Benutzer dabei unterstützen, die Perl-Syntax bestimmter Funktionen und Anweisungen sowie die Bedeutung fest integrierter Variablen schnell aufzufinden. Einige der etwas obskureren Perl-Konstrukte wurden nicht berücksichtigt. Aber alle Funktionen und Variablen werden mit mindestens einer möglichen Anwendung genannt. Weitere Informationen zu Perl finden Sie auf der Perl-Website *http://www.perl.com*. Für einen gründlichen Einstieg in Perl empfehlen wir *Einführung in Perl* von Randal Schwartz und Tom Christiansen. Eine ausführliche Referenz finden Sie in *Programmieren mit Perl* von Larry Wall, Tom Christiansen und Randal Schwartz.

Alle Parameter, denen ein Dolchzeichen (†) folgt, werden standardmäßig durch **$_** ersetzt, wenn für sie nichts eingegeben wird.

Kommandozeilen-Optionen

–a Aktiviert den Autosplit-Modus, wenn sie zusammen mit **–n** oder **–p** verwendet wird. Ergebnis steht in **@F**.

–c Prüft die Syntax, führt aber das Programm nicht aus. **BEGIN**- und **END**-Blöcke werden ausgeführt.

–d[:*Modul*]
Führt das Skript unter dem angegebenen Modul aus. Standardmodul ist der Debugger. Verwenden Sie **–de 0**, um den Debugger ohne ein Skript zu starten.

–D*Flags* Setzt Debugging-Flags.

–e *Kommandozeile*
Kann verwendet werden, um eine einzelne Skriptzeile zu übergeben. Mehrere **–e**-Befehle können angegeben werden, um ein mehrzeiliges Skript aufzubauen.

–F*Regex* Legt einen regulären Ausdruck („regular expression" oder „regex") fest, auf dem das Splitting basiert, wenn **–a** aktiv ist.

–h Gibt eine Zusammenfassung der Aufrufoptionen aus.

–i*Erweiterung*
Über das < >-Konstrukt verarbeitete Dateien werden direkt (an Ort und Stelle) editiert.

–I*Verzeichnis*
Das Verzeichnis wird dem Suchpfad für Perl-Module (@INC) vorangestellt. In Verbindung mit **–P** teilen Sie dem C-Präprozessor auch mit, wo nach Include-Dateien zu suchen ist.

–l[*Oktalzahl*]
(Buchstabe „l") Aktiviert die automatische Zeilenende-Verarbeitung, z.B. **–l013**.

–m*Modul* Importiert das *Modul* vor der Ausführung des Skripts. Dem *Modul* können ein Gleichheitszeichen und eine durch Kommata getrennte Liste von Elementen folgen.

–M*Modul* Wie **–m**, aber etwas trickreicher.

–n Legt eine Eingabeschleife um Ihr Skript. Zeilen werden nicht ausgegeben.

–p Legt eine Eingabeschleife um Ihr Skript. Zeilen werden ausgegeben.

–P Bearbeitet das Skript mit dem C-Präprozessor, bevor es von Perl kompiliert wird.

–s Interpretiert **–xxx** in der Kommandozeile als einen Switch und setzt die entsprechende Variable **$xxx** im Skript.

–S Nutzt die Umgebungsvariable **PATH**, um nach dem Skript zu suchen.

–T Aktiviert das Taint-Checking.

–u Veraltet. Erzeugt nach der Kompilierung des Skripts ein Coredump, das dann mit dem Programm *undump*(1) (so vorhanden) weiterverarbeitet werden kann.

–U Erlaubt Perl die Durchführung unsicherer Operationen.

–v Gibt die Version und den Patchlevel Ihres Perl-Interpreters aus.

–V[:*Variable*]
Gibt die Perl-Konfigurationsinformationen, wie zum Beispiel **–V:man.dir**, aus.

–w Gibt Warnungen zu möglichen Schreibfehlern und anderen fehleranfälligen Konstrukten im Skript aus.

–x [*Verzeichnis*]
Extrahiert das Skript aus dem Eingabe-Stream. Wird *Verzeichnis* angegeben, wechselt Perl zuerst in dieses Verzeichnis, bevor es das Skript ausführt.

–0[*Wert*] (Zahl 0) Legt einen Anfangswert für den Record-Separator **$/** fest. Siehe auch **–l**.

Syntax

Perl ist eine Programmiersprache mit einem freien Format. Das bedeutet, daß es im allgemeinen keine Rolle spielt, wie Ihre Zeilen aussehen und welche Einrückungen Sie für das Perl-Programm verwenden.

Die Ausnahme von dieser Regel ist das Vorkommen eines Doppelkreuzes (#) in der Eingabe. Trifft der Perl-Compiler auf ein #, werden dieses Zeichen und der bis zum Zeilenende folgende Text entfernt. Auf diese Weise können Sie Perl-Programme mit Kommentaren versehen. Echte Programmierer tragen viele nützliche Kommentare in ihre Programme ein.

Es gibt Stellen, an denen Whitespaces eine Rolle spielen: innerhalb literalen Textes, in Mustern und bei Formaten.

Entdeckt der Perl-Compiler das spezielle Token **__END__**, enfernt er dieses Symbol und beendet das Lesen der Eingabe. Alles, was auf dieses Token folgt, wird vom Perl-Compiler ignoriert, kann vom Programm während der Ausführung aber gelesen werden.

Erwartet Perl eine neue Anweisung und entdeckt es dabei eine mit = beginnende Zeile, überspringt es alle Eingaben bis einschließlich der Zeile, die mit **=cut** beginnt. Auf diese Weise kann Programmdokumentation eingebettet werden.

Eingebettete Dokumentation

Es existieren Tools, mit denen eingebettete Dokumentation extrahiert und in unterschiedliche Formate wie troff, LaTeX und HTML umgewandelt werden kann. Die folgenden Befehle können genutzt werden, um die eingebettete Dokumentation zu steuern:

=back Siehe **=over**.

=begin *FMT*
Der nachfolgende Text bis zum zugehörigen **=end** wird nur bei Aufbereitung für den Formatierer *FMT* eingefügt.

=cut Beendet einen Dokumentationsabschnitt.

=end *FMT* Siehe **=begin**.

=for *FMT* Der nächste Absatz wird nur bei Aufbereitung für den Formatierer *FMT* eingefügt.

=head1 *Ueberschrift*
Erzeugt eine Überschrift erster Ebene.

=head2 *Ueberschrift*
Erzeugt eine Überschrift zweiter Ebene.

=item *Text* Siehe **=over**.

=over *N* Beginnt eine Aufzählung mit der Einrückung *N*. Die einzelnen Elemente werden über **=item** angegeben. Die Aufzählung endet mit **=back**.

=pod Leitet einen Dokumentationsabschnitt ein. Jeder der =-Befehle kann verwendet werden, um einen Dokumentationsabschnitt einzuleiten.

Diese Befehle gelten für den Textabsatz, der diesen Befehlen folgt. Absätze werden durch (mindestens) eine Leerzeile beendet.

Ein eingerückter Absatz wird als wortwörtlicher Text betrachtet und als solcher auch aufbereitet.

Innerhalb normaler Absätze können Markup-Sequenzen eingefügt werden:

B<*Text***>** Druckt den Text fett (für Switches und Programme).

C<*Code*> Druckt Code in Nichtproportionalschrift (Typewriter).

E<*Escape*> Ein benanntes Zeichen. So stellt etwa **E<lt>** das Zeichen < dar, und **E<gt>** bedeutet >.

F<*Datei*> Dateiname.

I<*Text*> Kursive Schrift (für Hervorhebungen und Variablen).

L<*Name*> Ein Querverweis.

S<*Text*> Den *Text* nicht bei Leerzeichen umbrechen.

X<*Index*> Indexeintrag.

Z<> Ein Zeichen der Breite null.

Datentypen

Array Indizierbare Liste skalarer Werte.

Hash Assoziative Liste skalarer Werte.

Skalar Strings, Zahlen und Referenzen.

Literale Werte

Array **(1, 2, 3)** ist eine Liste mit drei Elementen.
(1, 2, 3)[0] ist das erste Element dieser Liste,
(1, 2, 3)[−1] das letzte Element.
( ) ist eine leere Liste.
(1..4) ist das gleiche wie **(1,2,3,4)**,
gleiches gilt für **('a'..'z')**.
('a'..'z')[4,7,9] ist ein Teilstück (Slice) aus dem Listen-Literal.
qw/foo bar ... / ist das gleiche wie **('foo','bar',...)**.

Arrayreferenz
[1,2,3]

Arrayreferenz mit benannten Indizes (Pseudohash)
[{*Feld1* **=>** *1*, *Feld2* **=>** *2*, **... }]**

Boolesche Werte
Perl besitzt keinen Booleschen Datentyp. Alles, was undefiniert ist oder zu einem Nullstring, der Zahl Null oder dem String **"0"** evaluiert, wird als **falsch** betrachtet. Alles andere wird als **wahr** betrachtet (auch Strings wie **"00"**!).

Codereferenz
sub { *Anweisungen* **}**

Dateihandles
STDIN, **STDOUT**, **STDERR**, **ARGV**, **DATA**.
Benutzerspezifiziert: *Handle*, **$***Variable*.

Globs **<***Muster***>** evaluiert zu allen Dateinamen, die dem Muster entsprechen. Verwenden Sie **<${***Variable***}>** oder **glob $***Variable*, um das Globbing über eine Variable zu erreichen.

Hash (assoziative Liste)
: (*Schlüssel1*, *Wert1*, *Schlüssel2*, *Wert2*, . . .)
  Auch (*Schlüssel1* => *Wert1*, *Schlüssel2* => *Wert2*, . . .)

Hashreferenz
: {*Schlüssel1*, *Wert1*, *Schlüssel2*, *Wert2*, . . . }

Here-Is
: <<*Bezeichner*
  „Hier-Dokument" im Shell-Stil. Details finden Sie in der Perl-Dokumentation.

Numerisch
: **123 1_234 123.4 5E–10 0xff** (hexadezimal) **0377** (oktal)

Reguläre Ausdrücke
: **qr/***String***/***Modifikatoren*
  Details im Abschnitt „Reguläre Ausdrücke".

Spezielle Tokens
: **__FILE__**: Dateiname; **__LINE__**: Zeilennummer; **__PACKAGE__**: aktuelles Paket; **__END__**: Programmende; restliche Zeilen können über das Dateihandle **DATA** gelesen werden.

String

'abc'
: Literaler String, keine Variableninterpolation oder Fluchtzeichen (außer \' und \\). Auch: **q/abc/**. Nahezu jedes Paar von Zeichen kann anstelle von /.../ als Trennzeichen verwendet werden.

"abc"
: Variablen werden interpoliert, und Escape-Sequenzen werden verarbeitet. Auch: **qq/abc/**.

  Escape-Sequenzen: **\t** (Tab), **\n** (Newline), **\r** (Return), **\f** (Formfeed), **\b** (Backspace), **\a** (Alarm), **\e** (Escape), **\033** (oktal), **\x1b** (hexadezimal), **\c[** (Control).

  \l (lower) und **\u** (upper) schreiben das nachfolgende Zeichen klein bzw. groß. **\L** und **\U** schreiben die nachfolgenden Zeichen klein bzw. groß, bis ein **\E** erscheint. **\Q** führt ein Quoting von Nicht-Wort-Zeichen durch, bis ein **\E** erscheint.

`***Befehl***`
: Evaluiert zur Ausgabe des *Befehls*. Auch: **qx/***Befehl***/**.

Variablen

$var Eine einfache Skalarvariable.

$var[27] 28. Element des Arrays **@var**.

$p = \@var** **$p ist nun eine Referenz auf das Array **@var**.

$$p[27] 28. Element des durch **$p** referenzierten Arrays. Auch: **$p->[27]**.

$var[-1] Letztes Element von Array **@var**.

$var[$i][$j]
: **$j**-tes Element des **$i**-ten Elements von Array **@var**.

$var{'Feb'}
Ein Wert aus dem Hash **%var**.

$p = \%var** **$p ist nun eine Referenz auf den Hash **%var**.

$$p{'Feb'}** Ein Wert aus dem durch **$p referenzierten Hash. Auch **$p->{'Feb'}**.

$#var Letzter Index des Arrays **@var**.

@var Das gesamte Array. Im Skalarkontext die Anzahl der Elemente im Array.

@var[3,4,5] Ein Teilstück des Arrays **@var**.

@var{'a','b'}
Ein Teilstück von **%var**; das gleiche wie **($var{'a'},$var{'b'})**.

%var Der gesamte Hash. Im Skalarkontext wahr, wenn der Hash Elemente besitzt.

$var{'a',1,...}
Emuliert eine mehrdimensionale Liste (veraltet).

$c = \&mysub
$c ist nun eine Referenz auf die Subroutine **mysub**.

$c->(*Argumente* **)**
Ruft die Subroutine über die Referenz auf.

pkg::*var* Eine Variable aus einem Paket, z.B. **$pkg::var**, **@pkg::ary**.

Dingsda Referenz auf ein Dingsda, z.B. **\$var**, **\%hash**.

**Name* Verweist auf alle durch *Name* repräsentierten Dingsdas.
***n1 = *n2** macht alle **n1** zu Aliase für **n2**.
***n1 = \$n2** macht die Paketvariable **$n1** zu einem Alias für **$n2**.

Sie können statt eines Variablenbezeichners auch immer einen *Block* verwenden (siehe Abschnitt „Anweisungen"), der den richtigen Referenztyp zurückgibt, z.B. **${ ... }**, **&{ ... }**.

$$p ist einfach eine Abkürzung für **${$p}**.

Kontext

Boolescher Kontext
Eine spezielle Form des Skalarkontexts, bei dem nur relevant ist, ob das Ergebnis wahr oder falsch ist.

Listenkontext
Erwartet wird ein Listenwert oder ein Array.

Skalarkontext
Erwartet wird ein einzelner Skalarwert.

Void-Kontext
Es wird kein Wert erwartet. Wird ein Wert bereitgestellt, wird er ignoriert.

Die folgenden Funktionen sind an den Kontext gebunden:

scalar *Ausdruck*
Erzwingt einen Skalarkontext für den Ausdruck.

wantarray Gibt **wahr** zurück, wenn der aktuelle Kontext einen Listenwert erwartet, und **undef** bei Void-Kontext.

Operatoren und Vorrang

Perl-Operatoren besitzen die folgende Assoziativität und den folgenden Vorrang. Die Tabelle ist vom höchsten zum niedrigsten Vorrang sortiert.

Assoz.	Operatoren	Beschreibung
links	Terme und Listenoperatoren	Siehe unten
links	->	Infix-Dereferenzierungsoperator
	++ --	Autoinkrement („magisch" bei Strings) Autodekrement
rechts	**	Exponentierung
rechts rechts rechts	\\ ! ~ + -	Referenz auf ein Objekt (unär) Unäre Negation, bitweises Komplement Unäres Plus, unäres Minus
links links	=~ !~	Bindet einen skalaren Ausdruck an eine Mustererkennung. Das gleiche, negiert aber das Ergebnis.
links	* / % x	Multiplikation, Division, Modulo, Wiederholung
links	+ - .	Addition, Subtraktion, Verkettung
links	>> <<	Bitweiser Rechts-Shift, bitweiser Links-Shift
	benannte unäre (monadische) Operatoren	z.B. sin, chdir, -f, -M
	< > <= >= lt gt le ge	Relationale numerische Operatoren Relationale String-Operatoren
	== != <=> eq ne cmp	Numerisches gleich, ungleich und numerischer Vergleich Stringorientiertes gleich, ungleich und stringbasierter Vergleich; Vergleichsoperatoren liefern -1 (kleiner), 0 (gleich) oder 1 (größer) zurück.
links	&	Bitweises UND
links	| ^	Bitweises ODER, bitweises Exklusiv-ODER
links	&&	Logisches UND
links	||	Logisches ODER
	\s+2..\s-2 \s+2\s-2 ...	Skalarkontext: Bereichsoperator Listenkontext: Aufzählung Alternativer Bereichsoperator
rechts	?:	Bedingungsoperator (if ? then : else)
rechts	= += -= usw.	Zuweisungsoperatoren

Assoz.	Operatoren	Beschreibung
links links	, =>	Kommaoperator, auch Trennzeichen für Listenelemente Das gleiche, macht den linken Operanden zu einem String.
	Listenoperatoren (rechtsgerichtet)	Siehe unten
rechts	not	Logisches NICHT mit geringem Vorrang
links	and	Logisches UND mit geringem Vorrang
links	or xor	Logisches ODER/Exklusiv-ODER mit geringem Vorrang

Mit Klammern kann ein Ausdruck in einen Term eingebunden werden.

Eine Liste besteht aus Ausdrücken, Variablen oder Listen, die voneinander durch Kommata getrennt werden. Eine Arrayvariable oder ein Arraysegment kann immer anstelle (oder als Teil) einer Liste verwendet werden.

Perl-Funktionen, die als Listenoperatoren verwendet werden können, besitzen entweder einen sehr hohen oder einen sehr niedrigen Vorrang, je nachdem, ob Sie die linke oder die rechte Seite des Operators betrachten. Um die Parameterlisten können Klammern eingefügt werden, um Probleme mit dem Vorrang zu vermeiden.

Die logischen Operatoren evaluieren den rechten Operanden nicht, wenn das Ergebnis bereits nach der Evaluierung des linken Operanden bekannt ist.

Anweisungen

Eine Anweisung ist ein Ausdruck (dem optional ein Modifikator folgt) und wird durch ein Semikolon abgeschlossen. Anweisungen können zu einem *Block* kombiniert werden, indem man sie in {} einschließt. Das Semikolon kann nach der letzten Anweisung des *Block*s weggelassen werden.

Die Ausführung von Ausdrücken kann von anderen Ausdrücken abhängig gemacht werden, indem einer der Modifikatoren **if**, **unless**, **for**, **foreach**, **while** oder **until** verwendet wird. Beispiele:

```
Ausdruck1 if Ausdruck2 ;
Ausdruck1 foreach Liste ;
Ausdruck1 until Ausdruck2 ;
```

Die logischen Operatoren ||, && und ?: erlauben ebenfalls eine bedingte Ausführung:

```
Ausdruck1 || Ausdruck2 ;
Ausdruck1 ? Ausdruck2 : Ausdruck3 ;
```

Blöcke können zur Flußsteuerung verwendet werden:

```
if ( Ausdruck ) Block [ [ elsif ( Ausdruck ) Block ... ] else Block ]

unless ( Ausdruck ) Block [ else Block ]

[ Label: ] while ( Ausdruck ) Block [ continue Block ]

[ Label: ] until ( Ausdruck ) Block [ continue Block ]
```

[*Label*:] for ([*Ausdruck*] ; [*Ausdruck*] ; [*Ausdruck*]) *Block*

[*Label*:] foreach *Variable*† (*Liste*) *Block*

[*Label*:] *Block* [continue *Block*]

for und foreach sind austauschbar.

Der Programmfluß kann wie folgt kontrolliert werden:

goto *Label*
: Sucht die Anweisung namens *Label* und setzt die Ausführung dort fort. *Label* kann ein Ausdruck sein, der zum Namen eines Labels evaluiert.

last [*Label*]
: Verläßt unmittelbar die fragliche Schleife. Überspringt den continue-Block.

next [*Label*]
: Führt den continue-Block aus und startet die nächste Iteration der Schleife.

redo [*Label*]
: Durchläuft den Schleifenblock erneut, ohne die Bedingung noch einmal zu evaluieren. Überspringt den continue-Block.

Spezielle Formen sind:

do *Block* while *Ausdruck* ;
do *Block* until *Ausdruck* ;

Sie stellen sicher, daß *Block* einmal ausgeführt wird, bevor *Ausdruck* getestet wird. Die Form

do *Block*

macht aus dem *Block* tatsächlich einen Ausdruck.

Subroutinen, Pakete und Module

&*Subroutine Liste*
: Führt eine durch die sub-Deklaration deklarierte *Subroutine* aus und gibt den Wert des letzten in *Subroutine* evaluierten Ausdrucks zurück. *Subroutine* kann ein Ausdruck sein, der eine Referenz auf ein Code-Objekt liefert. Das & kann weggelassen werden, wenn die Subroutine deklariert wurde, bevor sie verwendet wird, oder wenn die *Liste* in Klammern steht.

bless *Ref* [, *Klassenname*]
: Wandelt das Objekt *Ref* in ein Objekt in *Klassenname* um. Gibt die Referenz zurück.

caller [*Ausdruck*]
: Gibt eine Liste ($package, $file, $line ...) für einen bestimmten Subroutinenaufruf zurück. **caller** gibt diese Information für die aktuelle Subroutine zurück, **caller(1)** für den Aufrufer dieser Subroutine usw. Liefert falsch zurück, wenn es keinen Aufrufer gibt.

do *Subroutine Liste*
: Veraltete Form von &*Subroutine*.

Perl

goto &*Subroutine*

Ersetzt die aktuelle Subroutine durch einen Aufruf von *Subroutine.*

import *Modul* [[*Version*] *Liste*]

Importiert die benannten Elemente aus *Modul.*

no *Modul* [*Liste*]

Hebt die importierten Semantiken auf. Siehe use.

package [*Namensraum*]

Legt den Rest des aktuellen Blocks als Paket mit einem *Namensraum* bzw., falls keiner angegeben wurde, ohne einen Namensraum fest.

prototype *Funktion*

Gibt den Prototypen der Funktion als String zurück oder undef, wenn die Funktion keinen Prototypen besitzt.

require *Ausdruck*†

Ist *Ausdruck* numerisch, muß der Perl-Interpreter mindestens diese Versionsnummer besitzen. Anderenfalls muß *Ausdruck* der Name einer Datei sein, die aus der Perl-Bibliothek eingebunden wird. Bindet die Datei nur einmal ein und führt zu einem fatalen Fehler, wenn die Datei nicht zu einem wahr-Wert evaluiert. Ist *Ausdruck* ohne Suffix, wird für den Namen der Datei die Erweiterung **.pm** angenommen. Bei dieser Form des Ladens von Modulen wird eine Veränderung des Namensraums nicht riskiert.

return [*Ausdruck*]

Kehrt mit dem angegebenen Wert aus einer Subroutine zurück. Ohne Angabe eines Wertes wird im Skalarkontext undef und im Listenkontext eine leere Liste zurückgegeben.

sub [*Name*] [(*Prototyp*)] *Block*

Legt *Name* als Subroutine fest. Parameter werden per Referenz im Array @_ übergeben. Gibt den Wert des zuletzt evaluierten Ausdrucks zurück. *Prototyp* kann verwendet werden, um die benötigten Parameter zu definieren. Ohne einen *Block* handelt es sich einfach um eine Vorwärtsdeklaration, ohne einen *Name*n handelt es sich um eine anonyme Subroutine.

[sub] **BEGIN** *Block*

Definiert einen Setup-*Block*, der vor der Ausführung aufgerufen wird.

[sub] **END** *Block*

Definiert einen Cleanup-*Block*, der bei der Terminierung aufgerufen wird.

[sub] **INIT** *Block*

Definiert einen Initialisierungs-*Block*, der nach der Kompilierung, aber vor der Ausführung aufgerufen wird.

use *Modul* [[*Version*] *Liste*]

Lädt das benannte Modul während der Kompilierung in das aktuelle Paket.

Objektorientierte Programmierung

Die Perl-Regeln objektorientierter Programmierung lauten wie folgt:

- Ein Objekt ist einfach eine Referenz, die weiß, welcher Klasse sie angehört. Objekte werden über bless „abgesegnet", Referenzen nicht.
- Eine Klasse ist einfach ein Paket, das Methoden zur Arbeit mit Objektreferenzen bereitstellt. Kann ein Paket eine Methode nicht zur Verfügung stellen, werden die in **@ISA** aufgeführten Basisklassen durchsucht.
- Eine Methode ist einfach eine Subroutine, die eine Objektreferenz (oder bei statischen Methoden einen Paketnamen) als erstes Argument erwartet. Methoden können wie folgt aufgerufen werden:

Objektreferenz -> *Methode Parameter* oder
Methode Objektreferenz Parameter

Standardmethoden

Das Paket **UNIVERSAL** enthält Methoden, die von allen anderen Klassen automatisch geerbt werden:

can *Methode*
: Gibt eine Referenz auf die Methode zurück, wenn das Objekt sie besitzt, anderenfalls undef.

isa *Klasse*
: Gibt wahr zurück, wenn das Objekt in einer Subklasse von *Klasse* bekannt ist.

VERSION [*benötigt*]
: Gibt die Version der Klasse zurück. Prüft die Version, wenn *benötigt* angegeben wurde.

Pragma-Module

Pragma-Module beeinflussen die Kompilierung Ihres Programms. Pragma-Module können mit use aktiviert (importiert) und mit no deaktiviert werden. Sie sind üblicherweise blockbezogen.

attrs *Attribute*
: Setzt/liest die Attribute einer Subroutine.
use attrs "method" gibt an, daß die aufrufende Subroutine eine Methode ist.
use attrs "locked" schützt die aufrufende Subroutine vor gleichzeitigen Zugriffen.

autouse *Module*
: Jedes der genannten Module wird erst geladen, wenn eine seiner Funktionen aufgerufen wird.

base *Klassen*
: Baut während der Kompilierung eine IS-A-Beziehung („Ist ein") mit den Basisklassen auf.

blib [*Verzeichnis*]
: Verwendet die nicht mittels MakeMaker installierte Version eines Pakets. *Verzeichnis* ist mit dem aktuellen Verzeichnis voreingestellt.

Perl

constant *Name* => *Wert*
: Pragma zur Deklaration von Konstanten.

diagnostics [**–verbose**]
: Erzwingt ausführliche Diagnosewarnungen und unterdrückt doppelte Warnungen.

fields *Namen*
: Implementiert Klassenfelder während der Kompilierung mit Hilfe von Pseudohashes.

integer
: Führt Berechnungen mit Integerwerten statt mit Double-Werten durch.

less *was*
: Fordert vom Compiler weniger von „irgend etwas" an (nicht implementiert).

lib *Namen*
: Nimmt Bibliotheken in **@INC** auf oder entfernt sie.

locale
: Verwendet und vermeidet POSIX-Locales bei fest integrierten Operationen.

ops *Operationen*
: Beschränkt unsichere Operationen während der Kompilierung.

overload *Operator* => *Subref*
: Pakete zur Überladung von Perl-Operatoren. *Operator* ist der Operator (als String), *Subref* ist eine Referenz auf die Subroutine, die den überladenen Operator behandelt.
Beispiel: **use overload "+" => \&my_add;**

re *Verhalten*
: Ändert das *Verhalten* regulärer Ausdrücke.
use re "eval" erlaubt Code-Ausführungsbedingungen der Länge Null (siehe „Reguläre Ausdrücke").
use re "taint" propagiert das Tainting.

sigtrap *Info*
: Aktiviert die einfache Signalbehandlung. Beispiel: **use sigtrap qw(SEGV TRAP);**

strict [*Konstrukte*]
: Beschränkt unsichere *Konstrukte.*
use strict "refs" beschränkt die Verwendung symbolischer Referenzen.
use strict "vars" legt fest, daß alle Variablen entweder my oder vollständig qualifiziert sind.
use strict "subs" beschränkt die Verwendung von Bareword-Bezeichnern, bei denen es sich nicht um Subroutinen handelt.
Ohne Angabe der *Konstrukte* sind alle betroffen.

subs *Namen*
: Vordeklaration von Subroutinennamen. Erlaubt deren Verwendung ohne Klammern, bevor sie deklariert werden. Beispiel: **use subs qw(ding dong);**

vars *Namen*
: Vordeklaration von Variablennamen. Erlaubt deren Verwendung unter dem strict-Pragma. Beispiel: **use vars qw($foo @bar);**

vmsish [*Features*]
: Kontrolliert VMS-spezifische Sprachmerkmale. Gilt nur für VMS.
use vmsish "exit" aktiviert VMS-artige Exitcodes.
use vmsish "status" erlaubt es Systembefehlen, VMS-artige Exitcodes an das aufrufende Programm zurückzugeben.

use vmsish "time" wandelt alle Zeitangaben relativ zur lokalen Zeitzone um. Ohne Angabe der *Features* sind alle betroffen.

Arithmetische Funktionen

abs *Ausdruck*†
Gibt den Absolutwert des Operanden zurück.

atan2 *y*, *x* Gibt den Arkus-Tangens von *y*/*x* im Bereich von $-\pi$ bis π zurück.

cos *Ausdruck*†
Gibt den Kosinus von *Ausdruck* (in Bogenmaß) zurück.

exp *Ausdruck*†
Gibt den Wert von *e* hoch *Ausdruck* zurück.

int *Ausdruck*†
Gibt den ganzzahligen Teil von *Ausdruck* zurück.

log *Ausdruck*†
Gibt den natürlichen Logarithmus (Basis *e*) von *Ausdruck* zurück.

rand [*Ausdruck*]
Gibt eine Zufallszahl (als Dezimalbruch) zwischen 0 (inklusive) und dem Wert von *Ausdruck* (exklusive) zurück. Fehlt *Ausdruck*, wird standardmäßig der Wert 1 verwendet.

sin *Ausdruck*†
Gibt den Sinus von *Ausdruck* (in Bogenmaß) zurück.

sqrt *Ausdruck*†
Gibt die Quadratwurzel von *Ausdruck* zurück.

srand [*Ausdruck*]
Initialisiert den vom rand-Operator verwendeten Zufallszahlengenerator.

time Gibt die Anzahl der Sekunden zurück, die seit dem Beginn der Epoche vergangen sind. (Die Definition der Epoche hängt vom jeweiligen System ab.) Geeignet für die Übergabe an gmtime und localtime.

Perl

Konvertierungsfunktionen

chr *Ausdruck*†
Gibt das Zeichen zurück, das durch den Dezimalwert *Ausdruck* repräsentiert wird.

gmtime [*Ausdruck*]
Im Listenkontext wandelt diese Funktion einen Zeitwert, der von der time-Funktion geliefert wird, in eine Liste mit neun Elementen um (0:$sek, 1:$min, 2:$stunde, 3:$mtag, 4:$mon, 5:$jahr, 6:$wtag, 7:$jtag, 8:$ismrzeit). Die Zeit wird dabei für die Standard-GMT-Zeit aufbereitet.
Im Skalarkontext wird der Zeitwert in ein Ausgabeformat umgewandelt.
$mon hat den Wertebereich 0 (Januar) bis 11 (Dezember), und $wtag hat den Wertebereich 0 (Sonntag) bis 6 (Samstag).
Fehlt *Ausdruck*, wird standardmäßig die aktuelle Zeit eingesetzt.

hex *Ausdruck*†

Gibt den Dezimalwert von *Ausdruck*, interpretiert als Hexadezimalstring, zurück.

localtime [*Ausdruck*]

Wie gmtime, aber für die lokale Zeitzone aufbereitet.

oct *Ausdruck*†

Gibt den Dezimalwert von *Ausdruck*, interpretiert als Oktalstring, zurück. Beginnt *Ausdruck* mit **0x**, wird er statt dessen als Hexadezimalstring interpretiert.

ord *Ausdruck*†

Gibt den ASCII-Wert des ersten Zeichens von *Ausdruck* zurück.

vec *Ausdruck, Offset, Bits*

Betrachtet den String *Ausdruck* als Vektor von vorzeichenlosen Integerwerten mit jeweils *Bits* Bits und liefert den Dezimalwert des an *Offset* liegenden Elements zurück. *Bits* muß eine Zweierpotenz zwischen 1 und 32 sein. Der ganze Ausdruck kann auch einen Wert zugewiesen bekommen.

Strukturkonvertierung

pack *Template, Liste*

Packt die Werte der *Liste* mit Hilfe der Schablone *Template* in eine binäre Struktur. Gibt einen String zurück, der diese Struktur enthält.

unpack *Template, Ausdruck*

Entpackt die Struktur *Ausdruck* mit Hilfe der Schablone *Template* in eine Liste.

Template ist eine Sequenz der folgenden Zeichen:

a	/	A	ASCII-String, mit Null-/Leer-Zeichen aufgefüllt
b	/	B	Bitstring in aufsteigender/absteigender Reihenfolge
c	/	C	Char-Wert mit/ohne Vorzeichen
f	/	d	Single-/Double-Float im Maschinenformat (native)
h	/	H	Hexstring, niederwertiges/höherwertiges Nibble zuerst
i	/	I	Integerwert mit/ohne Vorzeichen
l	/	L	Long-Wert mit/ohne Vorzeichen
n	/	N	Short/Long in Netzwerk-Byteordnung (Big Endian)
s	/	S	Short-Wert mit/ohne Vorzeichen
u	/	p	mit UUencode codierter String/Zeiger (Pointer) auf einen String
P			Zeiger auf eine Struktur (String fester Länge)
v	/	V	Short/Long in VAX-Byteordnung (Little Endian)
w			BER-komprimierter Integer
x	/	@	Null-Byte/Auffüllen mit Null-Bytes bis Position
X			Ein Byte zurück

Jedem Zeichen kann eine Dezimalzahl folgen, die als Wiederholungszähler verwendet wird. Ein Sternchen (*) liest alle verbliebenen Argumente ein. Steht vor dem Format ein %*n*, gibt unpack eine Prüfsumme mit *n* Bit zurück. *n* ist mit 16 voreingestellt. Der Lesbarkeit halber dürfen Whitespaces im Template enthalten sein.

Stringfunktionen

chomp *Liste*†

Entfernt das Zeilenende von allen Elementen der Liste. Gibt die (Gesamt-)Zahl der entfernten Zeichen zurück.

chop *Liste*†

Entfernt das letzte Zeichen aller Elemente der Liste. Gibt das zuletzt entfernte Zeichen zurück.

crypt *Klartext, Salt*

Verschlüsselt einen String (nicht umkehrbar).

eval *Ausdruck*†

Ausdruck wird als Perl-Programm interpretiert und ausgeführt. Der Rückgabewert ist der Wert des zuletzt ausgewerteten Ausdrucks. Ist ein Syntax- oder Laufzeitfehler aufgetreten, gibt **eval undef** zurück, und **$@** enthält die Fehlermeldung. Beachten Sie auch **eval** im Abschnitt „Vermischtes".

index *String, Substring* [, *Offset* [, *Ersetzungstext*]]

Gibt die Position von *Substring* in *String* an oder nach *Offset* zurück. Ersetzt den gefundenen Text durch den *Ersetzungstext*, falls dieser angegeben wurde. Gibt **-1** zurück, wenn der Substring nicht gefunden wurde.

lc *Ausdruck*†

Wandelt *Ausdruck* in Kleinbuchstaben um.

lcfirst *Ausdruck*†

Wandelt den ersten Buchstaben von *Ausdruck* in einen Kleinbuchstaben um.

length *Ausdruck*†

Gibt die Länge von *Ausdruck* in Bytes zurück.

quotemeta *Ausdruck*†

Gibt *Ausdruck* als String zurück, bei dem alle Metazeichen für reguläre Ausdrücke gequotet sind.

rindex *String, Substring* [, *Offset*]

Gibt die Position des letzten Vorkommens von *Substring* in *String* an oder vor *Offset* zurück.

substr *Ausdruck, Offset* [, *Länge*]

Extrahiert einen Substring der Länge *Länge* an der Position *Offset* aus *Ausdruck* und gibt ihn zurück. Bei einem negativen *Offset* wird vom Ende des Strings gezählt. Bei einer negativen *Länge* werden entsprechend viele Zeichen vom Ende des Strings weggelassen. Der ganze Ausdruck kann auch einen Wert zugewiesen bekommen.

uc *Ausdruck*†

Wandelt *Ausdruck* in Großbuchstaben um.

ucfirst *Ausdruck*†

Wandelt den ersten Buchstaben von *Ausdruck* in einen Großbuchstaben um.

Perl

Array- und Hashfunktionen

delete $*Hash*{*Schlüssel*}

delete @*Hash*{*Schlüssel1*, *Schlüssel2*, ...}

Entfernt den/die angegebenen Wert(e) aus dem angegebenen Hash. Gibt den/die entfernten Wert(e) zurück (es sei denn, *Hash* ist mit tie an ein Paket gebunden, das das nicht unterstützt).

each %*Hash*

Gibt eine aus zwei Elementen bestehende Liste zurück, die den Hashschlüssel und seinen zugehörigen Wert enthält. Die Einträge werden in einer scheinbar zufälligen Reihenfolge zurückgegeben. Nachdem alle Werte des Hashes zurückgegeben wurden, wird eine leere Liste zurückgegeben. Der daraufhin folgende nächste Aufruf von each startet die Iteration dann wieder.

Ein Aufruf von keys oder values setzt die Iteration zurück.

exists *Ausdruck*

Überprüft, ob der angegebene Hashschlüssel in diesem Hash existiert.

grep *Ausdruck*, *Liste*

grep *Block Liste*

Evaluiert *Ausdruck* oder *Block* für jedes Element der *Liste*. Dabei wird **$_** lokal so gesetzt, daß es auf dieses Element verweist. Die Modifikation von **$_** ändert automatisch auch das entsprechende Element der *Liste*.

Im Listenkontext wird eine Liste der Elemente aus der *Liste* zurückgegeben, für die *Ausdruck* wahr zurückgibt. Im Skalarkontext wird die Anzahl dieser Elemente zurückgegeben.

join *Ausdruck*, *Liste*

Verbindet die einzelnen Strings der *Liste* zu einem einzigen String, dessen Felder durch den Wert von *Ausdruck* getrennt sind. Zurückgegeben wird der String.

keys %*Hash*

Im Listenkontext wird eine Liste aller Schlüssel im benannten Hash zurückgegeben. Im Skalarkontext wird die Anzahl der Elemente im Hash zurückgeliefert.

map *Ausdruck*, *Liste*

map *Block Liste*

Evaluiert *Ausdruck* oder *Block* für jedes Element der *Liste*. Dabei wird **$_** lokal so gesetzt, daß es auf dieses Element verweist. Die Modifikation von **$_** ändert automatisch auch das entsprechende Element der *Liste*. Gibt die Liste der Ergebnisse zurück.

pop [@*Array*]

Entfernt den letzten Wert aus dem Array (und gibt ihn zurück). Wird das @*Array* nicht angegeben, wird, je nach lexikalischem Geltungsbereich, aus **@ARGV** oder @_ entfernt.

push @*Array*, *Liste*

Hängt die Werte der *Liste* an das Ende des Arrays an. Gibt die neue Länge des Arrays zurück.

reverse *Liste*

Im Listenkontext wird die *Liste* in umgekehrter Reihenfolge zurückgegeben.

Im Skalarkontext werden die Listenelemente zu einem String verkettet, und der umgekehrte String wird zurückgegeben.

scalar @*Array*

Gibt die Anzahl der Elemente im Array zurück.

scalar %*Hash*

Gibt wahr zurück, wenn Elemente im Hash definiert sind.

shift [@*Array*]

Verschiebt den ersten Wert aus dem Array und gibt ihn zurück. Dabei wird das Array um ein Element gekürzt und alles nach unten verschoben. Wird @*Array* nicht angegeben, wird, je nach lexikalischem Geltungsbereich, **@ARGV** oder @_ verschoben.

sort [*Subroutine*] *Liste*

Sortiert die *Liste* und gibt den sortierten Listenwert zurück. Die *Subroutine* muß, wenn sie angegeben wird, kleiner null, null oder größer null zurückgeben, je nachdem, wie die Elemente der Liste (die der Routine als globale Paketvariable **$a** und **$b** zur Verfügung stehen) geordnet werden sollen. *Subroutine* kann der Name einer benutzerdefinierten Routine (bzw. eine diesen Namen enthaltende Variable) oder ein *Block* sein.

splice @*Array*, *Offset* [, *Länge* [, *Liste*]]

Entfernt die durch *Offset* und *Länge* gekennzeichneten Elemente aus @*Array* und ersetzt sie durch die *Liste* (falls angegeben). Gibt die enfernten Elemente zurück. Bei einem negativen *Offset* wird vom Ende des Arrays gezählt.

split [*Muster* [, *Ausdruck*† [, *Limit*]]]

Zerlegt *Ausdruck* (einen String) in eine Liste von Strings und gibt diese zurück. Wird ein *Limit* angegeben, wird der String maximal in diese Anzahl von Feldern zerlegt. Wird das Muster *Muster* weggelassen, wird an Whitespaces zerlegt (nachdem die führenden Whitespaces entfernt wurden). Außerhalb des Listenkontextes wird die Anzahl der Felder zurückgegeben und nach @_ zerlegt. Beachten Sie auch den Abschnitt „Such- und Ersetzungsfunktionen".

unshift @*Array*, *Liste*

Stellt die *Liste* an den Anfang des Arrays und gibt die Anzahl der Elemente im neuen Array zurück.

values %*Hash*

Gibt eine Liste zurück, die alle Werte des angegebenen Hashes enthält.

Perl

Reguläre Ausdrücke

Jedes Zeichen steht für sich selbst, solange es sich nicht um eines der Spezialzeichen + ? . * ^ $ ( ) [ ] { } | \ handelt. Die spezielle Bedeutung dieser Zeichen kann mit einem vorangestellten \ aufgehoben werden.

.
: Steht für ein beliebiges Zeichen außer Newline, solange nicht der Modifikator s verwendet wird (siehe m//s im Abschnitt „Such- und Ersetzungsfunktionen").

(...)
: Gruppiert eine Reihe von Musterelementen zu einem einzigen Element.

^
: Steht für den Anfang des Ziels. Im Mehrzeilenmodus (siehe m//m im Abschnitt „Such- und Ersetzungsfunktionen") wird auch jedes Newline-Zeichen erkannt.

$
: Erkennt das Zeilenende bzw. das Zeichen unmittelbar vor dem letzten Newline. Im Mehrzeilenmodus wird auch das Zeichen unmittelbar vor jedem Newline erkannt.

[...] Bezeichnet eine Klasse von zu erkennenden Zeichen. [^ . . .] negiert die Klasse.

(... | ... | ...)
Erkennt eine der angegebenen Alternativen.

(?# *Text*)
Kommentar.

(?: *Regex*)
Wie (*Regex*), aber ohne Rückwärtsreferenzen. Modifikatoren können zwischen ? und : angegeben werden (siehe auch ? *Modifikator* an anderer Stelle in dieser Liste).

(?= *Regex*)
Positive Lookahead-Bedingung (null Zeichen).

(?! *Regex*)
Negative Lookahead-Bedingung (null Zeichen).

(?< *Regex*)
Positive Lookbehind-Bedingung (null Zeichen).

(?<! *Regex*)
Negative Lookbehind-Bedingung (null Zeichen).

(?{ *Code* })
Führt Perlcode während des Matchings aus. Wird immer bei null Zeichen ausgeführt. Verlangt das **re "eval"**-Pragma.

(?> *Regex*)
Verankertes Submuster.

(?(*Bedingung*)*Muster_wahr* [| *Muster_falsch*])
Wählt ein Muster in Abhängigkeit von der Bedingung. *Bedingung* muß ein geklammertes Submuster oder eine der oben genannten Lookahead-, Lookbehind- oder Evaluierungsannahmen sein.

(? *Modifikator*)
Eingebetteter Mustererkennungsmodifikator. *Modifikator* kann eines oder mehrere der Zeichen `i`, `m`, `s` oder `x` sein. Modifikatoren können deaktiviert werden, indem man den/dem Buchstaben ein Minuszeichen voranstellt.

Quantifizierte Submuster werden so oft wie möglich erkannt. Folgt den Mustern ein ?, wird die minimale Anzahl erkannt. Die folgenden Mengenmodifikatoren („Quantifier") stehen zur Verfügung:

+ Erkennt das vorstehende Musterelement ein oder mehrmals.

? Erkennt ein Element nicht oder einmal.

* Erkennt ein Element nicht oder mehrmals.

{*n*,*m*} Gibt die minimale (*n*) und maximale (*m*) Anzahl von Treffern an. {*n*} bedeutet genau *n*-mal; {*n*,} bedeutet mindestens *n*-mal.

Ein \ hebt jedwede spezielle Bedeutung eines folgenden, nicht alphanumerischen Zeichens auf. Gleichzeitig macht es aus den meisten alphanumerischen Zeichen etwas Besonderes:

\w Erkennt alphanumerische Zeichen inklusive _, \W erkennt nicht-alphanumerische Zeichen.

\s Erkennt Whitespace, \S erkennt Nicht-Whitespace.

\d Erkennt Ziffern, \D erkennt Nicht-Ziffern.

\A Erkennt den Anfang des Strings.

\Z Erkennt das Ende eines Strings oder das Zeichen unmittelbar vor dem Newline am Ende.

\z Erkennt das Ende eines Strings.

\b Erkennt Wortgrenzen, \B erkennt Nicht-Wortgrenzen.

\G Erkennt die Stelle, an der die vorherige Suche mit m//g aufgehört hat.

\t, \n, \r, \f, \a, \e, \0*XX*, \x*XX*, \c*X*, \l, \u, \L, \U, \E und \Q
: haben ihre übliche Bedeutung, siehe „String" im Abschnitt „Literale Werte".

\w, \W, \s, \S, \d und \D
: Können innerhalb von Zeichenklassen verwendet werden, allerdings steht \b in diesem Kontext für ein Backspace.

Rückwärtsreferenzen:

\1...\9 Verweist innerhalb einer Erkennung auf mit ( ) gruppierte Subausdrücke.

\10 und darüber
: Kann ebenfalls verwendet werden, wenn im Muster entsprechend viele Subausdrücke erkannt werden.

Siehe auch **$1 . . . $9, $+, $&, $`** und **$'** im Abschnitt „Spezialvariablen".

Mit dem Modifikator x können Whitespaces und Kommentare in Mustern verwendet werden, um die Lesbarkeit zu erhöhen.

Such- und Ersetzungsfunktionen

Ist die rechte Seite des =~ oder !~ ein Ausdruck anstelle eines Suchmusters, einer Substitution oder Übersetzung, wird sie zur Laufzeit als Suchmuster interpretiert.

[*Ausdruck* =~] [m] /*Muster*/ [g [c]] [i] [m] [o] [s] [x]
: Sucht in *Ausdruck* (standardmäßig $_) nach einem Muster.
Wenn Sie ein m voranstellen, können Sie anstelle der Slashes nahezu jedes Paar von Trennzeichen verwenden.
Für =~ kann auch die Negationsform !~ verwendet werden, die wahr zurückgibt, wenn =~ den Wert falsch zurückgeben würde.
Im Listenkonetxt wird eine Liste zurückgegeben, die aus den durch die Klammern erkannten Subausdrücken besteht, d. h. **($1, $2, $3, . . .)**.

Optionale Modifikatoren: c ermöglicht eine Fortsetzung der Suche. g erkennt so oft wie möglich. i ignoriert die Groß-/Kleinschreibung bei der Suche. o interpoliert eine Variable nur einmal. m betrachtet den String als mehrzeilig. s betrachtet den String als einzeilig. x erlaubt erweiterte reguläre Ausdrücke.

Ist *Muster* leer, wird das letzte Muster einer vorangegangenen erfolgreichen Erkennung oder Ersetzung verwendet.

Mit g kann das gefundene Muster im Skalarkontext als Iterator verwendet werden.

?*Muster*?

Genau wie bei der Suche mit /*Muster*/, allerdings wird *Muster* hier zwischen den Aufrufen des reset-Operators nur einmal erkannt.

[$*Variable* =~] s/*Muster*/*Neuertext*/ [e] [g] [i] [m] [o] [s] [x]

Durchsucht den String *Variable* (standardmäßig $_) nach einem Muster und ersetzt diesen Teil (wenn er gefunden wird) durch den Ersetzungstext. Zurückgegeben wird die Anzahl der Ersetzungen bzw. falsch, wenn nichts ersetzt wurde.

Optionale Modifikatoren: g ersetzt alle Vorkommen des Musters. e evaluiert den Ersetzungsstring als Perl-Ausdruck. Die anderen Modifikatoren entsprechen denen von /*Muster*/.

Nahezu jedes Zeichen kann anstelle der Slashes als Trennzeichen verwendet werden. Werden Apostrophe verwendet, wird bei Strings zwischen den Trennzeichen nicht interpoliert. Anderenfalls werden Strings interpoliert, als würden sie in Anführungszeichen stehen.

Werden klammernde Trennzeichen verwendet, können *Muster* und *Neuertext* jeweils ihre eigenen Trennzeichen verwenden, z.B. **s(foo)[bar]**.
Ist *Muster* leer, wird das letzte Muster einer vorangegangenen erfolgreichen Erkennung oder Ersetzung verwendet.

[$*Variable* =~] tr/*Suchliste*/*Ersetzungsliste*/ [c] [d] [s]

Übersetzt alle Vorkommen von in der Suchliste stehenden Zeichen in die entsprechenden Zeichen der Ersetzungsliste. Zurückgegeben wird die Anzahl der ersetzten Zeichen. y kann anstelle von tr verwendet werden.

Optionale Modifikatoren: c komplementiert die *Suchliste*. d entfernt alle in *Suchliste* vorkommenden Zeichen, die kein entsprechendes Zeichen in *Ersetzungsliste* besitzen. s ersetzt alle Sequenzen von Zeichen, die in das gleiche Zielzeichen umgewandelt werden, durch ein einzelnes Vorkommen dieses Zeichens.

pos *Skalar*†

Gibt die Position zurück, an der die letzte m//g-Suche für *Skalar* unterbrochen wurde. Eine Zuweisung ist möglich.

qr/*String*/*Modifikatoren*

Kompiliert den String als Muster und gibt es als Skalarwert zurück.

study $*Variable*†

Studiert die Skalarvariable $*Variable* in Erwartung der Ausführung vieler Mustererkennungsoperationen auf ihren Inhalt, bevor die Variable erneut modifiziert wird.

Dateitestoperatoren

Diese unären (monadischen) Operatoren verlangen ein Argument (einen Dateinamen oder ein Dateihandle) und prüfen, ob die entsprechende Datei eine bestimmte Bedingung erfüllt. Wird das Argument weggelassen, erfolgt der Test über $_ (mit Ausnahme von −t, wo STDIN geprüft wird). Wird das spezielle Argument _ (Unterstrich) übergeben, werden die Informationen des vorangegangenen Tests oder stat-Aufrufs verwendet.

−r −w −x

Datei kann vom effektiven UID/GID gelesen/geschrieben/ausgeführt werden.

–R –W –X
Datei kann vom realen UID/GID gelesen/geschrieben/ausgeführt werden.

–o –O Datei gehört effektivem/realem UID.

–e –z Datei existiert/hat die Größe Null.

–s Datei existiert und hat eine Größe ungleich Null. Zurückgegeben wird die Größe.

–f –d Datei ist eine reine Textdatei/ein Verzeichnis.

–l –S –p
Datei ist ein symbolischer Link/ein Socket/eine benannte Pipe (FIFO).

–b –c Datei ist eine block-/zeichenorientierte Spezialdatei.

–u –g –k
Datei hat das setuid-/setgid-/sticky-Bit gesetzt.

–t Prüft, ob das Dateihandle (standardmäßig **STDIN**) mit einem TTY verknüpft ist.

–T –B Datei ist eine Text-/Binärdatei. **–T** und **–B** geben wahr bei einer Nulldatei zurück oder wenn sich die Datei während des Tests am Dateiende (EOF) befindet.

–M –A –C
Modifikations-/Zugriffs-/Inodeänderungs-Zeit der Datei, gemessen in Tagen. Der zurückgegebene Wert spiegelt das Alter der Datei seit dem Start des Skripts wider. Siehe auch **$^T** im Abschnitt „Spezialvariablen".

Dateioperationen

Mit Listen von Dateien operierende Funktionen geben die Anzahl der erfolgreich bearbeiteten Dateien zurück.

chmod *Liste*
Ändert die Zugriffsrechte für eine Liste von Dateien. Das erste Element der Liste muß den numerischen Modus als Oktalzahl angeben (z.B. 0644).

chown *Liste*
Ändert den Besitzer und die Gruppe einer Liste von Dateien. Die beiden ersten Elemente der Liste müssen die numerische UID und GID enthalten. Hat die GID den Wert –1, wird die Gruppe nicht geändert.

link *Altedatei, Neuedatei*
Erzeugt einen neuen Dateinamen, der auf den alten Dateinamen verweist.

lstat *Datei*
Wie stat. Ist die letzte Komponente des Dateinamens aber ein symbolischer Link, wird stat auf den Link und nicht auf die Datei ausgeführt.

mkdir *Verzeichnis, Rechte*
Legt ein Verzeichnis mit den angegebenen Zugriffsrechten (z.B. 0755) an.

readlink *Ausdruck*†
Gibt den Wert eines symbolischen Links zurück.

rename *Altername, Neuername*
Ändert den Namen einer Datei.

rmdir *Dateiname*†

Entfernt das Verzeichnis, wenn es leer ist.

stat *Datei*

Liefert eine Liste mit 13 Elementen zurück (0:**$dev**, 1:**$ino**, 2:**$mode**, 3:**$nlink**, 4:**$uid**, 5:**$gid**, 6:**$rdev**, 7:**$size**, 8:**$atime**, 9:**$mtime**, 10:**$ctime**, 11:**$blksize**, 12:**$blocks**). *Datei* kann ein Dateihandle sein, ein zu einem Dateinamen evaluierender Ausdruck oder _ (um die letzte Dateitestoperation bzw. den letzten stat-Aufruf zu verwenden). Gibt eine leere Liste zurück, wenn stat fehlschlägt. Verwenden Sie das Standardmodul **File::stat**, um auf einfache Weise auf diese Informationen zugreifen zu können.

symlink *Altedatei, Neuedatei*

Erzeugt einen neuen Dateinamen, der einen symbolischen Link auf den alten Dateinamen bildet.

truncate *Datei, Größe*

Kürzt die Länge von *Datei* auf die Größe *Größe*. *Datei* kann ein Dateiname oder ein Dateihandle sein.

unlink *Liste*†

Löscht eine Liste von Dateien.

utime *Liste*

Ändert die Zugriffs- und Modifikationszeiten. Die ersten beiden Elemente der Liste müssen die numerischen Zugriffs- und Modifikationszeiten enthalten. Die Inode-Änderungszeit wird auf die aktuelle Zeit gesetzt.

Ein-/Ausgabe

Bei Ein-/Ausgabeoperationen kann *Dateihandle* ein über den open-Operator geöffnetes Dateihandle, ein vordefiniertes Dateihandle (z.B. **STDOUT**) oder eine Skalarvariable sein, die zu einer Referenz auf einen Dateinamen oder einem Dateihandle evaluiert.

<*Dateihandle*>

Im Skalarkontext wird eine einzelne Zeile aus der über *Dateihandle* geöffneten Datei gelesen. Im Listenkontext wird der Rest der Datei eingelesen.

<>

Liest aus dem Eingabestream, der durch die in **@ARGV** angegebenen Dateien gebildet wird. Es wird über die Standardeingabe gelesen, wenn keine Argumente übergeben wurden.

binmode *Dateihandle*

Sorgt dafür, daß die über *Dateihandle* geöffnete Datei im Binärmodus und nicht im Textmodus gelesen und geschrieben wird (bei Unix und Mac eine Nulloperation).

close [*Dateihandle*]

Schließt die mit dem Dateihandle assoziierte Datei oder Pipe. Setzt **$.** zurück. Fehlt *Dateihandle*, wird das momentan gewählte Dateihandle geschlossen.

dbmclose %*Hash*

Veraltet. Verwenden Sie statt dessen untie.

dbmopen %*Hash, dbmname, Modus*

Veraltet. Verwenden Sie statt dessen tie.

eof *Dateihandle*

Gibt wahr zurück, wenn die nächste Leseoperation das Dateiende (EOF) anzeigt oder wenn die Datei nicht geöffnet ist.

eof

Gibt den EOF-Status der zuletzt gelesenen Datei zurück.

eof( )

Zeigt EOF für die Pseudodatei an, die aus den in der Kommandozeile übergebenen Dateien besteht.

fcntl *Dateihandle*, *Funktion*, **$** *Variable*

Implementiert die *fcntl*(2)-Funktion. Diese Funktion hat keine Standardrückgabewerte.

fileno *Dateihandle*

Liefert den Dateideskriptor für das gegebene (geöffnete) Dateihandle zurück.

flock *Dateihandle*, *Operation*

Ruft eine systemabhängige Locking-Routine für die Datei auf. Die Operation ergibt sich durch Hinzufügen von 1 (Shared), 2 (Exclusive), 4 (Non-Blocking) oder 8 (Unlock).

getc [*Dateihandle*]

Gibt das nächste Zeichen aus der Datei zurück bzw. einen Leerstring am Dateiende. Fehlt *Dateihandle*, wird aus **STDIN** gelesen.

ioctl *Dateihandle*, *Funktion*, **$** *Variable*

Führt *ioctl*(2) über die Datei aus. Diese Funktion hat keine Standardrückgabewerte.

open *Dateihandle* [, *Dateiname*]

Öffnet eine Datei und assoziiert sie mit *Dateihandle*. Wird *Dateiname* weggelassen, muß die Skalarvariable mit dem gleichen Namen wie *Dateihandle* den Dateinamen enthalten. Die folgenden Dateinamenkonventionen gelten beim Öffnen einer Datei:

"*Datei*" Öffnet *Datei* für die Eingabe. Auch "<*Datei*".

">*Datei*" Öffnet *Datei* für die Ausgabe und legt sie bei Bedarf auch an.

">>*Datei*" Öffnet *Datei* so, daß Daten angehängt werden (Append-Modus).

"+<*Datei*" Öffnet die existierende Datei *Datei* mit Lese-/Schreibrechten.

"+>*Datei*" Öffnet eine alte oder erzeugt eine neue *Datei* mit Lese-/Schreibrechten.

"+>>*Datei*"

Lese-/Schreibrechte im Append-Modus.

"| *Befehl*" Öffnet eine Pipe zum Befehl *Befehl*; erzeugt einen Child-Prozeß (*fork*-Aufruf), wenn der Befehl – lautet.

"*Befehl* |" Öffnet eine Pipe vom Befehl *Befehl*; führt zu einem *fork*, wenn der Befehl – lautet.

Datei kann auch &*Dateihandle* sein. In diesem Fall wird das neue Dateihandle mit dem (vorher geöffneten) *Dateihandle* verbunden. Bei **&=***n* wird *Datei* mit dem angegebenen Dateideskriptor verbunden.

open gibt bei einem Fehler undef zurück, andernfalls wahr.

pipe *Lesehandle*, *Schreibhandle*

Liefert ein Paar verbundener Pipes zurück.

print [*Dateihandle*] [*Liste*†]
: Gibt die Elemente der *Liste* aus und wandelt sie bei Bedarf in Strings um. Fehlt *Dateihandle*, wird über die Standardausgabe (bzw. den zuletzt gewählten Ausgabekanal, siehe **select**) ausgegeben.

printf [*Dateihandle*] [*Liste*]
: Identisch mit **print** *Dateihandle* **sprintf** *Liste*.

read *Dateihandle*, **$***Variable*, *Länge* [, *Offset*]
: Liest *Länge* binäre Bytes aus der Datei an *Offset* in die Variable ein. Gibt die Anzahl der tatsächlich gelesenen Bytes zurück bzw. 0 bei **eof** und **undef** bei einem Fehler.

readline *Ausdruck*
: Interne Funktion, die den <>-Operator implementiert. *Ausdruck* muß ein Typeglob sein.

readpipe *Ausdruck*
: Interne Funktion, die den **qx//**-Operator implementiert. *Ausdruck* wird als Systembefehl ausgeführt.

seek *Dateihandle*, *Position*, *Bezugspunkt*
: Positionierung an einer beliebigen Stelle innerhalb der Datei. Gibt bei Erfolg **wahr** zurück.

select [*Dateihandle*]
: Gibt das momentan gewählte Dateihandle zurück. Setzt ein neues Standarddateihandle für Ausgabeoperationen, wenn *Dateihandle* angegeben wird.

select *rbits*, *wbits*, *nbits*, *Timeout*
: Führt einen *select*(2)-Systemaufruf mit den entsprechenden Parametern aus.

sprintf *Format*, *Liste*
: Liefert einen String zurück, der aus der Formatierung einer (möglicherweise leeren) Liste von Werten entsteht. Eine vollständige Liste der Formatumwandlungen finden Sie im Abschnitt „Formatierte Ausgabe".
: Eine Alternative zur formatierten Ausgabe wird im Abschnitt „Formate" beschrieben.

sysopen *Dateihandle*, *Pfad*, *Modus* [, *Rechte*]
: Führt einen *open*(2)-Systemaufruf aus. Die möglichen Werte und Flag-Bits für *Modus* sind systemabhängig und stehen über das Standardmodul **Fcntl** zur Verfügung.

sysread *Dateihandle*, **$***Variable*, *Länge* [, *Offset*]
: Liest *Länge* Bytes an *Offset* in **$***Variable* ein. Gibt die Anzahl der tatsächlich gelesenen Bytes zurück bzw. 0 bei **eof** und **undef** bei einem Fehler.

sysseek *Dateihandle*, *Position*, *Bezugspunkt*
: Positionierung an einer beliebigen Stelle innerhalb der Datei. Zum Einsatz mit **sysread** und **syswrite** gedacht. Details zu den nichtstandardisierten Rückgabewerten dieser Funktion finden Sie in der Perl-Dokumentation.

syswrite *Dateihandle*, *Skalar*, *Länge* [, *Offset*]
: Schreibt *Länge* Bytes aus *Skalar* ab *Offset*.

tell [*Dateihandle*]
: Gibt die aktuelle Position innerhalb der Datei zurück. Fehlt *Dateihandle*, wird von der zuletzt gelesenen Datei ausgegangen.

Formatierte Ausgabe

printf und sprintf formatieren eine Liste von Werten entsprechend einem Formatstring, der die folgenden Umwandlungen erlaubt:

%% Ein Prozentzeichen.

%c Das dem Wert entsprechende Zeichen.

%d Eine Integerzahl mit Vorzeichen.

%e Eine Fließkommazahl (wissenschaftliche Notation).

%f Eine Fließkommazahl (in fester Dezimal-Notation).

%g Eine Fließkommazahl (in %e- oder %f-Notation).

%i Ein Synonym für %d.

%n Die Anzahl der bislang formatierten Zeichen wird in der entsprechenden Variable der Parameterliste *gespeichert*.

%o Ein oktaler Integerwert ohne Vorzeichen.

%p Ein Zeiger (Adresse hexadezimal).

%s Ein String.

%u Ein dezimaler Integerwert ohne Vorzeichen.

%x Ein hexadezimaler Integerwert ohne Vorzeichen.

%D Ein veraltetes Synonym für %ld.

%E Wie %e, aber mit einem großen „E“.

%F Ein veraltetes Synonym für %f.

%G Wie %g, verwendet aber ein großes „E“ (wenn zutreffend).

%O Ein veraltetes Synonym für %lo.

%U Ein veraltetes Synonym für %lu.

%X Wie %x, aber mit Großbuchstaben.

Die folgenden Flags können zwischen dem % und dem Umwandlungsbuchstaben stehen:

Leerzeichen
Einer positiven Zahl wird ein Leerzeichen vorangestellt.

\+ Einer positiven Zahl wird ein Pluszeichen vorangestellt.

– Linksbündige Ausrichtung innerhalb des Feldes.

0 Bei rechtsbündiger Ausrichtung werden Nullen anstelle von Leerzeichen verwendet.

Einer Oktalzahl ungleich Null wird „0“ vorangestellt und einer Hexadezimalzahl ungleich Null „0x“.

Zahl Minimale Feldbreite.

.Zahl Bei einer Fließkommazahl: die Anzahl der Ziffern hinter dem Dezimalpunkt. Bei einem String: die maximale Länge. Bei einer Integerzahl: die minimale Breite.

l Interpretiert den Integerwert entsprechend dem C-Typ als „long“ oder „unsigned long“.

h Interpretiert den Integerwert entsprechend dem C-Typ als „short" oder „unsigned short".

V Interpretiert den Integerwert entsprechend dem Perl-Typ.

Ein Sternchen (*) kann anstelle einer Zahl verwendet werden. Der Wert des nächsten Elements der Liste wird dann verwendet.

Im Abschnitt „Formate" finden Sie eine Alternative zur formatierten Ausgabe.

Formate

formline *Picture, Liste*
Formatiert *Liste* entsprechend dem *Picture* und akkumuliert das Ergebnis in **$^A**.

write [*Dateihandle*]
Schreibt ein formatiertes Record in die angegebene Datei und verwendet dabei das mit dieser Datei verknüpfte Format.
Läßt man *Dateihandle* weg, wird das momentan aktive Dateihandle verwendet.

Formate sind wie folgt definiert:

```
format [ Name ] =
Formatliste
.
```

Formatliste ist eine Reihe von Zeilen, von denen jede entweder eine Kommentarzeile (# in der ersten Spalte), eine Picture-Zeile oder eine Argumentzeile ist.

Eine Picture-Zeile enthält die Argumente, die den Feldern dieser Zeilen ein bestimmtes Aussehen geben. Anderer Text wird unverändert ausgegeben.

Argumentzeilen enthalten Listen mit Werten, die im Format und der Reihenfolge der vorstehenden Picture-Zeile ausgegeben werden.

Name wird standardmäßig mit **STDOUT** angenommen, wenn kein Wert angegeben wird.

Picture-Felder sind:

@<<<...	Linksbündiges Feld. Die wiederholte Angabe von < legt die gewünschte Breite fest.
@>>>...	Rechtsbündiges Feld.
@|||...	Zentriertes Feld.
@#.##...	Numerisches Format mit vorgegebenem Dezimalpunkt.
@*	Mehrzeiliges (Multiline-)Feld.

Verwenden Sie ^ anstelle von @ zum Füllen mehrzeiliger Blöcke.

Verwenden Sie ~ in der Picture-Zeile, um unerwünschte Leerzeilen zu unterdrücken.

Verwenden Sie ~~ in der Picture-Zeile, um diese Formatzeile wiederholt anzuwenden, bis alle Felder aufgebraucht sind.

Setzen Sie **$–** auf null, um beim nächsten **write** einen Seitenumbruch zu erzwingen.

Siehe auch **$^**, **$~**, **$^A**, **$^F**, **$–** und **$=** im Abschnitt „Spezialvariablen".

Bindung von Variablen (tie)

tie *Variable, Klassenname,* [*Liste*]

Bindet eine Variable an eine Paketklasse, die sie behandelt. *Liste* wird an den Klassenkonstruktor übergeben.

tied *Variable*

Gibt eine Referenz auf das *Variable* zugrundeliegende Objekt zurück bzw. undef, wenn *Variable* nicht an eine Paketklasse gebunden ist.

untie *Variable*

Hebt die Bindung zwischen Variable und Paketklasse auf.

Eine Klasse, die einen gebundenen Skalar implementiert, sollte die Methoden **TIESCALAR**, **FETCH**, **STORE** und vielleicht auch **DESTROY** definieren.

Eine Klasse, die ein gebundenes normales Array implementiert, sollte die Methoden **TIEARRAY**, **FETCH**, **STORE**, **FETCHSIZE**, **STORESIZE** und vielleicht **DESTROY** definieren.

Eine Klasse, die einen gebundenen Hash implementiert, sollte die Methoden **TIEHASH**, **FETCH**, **STORE**, **EXISTS**, **DELETE**, **CLEAR**, **FIRSTKEY**, **NEXTKEY** und optional **DESTROY** definieren.

Eine Klasse, die ein gebundenes Dateihandle implementiert, sollte die Methode **TIEHANDLE**, mindestens eine der Methoden **PRINT**, **PRINTF**, **WRITE**, **READLINE**, **GETC**, **READ** und vielleicht auch **CLOSE** und **DESTROY** implementieren.

Verschiedene Basisklassen zur Implementierung gebundener Variablen sind in der Standardmodule-Bibliothek verfügbar.

Routinen zum Lesen von Verzeichnissen

closedir *Verzeichnishandle*

Schließt ein mit opendir geöffnetes Verzeichnis.

opendir *Verzeichnishandle, Verzeichnisname*

Öffnet ein Verzeichnis im angegebenen Handle.

readdir *Verzeichnishandle*

Im Skalarkontext wird der nächste Eintrag aus dem Verzeichnis zurückgegeben. Ist kein weiterer Eintrag vorhanden, wird undef zurückgegeben.
Im Listenkontext wird eine Liste aller noch im Verzeichnis vorhandenen Einträge zurückgegeben.

rewinddir *Verzeichnishandle*

Positionierung an den Anfang des Verzeichnisses.

seekdir *Verzeichnishandle, Position*

Legt die Position für readdir im Verzeichnis fest. *Position* muß ein Dateioffset sein, wie er von telldir zurückgegeben wird.

telldir *Verzeichnishandle*

Gibt die Position im Verzeichnis zurück.

Interaktion mit dem System

alarm *Ausdruck*

Löst einen **SIGALRM** nach *Ausdruck* Sekunden aus. Hat *Ausdruck* den Wert 0, wird ein noch offenes Timer-Ereignis aufgehoben.

chdir [*Ausdruck*]

Wechselt das Arbeitsverzeichnis. Verwendet **$ENV{HOME}** oder **$ENV{LOGNAME}**, wenn *Ausdruck* weggelassen wird.

chroot *Dateiname*†

Ändert das Wurzel- (Root-)Verzeichnis für den Prozeß und seine Child-Prozesse.

die [*Liste*]

Gibt den Wert der *Liste* über **STDERR** aus und bricht mit dem aktuellen Wert von **$!** (errno) ab. Hat **$!** den Wert 0, wird mit dem Wert **($? >> 8)** abgebrochen. Hat **($? >> 8)** den Wert 0, wird mit dem Wert 255 abgebrochen. *Liste* ist mit **"Died"** voreingestellt. Innerhalb eines **eval** wird die Fehlermeldung in **$@** abgelegt, der **eval** wird abgebrochen und gibt **undef** zurück.

exec [*Programm*] *Liste*

Führt den Systembefehl in *Liste* aus und kehrt nicht zurück. *Programm* kann verwendet werden, um ein Programm zur Ausführung des Befehls zu bestimmen.

exit [*Ausdruck*]

Bricht unmittelbar mit dem Wert von *Ausdruck* (standardmäßig 0) ab. Ruft vor der Rückkehr noch **END**-Routinen und Objekt-Destruktoren auf.

fork Führt den Systemaufruf *fork*(2) durch. Gibt die Prozeß-ID des Child-Prozesses an den Parent-Prozeß (bzw. **undef** bei einem Fehler) und den Wert 0 an den Child-Prozeß zurück.

getlogin Gibt den aktuellen Loginnamen zurück. Wird **falsch** zurückgegeben, müssen Sie auf **getpwuid** zurückgreifen.

getpgrp [*PID*]

Gibt die Prozeßgruppe für den Prozeß *PID* zurück (der Wert 0 bzw. eine fehlende Angabe steht für den aktuellen Prozeß).

getppid Gibt die Prozeß-ID des Parent-Prozesses zurück.

getpriority *was, wer*

Gibt die aktuelle Priorität eines Prozesses, einer Prozeßgruppe oder eines Benutzers zurück. Verwenden Sie **getpriority 0,0** für den aktuellen Prozeß.

glob *Muster*

Gibt eine Liste aller Dateinamen zurück, die dem Shell-Muster *Muster* entsprechen.

kill *Liste* Sendet ein Signal an eine Liste von Prozessen. Das erste Element der Liste muß das zu sendende Signal (numerisch oder mit seinem Namen als String) enthalten. Negative Signale beenden Prozeßgruppen anstelle von Prozessen.

setpgrp *PID, Prozeßgruppe*

Legt die Prozeßgruppe für *PID* fest (0 steht für den aktuellen Prozeß).

setpriority *was, wer, Priorität*

Legt die aktuelle Priorität für einen Prozeß, eine Prozeßgruppe oder einen Benutzer fest.

sleep [*Ausdruck*]

Läßt das Programm für *Ausdruck* Sekunden pausieren („schlafen"). Ohne *Ausdruck* pausiert es für immer. Gibt die Anzahl der Sekunden zurück, die das Programm tatsächlich pausiert hat.

syscall *Liste*

Führt den Systemaufruf aus, der als erstes Element der Liste angegeben wurde. Die restlichen Elemente der Liste werden als Argumente an den Aufruf übergeben. Gibt bei einem Fehler −1 zurück.

system [*Programm*] *Liste*

Macht das gleiche wie **exec** *Liste*, nur daß zuerst ein Child-Prozeß erzeugt (fork ausgeführt) wird und der Parent-Prozeß darauf wartet, daß der Child-Prozeß zurückkehrt. Während des Wartens werden die Signale **SIGINT** und **SIGQUIT** an den Child-Prozeß weitergeleitet.

Gibt den Exit-Status des Child-Prozesses zurück. 0 steht für Erfolg, nicht für einen Fehler.

Programm kann verwendet werden, um ein Programm zur Ausführung des Befehls zu bestimmen.

times

Gibt eine Liste mit vier Elementen zurück (0:**$**user, 1:**$**system, 2:**$**cuser, 3:**$**csystem), die die Benutzer- und Systemzeit (in Sekunden) für diesen Prozeß sowie die Child-Prozesse dieses Prozesses enthält.

umask [*Ausdruck*]

Legt die umask für diesen Prozeß fest und gibt die alte zurück. Lassen Sie *Ausdruck* weg, wird der aktuelle umask-Wert zurückgegeben.

wait

Wartet auf die Beendigung eines Child-Prozesses und gibt die Prozeß-ID des (nunmehr nicht vorhandenen) Prozesses zurück (−1, falls nicht vorhanden). Der Status wird in **$?** zurückgegeben.

waitpid *PID, Flags*

Führt die gleiche Funktion aus wie der entsprechende Systemaufruf. Gibt 1 zurück, wenn der Prozeß *PID* nicht mehr läuft, und −1, wenn er nicht existiert.

warn [*Liste*]

Gibt *Liste* genau wie **die** über **STDERR** aus, bricht aber nicht ab. *Liste* ist mit **"Warning: something's wrong"** voreingestellt.

Netzwerke

accept *Neuersocket, Generischersocket*

Akzeptiert einen neuen Socket.

bind *Socket, Name*

Bindet den *Name*n an den *Socket.*

connect *Socket, Name*

Verbindet *Name* mit dem *Socket.*

getpeername *Socket*

Gibt die Socket-Adresse am anderen Ende des *Socket* zurück.

getsockname *Socket*
Gibt den Namen des *Socket* zurück.

getsockopt *Socket, Level, Optionsname*
Gibt die Socket-Optionen zurück.

listen *Socket, Queuelänge*
Beginnt die Überwachung („Listening") auf dem angegebenen Socket und erlaubt *Queuelänge* Verbindungen.

recv *Socket, $Variable, Länge, Flags*
Empfängt eine Nachricht auf *Socket* mit einer Länge von *Länge* Bytes. Legt diese in der Skalarvariablen **$***Variable* ab.

send *Socket, Nachricht, Flags* [, *an*]
Sendet eine Nachricht an das *Socket.* Die Option *an* muß verwendet werden, wenn an ein noch nicht verbundenes Socket gesendet werden soll, und ist dann ein sockaddr-Wert. send gibt die Anzahl der gesendeten Zeichen zurück bzw. undef im Fehlerfall.

setsockopt *Socket, Level, Optionsname, Wert*
Setzt die gewünschte Socket-Option.

shutdown *Socket, wie*
Fährt das *Socket* herunter.

socket *Socket, Domain, Typ, Protokoll*
Erzeugt einen *Socket* in *Domain* vom angegebenen *Typ* und *Protokoll.*

socketpair *Socket1, Socket2, Domain, typ, Protokoll*
Arbeitet wie socket, erzeugt aber ein Paar bidirektionaler Sockets.

System V IPC

Abhängig von der Konfiguration Ihres Systems müssen bestimmte Systemdateien über require eingebunden werden, um auf die Nachrichten- und Semaphore-spezifischen Operationsnamen zugreifen zu können.

msgctl *ID, Befehl, Argumente*
Ruft *msgctl*(2) auf. Hat *Befehl* den Wert **&IPC_STAT**, muß *Argumente* eine Variable sein. Details zu den nichtstandardisierten Rückgabewerten dieser Funktion finden Sie in der Perl-Dokumentation.

msgget *Schlüssel, Flags*
Erzeugt eine Nachrichten-Queue für *Schlüssel.* Gibt die ID der Nachrichten-Queue zurück.

msgrcv *ID, $Variable, Größe, typ, Flags*
Empfängt eine Nachricht aus der Queue *ID* und legt sie in **$***Variable* ab.

msgsnd *ID, Nachricht, Flags*
Sendet *Nachricht* an die Queue *ID.*

semctl *ID, Semnum, Befehl, Argument*
Ruft *semctl*(2) auf. Hat *Befehl* den Wert **&IPC_STAT** oder **&GETALL**, dann muß *Argument* eine Variable sein.

semget *Schlüssel, Nachrichten-Semaphore, Größe, Flags*
Erzeugt einen Satz Semaphoren für *Schlüssel*. Gibt die ID der Nachrichten-Semaphore zurück.

semop *Schlüssel, ...*
Führt Semaphore-Operationen aus.

shmctl *ID, Befehl, Argument*
Ruft *shmctl*(2) auf. Hat *Befehl* den Wert **&IPC_STAT**, muß *Argument* eine Skalarvariable sein.

shmget *Schlüssel, Größe, Flags*
Erzeugt einen Shared-Memory-Bereich (Bereich gemeinsam genutzten Speichers). Gibt die ID des Shared-Memory-Segments zurück.

shmread *ID*, $*Variable, Position, Größe*
Liest bis zu *Größe* Bytes aus dem Shared-Memory-Segment *ID*, beginnend an Offset *Position*, in die Variable **$***Variable* ein.

shmwrite *ID, String, Position, Größe*
Schreibt bis zu *Größe* Bytes aus *String* in das Shared-Memory-Segment *ID* an Offset *Position*.

Vermischtes

defined *Ausdruck*
Prüft, ob *Ausdruck* einen Wert besitzt.

do *Dateiname*
Führt *Dateiname* als Perl-Skript aus. Siehe auch require im Abschnitt „Subroutinen, Pakete und Module".

dump [*Label*]
Sofortiger Coredump. Nach dem Wiederanlaufen wird bei *Label* begonnen. Veraltet.

eval { *Ausdruck*, ... }
Führt den Code zwischen { und } aus. Fängt Laufzeitfehler ab und gibt sie, wie bei eval(*Ausdruck*) (im Abschnitt „Stringfunktionen") beschrieben, zurück.

local *Variable*
Weist der genannten Paketvariablen einen temporären Wert zu. Dieser ist gültig, bis der umschließende Block, die Datei oder eval endet.

my *Variable*
Erzeugt einen Geltungsbereich für eine Variable, die lexikalisch gesehen lokal im umschließenden Block, der Datei oder eval liegt.

ref *Ausdruck*†
Gibt wahr zurück, wenn *Ausdruck* eine Referenz ist. Gibt den Paketnamen zurück, wenn *Ausdruck* über bless in einem Paket bekanntgemacht wurde.

reset [*Ausdruck*]
Ausdruck ist ein String aus einzelnen Buchstaben. Alle Variablen, die mit einem dieser Buchstaben beginnen, werden in ihren Ursprungszustand zurückgesetzt.

Fehlt *Ausdruck*, werden ??-Suchoperationen so zurückgesetzt, daß sie wieder funktionieren.

Wirkt sich nur auf das aktuelle Paket aus.

undef *Lvalue*†

Entfernt *Lvalue*. Gibt immer den undefinierten Wert zurück.

Informationen aus Systemdatenbanken

Informationen über Benutzer

Im Listenkontext gibt jede dieser Routinen eine Liste mit zehn Elementen zurück: (0:$name, 1:$passwd, 2:$uid, 3:$gid, 4:$quota, 5:$comment, 6:$gcos, 7:$dir, 8:$shell, 9:$expire).

Verwenden Sie das Standardmodul **User::pwent**, um auf einfache Weise auf diese Informationen zugreifen zu können.

endpwent

Beendet die Lookup-Verarbeitung.

getpwent

Liefert die nächsten Benutzerinformationen.
Im Skalarkontext wird der Benutzername zurückgegeben.

getpwnam *Name*

Gibt Informationen basierend auf dem Namen zurück.
Im Skalarkontext wird die Benutzer-ID zurückgegeben.

getpwuid *UID*

Gibt Informationen basierend auf der Benutzer-ID zurück.
Im Skalarkontext wird der Benutzername zurückgegeben.

setpwent

Setzt die Lookup-Verarbeitung zurück.

Informationen über Gruppen

Im Listenkontext gibt jede dieser Routinen eine Liste mit vier Elementen zurück: (0:$name, 1:$passwd, 2:$gid, 3:$members). $members enthält eine Liste der durch Leerzeichen getrennten Loginnamen aller Mitglieder der Gruppe. Verwenden Sie das Standardmodul **User::grent**, um auf einfache Weise auf diese Informationen zugreifen zu können.

endgrent Beendet die Lookup-Verarbeitung.

getgrent Liefert die nächsten Gruppeninformationen.
Im Skalarkontext wird der Gruppenname zurückgegeben.

getgrgid *GID*

Gibt Informationen basierend auf der Gruppen-ID zurück.
Im Skalarkontext wird der Gruppenname zurückgegeben.

getgrnam *Name*

Gibt Informationen basierend auf dem Namen zurück.
Im Skalarkontext wird die Gruppen-ID zurückgegeben.

setgrent Setzt die Lookup-Verarbeitung zurück.

Informationen über Netzwerke

Im Listenkontext gibt jede dieser Routinen eine aus vier Elementen bestehende Liste zurück: (0:$name, 1:$aliases, 2:$addrtype, 3:$net). Verwenden Sie das Standardmodul **Net::netent**, um auf einfache Weise auf diese Informationen zugreifen zu können.

endnetent
: Beendet die Lookup-Verarbeitung.

getnetbyaddr *Adresse, Typ*
: Gibt Informationen basierend auf Adresse und Typ zurück. Im Skalarkontext wird der Netzwerkname zurückgegeben.

getnetbyname *Name*
: Gibt Informationen basierend auf dem Netzwerknamen zurück. Im Skalarkontext wird die Netzwerknummer zurückgegeben.

getnetent
: Liefert die nächsten Netzwerkinformationen. Im Skalarkontext wird der Netzwerkname zurückgegeben.

setnetent *bleiboffen*
: Setzt die Lookup-Verarbeitung zurück.

Informationen über Netzwerk-Hosts

Im Listenkontext gibt jede dieser Routinen eine Liste mit mindestens fünf Elementen zurück: (0:$name, 1:$aliases, 2:$addrtype, 3:$length, 4:$addr [, weitere Adressen]). Verwenden Sie das Standardmodul **Net::hostent**, um auf einfache Weise auf diese Informationen zugreifen zu können.

endhostent
: Beendet die Lookup-Verarbeitung.

gethostbyaddr *Adresse, Adresstyp*
: Gibt Informationen basierend auf der IP-Adresse zurück. Im Skalarkontext wird der Hostname zurückgegeben.

gethostbyname *Name*
: Gibt Informationen basierend auf dem Hostnamen zurück. Im Skalarkontext wird die Hostadresse zurückgegeben.

gethostent
: Liefert die nächsten Hostinformationen. Im Skalarkontext wird der Hostname zurückgegeben.

sethostent *bleiboffen*
: Setzt die Lookup-Verarbeitung zurück.

Informationen über Netzwerkdienste

Im Listenkontext gibt jede dieser Routinen eine Liste mit vier Elementen zurück: (0:$name, 1:$aliases, 2:$port, 3:$proto). Verwenden Sie das Standardmodul **Net::servent**, um auf einfache Weise auf diese Informationen zugreifen zu können.

endservent
: Beendet die Lookup-Verarbeitung.

getservbyname *Name, Prototyp*
: Gibt Informationen basierend auf dem Dienstenamen zurück.
Im Skalarkontext wird die Portnummer zurückgegeben.

getservbyport *Port, Prototyp*
: Gibt Informationen basierend auf dem Port zurück.
Im Skalarkontext wird der Dienstename zurückgegeben.

getservent
: Liefert die nächsten Dienste-Informationen.
Im Skalarkontext wird der Dienstename zurückgegeben.

setservent *bleiboffen*
: Setzt die Lookup-Verarbeitung zurück.

Informationen über Netzwerkprotokolle

Im Listenkontext gibt jede dieser Routinen eine Liste mit drei Elementen zurück: (0:**$**name, 1:**$**aliases, 2:**$**Prototyp). Verwenden Sie das Standardmodul **Net**::**protoent**, um auf einfache Weise auf diese Informationen zugreifen zu können.

endprotoent
: Beendet die Lookup-Verarbeitung.

getprotobyname *Name*
: Gibt Informationen basierend auf dem Protokollnamen zurück.
Im Skalarkontext wird die Protokollnummer zurückgegeben.

getprotobynumber *Nummer*
: Gibt Informationen basierend auf der Protokollnummer zurück.
Im Skalarkontext wird der Protokollname zurückgegeben.

getprotoent
: Liefert die nächsten Protokollinformationen.
Im Skalarkontext wird der Protokollname zurückgegeben.

setprotoent *bleiboffen*
: Setzt die Lookup-Verarbeitung zurück.

Spezialvariablen

Die alternativen Namen werden vom Standardmodul **English** zur Verfügung gestellt.

Die folgenden Variablen sind global und sollten in Subroutinen lokalisiert werden:

$_ Der standardmäßige Eingabe-, Ausgabe- und Mustererkennungsraum. Alternativ: $ARG.

$. Die Nummer der aktuellen Eingabezeile aus dem zuletzt gelesenen Dateihandle. Alternativ: $INPUT_LINE_NUMBER, $NR.

$/ Das Trennzeichen für Eingabe-Records. Per Default Newline. Darf auch aus mehreren Zeichen bestehen. Alternativ: $INPUT_RECORD_SEPARATOR, $RS.

$, Das Trennzeichen für Ausgabefelder für die print-Funktion. Alternativ: $OUTPUT_FIELD_SEPARATOR, $OFS.

$" Das Trennzeichen, das für die Einbindung von in Strings interpolierten Arrayelementen verwendet wird. Alternativ: $LIST_SEPARATOR.

$ Das Trennzeichen für Ausgabe-Records für die print-Funktion. Alternativ: $OUTPUT_RECORD_SEPARATOR, $ORS.

$# Das Ausgabeformat für Zahlen. Veraltet. Verwenden Sie statt dessen printf.

$* Setzen Sie diesen Wert auf 1, um das Multiline-Matching in Strings zu aktivieren. Veraltet, beachten Sie hierzu die Modifikatoren m und s im Abschnitt „Such- und Ersetzungsfunktionen".

$? Status des zuletzt ausgeführten ` ... `-Befehls bzw. der letzten Pipe-close-, wait-, waitpid- oder system-Funktion. Alternativ: $CHILD_ERROR.

$] Die Perl-Versionsnummer, z.B. 5.005. Alternativ: $PERL_VERSION.

$[Der Index des ersten Elements in einem Array oder einer Liste und des ersten Zeichens in einem Substring. Voreingestellt ist 0. Veraltet, nicht mehr verwenden.

$; Das Index-Trennsymbol für die Emulation mehrdimensionaler Listen. Voreingestellt ist „\034". Alternativ: $SUBSCRIPT_SEPARATOR, $SUBSEP.

$! In einem numerischen Kontext wird der aktuelle Wert von **errno** zurückgegeben. In einem Stringkontext wird der entsprechende Fehlerstring zurückgeliefert. Alternativ: $OS_ERROR, $ERRNO.

$@ Die Perl-Fehlermeldung des letzten eval- oder do-*expr*-Befehls. Alternativ: $EVAL_ERROR.

$: Die Gruppe von Zeichen, an denen ein String umbrochen werden kann, um in einem Format Fortsetzungszeilen (beginnend mit ^) aufzufüllen. Alternativ: $FORMAT_LINE_BREAK_CHARACTERS.

$0 Der Name der Datei, die das ausgeführte Perl-Skript enthält. Eine Zuweisung ist möglich. Alternativ: $PROGRAM_NAME.

$$ Die Prozeß-ID des Perl-Interpreters, der das Skript ausführt. Wird (im Child-Prozeß) durch fork geändert. Alternativ: $PROCESS_ID, $PID.

$< Die reale UID dieses Prozesses. Alternativ: $REAL_USER_ID, $UID.

$> Die effektive UID dieses Prozesses. Alternativ: $EFFECTIVE_USER_ID, $EUID.

$(Die reale GID oder eine Liste von durch Leerzeichen getrennten GIDs dieses Prozesses. Alternativ: $REAL_GROUP_ID, $GID.

$) Die effektive GID oder eine Liste von durch Leerzeichen getrennten GIDs dieses Prozesses. Alternativ: $EFFECTIVE_GROUP_ID, $EGID.

$^A Der Akkumulator für formline- und write-Operationen. Alternativ: $ACCUMULATOR.

$^D Die Debug-Flags, die mit **–D** an Perl übergeben wurden. Alternativ: $DEBUGGING.

$^E Betriebssystemabhängige Fehlerinformationen. Alternativ: $EXTENDED_OS_ERROR.

$^F Der höchste Systemdateideskriptor, normalerweise 2. Alternativ: $SYSTEM_FD_MAX.

$^H Der aktuelle Zustand von Syntaxprüfungen.

$^I Inplace-Edit-Erweiterung, wie mit **–i** an Perl übergeben. Alternativ: $INPLACE_EDIT.

$^L In Formaten verwendetes Seitenvorschubzeichen. Alternativ: $FORMAT_FORMFEED.

$^M Notfall-Speicherbereich (auf den auch bei „Out of Memory“ noch zurückgegriffen werden kann).

$^O Betriebssystemname. Alternativ: $OSNAME.

$^P Internes Debugging-Flag. Alternativ: $PERLDB.

$^S Aktueller Zustand des Perl-Interpreters.

$^T Der Zeitpunkt, zu dem das Programm gestartet wurde (wie er von time geliefert wird). Dieser Wert wird von den Dateitestoperatoren **-M**, **-A** und **-C** verwendet. Alternativ: $BASETIME.

$^W Der Wert der an Perl übergebenen **-w**-Option. Alternativ: $WARNING.

$^X Der Name, unter dem dieser Perl-Interpreter aufgerufen wurde. Alternativ: $EXECUTABLE_NAME.

Die folgenden Variablen sind kontextabhängig und müssen nicht lokalisiert werden:

$% Die aktuelle Seitennummer des momentan gewählten Ausgabekanals. Alternativ: $FORMAT_PAGE_NUMBER.

$= Die Seitenlänge des aktuellen Ausgabekanals. Voreingestellt sind 60 Zeilen. Alternativ: $FORMAT_LINES_PER_PAGE.

$- Die Zahl der auf der Seite noch verbliebenen Zeilen. Alternativ: $FORMAT_LINES_LEFT.

$~ Der Name des aktuellen Reportformats. Alternativ: $FORMAT_NAME.

$^ Der Name des aktuellen Formats der Kopfzeile(n) (top-of-page). Alternativ: $FORMAT_TOP_NAME.

$| Bei einem Wert ungleich Null wird nach jedem write oder print auf den aktuellen Ausgabekanal die sofortige Leerung des Ausgabepuffers erzwungen (Flush). Voreingestellt ist 0. Alternativ: $OUTPUT_AUTOFLUSH.

$ARGV Der Name der aktuellen Datei, wenn über <> gelesen wird.

Die folgenden Variablen sind immer lokal zum aktuellen Block:

$& Der von der letzten Mustererkennung erfolgreich erkannte String. Alternativ: $MATCH.

$` Der bei der letzten erfolgreichen Mustererkennung vor dem Treffer stehende String. Alternativ: $PREMATCH.

$' Der bei der letzten erfolgreichen Mustererkennung hinter dem Treffer stehende String. Alternativ: $POSTMATCH.

$+ Die letzte vom letzten Suchmuster erkannte Klammer. Alternativ: $LAST_PAREN_MATCH.

$1...$9...

Enthalten die Submuster der entsprechenden Klammerpaare des zuletzt erkannten Musters. **$10** und höher sind nur verfügbar, wenn der Treffer entsprechend viele Submuster enthält.

Spezialarrays

Die alternativen Namen werden vom Standardmodul **English** zur Verfügung gestellt.

@ARGV Enthält die Kommandozeilen-Argumente für das Skript (aber ohne den Befehlsnamen, der in **$0** steht).

@EXPORT
Benennt die Methoden und andere Symbole, die ein Paket standardmäßig exportiert.

@EXPORT_OK
Benennt die Methoden und andere Symbole, die ein Paket auf explizite Anforderung exportieren kann.

@F Wird die Kommandozeilen-Option **-a** verwendet, sind hier die zerlegten Eingabezeilen zu finden.

@INC Enthält eine Liste der Orte, an denen nach Perl-Skripten gesucht wird, die von den Befehlen do *Dateiname*, use und require ausgeführt werden sollen. Modifizieren Sie die Werte nicht direkt, verwenden Sie statt dessen das Pragma **use lib** oder die Kommandozeilen-Option **-I**.

@ISA Liste der Basisklassen des aktuellen Pakets.

@_ Parameterarray für Subroutinen. Wird auch von split verwendet, wenn kein Listenkontext vorliegt. Alternativ: @ARG.

Spezialhashes

%ENV Enthält die aktuelle Umgebung. Der Schlüssel ist der Name einer Umgebungsvariable, der Wert ihr aktueller Inhalt.

%EXPORT_TAGS
Definiert Namen für Gruppen von Symbolen.

%INC Liste der Dateien, die mit use, require oder do eingebunden wurden. Der Schlüssel ist der angegebene Dateiname, der Wert ist der Pfad der Datei.

%SIG Wird zur Einrichtung von Signalhandlern für verschiedene Signale verwendet. Der Schlüssel ist der Name des Signals (ohne das Präfix **SIG**); der Wert ist eine Subroutine, die ausgeführt wird, wenn das Signal auftritt.

__WARN__ und **__DIE__** sind Pseudosignale, mit denen Handler für Perl-Warnungen und -Ausnahmen festgelegt werden können.

Standardmodule

AnyDBM_File
Stellt einen Rahmen für unterschiedliche dbm-Dateien zur Verfügung.

AutoLoader
Lädt Funktionen nur auf Anforderung.

AutoSplit
Zerlegt ein Paket für das Autoloading.

B Ein experimentelles Paket, das die Bytekompilierung, einen Perl-nach-C-Übersetzer und andere interessante Dinge implementiert.

Benchmark
Bestimmt (prüft und vergleicht) Code-Laufzeiten.

Bundle::CPAN
Ein Bundle, mit dem Sie mit allen anderen Modulen im CPAN spielen können.

Carp Warnt vor Fehlern.

CGI Einfache CGI-Klasse (Common Gateway Interface).

CGI::Apache
CGI-Zusatz zu Apaches Perl-API.

CGI::Cookie
Schnittstelle zu Netscape-Cookies.

CGI:Fast
CGI-Schnittstelle für FastCGI.

CGI:Push
Einfache Schnittstelle für Server-Pushes.

Class::Struct
Deklariert struct-artige Datentypen als Perl-Klassen.

Config Greift auf die Perl-Konfigurationsinformationen zu.

CPAN Einsatz von Perl-Modulen von CPAN-Sites.

Cwd Ermittelt den Pfadnamen des aktuellen Arbeitsverzeichnisses.

Data::Dumper
Gibt Perl-Datenstrukturen als Strings zurück.

DB_File Zugriff auf Berkeley-DB-Dateien.

Devel::SelfStubber
Generiert Stubs für ein SelfLoading-Modul.

Dirhandle
Stellt Objektmethoden für Verzeichnis-Handles bereit.

DynaLoader
Lädt dynamisch C-Bibliotheken in den Perl-Code.

English Nutzt nette englische Namen für unverständliche Spezialvariablen.

Env Importiert Umgebungsvariablen.

Exporter
Implementiert eine Standardimportmethode für Module.

ExtUtils::Command
Ersatzversionen gängiger Unix-Befehle (für Makefiles).

ExtUtils::Embed
Utilities zur Einbettung von Perl in C/C++-Anwendungen.

ExtUtils::Install
Installiert Dateien von hier nach da.

ExtUtils::Installed
Inventarverwaltung für installierte Module.

ExtUtils::Liblist
Ermittelt die zu verwendenden Bibliotheken und stellt fest, wie sie zu verwenden sind.

ExtUtils::MakeMaker
Erzeugt ein Erweiterungs-Makefile.

ExtUtils::Manifest
Utilities zur Generierung und Prüfung von MANIFEST-Dateien.

ExtUtils::Miniperl
Schreibt den C-Code für **perlmain.c**.

ExtUtils::Mkbootstrap
Erzeugt eine Bootstrap-Datei zur Verwendung durch den DynaLoader.

ExtUtils::Mksymlists
Schreibt Linker-Optionsdateien für dynamische Erweiterungen.

ExtUtils::MM_OS2
Methoden, die das Unix-Verhalten in ExtUtils::MakeMaker überschreiben.

ExtUtils::MM_Unix
Von ExtUtils::MakeMaker verwendete Methoden.

ExtUtils::MM_VMS
Methoden, die das Unix-Verhalten in ExtUtils::MakeMaker überschreiben.

ExtUtils::MM_Win32
Methoden, die das Unix-Verhalten in ExtUtils::MakeMaker überschreiben.

ExtUtils::Packlist
Verwaltet *.packlist*-Dateien.

ExtUtils::testlib
Nimmt **blib**-Verzeichnisse in @INC auf.

Fatal Ersetzt Funktionen durch äquivalente, die entweder erfolgreich ausgeführt werden oder **die** aufrufen.

Fcntl Lädt die C-Defines aus **fcntl.h**.

File::Basename
Analysiert Dateiangaben (Parsing).

File::CheckTree
Führt viele Dateitests über einen Baum durch.

File::Copy
Kopiert Dateien oder Dateihandles.

File::DosGlob
DOS-artiges Globbing (mit Erweiterungen).

File::Find
Durchsucht einen Dateibaum.

File::Path
Erzeugt oder entfernt eine Reihe von Verzeichnissen.

File::Spec
Führt portabel Operationen mit Dateinamen aus.

File::Spec::Mac
Methoden für MacOS-Dateiangaben.

File::Spec::OS2
Methoden für OS/2-Dateiangaben.

File::Spec::Unix
Von File::Spec für Unix verwendete Methoden.

File::Spec::VMS
Methoden für VMS-Dateiangaben.

File::Spec::Win32
Methoden für Win32-Dateiangaben.

File::stat
Schnittstelle zu den in Perl integrierten stat-Funktionen.

FileCache
Hält mehr Dateien offen, als das System erlaubt.

FileHandle
Stellt Objektmethoden für Dateihandles zur Verfügung.

FindBin Ermittelt das Verzeichnis des ursprünglichen Perl-Skripts.

GDBM_File
Zugriff auf die gdbm-Bibliothek.

Getopt::Long
Bearbeitung von Kommandozeilen-Optionen. Deckt alle Bereiche ab.

Getopt::Std
Verarbeitet aus einem Zeichen bestehende Switches. Unterstützt die Gruppierung von Switches.

I18N::Collate
Vergleicht 8-Bit-Skalardaten entsprechend dem aktuellen Locale.

IO Lädt verschiedene I/O-Module.

IO::File Stellt Objektmethoden für Dateihandles bereit.

IO::Handle
Stellt Objektmethoden für I/O-Handles bereit.

IO::Pipe Stellt Objektmethoden für Pipes bereit.

IO::Seekable
Stellt suchbasierte Methoden für I/O-Objekte bereit.

IO::Select
Objektschnittstelle zum Systemaufruf select.

IO::Socket
Objektschnittstelle zur Socket-Kommunikation.

IPC::Msg
: Schnittstelle zum System V IPC.

IPC::Open2
: Öffnet eine Pipe zu einem Prozeß, mit der gelesen und geschrieben werden kann.

IPC::Open3
: Öffnet eine Pipe zu einem Prozeß, mit der Lesen, Schreiben und eine Fehlerbehandlung möglich sind.

IPC::Semaphore
: Schnittstelle zu System-V-Semaphores.

IPC::SysV
: System-V-IPC-Objektklasse.

Math::BigFloat
: Paket für beliebig lange Fließkomma-Zahlen.

Math::BigInt
: Paket für beliebig lange Integer-Zahlen.

Math::Complex
: Komplexe Zahlen und entsprechende mathematische Funktionen.

NDBM_File
: Über tie gebundener Zugriff auf ndbm-Dateien.

Net::hostent
: Zugriff über den Namen auf gethostent und Konsorten.

Net::netent
: Zugriff über den Namen auf getnetent und Konsorten.

Net::Ping
: Überprüft, ob ein Host erreichbar ist.

Net::protoent
: Zugriff über den Namen auf getprotoent und Konsorten.

Net::servent
: Zugriff über den Namen auf getservent und Konsorten.

O
: Experimentelles Compiler-Backend.

Opcode
: Deaktiviert benannte Opcodes bei der Kompilierung von Perl-Code.

OS2::ExtAttr
: Perl-Zugriff auf erweiterte Attribute. Nur bei OS/2.

OS2::PrfDB
: Perl-Erweiterung zum Zugriff auf die Datenbank mit OS/2-Einstellungen. Nur bei OS/2.

OS2::Process
: Konstanten für den system()-Aufruf unter OS/2. Nur bei OS/2.

OS2::REXX
: Zugriff auf DLLs mit REXX-Aufrufkonvention und REXX-Laufzeit. Nur bei OS/2.

Pod::Html
: Modul zur Konvertierung von POD-Dateien nach HTML.

Pod::Text
Konvertiert POD-Daten in formatierten ASCII-Text.

POSIX Schnittstelle zum Standard IEEE 1003.1

Safe Kompilierung und Ausführung von Code in abgeschotteten Bereichen.

SDBM_File
Über **tie** gebundener Zugriff auf sdbm-Dateien.

Search::Dict
Sucht in einer Wörterbuch-(Dictionary-)Datei nach einem Schlüssel.

SelectSaver
Sichert ein gewähltes Dateihandle und stellt es wieder her.

SelfLoader
Lädt Funktionen nur bei Bedarf.

Shell Führt Shell-Befehle transparent innerhalb von Perl aus.

Socket Lädt die C-Defines und Strukturmanipulatoren aus **socket.h**.

Symbol Manipuliert Perl-Symbole und deren Namen.

Sys::Hostname
Geht jeden nur vorstellbaren Weg, um den Namen dieses Systems zu ermitteln.

Sys::Syslog
Schnittstelle zu den Unix-*syslog*(3)-Aufrufen.

Term::Cap
Perl-Schnittstelle zur Unix-*termcap*(3).

Term::Complete
Wortvervollständigungs-Modul.

Term::ReadLine
Schnittstelle zu verschiedenen readline-Paketen.

Test::Harness
Führt Perl-Standardtestskripten mit Statistiken aus.

Text::Abbrev
Erzeugt eine Abkürzungstabelle aus einer Liste.

Text::ParseWords
Analysiert und zerlegt einen Text in eine Liste von Tokens.

Text::Soundex
Implementierung des von Donald Knuth beschriebenen Soundex-Algorithmus.

Text::Tabs
Umwandlung von Tabulatoren.

Text::Wrap
Zeilenumbrüche zur Bildung einfacher Absätze.

Thread Implementierung von Perl-Threads.

Thread::Queue
Implementierung Thread-sicherer Queues.

Thread::Semaphore
Implementierung Thread-sicherer Semaphoren.

Thread::Signal
Implementierung zuverlässiger Signale mit Threads.

Thread::Specific
Thread-spezifische Schlüssel.

Tie::Arrays
Basisklassen-Definitionen für über tie gebundene Arrays.

Tie::Handle
Basisklassen-Definitionen für über tie gebundene Dateihandles.

Tie::Hash
Basisklassen-Definitionen für über tie gebundene Hashes.

Tie::RefHash
Verwendung von Referenzen als Hashschlüssel.

Tie::Scalar
Basisklassen-Definitionen für über tie gebundene Skalare.

Tie::StdHash
Elementare Methoden für über tie gebundene Hashes.

Tie::StdScalar
Elementare Methoden für über tie gebundene Skalare.

Tie::SubstrHash
Hashing mit Tabellen und Schlüsseln fester Länge.

Time::Local
Effiziente Zeitberechnung aus lokaler und GMT-Zeit.

UNIVERSAL
Basisklasse für alle Klassen (mit bless bekanntgegebene Referenzen).

User::grent
Zugriff über den Namen auf getgrent und Konsorten.

User::pwent
Zugriff über den Namen auf getpwent und Konsorten.

VMS::DCLsym
Perl-Erweiterung zur Manipulation von DCL-Symbolen. Nur bei VMS.

VMS::Filespec
Konvertierung zwischen VMS- und Unix-Dateinamen. Nur bei VMS.

VMS::Stdio
Standard-I/O-Funktionen über VMS-Erweiterungen. Nur bei VMS.

VMS::XSSymSet
Gruppen von Symbolnamen, die dem VMS-Linker genehm sind.

Umgebungsvariablen

Perl verwendet die folgenden Umgebungsvariablen:

HOME Wird verwendet, wenn **chdir** kein Argument besitzt.

LOGDIR
Wird verwendet, wenn **chdir** kein Argument besitzt und **HOME** nicht gesetzt ist.

PATH Wird zur Ausführung von Unterprozessen und, wenn –S genutzt wird, zum Auffinden von Perl-Skripten verwendet.

PERL5LIB
Eine durch Doppelpunkte getrennte Liste von Verzeichnissen. In diesen Verzeichnissen wird nach Perl-Bibliotheksdateien gesucht, bevor in der Standardbibliothek und dem aktuellen Verzeichnis nachgesehen wird.

PERL5DB
Der für den Debugger-Code notwendige Befehl. Standardmäßig **BEGIN { require 'perl5db.pl' }**.

PERLLIB
Wird anstelle von **PERL5LIB** verwendet, wenn dieses nicht definiert ist.

Multithreading

Das Multithreading ist in dieser Perl-Version noch ein experimentelles Feature. Die Unterstützung von Multithreading müßte im Perl-Interpreter selbst integriert werden.

Das Multithreading verlangt das Standardmodul **Thread**. Dieses Modul implementiert die nachfolgend behandelten Methoden **join**, **detach** und **yield**.

$*Thread* –> **detach**
Entkoppelt einen Thread so, daß er unabhängig läuft.

[$*Ergebnis* =] $*Thread* –> **join**
Wartet darauf, daß der Thread fertig wird. Der zurückgegebene Wert ist der Rückgabewert der Subroutine des Threads.

lock *Variable*
Sperrt (Lock) eine Ressource, um gleichzeitigen Zugriff zu vermeiden.

$*Thread* = **new Thread** *Subroutine* [*Argumente*]
Erzeugt einen neuen Thread, dessen Ausführung mit der referenzierten Subroutine beginnt. Die *Argumente* werden an diese Subroutine übergeben.
Der Rückgabewert dieser Subroutine wird von der **join**-Methode geliefert.

yield Übergibt die CPU explizit an einen anderen Thread.

Der Perl-Compiler

Der Perl-Compiler ist in dieser Perl-Version noch ein experimentelles Feature.

Um das Perl-Programm **foo.pl** mit dem C-Backend zu kompilieren, geben Sie folgendes ein:

perl –MO=C,–ofoo.c foo.pl

Zur Kompilierung von **foo.pl** mit dem CC-Backend:

perl –MO=CC,–ofoo.c foo.pl

Durchgehen des Opcode-Baums in Ausführungsreihenfolge mit Ausgabe kurzer Informationen zu jedem Opcode:

perl –MO=Terse,exec foo.pl

Durchgehen des Opcode-Baums in Syntaxanordnung mit Ausgabe ausführlicherer Debug-Informationen zu jedem Opcode:

perl –MO=Debug foo.pl

Sie können auch „**exec**" anhängen, um in der Ausführungsreihenfolge durchzugehen.

Erzeugen eines Querverweis-Reports bei den Zeilennummern, an denen alle Variablen, Subroutinen und Formate definiert und verwendet werden:

perl –MO=Xref foo.pl

Der Perl-Debugger

Der symbolische Debugger von Perl wird mit **perl –d** aufgerufen.

a [*Zeile*] *Befehl*
: Legt eine Aktion für *Zeile* fest.

A Entfernt alle Aktionen für Zeilen.

b [*Zeile* [*Bedingung*]]
: Setzt Breakpunkte an *Zeile*; standardmäßig die aktuelle Zeile.

b *Subroutine* [*Bedingung*]
: Setzt einen Breakpunkt an der benannten Subroutine.

b compile *Subname*
: Hält an, nachdem die Subroutine kompiliert wurde.

b load *Datei*
: Breakpunkt beim Anfordern der Datei über require.

b postpone *Subname* [*Bedingung*]
: Setzt einen Breakpunkt an der ersten Zeile der Subroutine nach der Kompilierung.

c [*Zeile*]
: Fortsetzung (bis *Zeile*, einem anderen Breakpunkt oder zum Ende).

d [*Zeile*]
: Entfernt den Breakpunkt an der angegebenen *Zeile*; standardmäßig die aktuelle Zeile.

D Entfernt alle Breakpunkte.

f *Datei* Schaltet auf *Datei* und beginnt, sie auszugeben.

h Gibt eine lange Hilfsmeldung aus.

h *Befehl*
: Gibt eine Hilfe zu *Befehl* aus.

h h Gibt eine knappe Hilfsmeldung aus.

Perl

H [*–Anzahl*]
: Gibt die letzte *Anzahl* Befehle aus.

l [*Bereich*]
: Gibt einen Bereich von Zeilen aus. *Bereich* kann eine Zahl, Anfang–Ende, Start+Anzahl oder ein Subroutinenname sein. Fehlt *Bereich*, wird das nächste Fenster ausgegeben.

l *Subroutine*
: Gibt die angegebene Subroutine aus.

L
: Gibt die Zeilen an, bei denen Breakpunkte oder Aktionen definiert sind.

m *Klasse*
: Gibt die Methoden aus, die über die angegebene *Klasse* aufrufbar sind.

m *Ausdruck*
: Evaluiert den Ausdruck im Listenkontext und gibt die Methoden aus, die über das erste Element des Ergebnisses aufgerufen werden können.

n [*Ausdruck*]
: Einzelschritte beim Subroutinenaufruf.

O [*Option* [= *Wert*]]
: Setzt Werte von Debugger-Optionen bzw. fragt diese ab.

p *Ausdruck*
: Gibt *Ausdruck* aus.

q
: Beenden. Sie können auch Ihr EOF-Zeichen verwenden.

r
: Rückkehr aus der aktuellen Subroutine.

R
: Neustart des Debuggers.

s [*Ausdruck*]
: Einzelschritt-Steuerung.

S [!] *Muster*
: Führt die Namen aller Subroutinen auf, die dem Muster [nicht] entsprechen.

t
: Wechsel des Trace-Modus.

t *Ausdruck*
: Trace durch die Ausführung von *Ausdruck*.

T
: Ausgabe eines Stack-Trace.

V [*Paket* [*Muster*]]
: Gibt die Variablen aus, die dem *Muster* in einem *Paket* entsprechen. Voreingestellt ist das Paket **main**.

w [*Zeile*]
: Gibt ein Fenster um die angegebene Zeile aus.

W
: Entfernt alle Watch-Ausdrücke.

W *Ausdruck*
: Fügt einen globalen Watch-Ausdruck hinzu.

x *Ausdruck*
: Evaluiert *Ausdruck* im Listenkontext und „dumpt“ das Ergebnis.

X [*Muster*]
Wie **V**, geht aber vom aktuellen Paket aus.

Befehl Führt *Befehl* als Perl-Anweisung aus.

. Kehrt zur ausgeführten Zeile zurück.

– Gibt das vorherige Fenster aus.

= [*Alias Wert*]
Setzt einen Alias oder gibt die aktuellen Aliase aus.

/*Muster*/
Sucht vorwärts nach *Muster*.

?*Muster*?
Sucht rückwärts nach *Muster*.

< *Befehl*
Legt eine Aktion fest, die jedesmal ausgeführt werden soll, bevor der Debugger-Prompt ausgegeben wird.

<< *Befehl*
Fügt einer Liste von Aktionen eine weitere hinzu. Diese Aktionen werden jedesmal ausgeführt, bevor der Debugger-Prompt erscheint.

> *Befehl*
Legt eine Aktion fest, die nach jedem Debugger-Prompt ausgeführt wird.

>> *Befehl*
Fügt einer Liste von Aktionen eine weitere hinzu. Diese werden nach jedem Debugger-Prompt ausgeführt.

{ *Befehl* Definiert einen Debugger-Befehl, der vor jedem Prompt ausgeführt wird.

{{ *Befehl*
Fügt einer Liste von Debugger-Befehlen einen weiteren hinzu. Diese werden vor jedem Prompt ausgeführt.

! [[-]*Nummer*]
Führt einen Befehl erneut aus. Voreingestellt ist der vorangegangene Befehl.

! [*Muster*]
Führt den letzten Befehl erneut aus, der mit *Muster* beginnt.

!! [*Befehl*]
Führt *Befehl* in einem Unterprozeß aus.

|*Befehl* Führt den Debugger-Befehl *Befehl* über den aktuellen Pager aus.

||*Befehl*
Das gleiche; temporär wird mit select aber auch **DB::OUT** gewählt.

Eingabetaste
Wiederholt letztes **s** oder **n**.

Perl

KAPITEL 15

Überblick über die System- und Netzwerkverwaltung

Häufig benutzte Befehle

Im folgenden finden Sie Tabellen mit den wichtigsten Befehlen zur Systemverwaltung.

Archivieren

cpio	Dateiarchive anlegen, kopieren und auslesen.
tar	Sichern oder Zurückholen von Dateien in oder aus Archivmedien oder anderen Dateien.

Uhrzeit

hwclock	Verwalten der Hardware-Uhr.
netdate	Uhrzeit anhand eines anderen Rechners einstellen.
rdate	Uhrzeit-Server verwalten.
zdump	Liste der Zeitzonen ausgeben.
zic	Dateien zur Zeitumrechnung anlegen.

Daemonen

bootpd	Internet-Boot-Protocol-Daemon.
fingerd	Finger-Daemon.
ftpd	File-Transfer-Protocol-Daemon.
identd	Herausfinden des Benutzers, der einen TCP/IP-Prozeß gestartet hat.
imapd	IMAP-Protocol-Mailbox-Server-Daemon.
inetd	Internet-Superserver-Daemon.
kerneld	Automatisches Laden von Kernel-Modulen.
klogd	Verwalten des syslogd.
lpd	Drucker-Daemon.

mountd	NFS-Server-Daemon.
named	Internet Domain Name Server.
nfsd	NFS-Client-Daemon.
pop2d	POP2 Server.
pop3d	POP3 Server.
powerd	Überwacht die Verbindung zu unterbrechungsfreien Stromversorgungen.
pppd	Daemon für das Point-to-Point Protocol (PPP).
rdistd	Server für die Verteilung von Software.
rexecd	Server für die entfernte Ausführung von Programmen.
rlogind	Server für das rlogin-Kommando.
routed	Routing-Daemon.
rwhod	Server für entfernte who-Befehle.
syslogd	Daemon, der Systemmeldungen protokolliert.
tcpd	TCP-Netzwerk-Daemon.
tftpd	Daemon für das Trivial File Transfer Protocol (TFTP).
update	Daemon zum Schreiben der Dateibuffer auf die Festplatte
ypbind	NIS-Binder-Prozeß
yppasswdd	NIS-Server für die Änderung von Paßwörtern.
ypserv	NIS-Server-Prozeß.

Hardware

arp	Verwalten des ARP-Caches.
cfdisk	Verwalten von Festplattenpartitionen.
fdisk	Verwalten von Festplattenpartitionen.
kbdrate	Einstellen der Tastenwiederholrate der Tastatur.
ramsize	Ausgeben von Informationen über die RAM-Disk.
setserial	Einstellen der seriellen Schnittstellen.
slattach	Serielle Leitungen als Netzwerkschnittstellen ansprechen.

Rechnerinformationen

dnsdomainname	Ausgeben des DNS-Domänennamens.
domainname	Ausgeben des NIS-Domänennamens.
host	Ausgeben von Rechner- und Zoneninformationen.
nslookup	Internet Domain Name Server abfragen.

Installation

install	Kopieren von Dateien an Stellen, an denen Benutzer auf sie zugreifen können.
rdist	Dateien an andere Systeme weitergeben.
cpio	Dateiarchive anlegen, kopieren und auslesen.
tar	Sichern oder Zurückholen von Dateien in oder aus Archivmedien oder anderen Dateien.

E-Mail

makemap	Datenbankdateien von **sendmail** aktualisieren.
fetchmail	E-Mail von entfernten Servern abholen.
rmail	**uucp**-E-Mail weiterleiten.
sendmail	Eingehende und ausgehende E-Mail weiterleiten.

Verwalten des Kernels

insmod	Laden eines neuen Kernel-Moduls.
lsmod	Anzeigen der geladenen Kernel-Module.
modprobe	Laden von Kernel-Modulen unter Berücksichtigung aller Abhängigkeiten.
rmmod	Entladen eines neuen Kernel-Moduls.

Verwalten von Dateisystemen

Auf UNIX-Systemen ist ein *Dateisystem* Hardware, die formatiert worden ist, um darauf Dateien ablegen zu können. Dateisysteme kann es auf Festplatten, Disketten, CD-ROMs oder anderen Speichermedien geben, auf die wahllos zugegriffen werden kann.

Das genaue Format und Verfahren, mit dem die Dateien abgelegt werden, ist hier unwichtig, weil das System eine einheitliche Schnittstelle für alle ihm bekannten *Dateisystemtypen* bereitstellt. Unter Linux ist das bekannteste Dateisystem das „Second Extended Filesystem" *(ext2fs)*, das vermutlich auch Sie zum Abspeichern von Dateien verwenden. Das Second Extended Filesystem wurde hauptsächlich für Linux entwickelt und unterstützt Dateinamen mit bis zu 256 Zeichen, eine maximale Dateisystemgröße von vier Terabyte und andere nützliche Dinge. (Es heißt „second", also „zweites", weil es der Nachfolger des ersten Dateisystems, des „Extended Filesystems", ist.) Andere gebräuchliche Dateisystemtypen sind das MS-DOS-Dateisystem, mit dem unter Linux auf MS-DOS-Partitionen und -Disketten zugegriffen werden kann, und das ISO-9660-Dateisystem, das von CD-ROMs verwendet werden kann.

debugfs	Fehlersuche im **extfs**-Dateisystem.
dumpe2fs	Ausgeben von Informationen über den Superblock und Blockgruppen.
e2fsck	Überprüfen und Reparieren eines Second-Extended-Dateisystems.
fsck	Überprüfen und Reparieren von Dateisystemen.
fsck.minix	Überprüfen und Reparieren eines MINIX-Dateisystems.
fuser	Ausgeben der Prozesse, die ein Dateisystem benutzen.
mkfs	Anlegen eines neuen Dateisystems.
mkfs.ext2	Anlegen eines neuen Second-Extended-Dateisystems.
mkfs.minix	Anlegen eines neuen MINIX-Dateisystems.
mklost+found	Anlegen des *lost+found*-Verzeichnisses.
mkswap	Anlegen eines Auslagerungsbereichs.
mount	Einhängen eines Dateisystems.
rdev	Parameter des Wurzel-Dateisystems im Kernel-Image ändern.
rootflags	Ausgeben oder Setzen der Flags, mit denen das Wurzel-Dateisystem eingehängt wurde.
showmount	Ausgeben, an welche Rechner Dateisysteme exportiert werden.
swapdev	Anzeigen oder Einstellen von Parametern des Auslagerungsbereichs.

swapon	Verwenden einer Partition oder Datei zum Auslagern.
swapoff	Partition oder Datei nicht mehr zum Auslagern verwenden.
sync	Buffer der Dateisysteme auf die Medien schreiben.
tune2fs	Einstellen eines Second-Extended-Dateisystems.
umount	Aushängen eines Dateisystems.

Verschiedenes

cron	Befehle zur Ausführung zu bestimmten Zeiten vormerken.
dmesg	Anzeigen der Startmeldungen, nachdem das System gestartet worden ist.
install	Kopieren von Dateien und Einstellen der Zugriffsrechte.
ldconfig	Aktualisieren der Links auf Bibliotheken und des Caches.
logger	Mitteilungen an das Systemprotokoll schicken.
login	Anmelden.
logrotate	Systemprotokolle komprimieren und rotieren.
rdist	Dateien zwischen Rechnern transportieren.
rstat	Anzeigen des Systemstatus von Rechnern.
run-parts	Alle Skripten in einem Verzeichnis ausführen.
script	Protokoll der eingegebenen Befehle und ihrer Ausgaben erstellen.

Netzwerke

dip	Einwähl-IP-Verbindungen aufbauen.
gated	Verwalten von Routing-Tabellen zwischen Netzwerken.
ifconfig	Verwalten von Netzwerkschnittstellen.
ipfwadm	Firewall- und Kontoführungsfunktionen verwalten.
named	Übersetzen zwischen Domänennamen und IP-Adressen.
netstat	Ausgeben des Zustands des Netzwerks.
portmap	Abbilden von Daemonen auf Ports.
rarp	Verwalten der RARP-Tabelle.
route	Verwalten von Routing-Tabellen.
routed	Routing-Tabellen dynamisch aktualisieren.
rpcinfo	RPC-Informationen ausgeben.
traceroute	Verfolgen des Weges durch das Netzwerk zu einem entfernten Rechner.

Verwaltung von NIS

domainname	Einstellen oder Anzeigen der aktuellen NIS-Domäne.
makedbm	NIS-Datenbanken neu aufbauen.
ypbind	Mit einem NIS-Server verbinden.
ypcat	Inhalt der NIS-Datenbank ausgeben.
ypinit	Neue NIS-Datenbank anlegen.
ypmatch	Ausgeben des Wertes eines oder mehrerer NIS-*Schlüssel*.
yppasswd	Ändern des Paßwortes eines Benutzers in der NIS-Datenbank.
yppasswdd	Aktualisieren der NIS-Datenbank nach **yppasswd**.
yppoll	Bestimmen der Version einer NIS-Tabelle im NIS-Server.

yppush	NIS-Tabelle weiterverbreiten.
ypserv	NIS-Server-Daemon.
ypset	**ypbind** auf einen bestimmten Server einstellen.
ypwhich	Anzeigen des Namens des NIS-Servers oder des primären Tabellenlieferanten.
ypxfr	Übertragen einer NIS-Datenbank vom Server auf den lokalen Rechner.

Drucken

tunelp	Einstellen der Drucker-Parameter.
lpc	Drucker steuern.

Sicherheit und Systemintegrität

badblocks	Suchen nach fehlerhaften Blöcken.
chroot	Ändern des Wurzelverzeichnisses.

Starten und Anhalten des Systems

bootpd	Internet-Boot-Protocol-Daemon.
bootpgw	Internet-Boot-Protocol-Gateway.
bootptest	Test des **bootpd**.
halt	System anhalten oder herunterfahren.
reboot	System herunterfahren und neu starten.
runlevel	Ausgeben des Runlevels.
shutdown	System herunterfahren.
telinit	Ändern des aktuellen Runlevels.
uptime	Anzeigen der Zeit, die seit dem Systemstart vergangen ist.

Systemaktivität und Prozeßverwaltung

Eine Reihe der Befehle in Kapitel 2, *Linux-Benutzerbefehle*, sind besonders hilfreich bei der Verwaltung von Prozessen. Dazu gehören z.B. **kill**, **killall**, **killall5**, **pidof**, **ps** und **who**.

fuser	Identifizieren von Prozessen, die eine Datei oder ein Dateisystem verwenden.
netstat	Anzeigen des Netzwerkzustands.
psupdate	Aktualisieren der Datei */boot/psupdate*.
renice	Priorität eines laufenden Prozesses ändern.

Benutzer

chpasswd	Mehrere Paßwörter ändern.
groupmod	Gruppen modifizieren.
grpck	Korrektheit von Gruppendateien prüfen.
pwck	Korrektheit von Paßwortdateien prüfen.
rusers	Ausgeben von **who**-ähnlichen Informationen über andere Rechner.

rwall	Ausgeben einer Meldung an Benutzer auf entfernten Rechnern.
useradd	Einen neuen Benutzer hinzufügen.
userdel	Einen Benutzer sowie sein oder ihr Heimatverzeichnis löschen.
usermod	Informationen über einen Benutzer verändern.
w	Anzeigen der angemeldeten Benutzer.
wall	Ausgeben einer Meldung an alle angemeldeten Benutzer.

Überblick über die Netzwerkverwaltung

Netzwerke verbinden Computer, so daß verschiedene Systeme untereinander Informationen austauschen können. UNIX-Systeme stellen Benutzern wie Systemverwaltern traditionell einfache, aber mächtige Netzwerkdienste zur Verfügung, mit denen Sie überprüfen können, ob andere Rechner eingeschaltet und erreichbar sind, auf Dateien von anderen Systemen zugreifen können, miteinander via E-Mail kommunizieren können und vieles andere mehr.

Bei den meisten Netzwerkbefehlen muß auf jedem System ständig ein sogenannter Server-Prozeß im Hintergrund laufen, der auf Benutzeranfragen wartet und diese dann abarbeitet. Solche Prozesse nennt man auch *Daemonen*. Typische Beispiele, die grundlegende Funktionalitäten des Linux-Systems sicherstellen, sind **named** (übersetzt numerische IP-Adressen in alphanumerische Rechnernamen, die den Menschen so gut gefallen), **lpd** (sorgt für das Spooling) und **ftpd** (ermöglicht es Ihnen, sich via **ftp** zu einer anderen Maschine zu verbinden).

Die meisten UNIX-Netzwerkbefehle basieren auf den Internet-Protokollen. Bei diesen handelt es sich um standardisierte Methoden zur Kommunikation in einem Netzwerk über verschiedene, hierarchisch angeordnete Schichten. In den unteren Schichten behandeln die Protokolle z.B. Adressierung und Versandwege, in den oberen Schichten werden z.B. Benutzer lokalisiert und Befehle der Benutzer ausgeführt.

Die grundlegenden Benutzerbefehle, die bei den meisten Systemen, welche die Internet-Protokolle verwenden, vorhanden sind, werden üblicherweise nach den beiden gebräuchlichsten Protokollen TCP/IP-Befehle genannt. Sie können diese Befehle benutzen, um mit anderen UNIX-Systemen zu kommunizieren, auch solchen, auf denen nicht Linux läuft. Viele der Befehle können auch zur Kommunikation mit Systemen verwendet werden, auf denen kein UNIX läuft, weil heutzutage sehr viele Systeme TCP/IP oder einen Teil davon unterstützen.

In diesem Kapitel werden auch NFS und NIS behandelt, mit denen Dateien und andere Informationen transparent in einem Netzwerk verteilt werden können, sowie **sendmail**.

TCP/IP-Administrationsbefehle

ftpd	Server für Dateiübertragungen.
gated	Verwalten von Routing-Tabellen zwischen Netzwerken.
host	Host- und Zoneninformationen ausgeben.
ifconfig	Parameter der Netzwerkschnittstelle konfigurieren.
named	Übersetzen von Domänen- und Rechnernamen in IP-Adressen.
netstat	Ausgeben des Netzwerkzustands.
ifconfig	Einstellen der Parameter der Netzwerkschnittstelle.
nslookup	Anfragen an DNS-Server stellen.
ping	Überprüfen, ob ein entfernter Rechner erreichbar ist und antwortet.

pppd	Aufbauen von seriellen Verbindungen mittels PPP.
rdate	Absenden einer Mitteilung an den Time-Server, daß sich das Datum geändert hat.
route	Verwalten von Routing-Tabellen.
routed	Dynamisches Aktualisieren von Routing-Tabellen.
slattach	Serielle Leitung als Netzwerkschnittstelle einrichten.
telnetd	Ermöglichen von TELNET-Verbindungen zu diesem Rechner.
tftpd	Server für das TFTP-Protokoll.

NFS- und NIS-Administrationsbefehle

portmap	Abbilden von Daemonen auf Ports.
rpcinfo	RPC-Informationen ausgeben.
domainname	Einstellen oder Anzeigen der aktuellen NIS-Domäne.
makedbm	NIS-Datenbanken neu aufbauen.
ypbind	Mit einem NIS-Server verbinden.
ypcat	Inhalt der NIS-Datenbank ausgeben.
ypinit	Neue NIS-Datenbank anlegen.
ypmatch	Ausgeben des Wertes eines oder mehrerer NIS-*Schlüssel*.
yppasswd	Ändern des Paßwortes eines Benutzers in der NIS-Datenbank.
yppasswdd	Aktualisieren der NIS-Datenbank nach **yppasswd**.
yppoll	Bestimmen der Version einer NIS-Tabelle im NIS-Server.
yppush	NIS-Tabelle weiterverbreiten.
ypserv	NIS-Server-Daemon.
ypset	**ypbind** auf einen bestimmten Server einstellen.
ypwhich	Anzeigen des Namens des NIS-Servers oder des primären Tabellenlieferanten.
ypxfr	Übertragen einer NIS-Datenbank vom Server auf den lokalen Rechner.

Überblick über TCP/IP

TCP/IP ist eine Gruppe von Protokollen zur Kommunikation, die definieren, wie sich verschiedene Computer untereinander verständigen können. Der Name stammt von den beiden wichtigsten Protokollen, dem Transmission Control Protocol und dem Internet Protocol. Das Internet Protocol beschreibt, wie Daten in Form von Paketen zwischen Rechnern transportiert werden: Die Daten werden in Pakete aufgeteilt, die über andere Rechner im Netzwerk an ihr Ziel transportiert werden. Das Transmission Control Protocol sorgt dafür, daß die Daten einer Nachricht am Ziel in der richtigen Reihenfolge wieder zusammengesetzt werden und daß eventuell fehlende Daten noch einmal gesendet werden, bis sie korrekt empfangen werden konnten.

SysAdmin

Weitere Protokolle der TCP/IP-Familie:

Address Resolution Protocol (ARP)
: Übersetzung zwischen Internet- und lokalen Hardware-Adressen (z.B. Ethernet).

Internet Control Message Protocol (ICMP)
: Kontroll- und Fehlermeldungsprotokoll.

Point-to-Point Protocol (PPP)
: Ermöglicht es, TCP/IP (und andere Protokolle) über sowohl synchrone als auch asynchrone serielle Punkt-zu-Punkt-Verbindungen zu übertragen.

Reverse Address Resolution Protocol (RARP)
: Übersetzung zwischen lokalen Hardware- und Internet-Adressen (Gegenstück zu ARP).

Serial Line Internet Protocol (SLIP)
: IP über serielle Leitungen.

Simple Mail Transport Protocol (SMTP)
: Wird von **sendmail** verwendet, um E-Mail via TCP/IP zu versenden.

Simple Network Management Protocol (SNMP)
: Verwalten verteilter Netzwerke über TCP/IP.

User Datagram Protocol (UDP)
: Datenübertragung ohne die Verläßlichkeit von TCP.

Hintergrundinformationen zu TCP/IP finden Sie in dem dreibändigen Werk *Internetworking with TCP/IP* von Douglas R. Comer, erschienen bei Prentice-Hall, sowie in dem ebenfalls dreibändigen Werk *TCP/IP Illustrated* von W. Richard Stevens, erschienen bei Addison-Wesley. Genauere Beschreibungen der Befehle in diesem und im nächsten Kapitel finden Sie in *TCP/IP Netzwerk Administration, 2. Auflage*, von Craig Hunt sowie in *Linux — Wegweiser für Netzwerker* von Olaf Kirch, beide erschienen im O'Reilly Verlag.

In der Architektur der TCP/IP-Protokolle werden die Daten durch einen Stack (in Richtung auf die sogenannte *Network Access Layer*, die Netzwerkzugriffsschicht) geschickt und von dort über das Netz übertragen. Am anderen Ende durchlaufen die Daten den Stack in entgegengesetzter Richtung (siehe Abbildung 15-1).

Abbildung 15-1: Schichten in der Architektur des TCP/IP-Protokolls

IP-Adressen

Die IP-Adresse (also die „Internet-Adresse") eines Rechners ist eine 32 Bit große Zahl, die einen Rechner eindeutig identifiziert. Jeder Rechner muß eine eindeutige IP-Adresse haben. Eine IP-Adresse besteht aus zwei Teilen: dem Netzwerkteil und dem Rechnerteil. Die Anzahl der Bits in der Adresse, die das Netzwerk und den Rechner identifizieren, ist abhängig von der Klasse der Adresse. Es gibt im wesentlichen drei Adreßklassen: A, B und C (siehe Abbildung 15-2). Die am weitesten links stehenden Bits geben an, zu welcher Klasse eine Adresse gehört.

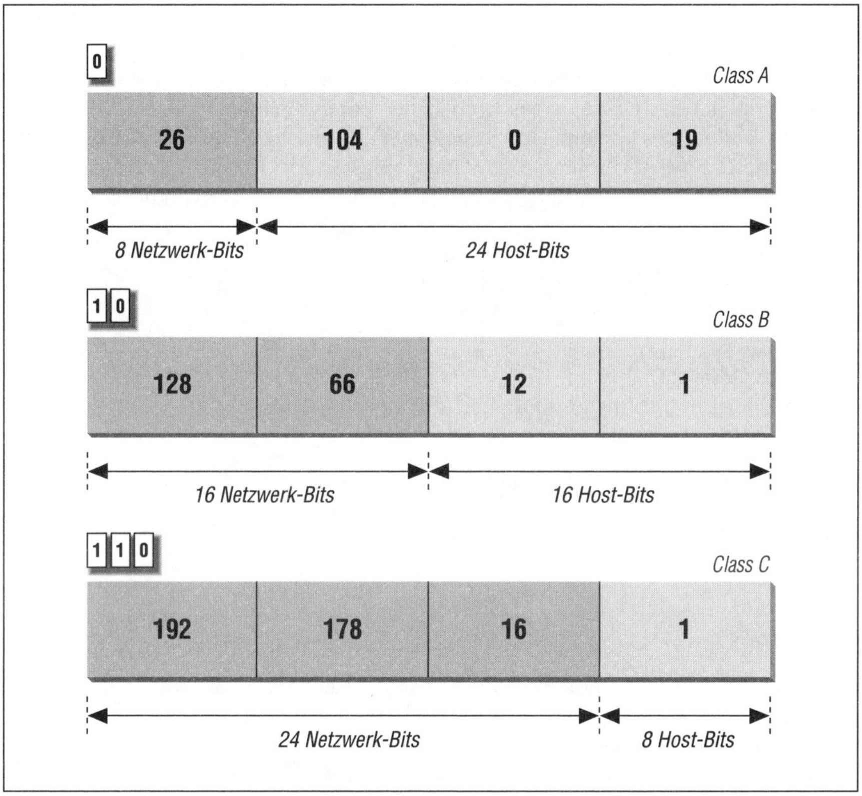

Abbildung 15-2: IP-Adreßstruktur

Ein neuerer Standard namens Classless Inter-Domain Routing (CIDR) erweitert den Grundgedanken des Klassensystems dahingehend, daß die ersten Bits verwendet werden, um zu bestimmen, wohin die Pakete geroutet werden sollen. Mit CIDR kann eine neue Domäne mit einer beliebigen Anzahl von festen, links stehenden Bits erzeugt werden (und nicht nur mit Vielfachen von 8).

Ein neuer Standard namens IPv6 ändert die Adressierungsmethode und vergrößert die Anzahl der Felder, aber es wird noch ein Weilchen dauern, bevor jemand das verwendet.

Wenn Sie Ihren Rechner in das Internet bringen möchten, wenden Sie sich an das für Sie zuständige Network Information Center oder Ihren Provider, die Ihnen eine IP-Adresse zuteilen werden. Wenn Sie sich nicht mit anderen Netzwerken verbinden wollen, können Sie Ihre IP-Adresse beliebig wählen, solange Sie sich an die Syntax für IP-Adressen halten. Sie sollten dann eine der reservierten Adressen für private Netzwerke verwenden, die im RFC 1597 angegeben sind und nicht bei der IANA (Internet Assigned Numbers Authority, einem Büro, das international im Internet verwendete Nummern wie IP-Adressen und RFC-Nummern verwaltet) registriert werden müssen. Eine IP-Adresse ist etwas anderes als eine Ethernet-Adresse, die vom Hersteller der Ethernet-Karte festgelegt wird.

Gateways und Routing

Gateways sind Rechner, die Routing-Informationen und Datenpakete zwischen verschiedenen Netzwerken vermitteln. Jeder Teil eines Netzwerks, der einer separaten lokalen Verwaltung untersteht, wird als autonomes System (AS) bezeichnet. Autonome Systeme werden untereinander über externe Gateways verbunden. Ein autonomes System kann selbst wiederum ein System von Netzwerken enthalten, die über interne Gateways miteinander verknüpft sind.

Gateway-Protokolle

Zu den Gateway-Protokollen gehören:

EGP (Exterior Gateway Protocol)
BGP (Border Gateway Protocol)
Protokolle zum Informationsaustausch für externe Gateways.

RIP (Routing Information Protocol)
Internes Gateway-Protokoll, populär in LANs.

Hello Protocol
OSPF (Open Shortest Path First)
Internes Gateway-Protokolle.

Routing-Daemonen

gated und **routed**, die Routing-Daemonen, versetzen einen Rechner in die Lage, als Gateway fungieren zu können. Nur einer der beiden kann zur Zeit auf einem Rechner laufen. **gated**, der „Gateway Routing Daemon", ermöglicht es einem Rechner, sowohl als externes als auch als internes Gateway zu arbeiten. Die Konfiguration wird dadurch erleichtert, daß die Protokolle RIP, Hello, BGP und EGP in einem Paket kombiniert sind.

routed, ein Netzwerk-Routing-Daemon, der RIP verwendet, ermöglicht nur die Funktion eines internen Gateways. Er verwaltet die Internet-Routing-Tabellen. Mehr Informationen zu **gated** und **routed** finden Sie bei den TCP/IP-Befehlen in Kapitel 16, *Befehle zur System- und Netzwerkverwaltung*.

Routing-Tabellen

Routing-Tabellen enthalten die Informationen, die benötigt werden, um ein Paket an sein Ziel zu leiten. Zu diesen Informationen gehören unter anderem das Zielnetzwerk, der zu verwendende Gateway, der Zustand der Route und die Anzahl der übertragenen Pakete. Routing-Tabellen können mit dem **netstat**-Befehl angezeigt werden.

Name Service

Jeder Rechner in einem Netzwerk hat einen Namen, der Informationen über ihn enthält. Solche Rechnernamen können jedem Gerät, das über eine IP-Adresse verfügt, zugewiesen werden. Namen-Dienste übersetzen Rechnernamen, die für Menschen leicht zu merken sind, in IP-Adressen, mit denen Computer besser arbeiten können.

DNS und BIND

Der Domain Name Service (DNS) ist eine verteilte Datenbank von Informationen über Rechner eines Netzwerks. Die Struktur von DNS ist der der UNIX-Dateisysteme sehr ähnlich: ein umgedrehter Baum mit der Wurzel an der Spitze. Die bekannteste Implementierung von DNS ist BIND (Berkeley Internet Name Domain).

DNS arbeitet nach dem Client-Server-Modell. Ein sogenannter *Resolver* ist der Client, ein Programm, das Anfragen über Rechner stellt. Der *Name Server* ist ein Prozeß, der diese Anfragen beantwortet. Der Server im BIND-Paket ist der Daemon **named**. Name Server können mit dem **nslookup**-Befehl interaktiv nach Informationen über Rechner befragt werden. Weitere Details zu **named** und **nslookup** finden Sie bei den TCP/IP-Befehlen in Kapitel 16 sowie in *DNS und BIND* von Paul Albitz und Cricket Liu.

Wenn Ihr Rechner der Name Server seiner Domäne ist, ist der Rechner dafür verantwortlich, die Namen der Rechner seiner Domäne zu verwalten und auf Anfrage herauszugeben. Andere Name Server im Internet werden ihn danach fragen.

Domänennamen

Der vollständige Domänenname ist eine Folge von Namen, die mit der eigenen Domäne beginnt und weiter zur Wurzeldomäne geht, wobei die Namen jeweils durch Punkte getrennt sind. Beispielsweise bezeichnet *oreilly.de* die Domäne *oreilly* (des O'Reilly Verlages), die unterhalb der erstrangigen Domäne *de* (für Deutschland) eingeordnet ist. Ein Rechner in dieser Domäne ist beispielsweise *www.oreilly.de*. Amerikanische Domänen sind traditionell in den folgenden erstrangigen Domänen zu finden, obwohl auch Domänen anderer Länder sich hier einordnen dürfen und es auch eine spezielle nationale Domäne für die USA (*.us)* gibt:

com	Kommerzielle Unternehmen
edu	Bildungseinrichtungen
gov	Staatliche Einrichtungen
mil	Militärische Einrichtungen
net	Kommerzielle Internet-Organisationen, oft Internet Service Provider.
org	Diverse Organisationen.

In den meisten anderen Ländern werden länderspezifische erstrangige Domänen wie *de* für Deutschland, *at* für Österreich und *ch* für die Schweiz verwendet.

Registrieren von Domänen

Wenn Sie eine Domäne einrichten wollen, die öffentlich erreichbar sein soll, müssen Sie Ihre Domäne registrieren lassen. Genaue Informationen dazu finden Sie unter *http://www.internic.net/* und *http://www.nic.de/*.

Konfigurieren von TCP/IP

ifconfig

Die Netzwerkschnittstelle gibt an, wie die Netzwerk-Software die Hardware benutzt: Treiber, IP-Adresse usw. Um eine Netzwerkschnittstelle zu konfigurieren, verwenden Sie den **ifconfig**-Befehl. Mit **ifconfig** weisen Sie während der Startphase des Rechners einer Netzwerkschnittstelle eine IP-Adresse zu und setzen die Netzwerkmaske und Broadcast-Adresse. Sie können auch weitere Parameter der Schnittstelle einstellen, z.B. die Verwendung von ARP, den Einsatz von treiberspezifischem Code zur Fehlersuche oder die Adresse der Gegenstelle in einer Point-to-Point-Verbindung. Mehr Informationen zu **ifconfig** finden Sie bei den TCP/IP-Befehlen in Kapitel 16.

Kommunikation über serielle Leitungen

Es gibt zwei Protokolle für die Kommunikation über serielle Leitungen: Serial Line IP (SLIP) und Point-to-Point Protocol (PPP). Mit diesen Protokollen können Computer Daten über eine serielle Schnittstelle und ein serielles Kabel anstatt über eine Netzwerkkarte und ein Ethernet-Kabel übertragen. Unter Linux wird der Treiber für das SLIP-Protokoll im Kernel installiert. Um eine serielle Leitung auf SLIP einzustellen, wird das **slattach**-Programm verwendet (nähere Informationen zu **slattach** in Kapitel 16). Vergessen Sie bitte nicht, daß Sie auch nach dem Aufruf von **slattach** immer noch mit **ifconfig** die Netzwerkschnittstelle konfigurieren müssen. Wenn Ihr Rechner beispielsweise *dilbert* heißt und Sie sich in den Rechner *dogbert* einwählen wollen, geben Sie ein:

```
# ifconfig sl0 dilbert pointopoint dogbert
# route add dogbert
# route add default gw dogbert
```

Damit wird die Schnittstelle als Punkt-zu-Punkt-Verbindung zu **dogbert** konfiguriert und eine Route zu **dogbert** eingerichtet und als Default-Route festgelegt, womit **dogbert** als Gateway angegeben wird.

PPP wurde entwickelt, um einige der Probleme mit SLIP zu beseitigen: PPP kann auch Pakete aus Nicht-Internet-Protokollen bearbeiten und bietet Autorisation der Clients und Van-Jacobson-Header-Komprimierung. Außerdem kann PPP jedes Protokoll, das durch PPP hindurchgeleitet wird, dynamisch konfigurieren. Unter Linux existiert PPP zum einen als Treiber im Kernel und zum anderen als Daemon **pppd**. Weitere Informationen zu **pppd** in Kapitel 16.

Problemsuche mit TCP/IP

Mit den folgenden Befehlen können TCP/IP-Probleme gefunden und behoben werden. Weitere Details zu diesen Befehlen finden Sie bei den TCP/IP-Befehlen in Kapitel 16.

ifconfig Ausgeben von Informationen über die grundlegende Konfiguration einer Netzwerkschnittstelle.

netstat Ausgeben des Netzwerkzustands.

ping Ausgeben, ob ein entfernter Rechner erreicht werden kann.

nslookup Abfragen des DNS Name Services.

traceroute Verfolgen der Route eines Pakets auf dem Weg zu einem entfernten Rechner.

Überblick über Firewalls und Masquerading

Ein Firewall-Rechner ist ein sicheres System, das zwischen einem internen und einem externen Netzwerk (dem Internet) sitzt. Er verwendet eine Regelmenge, anhand der er bestimmt, welcher Datenverkehr passieren darf und welcher blockiert wird. Während ein Firewall normalerweise dazu da ist, zu verhindern, daß böswilliger oder auch unabsichtlich schädlicher Verkehr von außen in das Netzwerk eindringt, kann er auch so konfiguriert werden, daß der ausgehende Verkehr überwacht wird. Da der Firewall der einzige Zugangspunkt zum System ist, macht er es einfacher, Verteidigungslinien aufzubauen und Aktivitäten zu überwachen.

Der Firewall kann auch so eingerichtet werden, daß das Netzwerk nach außen hin nur eine einzige IP-Adresse verwendet, auch wenn intern vielleicht mehrere IP-Adressen verwendet werden. Das wird als *Masquerading* bezeichnet. Masquerading hat eine Reihe von Vorteilen, so kann es als zusätzlicher Schutz dienen, weil schon die Existenz eines Netzwerks versteckt wird, aber auch den Aufwand und die Kosten ersparen, mehrere IP-Adressen zu beantragen.

Sowohl IP-Firewalling als auch IP-Masquerading sind in Version 2.0 des Linux-Kernels über das Hilfsprogramm **ipfwadm** implementiert. In Version 2.2 wird ein neues Firewalling-Feature namens *ipchains* eingeführt, leider kam es zu spät für diese Auflage.

Die folgenden Informationen über **ipfwadm** behandeln Linux-Kernel bis zur Version 2.1.102. Während dieses Buch geschrieben wird, steht eine neue Version kurz vor der Freigabe. Diese enthält eine Neuimplementierung von Firewalling und Masquerading, wobei auch das Hilfsprogramm **ipfwadm** durch das Hilfsprogramm **ipchain** ersetzt wird. Im „IPCHAINS-HOWTO" finden Sie nähere Informationen.

Um ein Linux-System als Firewall einzurichten, müssen Sie die Firewall-Unterstützung in den Kernel kompilieren, indem Sie **make config** aufrufen und alle folgenden Netzwerk-Optionen aktivieren:

- Network firewalls
- TCP/IP networking
- IP: firewalling
- IP: firewall packet logging

Wenn Sie auch Masquerading verwenden wollen, dann aktivieren Sie noch die drei folgenden Optionen:

- IP: masquerading
- IP: ipautofw masq support
- IP: ICMP masquerading

Das Firewalling stellt vier Kategorien von Regelmengen bereit, die im Kernel in Form von vier Listen verwaltet werden:

Buchführung

Eine Regelmenge, mit der alle ein- oder ausgehenden Pakete verglichen werden. Bei jedem passenden Paket werden ein zu der jeweiligen Regel gehörender Paket- und Byte-Zähler inkrementiert.

Eingehende Firewall

Regeln, die festlegen, ob ein eingehendes IP-Paket akzeptiert wird. Alle eingehenden Pakete werden mit diesen Regeln verglichen; die erste zutreffende Regel bestimmt, was geschieht. Eingehende Regeln werden auf alle eingehenden Pakete angewendet, ob sie nun für diesen oder einen anderen Rechner bestimmt sind.

Ausgehende Firewall

Regeln, die festlegen, ob ein ausgehendes IP-Paket gesendet werden darf. Alle ausgehenden Pakete werden mit diesen Regeln verglichen; die erste zutreffende Regel bestimmt, was geschieht. Ausgehende Regeln werden auf alle ausgehenden Pakete angewendet, ob sie nun für den Firewall-Rechner selbst oder einen entfernten Rechner bestimmt sind.

Weiterleitende Firewall

Regeln, die festlegen, ob und wann IP-Pakete weitergeleitet werden dürfen, die von einem anderen Rechner kommen und für einen anderen Rechner bestimmt sind. Alle weitergeleiteten IP-Pakete werden mit diesen Regeln verglichen; die erste zutreffende Regel bestimmt, was geschieht. Weiterleitende Regeln betreffen nur Pakete, die durch die Firewall hindurchgehen.

Bei eingehenden, ausgehenden und weiterleitenden Firewall-Regeln werden bei allen Treffern die Paket- und Byte-Zähler der jeweiligen Regel inkrementiert. Wenn keine Regel zutrifft, wird das Default-Verhalten für die jeweilige Regelkategorie verwendet. Jede Regel implementiert eines von drei Verhalten:

accept

Passende Pakete dürfen empfangen, gesendet oder weitergeleitet werden.

deny

Passende Pakete dürfen nicht empfangen, gesendet oder weitergeleitet werden.

reject

Passende Pakete dürfen nicht empfangen, gesendet oder weitergeleitet werden; außerdem wird an den Ausgangsrechner eine ICMP-Fehlermeldung geschickt.

Die Regeln definieren Sie mit **ipfwadm**. Normalerweise erzeugen Sie eine Datei, die die Regeldefinitionen enthält, und rufen **ipfwadm** einmal pro Regel auf. Nähere Informationen zu den Entscheidungen, die Sie treffen müssen, und den Überlegungen, die der Aufstellung der Regeln zugrundeliegen, finden Sie in einem allgemeinen Buch über Firewalls wie etwa dem O'Reilly-Buch *Einrichten von Internet Firewalls* von D. Brent Chapman und Elizabeth D. Zwicky. Außerdem gibt es einschlägige HOWTOs wie das „Firewalling and Proxy Server HOWTO" und das „Linux IP Masquerade mini HOWTO". In Kapitel 16 finden Sie nähere Informationen zu **ipfwadm**.

Überblick über NFS

NFS ist ein verteiltes Dateisystem, mit dem Benutzer entfernte Dateisysteme einhängen, als ob sie auf dem lokalen Rechner vorhanden wären. NFS verwendet ein Client-Server-Modell, in dem ein Server Verzeichnisse exportiert und Clients diese Verzeichnisse in ihren Verzeichnisbaum einhängen, um an die in ihnen enthaltenen Dateien heranzukommen. Mit NFS ist es nicht mehr nötig, Kopien von Dateien auf mehreren Rechnern zu halten, weil alle Clients auf eine einzige Kopie auf dem Server zugreifen können. NFS ist ein RPC-basiertes Protokoll der Applikationsschicht. Weitere Informationen zu Netzwerkprotokollen finden Sie im Abschnitt „Überblick über TCP/IP".

Verwalten von NFS

Um NFS-Clients und -Server einzurichten, müssen die NFS-Daemonen gestartet werden, der NFS-Server muß die Dateisysteme exportieren, und die Clients müssen sie bei sich einhängen. Die Datei */etc/exports* ist die Konfigurationsdatei des Servers; sie gibt an, welche Dateien und Verzeichnisse exportiert werden und wer wie darauf zugreifen darf. Die Namen und Adressen von Rechnern, die zugreifen dürfen, sind in der */etc/hosts*-Datei abgelegt.

Daemonen

Der Server-Daemon von NFS heißt **nfsd** und nimmt RPC-Aufrufe von Clients entgegen. Außerdem läuft auf NFS-Servern der **mountd**-Daemon, der Anfragen zum Einhängen bearbeitet. Auf dem Client werden die Caches und der Buffer von **biod**, dem Block-I/O-Daemon, verwaltet. Der **portmap**-Daemon bildet RPC-Programmnummern auf die entsprechenden TCP/IP-Portnummern ab.

Exportieren von Dateisystemen

Um einen NFS-Server einzurichten, sollten Sie zunächst überprüfen, ob der dafür bestimmte Rechner all die Rechner erreichen kann, die Verzeichnisse von ihm importieren wollen. Danach editieren Sie die Datei */etc/exports* und tragen dort all die Dateisysteme mit ihren Einhängepunkten ein, die exportiert werden sollen. Wenn Sie einen Automounter und **mountd** verwenden, werden die Dateien exportiert, falls es die Zugriffsrechte in */etc/exports* erlauben.

Einhängen von Dateisystemen

Um via NFS auf ein entferntes Dateisystem zugreifen zu können, muß es nach dem Start von NFS eingehängt werden — entweder durch Verwenden des **mount**-Befehls oder durch Eintragen des Einhängepunktes und des entfernten Dateisystems in die Datei */etc/fstab*. Der **mount**-Befehl ruft den **mountd**-Daemon des Servers, der die Zugriffsrechte des Clients überprüft und einen Zeiger auf das Dateisystem zurückgibt. Wenn ein Verzeichnis einmal eingehängt ist, bleibt es mit dem lokalen Verzeichnisbaum verbunden, bis es mit dem **umount**-Befehl wieder ausgehängt wird oder der lokale Rechner heruntergefahren wird.

Normalerweise kann nur der Superuser Dateisysteme via NFS einhängen. Man kann jedoch auch normalen Benutzern das Ein- und Aushängen von bestimmten Dateisystemen mit den **mount**- und **umount**-Befehlen erlauben, indem man die Option „user" in der Datei */etc/fstab* einträgt. Damit kann die Netzwerkbelastung reduziert werden, indem Verzeichnisse nur bei

Bedarf eingehängt werden. Um das Einhängen durch normale Benutzer einzuschalten, sollten Sie für jedes einzuhängende Dateisystem einen Eintrag in */etc/fstab* anlegen.

Überblick über NIS

NIS bezeichnet einen Dienst, der früher als Sun Yellow Pages (YP) bekannt war. Er wird verwendet, um Konfigurationsinformationen auf allen Rechnern eines Netzwerks einheitlich und konsistent zu halten. Dies wird dadurch erreicht, daß ein einzelner Rechner sämtliche Dateien und Datenbanken zur Systemverwaltung hält und diese Informationen an alle anderen Rechner des Netzwerks weitergibt. Die Informationen werden in Datenbanken übersetzt, den sogenannten Tabellen *(maps)*. NIS basiert auf dem RPC-Protokoll. Zur Zeit sind zwei NIS-Server für Linux frei verfügbar: **yps** und **ypserv**.

Server

Bei NIS gibt es zwei verschiedene Arten von Servern: Master und Slaves. Die Master-Server verwalten die Tabellen und verteilen sie an die Slave-Server, von denen sie von den Clients gelesen werden.

Domänen

Eine NIS-Domäne ist eine Gruppe von Rechnern, die dieselbe Menge an Tabellen benutzt. Die Tabellen sind in einem Unterverzeichnis von */var/yp*, das den gleichen Namen wie die Domäne hat, abgelegt. Die Rechner einer Domäne teilen sich die Informationen über Benutzer, Benutzergruppen und Rechner. NIS-Domänennamen werden mit dem **domainname**-Befehl eingestellt.

NIS-Tabellen

NIS speichert Informationen in Datenbankdateien, den sogenannten *maps* (Tabellen). Jede Tabelle besteht aus einem Paar von **dbm**-Datenbankdateien, von denen die eine ein Verzeichnis der Schlüssel und die andere die eigentlichen Daten enthält. Da **dbm**-Dateien keine Textdateien sind, müssen spezielle NIS-Werkzeuge wie **yppush** verwendet werden, um Tabellen zwischen Rechnern auszutauschen.

Die Datei */var/yp/YP_MAX_X_LATE* enthält eine komplette Aufstellung aller aktiven NIS-Tabellen sowie der NIS-Aliasnamen für NIS-Tabellen. Alle Tabellen müssen hier aufgeführt sein, damit NIS sie verteilen kann.

Werkzeuge zur Tabellenmanipulation

NIS-Tabellen werden mit den folgenden Hilfsprogrammen verwaltet:

makedbm Erzeugen von **dbm**-Dateien. Verändert werden sollten nur die *ypservers*-Tabelle und andere nichtstandardisierte Tabellen.

ypinit Erzeugen und Installieren von NIS-Datenbanken. Bearbeitet die Tabellen, wenn NIS initialisiert wird. Sollte nicht verwendet werden, wenn NIS bereits in Betrieb ist.

yppush Transferiert aktualisierte Tabellen vom Master-Server.

Verwalten von NIS

NIS wird durch das Einrichten von NIS-Servern und NIS-Clients eingeschaltet. Die Beschreibungen hier gehen von der Verwendung von **ypserv** aus, was keine Master/Slave-Server-Konfiguration erlaubt. Alle NIS-Befehle benötigen das RPC-**portmap**-Programm. Stellen Sie also sicher, daß es installiert ist und läuft, bevor Sie NIS einrichten.

Einrichten eines NIS-Servers

Zum Einrichten eines NIS-Servers gehören die folgenden Schritte:

1. Einstellen des NIS-Domänennamens mit **domainname**.
2. Editieren Sie die Datei *ypMakefile*, die angibt, welche Datenbanken aus welchen Quellen gebaut werden sollen.
3. Kopieren Sie *ypMakefile* nach */var/yp/Makefile*.
4. Starten Sie **make** im Verzeichnis */var/yp*, wodurch die Datenbanken erzeugt werden und der Server initialisiert wird.
5. Starten von **ypserv**, dem NIS-Server-Daemon.

Einrichten eines NIS-Clients

Zum Einrichten eines NIS-Clients gehört: Einstellen des Domänennamens mit **domainname** (der Name muß identisch mit dem beim Server verwendeten sein) und Starten von **ypbind**.

NIS-Benutzer-Accounts

In NIS-Netzwerken gibt es zwei Arten von Benutzer-Accounts: verteilte und lokale. Verteilte Accounts müssen vom Master-Rechner verwaltet werden; sie enthalten Informationen, die auf allen Rechnern der NIS-Domäne gleich sind. Änderungen an verteilten Accounts werden über NIS-Tabellen verteilt. Lokale Accounts werden vom lokalen Computer verwaltet; sie stellen Informationen zur Verfügung, die spezifisch für den jeweiligen Rechner sind. Diese lokalen Informationen werden nicht von NIS-Tabellen beeinflußt, und Änderungen an ihnen beeinflussen auch NIS nicht. Wenn NIS installiert wird, werden für bereits existierende Accounts die lokalen Informationen verwendet, falls nichts anderes angegeben wird.

RPC und XDR

RPC (Remote Procedure Call) ist ein Protokoll, das sowohl von NFS als auch von NIS verwendet wird. Es erlaubt einem Rechner, eine Prozedur auf einem entfernten Rechner so aufzurufen, als ob sie lokal abgearbeitet werden würde. RPC besteht aus einer Implementierung in Form einer Bibliothek von Funktionen und einem Netzwerkstandard für die Datenrepräsentation namens XDR (eXternal Data Representation).

KAPITEL 16

Befehle zur System- und Netzwerkverwaltung

In diesem Kapitel werden die einzelnen Linux-Befehle zur Systemverwaltung beschrieben. Kapitel 15 enthält eine Übersicht, wie diese Befehle mit den Protokollen und Schichten der Netzwerk-Software zusammenspielen. Verwandte Themen finden Sie auch in anderen O'Reilly-Büchern. In *UNIX System Administration* von Æleen Frisch werden die Befehle zur Verwaltung des lokalen Rechners detailliert erläutert, während *TCP/IP Netzwerk Administration* von Craig Hunt und *Linux — Wegweiser für Netzwerker* von Olaf Kirch die TCP/IP-Befehle erläutern. Außerdem behandelt *NFS und NIS — Verwaltung von UNIX-Netzwerken* von Hal Stern NFS- und NIS-Befehle.

Alphabetische Zusammenfassung der Befehle

agetty

agetty [*Optionen*] *Port Baudrate* [*Terminal*]

Die Linux-Version von **getty**. Stellt Terminaltyp, Übertragungsmodi, Geschwindigkeit und Verbindungsart ein. **agetty** wird von **init** aufgerufen und ist der zweite Prozeß in der Folge **init–getty–login–shell**, die letztlich zum Anmelden eines Benutzers am Linux-System führt. **agetty** liest den Benutzernamen ein und ruft den **login**-Befehl mit dem Benutzernamen als Argument auf. Während der Benutzername eingelesen wird, versucht sich **agetty** an das verwendete System hinsichtlich Übertragungsgeschwindigkeit und Gerätetyp anzupassen.

Sie müssen einen Port angeben, den **agetty** im */dev*-Verzeichnis sucht. Hier ist auch **-** möglich; in diesem Fall liest **agetty** von der Standardeingabe. Weiterhin müssen Sie eine *Baudrate* angeben. Dies kann eine durch Kommata getrennte Liste von Geschwindigkeiten sein, die von **agetty** der Reihe nach ausprobiert werden. Optional kann ein *Terminal* angegeben werden; dieser Wert überschreibt die TERM-Umgebungsvariable.

→

agetty ←

Optionen

–h Verwenden der Hardware-Flußkontrolle anstelle der Software-mäßigen.

–i Unterdrücken der Ausgabe von */etc/issue* vor Ausgabe der Anmeldeaufforderung.

–l *Programm*
Angeben eines *Programms*, das anstelle von */bin/login* verwendet wird.

–m Versucht, die passende Übertragungsgeschwindigkeit (Baudrate) zu raten.

–t *Timeout*
Gibt an, daß sich **agetty** beenden soll, wenn das Aufbauen der Verbindung erfolgreich ist, aber danach *Timeout* Sekunden lang keine Eingabe erfolgt.

–L Erwartet kein Carrier-Detect-Signal (lokale Verbindung). Diese Option wird verwendet, wenn Terminals direkt angeschlossen sind.

---

arp

arp [*Optionen*]

TCP/IP-Befehl. Löscht, ergänzt oder gibt den ARP-Cache (*/proc/net/arp*) des Kernels aus.

Optionen

–v

–t *Typ* Sucht nach Einträgen dieses *Typs* im ARP-Cache. *Typ* muß entweder **ether** (IEEE 802.3 10Mbps Ethernet) oder **ax25** (AX.25 Packet Radio) sein; der Default ist **ether**.

–a [*Rechner*]
Gibt die Einträge für *Rechner* oder alle Einträge — falls kein Rechner angegeben ist — aus.

–d *Rechner*
Entfernt den Eintrag für *Rechner*.

–s *Rechner Hardware-Adresse*
Fügt den Eintrag *Rechner Hardware-Adresse* hinzu. **ether**-Adressen sind sechs hexadezimale Bytes, die durch Doppelpunkte voneinander getrennt werden.

–f *Datei*
Liest Einträge aus *Datei* und fügt sie hinzu.

---

badblocks

badblocks [*Optionen*] *Gerät Block–Anzahl*

Durchsucht *Gerät* nach schlechten Blöcken, wobei die Anzahl der Blöcke auf dem Gerät angegeben werden muß.

badblocks

Optionen

–b *Blockgröße*
Gibt die erwartete *Blockgröße* an.

–o *Datei* Umlenken der Ausgabe in *Datei.*

–v Verbose-Modus.

–w Überprüft jeden Block, indem zunächst in ihn hineingeschrieben und danach wieder aus ihm gelesen wird.

bootpd

bootpd [*Optionen*] [*Konfigurationsdatei* [*Dump–Datei*]]

TCP/IP-Befehl. Der Internet Boot Protocol Server. **bootpd** wird normalerweise von */etc/inetd* gestartet, indem die folgende Zeile in die Datei */etc/inetd.conf* aufgenommen wird:

```
bootps dgram udp wait root /etc/bootpd bootpd
```

Damit wird **bootpd** nur gestartet, wenn eine Anfrage an den Server eintrifft. Der Server kann aber auch von der Kommandozeile gestartet werden. Nach dem Starten liest **bootpd** zunächst seine Konfigurationsdatei */etc/bootptab* (oder die auf der Kommandozeile angegebene *Konfigurationsdatei*) und wartet dann auf BOOTREQUEST-Pakete.

bootpd konsultiert */etc/services*, um die Portnummern herauszufinden, die verwendet werden sollen. Dabei werden zwei Einträge gelesen: **bootps** — der Port, auf dem der Server auf Anfragen warten soll — und **bootpc** — der Port, auf dem der Server den Clients antwortet.

Wenn **bootpd** mit der Option –DDEBUG kompiliert worden ist, schreibt er bei Empfang des Signals SIGUSR1 seine Datenbank im Speicher in die Datei */etc/bootpd.dump* oder in die auf der Kommandozeile angegebene *Dump-Datei.*

Optionen

–c *Verzeichnis*
bootpd arbeitet im angegebenen Verzeichnis.

–d *Stufe* Angeben der Debugging-Stufe. Wenn *Stufe* nicht angegeben wird, wird die aktuelle Stufe um eins erhöht.

–t *Timeout* Gibt einen Timeout-Wert in Minuten an. 0 bedeutet kein Timeout.

Die Konfigurationsdatei

Im Format der Konfigurationsdatei von **bootpd** beschreiben zweibuchstabige Symbole, bei denen die Groß-/Kleinschreibung relevant ist, verschiedene Parameter der einzelnen Rechner. Diese Parameter werden durch Doppelpunkte getrennt. Das allgemeine Format ist:

```
Rechnername:tg=Wert:tg=Wert:tg=Wert
```

→

bootpd
←

wobei *Rechnername* der Name eines bootp-Clients und *tg* ein Symbol ist, das für ein Tag steht. Die folgenden Tags sind bekannt:

Tags

bf	Boot-Datei
bs	Größe der Boot-Datei in Blöcken von 512 Oktetten
cs	Adreßliste der Cookie-Server
ds	Adreßliste der DNS-Server
gw	Adreßliste der Gateways
ha	Hardware-Adresse des Rechners
hd	Heimatverzeichnis der Boot-Datei
hn	Senden des Rechnernamens
ht	Hardware-Typ des Rechners (siehe den RFC „Assigned Numbers“)
im	Adreßliste der Impress-Server
ip	IP-Adresse des Rechners
lg	Adreßliste der Log-Server
lp	Adreßliste der **lpr**-Server
ns	Adreßliste der IEN-116-Name-Server
rl	Adreßliste der Server für das Resource Location Protocol
sm	Subnetzmaske des Rechners
tc	Fortsetzungstabelle
to	Zeitverschiebung von UTC in Sekunden
ts	Adreßliste der Time Server
vm	Auswahl des Magic Cookies für den Hersteller

Außerdem gibt es das generische Tag **T***n*, wobei *n* eine Tag-Nummer des Herstellerfeldes aus dem RFC 1048 ist. Generische Daten können entweder als Folge von Hexadezimalzahlen oder als in Anführungszeichen stehender ASCII-String geschrieben werden.

bootpgw

bootpgw [*Optionen*] *Server*

Internet Boot Protocol Gateway. Verwalten eines Gateways, der **bootpd**-Anfragen an den Rechner *Server* weiterleitet. Außer BOOTREPLY-Paketen werden auch BOOTREQUEST-Pakete verarbeitet. **bootpg** wird normalerweise von */etc/inetd* gestartet, indem die folgende Zeile in die Datei */etc/inetd.conf* aufgenommen wird:

```
bootps dgram udp wait root /etc/bootpgw bootpgw
```

Damit wird **bootpgw** nur gestartet, wenn eine entsprechende Anfrage eintrifft. **bootpgw** kennt die gleichen Optionen wie **bootpd** mit Ausnahme von **-c**.

bootptest

bootptest [*Optionen*] *Server* [*Muster*]

TCP/IP-Befehl. Testet den **bootpd**-Daemon von *Server*, indem zehn Sekunden lang, oder bis der Server antwortet, jede Sekunde eine

Anfrage geschickt wird. Die Optionen werden aus der *Muster*-Datei gelesen, falls diese angegeben wurde.

bootptest

Optionen

–f *Datei* Liest den Boot-Dateinamen aus *Datei*.

–h Identifizieren des Clients über die Hardware-Adresse anstelle der IP-Adresse.

–m *Magic-Number*
Stellt *Magic-Number* als erstes Wort des Herstelleroptionen-Feldes zur Verfügung.

---

cfdisk [*Optionen*] [*Gerät*]

cfdisk

Partitionieren einer Festplatte. Erlaubte Geräte sind */dev/hda* (Default), */dev/hdb*, */dev/sda*, */dev/sdb*, */dev/sdc* und */dev/sdd*. Siehe auch **fdisk**.

Optionen

–a Die aktuelle Partition wird mit dem Cursor anstelle von inverser Darstellung markiert.

–c *Zylinder* Angeben der Zylinderanzahl.

–h *Köpfe* Angeben der Kopfanzahl.

–s *Sektoren* Angeben der Sektorenanzahl.

–z Partitionstabelle nicht einlesen. Das Partitionieren wird mit einer leeren Tabelle begonnen.

–P *Format* Anzeigen der Partitionstabelle im angegebenen *Format*. Erlaubte Werte sind **r** (rohe Daten), **s** (Sektorenreihenfolge) und **t** (rohes Format).

Befehle

Pfeil nach oben, Pfeil nach unten
Bewegen zwischen den Partitionen.

b Einstellen, ob eine Partition zu booten sein soll oder nicht.

d Löschen der Partition (andere Partitionen können den Platz einnehmen).

g Verändern der Plattengeometrie. Es wird angefragt, was geändert werden soll: Zylinder (**c**), Köpfe (**h**) oder Sektoren (**s**).

h Hilfe.

m Versuchen, die maximale Ausnutzung des vorhandenen Platzes in der Partition sicherzustellen.

→

cfdisk ←	n	Anlegen einer neuen Partition. Es werden weitere Informationen abgefragt.
	p	Anzeigen der Partitionstabelle.
	q	Beenden, ohne die Änderungen zu speichern.
	t	Abfragen eines neuen Dateisystemtyps und Ändern der aktuellen Partition auf diesen Typ.
	u	Ändern der Größeneinheit der Partition, wobei zwischen Megabytes, Sektoren und Zylindern hin und her geschaltet wird.
	W	Speichern der Änderungen. Das „W" muß als Großbuchstabe eingegeben werden!

chpasswd

chpasswd [*Option*]

Ändert mehrere Benutzer-Paßwörter auf einmal. **chpasswd** erwartet die Eingabe in Form von *benutzername*:*passwort*-Paaren auf jeweils einer Zeile. Wenn die Option **–e** nicht angegeben wird, wird *passwort* verschlüsselt, bevor es gespeichert wird.

Option

–e	Die angegebenen Paßwörter sind bereits verschlüsselt.

chroot

chroot *NeueWurzel* [*Befehl*]

Ändern des Wurzelverzeichnisses für *Befehl* oder, falls keiner angegeben ist, für eine neue Kopie der Shell des Benutzers. Der Befehl oder die Shell werden relativ zum neuen Wurzelverzeichnis ausgeführt. Die Bedeutung des einleitenden **/** in Pfadnamen wird für diesen Befehl und alle seine Kinder zu *NeueWurzel* geändert. Außerdem wird das aktuelle Arbeitsverzeichnis auf *NeueWurzel* gesetzt. Dieser Befehl kann nur vom Superuser ausgeführt werden.

cron

cron

Wird normalerweise während des Systemstarts aufgerufen. **cron** führt bestimmte Befehle, die in der *crontab* des jeweiligen Benutzers in */var/cron/tabs* stehen, zu vorgegebenen Zeiten aus. Die *crontab*-Dateien tragen dabei den Namen des Benutzers und werden mit Hilfe des Befehls **crontab** bearbeitet.

debugfs

debugfs [[*Option*] *Gerät*]

Debuggen eines **ext2**-Dateisystems. *Gerät* ist die Gerätedatei, die zu dem Gerät gehört, welches das **ext2**-Dateisystem enthält (z.B. */dev/hda3*).

Option

–w Schreiben auf das Dateisystem ermöglichen.

Befehle

cat *Datei* Ausgeben des Inhalts einer Inode auf die Standardausgabe.

cd *Verzeichnis* Wechseln des aktuellen Arbeitsverzeichnisses.

chroot *Verzeichnis*
Das Wurzelverzeichnis auf die angegebene Inode setzen.

close Schließen des gerade geöffneten Dateisystems.

clri *Datei* Löschen des Inhalts der Inode, die zu *Datei* gehört.

dump *Datei Ausgabedatei*
Ausgeben des Inhalts einer Inode in die *Ausgabedatei.*

expand_dir *Verzeichnis*
Expandieren des *Verzeichnis*ses.

find_free_block [*Ziel*]
Finden und Allozieren des ersten freien Blocks nach *Ziel.*

find_free_inode [*Verzeichnis* [*Modus*]]
Finden und Allozieren einer freien Inode.

freeb *Block* Markiert *Block* als nicht alloziert.

freei *Datei* Gibt die zu *Datei* gehörende Inode frei.

help Ausgeben einer Liste der Befehle, die von **debugfs** verstanden werden.

icheck *Block* Durchführen einer Block-Inode-Übersetzung.

initialize *Gerät Blockgröße*
Anlegen eines **ext2**-Dateisystems auf dem angegebenen *Gerät.*

kill_file *Datei* Entfernen der angegebenen *Datei* und Freigeben aller ihrer Blöcke.

ln *Quelldatei Zieldatei*
Anlegen eines Links.

ls [*Pfadname*] Emulieren des **ls**-Befehls.

modify_inode *Datei*
Modifizieren des Inhalts der zu *Datei* gehörenden Inode.

mkdir *Verzeichnis*
Anlegen des *Verzeichnis*ses.

SysAdmin Befehle

→

debugfs ←

mknod *Datei* [p|[[c|b] *Major-Nummer Minor-Nummer*]]
Anlegen einer Gerätedatei.

ncheck *Inode* Durchführen einer Inode-Namen-Übersetzung.

open [-w] *Gerät*
Öffnen eines Dateisystems.

pwd Aktuelles Arbeitsverzeichnis ausgeben.

quit **debugfs** beenden.

rm *Datei* *Datei* entfernen.

rmdir *Verzeichnis*
Verzeichnis entfernen.

setb *Block* *Block* als belegt markieren.

seti *Datei* Die zu *Datei* gehörende Inode als in Benutzung markieren.

show_super_stats
Inhalt des Superblocks ausgeben.

stat *Datei* Inhalt der zu *Datei* gehörenden Inode ausgeben.

testb *Block* Überprüfen, ob *Block* als alloziert markiert ist.

testi *Datei* Überprüfen, ob die zu *Datei* gehörende Inode als alloziert markiert ist.

unlink *Datei* Entfernen eines Links.

write *Quelldatei Datei*
Anlegen von *Datei* im Dateisystem. Der Inhalt von *Quelldatei* wird in die neu angelegte Datei kopiert.

---

depmod

depmod [*Optionen*] *Module*

Anlegen einer Datei mit Abhängigkeiten für die auf der Kommandozeile angegebenen *Module*. Diese Datei kann von **modprobe** verwendet werden, um automatisch alle nötigen Module nachzuladen. Normalerweise wird die Zeile **/sbin/depmod -a** in einer der Dateien in */etc/rc.d* aufgenommen, damit die Modulabhängigkeiten nach dem Hochfahren des Systems zur Verfügung stehen.

Optionen

–a Anlegen der Abhängigkeiten für alle in */etc/conf.modules* eingetragenen Module.

–d Debug-Modus. Alle ausgeführten Befehle werden angezeigt.

–e Nicht aufgelöste Symbole anzeigen.

–v Verarbeitete Module anzeigen.

Dateien

/etc/conf.modules
: Informationen über Module: welche Module andere benötigen und welche Verzeichnisse zu welchem Typ Modul gehören.

/sbin/insmod, /sbin/rmmod
: Diese Programme werden von **depmod** verwendet.

dip [*Optionen*] [*Chat Skriptdatei*]

Einrichten oder Initiieren von Dialup-Internet-Verbindungen. **dip** kann dazu verwendet werden, um Verbindungen für Benutzer aufzubauen, die sich in einen Rechner einwählen oder aus einem Rechner herauswählen. Die Befehle können interaktiv oder aus einer Skriptdatei heraus verwendet werden. Um Einwahlverbindungen zu ermöglichen, wird **dip** oft als Shell verwendet und kann durch die Befehle **diplogin** und **diplogini** aufgerufen werden.

Optionen

–a
: Im Einwählmodus wird nach dem Benutzernamen und dem Paßwort gefragt. Wie beim **dplogini**-Befehl.

–i
: Startet eine Login-Shell für eine Einwahlverbindung. Wie bei **diplogin**-Befehl.

–k
: Beendet den jüngsten **dip**-Prozeß oder den Prozeß, der auf dem mit **–l** angegebenen Gerät läuft.

–l *Geraet*
: Wird zusammen mit der Option **–k** verwendet. Gibt ein TTY-*Geraet* an.

–m *mtu*
: Maximum Transfer Unit. Der Default ist 296.

–p *Protokoll*
: Das zu verwendende *Protokoll*: SLIP, CSLIP, PPP oder TERM.

–t
: Befehlsmodus. Wird normalerweise zum Testen verwendet.

–v
: Verbose-Modus.

Befehle

Die meisten dieser Befehle können entweder interaktiv oder aus einer Skriptdatei heraus verwendet werden.

beep *Anzahl*
: Das Terminal *Anzahl* Mal anpiepen.

bootp
: Lokale und entfernte IP-Adressen über das BOOTP-Protokoll ermitteln.

break
: Ein BREAK schicken.

→

chatkey *Schluesselwort Code*
Ein Modemantwort-Schlüsselwort auf einen numerischen Code abbilden.

config [interface|routing] [pre|up|down|post] *Argumente*
Die Charakteristika der Schnittstelle (**interface**) oder der Routing-Tabelle (**routing**) einstellen, bevor die Verbindung hergestellt wird, wenn sie hergestellt worden ist, wenn sie abgebaut wird oder nachdem sie abgebaut worden ist. Die Syntax von *Argumente* entspricht der der Befehle **ifconfig** und **route**.

databits 7|8
Legt die Anzahl der Datenbits fest.

dec *$Variable* [*Wert*]
Dekrementiert *Variable* um den Wert *Wert*. Der Default ist 1.

default Legt die Default-Route zur IP-Adresse des Rechners, zu dem die Verbindung aufgebaut wurde, fest.

dial *Telefonnummer* [*Timeout*]
Die angegebene *Telefonnummer* wählen. Abbrechen, wenn das entfernte Modem nicht innerhalb von *Timeout* Sekunden antwortet. **$errlvl** wird entsprechend der Antwort des Modems gesetzt.

echo on|off
Die Anzeige der Modem-Befehle ein- oder ausschalten.

exit [*n*] Das Skript beenden. Optional kann die Zahl *n* als Rückgabewert angegeben werden.

flush Eingabebuffer leeren.

get *$Variable* [**ask|remote** [*Timeout*]] *Wert*
$Variable den Wert *Wert* zuweisen. Wenn **ask** angegeben wird, wird der Benutzer nach einem Wert gefragt. Wenn **remote** angegeben wird, wird der Wert vom entfernten Rechner geholt. Nach *Timeout* Sekunden wird dies abgebrochen.

goto *Label*
Zum durch *Label* gekennzeichneten Abschnitt springen.

help Verfügbare Befehle aufführen.

if *Ausdr* **goto** *Label*
Zum mit *Label* gekennzeichneten Abschnitt springen, wenn der Ausdruck *Ausdr* zu einem wahren Wert ausgewertet wird. Ein Ausdruck ist ein Vergleich einer Variable mit einer Konstante unter Verwendung eines der Operatoren =, !=, <, >, <= und >=.

inc *$Variable* [*Wert*]
Inkrementiert *Variable* um den Wert *Wert*. Der Default ist 1.

init *String* Legt den *String* fest, mit dem das Modem initialisiert wird. Der Default ist ATE0 Q0 V1 X1.

mode *Protokoll*
Legt das Verbindungs-*Protokoll* fest. Zulässige Werte sind SLIP, CSLIP, PPP und TERM; der Default ist SLIP.

netmask *Maske*
Einstellen der Subnetz-Maske.

parity E|O|N
Einstellen der Leitungs-Parity auf even, odd oder none.

password Den Benutzer nach seinem Paßwort fragen.

proxyarp Einen Proxy-ARP-Eintrag in der lokalen ARP-Tabelle eintragen.

print *$Variable*
Den Inhalt der Variable *$Variable* anzeigen.

psend *Befehl*
Den Befehl *Befehl* in einer Shell ausführen, und die Ausgabe an das serielle Gerät schicken. Die Befehle werden mit der realen UID des Benutzers ausgeführt.

port *Geraet*
Das serielle Gerät festlegen, mit dem das Modem verbunden ist.

quit Mit einem von null verschiedenen Rückgabewert abbrechen, die Verbindung beenden.

reset Das Modem zurücksetzen.

securid Den Benutzer nach dem veränderbaren Anteil seines ACE-System-SecureID-Paßworts fragen, und diesen zusammen mit dem gespeicherten Präfix zum entfernten System schicken.

securidf *Praefix*
Den unveränderbaren Anteil eines ACE-System-SecureID-Paßworts abspeichern.

send *String*
Den String *String* an das serielle Gerät schicken.

shell *Befehl*
Den Befehl in einer Shell unter der realen UID des Benutzers ausführen.

skey [*Timeout*]
Auf eine S/Key-Herausforderung warten, und den Benutzer dann nach dem geheimen Schlüssel fragen. Die Antwort wird generiert und abgeschickt. Der Befehl wird

→

SysAdmin Befehle

dip
←

abgebrochen, wenn die Herausforderung nicht innerhalb von *Timeout* Sekunden geschickt wird. S/Key-Unterstützung muß in **dip** hineinkompiliert werden.

sleep *Sekunde*
Sekunde Sekunden warten.

speed *Bits-pro-Sekunde*
Die Schnittstellengeschwindigkeit einstellen. Der Default ist 38400.

stopbits 1|2
Die Anzahl der Stop-Bits einstellen.

term
Den Terminalmodus einschalten. Tastatureingaben werden direkt an das serielle Gerät geschickt.

timeout *Sekunde*
Die Anzahl der Sekunden einstellen, die die Verbindung inaktiv sein darf, bevor sie geschlossen wird.

wait *text* [*Timeout*]
Timeout Sekunden auf den *Text* vom entfernten System warten. Wenn *Timeout* nicht angegeben wird, wird beliebig lange gewartet.

---

dmesg

dmesg [*Optionen*]

Anzeigen der Kontrollmeldungen des Systems aus dem Ringbuffer des Kernels. In diesem Buffer sind alle Kernel-Meldungen seit dem letzten Hochfahren oder, falls der Buffer voll war, nur die neuesten abgelegt.

Optionen

–c
Löschen des Buffers nach der Ausgabe der Meldungen.

–n *Stufe*
Gibt an, von welcher Stufe die Systemmeldungen ausgegeben werden sollen.

---

dnsdomainname

dnsdomainname

TCP/IP-Befehl. Ausgeben des DNS-Domänennamens des Systems. Siehe auch **hostname**.

---

domainname

domainname [*Name*]

NFS/NIS-Befehl. Setzen oder Anzeigen der aktuellen NIS-Domäne. Wenn kein Argument angegeben wird, zeigt **domainname** die aktuelle NIS-Domäne an. Das Einstellen der Domäne durch Angabe eines Arguments ist dem Superuser vorbehalten.

dumpe2fs *Gerät* — dumpe2fs

Ausgeben von Informationen über den Superblock und die Blockgruppen von *Gerät.*

e2fsck [*Optionen*] *Gerät*
fsck.ext2 [*Optionen*] *Gerät* — e2fsck

Ähnlich wie **fsck**, aber speziell für das Second-Extended-Dateisystem von Linux. (**fsck** ruft **fsck.ext2** auf, wenn es sich um ein Second Extended handelt.)

Optionen

–b *Superblock*
Verwenden von *Superblock* anstelle des Default-Superblocks.

–d Debugging-Modus.

–f Erzwingt ein Überprüfen auch dann, wenn der Kernel das Dateisystem bereits als gültig markiert hat. Normalerweise beendet sich **e2fsck** ohne Überprüfungen, wenn der Kernel das Dateisystem als sauber akzeptiert hat.

–l *Datei* Aus *Datei* wird eine Liste mit defekten Blöcken ausgelesen. Zusätzlich wird auch das Gerät nach defekten Blöcken durchsucht.

–n Sicherstellen, daß keine Änderungen am Dateisystem vorgenommen werden. Jede Rückfrage des Programms wird automatisch mit „nein" beantwortet.

–p („Putzen") Nicht interaktives Reparieren aller defekten Blöcke.

–t Ausgeben von Zeit-Statistiken.

–v Verbose-Modus.

–y Automatisches Beantworten aller Rückfragen mit „ja".

–B *Größe* Erwartet, daß der Superblock die angegebene *Größe* hat. Wenn dies nicht der Fall ist, beendet sich **e2fsck**.

–F Leeren der Buffer-Caches vor der Überprüfung.

–L *Datei* Aus *Datei* wird eine Liste defekter Blöcke entnommen, das Gerät wird darüber hinaus nicht nach weiteren defekten Blöcken durchsucht.

fdisk [*Optionen*] [*Gerät*] — fdisk

Verwalten von Festplattenpartitionen über ein Menü. **fdisk** gibt Informationen über die Partitionen aus, legt Partitionen an, löscht sie wieder und legt die aktive Partition fest. Auf jede der vier (physikalischen)

→

fdisk
←

Partitionen kann ein anderes Betriebssystem installiert werden, es kann aber nur jeweils eine Partition aktiv sein. Die kleinste empfohlene Größe für eine Linux-Systempartition beträgt 40 Megabyte. *Gerät* ist normalerweise */dev/hda*, */dev/hdb*, */dev/sda*, */dev/sdb*, */dev/hdc*, */dev/hdd* etc. Siehe auch **cfdisk**.

Optionen

–l
Partitionstabellen ausgeben und Programm beenden.

–s*Partition*
Größe der *Partition* ausgeben, wenn es sich nicht um eine DOS-Partition handelt.

Befehle

a
Aktuelle Partition bootbar oder nicht-bootbar schalten.

d
Aktuelle Partition löschen.

l
Alle bekannten Partitionstypen aufführen.

m
Hauptmenü.

n
Anlegen einer neuen Partition; es wird nach weiteren Informationen gefragt.

p
Ausgeben einer Liste der Partitionen einschließlich Informationen über jede.

q
Beenden; nicht speichern.

t
Ändern des Partitionstyps der aktuellen Partition.

u
Ändern der bei Anzeigen und Eingaben verwendeten Einheit. Mögliche Werte sind Zylinder und Sektoren.

v
Überprüfen: Die Partitionstabelle wird auf Fehler überprüft und die Summe des nicht zugewiesenen Speicherplatzes ausgegeben.

w
Änderungen speichern und Programm beenden.

fingerd

in.fingerd [*Option*]

TCP/IP-Befehl. Server für Informationen über Benutzer dieses Rechners. **fingerd** stellt eine Netzwerkschnittstelle zum **finger**-Programm dar. **fingerd** wartet am **finger**-Port auf TCP-Verbindungen, liest bei jeder Verbindung genau eine Eingabezeile, reicht die Zeile an **finger** weiter und schickt die Ausgabe von **finger** wieder an den Aufrufenden zurück. **fingerd** wird von **inetd** gestartet und muß daher in der Konfigurationsdatei von **inetd**, */etc/inetd.conf*, eingetragen sein.

Option

–w
Ausgeben zusätzlicher Informationen wie Systemlaufzeit und Name des Betriebssystems.

fsck [*Optionen*] [*Dateisystem*] ...

fsck

Ruft das Überprüfungs- und Reparaturprogramm des jeweiligen Dateisystemtyps auf. Wenn ein Dateisystem in einem ordnungsgemäßen Zustand ist, werden die Anzahl der Dateien und die Anzahl der belegten Blöcke und der freien Blöcke ausgegeben. Wenn ein Dateisystem in einem inkonsistenten Zustand ist, fragt **fsck** vor jedem Reparaturversuch nach. Der Rückgabewert von **fsck** ist die Summe der folgenden möglichen Zustände:

1
: Es wurden Fehler gefunden und behoben.

2
: Neustarten des Systems empfohlen.

4
: Es wurden Fehler gefunden, aber nicht behoben.

8
: Ein interner Fehler in **fsck** ist aufgetreten.

16
: **fsck** wurde falsch aufgerufen.

128
: Ein Fehler im Zusammenhang mit einer dynamischen Bibliothek ist aufgetreten.

Optionen

--
: Alle folgenden Optionen werden an das dateisystemspezifische Programm weitergereicht, genau wie alle Optionen, die **fsck** selbst nicht erkennt.

-r
: Interaktiver Modus: Vor jedem Reparaturversuch wird zurückgefragt.

-s
: Serieller Modus.

-t *DS-Typ*
: Angeben des Dateisystemtyps. Dateisysteme anderer Typen werden nicht überprüft.

-A
: Überprüfen aller in */etc/fstab* aufgeführten Dateisysteme.

-N
: Normale Ausführung unterdrücken; es wird lediglich ausgegeben, was gemacht werden würde.

-R
: Nur sinnvoll mit **-A**: Alle Dateisysteme in */etc/fstab* mit Ausnahme des Wurzel-Dateisystems werden überprüft.

-T
: Startmeldung nicht ausgeben.

-V
: Verbose-Modus.

fetchmail [*Optionen*] [*Server...*]

fetchmail

SysAdmin Befehle

Holt E-Mails von E-Mail-Servern ab und leitet sie an das lokale E-Mail-Zustellungssystem weiter. **fetchmail** holt E-Mail von Servern, die die gängigen E-Mail-Protokolle POP2, POP3, IMAP2bis und IMAP$ unterstützen. Die Nachrichten werden via SMTP über den Port 25 auf dem lokalen Rechner und über das E-Mail-Zustellungsprogram Ihres Systems (beispielsweise *sendmail*) zugestellt und können dann mit den

→

fetchmail
←

E-Mail-Programmen des Benutzers gelesen werden. Die Einstellungen von **fetchmail** werden in der Datei *~/.fetchmailrc* abgelegt. Parameter und Server können auch auf der Kommandozeile angegeben werden. Solche Angaben haben Vorrang vor denen in der Datei **popclient**; die Benutzer können beide verwenden, ohne irgendwelche Einstellungen ändern zu müssen.

Optionen

−a, −−all
: Holt alle Nachrichten vom Server, auch solche, die schon einmal geholt, aber auf dem Server gelassen worden sind. Per Voreinstellung werden nur neue Nachrichten abgeholt.

−A *Typ*, **−−auth** *Typ*
: Gibt die Art der Authentifizierung an. *Typ* kann entweder `password`, `kerberos_v5` oder `kerberos` sein. Der Authentifizierungstyp wird normalerweise von **fetchmail** standardmäßig festgelegt, weswegen diese Option nicht sehr nützlich ist.

−B *n*, **−−fetchlimit** *n*
: Legt fest, wie viele Nachrichten maximal in einer Abfrage vom Server geholt werden sollen.

−b *n*, **−−batchlimit** *n*
: Legt die maximale Anzahl von Nachrichten fest, die auf einmal an den SMTP-Daemon geschickt werden. Wenn diese Grenze erreicht ist, wird die Verbindung beendet und neu aufgebaut. Der Default ist 0, also keine Beschränkung.

−c, −−check
: Überprüft, ob auf einem Server Nachrichten vorliegen, ohne welche zu holen oder zu löschen. Funktioniert mit IMAP, aber schlecht oder gar nicht mit anderen Protokollen.

−D [*Domain*], **−−smtpaddress** [*Domain*]
: Gibt die *Domain* an, die in den an SMTP übergebenen `RCPT TO`-Zeilen stehen soll. Der Default ist localhost.

−E *Header*, **−−envelope** *Header*
: Ändert die Header-Zeile, die die Envelope-Adresse der Nachricht enthält (normalerweise „X-Envelope-to:"), in *Header*.

−e *n*, **−−expunge** *n*
: Schickt den EXPUNGE-Befehl an einen IMAP-Server, d.h., es wird nach *n* zum Löschen markierten Nachrichten auch wirklich gelöscht. Die Einstellung 0 bedeutet, daß nur am Ende der Sitzung gelöscht wird. Normalerweise wird nach jedem Löschen ein **expunge** ausgeführt.

−F, −−flush
: Löscht bei POP3- und IMAP-Servern bereits abgeholte Nachrichten vom Server, bevor neue geholt werden.

−f *Datei*, −−**fetchmailrc** *Datei*
Gibt einen alternativen Dateinamen für die Konfigurationsdatei von **fetchmail** an.

−I *Spezifikation*, −−**interface** *Spezifikation*
Legt fest, daß der E-Mail-Server bereits vor dem eigentlichen Abholen unter einer bestimmten IP-Adresse (oder einem Bereich von Adressen) erreichbar ist. Die *Spezifikation* wird als *Schnittstelle/IP-Adresse/Maske* angegeben. Der erste Teil kennzeichnet die Art der erwarteten TCP-Verbindung (*sl0*, *ppp0* usw.), der zweite ist die IP-Adresse und der dritte die Bitmaske für die IP-Adresse, angenommen als 255.255.255.-255.

−K, −−**nokeep**
Löscht alle abgeholten Nachrichten vom Server.

−k, −−**keep**
Läßt abgeholte Nachrichten auf dem Server liegen.

−l *Groesse*, −−**limit** *Groesse*
Legt die maximale Größe von Nachrichten fest, die vom Server abgeholt werden können. Größere Nachrichten bleiben auf dem Server liegen und werden als nicht gelesen gekennzeichnet.

−M *Schnittstelle*, −−**monitor** *Schnittstelle*
Im Daemon-Modus wird mit dieser Option die TCP/IP-Schnittstelle *Schnittstelle* zusätzlich überwacht und die Abfrage übersprungen, wenn es keine Aktivitäten gibt. Das ist bei PPP-Verbindungen nützlich, die bei fehlender Aktivität automatisch beendet werden.

−m *Befehl*, −−**mda** *Befehl*
Nachrichten direkt an das E-Mail-Zustellungsprogramm übergeben und nicht an den Port 25 schicken. Der Befehl *Befehl* besteht aus dem Pfad und den Optionen des Programms, beispielsweise `/usr/lib/sendmail -oem`. Ein `%T` im Befehl wird durch die lokale Zustellungsadresse ersetzt, ein `%F` durch die Absender-Adresse (From-Adresse).

−n, −−**norewrite**
Lokale E-Mail-IDs nicht zu vollständigen Adressen expandieren. Mit dieser Option wird die erwartete Adressierung abgeschaltet; sie sollte daher nur zum Finden von Problemen verwendet werden.

−P *n*, −−**port** *n*
Einen Port angeben, mit dem **fetchmail** sich auf dem E-Mail-Server verbinden soll. Die Default-Portnummern für die unterstützten Protokolle reichen normalerweise aus.

→

fetchmail
←

−p *Protokoll*, **−−protocol** *Protokoll*

Gibt das Protokoll an, das beim Abfragen des E-Mail-Servers verwendet werden soll. *Protokoll* kann folgende Werte haben:

POP2 Post Office Protocol 2

POP3 Post Office Protocol 3

APOP POP3 mit MD5-Authentifizierung

RPOP POP3 mit RPOP-Authentifizierung

KPOP POP3 mit Kerberos-V4-Authentifizierung auf Port 1109

IMAP Entweder IMAP2bis, IMAP4 oder IMAP4rev1. **fetchmail** ermittelt das richtige Protokoll automatisch.

IMAP-K4 IMAP4 oder IMAP4rev1 mit Kerberos-v4-Authentifizierung

IMAP-GSS IMAP4 oder IMAP4rev1 mit GSSAPI-Authentifizierung

ETRN ESMTP

−Q *String*, **−−qvirtual** *String*

Entfernt das Präfix *String*, den Rechnernamen des lokalen Benutzers, aus der Adresse im Envelope-Header (wie „Delivered-To:“).

−r *Ordner*, **−−folder** *Ordner*

Nachrichten aus dem angegebenen *Ordner* vom Server holen.

−s, −−silent

Während des Abholens Statusmeldungen unterdrücken.

−U, −−uidl

Bei POP3 das Alter der aufbewahrten Nachrichten über die Liste der eindeutigen IDs verfolgen.

−u *Name*, **−−username** *Name*

Legt den Benutzernamen fest, mit dem sich **fetchmail** beim Server anmelden soll.

−V, −−version

Gibt die Versionsnummer von **fetchmail** aus und zeigt die Optionen für jeden E-Mail-Server an. Es werden keine Nachrichten abgeholt.

−v, −−verbose

Während des Abholens alle Statusmeldungen anzeigen. Hat Vorrang vor **−q**.

–Z *nnn*, ––**antispam** *nnn*
Gibt den SMTP-Fehler *nnn* an, mit dem ein Ablehnen von Spam durch den Client gemeldet wird. Wenn *nnn* -1 ist, wird diese Option abgeschaltet.

fsck.minix [*Optionen*] *Gerät*

Ähnlich wie **fsck**, aber speziell für MINIX-Dateisysteme.

Optionen

–a Automatischer Modus: Reparieren ohne Rückfragen.

–f Erzwingt ein Überprüfen auch dann, wenn der Kernel das Dateisystem bereits als gültig markiert hat. Normalerweise beendet sich **fsck.minix** ohne Überprüfungen, wenn der Kernel das Dateisystem als sauber akzeptiert hat.

–l Ausgeben der Dateisysteme.

–m MINIX-ähnliche „mode not cleared"-Warnungen einschalten.

–r Interaktiver Modus: Vor jedem Reparaturversuch wird rückgefragt.

–s Informationen über die Superblöcke ausgeben.

–v Verbose-Modus.

in.ftpd [*Optionen*]

TCP/IP-Befehl. Internet File Transfer Protocol Server. Der Server verwendet das TCP-Protokoll und wartet auf dem in der **ftp**-Spezifikation angegebenen Port. **ftpd** wird von **inetd** gestartet und muß einen Eintrag in der Konfigurationsdatei von **inetd**, */etc/inetd.conf*, haben.

Optionen

–d Debugging-Informationen in das Systemlog schreiben.

–l Jede FTP-Sitzung im Systemlog mitprotokollieren.

–T*MaxTimeout*
Setzen der maximalen Timeout-Periode. Der Default ist zwei Stunden.

–t*Timeout*
Setzen der Timeout-Periode auf *Timeout* Sekunden.

fuser [*Optionen*] [*Dateien* | *Dateisysteme*]

Identifizieren der Prozesse, die eine Datei oder ein Dateisystem benutzen. **fuser** gibt die Prozeß-IDs aller Prozesse aus, die *Dateien* oder *Dateisysteme* benutzen. Jeder Prozeß-ID folgt ein einbuchstabiger Code: **c**, wenn der Prozeß die Datei als aktuelles Verzeichnis benutzt, **e**, wenn der Prozeß die Datei ausführt, **f**, wenn der Prozeß die Datei geöffnet

→

fuser ←

hat, **m**, wenn er die Datei als dynamische Bibliothek benutzt hat, und **r**, wenn die Datei das Wurzelverzeichnis des Prozesses ist. Jeder Benutzer, der */dev/mem* und */dev/kmem* lesen darf, kann **fuser** benutzen, aber nur der Superuser kann die Prozesse anderer Benutzer beenden. **fuser** funktioniert nicht mit Dateien, auf die über NFS zugegriffen wird.

Wenn mehr als eine Gruppe von Dateien angegeben wird, können die Optionen für jede Gruppe von Dateien neu angegeben werden. Ein einzelner Bindestrich (–) schaltet alle aktuellen Optionen ab; die nächsten Optionen gelten dann für die nächste Gruppe von Dateien.

Optionen

–
: Alle Optionen auf ihre Default-Werte zurücksetzen.

–*Signal*
: Das angegebene *Signal* anstelle von SIGKILL schicken.

–a
: Informationen über alle angegebenen Dateien ausgeben, selbst wenn kein Prozeß auf sie zugreift.

–k
: Jedem Prozeß das SIGKILL-Signal schicken.

–l
: Ausgeben der Signalnamen.

–m
: Erwartet, daß die *Dateien* auf eingehängten Dateisystemen liegen, und überprüft alle Dateien, die auf das Dateisystem zugreifen.

–s
: Stilles Arbeiten.

–u
: Der Prozeß-ID wird der Anmeldename des Benutzers in Klammern nachgestellt.

–v
: Verbose-Modus.

gated

gated [*Optionen*]

TCP/IP-Befehl. Gateway-Routing-Daemon. **gated** verarbeitet mehrere Routing-Protokolle und ersetzt **routed** und andere Routing-Daemonen, welche die Protokolle Hello, EGP und BGP sprechen. **gated** kann die Routing-Protokolle RIP, BGP, EGP, Hello und OSPF bedienen und auf eines oder mehrere dieser Protokolle eingestellt werden.

Optionen

–c
: Durchsuchen der Konfigurationsdatei nach syntaktischen Fehlern. Danach beendet sich **gated** und hinterläßt eine Dump-Datei in */usr/tmp/gated_dump*.

–f *Konfigurationsdatei*
: Verwenden einer anderen *Konfigurationsdatei*. Der Default ist */etc/gated.conf*.

–n
: Die Routing-Tabellen des Kernels nicht verändern.

–t [*Trace-Optionen*]
gated mit den angegebenen Trace-Optionen starten. Wenn keine Schalter angegeben werden, wird **general** angenommen. Die zur Verfügung stehenden Schalter sind:

adv	Policy-Blöcke verwalten
all	Umfaßt **normal**, **policy**, **route**, **state**, **task** und **timer**
general	Umfaßt **normal** und **route**
iflist	Die Schnittstellenliste des Kernels
normal	Normale Protokollinstanzen
parse	Lexikalisches Analyse- und Parser-Programm
policy	Instanzen, in denen eine Policy auf im- oder exportierte Routen angewendet wird
route	Jede Veränderung der Routing-Tabelle
state	Übergänge der Zustandsmaschine
symbols	Aus dem Kernel gelesene Symbole — beachten Sie bitte, daß diese Symbole gelesen werden, bevor die Konfigurationsdatei geparst worden ist, so daß diese Option auf der Kommandozeile angegeben werden muß
task	System-Tasks und -schnittstellen
timer	Timer-Benutzung

–C
Die Konfigurationsdatei wird auf Fehler überprüft und das Programm beendet. Wenn Fehler auftraten, wird 1 zurückgegeben, ansonsten 0.

–N
Das Programm nicht automatisch in den Hintergrund stellen.

gdc [*Optionen*] *Befehl*

TCP/IP-Befehl. Verwalten von **gated**. Es stehen verschiedene Befehle zum Starten und Beenden des Daemons, zum Schicken von Signalen, zur Verwaltung der Konfigurationsdateien und zum Verwalten von Zuständen und Core-Dumps zur Verfügung.

Optionen

–c *Größe*
Angeben der maximalen Core-Dump-Größe.

→

gdc ←

–f *Größe*	Angeben der maximalen Dump-Datei-Größe.
–m *Größe*	Angeben der maximalen Datensegmentgröße.
–n	Unterdrücken der Bearbeitung der Kernel-Tabelle mit Weiterleitungsinformationen.
–q	Stiller Modus: Warnungen werden unterdrückt, Fehlermeldungen an den Systemlog anstelle von Standardfehler geschickt.
–s *Größe*	Angeben der maximalen Stack-Größe.
–t *Sekunden*	*Sekunden* (Default: 10) auf das Vollenden der zum Starten und Anhalten angegebenen Operationen warten.

Befehle

BACKOUT	Ersetzt */etc/gated.conf* durch */etc/gated.conf–*, unabhängig davon, ob diese existiert.
backout	Ersetzt */etc/gated.conf* durch */etc/gated.conf–*, sofern diese existiert.
checkconf	Gibt Meldungen über syntaktische Fehler in */etc/gated.conf* aus.
checknew	Gibt Meldungen über syntaktische Fehler in */etc/gated.conf+* aus.
COREDUMP	Erzwingt einen Core Dump und beendet **gated**.
createconf	Legt eine leere Datei */etc/gated.conf+* an, sofern diese noch nicht existiert, und setzt diese auf Zugriffsrechte 664, Besitzer **root**, Gruppe **gdmaint**.
dump	Erzwingt einen Core Dump von **gated** in */usr/tmp/gated_dump* und setzt danach die normale Abarbeitung fort.
interface	Neuladen der Schnittstellenkonfiguration.
KILL	Unmittelbar und ohne Sicherung abbrechen.
modeconf	Setzen aller Konfigurationsdateien auf Modus 664, Besitzer **root**, Gruppe **gdmaint**.
newconf	Sofern */etc/gated.conf+* existiert, wird diese Datei nach */etc/gated.conf* verschoben. Die alte */etc/gated.conf* wird in */etc/gated.conf–* umbenannt.
reconfig	Neuladen der Konfigurationsdatei.
restart	Anhalten und Neustarten von **gated**.
rmcore	Entfernen aller Core-Dateien von **gated**.
rmdmp	Entfernen aller Zustands-Dumps von **gated**.
rmparse	Entfernen aller **gated**-Dateien, die Meldungen über syntaktische Fehler enthalten. Diese werden durch die **gdc checkconf**- und **gdc checknew**-Befehle angelegt.

running	Rückgabe von 0, wenn **gated** läuft, sonst 1.	**gdc**
start	**gated** starten, sofern es noch nicht läuft. In diesem Fall wird eine Fehlermeldung ausgegeben.	
stop	**gated** so schonend wie möglich anhalten.	
term	Schonend beenden.	
toggletrace	Tracing ein- oder ausschalten.	

Dateien

/etc/gated.conf+
: Die Text-Konfigurationsdatei. Wenn Sie mit der Funktion zufrieden sind, können Sie sie mit **gdc newconf** als */etc/gated.conf* installieren.

/etc/gated.conf–
: Sicherungsdatei der alten Konfigurationsdatei.

/etc/gated.conf– –
: Sicherungsdatei der Sicherungsdatei der alten Konfigurationsdatei.

/etc/gated.conf
: Eigentliche Konfigurationsdatei.

/etc/gated.pid
: Prozeß-ID von **gated**.

/usr/tmp/gated_dump
: Die Zustands-Dump-Datei.

/usr/tmp/gated_parse
: Eine Liste der syntaktischen Fehler, die beim Lesen der Konfigurationsdatei gefunden wurden.

---

getty

getty [*Optionen*] *Port* [*Geschwindigkeit* [*Terminal* [*Verbindungsart*]]]

Einstellen des Terminaltyps, der Modi, der Übertragungsraten und der Verbindungsart. Auf Linux-Systemen kann auch **agetty** verwendet werden, das eine andere Syntax benutzt. **getty** wird von **init** aufgerufen und ist der zweite Prozeß in der **init–getty–login–shell**-Folge, an deren Ende ein Benutzer sich auf dem Linux-System anmeldet. **getty** liest den Anmeldenamen des Benutzers ein und ruft den **login**-Befehl mit dem Benutzernamen als Parameter auf. Während des Einlesens des Namens versucht **getty**, sich dem System hinsichtlich Geschwindigkeit und des verwendeten Gerätetyps anzupassen.

Sie müssen einen *Port* angeben, anhand dessen sich **getty** mit dem Gerät */dev/Port* verbindet. **getty** liest danach seine Default-Datei, üblicherweise */etc/default/getty*, mit Laufzeitwerten und -parametern ein. Die meisten von ihnen können auch auf der Kommandozeile angegeben werden, aber die Werte in der Default-Datei haben Vorrang.

→

getty
←

Anhand des *Geschwindigkeit*-Arguments wird ein Eintrag in der Datei */etc/gettydefs* ermittelt, der die anfängliche Baudrate, die TTY-Einstellungen und die Anmeldeaufforderung, die erreichte Geschwindigkeit und die Verbindungseinstellungen enthält. Der erste Eintrag in */etc/gettydefs* ist der Default. *Terminal* gibt den Terminaltyp an, *Verbindungsart* die (optionale) Verbindungsart.

Optionen

–c *Datei* — Überprüfen einer *gettydefs*-Datei. Die Inhalte und eventuelle Fehlermeldungen werden auf die Standardausgabe ausgegeben.

–d *Datei* — Verwenden einer anderen Default-Datei.

–h — Kein Auflegen am Port erzwingen, während **getty** sich initialisiert.

–r *Pause* — Wartet auf ein einzelnes Zeichen am Port und macht danach *Pause* Sekunden Pause.

–t *Timeout* — Wenn innerhalb von *Timeout* Sekunden kein Benutzername eingegeben wird, wird die Verbindung geschlossen.

–w *String* — Wartet vor der weiteren Abarbeitung auf die Zeichen *String* vom Port.

groupmod

groupmod [*Optionen*] *Gruppe*

Gruppeninformationen für *Gruppe* ändern.

Optionen

–g *GID* — Den numerischen Wert der Gruppen-ID ändern. Alle Dateien, die die alte Gruppen-ID *GID* haben, müssen manuell geändert werden. Die neue Gruppen-ID darf nicht schon vergeben sein, es sei denn, die Option **–o** wird verwendet.

–n *Name* — Den Gruppennamen in *Name* ändern.

–o — Auch bereits vorhandene Gruppen-IDs akzeptieren.

grpck

grpck [*Option*] [*Dateien*]

Kaputte oder doppelte Einträge aus den Gruppen */etc/group* und */etc/gshadow* entfernen. Bei anderen Fehlern wird eine Warnung ausgegeben. **grpck** fragt nach, bevor es einen Eintrag löscht. Wenn der Benutzer das Löschen ablehnt, wird das Programm beendet. Wenn es im nicht interaktiven Modus läuft, ist die Antwort immer nein. Es können auch andere *group*- und *gshadow*-Dateien durch Angabe von *Dateien* überprüft werden. Wenn andere Fehler gefunden werden, wird der Benutzer aufgefordert, den Befehl **groupmod** auszuführen.

Option

grpck

–n Nicht interaktiver Modus.

Fehlercodes

0 Erfolg.

1 Syntaxfehler.

2 Es wurden einer oder mehrere fehlerhafte Gruppeneinträge gefunden.

3 Konnte Gruppendateien nicht öffnen.

4 Konnte Gruppendateien nicht sperren.

5 Konnte Gruppendateien nicht schreiben.

halt [*Optionen*]

halt

In */var/log/wtmp* wird ein Vermerk eingetragen. Wenn der Runlevel des Systems 0 oder 6 ist, werden alle Prozesse angehalten, ansonsten wird **shutdown –nf** aufgerufen.

Optionen

–d Schreiben nach */var/log/wtmp* unterdrücken.

–f **halt** auch dann aufrufen, wenn normalerweise **shutdown –nf** aufgerufen werden würde, d.h., ein Aufruf von **halt** wird auch dann erzwungen, wenn sich das System nicht in Runlevel 0 oder 6 befindet.

–n Den üblichen Aufruf von **sync** nicht ausführen.

–w Unterdrücken der normalen Operation; es wird lediglich nach */var/log/wtmp* geschrieben.

host [*Optionen*] *Host* [*Server*]
host [*Optionen*] *Zone* [*Server*]

host

Im DNS enthaltene Informationen über die angegebenen Hosts oder Zonen ausgeben. Hosts können IP-Adressen oder Hostnamen sein. **host** konvertiert IP-Adressen standardmäßig in Hostnamen und hängt die lokale Domain an Hostnamen ohne Punkt am Ende an. Die Default-Server werden aus */etc/resolv.conf* ermittelt. Nähere Informationen zu Hosts und Zonen finden Sie in den Kapiteln 1 und 2 von *DNS und BIND* von Paul Albitz und Cricket Liu.

Optionen

–a Wie -t ANY.

–c *Klasse* Sucht nach einem Resource Record der angegebenen Klasse (IN, INTERNET, CS, CSNET, CH, CHAOS, HS, HESIOD, ANY oder *). Der Default ist IN.

SysAdmin Befehle

→

host ←

–d Debugging-Modus. **-dd** gibt noch mehr aus.

–e Keine Informationen über Domains außerhalb der angegebenen Zone ausgeben. Bei Hostnamen-Abfragen keine zusätzlichen Informationen („additional information") und autoritative Name Server („authoritative nameserver") ausgeben.

–f *Datei* Informationen sowohl in die *Datei* als auch auf die Standardausgabe ausgeben.

–i Zu einer IP-Adresse die zugehörige *in-addr.arpa*-Adresse, die Klasse (immer PTR) und den Hostnamen zurückgeben.

–l *Zone* Alle Rechner in der *Zone* aufführen.

–m Nur MR-, MG- und MB-Datensätze anzeigen; MR-(„renamed mail box"-) und MG-(„mail group"-)Datensätze rekursiv in MB-(„mail box"-)Datensätze auflösen.

–o Keine Ausgaben auf der Standardausgabe machen.

–p [*Server*]
Wird zusammen mit **-l** verwendet. Fragt bei Zonentransfers nur den primären Name Server (oder *Server*) ab und nicht alle autoritativen Server, die antworten. Das ist nützlich zum Testen nichtregistrierter Zonen.

–q Warnungen, aber keine Fehlermeldungen unterdrücken.

–r Den angesprochenen Server nicht bitten, andere Server zu fragen; nur die Informationen verwenden, die der Server zwischengespeichert hat.

–t *Typ* Im Resource Record nach Einträgen des Typs *Typ* suchen. *Typ* kann A, NS, PTR, ANY oder * (alle) sein.

–u TCP anstelle von UDP verwenden.

–v Verbose-Modus. Enthält alle Felder aus dem Resource Record, auch die verbleibende Lebenszeit („time-to-live") und die Klasse, außerdem die zusätzlichen Informationen („additional information") und die autoritativen Name Server („authoritative nameservers"), die vom entfernten Name Server gemeldet werden.

–vv Extremer Verbose-Modus. Enthält Informationen über die Defaults von *Host*.

–w Nicht aufgeben, den gewünschten Server abzufragen.

–x Ermöglicht die Angabe mehrerer Hosts oder Zonen. Wenn auch ein Server angegeben werden soll, muß dem Argument ein **-X** vorangestellt werden.

–A Bei Hostnamen wird die zugehörige IP-Adresse ermittelt und dann dazu wiederum der Hostname abgefragt, um zu sehen, ob die beiden übereinstimmen. Bei IP-Adressen wird der zugehörige Hostname ermittelt und dann festgestellt, ob der so ermittelte Host die Adresse als seine eigene anerkennt. Bei Zonen werden die IP-Adressen aller Hosts abgefragt. Das Programm beendet sich stillschweigend, wenn keine Nicht-Übereinstimmungen festgestellt werden.

–C Ähnlich **-l**, überprüft aber auch, ob die Name Server der Zone wirklich autoritativ sind. Die SOA-Datensätze („start of authority") der Zone geben (in den NS-Feldern) die autoritativen Name Server an. Diese Server werden abgefragt, und wenn diese keine SOA-Datensätze haben, wird eine schwache Delegierung gemeldet. Auch andere Überprüfungen werden durchgeführt.

–D Ähnlich **-H**, schließt aber auch die Namen von Hosts mit mehr als einer Adresse pro definiertem Namen ein.

–E Ähnlich **-H**, behandelt aber Extra-Zonen-Hosts nicht als Fehler. Extra-Zonen-Hosts sind Hosts in einer undefinierten Subdomain.

–F *Datei* Die Standardausgabe nach *Datei* umleiten, zusätzliche Resource Record-Ausgaben nur auf die Standardausgabe ausgeben.

–G *Zone* Ähnlich **–H**, enthält aber nur die Namen von Gateway-Hosts.

–H *Zone* Gibt die Anzahl der eindeutigen Hosts in der *Zone* aus. Es werden keine Aliasnamen, aber alle gefundenen Fehler (Extra-Zonen-Hosts, doppelte Hosts) ausgegeben.

–I *Zeichen*

Keine Warnungen bei Domainnamen mit den illegalen *Zeichen*, wie beispielsweise _, ausgeben.

–L *Level* Wird zusammen mit **-l** verwendet. Führt alle delegierten Zonen in dieser Zone rekursiv bis zu einer Tiefe von *Level* auf.

–P *Server* Wird zusammen mit **-l** verwendet. *Server* sollte eine durch Kommata getrennte Liste sein. Damit werden die bevorzugten Hosts für sekundäre Server angegeben, die verwendet werden, wenn Zonendaten kopiert werden. Diejenigen Server, bei denen die meisten Domainkomponenten in einem bestimmten Teil von *Server* zutreffen, haben die höchste Priorität.

–R Nicht vollqualifizierte Hostnamen wie BIND behandeln, und jede Komponente der lokalen Domain suchen.

–S Wird zusammen mit **-l** verwendet. Gibt alle Hosts in der Zone auf der Standardausgabe aus. Hosts in Unterzonen werden nicht ausgegeben, Klassen und IP-Adressen dagegen schon. Warnungen (illegale Namen, schwache

→

host ←

Delegierungen, fehlende Datensätze usw.) werden auf Standardfehler ausgegeben.

–T Die verbleibende Lebenszeit ausgeben („time-to-live"; wie lange Informationen über jeden Host im Zwischenspeicher bleiben, bevor der Name Server die Informationen auffrischt).

–X Gibt einen abzufragenden Server an; es können mehrere Hosts oder Zonen angegeben werden.

–Z Wenn Resource Records ausgegeben werden, wird auch der Punkt am Ende von Domainnamen mit ausgeben, außerdem auch die verbleibende Lebenszeit („time-to-live") und der Klassenname.

---

hwclock

hwclock [*Optionen*]

Lesen oder Einstellen der Echtzeituhr. **hwclock** verwaltet Änderungsinformationen in */etc/adjtime*, die verwendet werden kann, um festzulegen, um wieviel diese Uhr von der realen Zeit abweichen darf. **hwclock** ersetzt den Befehl **clock**. Die einbuchstabigen Optionen bleiben aus Kompatibilitätsgründen zum älteren Befehl erhalten.

Optionen

Sie können eine der folgenden Optionen angeben:

–a Anpassen der Echtzeituhr auf Basis der Informationen in */etc/adjtime* und Einstellen der Systemuhr auf die neue Zeit.

––adjust Anpassen der Echtzeituhr auf Basis der Informationen in */etc/adjtime*.

––date *Datum*
Ist nur zusammen mit der Option **––set** sinnvoll. *Datum* ist ein String in einem für den Befehl **date** zulässigen Format.

––debug Informationen über die Aktionen von **hwclock** ausgeben.

–r, ––show
Die aktuelle, in der Echtzeituhr gespeicherte Zeit ausgeben.

–s, ––hctosys
Die Systemuhr anhand der Echtzeituhr stellen.

––set Die Echtzeituhr auf den in der Option **––date** angegebenen Wert stellen.

––test Nichts ändern. Gut zum Überprüfen der Syntax.

–u, ––utc Die Echtzeituhr wird als Universal Coordinated Time gespeichert.

––version Versionsnummer ausgeben und beenden.

–w, ––systohc
Echtzeituhr anhand der Systemuhr stellen.

icmpinfo [*Optionen*]

TCP/IP-Befehl. Fängt ICMP-Pakete ab und interpretiert sie. Ausgegeben werden: Adresse und Name des Senders, Ausgangsport, Zielport, Sequenznummer und Paketgröße. Standardmäßig werden nur Informationen über Pakete, die sich merkwürdig verhalten, ausgegeben.

Optionen

–k Beenden des **syslogd**-Prozesses, der durch **–l** gestartet wurde.

–l Protokollieren via **syslogd**. Diese Option kann nur vom Superuser verwendet werden.

–n IP-Adressen anstelle von Hostnamen verwenden.

–p Decodieren der Portnummer unterdrücken: Es wird nicht versucht, den Namen des Services, der auf diesem Port lauscht, herauszufinden.

–s IP-Adresse der Schnittstelle ausgeben, die das Paket empfangen hat, falls es mehrere Schnittstellen auf dem Rechner gibt.

–v Verbose-Modus. Auch Informationen über normale ICMP-Pakete ausgeben. Noch mehr Informationen können Sie mit **–vv** und **–vvv** erhalten.

in.identd [*Optionen*] [*Kerneldatei* [*Kmemdatei*]]

TCP/IP-Befehl. Stellt den Namen des Benutzers, dessen Prozeß die angegebene TCP/IP-Verbindung verwendet, zur Verfügung. Sie können den Kernel und sein Speicherabbild angeben.

Optionen

–a *IP-Adresse*
Bindet das Socket an die *IP-Adresse*. Nur sinnvoll im Zusammenhang mit **–b**. Standardmäßig wird an die Adresse INADDR_ANY gebunden.

–b Von der Kommandozeile aus starten; darf nicht zusammen mit **inetd** verwendet werden.

–d Debugging-Anfragen zulassen.

–g*GID* Versucht, in der Gruppe *GID* zu arbeiten. Nur sinnvoll mit **–b**.

–i Als Daemon starten; pro Anfrage wird ein Prozeß gestartet.

–l Meldungen via **syslogd** ausgeben.

–m Mehrere Anfragen pro Sitzung zulassen.

→

identd ←

-n Benutzer-IDs anstelle von Benutzernamen ausgeben.

-N Keinen Benutzernamen und keine Benutzer-ID angeben, wenn im Heimatverzeichnis des Benutzers die Datei *.noident* existiert.

-o Immer OTHER zurückgeben, wenn nach dem Typ des Betriebssystems gefragt wird.

-p*Port* An *Port* lauschen statt am Default-Port 113.

-t*Sekunden*
Beenden, wenn nach *Sekunden* Sekunden keine neuen Anfragen eingetroffen sind. Beachten Sie, daß in diesem Fall bei Verwendung von **-i** oder **-w** die nächste Anfrage in einem neuen **identd**-Prozeß resultiert. Der Default für *Sekunden* ist unendlich (nie beenden).

-u*UID* Versucht, als Benutzer *UID* zu starten. Nur sinnvoll mit **-b**.

-V Ausgeben der Versionsnummer und Datei beenden.

-w Als Daemon starten; ein Prozeß bedient alle Anfragen.

ifconfig

ifconfig [*Schnittstelle*]
ifconfig [*Schnittstelle Adreßfamilie Parameter Adressen*]

TCP/IP-Befehl. Zuweisen einer Adresse an eine Netzwerkschnittstelle (z.B. eine Ethernet-Karte oder eine PPP-Verbindung) oder Konfigurieren von Netzwerkschnittstellen-Parametern. **ifconfig** wird üblicherweise beim Hochfahren des Systems benutzt, um die Netzwerkadresse jeder vorhandenen Schnittstelle festzulegen. Außerdem können mit **ifconfig** später die Adresse der Schnittstelle oder andere Betriebsparameter geändert werden. Ohne Argumente gibt **ifconfig** die aktuelle Konfiguration aller aktiven Netzwerkschnittstellen aus. Wird nur eine Netzwerkschnittstelle als einziges Argument angegeben, wird deren Konfiguration ausgegeben.

Argumente

Schnittstelle
Ein String der Form *Name Einheit*, z.B. *eth0*.

Adreßfamilie
Da eine Schnittstelle Daten in verschiedenen Protokollen empfangen kann, die alle unterschiedliche Adressierungen verwenden, kann mit *Adreßfamilie* die Interpretation der weiteren Parameter eingestellt werden. Erlaubte Werte sind **inet** (TCP/IP), **ax25** (AX.25 Packet Radio), **ddp** (Appletalk Phase 2) und **ipx** (Novell). Der Default ist **inet**.

Parameter
Mit **ifconfig** können die folgenden Parameter eingestellt werden:

allmulti/−allmulti Ein- oder Ausschalten des Sendens eingehender Frames an die Netzwerkschicht des Kernels.

arp/−arp Ein- oder Ausschalten der Nutzung des Address Resolution Protocols, um Abbildungen zwischen Netzwerk- (Software-) Adressen und Hardware-Adressen herzustellen.

broadcast (Nur bei **inet**.) Angeben der Adresse, die für Broadcasts im Netzwerk verwendet wird. Der Default ist die Adresse der Schnittstelle, bei der im Rechneranteil alle Bits auf 1 gesetzt sind, also z.B. x.y.z.255 bei einem Klasse-C-Netzwerk.

debug/−debug Ein- oder Ausschalten des treiberabhängigen Debugging-Codes.

dest_address Angeben der Adresse des Gegenübers am anderen Ende einer Punkt-zu-Punkt-Verbindung.

down Schaltet eine Schnittstelle vorübergehend ab.

hw *Klasse Adresse* Einstellen von Klasse und Adresse der Hardware. *Klasse* ist entweder **ether** (Ethernet), **ax25** (AX.25 Packet Radio) oder **ARCnet**.

irq *Adr* Einstellen der IRQ-Leitung des Geräts.

metric *n* Einstellen der Routing-Metrik der Schnittstelle auf *n*. Der Default ist 0.

mtu *Anzahl* Einstellen der Maximum Transfer Unit (MTU) der Schnittstelle.

multicast Setzen des Multicast-Schalters.

netmask *Maske* (Nur bei **inet**.) Gibt an, wieviel von der Adresse reserviert wird, um Netzwerke in Subnetzwerke aufzuteilen. *Maske* kann als einzelne hexadezimale Nummer mit führendem 0x, also Internet-Adresse in Punkt-Notation, oder als in der Tabelle */etc/networks* aufgeführtes Pseudo-Netzwerk angegeben werden.

pointopoint/−pointopoint [*Adresse*]
Ein- und Ausschalten von Punkt-zu-Punkt-Verbindungen, so daß diese Verbindung

→

ifconfig ←	

	der Kommunikation zwischen diesen beiden Rechnern vorbehalten ist.
up	Schaltet eine Schnittstelle ein (zum Senden und Empfangen bereit).
trailers/−trailers	Ein- und Ausschalten einer nachfolgenden Kapselung beim Senden auf der Linkebene.

Adresse Entweder ein Rechnername aus der Rechnerliste (*/etc/hosts*) oder eine Internet-Adresse in der Standard-Punkt-Notation.

---

imapd

imapd

TCP/IP-Befehl. Interactive Mail Access Protocol (IMAP) Server Daemon. **imapd** wird von **inetd** gestartet und lauscht auf Port 143 den Anfragen von IMAP-Clients. IMAP ermöglicht es Mail-Programmen, auf entfernte Mailboxen zuzugreifen und sie zu verwalten, als ob sie lokal vorhanden wären. IMAP kann zum Online- und Offline-Lesen von Mail verwendet werden. Das bekannte Mail-Programm Pine enthält IMAP-Unterstützung.

---

inetd

inetd [*Option*] [*Konfigurationsdatei*]

TCP/IP-Befehl. Daemon für (fast) alle Internet-Dienste. **inetd** lauscht an mehreren Ports den eingehenden Verbindungsanfragen. Wenn eine solche eintrifft, startet **inetd** den passenden Server. Nachdem **inetd** gestartet ist, liest der Daemon zunächst seine Konfigurations-Informationen ein; entweder aus der angegebenen *Konfigurationsdatei* oder aus der Default-Konfigurationsdatei */etc/inetd.conf*. Dann ruft er **getservbyname** auf, legt für jeden Server einen Socket an und bindet jeden Socket an den Port des Servers. Danach wird für alle TCP-Sockets **listen** aufgerufen und mit **select** gewartet, bis eine Verbindungsanfrage oder ein Datagramm eintrifft.

Wenn auf einem überwachten Socket eine Verbindungsanfrage eintrifft, ruft **inetd accept** auf und legt einen neuen Socket an. Dann startet es mit **fork**, **dup** und **exec** den passenden Server. **stdin**, **stdout** und **stderr** des neuen Servers sind auf den neuen Socket gesetzt, wodurch der Server mit dem Prozeß des Clients verbunden ist.

Wenn an einem Datagramm-Socket Daten anliegen, startet **inetd** den passenden Server mit Hilfe von **fork**, **dup** und **exec**. Dem Server werden mögliche Argumente übergeben; **stdin**, **stdout** und **stderr** werden auf den neuen Socket gesetzt. Wenn ein Datagramm-Socket als **wait** markiert ist, muß der aufgerufene Server zunächst die Nachricht verarbeiten, bevor **inetd** den Socket für neue Verbindungen freigibt. Wenn der Socket auf **nowait** gesetzt ist, verarbeitet **inetd** auf diesem Port weitere eingehende Nachrichten.

inetd kann die folgenden Server starten: **bootpd**, **bootpgw**, **fingerd**, **ftpd**, **rexecd**, **rlogind**, **rshd**, **talkd**, **telnetd** und **tftpd**. **named**, **routed**, **rwhod**, **sendmail**, **listen** und alle NFS-Server sollten nie von **inetd** gestartet werden.

Wenn **inetd** das Signal **SIGHUP** empfängt, liest es seine Konfigurationsdatei neu ein. Dadurch können Dienste hinzugefügt, entfernt oder geändert werden, ohne daß **inetd** neu gestartet werden muß.

Option

–d Einschalten des Debuggings auf Socket-Ebene; Ausgeben der Debugging-Informationen nach **stdout**.

Dateien

/etc/inetd.conf
Default-Konfigurationsdatei.

/var/run/inetd.pid
Die Prozeß-ID von **inetd**.

init [*Option*] [*Runlevel*]

Option

–t *Sekunden*
Beim Wechseln von Runleveln wird SIGKILL *Sekunden* Sekunden nach SIGTERM geschickt. Der Default ist 20.

Dateien

init ist der allererste Prozeß, den ein Unix-Rechner beim Hochfahren startet. Er überprüft die Konsistenz der Dateisysteme und startet mit fork/exec andere Prozesse anhand der Angaben in */etc/inittab*. Welche Prozesse gestartet werden, ist abhängig vom *Runlevel*. Jedes Ende eines Prozesses wird in */var/run/utmp* und */var/log/wtmp* aufgezeichnet. Beim Wechsel des Runlevels schickt **init** an alle Prozesse, die im neuen Runlevel nicht laufen können, zunächst ein SIGTERM- und 20 Sekunden später ein SIGKILL-Signal.

Runlevel

Der aktuelle Runlevel kann mit **telinit** geändert werden. **telinit** ist oft nur ein Link auf **init**. Die Default-Runlevels unterscheiden sich von Distribution zu Distribution, aber die folgenden sind immer vorhanden:

0 Anhalten des Systems.

1, s, S Single-User-Modus (Wartungsmodus).

6 Neustarten des Systems.

q, Q Erneutes Einlesen von */etc/inittab*.

→

init ←	Überprüfen Sie die Datei */etc/inittab*, um die auf Ihrem System vorgesehenen Runlevels zu erfahren.

insmod

insmod [*Optionen*] *Datei* [*Symbol=Wert* ...]

Laden des Moduls *Datei* in den Kernel, wobei alle auf der Kommandozeile definierten Symbole geändert werden. Wenn der Name der Moduldatei *Datei.o* oder *Datei.mod* ist, heißt das Modul *Datei.*

Optionen

–f Erzwingt das Laden des Moduls auch dann, wenn Probleme auftreten.

–m Gibt eine Ladetabelle aus.

–o *Name* Der Name des Moduls wird nicht aus dem Dateinamen abgeleitet, sondern ist *Name*.

–x Kein Export; es werden keine externen Symbole des Moduls zu der Symboltabelle des Kernels hinzugefügt.

install

install [*Optionen*] [*Datei*] *Verzeichnisse*

Wird hauptsächlich in Makefiles verwendet, um Dateien zu aktualisieren. **install** kopiert Dateien in vom Benutzer angegebene Verzeichnisse, wobei keine Dateien überschrieben werden. **install** funktioniert ähnlich wie **cp**, versucht aber, Zugriffsrechte, Besitzer und Gruppe zu setzen.

–d, ––directory
Fehlende Verzeichnisse anlegen.

–g *Gruppe*, **––group** *Gruppe*
Gruppen-ID der neuen Datei auf *Gruppe* setzen (kann nur vom Superuser ausgeführt werden).

–m *Modus*, **––mode** *Modus*
Zugriffsrechte auf die neue Datei auf *Modus* setzen. *Modus* kann oktal oder symbolisch angegeben werden. Der Default ist **0755**.

–o [*Besitzer*], **––owner** [*Besitzer*]
Besitzer-ID auf *Besitzer* setzen; wenn kein Besitzer angegeben ist, auf **root** (kann nur vom Superuser ausgeführt werden).

–s, ––strip
Symboltabelle entfernen.

ipfwadm

ipfwadm *Kategorie Befehl Parameter* [*Optionen*]
ipfwadm –M [**–l** | **–s**] [*Optionen*]

Dient zur Verwaltung eines Firewall, seiner Buchführungsregeln und des IP-Masqueradings. Es gibt vier Kategorien von Regeln: IP-Paket-

Buchführung, IP-Eingehender-Firewall, IP-Ausgehender-Firewall und IP-Weiterleitender-Firewall. Die Regeln werden nach Kategorien getrennt in separaten Listen gehalten. Die Manualpage zu **ipfw**(4) enthält nähere Informationen, wie diese Listen aufgebaut sind.

Jeder **ipfwadm**-Befehl gibt nur eine Kategorie und eine Regel an. Um einen sicheren Firewall einzurichten, müssen Sie den Befehl **ipfwadm** mehrfach ausführen; erst die Kombination der Regeln stellt sicher, daß Ihr Firewall so arbeitet, wie Sie sich das vorstellen. Die zweite Form des Befehls dient dem Masquerading. Die unten beschriebenen Befehle **–l** und **–s** sind die einzigen, die mit der Kategorie Masquerading, **–M**, verwendet werden können.

Kategorien

Es muß einer der folgenden Schalter angegeben werden, um festzulegen, auf welche Kategorie von Regeln der folgende Befehl zutreffen soll.

–A [*Richtung*]
: IP-Buchhaltungsregeln. Es kann optional eine Richtung angegeben werden:

  in Nur eingehende Pakete zählen.

  out Nur ausgehende Pakete zählen.

  both Sowohl eingehende als auch ausgehende Pakete zählen; dies ist der Default.

–F Regeln für einen weiterleitenden IP-Firewall.

–I Regeln für einen eingehenden IP-Firewall.

–M Verwaltung des IP-Masqueradings. Kann nur zusammen mit den Befehlen **–l** und **–s** verwendet werden.

–O Regeln für einen ausgehenden IP-Firewall.

Befehle

Auf die Kategorie folgt ein Befehl, der angibt, welche Aktion durchgeführt werden soll. Wenn nichts anderes angegeben wird, kann nur eine Aktion auf der Kommandozeile angegeben werden. Bei den Befehlen, bei denen ein Verhalten („Policy“) angegeben werden kann, sind folgende Werte möglich:

`accept` Passende Pakete können empfangen, verwendet oder weitergeleitet werden.

`deny` Passende Pakete dürfen nicht empfangen, verwendet oder weitergeleitet werden.

`reject` Passende Pakete dürfen nicht empfangen, verwendet oder weitergeleitet werden. Außerdem wird an den verschickenden Host eine ICMP-Fehlermeldung gesendet.

→

Die Befehle lauten:

–a [*Verhalten*]
: Eine oder mehrere Regeln an das Ende der Regeln für die Kategorie anhängen. Bei Buchhaltungsregeln kann kein Verhalten angegeben werden. Bei Firewall-Regeln muß ein Verhalten angegeben werden. Wenn die Quell- und/oder Zielnamen auf mehr als eine Adresse passen, dann wird für jede mögliche Adreßkombination eine Regel angefügt.

–c
: Überprüfen, ob dieses IP-Paket von dem durch die Kategorie repräsentierten Firewall akzeptiert, verworfen oder zurückgewiesen werden würde. Diese Option kann nur bei den Kategorien **–i**, **–O** und **–F** verwendet werden, außerdem muß der Parameter **–V** (siehe unten) angegeben werden.

–d [*Verhalten*]
: Einen oder mehrere Einträge aus der Liste der Regeln für die Kategorie löschen. Bei Buchhaltungsregeln wird kein Verhalten angegeben. Die bei diesem Befehl angegebenen Parameter müssen genau mit den Parametern aus den Befehlen **–a** oder **–i** übereinstimmen, ansonsten wird keine Regel gefunden und folglich auch keine entfernt. Nur die erste passende Regel wird aus der Liste gelöscht.

–f
: Alle Regeln für die Kategorie entfernen.

–h
: Einen Hilfetext mit einer kurzen Beschreibung der Befehlssyntax anzeigen; wird ohne Kategorie verwendet:

```
% ipfwadm -h
```

–i [*Verhalten*]
: Eine neue Regel am Anfang der gewählten Liste für die Kategorie einfügen. Bei Buchhaltungsregeln wird kein Verhalten angegeben; bei Firewall-Regeln muß ein Verhalten angegeben werden. Wenn die Quell- und/oder Zielnamen auf mehr als eine Adresse passen, dann wird für jede mögliche Adreßkombination eine Regel angefügt.

–l
: Alle Regeln der Kategorie ausgeben. Dieser Befehl kann mit dem Befehl **–z** kombiniert werden, um die Paket- und Byte-Zähler nach Ausgabe der aktuellen Werte zurückzusetzen. Wenn nicht auch die Option **–x** angegeben wird, werden die Paket- und Byte-Zähler als *number*K und *number*M, gerundet auf die nächste ganze Zahl, angezeigt. Siehe dazu auch die Optionen **–e** und **–x** unter „Optionen" weiter unten.

–p *Verhalten*
: Das Default-Verhalten für den gewählten Firewall-Typ auf *Verhalten* ändern. Das Default-Verhalten wird verwendet,

wenn keine passende Regel gefunden wird. Nur zusammen mit **–I**, **–O** und **–F** zulässig.

–s *Tcp Tcpfin Udp*
Legt die Timeout-Werte für das Masquerading fest und kann nur bei **–M** verwendet werden. Die drei Parameter müssen angegeben werden und stellen die Timeout-Werte in Sekunden für TCP-Sitzungen, TCP-Sitzungen nach dem Empfang eines FIN-Pakets und UDP-Pakete dar. Ein Timeout-Wert von 0 behält den aktuellen Timeout-Wert des entsprechenden Eintrags bei.

–z
Die Paket- und Byte-Zähler für alle Regeln der Kategorie zurücksetzen. Dieser Befehl kann mit dem Befehl **–l** kombiniert werden.

Parameter

Die folgenden Parameter können, sofern nichts anderes angegeben ist, bei den Befehlen **–a**, **–i**, **–c** und **–d** angegeben werden. Auf einer **ipfwadm**-Kommandozeile können mehrere Parameter angegeben werden.

–D *Adresse*[*/Maske*] [*Port* ...]
Die Ziel-Spezifikation (optional). Die Syntax, die Default-Werte und andere Anforderungen werden unter **–S** beschrieben. ICMP-Typen können bei **–D** nicht angegeben werden.

–P *Protokoll*
Das Protokoll der Regel oder des Pakets; mögliche Werte sind **tcp**, **udp**, **icmp** oder **all**. Der Default ist **all**, also alle Protokolle. **–P** kann nicht beim Befehl **–c** verwendet werden.

–S Adresse[*/Maske*] [*Port* ...]
Die Quell-IP-Adresse, angegeben als Hostname, als Netzwerkname oder als IP-Adresse. Der Default für die Quelladresse und die Maske ist 0.0.0.0/0. Wenn **–S** angegeben wird, muß auch **–P** angegeben werden. Die optionale Maske wird entweder als Netzwerkmaske oder als Anzahl der Einsen am linken Ende der Netzwerkmaske angegeben (24 ist also gleichbedeutend mit 255.255.255.0). Der Default ist 32. Ein oder mehrere Werte für *Port* können zusätzlich optional angegeben werden, womit festgelegt werden kann, auf welche Ports oder ICMP-Typen die Regel zutreffen soll. Der Default ist **all**. Ports können auch über ihren Eintrag in */etc/services* angegeben werden. Die Syntax zur Angabe eines Bereichs von Ports lautet:

```
anfangsport:endport
```

→

SysAdmin Befehle

Zum Beispiel:

```
-S 172.29.16.1/24 ftp:ftp-data
```

–V *Adresse*
Die Adresse der Netzwerkschnittstelle, von der das Paket empfangen wird (wenn die Kategorie **–I** ist) beziehungsweise an die es gesendet wird (wenn die Kategorie **–O** ist). *Adresse* kann ein Hostname oder eine IP-Adresse sein und hat den Default 0.0.0.0, was auf die Adresse der Schnittstelle zutrifft. **–V** muß beim Befehl **–c** angegeben werden:

```
-V 172.29.16.1
```

–W *Name* Identisch mit **–V**, verwendet aber einen Gerätenamen anstelle einer Adresse:

```
-W ppp0
```

Optionen

–b
Bidirektionaler Modus. Die Regel gilt für IP-Pakete in beiden Richtungen. Diese Option ist nur bei den Befehlen **–a**, **–i** und **–d** zulässig.

–e
Erweiterte Ausgabe. Wird beim Befehl **–l** verwendet, um auch die Schnittstellenadresse und eventuelle Regeloptionen anzuzeigen. Wenn Firewall-Regeln ausgegeben werden, werden auch die Paket- und Byte-Zähler sowie die TOS-Masken („type of service") angezeigt. Wird diese Option bei **–M** verwendet, werden zusätzlich Informationen zu den Delta-Folgennummern angezeigt.

–k
Trifft auf TCP-Acknowledgment-Pakete zu, also nur auf TCP-Pakete, bei denen das ACK-Bit gesetzt ist. Diese Option wird bei allen anderen Protokollen ignoriert und kann nur bei den Befehlen **–a**, **–i** und **–d** verwendet werden.

–m
Masquerading-Pakete zum Weiterleiten akzeptieren, und diese so erscheinen lassen, als würden sie vom lokalen Rechner kommen. Erkennt Pakete in umgekehrter Richtung und demaskiert sie automatisch, wobei der weiterleitende Firewall umgangen wird. Diese Option ist nur in Regeln für den weiterleitenden Firewall zulässig, die das Verhalten `accept` haben. Der Kernel muß mit der Option CONFIG_IP_MASQUERADE kompiliert worden sein.

–n
Numerische Ausgabe. Gibt IP-Adressen und Portnummern in numerischer Form aus.

–o
Protokolliert Pakete, die auf diese Regel passen, im Systemprotokoll. Diese Option ist nur bei den Befehlen **–a**, **–i** und **–d** zulässig. Der Kernel muß mit der Option CONFIG_IP_FIREWALL_VERBOSE definiert worden sein.

–r [*Port*] Leitet Pakete auf einen lokalen Socket um, selbst wenn sie an einen entfernten Rechner gehen sollen. Wenn *Port* 0 ist (der Default), wird der Zielport des Pakets verwendet. Diese Regel kann nur in eingehenden Firewall-Regeln mit dem Verhalten `accept` verwendet werden. Der Kernel muß mit der Option CONFIG_IP_TRANSPARENT_PROXY kompiliert worden sein.

–t *and-Maske xor-Maske*
Gibt die Masken an, mit denen das TOS-Feld im IP-Header modifiziert wird. Wenn ein Paket (mit oder ohne Masquerading) von einer Firewall-Regel akzeptiert wird, wird das TOS-Feld bitweise mit *and-Maske* UND-verknüpft und das daraus entstehende Resultat wiederum bitweise mit *xor-Maske* XOR-verknüpft. Die Masken werden als 8 Bit große Hexadezimalzahlen angegeben. Diese Option ist nur bei den Befehlen **–a**, **–i** und **–d** zulässig und hat keine Bedeutung, wenn sie mit Buchhaltungsregeln oder Firewall-Regeln kombiniert wird, die ein Paket verwerfen oder zurückweisen.

–v Verbose-Modus. Gibt detaillierte Informationen über die Regel oder das Paket aus, die/das hinzugefügt, entfernt oder überprüft werden soll. Diese Option ist nur bei den Befehlen **–a**, **–i**, **–d** und **–c** zulässig.

–x Zahlen expandieren. Zeigt den genauen Wert der Paket- und Byte-Zähler anstelle gerundeter Werte an. Diese Option ist nur zulässig, wenn die Zähler ohnehin ausgegeben werden (siehe dazu auch die Option **–e**).

–y Trifft auf TCP-Pakete zu, bei denen das SYN-Bit gesetzt und das ACK-Bit gelöscht ist. Diese Option wird bei allen anderen Protokollen ignoriert und kann nur bei den Befehlen **–a**, **–i** und **–d** verwendet werden.

kbdrate [*Optionen*]

Einstellen der Geschwindigkeit und Verzögerung beim Wiederholen von Zeichen über die Tastatur. Wenn keine Optionen angegeben werden, wird die Wiederholrate auf 10,9 Zeichen pro Sekunde und die Default-Verzögerung auf 250 Millisekunden eingestellt. Beim Hochfahren von Linux wird die Wiederholrate dagegen auf 30 Zeichen pro Sekunde gesetzt.

Optionen

–s Keine Meldungen ausgeben.

–r *Rate* Angeben der Wiederholrate. Die folgenden Werte sind erlaubt (jeweils in Zeichen pro Sekunde): 2.0, 2.1, 2.3, 2.5, 2.7, 3.0, 3.3, 3.7, 4.0, 4.3, 4.6, 5.0, 5.5, 6.0, 6.7, 7.5, 8.0, 8.6,

→

kbdrate ←

9.2, 10.0, 10.9, 12.0, 13.3, 15.0, 16.0, 17.1, 18.5, 20.0, 21.8, 24.0, 26.7 und 30.0.

–d *Verzögerung*

Angeben der Verzögerung. Die folgenden Werte (in Millisekunden) sind erlaubt: 250mS, 500mS, 750mS und 1000mS.

---

kerneld

kerneld

kerneld lädt Kernel-Module bei Bedarf automatisch, wodurch der Speicherverbrauch durch den Kernel aufgrund unbenutzter Module reduziert und das manuelle Laden von Modulen mit **modprobe** oder **insmod** unnötig gemacht wird. Wenn ein Modul mehr als eine Minute nicht verwendet worden ist, wird es von **kerneld** automatisch entfernt.

kerneld ist ein Bestandteil des modutils-Pakets und wird während der Konfiguration des Kernels eingerichtet. Seine Funktionalität wird durch Interaktionen zwischen diesem Paket und dem Kernel gewährleistet. **kerneld** kennt die gebräuchlichsten Modultypen. Wenn mehr als ein Modul für ein Gerät (z.B. einen Netzwerktreiber) verwendet werden kann, zieht **kerneld** die Konfigurationsinformationen in */etc/conf.modules*, die Pfadinformationen und Aliasnamen für alle ladbaren Module enthalten, zu Rate, um das richtige Modul zu bestimmen.

kerneld kann auch dazu verwendet werden, um bei Bedarf Netzwerkverbindungen über Telefonleitungen, wie z.B. SLIP oder PPP, aufzubauen („dial-on-demand"). Der Wunsch nach einer Netzwerkverbindung veranlaßt **kerneld**, die entsprechenden Module zu laden und die Verbindung zum Server aufzubauen.

---

klogd

klogd [*Optionen*]

Bestimmt, welche Kernel-Meldungen auf der Konsole ausgegeben werden sollen, ordnet die Meldungen nach Prioritäten und speichert sie via **syslogd** ab. Auf vielen anderen Betriebssystemen sind **syslogd** und **klogd** ein Programm, aber unter Linux sind sie getrennt. **klogd** erhält die Kernel-Meldungen durch Absuchen des */proc*-Dateisystems sowie von Systemaufrufen von **syslogd**. Standardmäßig erscheinen keine Meldungen auf der Konsole. Die Meldungen sind in acht Ebenen aufgeteilt (0–7); die Ebenennummer wird jeder Meldung vorangestellt.

Prioritätsebenen

0 Notfallsituation (**KERN_EMERG**).

1 Ein fataler Fehler ist aufgetreten (**KERN_ALERT**).

2 Ein schwerwiegender Fehler ist aufgetreten (**KERN_CRIT**).

3 Ein Fehler ist aufgetreten (**KERN_ERR**).

4 Warnung (**KERN_WARNING**).

5 Normale Situation, eine Überprüfung ist aber angeraten (**KERN_NOTICE**).

6 Information (**KERN_INFO**).

7 Debugging-Meldung (**KERN_DEBUG**).

Optionen

–c *Ebene* Alle Meldungen mit einer höheren Priorität (niedrigeren Nummer) als *Ebene* werden auf die Konsole ausgegeben.

–d Debugging-Modus.

–f *Datei* Alle Meldungen in *Datei* ausgeben; normales Logging unterdrücken.

–k *Datei* *Datei* als Quelle für Kernel-Symbole verwenden.

–n Nicht automatisch in den Hintergrund gehen. Dies wird benötigt, wenn **klogd** von **init** aus gestartet wird.

–o One-Shot-Modus. Alle aktuellen Meldungen werden nach Prioritäten sortiert und ausgegeben, danach beendet sich **klogd**.

–s Keine Meldungen aus dem */proc*-Dateisystem lesen.

Dateien

/usr/include/linux/kernel.h, */usr/include/sys/syslog.h*
Definitionen der einzelnen Ebenen.

/proc/kmsg
Die Datei in */proc*, die nach Meldungen abgesucht wird.

/var/run/klogd.pid
Die Prozeß-ID von **klogd**.

ksyms [*Optionen*]

Ausgeben einer Liste aller exportierten Kernel-Symbole mit Namen, Adresse und definierendem Modul (wo möglich).

Optionen

–a Auch Symbole nicht geladener Module ausgeben.

–h Startmeldung nicht mit ausgeben.

–m Startadresse und Größe mit ausgeben. Nur sinnvoll für Symbole aus geladenen Modulen.

Datei

/proc/ksyms
Enthält die gleiche Information.

ldconfig

ldconfig [*Optionen*] *Verzeichnisse*

Untersucht die Bibliotheken in *Verzeichnisse*, */etc/ld.so.conf*, */usr/lib* und */lib* und aktualisiert Links und den Cache, soweit notwendig. **ldconfig** wird normalerweise aus Startdateien heraus oder nach der Installation neuer dynamischer Bibliotheken ausgeführt.

Optionen

–D Debugging. Alle normalen Funktionen werden nicht ausgeführt.

–l Bibliotheksmodus. Erwartet, daß die Argumente keine Verzeichnisse, sondern Bibliotheken sind, und legt die Links der angegebenen Bibliotheken automatisch an.

–n Durchsuchen von */usr/lib* und */lib* sowie Einlesen von */etc/ld.so.conf* unterdrücken; den Cache nicht verwenden.

–N Den Cache nicht verwenden, nur die Links anlegen.

–p Alle Verzeichnisse und möglichen Bibliotheken im Cache ausgeben. Erwartet keine Argumente.

–v Verbose-Modus. Ausgeben der Versionsnummer und jedes Verzeichnisses einschließlich der dort angelegten Links.

–X Keine Links anlegen, nur den Cache neu aufbauen.

Dateien

/lib/ld.so Linker- und Ladeprogramm.

/etc/ld.so.conf
Liste der Verzeichnisse, in denen üblicherweise Bibliotheken abgelegt werden.

/etc/ld.so.cache
Liste der Bibliotheken, die in den in */etc/ld.so.conf* angegebenen Verzeichnissen gefunden wurden.

logger

logger [*Optionen*] [*Nachricht...*]

TCP/IP-Befehl. Hinzufügen von Meldungen in die Log-Dateien des Systems. Die Meldung kann von der Kommandozeile oder der Standardeingabe gelesen werden.

Optionen

–f *Datei* Einlesen der *Nachricht* aus *Datei*.

–i Hinzufügen der Prozeßnummer des **logger**-Prozesses.

–p *Priorität*
Meldung mit der angegebenen *Priorität* versehen. Der Default ist „user.notice“.

–t *Tag* Jede Zeile mit dem angegebenen *Tag* markieren.

login [*Name* | *Option*] **login**

Am System anmelden. **login** erfragt den Benutzernamen (*Name*), der auch auf der Kommandozeile angegeben werden kann, und das Paßwort (wo nötig).

Wenn das Anmelden erfolgreich war, aktualisiert **login** Buchführungsdateien, setzt verschiedene Umgebungsvariablen, teilt dem Benutzer mit, ob neue E-Mail für ihn vorliegt, und führt die Start-Shell-Skripten aus.

Wenn die Datei */etc/nologin* existiert, kann sich außer **root** kein Benutzer anmelden. Der Inhalt dieser Datei wird vor Abbruch der Verbindung angezeigt.

root kann sich nur auf Terminals anmelden, die in der Datei */etc/securetty* eingetragen sind. Wenn die Datei *~/.hushlogin* existiert, wird ein stilles Anmelden durchgeführt. Wenn die Datei */var/adm/lastlog* existiert, wird der Zeitpunkt des letzten Anmeldens ausgegeben.

Optionen

–f Unterdrücken der zweiten Anmelde-Authentifizierung.

–h *Rechner* Angeben des Namens eines entfernten Rechners. Wird normalerweise von Servern und nicht von Menschen benutzt und kann nur von **root** ausgeführt werden.

–p Vorige Umgebung erhalten.

logrotate [*Optionen*] *Konfigurationsdateien* **logrotate**

Protokolldateien entsprechend der Befehle in den *Konfigurationsdateien* manipulieren.

Optionen

–d Debugging-Modus. Die Protokolldateien werden nicht verändert.

–s, – –state *Datei*
Zustandsinformationen in *Datei* speichern. Der Default ist */var/lib/logrotate.status*.

– –usage Informationen über die Version und das Copyright ausgeben.

Befehle

compress Alte Versionen der Protokolldateien mit **gzip** komprimieren.

copytruncate
Protokolldatei erst kopieren, dann verkürzen. Kann bei Programmen verwendet werden, deren Protokollausgaben nicht vorübergehend angehalten werden können.

SysAdmin Befehle

→

logrotate
←

create [*Rechte*] [*Besitzer*] [*Gruppe*]
Nach der Rotation wird die Prokolldatei mit den angegebenen Parametern neu angelegt. *Rechte* muß als Oktalzahl angegeben werden. Wenn einer der Parameter fehlt, werden die ursprünglichen Attribute der Datei verwendet.

daily Protokolldateien täglich rotieren.

delaycompress
Protokolldatei erst bei der nächsten Rotation komprimieren.

errors *Adresse*
Alle Fehler per E-Mail an die angegebene *Adresse* melden.

endscript Beendet ein **postrotate**- bzw. **prerotate**-Skript.

ifempty Protokolldatei auch dann rotieren, wenn sie leer ist. Überschreibt die Default-Option **notifempty**.

include *Datei*
Datei in die aktuelle Datei einlesen. Wenn es sich bei *Datei* um ein Verzeichnis handelt, werden alle Dateien in diesem Verzeichnis mit Ausnahme der mit dem Befehl **tabooext** angegebenen Dateien eingelesen.

mail *Adresse*
Alle gelöschten Protokolldateien per E-Mail an die angegebene *Adresse* schicken.

monthly Protokolldateien nur beim ersten Aufruf von **logrotate** in einem Monat rotieren.

nocompress
Überschreibt **compress**.

nocopytruncate
Überschreibt **copytruncate**.

nocreate Überschreibt **create**.

nodelaycompress
Überschreibt **delaycompress**.

noolddir Überschreibt **olddir**.

notifempty
Überschreibt **ifempty**.

olddir *Verzeichnis*
Verschiebt die Protokolldateien zum Rotieren nach *Verzeichnis*. *Verzeichnis* muß auf dem gleichen physikalischen Gerät wie die ursprünglichen Protokolldateien liegen.

postrotate Leitet ein Skript von Anweisungen ein, die ausgeführt werden, nachdem die Protokolldatei rotiert worden ist. Das Skript endet mit der Anweisung **endscript**.

prerotate Leitet ein Skript von Anweisungen ein, die ausgeführt werden, bevor die Protokolldatei rotiert wird. Das Skript endet mit der Anweisung **endscript**.

rotate *Anzahl*
Gibt an, wie oft eine Protokolldatei rotiert wird, bevor sie entfernt wird.

size *n*[**k**|**M**]
Rotiert eine Protokolldatei, wenn sie größer als *n* Byte ist. Auf *n* kann optional ein **k** für Kilobyte oder ein **M** für Megabyte folgen.

lpc [*Befehl*]

Steuert einen Drucker. Wenn **lpc** ohne Befehl aufgerufen wird, werden Befehle von der Standardeingabe gelesen.

Befehle

?, **help** [*Befehle*]
Gibt eine Liste der Befehle oder einen Hilfetext zu bestimmten Befehlen aus.

abort all | *Drucker*
Beendet den aktuellen Drucker-Daemon und sperrt das Drucken auf dem angegebenen *Drucker.*

clean all | *Drucker*
Dateien, die nicht gedruckt werden können, aus den angegebenen Druckerwarteschlangen löschen.

disable all | *Drucker*
Die angegebenen Druckerwarteschlangen anhalten.

down all | *Drucker Meldung*
Die angegebenen Druckerwarteschlangen anhalten, und *Meldung* in die Statusdatei der Drucker schreiben.

enable all | *Drucker*
Die angegebenen Druckerwarteschlangen freigeben.

exit, quit **lpc** beenden.

restart all | *Drucker*
Die Drucker-Daemonen für die angegebenen Drucker neu starten.

start all | *Drucker*
Die angegebenen Druckerwarteschlangen einschalten, und Drucker-Daemonen starten.

status all | *Drucker*
Den Zustand der angegebenen Drucker ausgeben.

→

lpc ←

stop all|*Drucker*
: Die angegebenen Drucker-Daemonen anhalten, nachdem alle anstehenden Druckaufträge vollständig abgearbeitet worden sind.

topq printer [*Jobnummern*] [*Benutzer*]
: Die angegebenen Druckaufträge in der Reihenfolge ihrer Nennung an die Spitze der Druckerwarteschlange stellen.

up all|*Drucker*
: Druckerwarteschlangen einschalten, und für die angegebenen Drucker die Daemonen neu starten.

---

lpd

lpd [*Option*] [*Port*]

TCP/IP-Befehl. Drucker-Daemon. **lpd** wird üblicherweise beim Hochfahren des Systems gestartet. Der Daemon liest die Datei */etc/printcap*, um herauszufinden, welche Drucker existieren, und druckt eventuell noch vor einem Systemabsturz liegengebliebene Dateien aus. Danach akzeptiert er Anforderungen, Druckdateien in eine Warteschlange zu übertragen, kopiert Dateien in den Spool-Bereich, zeigt den Zustand der Warteschlange an oder entfernt Druckaufträge aus der Warteschlange. In allen Fällen wird für jede Anfrage ein neuer Prozeß gestartet, während der Daemon selbst weiter auf Anfragen wartet. Wenn *Port* angegeben wird, lauscht **lpd** an diesem Port, anderenfalls verwendet er **getservbyname**, um den richtigen Port herauszufinden.

Die Datei *lock* in jedem Spool-Verzeichnis verhindert, daß mehrere Daemonen gleichzeitig aktiv werden können. Nachdem ein Daemon diese Sperre gesetzt hat, durchsucht er das Verzeichnis nach Dateien, deren Namen mit **cf** anfangen. Diese Dateien enthalten Namen von Dateien, die ausgedruckt werden sollen, sowie weitere Anweisungen. Jede Zeile beginnt mit einem Schlüsselbuchstaben, der Informationen über den Druckauftrag oder wie der Rest der Zeile zu interpretieren ist angibt. Die folgenden Schlüsselbuchstaben sind zulässig:

C
: Klassifizierung — ein String, der in der Klassifizierungszeile des Zwischenblattes ausgegeben wird

c
: **cifplot**-Datei

f
: Eine formatierte Datei, d.h. eine zu druckende Datei, die bereits formatiert worden ist

g
: Graphendatei

H
: Rechnername — der Name des Rechners, auf dem **lpd** gestartet wurde

J
: Jobname — String, der als Jobname auf dem Zwischenblatt verwendet wird

L	Literal — Diese Zeile enthält Identifizierungsinformationen aus der Paßwortdatei und veranlaßt, daß eine Titelseite gedruckt wird
l	Eine formatierte Datei, bei der die Ausgabe von Seitenvorschüben und der Ausdruck von Steuerzeichen unterdrückt werden sollen
M	Senden einer Mail an den angegebenen Benutzer, wenn der Druckjob vollständig ausgeführt worden ist
n	**ditroff**-Datei
P	Der Name des Benutzers, der **lpd** aufgerufen hat
r	DVI-Datei
T	Ein String, der als Titel für den **pr**-Befehl verwendet wird
t	**troff**-Datei
U	Der Name der Datei, die nach dem Ausdruck entfernt werden soll

Option

–l	Alle gültigen Anfragen protokollieren

Dateien

/etc/printcap	Beschreibungsdatei für Drucker
*/var/spool/**	Spool-Verzeichnisse
/var/spool//minfree*	Platz, der im Spool-Bereich mindestens freibleiben muß
*/dev/lp**	Drucker-Gerätedateien
/etc/hosts.equiv	Namen der Rechner, die auf den Drucker zugreifen dürfen
/etc/hosts.lpd	Namen der Rechner, die zwar auf den Drucker zugreifen dürfen, aber keine administrativen Befehle ausführen können.

lsmod

Anzeigen aller geladenen Module mit Namen, Größe (in 4k-Einheiten) und einer Liste der Module, die diese benötigen (falls zutreffend).

Datei

/proc/modules
Enthält die gleichen Informationen.

makedbm

makedbm [*Optionen*] *Eingabedatei Ausgabedatei*

NFS/NIS-Befehl. Erzeugt eine **dbm**-Datei für NIS. **makedbm** erzeugt aus der *Eingabedatei* ein Dateipaar *Ausgabedatei.pag* und *Ausgabedatei.dir* im **ndbm**-Format. Jede Zeile der Eingabedatei wird in einen **dbm**-Datensatz konvertiert. Alle Zeichen bis zum ersten Tabulator oder Leerzeichen bilden den Schlüssel, alle anderen die Daten. Wenn eine Zeile mit **\&** endet, werden die Daten dieser Zeile auf der nächsten Zeile fortgesetzt. Das #-Zeichen muß von den NIS-Clients interpretiert werden, **makedbm** betrachtet es nicht als Kommentarzeichen. Die *Eingabedatei* kann auch – sein; in diesem Fall wird von der Standardeingabe gelesen.

makedbm erzeugt einen speziellen Eintrag mit dem Schlüssel **yp_***last_modified*, bei dem es sich um das Datum der Eingabedatei (oder der aktuellen Datei, falls die Eingabe von der Standardeingabe gelesen wird) handelt.

Optionen

–b
: Die Tabelle wird an alle Server mit Hilfe des Name-Server-Daemons **named** weitergegeben.

–d yp_*domain_name*
: Anlegen eines speziellen Eintrags mit dem Schlüssel **yp_***domain_name*.

–i yp_*input_file*
: Anlegen eines speziellen Eintrags mit dem Schlüssel **yp_***input_file*.

–l
: Schlüssel der angegebenen Tabelle in Kleinbuchstaben konvertieren.

–m yp_*master_name*
: Anlegen eines speziellen Eintrags mit dem Schlüssel **yp_***master_name*. Wenn kein Master-Rechnername angegeben wird, wird der Wert von **yp_***master_name* auf den lokalen Rechnernamen gesetzt.

–o yp*output_file*
: Anlegen eines speziellen Eintrags mit dem Schlüssel **yp_***output_file*.

–s
: Sichere Tabellen. Es werden nur Verbindungen aus sicheren NIS-Netzwerken akzeptiert.

–u dbm *Dateiname*
: Zurückkonvertieren einer **dbm**-Datei — Ausgeben einer **dbm**-Datei mit einem Eintrag pro Zeile und je einem Leerzeichen zwischen Schlüsseln und Werten.

Beispiel

makedbm

Es ist nicht schwer, Shell-Skripten zu schreiben, um Standarddateien wie */etc/passwd* in die Schlüssel/Wert-Form zu konvertieren, die von **makedbm** verwendet wird. Beispielsweise liest das folgende **awk**-Programm

```
BEGIN { FS =":";OFS = "\t";}
{ print $1, $0}
```

die Datei */etc/passwd* und konvertiert sie in eine Form, die von **makedbm** in die NIS-Datei *passwd.byname* umgewandelt werden kann. Der Schlüssel ist dabei ein Benutzername, und der Wert ist der Rest der Zeile in */etc/passwd*.

makemap [*Optionen*] *Typ Name*

makemap

Konvertiert Daten von der Standardeingabe in **sendmail**-Datenbanktabellen. Die Eingabe sollte in der Form

Schlüssel Wert

vorliegen. Kommentarzeilen können mit # eingefügt und Parameter mit %**n** substituiert werden. Ein wörtliches % muß als %% eingegeben werden. Der Typ ist entweder **dbm**, **hash** oder **btree**. *Name* ist ein Dateiname, an den **makemap** die Standardsuffixe anhängt.

Optionen

–f
Umwandlung von Groß- in Kleinbuchstaben nicht vornehmen.

–N
An jeden Schlüssel ein Nullbyte anhängen.

–o
An eine existierende Datei anhängen, anstatt sie zu ersetzen.

–r
Wenn Schlüssel schon existieren, werden sie ersetzt. Standardmäßig beendet sich **makemap**, wenn es auf doppelte Schlüssel trifft.

–v
Verbose-Modus.

mke2fs [*Optionen*] *Gerät* [*Blöcke*]
mkfs.ext2 [*Optionen*] *Gerät* [*Blöcke*]

mke2fs

Das *Gerät* als Linux-Second-Extended-Dateisystem formatieren. Die Anzahl der Blöcke auf dem Gerät kann angegeben oder von **mke2fs** erraten werden.

Optionen

–b *Blockgröße*
Blockgröße in Byte angeben.

SysAdmin Befehle

→

mke2fs ←

–c Vor der Formatierung das Gerät auf defekte Blöcke überprüfen.

–f *Fragmentgröße*
Fragmentgröße in Byte angeben.

–i *Byte-pro-Inode*
Anlegen einer Inode für jede *Byte-pro-Inode* Byte Plattenplatz. Der Wert für *Byte-pro-Inode* muß 1024 oder größer sein, der Default ist 4096.

–l *Dateiname*
Eine Liste mit defekten Blöcken aus *Dateiname* lesen.

–m *Reserve*
Reserve Prozent der Blöcke für den Superuser reservieren.

–q Still-Modus.

–v Verbose-Modus.

–S Nur den Superblock und die Gruppendeskriptoren schreiben, und das Schreiben der Inode-Tabelle sowie der Block- und Inode-Bitmaps unterdrücken. Nur nützlich, wenn versucht wird, beschädigte Dateisysteme zu retten.

mkfs

mkfs [*Optionen*] [*Dateisystem–Optionen*] *Dateisystem* [*Blöcke*]

Anlegen eines Dateisystems auf einem Gerät (z.B. einer Festplattenpartition). *Dateisystem* ist entweder der Name eines Geräts oder der Einhängepunkt. **mkfs** ist eigentlich nur ein Zugangsprogramm, das die dateisystemspezifische Version von **mkfs** abhängig vom Dateisystemtyp, der mit der **–t**-Option angegeben wird, aufruft. Zum Anlegen eines Linux-Second-Extended-Dateisystems wird beispielsweise **mkfs.ext2** (was wiederum identisch mit **mke2fs** ist) aufgerufen. MS-DOS-Dateisysteme werden mit **mkfs.msdos** angelegt. *Dateisystem-Optionen* sind Optionen, die spezifisch für das jeweilige Dateisystem sind. *Blöcke* ist die Größe des Dateisystems in Blöcken zu 1024 Byte.

Optionen

–V Ausführliche Ausgaben u.a. aller Befehle, die zum Anlegen des jeweiligen Dateisystems notwendig sind.

–t *Dateisystemtyp*
Teilt **mkfs** mit, was für ein Dateisystem angelegt werden soll.

Dateisystemspezifische Optionen
Diese Optionen müssen den generischen Optionen folgen und dürfen nicht mit diesen vermischt werden. Die meisten Formatierprogramme für Dateisysteme unterstützen die folgenden drei Optionen:

−c	Vor Anlegen des Dateisystems das Gerät auf defekte Blöcke überprüfen.	**mkfs**
−l *Datei*	Aus der *Datei* eine Liste der defekten Blöcke des Geräts einlesen.	
−v	Ausführliche Ausgaben machen.	

mkfs.minix [*Optionen*] *Gerät Größe* — **mkfs.minix**

Anlegen eines MINIX-Dateisystems auf *Gerät*.

mklost+found — **mklost+found**

Anlegen eines *lost+found*-Verzeichnisses im aktuellen Arbeitsverzeichnis. Gedacht für Linux-Second-Extended-Dateisysteme.

mkswap [*Option*] *Gerät* [*Größe*] — **mkswap**

Anlegen eines Auslagerungsbereichs (swap space) auf dem angegebenen *Gerät*. Die Größe wird in Blöcken von etwa 4K angegeben.

Option

−c — Suchen nach defekten Blöcken, bevor der Auslagerungsbereich angelegt wird.

modprobe [*Optionen*] [*Module*] — **modprobe**

Ohne Optionen versucht **modprobe**, das angegebene Modul und alle anderen Module, von denen es abhängig ist, zu laden. Wenn mehr als ein Modul angegeben wird, wird nur versucht, die weiter hinten stehenden Module zu laden, wenn die weiter vorn stehenden nicht geladen werden konnten.

Optionen

−a — Alle angegebenen Module laden, nicht nur das erste.

−l [*Muster*] — Alle vorhandenen Module anzeigen. Diese Option kann mit **−t** kombiniert werden, um den Typ der Module anzugeben. Wenn *Muster* angegeben wird, wird danach gesucht.

−r — Die angegebenen Module und alle, auf denen sie aufbauen, entfernen.

−t *Typ* — Nur einen bestimmten Modultyp laden. In */etc/modules.conf* finden Sie die Verzeichnisse, die jeweils alle Module eines Typs enthalten.

→

modprobe
←

Dateien

/etc/conf.modules
Informationen über Module: auf welchen anderen Modulen sie aufbauen und welche Verzeichnisse bestimmte Modultypen enthalten.

/sbin/insmod, /sbin/rmmod, /sbin/depmod
Programme, die **modprobe** benutzt.

mount

mount [*Optionen*] [*Gerätedatei*] [*Einhängepunkt*]

Einhängen einer Dateistruktur. Mit **mount** wird dem System mitgeteilt, daß eine entfernbare Dateistruktur auf der *Gerätedatei* vorliegt. Die Dateistruktur wird am *Einhängepunkt* eingehängt. Es muß sich dabei um ein bereits existierendes Verzeichnis handeln, das leer sein sollte. Dieser Einhängepunkt wird die Wurzel der gerade eingehängten Dateistruktur. Wenn **mount** ohne Argumente aufgerufen wird, gibt es den Namen jedes eingehängten Geräts, den zugehörigen Einhängepunkt, den Zeitpunkt des Einhängens und die Information, ob die Dateistruktur schreibbar ist, aus. Nur der Superuser kann **mount** verwenden.

Optionen

–a Alle in */etc/fstab* genannten Dateisysteme einhängen. Dies ist die einzige Option, bei der keine *Gerätedatei* und kein *Einhängepunkt* angegeben werden kann.

–f Vorgetäuschtes Einhängen. Gerät und Verzeichnis werden überprüft, das eigentliche Einhängen aber nicht vorgenommen.

–n Das Einhängen nicht in */etc/mtab* verzeichnen.

–o *Option* Dies ist die einzige Option von **mount**, die eine *Gerätedatei* und einen *Einhängepunkt* erwartet. Sie können den Einhängepunkt mit folgenden *Optionen* näher spezifizieren:

async Ein- und Ausgaben vom und zum Gerät asynchron lesen.

auto Einhängen mit der **–a**-Option erlauben.

defaults Bei allen Optionen werden die Default-Werte verwendet (**async**, **auto**, **dev**, **exec**, **nouser**, **rw** und **suid**).

dev Alle Gerätedateien, die sich im Dateisystem befinden, interpretieren.

exec Binärdateien dürfen ausgeführt werden.

noauto Einhängen über die **–a**-Option ist nicht erlaubt.

nodev Gerätedateien, die sich im Dateisystem befinden, nicht interpretieren.

noexec Binärdateien dürfen nicht ausgeführt werden.

nosuid **suid**- und **sgid**-Bits werden nicht berücksichtigt.

nouser Nur der Superuser hat Zugriff auf das Dateisystem.

remount Erwartet, daß das Dateisystem bereits eingehängt ist, und hängt es erneut ein.

ro Nur lesender Zugriff auf das Dateisystem.

rw Lesender und schreibender Zugriff auf das Dateisystem.

suid Berücksichtigen der **suid**- und **sgid**-Bits.

sync Ein- und Ausgaben von und zu dem Gerät synchron lesen.

user Auch andere Benutzer als der Superuser können das Dateisystem einhängen. In diesem Fall sind die Defaults **nodev**, **noexec** und **nosuid**, wenn keine anderen Angaben gemacht werden.

check=relaxed|normal|strict
Gibt an, wie streng die Integration eines MS-DOS-Dateisystems gehandhabt werden soll.

conv=binary|text|auto
Gibt die Methode an, mit der MS-DOS- und ISO-9660-Dateisysteme konvertiert werden sollen.

debug Debugging für MS-DOS- und **ext2fs**-Dateisysteme einschalten.

errors=continue|remount|ro|panic
Angeben, welche Aktion beim Auftreten eines Fehlers ausgeführt werden soll. Nur für das **ext2fs**-Dateisystem.

–r Dateisystem nur zum Lesen einhängen.

–t *Typ* Gibt den Typ des Dateisystems an. Mögliche Werte sind: **minix**, **ext**, **ext2**, **xiafs**, **hpfs**, **msdos**, **umsdos**, **vfat**, **proc**, **nfs**, **iso9660**, **smbfs**, **ncpfs**, **affs**, **ufs**, **romfs**, **sysv**, **xenix** und **coherent**. Beachten Sie, daß **ext** und **xiafs** nur bei Kerneln älter als 2.1.21 möglich sind und daß **sysv** anstelle von **xenix** und **coherent** verwendet werden sollte.

–v Ausführliche Ausgaben über den Einhängevorgang machen.

–w Dateisystem zum Lesen und Schreiben einhängen (der Default).

→

mount ←

Dateien

/etc/fstab Gibt die Dateisysteme an, die eingehängt werden sollen, sowie die dabei zu verwendenden Optionen.

/etc/mtab Eine Liste der aktuell eingehängten Dateien und der Optionen, mit denen sie eingehängt worden sind.

---

mountd

rpc.mountd [*Optionen*]

NFS/NIS-Befehl. NFS Mount Server. **mountd** liest die Datei */etc/exports*, um zu bestimmen, welche Dateisysteme anderen Rechnern zum Einhängen zur Verfügung stehen sollen. Außerdem stellt er Informationen darüber zur Verfügung, welcher Client welches Dateisystem eingehängt hat. Siehe auch **nfsd**.

Optionen

–d, ––debug
Debugging-Modus. Alle Debugging-Informationen werden über **syslogd** ausgegeben.

–f *Datei*, **––exports-file** *Datei*
Die Export-Zugriffsrechte werden aus *Datei* anstelle von */etc/exports* gelesen.

–n, ––allow-non-root
Erlaubt auch Einhänge-Anforderungen, die auf einem nicht reservierten Port eintreffen.

–p, ––promiscuous
Erlaubt Anforderungen von jedem Rechner.

–r, ––re-export
Erlaubt das Weiterexportieren importierter Dateisysteme.

–v, ––version
Ausgeben der Versionsnummer.

Datei

/etc/exports
Informationen über Zugriffsrechte zum Einhängen.

---

named

named [*Optionen*]

TCP/IP-Befehl. Internet Domain Name Server. **named** wird von Resolver-Bibliotheken benutzt, um Zugriff auf die verteilte Namensdatenbank des Internet zu erhalten. Ohne Argumente gestartet, liest **named** seine Anfangsdaten aus der Datei */etc/named.boot* und lauscht an einem privilegierten Port nach Anfragen. Siehe RFC 1034 und RFC 1035, um weitere Informationen zu erhalten.

Es gibt mehrere verschiedene **named**-Programme in den verschiedenen Linux-Archiven, die alle unterschiedliches Verhalten aufweisen. Seien

Sie also nicht beunruhigt, wenn Ihre Version sich nicht so verhält, wie hier beschrieben. Es sollte eine Dokumentation dazu vorliegen.

named

Optionen

–d *Debugging-Ebene*
: Ausgeben von Debugging-Informationen. *Debugging-Ebene* gibt an, welche Informationen ausgegeben werden sollen.

–p *Port*
: Verwenden von Port Nummer *Port*. Der Default ist 53.

[**–b**] *Boot-Datei*
: Die Datei, die anstelle von *named.boot* verwendet werden soll. Das **–b** ist optional und erlaubt es, einen Dateinamen anzugeben, der mit einem Bindestrich beginnt.

Datei

/etc/named.boot
: Wird beim Starten von **named** gelesen.

---

netdate [*Optionen*] [*Protokoll*] *Rechnernamen ...*

netdate

TCP/IP-Befehl. Stellt die Uhr des Systems nach der Uhrzeit eines der Rechner der *Rechnernamen*-Liste. **netdate** versucht herauszufinden, welcher Rechner die zuverlässigste Quelle ist. Wenn **netdate** nicht vom Superuser gestartet wird, teilt es lediglich die ermittelte Uhrzeit mit, stellt aber die Systemzeit nicht ein. Sie können ein *Protokoll* zur Datenübertragung angeben, entweder einmal für alle oder auch für jeden Rechner einzeln. Es stehen zur Verfügung: **udp** (der Default) und **tcp**.

–l *Zeit*
: Der zuverlässigste Rechner von der Liste wird folgendermaßen bestimmt: Die Rechner werden nach den Zeiten, die sie zurückmelden, in Gruppen sortiert. Der erste Rechner der größten Gruppe wird ein zweitesmal nach der Zeit gefragt. Bei beiden Abfragen wird die Differenz zwischen der zurückgegebenen Zeit und der aktuellen Systemzeit des lokalen Rechners gespeichert. Diese beiden Differenzen werden verglichen. Wenn der Unterschied größer als *Zeit* ist (der Default ist fünf Sekunden), wird der Rechner als inakkurat angesehen.

–v
: Zeigt die Gruppen an, nach denen die Rechner sortiert sind.

---

netstat [*Optionen*]

netstat

TCP/IP-Befehl. Zeigt den Netzwerkstatus an. Für jeden aktiven Socket werden das Protokoll, die Anzahl der Bytes, die zum Empfang und zum

→

netstat ←

Versand anstehen, die Portnummer, die Adresse und Portnummer der Gegenstelle sowie der Zustand des Sockets ausgegeben.

Optionen

–a Zeigt den Zustand aller Sockets an, nicht nur der aktiven.

–c Ständiges Anzeigen der Informationen; die Anzeige wird einmal pro Sekunde aktualisiert.

–i Statistiken über Netzwerkgeräte mit anzeigen.

–n Netzwerkadressen als Nummern anzeigen.

–o Zusätzliche Informationen über Timer-Zustände ausgeben.

–r Routing-Tabellen anzeigen.

–t Nur TCP-Sockets anzeigen.

–u Nur UDP-Sockets anzeigen.

–v Versionsnummer ausgeben und Programm beenden.

–w Nur reine IP-Sockets (weder UDP noch TCP) anzeigen.

–x Nur Unix-Domänensockets anzeigen.

nfsd

rpc.nfsd [*Optionen*]

rpc.nfsd ist ein Daemon, der bei Bedarf die NFS-Server-Daemonen startet, welche die Anfragen von Clients bedienen. Diese Daemonen befinden sich im Benutzer-Adreßraum. Die Optionen sind die gleichen wie bei **mountd**.

nslookup

nslookup [–*Option...*] [*zu_findender_Rechner* | – [*Server*]]

TCP/IP-Befehl. Stellt Anfragen an Internet Domain Name Server. **nslookup** kennt zwei Modi: interaktiv und nichtinteraktiv. Im interaktiven Modus kann der Benutzer Name Server nach Informationen über diverse Rechner und Domänen befragen oder eine Liste aller Rechner einer Domäne ausgeben. **nslookup** startet im interaktiven Modus, wenn entweder kein Argument angegeben wird oder das erste Argument ein Bindestrich und das zweite Argument ein Rechnername oder die Internet-Adresse eines Name Servers ist. Im nichtinteraktiven Modus werden nur der Name und die angeforderte Information über einen Rechner oder eine Domäne ausgegeben. Der nichtinteraktive Modus wird gestartet, wenn das erste Argument der Name eines Rechners ist, zu dem Informationen angefordert werden. Das optionale zweite Argument gibt den zu verwendenden Name Server an.

Optionen

Alle beim interaktiven **set**-Befehl aufgeführten Optionen können mit der Syntax –*Schlüsselwort*[=*Wert*] auch von der Kommandozeile aus verwendet werden, indem dem Schlüsselwort ein – vorangestellt wird.

exit **nslookup** beenden.

finger [*Name*] [>|>>*Datei*]
Mit dem Finger-Server auf dem aktuellen Rechner verbinden, dabei *Datei* anlegen oder die Ausgabe an diese Datei anhängen.

help, ? Ausgeben einer kurzen Befehlsübersicht.

Host [*Server*]
Informationen über *Host* vom aktuellen Default-Server oder dem angegebenen *Server* abfragen.

ls –[**ahd**] *Domäne* [>|>>*Datei*]
Ausgeben der über *Domäne* verfügbaren Informationen. Diese können auch in eine neu angelegte *Datei* geschrieben oder an eine bereits vorhandene angehängt werden. Mit der **–a**-Option werden Aliasnamen der Rechner der Domäne ausgegeben, mit **–h** Informationen über die CPUs und Betriebssysteme der Rechner und mit **–d** der gesamte Inhalt eines Zonentransfers.

lserver *Domäne*
Wechseln des Default-Servers zu *Domäne*. Der ursprüngliche Server wird verwendet, um die Informationen über *Domäne* zu erhalten.

root Wechseln des Default-Servers zum Server der Wurzeldomäne des gesamten Namensraums.

server *Domäne*
Wechseln des Default-Servers zu *Domäne*. Der aktuelle Default-Server wird verwendet, um die Informationen über *Domäne* zu erhalten.

set *Schlüsselwort*[=*Wert*]
Ändern von Einstellungen für Anfragen. Die möglichen Schlüsselwörter sind:

all Ausgeben der aktuellen Werte der häufig benutzten **set**-Optionen.

class=*Name*
Einstellen der Abfrageklasse auf IN (Internet), CHAOS, HESIOD oder ANY (alle). Der Default ist IN.

domain=*Name*
Wechseln des Default-Domänennamens zu *Name*.

[**no**]**debug**
Debugging-Modus ein- oder ausschalten.

[**no**]**d2** Ausführlichen Debugging-Modus ein- oder ausschalten.

→

SysAdmin Befehle

nslookup
←

[no]defname
Den Default-Domänennamen an jede Anfrage anhängen.

[no]ignoretc
Bei verkürzten Paketen eine erneute Anfrage, diesmal mit einer **tcp**-Verbindung, starten (**noignoretc**) oder einen Fehler ausgeben (**ignoretc**).

[no]recurse
Teilt dem Name Server mit, ob er andere Name Server zu Rate ziehen soll oder nicht, wenn er die gewünschten Informationen nicht selbst bereitstellen kann.

[no]search
Wenn **search** eingeschaltet ist und der zu suchende Name nicht mit einem Punkt endet, werden die Domänen der Suchliste (**srchlist**) an den Namen angehängt; wenn **search** ausgeschaltet ist, der Name der Default-Domäne.

[no]vc
Schaltet die Verwendung von TCP statt UDP ein bzw. aus.

port=*Port*
Verwenden von Port Nummer *Port* beim Name Server.

querytype= *Wert*
Siehe **type=***Wert*.

retry=*Anzahl*
Gibt die *Anzahl* der Wiederholversuche an.

root=*Rechner*
Stellt den Wurzel-Server für den **root**-Befehl ein.

srchlist=*Domänen*
Die angegebenen *Domänen* werden durchsucht.

timeout=*Sekunden*
Ändert das Timeout-Intervall für das Warten auf eine Antwort auf *Sekunden* Sekunden.

type= *Wert*
Einstellen des Informationstyps, der auf eine Anfrage hin zurückgegeben werden soll. Mögliche Werte:

A	Internet-Adresse des Rechners
ANY	Alle verfügbaren Informationen
CNAME	Kanonischer Name eines Aliasnamens
HINFO	CPU und Betriebssystemtyp
MD	Ziel einer E-Mail (veraltet)

MG	Gruppenmitgliedschaft einer E-Mail (experimentell)
MINFO	Mailbox- oder Mailing-Listen-Informationen (experimentell)
MR	Tatsächlicher Name einer Mailbox (experimentell)
MX	Weiterleitungs-Informationen für E-Mail
NS	Name Server der benannten Zone
PTR	Rechnername oder ein Zeiger auf weitere Informationen
SOA	Kontaktinformationen einer Zone („start-of-authority")
TXT	Textuelle Informationen
UINFO	Benutzerinformationen
WKS	Unterstützte, allgemein bekannte Dienste

view *Dateiname*

Sortieren und Anzeigen der Ausgaben vorhergehender **ls**-Befehle mit **more**.

/usr/sbin/rpc.pcnfsd

NFS/NIS-Befehl. NFS-Authentifizierungs- und -Drucker-Server. **pcnfsd** ist ein RPC-Server, der ONC-Clients auf PCs unterstützt. Er wird häufig aus */etc/rc.d/rc.inet2* gestartet. **pcnfsd** liest zunächst die Konfigurationsdatei */etc/pcnfsd.conf* ein und bedient danach Anfragen, die an die Programmnummer 150001 gerichtet sind. Die aktuelle Version des **pcnfsd**-Daemons unterstützt (zum Zeitpunkt der Drucklegung dieses Buches) sowohl Version 1 als auch Version 2 des **pcnfsd**-Protokolls. Anfragen, die von **pcnfsd** bedient werden, fallen in drei verschiedene Kategorien: Authentifizierung, Drucken und Diverses. Für die Systemverwaltung sind nur Authentifizierung und Drucken interessant.

Authentifizierung

Wenn der **pcnfsd** eine PCNFSD_AUTH- oder eine PCNFSD2_AUTH-Anfrage empfängt, wird der Benutzer am System angemeldet, sofern der Benutzername bekannt und das Paßwort korrekt ist. Der Daemon gibt dann die Benutzer- und Gruppennummer, das Heimatverzeichnis und die Maske für die Zugriffsrechte zukünftig angelegter Dateien zurück. Außerdem fügt **pcnfsd** der *wtmp*-Datenbank einen entsprechenden Eintrag an. Wenn diese Protokollführung nicht gewünscht ist, kann sie durch Eintragen der Zeile

```
wtmp off
```

in der */etc/pcnfsd.conf*-Datei abgeschaltet werden.

SysAdmin Befehle

→

pcnfsd ←

Drucken

pcnfsd unterstützt ein Druckmodell, das auf der Verwendung von NFS zum Transport der eigentlichen Druckdaten vom Client zum Server basiert. Der Client schickt zunächst eine PCNFSD_PR_INIT- oder PCNFSD2_PR_INIT-Anfrage, die der Server mit dem Pfad zum Spool-Verzeichnis beantwortet. Dieses Spool-Verzeichnis wird via NFS exportiert und muß vom Client zur Ablage der Druckdateien verwendet werden. **pcnfsd** legt für jeden Client ein eigenes Verzeichnis an, das normalerweise unterhalb von */usr/spool/pcnfs* liegt. Der Name des Verzeichnisses ist der Rechnername des Client-Rechners. Wenn das Spool-Verzeichnis an einer anderen Stelle angelegt werden soll, können Sie Ihrer Datei */etc/pcnfs.conf* die Zeile

```
spooldir Pfad
```

hinzufügen. Nachdem der Client das Spool-Verzeichnis bei sich eingehängt und die Druckerdaten in eine Datei in diesem Verzeichnis übertragen hat, führt **pcnfsd** eine PCNFSD_PR_START- oder PCNFSD2_PR_START-Anfrage aus. **pcnfsd** erzeugt — basierend auf den Druckerdiensten des Server-Betriebssystems — einen Druckbefehl und führt diesen unter dem Namen des PC-Benutzers aus. Jeder Druckjob enthält den Namen des zu verwendenden Druckers. **pcnfsd** interpretiert Drucker entweder als ein Druckziel, das vom Drucksubsystem bedient wird, oder als virtuelle Drucker. Virtuelle Drucker werden durch folgende Zeile in der */etc/pcnfsd.conf*-Datei definiert:

```
printer Name Alias Befehl
```

wobei *Name* der Name des zu definierenden virtuellen Druckers, *Alias* der tatsächliche Name eines existierenden Druckers und *Befehl* ein Befehl ist, der ausgeführt wird, wann immer eine Datei auf *Name* gedruckt wird.

pop2d

in.pop2d

Erlaubt es Benutzern, sich mit Port 109 zu verbinden und den Inhalt ihrer Mailbox in */var/spool/mail* abzurufen. **pop2d** erwartet den Benutzernamen und ein Paßwort, bevor Nachrichten übersendet werden. Siehe auch **pop3d**.

Befehle

Jeder Befehl muß auf einer separaten Zeile stehen.

HELO Fragt nach Benutzername und Paßwort.

FOLD Öffnet */var/spool/mail/$USER.*

HOST Öffnet */var/spool/pop/$USER.*

READ Liest eine Nachricht.

RETR Überträgt eine Nachricht.

ACKS Speichert die zuletzt übertragene Nachricht und springt zur nächsten.

ACKD Löscht die zuletzt übertragene Nachricht und springt zur nächsten.

NACK Speichert die zuletzt übertragene Nachricht und fordert sie erneut an.

QUIT Beenden.

pop2d

in.pop3d

pop3d

pop3d ist eine neuere Version von **pop2d**. Das Verhalten ist ähnlich, die verwendeten Befehle sind aber geringfügig anders.

Befehle

USER Fragt nach dem Benutzernamen.

PASS Fragt nach dem Paßwort.

STAT Zeigt die Anzahl der Nachrichten in der Mailbox und ihre Gesamtgröße an.

LIST Zeigt die Größe der einzelnen Nachrichten an.

DELE Löscht eine Nachricht.

NOOP Keine Funktion.

LAST Gibt die Nummer der zuletzt übertragenen und gelesenen Nachricht aus.

RSET Setzt alle Löschmarkierungen zurück.

TOP Gibt den ersten Teil der Nachricht aus.

QUIT Beenden.

rpc.portmap [*Option*]

portmap

NFS/NIS-Befehl. Bildet RPC-Programmnummern auf IP-Ports ab. **portmap** ist ein Server, der RPC-Programmnummern in die zugehörigen IP-Portnummern konvertiert. Er muß gestartet sein, damit RPC-Aufrufe ausgeführt werden können. Wenn ein RPC-Server startet, teilt er **portmap** mit, an welchem Port er lauscht und welche RPC-Programmnummern er bedienen kann. Wenn ein Client einen RPC-Aufruf ausführen möchte, kontaktiert er zunächst **portmap** auf dem Server, um die Portnummer zu bestimmen, an welche die RPC-Pakete geschickt werden sollen. **portmap** muß der erste gestartete RPC-Server sein.

Option

–d Startet **portmap** im Debugging-Modus und nicht als Daemon.

ping

ping [*Optionen*] *Rechner*

Sicherstellen, daß ein entfernter Rechner am Netz ist und antwortet. **ping** ist zum Testen, Ausmessen und Verwalten von Netzwerken gedacht. Wegen der mit **ping** einhergehenden, hohen Netzwerklast ist es nicht sinnvoll, **ping** im normalen Betrieb oder aus automatisierten Skripten heraus aufzurufen.

Optionen

–c *Anzahl*
: Nur *Anzahl* ECHO_RESPONSE-Pakete senden (und empfangen).

–d
: Schaltet die SO_DEBUG-Option beim verwendeten Socket ein.

–f
: Sendet ausgehende **ping**-Pakete in der gleichen Geschwindigkeit, in der Antwortpakete eingehen, mindestens aber 100 Pakete pro Sekunde. Dies ist eine schwere Belastung für ein Netzwerk und sollte mit Bedacht verwendet werden; nur der Superuser kann diese Option verwenden.

–i *Sekunden*
: Wartet *Sekunden* Sekunden, bevor das nächste Paket gesendet wird. Der Default ist eine Sekunde. Diese Option ist inkompatibel mit der **–f**-Option.

–l *Anzahl*
: Schickt zunächst *Anzahl* Pakete so schnell wie möglich, bevor zum normalen Verhalten übergegangen wird.

–n
: Nur numerische Ausgabe; es wird nicht versucht, symbolische Namen für Rechner-Adressen nachzuschlagen.

–p *Bits*
: Schickt bis zu 16 Füllbytes in jedem Paket. Diese Option ist nützlich, um datenabhängige Netzwerkprobleme zu diagnostizieren. *Bits* wird in Hexadezimalzahlen angegeben. Beispielsweise schickt **–p ff** Pakete, die mit lauter Einsen gefüllt sind.

–q
: Stilles Arbeiten — nichts außer den zusammenfassenden Zeilen am Anfang und Ende wird angezeigt.

–r
: Umgeht die normalen Routing-Tabellen und schickt die Pakete direkt an einen Rechner eines angeschlossenen Netzwerks.

–s *Paketgröße*
: Gibt an, wie viele Datenbytes geschickt werden sollen. Der Default ist 56, was wegen der acht Bytes des ICMP-Headers zu 64 ICMP-Datenbytes führt.

–v
: Verbose — auch andere empfangene Pakete außer ICMP-Paketen werden angezeigt.

–R Einstellen der IP-Routenprotokolloption, mit der die Route eines Pakets im IP-Header verzeichnet wird. Der Inhalt der Route wird ausgegeben, wenn die Option **–v** angegeben wird, und er wird bei empfangenen Paketen eingetragen, wenn der angesprochene Rechner die Routen wieder zurückgeschickt hat oder die **–l**-Option eingeschaltet ist.

powerd *Gerät*

Überwachen der Verbindung zu einer unterbrechungsfreien Stromversorgung, die der Benutzer via *Gerät* angibt. Wenn die Stromversorgung gestört wird, wird **init** von **powerd** veranlaßt, die **powerwait**- und **powerfail**-Einträge auszuführen. Wenn die Stromversorgung wiederhergestellt ist, wird **init** dazu veranlaßt, die **powerokwait**-Einträge auszuführen.

pppd [*Optionen*] [*Terminal*] [*Geschwindigkeit*]

PPP steht für Point-to-Point Protocol (Punkt-zu-Punkt-Protokoll). Mit PPP können Datagramme über eine serielle Verbindung übertragen werden. **pppd** versucht, entweder das angegebene *Terminal*, das in */dev* vorhanden sein muß, oder das kontrollierende Terminal für PPP (Default) zu konfigurieren. Außerdem können Sie die Baudrate mit *Geschwindigkeit* einstellen.

Optionen

asyncmap *Tabelle*
Angeben, welche Steuerzeichen nicht übertragen werden sollen. *Tabelle* sollte eine 32 Bit große Hexadezimalzahl sein, in der jedes Bit ein zu maskierendes Zeichen repräsentiert. Beispielsweise repräsentiert 00000001 das Zeichen 0x00 und 80000000 das Zeichen 0x1f oder _. Es können mehrere Zeichen angegeben werden.

auth Verlangt eine Selbst-Authentifizierung der Gegenstelle, bevor die ersten Pakete übertragen werden.

connect *Befehl*
Verbindet, wie in *Befehl* angegeben. *Befehl* kann eine ausführbare Binärdatei oder ein Shell-Befehl sein.

debug, –d Erhöht die Debugging-Ebene.

defaultroute
Fügt eine neue Default-Route hinzu, für welche die Gegenstelle als Gateway fungiert. Wenn die Verbindung beendet wird, wird die Route entfernt.

–detach Arbeitet im Vordergrund. Normalerweise erzeugt **pppd** eine Kopie von sich und arbeitet im Hintergrund.

→

pppd ←

disconnect *Befehl*
Beendet die Verbindung, wie in *Befehl* angegeben. *Befehl* kann eine ausführbare Binärdatei oder ein Shell-Befehl sein.

domain *d* Legt den Domänennamen *d* fest.

escape *Zeichenliste*
Maskieren aller Zeichen in *Zeichenliste*, wobei es sich um eine durch Kommata getrennte Liste von Hexadezimalzahlen handeln soll. 0x20–0x3f und 0x5e können nicht maskiert werden.

file *Datei* Optionen aus *Datei* einlesen.

lock Nur **pppd** darf auf das verwendete Gerät zugreifen.

mru *Bytes* Pakete mit mehr als *Bytes* Bytes zurückweisen.

name *Name*
Gibt den Rechnernamen für das lokale System an.

netmask *Maske*
Angeben der Netzmaske (z.B. 255.255.255.0).

passive, –p
Programm nicht beenden, wenn die Gegenstelle nicht auf den Wunsch zum Verbindungsaufbau antwortet. Statt dessen wird auf ein gültiges Paket von der Gegenstelle gewartet.

silent Keine Pakete schicken, bevor nicht eines empfangen wurde.

[*lokale_IP-Adresse*]:[*entfernte_IP-Adresse*]
Angeben der lokalen und entfernten IP-Adressen, entweder als Rechnernamen oder als numerische Adressen.

Dateien

/var/run/pppn.pid
Prozeßnummer von **pppd**. Das *n* in *pppn.pid* ist die Nummer der PPP-Schnittstelle, die zu diesem **pppd**-Prozeß gehört.

/etc/ppp/ip-up
Binärdatei oder Skript, die oder das ausgeführt wird, wenn die PPP-Verbindung aktiv wird.

/etc/ppp/ip-down
Binärdatei oder Skript, die oder das ausgeführt wird, wenn die PPP-Verbindung beendet wird.

/etc/ppp/pap-secrets
Benutzernamen, Paßwörter und IP-Adressen für die Authentifizierung via PAP.

/etc/ppp/chap-secrets
Benutzernamen, Paßwörter und IP-Adressen für die Authentifizierung via CHAP.

/etc/ppp/options
System-Defaults. Die Optionen in dieser Datei werden *vor* denen der Kommandozeile gesetzt.

~/.ppprc Die Default-Optionen des Benutzers. Diese werden vor den Kommandozeilenoptionen, aber nach den System-Defaults gelesen.

/etc/ppp/options.ttyname
Der Name der voreingestellten seriellen Schnittstelle.

pppd

psupdate [*Tabellendatei*]

psupdate

Aktualisieren der **psupdate**-Datenbank (auf manchen Systemen */boot/psupdate*, auf anderen */etc/psdatabase*), die Informationen über die Tabellendatei („map file") des Kernel-Images enthält. Wenn keine Tabellendatei angegeben wird, wird die Default-Datei verwendet (je nach Distribution */usr/src/linux/vmlinux* oder */usr/src/linux/tools/zSystem*).

pwck [*Option*] [*Dateien*]

pwck

Entfernt fehlerhafte oder doppelte Einträge aus den Dateien */etc/passwd* und */etc/shadow*. **pwck** fragt vor dem Löschen eines Eintrages nach. Wenn Sie das Löschen ablehnen, beendet sich das Programm. Durch Angabe von *Dateien* können auch andere als die Standarddateien geprüft werden. Wenn korrigierbare Fehler gefunden werden, werden Sie aufgefordert, den Befehl **usermod** zu verwenden.

Option

–n Nichtinteraktiver Modus. Es wird nicht nach einer Eingabe gefragt und keine Einträge gelöscht. Statt dessen wird ein passender Rückgabecode zurückgegeben.

Rückgabecode

0 Erfolgreich.

1 Syntaxfehler.

2 Es wurden einer oder mehrere fehlerhafte Einträge gefunden.

3 Paßwortdateien konnten nicht geöffnet werden.

4 Paßwortdateien konnten nicht gesperrt werden.

5 Paßwortdateien konnten nicht geschrieben werden.

ramsize [*Option*] [*Image* [*Größe* [*Position*]]]

ramsize

Wenn keine Optionen angegeben werden, werden Benutzungs-Informationen zur RAM-Disk ausgegeben. Das Bytepaar an Position 504 im

→

ramsize ←

Kernel-Image gibt normalerweise die Größe der RAM-Disk an. Mit *Image* kann ein Kernel-Image angegeben werden, mit *Position* eine andere Position im Image. Wenn *Größe* angegeben wird, wird eine neue Größe für die RAM-Disk gesetzt. **rdev -r** ist identisch mit **ramsize**.

Option

–o *Position* Wie *Position* als Argument.

---

rarp

rarp [*Optionen*]

Verwalten der Tabelle des Reverse Address Resolution Protocols (RARP). Die Tabelle ist normalerweise die virtuelle Datei */proc/net/rarp*.

Optionen

–a [*Rechnername*]
: Anzeigen aller Einträge. Wenn *Rechnername* angegeben wird (darf eine Liste sein), werden nur die darauf passenden Einträge angezeigt.

–d *Rechnername*
: Entfernt die auf *Rechnername* (darf eine Liste sein) passenden Einträge.

–s *Rechnername HW-Adresse*
: Fügt einen neuen Eintrag für *Rechnername* mit der Hardware-Adresse *HW-Adresse* hinzu.

–t *Typ* Berücksichtigt beim Auslesen oder Ändern der Tabelle nur Einträge des Typs *Typ*. *Typ* kann entweder **ether** (Default) oder **ax25** sein.

–v Verbose-Modus.

---

rdate

rdate [*Option*]

TCP/IP-Befehl. Teilt dem Time Server mit, daß sich Datum oder Uhrzeit geändert hat. Wenn der lokale Time Server ein Master-Server ist, teilt er allen Clients mit, daß sich Datum oder Uhrzeit verändert hat. Wenn der lokale Time Server ein Slave-Server ist, bittet er den Master-Server, Datum oder Uhrzeit zu aktualisieren.

Option

–p Datum ausgeben, aber nicht aktualisieren.

---

rdev

rdev [*Optionen*] [*Image* [*Wert* [*Position*]]]

Wenn keine Argumente angegeben werden, wird eine Zeile in */etc/mtab*-Syntax angezeigt, die das Wurzel-Dateisystem beschreibt. Anderenfalls ändert **rdev** die Werte der Bytes im Kernel-Image, welche die Größe der RAM-Disk (standardmäßig Position 504), den VGA-

Modus (standardmäßig Position 506) und das Gerät, welches das Wurzelverzeichnis enthält (standardmäßig Position 508), angeben. Das zu ändernde Kernel-*Image* muß, der neue *Wert* oder eine andere *Position* kann angegeben werden.

Optionen

–o *Position*
: Wie *Position* als Argument.

–r
: **rdev** verhält sich wie **ramsize**.

–s
: **rdev** verhält sich wie **swapdev**.

–v
: **rdev** verhält sich wie **vidmode**.

–R
: **rdev** verhält sich wie **rootflags**.

rdist [*Optionen*] [*Namen*]

Client-Programm für die Verteilung von Programmen auf andere Rechner. **rdist** hat identische Kopien von Dateien auf mehreren Rechnern. Das Programm liest Befehle aus einer Distributionsdatei *distfile* ein, die das Aktualisieren der Dateien oder Verzeichnisse steuern. Die Distributionsdatei wird mit der **–f**-Option, der **–c**-Option oder mit **–** angegeben; im letzteren Fall wird sie von der Standardeingabe eingelesen.

Optionen

–a *Anzahl*
: Keine Dateisysteme aktualisieren, auf denen weniger als *Anzahl* Bytes frei sind.

–c *Name* [*Benutzername*@]*Rechner*[:*Ziel*]
: Die Argumente werden als kleine *Distributionsdatei* interpretiert, wobei *Benutzername* der Benutzer ist, als der das Programm sich anmelden soll, *Name* die lokale, zu übertragende Datei und *Ziel* der entfernte Name, unter dem die Datei installiert werden soll.

–d *Variable*=*Wert*
: Definiert die Variable *Variable* mit dem Wert *Wert*. Mit dieser Option werden Variablen neu definiert oder Variablendefinitionen in der *Distributionsdatei* überschrieben.

–f *Datei*
: Eingabe aus *Datei* lesen (der Default ist *distfile*). Wenn *Datei* – ist, wird von der Standardeingabe gelesen.

–l *Optionen*
: Optionen zum Protokollieren auf dem lokalen Rechner angeben.

–m *Rechner*
: Nur *Rechner* aktualisieren. Kann mehrfach für mehrere Rechner angegeben werden.

→

rdist ←

–n Normale Ausführung unterdrücken, und statt dessen die Befehle anzeigen, die ausgeführt worden wären.

–o*Optionen*
Eine oder mehrere durch Kommata getrennte *Optionen* angeben:

chknfs Keine Dateien bearbeiten, die auf NFS-Dateisystemen liegen.

chkreadonly
Dateisystem überprüfen, ob es auch schreibbar ist, bevor eine Aktualisierung versucht wird.

chksym Keine Dateien aktualisieren, die auf dem lokalen Rechner liegen, aber symbolische Links auf Dateien auf einem entfernten Rechner sind.

compare Dateien vergleichen; dieser Vergleich wird als Kriterium dafür herangezogen, welche Dateien aktualisiert werden müssen (normalerweise das Datum der letzten Änderung).

follow Symbolische Links interpretieren; Kopieren der Datei, auf die ein Link zeigt, anstatt auf der entfernten Maschine einen symbolischen Link anzulegen.

ignlnks Links, die unauflösbar erscheinen, ignorieren.

nochkgroup
Nicht die Gruppen-ID einer Datei aktualisieren, es sei denn, die ganze Datei muß aktualisiert werden.

nochkmode
Nicht die Zugriffsrechte einer Datei aktualisieren, es sei denn, die ganze Datei muß aktualisiert werden.

nochkowner
Nicht die Benutzer-ID einer Datei aktualisieren, es sei denn, die ganze Datei muß aktualisiert werden.

nodescend
Nicht rekursiv in Verzeichnisse absteigen.

noexec Keine ausführbaren Dateien, die im *a.out*-Format sind, verteilen.

numchkgroup
Gruppenrechte werden anhand der ID anstelle des Namens überprüft.

numchkowner
Der Besitzer wird anhand der ID anstelle des Namens überprüft.

quiet Stiller Modus; ausgeführte Befehle werden nicht ausgegeben.

remove Dateien, die auf dem entfernten Rechner, aber nicht auf dem lokalen vorhanden sind, entfernen.

savetargets
Aktualisierte Dateien in *Name.old* sichern.

verify Eine Liste aller Dateien auf dem entfernten Rechner, die aktualisiert werden müßten, ausgeben, aber die Aktualisierung selbst nicht vornehmen.

whole Erhalten von Verzeichnisstrukturen durch Anlegen von Unterverzeichnissen auf dem entfernten Rechner. Wenn beispielsweise die Datei */foo/bar* in das Verzeichnis */baz* kopiert wird, wird daraus */baz/foo/bar* anstelle des Defaults */baz/bar*.

younger Keine Dateien aktualisieren, die jünger als die Master-Dateien sind.

–p *Pfad* Den Pfad angeben, in dem **rdistd** auf dem entfernten Rechner gesucht wird.

–t *Sekunden*
Angeben der Timeout-Periode (Default: 900 Sekunden), nach der **rdist** die Verbindung zu einem entfernten Server schließt, wenn dieser noch nicht geantwortet hat.

–A *Anzahl*
Minimale *Anzahl* an Inodes, die **rdist** erwartet, angeben.

–D Debugging-Modus.

–F Alle Befehle sequentiell, d.h. ohne Starten neuer Prozesse, ausführen.

–L *Optionen*
Logging-Optionen auf dem entfernten Rechner angeben.

–M *Anzahl*
Nicht mehr als *Anzahl* Kindprozesse von **rdist** simultan ablaufen lassen. Der Default ist 4.

–P *Pfad* Den Pfad zu *rsh* auf der lokalen Maschine angeben.

rdistd *Optionen*

rdistd

Starten des **rdist**-Servers. Es *muß* grundsätzlich die **–S**-Option angegeben werden, es sei denn, Sie erfragen mit **–V** nur die Versionsinformationen.

→

rdistd
←

Optionen

–D
: Debugging-Modus.

–S
: Server starten.

–V
: Versionsnummer ausgeben und Programm beenden.

---

reboot

reboot [*Optionen*]

Dateisysteme schließen, System herunterfahren und neu starten. Da dieser Befehl alle Prozesse sofort anhält, sollte er nur im Single-User-Modus (Wartungsmodus) verwendet werden. Wenn sich das System nicht in Runlevel 0 oder 6 befindet, ruft **reboot** statt dessen **shutdown –nf** auf.

Optionen

–d
: Nicht nach */var/log/wtmp* schreiben.

–f
: Auch dann **reboot** aufrufen, wenn normalerweise **shutdown** aufgerufen werden würde.

–n
: Den normalen Aufruf von **sync** unterdrücken.

–w
: Normale Ausführung unterdrücken; nur nach */var/log/wtmp* schreiben.

---

rexecd

rexecd *Befehlszeile*

TCP/IP-Befehl. Server für die **rexec**-Routine. **rexecd** ermöglicht es, Programme auf entfernten Rechnern auszuführen. Die Authentifizierung geschieht dabei über Benutzernamen und Paßwörter. **rexecd** wird von **inetd** gestartet und muß daher in der Konfigurationsdatei von **inetd**, */etc/inetd.conf*, eingetragen sein. Wenn **rexecd** eine Service-Anfrage erhält, läuft das folgende Protokoll ab:

Der Server liest alle Zeichen aus dem Socket, bis ein Nullbyte auftritt. Der resultierende String wird als ASCII-Dezimalzahl interpretiert.

1. Wenn die in Schritt 1 erhaltene Zahl nicht null ist, wird sie als Portnummer eines zweiten Streams interpretiert, der für **stderr** verwendet wird. Es wird eine zweite Verbindung zu dem angegebenen Port auf dem Client-Rechner aufgebaut.

2. Ein höchstens sechzehn Zeichen langer und mit einem Nullbyte terminierter Benutzername wird vom ursprünglichen Socket gelesen.

3. Ein höchstens sechzehn Zeichen langes und mit einem Nullbyte terminiertes, nicht verschlüsseltes Paßwort wird vom ursprünglichen Socket gelesen.

4. Ein mit einem Nullbyte terminierter Befehl wird vom ursprünglichen Socket gelesen. Die Länge des Befehls ist durch die maximale Größe der Argumentliste auf dem System beschränkt.

5. **rexecd** überprüft dann Benutzername sowie Paßwort und wechselt, falls die Authentifizierung erfolgreich verlief, in das Heimatverzeichnis und richtet die Benutzer- und Gruppenzugriffsrechte ein.

6. Über die mit **stderr** geknüpfte Verbindung wird ein Nullbyte geschickt. Die bereits geholte Kommandozeile wird an die normale Anmelde-Shell des Benutzers weitergegeben. Die Shell erbt die von **rexecd** aufgebauten Verbindungen.

Fehlermeldungen

`username too long`
: Der Benutzername ist länger als sechzehn Zeichen.

`password too long`
: Das Paßwort ist länger als sechzehn Zeichen.

`command too long`
: Der übergebene Befehl ist größer als erlaubt.

`Login incorrect`
: Der angegebene Benutzer ist dem System nicht bekannt.

`Password incorrect`
: Es wurde ein falsches Paßwort angegeben.

`No remote directory`
: Es konnte nicht in das Heimatverzeichnis verzweigt werden.

`Try again`
: Der Server konnte kein Duplikat seines Prozesses anlegen.

`<shellname>:...`
: Der Server konnte kein Duplikat seines Prozesses anlegen. Die Anmelde-Shell des Benutzers konnte nicht gestartet werden.

rlogind [*Optionen*]

TCP/IP-Befehl. Der Server für das **rlogin**-Programm. Er ermöglicht Benutzern entfernter Rechner das Anmelden auf diesem Rechner. Die Authentifizierung basiert auf privilegierten Portnummern von vertrauenswürdigen Rechnern. **rlogind** wird von **inetd** aufgerufen, wenn ein entferntes Anmelden durchgeführt werden soll, und führt das folgende Protokoll aus:

- Der Server überprüft den Port des Clients, von dem die Verbindung ausgeht. Wenn die Portnummer nicht im Bereich 0-1023 liegt, bricht der Server die Verbindung ab.

- Der Server überprüft die Adresse des Clients und versucht, den dazugehörigen Rechnernamen herauszufinden. Wenn der Rechnername nicht bestimmt werden kann, wird die Punkt-Notation der Rechneradresse verwendet.

SysAdmin Befehle

→

rlogind ←	Im Zuge des Anmeldevorgangs werden die Baudrate und der Terminaltyp des Terminals des Clients, wie er in der Umgebungsvariable TERM steht, übermittelt. ***Optionen*** **–a** Rechnernamen überprüfen. **–l** Keine Authentifizierung von Rechnern über eine *.rhosts*-Datei, die nicht **root** gehört, vornehmen. **–n** Keep-Alive-Nachrichten unterdrücken.
rmail	**rmail** *user...* TCP/IP-Befehl. Bearbeitet einkommende E-Mail von anderen Rechnern, die via **uucp** empfangen wurde. Dabei werden die `From`-Zeilen in der von **mail** generierten Form in eine einzige Zeile der Form `Rückleitweg!Absender` umgewandelt. Die so verarbeitete Nachricht wird an **sendmail** zur weiteren Zustellung weitergeleitet. **rmail** ist speziell für die Zusammenarbeit mit **uucp** und **sendmail** entwickelt worden.
rmmod	**rmmod** [*Option*] *Module* Ein Modul oder eine Liste von Modulen aus dem Kernel entladen. Dies kann nur erfolgreich durchgeführt werden, wenn die angegebenen Module weder in Gebrauch sind noch von anderen Modulen verwendet werden. ***Option*** **–r** Module rekursiv entfernen (alle Module, die das angegebene Modul benutzen).
rootflags	**rootflags** [*Option*] *Image* [*Schalter* [*Position*]] Setzen der *Schalter* in einem Kernel-*Image*. Wenn keine Argumente angegeben werden, werden die *Schalter* des Kernel-Images ausgegeben. Bei *Schalter* handelt es sich um eine zwei Byte große Ganzzahl, die an Position 498 im Kernel-*Image* steht. Zur Zeit ist der einzige Effekt dieses Schalters, daß das Wurzeldateisystem nur zum Lesen eingehängt wird, wenn der Wert von *Schalter* ungleich null ist. Sie können die *Schalter* verändern, indem Sie das zu ändernde Kernel-*Image* und die neuen *Schalter* angeben. Außerdem kann auch eine andere Position angegeben werden (der Default ist 498). **rdev –R** ist ein Synonym für **rootflags**. Wenn **LILO** verwendet wird, wird **rootflags** nicht gebraucht. Die *Schalter* können dann auch beim Booten von **LILO** aus gesetzt werden.

Option

–o *Position*
: Wie *Position* als Argument.

route [*Option*] [*Befehl*]

TCP/IP-Befehl. Manipulieren der Routing-Tabellen, die normalerweise von **routed** verwaltet werden. **route** kennt zwei Befehle: **add**, um eine Route hinzuzufügen, und **del**, um eine Route zu löschen. Die beiden Befehle haben die folgende Syntax:

add [-net | -host] *Adresse* **[gw** *Gateway***]**
  [netmask *Maske***] [mss** *TCP-MSS***] [dev** *Gerät***]**
del *Adresse*

Adresse wird als normale Route behandelt, wenn nicht **–net** angegeben wird oder *Adresse* in */etc/networks* steht. **–host** kann verwendet werden, um anzuzeigen, daß es sich bei *Adresse* um eine normale Route handelt, unabhängig davon, ob die Adresse in */etc/networks* steht. Das Schlüsselwort *default* gibt an, daß diese Route immer dann zu verwenden ist, wenn keine andere bekannt ist. Außerdem können Sie angeben: einen *Gateway*, durch den Pakete für die *Adresse* geroutet werden, eine Netzmaske *Maske* und die maximale Segmentgröße des TCP-Protokolls *TCP-MSS* sowie das *Gerät*, das mit der Route verbunden ist. Die Routing-Tabellen können nur vom Superuser verändert werden.

Wenn kein Befehl angegeben wird, gibt **route** die Routing-Tabellen aus.

Option

–n
: Rechner- und Netzwerknamen nicht symbolisch ausgeben, wenn Aktionen protokolliert werden.

routed [*Optionen*] [*Logdatei*]

TCP/IP-Befehl. Netzwerk-Routing-Daemon. **routed** wird vom Superuser während des Hochfahrens des Systems gestartet, um die Internet-Routing-Tabellen zu verwalten. Der Daemon verwendet dabei eine Variante des Xerox NS Routing Information Protocols, um die Einträge in der Routing-Tabelle des Kernels aktuell zu halten. Nach dem Start verwendet **routed** den SIOCGIFCONF-ioctl-Aufruf, um diejenigen Netzwerkschnittstellen zu finden, die direkt mit dem System verbunden und aktiv sind. **routed** schickt ein REQUEST-Paket an jede Schnittstelle und läuft dann in einer Schleife, in der er auf REQUEST- und RESPONSE-Pakete von anderen Rechnern wartet. Wenn ein REQUEST-Paket eintrifft, stellt **routed** — basierend auf den in seinen internen Tabellen enthaltenen Informationen — eine Antwort zusammen. Das so generierte RESPONSE-Paket enthält eine Liste der bekannten Routen. Alle empfangenen RESPONSE-Pakete werden dazu verwendet, die Routing-Tabellen entsprechend zu aktualisieren.

→

routed ←

Bei jeder Aktualisierung speichert **routed** die Änderungen in seinen internen Tabellen, aktualisiert die Routing-Tabelle des Kernels und erzeugt ein RESPONSE-Paket, das diese Änderungen wiedergibt und an alle direkt angeschlossenen Rechner und Netzwerke übertragen wird.

Optionen

–d
: Debugging-Modus. Zusätzliche Informationen in *Logdatei* mitprotokollieren.

–g
: Eine Route zum Default-Ziel anbieten.

–q
: Das Gegenteil von **–s**.

–s
: Erzwingt, daß **routed** Routing-Informationen herausgibt, unabhängig davon, ob er als Router zwischen Netzwerken fungiert oder nicht.

–t
: Verhindert, daß **routed** sich in den Hintergrund legt und sich vom kontrollierenden Terminal abkoppelt. Damit beenden Interrupts von der Tastatur den Prozeß.

rpcinfo

rpcinfo [*Optionen*] [*Rechner*] [*Programm*] [*Version*]

NFS/NIS-Befehl. Ausgeben von RPC-Informationen. *Programm* kann entweder ein Name oder eine Nummer sein. Wenn *Version* mit angegeben wird, versucht **rpcinfo**, die entsprechende Version des angegebenen *Programms* aufzurufen. Ansonsten versucht es, alle registrierten Versionen von *Programm* zu finden, indem Version 0 aufgerufen und versucht wird, jede registrierte Version aufzurufen.

Optionen

–b *Programm Version*
: Ausführen eines RPC-Broadcasts via UDP an das angegebene *Programm* mit der angegebenen *Version* und Ausgeben der Namen aller Rechner, die darauf antworten.

–d *Programm Version*
: Löschen der *Version* von *Programm* aus der Registrierungsdatenbank. Kann nur vom Superuser oder von demjenigen Benutzer, dessen Prozeß die Registrierung vorgenommen hat, ausgeführt werden.

–n *Portnummer*
: Bei Verwendung von **–t** und **–u** den Port *Portnummer* verwenden.

–p [*Rechner*]
: Ausgeben einer Liste aller registrierten RPC-Programme auf *Rechner*. Wenn *Rechner* weggelassen wird, wird die Ausgabe des **hostname**-Befehls verwendet.

–t *Rechner Programm* [*Version*]
Durchführen eines RPC-Aufrufs via TCP an *Programm* auf dem *Rechner* und ausgeben, ob eine Antwort empfangen wurde.

–u *Rechner Programm* [*Version*]
Durchführen eines RPC-Aufrufs via UDP an *Programm* auf dem *Rechner* und ausgeben, ob eine Antwort empfangen wurde.

Beispiele

Anzeigen aller RPC-Dienste, die auf der lokalen Maschine registriert sind:

```
$ rpcinfo -p
```

Anzeigen aller RPC-Dienste, die auf dem Rechner **ratbert** installiert sind:

```
$ rpcinfo -p ratbert
```

Anzeigen aller Maschinen im lokalen Netz, auf denen der Network Information Service (NIS) läuft:

```
$ rpcinfo -b ypserv Version | uniq
```

wobei *Version* die aktuelle NIS-Versionsnummer ist, die Sie aus dem oben angegebenen **–p**-Schalter erhalten.

rpcinfo

rpm [*Optionen*]

rpm

Das RPM-System ist ein frei erhältliches Verpackungssystem zur Verteilung und Installation von Software. RPM-Pakete werden mit dem Befehl **rpm** erzeugt, installiert und abgefragt. Die Namen von RPM-Paketen enden normalerweise auf *.rpm*. **rpm** hat zehn verschiedene Betriebsmodi, die alle eigene Optionen haben. Hier werden die Modi zum Installieren, Deinstallieren und Abfragen von Paketen beschrieben. In der Manual-Page und dem RPM-HOWTO finden Sie Informationen über einige fortgeschrittene Optionen und das Erstellen von RPM-Paketen. Sie können bei RPM eine Konfigurationsdatei für häufig verwendete Optionen benutzen. Die Systemkonfigurationsdatei ist normalerweise */etc/rpmrc*, jeder einzelne Anwender kann darüber hinaus eine eigene Datei *$HOME/.rpmrc* anlegen. Sie können die Option **––showrc** verwenden, um die Werte zu erfahren, die RPM für all die Optionen verwenden wird, die in einer *rpmrc*-Datei angegeben werden können:

```
rpm --showrc
```

Der Befehl **rpm** enthält einen FTP-Client, so daß Sie auch einen *ftp://*-URL angeben können, um ein Paket über das Internet zu installieren oder abzufragen. Wo immer in den folgenden Paketen *Paketdatei* steht, können Sie einen solchen FTP-URL angeben.

→

Allgemeine Optionen

Die folgenden Optionen können in allen Modi verwendet werden:

--dbpath *Pfad*
Gibt den *Pfad* zur RPM-Datenbank an.

--ftpport *Port*
Gibt den zu verwendenden FTP-*Port* an.

--ftpproxy *Host*
Host als Proxy-Server für alle Übertragungen verwenden. Diese Option wird angegeben, wenn Sie FTP-Übertragungen über ein Firewall-System durchführen, das einen Proxy verwendet.

--help Gibt einen langen Hilfetext aus (**rpm** ohne Optionen gibt einen kürzeren Hilfetext aus).

--keep-temps
Temporäre Dateien (*/tmp/rpm-**) nach Beendigung des Programms nicht löschen. Wird verwendet, um **rpm** zu debuggen.

--quiet Nur Fehlermeldungen anzeigen.

--rcfile *Dateiname*
Verwendet *Dateiname* als Konfigurationsdatei anstelle der Systemkonfigurationsdatei */etc/rpmrc* oder *$HOME/.rpmrc.*

--root *Verzeichnis*
Verwendet *Verzeichnis* als Root-Verzeichnis für alle Operationen.

--version Gibt die Versionsnummer von **rpm** aus.

-vv Gibt Debugging-Informationen aus.

Installationsmodus

Installieren oder Aktualisieren eines RPM-Pakets. Die Syntax des **install**-Befehls lautet:

```
rpm -i [Install-Optionen] Paketdatei ...
rpm --install [Install-Optionen] Paketdatei ...
```

Um eine neue Version eines Pakets zu installieren und dabei gleichzeitig eine existierende Version zu entfernen, verwenden Sie statt dessen den Aktualisierungsbefehl:

```
rpm -U [Install-Optionen] Paketdatei ...
rpm --upgrade [Install-Optionen] Paketdatei ...
```

Die Optionen zur Installation und Aktualisierung lauten:

--allfiles Alle Dateien installieren oder aktualisieren.

--excludedocs
Keine Dokumentationsdateien installieren.

--force Erzwingen der Installation. Entspricht der Kombination der Optionen **--replacepkgs**, **--replacefiles** und **--oldpackage**.

-h, --hash
Während des Entpackens 50 Doppelkreuze ausgeben. Wird zusammen mit **-v** verwendet, um eine schönere Ausgabe zu erreichen.

--includedocs
Dokumentationsdateien installieren. Diese Option wird nur benötigt, wenn in einer *rpmrc*-Datei **excludedocs: 1** angegeben wurde.

--nodeps Nicht überprüfen, ob dieses Paket von anderen Paketen abhängt.

--noscripts
Vor und nach der Installation keine Skripten ausführen.

--oldpackage
Eine „Aktualisierung" eines neueren Pakets durch ein älteres erlauben.

--percent
Den Fortschritt beim Entpacken in Form von Prozentangaben ausgeben.

--prefix *Pfad*
Das Installationspräfix für relozierbare Pakete auf *Pfad* setzen.

--replacefiles
Die Pakete selbst dann installieren, wenn sie Dateien aus anderen installierten Paketen ersetzen.

--replacepkgs
Die Pakete selbst dann installieren, wenn einige von ihnen bereits installiert sind.

--test Die Installation durchlaufen, um zu sehen, was passieren würde, das Paket aber nicht wirklich installieren.

Abfragemodus

Die Syntax des **query**-Befehls lautet:

```
rpm -q [Informations-Optionen] [Paket-Optionen]
rpm --query [Informations-Optionen] [Paket-Optionen]
```

Es gibt zwei Arten von Optionen für Abfragen: *Optionen zur Auswahl von Paketen* bestimmen, welche Pakete abgefragt werden, und *Optio-*

SysAdmin Befehle

→

nen zur Auswahl von Informationen bestimmen, welche Informationen ausgegeben werden sollen. Die Optionen zur Auswahl von Paketen lauten:

Paketname
: Das installierte Paket *Paketname* abfragen.

–a
: Alle installierten Pakete abfragen.

–f *Datei*
: Herausfinden, zu welchem Paket *Datei* gehört.

–p *Paketdatei*
: Das nicht installierte Paket *Paketdatei* abfragen.

Die Optionen zur Auswahl von Informationen lauten:

–c
: Konfigurationsdateien im Paket anzeigen.

– –changelog
: Die Änderungsbeschreibungen des Pakets anzeigen.

–d
: Die Dokumentationsdateien im Paket anzeigen.

– –dump
: Informationen über jede Datei im Paket ausgeben. Diese Option muß mit mindestens einer der Optionen **–l**, **–c** und **–d** verwendet werden. Die Ausgaben enthalten die folgenden Informationen in der genannten Reihenfolge: **path size mtime md5sum mode owner group isconfig isdoc rdev symlink**.

–i
: Informationen über das Paket anzeigen, darunter auch den Namen, die Version und die Beschreibung.

–l
: Alle Dateien im Paket anzeigen.

– –provides
: Alle Fähigkeiten anzeigen, die dieses Paket bereitstellt.

–R, **– –requires**
: Alle Pakete anzeigen, von denen dieses Paket abhängt.

–s
: Jede Datei im Paket einschließlich ihres Zustandes ausgeben. Die möglichen Zustände sind: **normal**, **not installed** und **replaced**.

– –scripts
: Alle paketspezifischen Skell-Skripten anzeigen, die während der Installation und Deinstallation des Pakets verwendet werden.

Deinstallationsmodus

Die Syntax des **uninstall**-Befehls lautet:

```
rpm -e Paketname...
rpm --erase Paketname...
```

– –allmatches
: Deinstalliert alle Versionen des Pakets. Es darf nur ein Paket angegeben werden, ansonsten wird ein Fehler gemeldet.

--nodeps Keine Abhängigkeiten überprüfen, bevor das Paket deinstalliert wird.

--noscripts
Keine Skripten vor und nach der Deinstallation ausführen.

--test Nichts wirklich deinstallieren, nur so tun als ob.

Überprüfungsmodus

Die Syntax des **verify**-Befehls lautet:

rpm -V|-y|--verify [*Paketauswahloptionen*]

Der Überprüfungsmodus vergleicht die Informationen über die installierten Dateien eines Pakets mit den Informationen über die Dateien aus dem ursprünglichen Paket und zeigt eventuelle Unterschiede an. Unter anderem werden die Größe, die MD5-Prüfsumme, die Zugriffsrechte, der Typ, der Besitzer und die Gruppe jeder Datei überprüft. Deinstallierte Dateien werden ignoriert.

Die Paketauswahloptionen entsprechen denen des Abfragemodus.

Die Ausgabe wird als acht Zeichen langer String, eventuell gefolgt von einem „c", das auf eine Konfigurationsdatei hinweist, formatiert. Anschließend folgt der Dateiname. Jedes der acht Zeichen im String steht für das Ergebnis eines Vergleichs des Dateiattributs mit dem Attribut in der RPM-Datenbank. Ein Punkt (.) zeigt an, daß die Datei den Test bestanden hat. Die folgenden Zeichen weisen auf eine Nicht-Übereinstimmung im entsprechenden Vergleich hin:

5 MD5-Prüfsumme
S Dateigröße
L Symbolischer Link
T MTime
D Gerät
U Besitzer
G Gruppe
M Modus (dazu gehören die Zugriffsrechte und der Dateityp)

Wiederherstellungsmodus

Die Syntax des Befehls zum Wiederherstellen der RPM-Datenbank lautet:

rpm --rebuilddb [*Optionen*]

Im Wiederherstellungsmodus stehen die Optionen **--dbpath** und **--root** zur Verfügung, die bereits unter „Allgemeine Optionen" beschrieben wurden.

SysAdmin Befehle

→

rpm ←

Signatur-Überprüfungsmodus

RPM-Pakete können eine PGP-Signatur enthalten. Die PGP-Konfigurationsinformationen werden aus */etc/rpmrc* gelesen. Die Syntax des Signatur-Überprüfungsmodus lautet:

```
rpm --checksig Paketdatei...
```

Damit die Signatur überprüft werden kann, muß PGP auf Ihrem System installiert sein.

---

rshd

rshd [*Optionen*]

TCP/IP-Befehl. Server für das Starten von nichtinteraktiven Shells auf entfernten Rechnern, also für Befehle wie **rcmd** oder **rcp**. **rshd** wird von **inetd** gestartet und muß in der Konfigurationsdatei von **inetd**, */etc/inetd.conf*, eingetragen sein.

Die Optionen entsprechen genau denen von **rlogind**, mit Ausnahme der Option **–L**, die es nur bei **rshd** gibt.

Option

–L Alle erfolgreichen Verbindungen und fehlgeschlagenen Versuche via **syslogd** protokollieren.

---

rstat

rstat *Rechner*

TCP/IP-Befehl. Faßt den Zustand von *Rechner* zusammen: die aktuelle Uhrzeit, die Zeit seit dem Systemstart, die durchschnittliche Last und die durchschnittliche Anzahl von Jobs, die auf ihre Ausführung warten. **rstat** fragt den **rstat_svc**-Daemon des entfernten Rechners ab.

---

run–parts

run–parts [*Optionen*] [*Verzeichnis*]

Alle Skripten in *Verzeichnis* in alphabetischer Reihenfolge ausführen. Skripten, deren Dateinamen nichtalphanumerische Zeichen (mit Ausnahme von Unterstrichen und Bindestrichen) enthalten, werden nicht ausgeführt.

Optionen

–– Alle folgenden Argumente als Dateinamen und nicht als Optionen interpretieren.

––test Ausgeben, welche Skripten ausgeführt werden würden, aber das eigentliche Ausführen unterdrücken.

––umask=*umask*
Angeben der *umask*, der Maske für die Zugriffsrechte zukünftig angelegter Dateien. Der Default ist 022.

runlevel runlevel

Ausgeben der vorherigen und aktuellen Runlevel des Systems.

ruptime [*Optionen*] ruptime

TCP/IP-Befehl. Anzeigen, wie lange jeder Rechner im lokalen Netzwerk seit seinem letzten Systemstart bereits läuft und wie viele Benutzer auf ihm angemeldet sind. Wenn ein Rechner sich elf Minuten lang nicht gemeldet hat, wird angenommen, daß er nicht in Betrieb ist.

Optionen

–a Auch Benutzer ausgeben, die mehr als eine Stunde keinen Befehl mehr eingegeben haben.

–l Rechner nach durchschnittlicher Last sortieren.

–r Normale Sortierreihenfolge umdrehen.

–t Maschinen nach Laufzeiten seit dem letzten Systemstart sortieren.

–u Rechner nach der Anzahl der angemeldeten Benutzer sortieren.

rusers [*Optionen*] [*Rechner*] rusers

TCP/IP-Befehl. Ausgeben, welche Benutzer auf *Rechner* oder auf allen lokalen Rechnern angemeldet sind. Die Ausgabe geschieht im Format des **who**-Befehls.

Optionen

–a Auch Rechner ausgeben, auf denen niemand angemeldet ist.

–l Weitere Informationen ausgeben: Terminal, Datum, Uhrzeit, Zeit ohne Befehlseingabe, entfernter Rechner.

rwall *Rechner* [*Datei*] rwall

TCP/IP-Befehl. Gibt eine Nachricht an alle Benutzer aus, die auf *Rechner* angemeldet sind. Wenn *Datei* angegeben ist, wird die Meldung daraus entnommen, ansonsten wird sie von der Standardeingabe gelesen.

rwhod rwhod

TCP/IP-Befehl. Server für den Systemzustand, der die von **rwho** und **ruptime** verwendete Datenbank pflegt. Seine Funktionalität basiert auf der Fähigkeit, Nachrichten an alle Rechner eines Netzwerks schicken zu können. Als Produzent von Informationen fragt **rwhod** periodisch den Zustand des Systems ab und erzeugt daraus Zustandsmeldungen, die an alle Rechner im Netzwerk geschickt werden. Als Konsument von Informationen lauscht **rwhod** den Zustandsmeldungen von **rwhod**-Servern auf anderen Systemen, überprüft diese und speichert sie dann in einer

→

SysAdmin Befehle

rwhod ←

Reihe von Dateien im Verzeichnis */var/spool/rwho* ab. Nachrichten, die der **rwhod**-Server empfängt, werden verworfen, wenn sie nicht am Server-Port von **rwhod** eintreffen. Zustandsmeldungen werden etwa alle drei Minuten erzeugt.

script

script [*Option*] [*Datei*]

Erzeugt eine Kopie der aktuellen Shell und protokolliert eine Sitzung am Terminal mit. Das Sitzungsprotokoll wird nach *Datei* geschrieben. Wenn keine *Datei* angegeben wird, wird das Protokoll in der Datei *typescript* im aktuellen Verzeichnis abgelegt. Die Protokollierung endet, wenn die Kopie der Shell beendet wird.

Option

–a Anhängen des Protokolls an den Inhalt von *Datei* oder *typescript*, anstatt den vorherigen Inhalt zu überschreiben.

sendmail

sendmail [*Schalter*] [*Adresse...*]

sendmail ist ein Programm zum Weiterleiten von elektronischen Nachrichten (E-Mail). Es nimmt Nachrichten von E-Mail-Benutzerprogrammen entgegen, bringt die Anschrift in die entsprechende Form, die vom zustellenden Programm verstanden wird, und leitet die E-Mail an das Zustellungsprogramm weiter.

Kommandozeilenschalter

–b*x* Einstellen des Betriebsmodus auf *x*. Die Betriebsmodi sind:

a ARPA-Modus.

d Als Daemon starten.

i Initialisieren der Alias-Datenbank.

m Nachrichten zustellen (Default).

p Ausgeben der Nachrichten-Warteschlange.

s Bei **sendmail** eingehende Nachrichten via SMTP entgegennehmen.

t Test-Modus.

v Nur Adressen überprüfen, aber keine Zustellung veranlassen.

–C*Datei* Verwenden der Konfigurationsdatei *Datei*.

–d*Ebene* Einstellen der Debugging-Ebene.

–F*Name* Einstellen des vollen Namens des Benutzers auf *Name*.

–f*Name* Der Name des Absenders ist *Name*.

–h*Anzahl* Den Hop-Zähler (zählt, wie oft eine Nachricht von **sendmail** verarbeitet wurde) auf *Anzahl* setzen.

–n Keine Aliasnamen verwenden, nicht weiterleiten.

–o*x Wert* Option *x* auf den Wert *Wert* setzen. Die Optionen werden weiter unten beschrieben.

–p*Protokoll*
Nachrichten mit dem angegebenen *Protokoll* empfangen.

–q[*Zeit*] In der Warteschlange stehende Nachrichten sofort oder in dem durch *Zeit* angegebenen Intervall verarbeiten. Wenn *Zeit* angegeben wird, wird die Warteschlange so oft geleert, wie *Zeit* angibt.

–r*Name* Veraltete Form von **–f**.

–t Lesen der Header-Felder `To:`, `Cc:` und `Bcc:`. Die Mail wird an jeden Empfänger auf dieser Liste geschickt.

–v Verbose-Modus.

–X *Datei* Sämtlichen E-Mail-Verkehr in *Datei* mitprotokollieren. Sollte nicht für normales Logging verwendet werden.

Konfigurationsoptionen

Die folgenden Optionen können mit dem **–o**-Schalter auf der Kommandozeile oder einer **O**-Zeile in der Konfigurationsdatei eingestellt werden:

7 Alle eingehenden Nachrichten auf sieben Bits formatieren.

a*Minuten* Wenn die Option **D** eingeschaltet ist, wird *Minuten* Minuten darauf gewartet, daß die Alias-Datenbank neu aufgebaut wird, bevor eine Warnung ausgegeben wird, daß die Alias-Datenbank veraltet ist.

A*Datei* Andere Alias-Datei verwenden.

b*MinBlöcke/MaxGröße*
Verlangt, daß mindestens *MinBlöcke* frei bleiben. Die maximale Größe einer Nachricht wird auf *MaxGröße* gesetzt. Wenn *MaxGröße* weggelassen wird, ist der Schrägstrich optional.

B*Zeichen* Einstellen des Ersetzungszeichens für nicht in Anführungszeichen stehende Leerzeichen.

c Wenn eine Verbindung als „teuer" gilt, nicht sofort eine Verbindung aufbauen.

C*Anzahl* Kontrollieren und Aktualisieren der Warteschlange, wenn eine Nachricht an mehrere Empfänger gesendet wird. **sendmail** schreibt die Liste der Empfänger neu, nachdem jeweils *Anzahl* Empfänger verarbeitet worden sind.

→

sendmail
←

d*x*	Einstellen des Zustellungsmodus. Die vorhandenen Zustellungsmodi sind **i** für interaktive (synchrone) Zustellung, **b** für Zustellung im Hintergrund (asynchron), **q** für Einreihen der Nachricht in die Warteschlange (Zustellung erst, wenn die Warteschlange nächstesmal geleert wird) und **d** für Einreihen in die Warteschlange, ohne daß DNS-Anfragen vorgenommen werden.
D	Alias-Datenbank, wenn nötig, automatisch neu aufbauen.
e*x*	Einstellen des Fehlerverarbeitungsmodus. Gültige Modi sind **m** für Zurücksenden einer Fehlernachricht, **w** für Zurückschreiben einer Fehlernachricht, **p** für Ausgeben der Fehlermeldung auf das Terminal (Default), **q** für Verwerfen der Fehlermeldung und **e** für spezielle, im BerkNet verwendete Fehlerbehandlung.
E*Text*	Einstellen des Headers für Fehlermeldungen. Bei *Text* handelt es sich entweder um Text, welcher der Fehlermeldung hinzugefügt werden soll, oder um einen Dateinamen. Ein Dateiname muß mit vollem Pfad angegeben werden und mit einem Schrägstrich beginnen.
f	Unix-gemäße `From:`-Zeilen am Anfang einer Nachricht nicht entfernen.
F*Modus*	Default-Zugriffsrechte für temporäre Dateien einstellen. Wenn diese Option nicht angegeben wird, sind die Default-Zugriffsrechte 0644.
G	Lokale E-Mail-Namen mit dem GECOS-Feld in der Paßwort-Datei vergleichen.
g *n*	Zu verwendende Gruppen-ID, wenn Mailprogramme aufgerufen werden.
H*Datei*	SMTP-Hilfedatei.
h *Anzahl*	Maximal *Anzahl* Hops pro Nachricht erlauben.
i	Einzelne Punkte auf einer Zeile nicht als Ende einer Nachricht interpretieren.
I *Arg*	DNS-Anfragen verwenden und optimieren. Wenn keine DNS-Verbindungen zustande kommen, werden die Nachrichten in die Warteschlange eingereiht. Die *Arg*-Argumente funktionieren wie die Schalter von **resolver**, nur ohne das RES_-Präfix. Jedem Schalter kann ein Plus- oder Minuszeichen vorangestellt werden, um die zugehörige Name-Server-Option ein- oder auszuschalten. Zwischen dem **I** und dem ersten Schalter muß ein Leerzeichen oder ein Tabulator stehen.
j	MIME-Format für Fehlermeldungen verwenden.
J*Pfad*	Ein alternativer Suchpfad für *.forward*.

k*Anzahl* Größe des Verbindungs-Caches angeben.

K*Zeit* Timeout für Verbindungen auf *Zeit* einstellen.

l `Errors-To:`-Header nicht ignorieren.

L*n* Logging-Stufe angeben.

m Nachricht auch an den Absender schicken, wenn er auf einer Aliasliste steht.

M*XWert* Definition eines Makros auf der Kommandozeile. Zuweisung von *Wert* an das Makro *X*.

n Während der Ausführung von **newaliases** die rechte Seite der Aliase validieren.

o Wenn diese Option eingeschaltet ist, dürfen die Nachrichten auch Header des alten Typs haben, ansonsten müssen sie neue Header haben (d.h. Kommata statt Leerzeichen zwischen den Empfängern).

p*was,was,...*

Einstellen, wie privat oder öffentlich sich der SMTP-Daemon verhalten soll. Die einzelnen *was*-Argumente sollten voneinander durch Kommata getrennt werden. Die *was*-Argumente können unter den folgenden ausgewählt werden:

public SMTP voll öffentlich machen (Default).

needmailhelo Verlangt, daß ein anderer Rechner zunächst HELO oder ELHO sendet, bevor eine Nachricht geschickt wird.

needexpnhelo Verlangt, daß ein anderer Rechner zunächst HELO oder ELHO sendet, bevor eine Adreßexpansionsanfrage beantwortet wird.

needvrfyhelo Wie oben, aber für Verifizierungsanfragen.

noexpn Alle Expansionsanfragen ablehnen.

novrfy Alle Verifikationsanfragen ablehnen.

authwarnings Besondere Header in Nachrichten einfügen, die den Empfängern mitteilen, daß die Nachricht möglicherweise nicht authentisch ist.

goaway Alle oben stehenden Optionen außer **public** einschalten.

restrictmailq Benutzer derselben Gruppe wie die Besitzer des Warteschlangenverzeichnisses dürfen die Warteschlange einsehen.

restrictqrun Nur der Superuser und der Besitzer des Warteschlangenverzeichnisses dürfen das Abarbeiten der Warteschlange initiieren.

SysAdmin Befehle

→

P*Benutzer*	Kopien jeder nicht zustell- oder weiterleitbaren Nachricht an *Benutzer* (üblicherweise postmaster) schicken.
q*Faktor*	Multiplikator (Faktor) für das Einstellen von Nachrichten in die Warteschlange bei hoher Systemlast.
Q*Schlangenverzeichnis*	Auswahl des Verzeichnisses, in dem Nachrichten auf Zustellung warten.
R	Keine Routen-Adressen entfernen.
S*Datei*	Statistiken in *Datei* abspeichern.
s	Immer eine Warteschlangendatei anlegen, auch dann, wenn es nicht unbedingt notwendig ist.
T*Zeit*	Einstellen des Timeouts für nicht zugestellte Nachrichten in der Warteschlange auf die angegebene *Zeit*.
t*Stz, Dtz*	Einstellen des Namens der Zeitzone.
U*Datenbank*	Benutzerdatenbank *Datenbank* für Weiterleitungsinformationen zu Rate ziehen.
u*N*	Default-Benutzer-ID für Mailprogramme einstellen.
v	Verbose-Modus.
V*Rechner*	Notfall-MX-Rechner. *Rechner* sollte der vollqualifizierte Domänenname des Notfall-Rechners sein.
w	Verwenden eines DNS-A-Datensatzes, wenn der MX-Datensatz nicht eindeutig ist.
x*Last*	Nachrichten nicht weiterleiten, sondern in die Warteschlange stellen, wenn die Systemlast höher als *Last* ist.
X*Last*	SMTP-Verbindungen zurückweisen, wenn die Systemlast höher als *Last* ist.
y*Faktor*	Lange Empfängerlisten mit dem *Faktor* bestrafen.
Y	Jeden Job, der von der Warteschlange ausgeführt wird, in einem eigenen Prozeß starten. Dies trägt auf Systemen mit wenig Speicher dazu bei, die Größe der laufenden Prozesse zu verringern.
z*Faktor*	Multiplikator für Prioritätserhöhungen. Hiermit wird bestimmt, wieviel Gewicht auf den `Precedence`-Header gelegt wird. Der Default von **sendmail** ist 1800.
Z*Zahl*	Die Priorität von Elementen in der Warteschlange um *Zahl* erhöhen, nachdem jeder Job verarbeitet wurde. **sendmail** verwendet einen Default von 90000.

Von sendmail verwendete Dateien

sendmail

/usr/lib/sendmail
: Das Binärprogramm von **sendmail**.

/usr/bin/newaliases
: Ein Link auf */usr/lib/sendmail*; veranlaßt, daß die Aliasdatenbank neu aufgebaut wird.

/usr/bin/mailq
: Ausgeben des Inhalts der Nachrichtenwarteschlange.

/etc/sendmail.cf
: Konfigurationsdatei in Textform.

/etc/sendmail.hf
: SMTP-Hilfedatei.

/usr/lib/sendmail.st
: Statistikdatei. Muß nicht vorhanden sein.

/etc/aliases
: Aliasdatei in Textform.

/etc/aliases.{pag,dir}
: Aliasdateien in **dbm**-Format.

/var/spool/mqueue
: Verzeichnis, in dem die Warteschlange und temporäre Dateien abgelegt werden.

*/var/spool/mqueue/qf**
: Kontrolldateien der Nachrichten.

*/var/spool/mqueue/df**
: Datendateien der Nachrichten.

/var/spool/mqueue/lf
: Lock-Dateien.

/var/spool/mqueue/tf
: Temporäre Kopien der *qf**-Dateien. Werden verwendet, wenn die Warteschlangendatei neu aufgebaut wird.

/var/spool/mqueue/nf
: Wird benutzt, wenn eine eindeutige ID erzeugt wird.

/var/spool/mqueue/xf
: Protokoll der aktuellen Sitzung.

---

showmount [*Optionen*] [*Host*]

showmount

NFS/NIS-Befehl. Zeigt Informationen über einen NFS-Server an. Diese Informationen werden über einen **mountd**-Server auf *Host* verwaltet. Der Default-Wert von *Host* ist der von **hostname** zurückgegebene Wert. Wenn keine Optionen angegeben werden, werden die Clients ange-

→

showmount ←

zeigt, die Verzeichnisse von *Host* beziehen. **showmount** steht normalerweise in */usr/sbin*, also nicht im Default-Suchpfad.

Optionen

–a, – –all Alle von anderen Rechnern eingehängten Verzeichnisse im Format

Hostname: Verzeichnis

anzeigen, wobei *Hostname* der Name des Clients und *Verzeichnis* das Wurzelverzeichnis des eingehängten Dateisystems ist.

–d, – –directories
Alle Verzeichnisse anzeigen, die von entfernten Clients eingehängt worden sind.

–e, – –exports
Die Liste der exportierten Dateisysteme ausgeben.

–h, – –help
Einen kurzen Hilfetext anzeigen.

– –no-headers
Keine Überschriften ausgeben.

–v, – –version
Die Versionsnummer des Programms anzeigen.

shutdown

shutdown [*Optionen*] *Wann* [*Nachricht*]

Jede Programmabarbeitung beenden. *Wann* kann eine bestimmte Zeit (im Format *hh:mm*), eine Anzahl von Minuten, die gewartet wird (im Format +*m*), oder **now** sein. Eine *Nachricht* an alle Benutzer fordert diese auf, sich abzumelden. An alle Prozesse wird das Signal SIGTERM geschickt, damit sie sich ordnungsgemäß beenden können. Das eigentliche Herunterfahren wird durch */etc/init* ausgeführt. Dabei wird das System in den Runlevel 1 versetzt. Nur der Superuser kann den **shutdown**-Befehl ausführen. Nachrichten an alle Benutzer (Default oder angegeben) werden während der Wartezeit in regelmäßigen Abständen geschickt; je näher der Zeitpunkt des Herunterfahrens rückt, desto öfter.

Optionen

–c Prozeß des Herunterfahrens (z.B. während der Wartezeit) abbrechen.

–f Schnelles Neustarten, indem der übliche Aufruf von **fsck** übergangen wird.

–h Anhalten des Systems, wenn das Herunterfahren abgeschlossen ist.

–k	Ausgeben der Warnung, aber das eigentliche Herunterfahren nicht durchführen.
–n	Herunterfahren ohne Aufruf von **init** vornehmen.
–r	System nach erfolgtem Herunterfahren neu starten.
–t *Sek*	Mindestens *Sek* Sekunden zwischen dem Beenden der Prozesse und dem Wechsel des Runlevels warten.

slattach [*Optionen*] [*Terminal*]

TCP/IP-Befehl. Serielle Leitungen als Netzwerkschnittstellen konfigurieren, womit sie für die Verwendung als Punkt-zu-Punkt-Verbindung vorbereitet sind. Nur der Superuser kann eine Netzwerkschnittstelle mit einer seriellen Leitung verbinden oder die Verbindung auflösen.

Optionen

–c *Befehl*	*Befehl* ausführen, wenn die Verbindung getrennt wird.
–d	Debugging-Modus.
–e	Programm sofort beenden, nachdem das Gerät initialisiert worden ist.
–h	Beenden, wenn die Verbindung getrennt wird.
–l	UUCP-ähnliche Lock-Dateien in */var/spool/uucp* anlegen.
–L	Dreidrahtverbindungen zulassen.
–m	Leitung nicht in den 8-Bit-Modus versetzen.
–n	Ähnlich wie **mesg n**.
–p *Protokoll*	Angeben des zu verwendenden Protokolls. *Protokoll* kann **slip**, **adaptive**, **ppp** oder **kiss** sein.
–q	Stiller Modus, keine Nachrichten ausgeben.
–s *Geschwindigkeit*	Leitungsgeschwindigkeit angeben.

swapdev [*Option*] [*Image* [*Auslagerungsgerät* [*Position*]]]

Wenn keine Argumente angegeben werden, werden Informationen zur Benutzung über das Auslagerungsgerät ausgegeben. Wenn lediglich die Lage des Kernel-*Image* angegeben wird, werden die dort vorgefundenen Informationen ausgegeben. Um diese Informationen zu verändern, muß ein neues Auslagerungsgerät angegeben werden. Außerdem kann eine *Position* im Kernel-*Image* angegeben werden, an der Informationen verändert werden sollen. **rdev –s** ist ein Synonym für **swapdev**.

→

swapdev ←

Option

–o *Position*
: Wie *Position* als Argument.

swapon

swapon [*Optionen*] *Gerät*

Gerät (kann auch eine durch Leerzeichen getrennte Liste sein) als Auslagerungsgerät verwenden.

Optionen

–a
: In */etc/fstab* nach Geräten suchen, die mit **sw** markiert sind, und diese anstelle von *Gerät* verwenden.

–p *Priorität*
: Gibt die *Priorität* des Auslagerungsgerätes an. Auslagerungsbereiche mit höherer Priorität werden vor solchen mit niedrigerer Priorität verwendet.

swapoff

swapoff –a | *Gerät*

Gerät (kann auch eine durch Leerzeichen getrennte Liste sein) nicht mehr als Auslagerungsgerät verwenden.

Option

–a
: In */etc/fstab* nach Geräten suchen, die mit **sw** markiert sind, und diese anstelle von *Gerät* verwenden.

sync

sync

Schreibt die Buffer der Dateisysteme auf die Festplatte. **sync** führt den **sync()**-Systemaufruf aus. Wenn das System angehalten werden soll, muß **sync** aufgerufen werden, um die Integrität des Dateisystems zu gewährleisten. **shutdown** ruft **sync** automatisch auf, bevor das System heruntergefahren wird. **sync** kann einige Sekunden für die Ausführung benötigen. Daher sollte für eine kurze Zeit **sleep** aufgerufen werden, bevor **halt** oder **reboot** aufgerufen wird. Beachten Sie bitte, daß das System immer mit **shutdown** heruntergefahren oder neu gestartet werden sollte, da **shutdown** sich um das Aufrufen von **sync** und andere Verwaltungsaufgaben kümmert.

sysklogd

sysklogd

syslogd ist das Linux-Programm, das die Funktionalität von **syslogd** bereitstellt und sich genauso wie die BSD-Version von **syslogd** verhält. Der Unterschied sollte für den Benutzer nicht sichtbar sein. Allerdings ist **sysklogd** völlig anders programmiert und unterstützt auch eine etwas erweiterte Syntax. Der Daemon wird als **syslogd** aufgerufen. Siehe auch **klogd**.

Optionen

–d
: Debugging einschalten.

–f *Konfigurationsdatei*
: Andere Konfigurationsdatei angeben.

–h
: Nachrichten von entfernten Rechnern an weiterleitende Rechner weiterleiten.

–l *Rechnerliste*
: Rechner angeben, die nur mit ihrem Rechnernamen, aber nicht mit ihrem vollqualifizierten Domänennamen aufgeführt werden. Wenn mehrere Rechner angegeben werden, müssen die Namen durch Doppelpunkte getrennt werden.

–m *Markierungsintervall*
: Abstand zwischen zwei Zeitmarkierungen auswählen.

–n
: Nicht automatisch in den Hintergrund gehen. Wird benötigt, wenn **syslogd** von **init** gestartet wird.

–p *Socket*
: Schickt das Protokoll an *Socket* statt an */dev/log*.

–r
: Nachrichten vom Netzwerk über ein Internet-Domänen-Socket mit dem **syslog**-Dienst empfangen.

–s *Domänenliste*
: In *Domänenliste* angegebene Domänennamen vor dem Protokollieren entfernen. Wenn mehrere Domänennamen angegeben werden, sollten sie durch einen Doppelpunkt getrennt werden.

---

syslogd

TCP/IP-Befehl. Protokolliert Systemmeldungen in einer Reihe von Dateien, die in der Konfigurationsdatei */etc/syslog.conf* angegeben werden. Jede Meldung besteht aus einer Zeile. Eine Meldung kann einen Prioritätscode enthalten, der durch eine Zahl in spitzen Klammern am Anfang der Zeile angegeben wird. Die Prioritäten werden in *<sys/syslog.h>* definiert. **syslogd** liest aus den Internet-Domänen-Sockets, die in */etc/services* angegeben sind. Um **syslogd** zu beenden, schicken Sie ihm ein SIGTERM-Signal.

---

systat [*Optionen*] *Rechner*

Informationen über das Netzwerk oder den Systemzustand eines entfernten Rechners abfragen, indem die **netstat**-, **systat**- und **daytime**-Dienste des Rechners benutzt werden.

→

systat ←

Optionen

–n, ––netstat
Nur den **netstat**-Dienst befragen.

–p *Port*, **––port** *Port*
Bei der Anfrage zu verwendender Port.

–s, ––systat
Nur den **systat**-Dienst befragen.

–t, ––time
Nur den **daytime**-Dienst befragen.

---

talkd

talkd [*Option*]

TCP/IP-Befehl. Server für die Kommunikation zwischen entfernten Benutzern. **talkd** teilt einem Benutzer mit, daß jemand mit ihm eine Konversation beginnen möchte. Ein **talk**-Client beginnt ein Rendezvous durch Senden einer CTL_MSG-Nachricht des Typs LOOK_UP an den Server. Der Server durchsucht dann seine Einladungstabellen nach einer existierenden Gesprächseinladung für den Client. Wenn keine gefunden wird, schickt der Rufende eine ANNOUNCE-Nachricht, die dazu führt, daß der Server an alle Anmelde-Terminals des Angerufenen eine Nachricht schickt und um eine Verbindung bittet. Wenn der Angerufene antwortet, antwortet der lokale Server wiederum mit der Rendezvous-Adresse, und es wird eine Stream-Verbindung aufgebaut, über welche die Konversation stattfindet.

Option

–d Debugging-Informationen via **syslogd** ausgeben.

---

tar

tar [*Optionen*] [*Dateien*]

Kopieren von *Dateien* in ein oder aus einem Archiv. Wenn unter den *Dateien* Verzeichnisse sind, verarbeitet **tar** den gesamten darunterliegenden Verzeichnisbaum. Wenn kein Archiv mit der **–f**-Option angegeben wurde, wird die Standardein- bzw. -ausgabe verwendet. Der Bindestrich vor Optionen ist optional. Die einzige Ausnahme ist die Verwendung von langen Optionen wie **––modification–time**. In diesem Fall ist die genaue Syntax:

tar –– *lange-Option –Funktions-Optionen Dateien*

Beispiel:

```
tar --modification-time -xvf tararchiv.tar
```

Funktionsoptionen

Sie müssen genau eine dieser Optionen angeben, die vor allen anderen Optionen stehen muß:

–c, ––create
Neues Archiv anlegen.

–d, ––compare
Vergleichen der im Archiv abgelegten Dateien mit *Dateien*. Alle Unterschiede (z.B. fehlende Dateien, unterschiedliche Größen, unterschiedliche Dateiattribute wie Zugriffsrechte und Änderungszeiten) werden ausgegeben.

–r, ––append
Dateien an das Ende eines bereits existierenden Archivs anhängen.

–t, ––list Ausgeben der Namen von *Dateien*, wenn sie im Archiv abgespeichert sind; wenn *Dateien* nicht angegeben wird, wird der gesamte Inhalt des Archivs ausgegeben.

–u, ––update
Dateien hinzufügen, wenn sie sich noch nicht im Archiv befinden oder sich geändert haben.

–x, ––extract, ––get
Dateien aus dem Archiv extrahieren (wenn *Dateien* nicht angegeben wird, alle Dateien extrahieren).

–A, ––catenate, ––concatenate
Ein zweites Archiv an das Ende des ersten anhängen.

Optionen

n Gerät Nummer *n* auswählen, wobei *n* zwischen 0 und 9999 liegen muß. Der Default steht in */etc/default/tar*.

[*Laufwerk*] [*Dichte*]
(Band-)*Laufwerk* (0–7) und (Schreib-)*Dichte* (**l**, **m** oder **h** für niedrige, mittlere oder hohe Schreibdichte) angeben.

––atime-preserve
Ursprüngliche Zugriffszeit bei den extrahierten Dateien erhalten.

–b, ––block-size=*n*
Blockgröße auf *n* × 512 Byte setzen.

––checkpoint
Angetroffene Verzeichnisnamen ausgeben.

––exclude=*Datei*
Datei aus jeder Dateiliste entfernen.

–f *Arch*, **––file=***Dateiname*
Archiv *Arch* verwenden. *Dateiname* kann auch die Form *Rechnername:Dateiname* haben.

––force-local
Dateinamen der Form *Rechnername:Dateiname* als lokale Dateien interpretieren.

→

–g, – –listed-incremental
Inkrementelle Sicherung des neuen Typs anlegen.

–h, – –dereference
Symbolische Links dereferenzieren.

–i, – –ignore-zeros
Blöcke der Größe Null (d.h. *EOFs*) ignorieren.

– –ignore-failed-read
Unlesbare Dateien bei der Archivierung ignorieren. Das Default-Verhalten ist ein Programmabbruch.

–k, – –keep-old-files
Wenn Dateien extrahiert werden, Dateien mit ähnlichen Namen nicht überschreiben. Statt dessen wird eine Fehlermeldung ausgegeben.

–l, – –one-file-system
Keine Dateien aus anderen Dateisystemen archivieren.

–m, – –modification-time
Modifizierungszeiten nicht restaurieren; sie werden auf den Zeitpunkt der Extraktion gesetzt.

– –null Dateinamen, die via **–T** gelesen werden, dürfen mit null abgeschlossen werden. Überschreibt **–C**.

– –old, – –portability, – –preserve
Äquivalent zu **–p** und **–s**.

–p, – –same-permissions, – –preserve-permissions
Besitzer- und Gruppen-ID bleiben so wie im Original.

– –remove-files
Originaldateien nach Aufnahme im Archiv löschen.

– –rsh-command=*Befehl*
Nicht mit **rsh** zu einem entfernten Rechner verbinden, sondern statt dessen *Befehl* verwenden.

–s, – –same-order, – –preserve-order
Beim Extrahieren Dateinamen nach der Reihenfolge im Archiv sortieren.

– –totals Bytesummen ausgeben.

– –use-compress-program=*Programm*
Archivierte Dateien mit *Programm* komprimieren, und extrahierte Dateien mit *Programm* dekomprimieren.

–v, – –verbose
Verbose-Modus. Dateinamen ausgeben, die einem Archiv hinzugefügt oder aus einem Archiv extrahiert werden.

–w, – –interactive
Jede Aktion vom Benutzer mit **y** bestätigen lassen.

–z, ––gzip, ––ungzip
Dateien vor der Archivierung mit **gzip** komprimieren und vor der Extraktion mit **gunzip** dekomprimieren.

–C, ––directory=*Verzeichnis*
Vor der Befehlsausführung nach *Verzeichnis* wechseln.

–F, ––info-script, ––new-volume-script=*Skript*
Setzt **–M** voraus (mehrere Archivdateien). Am Ende jeder Archivdatei wird *Skript* ausgeführt.

–G, ––incremental
Inkrementelle Sicherungen des alten Typs anlegen.

–K *Datei*, **––starting-file** *Datei*
tar-Operation mit *Datei* im Archiv beginnen.

–L, ––tape-length=*Länge*
Höchstens *Länge* × 1024 Bytes auf jedes Band schreiben.

–M, ––multi-volume
Multi-Volume-Archiv auslesen (oder mit **–c** anlegen).

–N *Datum*, **––after-date** *Datum*
Dateien ignorieren, die älter als *Datum* sind.

–O, ––to-stdout
Extrahierte Dateien auf die Standardausgabe ausgeben.

–P, ––absolute-paths
Keine Schrägstriche am Anfang von Dateinamen entfernen.

–R, ––record-number
Datensatznummer des Archivs anzeigen.

–S, ––sparse
Kurze Dateien auf eine besondere, effizientere Weise behandeln.

–T *Datei*, **––files-from** *Datei*
Namen der zu archivierenden oder zu extrahierenden Dateien *Datei* entnehmen.

–V *Name*, **––label=***Name*
Dieses Volume mit *Name* benennen.

–W, ––verify
Archiv nach dem Anlegen auf Integrität prüfen.

–X *Datei*, **––exclude** *Datei*
Die in *Datei* enthaltenen Dateien nicht archivieren oder extrahieren.

–Z, ––compress, ––uncompress
Dateien mit **compress** vor der Archivierung komprimieren und mit **uncompress** vor der Extraktion dekomprimieren.

→

tar ←

Beispiele

Ein Archiv mit den Verzeichnisbäumen */bin* und */usr/bin* anlegen (**c**), den Fortschritt anzeigen (**v**), und das Archiv auf dem Bandlaufwerk */dev/rmt0* ablegen:

```
tar cvf /dev/rmt0 /bin /usr/bin
```

Den Inhalt des Bandes in einem Format wie **ls –l** anzeigen:

```
tar tvf /dev/rmt0
```

Das */bin*-Verzeichnis extrahieren:

```
tar xvf /dev/rmt0 /bin
```

Ein Archiv des aktuellen Verzeichnisses anlegen und in der Datei *backup.tar* speichern:

```
tar cvf - `find . -print` > backup.tar
```

Der einzelne Bindestrich teilt **tar** mit, daß das Archiv auf die Standardausgabe geschrieben werden soll. Diese wird dann in die Datei *backup.tar* umgeleitet.

tcpd

tcpd

TCP/IP-Befehl. Ein Daemon, der eingehende TCP/IP-Anfragen (wie z.B. von **telnet**, **ftp**, **finger**, **exec** oder **rlogin**) überwacht. Sämtliche Dienste können überprüft und protokolliert werden, bevor die Anfragen an den entsprechenden Daemon weitergereicht werden.

tcpdchk

tcpdchk [*Optionen*]

TCP/IP-Befehl. Liest die Konfigurationsdateien des TCP-Wrappers ein (*etc/hosts.allow* und */etc/hosts.deny*), gibt eine Liste der möglichen Probleme aus und macht Vorschläge, wie diese zu beheben sind.

Optionen

–a
Eine Regelliste mit ausgeben. Es ist kein ALLOW-Schlüsselwort erforderlich, bevor von anderen Netzwerken auf den lokalen Rechner zugegriffen werden darf.

–d
/etc/hosts.allow und */etc/hosts.deny* einlesen.

–i *Konfigurationsdatei*
Gibt den Ort der Dateien *inetd.conf* und *tlid.conf* an. Diese Dateien werden von **tcpdchk** bei der Überprüfung der TCP-Wrapper-Dateien verwendet.

–v
Verbose-Modus.

tcpdmatch [*Optionen*] *Daemon Client* — **tcpdmatch**

TCP/IP-Befehl. Sagt die Antwort des TCP-Wrappers auf eine bestimmte Anfrage voraus. Sie müssen angeben, an welchen *Daemon* sich die Anfrage richtet und von welchem *Client* sie ausgeht (als Syntax kann *Benutzer@Client* oder ein Wildcard-Zeichen verwendet werden). Die Aktionen des Wrappers werden aus */etc/hosts.allow* und */etc/hosts.deny* bestimmt.

Optionen

–d
: */etc/hosts.allow* und */etc/hosts.deny* einlesen.

–i *Konfigurationsdatei*
: Gibt den Ort der Dateien *inetd.conf* und *tlid.conf* an. Diese Dateien werden von **tcpmatch** bei der Überprüfung der TCP-Wrapper-Dateien verwendet.

---

telinit [*Option*] [*Runlevel*] — **telinit**

Teilt **init** mit, daß der Runlevel des Systems gewechselt werden soll. **telinit** ist eigentlich nur ein Link auf den **init**-Befehl.

Option

–t *Sekunden*
: Schickt das SIGKILL-Signal *Sekunden* Sekunden nach SIGTERM. Der Default ist 20.

Runlevel

Die Default-Runlevel unterscheiden sich von Distribution zu Distribution, aber die folgenden sind standardisiert:

0
: System anhalten.

1, s, S
: Single-User-Modus (Wartungsmodus).

6
: System neu starten.

a, b, c
: Nur die Einträge in */etc/inittab* verarbeiten, die mit den Runlevels **a**, **b** oder **c** markiert sind.

q, Q
: */etc/inittab* neu einlesen.

Sehen Sie in der Datei */etc/inittab* nach, um die auf Ihrem System gültigen Runlevel zu erfahren.

---

telnetd [*Optionen*] — **telnetd**

TCP/IP-Befehl. TELNET Protocol Server. **telnetd** wird von **inetd** bei Anfragen am TELNET-Port (standardmäßig 23) aufgerufen. **telnetd** legt für den Client ein Pseudoterminal an und startet damit einen **login**-Prozeß, der mit **stdin**, **stdout** und **stderr** am Pseudoterminal verbunden ist. **telnetd** manipuliert die Master-Seite des Pseudoterminals, indem das

→

telnetd ←

TELNET-Protokoll implementiert wird und Zeichen zwischen dem entfernten Client und dem **login**-Prozeß hin und her geschickt werden.

Optionen

–debug [*Port*]
: Startet **telnetd** manuell anstatt durch **inetd**. *Port* kann als alternativer TCP-Port angegeben werden, auf dem **telnetd** arbeiten soll.

–D *Modifikator(en)*
: Debugging-Modus. **telnet** gibt damit Debugging-Informationen über die Verbindung aus. Damit kann der Benutzer sehen, was **telnet** tut. Eine Reihe von Modifikatoren steht für den Debugging-Modus zur Verfügung:

exercise Noch nicht implementiert.

netdata Von **telnetd** empfangenen Datenstrom anzeigen.

options Informationen über das Aushandeln der TELNET-Optionen anzeigen.

ptydata Daten anzeigen, die auf das Pseudoterminal geschrieben werden.

report Wie **options**, außerdem Ausgeben von Informationen darüber, welche Verarbeitung gerade stattfindet.

---

tftpd

tftpd [*Heimatverzeichnis*]

TCP/IP-Befehl. Trivial File Transfer Protocol Server. **tftpd** wird normalerweise von **inetd** gestartet und arbeitet auf dem Port, der in der **tftp**-Beschreibung der Datei */etc/inetd.conf* angegeben ist. Standardmäßig ist der Eintrag für **tftpd** in der Datei */etc/inetd.conf* auskommentiert; um **tftpd** verwenden zu können, muß das Kommentarzeichen entfernt werden. Bevor auf eine Anfrage geantwortet wird, versucht der Server, sein aktuelles Verzeichnis in *Heimatverzeichnis* abzuändern. Wenn dieses nicht angegeben ist, wird *tftpboot* angenommen.

---

traceroute

traceroute [*Optionen*] *Rechner* [*Paketgröße*]

TCP/IP-Befehl. Verfolgt die Route, die ein Paket nimmt, um einen bestimmten Rechner zu erreichen. Dies geschieht, indem **traceroute** UDP-Pakete mit einer kleinen Restlebenszeit (TTL) losschickt und auf ICMP-„time exceeded"-Nachrichten vom Gateway wartet. *Rechner* ist der Name oder die IP-Nummer des gesuchten Rechners. *Paketgröße* ist die Paketgröße des Test-Datagramms in Byte. Der Default ist 38 Byte.

Optionen

traceroute

–d
Debuggen auf Socket-Ebene einschalten.

–g *Adresse*
Neben den TTL-Tests auch noch die IP-LSRR-(Loose Source Record Route-)Option einschalten. Damit kann festgestellt werden, wie jemand an der IP-Adresse *Adresse* ein bestimmtes Ziel erreichen kann.

–l
Restlebenszeit für jedes empfangene Paket angeben.

–m *Max-TTL*
Maximale Restlebenszeit, die in ausgehenden Testpaketen verwendet wird. Der Default ist 30 Hops.

–n
Hop-Adressen numerisch anstatt symbolisch ausgeben.

–p *Port*
UDP-Portnummer für Testpakete auf *Port* setzen. Der Default ist 33434.

–q *n*
Einstellen der Anzahl der Testpakete für jeden Restlebenszeitwert auf *n*. Der Default ist 3.

–r
Normale Routing-Tabellen umgehen, und die Pakete direkt an einen Rechner eines angeschlossenen Netzwerks senden.

–s *Quell-Adresse*
Quell-Adresse als Quelladresse in ausgehenden IP-Paketen eintragen.

–t *Tos*
Einstellen der Dienstart (*type-of-service*) in ausgehenden Testpaketen auf *Tos*. Der Default ist 0. *Tos* muß eine dezimale Ganzzahl zwischen 0 und 255 sein.

–v
Verbose-Modus. Alle ICMP-Pakete (außer TIME_EXCEEDED und PORT_UNREACHABLE) werden angezeigt.

–w *Wartezeit*
Wartezeit für eine Antwort auf ein ausgehendes Testpaket auf *Wartezeit* Sekunden setzen. Der Default ist 3 Sekunden.

---

tune2fs [*Optionen*] *Gerät*

tune2fs

Feineinstellung der Parameter eines Linux-Second-Extended-Dateisystems durch Anpassen diverser Parameter. Sie müssen das *Gerät* angeben, auf dem das Dateisystem liegt. Das Dateisystem darf nicht schreibbar eingehängt sein, wenn Parameter verändert werden sollen.

Optionen

–c *Einhängezähler*
Angeben der maximalen Anzahl an Einhängevorgängen (mount counts) zwischen zwei Überprüfungen des Dateisystems.

→

tune2fs
←

–e *Verhalten*

Angeben, wie sich der Kernel bei Fehlern im Dateisystem verhalten soll. *Verhalten* muß eines der folgenden Schlüsselwörter sein:

continue Normal weitermachen.

remount-ro Das fehlerhafte Dateisystem in nicht schreibbarem Modus erneut einhängen.

panic Erzeugen einer Kernel-Panik.

–g *Gruppe*

Mitglieder von *Gruppe* (kann numerisch oder als Name angegeben werden) dürfen reservierte Blöcke verwenden.

–i *Intervall* [**d**|**w**|**m**]

Angeben des maximalen Intervalls zwischen zwei Überprüfungen des Dateisystems. Verwendbare Einheiten sind **d** (Tage), **w** (Wochen) und **m** (Monate). Wenn *Intervall* 0 ist, ist das Überprüfen dieses Dateisystems überhaupt nicht zeitabhängig.

–l Eine Liste mit dem Inhalt des Superblocks ausgeben.

–m *Prozentsatz*

Anteil der Blöcke, die für den Superuser reserviert sind, angeben.

–r *Anzahl* Anzahl der Blöcke angeben, die für den Superuser reserviert werden.

–u *Benutzer*

Benutzer (kann numerisch oder als Name angegeben werden) darf reservierte Blöcke belegen.

tunelp

tunelp *Gerät* [*Optionen*]

Einstellen der Geräteparameter eines Druckers. Ohne Optionen werden Informationen über das Gerät ausgegeben.

Optionen

–a [**on**|**off**]

Gibt an, ob das Programm abgebrochen werden soll, wenn ein Druckerfehler auftritt. Standardmäßig wird nicht abgebrochen.

–c *n* *n*-mal erneut versuchen, das Gerät anzusprechen, wenn es ein Zeichen nicht annimmt. (Der Default ist 250.) Wenn *n* erreicht ist, wird pausiert, bevor ein neuer Versuch unternommen wird.

-i *IRQ*	*IRQ* für den angegebenen Parallelport verwenden. -t und -c ignorieren. Wenn *IRQ* 0 ist, den nicht durch Interrupts getriebenen Zustand (Polling) wiederherstellen.
-o [on|off]	Angeben, ob abgebrochen werden soll, wenn ein Gerät nicht erreichbar oder ohne Papier ist.
-q [on|off]	Schaltet das Ausgeben der aktuellen IRQ-Einstellungen ein oder aus.
-r	Port zurücksetzen.
-s	Aktuellen Status des Druckers ausgeben.
-t *Zeit*	Gibt eine Verzögerungszeit in Jiffies an, die gewartet werden soll, bevor ein zurückgewiesenes Zeichen noch einmal gesendet wird. Ein Jiffy ist entweder definiert als ein Tick der Systemuhr oder als ein Phasendurchlauf des Wechselstroms; es sollte etwa eine Hundertstelsekunde sein.
-w *Zeit*	Gibt die Verzögerung in Jiffies an, bevor ein Strobe-Signal erneut gesendet wird.
-C [on|off]	Extrem vorsichtiges Überprüfen des Druckers auf Fehler ein- oder ausschalten.

tunelp

umount [*Optionen*] [*Gerätedatei/Verzeichnis*]

umount

Aushängen eines Dateisystems. **umount** teilt dem System mit, daß ein entfernbares Dateisystem, das vorher über die *Gerätedatei* eingehängt war, ausgehängt werden soll. Statt einer *Gerätedatei* kann auch ein *Verzeichnis* angegeben werden. Alle noch ausstehenden E/A-Operationen werden abgeschlossen und das Dateisystem als sauber markiert.

Optionen

-a	Alle Dateisysteme aushängen, die in */etc/mtab* aufgeführt sind.
-n	Aushängen, aber */etc/mtab* nicht aktualisieren.
-t *Typ*	Nur Dateisysteme des Typs *Typ* aushängen.

update [*Optionen*]

update

update ist ein Daemon, der kontrolliert, wie oft die Buffer des Kernels auf die Festplatten geschrieben werden. Ein anderer Name für **update** ist **bdflush**. Der Daemon erzeugt eine Reihe von Prozessen, um die Systemfunktionen *flush()* und *sync()* aufzurufen. Wenn der Befehl von einem nichtprivilegierten Benutzer aufgerufen wird, wird kein Daemon gestartet. Statt dessen ruft **update** *sync()* auf und beendet sich dann. Standardmäßig wacht **update** alle fünf Sekunden auf und schreibt

→

update ←

einige gefüllte Buffer mit *flush()* weg. Wenn das nicht funktioniert, versucht er, alle dreißig Sekunden aufzuwachen und die Buffer mit *sync()* wegzuschreiben. Nicht alle der genannten Optionen stehen in allen Versionen von **update** zur Verfügung.

Optionen

–d Die Kernel-Parameter anzeigen. Der Daemon wird nicht gestartet.

–f *Sekunden*
flush() in diesem Intervall aufrufen. Der Default ist 5.

–h Gibt eine Befehlsübersicht aus.

–s *Sekunden*
sync() in diesem Intervall aufrufen. Der Default ist 30.

–S Immer *sync()* anstelle von *flush()*.

–0 *Prozent*
Buffer leeren, wenn der angegebene Prozentsatz des Buffer-Caches gefüllt ist.

–1 *Blöcke* Die maximale Anzahl von Blöcken, die pro Erwachen weggeschrieben werden sollen.

–2 *Buffer* Die Anzahl der sauberen Buffer, die übrigbleiben sollen, wenn die freien Buffer neu gefüllt werden.

–3 *Blöcke* Schreibt die Blöcke weg, wenn beim Versuch des erneuten Füllens der Blöcke mehr als *Blöcke* schmutzige Blöcke vorhanden sind.

–4 *Prozent*
Prozentsatz des Buffer-Caches, der auf der Suche nach freien Clustern abgesucht wird.

–5 *Sekunden*
Wie alt ein Datenbuffer werden darf, bevor er geleert wird.

–6 *Sekunden*
Wie alt ein Nicht-Datenbuffer werden darf, bevor er geleert wird.

–7 *Konstante*
Die Zeitkonstante, die für die durchschnittliche Last verwendet werden soll.

–8 *Verhältnis*
Wie niedrig die durchschnittliche Last sein darf, bevor die Anzahl der Buffer zurückgesetzt wird.

---

useradd

useradd [*Optionen*] [*Benutzer*]

Neue Benutzerkonten erzeugen, oder die Default-Informationen über Benutzerkonten aktualisieren. Wenn die Option **–D** nicht verwendet wird, muß ein *Benutzer* angegeben werden. **useradd** erzeugt neue Einträge in Systemdateien. Heimatverzeichnisse und initiale Dateien können bei Bedarf ebenfalls erzeugt werden.

Optionen

–c *Kommentar*
: Das Kommentarfeld.

–d *Verzeichnis*
: Das Heimatverzeichnis. Standardmäßig wird *Benutzer* als Verzeichnisname für das Verzeichnis unterhalb von */home*, das durch die **–D**-Option angegeben wird, verwendet.

–e *Datum*
: Gibt das Datum an, an dem das Benutzerkonto ungültig wird. *Datum* wird im Format MM/TT/JJJJ angegeben. Auch zweistellige Jahresangaben sind zulässig. Der Wert wird als Anzahl der Tage seit dem 1. Januar 1970 gespeichert. Diese Option ist nur bei Verwendung von Shadow-Paßwörtern anwendbar.

–f *Tage*
: Das Benutzerkonto dauerhaft abschalten, wenn das Paßwort seit *Tage* Tagen abgelaufen ist. Ein Wert von -1 schaltet dieses Feature ab. Diese Option ist nur bei Verwendung von Shadow-Paßwörtern anwendbar.

–g *Gruppe*
: Initialer *Gruppe*nname oder initiale Gruppen-ID. Wenn mit der Option **–D** keine andere Default-Gruppe angegeben worden ist, dann ist die Default-Gruppe 1.

–G *Gruppen*
: Weitere *Gruppen*, anzugeben als Name oder Nummer in einer durch Kommata getrennten Liste ohne Zwischenräume.

–k [*Verzeichnis*]
: Default-Dateien in das Heimatverzeichnis des Benutzers kopieren. Nur sinnvoll, wenn die Option **–m** angegeben wird. Default-Dateien werden aus */etc/skel* kopiert, sofern kein anderes Verzeichnis *Verzeichnis* angegeben wird.

–m
: Heimatverzeichnis des Benutzers erzeugen, wenn es nicht existiert. Standardmäßig wird das Heimatverzeichnis nicht erzeugt.

–o
: Läßt nicht eindeutige Benutzer-IDs bei der Option **–u** zu.

–s *Shell*
: Die Login-*Shell*.

–u *UID*
: Die numerische Benutzer-ID. Der Wert muß eindeutig sein, sofern die Option **–o** nicht verwendet wird. Der Default-Wert ist die kleinste ID, die größer als 99 und größer als jede andere Benutzer-ID ist.

→

useradd ←

–D [*Optionen*]
Defaults festlegen oder anzeigen. Wenn *Optionen* angegeben wird, werden diese gesetzt, ansonsten werden die aktuellen Defaults angezeigt.

–D-Optionen

–b *Verzeichnis*
Präfix, das beim Anlegen der Heimatverzeichnisse verwendet wird. Wenn die Option **–d** beim Erzeugen eines Benutzerkontos nicht verwendet wird, wird der Benutzername an *Verzeichnis* angehängt.

–e *Datum* Verfalls-*Datum*. Kann nur mit Shadow-Paßwörtern eingesetzt werden.

–f *Tage* Anzahl der *Tage* nach Ablauf eines Paßworts, nach denen ein Benutzerkonto abgeschaltet wird. Nur bei Shadow-Paßwörtern.

–g *Gruppe*
Initialer *Gruppe*nname oder initiale Gruppen-ID.

–s *Shell* Login-*Shell*.

---

userdel

userdel [*Option*] *Benutzer*

Alle Einträge des Benutzers *Benutzer* in den Systemdateien löschen.

Option

–r Auch das Heimatverzeichnis des *Benutzer*s und alle darin enthaltenen Dateien löschen.

---

usermod

usermod [*Optionen*] *Benutzer*

Informationen über Benutzerkonten verändern.

Optionen

–c *Kommentar*
Das Kommentarfeld.

–d *Verzeichnis*
Das Heimatverzeichnis.

–e *Datum* Gibt das *Datum* an, an dem das Benutzerkonto ungültig wird. *Datum* wird im Format MM/TT/JJJJ angegeben. Auch zweistellige Jahresangaben sind zulässig. Der Wert wird als Anzahl der Tage seit dem 1. Januar 1970 gespeichert. Diese Option ist nur bei Verwendung von Shadow-Paßwörtern anwendbar.

usermod

–f *Tage* Das Benutzerkonto dauerhaft abschalten, wenn das Paßwort seit *Tage* Tagen abgelaufen ist. Ein Wert von -1 schaltet dieses Feature ab. Diese Option ist nur bei Verwendung von Shadow-Paßwörtern anwendbar.

–g *Gruppe*
Initialer *Gruppe*nname oder initiale Gruppen-ID.

–G *Gruppen*
Weitere *Gruppen*, anzugeben als Name oder Nummer in einer durch Kommata getrennten Liste ohne Zwischenräume. Der Benutzer wird aus eventuellen Gruppen, denen er derzeit angehört, die aber nicht in *Gruppen* stehen, gelöscht.

–l *Name* Login-*Name*. Kann nicht geändert werden, während der Benutzer beim System angemeldet ist.

–o Läßt nicht eindeutige Benutzer-IDs bei der Option **–u** zu.

–s *Shell* Login-*Shell*.

–u *UID* Numerische Benutzer-ID. Der Wert muß eindeutig sein, wenn die Option **–o** nicht verwendet wird. Alle Dateien, die *Benutzer* gehören und im Heimatverzeichnis des Benutzers liegen, werden automatisch geändert; Dateien außerhalb des Verzeichnisses nicht. Der *Benutzer* sollte während der Ausführung dieses Befehls keine Prozesse ausführen.

vidmode

vidmode [*Option*] *Image* [*Modus* [*Position*]]

Einstellen des Videomodus für den Kernel *Image*. Wenn keine Argumente angegeben wurden, wird der aktuelle Modus ausgegeben. *Modus* ist ein ein Byte großer Wert, der an Position 506 im Kernel-Image liegt. Der Modus kann verändert werden, indem das zu verändernde Kernel-*Image*, der neue *Modus* sowie die *Position* im Kernel-Image angegeben werden. Die Position kann auch weggelassen werden, der Default ist 506. **rdev –v** ist ein Synonym für **vidmode**. Wenn **LILO** verwendet wird, wird **vidmode** nicht gebraucht. In diesem Fall kann der Videomodus auch von der **LILO**-Eingabeaufforderung während des Systemstarts angegeben werden.

Modi

–3 Benutzer fragen

–2 Erweitertes VGA

–1 Normales VGA

0 Als ob **0** am Eingabeprompt eingegeben worden wäre

1 Als ob **1** am Eingabeprompt eingegeben worden wäre

→

vidmode ←	**2** Als ob **2** am Eingabeprompt eingegeben worden wäre **3** Als ob **3** am Eingabeprompt eingegeben worden wäre **n** Als ob **n** am Eingabeprompt eingegeben worden wäre ***Option*** **–o** *Position* Wie *Position* als Argument
w	**w** [*Optionen*] [*Benutzer*] Ausgeben von Zusammenfassungen der Systemnutzung, der aktuell angemeldeten Benutzer und dessen, was diese gerade tun. **w** ist im Prinzip nur eine Kombination von **uptime**, **who** und **ps –a**. Durch Angabe von *Benutzer* kann die Ausgabe auf einen Benutzer eingeschränkt werden. ***Optionen*** **–h** Überschriften und **uptime**-Informationen nicht ausgeben. **–i** Nach der Zeit, in der kein Befehl eingegeben wurde, sortieren. **–n** IP-Adressen nicht in Namen umsetzen. ***Datei*** */var/run/utmp* Liste der aktuell angemeldeten Benutzer.
wall	**wall** [*Datei*] An alle Benutzer schreiben. **wall** liest eine Mitteilung von der Standardeingabe bis zum Dateiende-Zeichen. Danach wird diese Mitteilung an alle gerade angemeldeten Benutzer geschickt, wobei `Broadcast Message from...` vorangestellt wird. Wenn *Datei* angegeben wird, wird die Mitteilung hieraus statt von der Standardeingabe entnommen.
ypbind	**ypbind** [*Optionen*] NFS/NIS-Befehl. NIS-Bindeprozeß. **ypbind** ist ein Daemon, der in der Regel während des Hochfahrens des Systems aus der Datei */etc/nfs* gestartet wird. Seine Aufgabe besteht darin, Informationen zu speichern, mit denen Client-Prozesse auf einem Rechner mit einem **ypserv**-Prozeß kommunizieren können. Die von **ypbind** gespeicherten Informationen werden *Bindung* genannt — die Verbindung eines Domänennamens mit der Internet-Adresse des NIS-Servers und dem Port auf diesem Rechner, an dem der **ypserv**-Prozeß auf Anfragen wartet. Diese Informationen werden in der Datei */var/yp/bindings/Domänenname.Version* gespeichert.

–ypset Kann verwendet werden, um eine Bindung zu ändern. Diese Option ist sehr gefährlich und sollte nur verwendet werden, um Fehler im Netzwerk von einem entfernten Rechner aus zu suchen.

–ypsetme **ypset**-Anfragen dürfen nur von diesem Rechner aus gesendet werden. Die Sicherheit basiert auf dem Überprüfen der IP-Adresse. Diese kann aber in Netzwerken kompromittiert werden, in die unzuverlässige oder böswillige Benutzer Pakete einschleusen. Diese Option sollte daher nicht verwendet werden.

ypcat [*Optionen*] *Tabellenname*

NFS/NIS-Befehl. Ausgeben der Werte in einer NIS-Datenbank, die durch *Tabellenname* angegeben wird. *Tabellenname* kann entweder ein Tabellenname oder ein Tabellenkurzname sein.

Optionen

–d *Domäne*
Eine andere *Domäne* als die Default-Domäne angeben.

–k Schlüssel in der Tabelle ausgeben, bei denen der Wert null oder der Schlüssel kein Bestandteil des Wertes ist.

–t *Tabellenname* nicht in einen Tabellennamen übersetzen.

–x Ausgeben der Kurznamentabelle, die die bekannten Kurznamen und zugehörigen Tabellennamen ausgibt. Erfordert kein *Tabellenname*-Argument.

ypinit [*Optionen*]

NFS/NIS-Befehl. Aufbauen und Installieren einer NIS-Datenbank auf einem NIS-Server. **ypinit** kann verwendet werden, um einen Master- oder einen Slave-Server oder einen Slave-Copier zu installieren. Nur der Superuser kann **ypinit** ausführen.

Optionen

–c *Mastername*
Installieren einer Slave-Copier-Datenbank. *Mastername* sollte der Rechnername eines NIS-Servers sein: entweder der Master-Server für alle Tabellen oder ein Server, auf dem die Datenbank aktuell und stabil ist.

–m Gibt an, daß der lokale Rechner der NIS-Server sein soll.

–s *Mastername*
Installieren einer Slave-Server-Datenbank. *Mastername* sollte der Rechnername eines NIS-Servers sein: entweder der Master-Server für alle Tabellen oder ein Server, auf dem die Datenbank aktuell und stabil ist.

ypmatch	**ypmatch** [*Optionen*] *Schlüssel...Tabellenname* NFS/NIS-Befehl. Ausgeben eines oder mehrerer *Schlüssel* einer NIS-Tabelle *Tabellenname*. Der *Tabellenname* kann auch ein Tabellenkurzname sein. ***Optionen*** **–d** *Domäne* *Domäne* anstelle der Default-Domäne verwenden. **–k** Vor jedem Wert eines Schlüssels den Schlüssel selbst und einen Doppelpunkt ausgeben. **–t** Tabellenkurznamen nicht in Tabellennamen übersetzen. **–x** Ausgeben der Kurznamentabelle, die die bekannten Kurznamen und zugehörigen Tabellennamen ausgibt. Erfordert kein *Tabellenname*-Argument.
yppasswd	**yppasswd** [*Name*] NFS/NIS-Befehl. Anmeldepaßwort im Network Information Service (NIS) ändern. Siehe **yppasswd** in Kapitel 2, *Linux-Benutzerbefehle*.
yppasswdd	**rpc.yppasswdd** [*Option*] NFS/NIS-Befehl. Server zur Bearbeitung der NIS-Paßwortdatei. **yppasswdd** bearbeitet die von **yppasswd** gestellten Anfragen, ein Paßwort zu ändern. Das Paßwort wird dabei nur geändert, wenn das von **yppasswd** geschickte, alte Paßwort dem Paßwort des Eintrags entspricht und die Benutzer- und Gruppen-IDs identisch mit denen in der Datei */etc/passwd* des Servers sind. **yppasswdd** aktualisiert dann die Datei */etc/passwd* und die Paßworttabellen des lokalen Servers. ***Option*** **–s** Unterstützung von Shadow-Paßwörtern.
yppoll	**yppoll** [*Optionen*] *Tabellenname* NFS/NIS-Befehl. Feststellen der Version einer NIS-Tabelle auf einem NIS-Server. **yppoll** fragt den **ypserv**-Prozeß nach einer laufenden Nummer und dem Rechnernamen des Master-NIS-Servers für die angegebene Tabelle. ***Optionen*** **–h** *Rechner* **ypserv**-Prozeß auf dem angegebenen *Rechner* nach den Tabellenparametern fragen. Wenn der *Rechner* nicht angegeben ist, wird der NIS-Server des lokalen Rechners (der mit **ypwhich** abgefragt werden kann) verwendet.

–d *Domäne*
Domäne anstelle der Default-Domäne verwenden.

yppoll

yppush [*Optionen*] *Tabellennamen*

yppush

NFS/NIS-Befehl. Weiterverteilen der geänderten NIS-Tabellen erzwingen. **yppush** kopiert eine neue Version der angegebenen NIS-Tabellen vom Master-NIS-Server auf die Slave-NIS-Server. Dazu legt es zunächst eine Liste von NIS-Server-Rechnern an, indem die Tabelle **ypservers** mit der Option **–d** und einer *Domäne* eingelesen wird. Die Schlüssel dieser Tabelle sind die ASCII-Namen der Rechner, auf denen die NIS-Server laufen. An den NIS-Server jedes Rechners wird eine „transfer map"-Anfrage geschickt, die unter anderem alle notwendigen Informationen enthält, damit das Transferprogramm **yppush** zurückrufen kann. Wenn die Übertragung erfolgreich abgeschlossen worden ist und das Transferprogramm eine Statusmeldung an **yppush** geschickt hat, werden die Ergebnisse auf die Standardausgabe ausgegeben. **yppush** wird normalerweise von */var/yp/Makefile* aufgerufen.

Optionen

–d *Domäne*
Angeben einer *Domäne.*

–v
Verbose-Modus — eine Nachricht ausgeben, wenn ein Server angesprochen worden ist oder geantwortet hat.

ypserv [*Optionen*]

ypserv

NFS/NIS-Befehl. NIS-Server-Prozeß. **ypserv** ist ein Daemon, der normalerweise beim Hochfahren des Systems gestartet wird. Er läuft nur auf NIS-Server-Rechnern mit vollständigen NIS-Datenbanken. Seine Hauptfunktion besteht darin, Informationen in den lokalen NIS-Datenbanken nachzuschlagen. Die Arbeitsweise von **ypserv** ist für den Implementierer durch die NIS-Protokollspezifikation und für den Programmierer durch die Header-Datei *<rpcvc/yp_prot.h>* festgelegt. Die Kommunikation mit **ypserv** erfolgt über RPC-Aufrufe.

Optionen

–d
Weitere Informationen über Rechner von DNS beziehen.

–localonly
ypserv antwortet nicht auf Anfragen von außen.

Dateien und Verzeichnisse

/var/yp/[*Domänenname*]*/*
Verzeichnis mit den NIS-Datenbanken.

/var/yp/Makefile
Makefile zum Erzeugen von NIS-Datenbanken.

SysAdmin Befehle

ypset	ypset [*Optionen*] *Server* NFS/NIS-Befehl. Richtet **ypbind** auf einen bestimmten Server aus. **ypset** teilt **ypbind** mit, daß die NIS-Dienste für die angegebene Domäne von *Server* bezogen werden sollen. *Server* ist ein NIS-Server, mit dem **ypbind** sich verbinden soll, und kann als Name oder als IP-Adresse angegeben werden. ***Optionen*** –d *Domäne* *Domäne* anstelle der Default-Domäne verwenden. –h *Rechner* Einstellen der Bindung von **ypbind** auf *Rechner* anstatt auf den lokalen Rechner. *Rechner* kann als Name oder als IP-Adresse angegeben werden.
ypwhich	ypwhich [*Optionen*] [*Rechner*] NFS/NIS-Befehl. Gibt den Rechnernamen des NIS-Servers oder Tabellen-Masters zurück. Ohne Argumente gibt **ypwhich** den NIS-Server für den lokalen Rechner aus. Wenn *Rechner* angegeben wird, wird dieser Rechner befragt, welchen NIS-Server er verwendet. ***Optionen*** –d *Domäne* *Domäne* anstelle der Default-Domäne verwenden. –m *Tabelle* Master-NIS-Server für eine Tabelle herausfinden. In diesem Fall kann kein Rechner angegeben werden. *Tabelle* kann ein Tabellenname oder ein Tabellenkurzname sein. –t *Tabellenname* Auflösung der Tabellenkurznamen verhindern. –x Tabelle der Tabellenkurznamen ausgeben. Keine anderen Optionen möglich.
ypxfr	ypxfr [*Optionen*] *Tabellenname* NFS/NIS-Befehl. Transferieren einer NIS-Tabelle aus der Default-Domäne des lokalen Rechners auf den lokalen Rechner selbst. Dazu werden normale NIS-Dienste verwendet. **ypxfr** legt eine temporäre Tabelle in */etc/yp/Domäne* an (wobei *Domäne* die Default-Domäne des lokalen Rechners ist), füllt sie mit den Tabelleneinträgen, holt die Tabellenparameter und lädt sie. Wenn **ypxfr** interaktiv gestartet wird, schreibt es seine Ausgabe auf das Terminal. Wenn es dagegen ohne kontrollierendes Terminal gestartet wird und die Logdatei */usr/admin/nislog* existiert, dann werden alle Ausgaben an diese Datei angehängt.

Optionen

ypxfr

–b
: Resolver-Schalter in der Tabelle während des Transfers erhalten.

–C *TID Programm IP-Adresse Port*
: Nur zur Verwendung durch **ypserv**. Wenn **ypserv** **ypxfr** aufruft, teilt es mit, daß **ypxfr** einen **yppush**-Prozeß zurückrufen soll, der auf dem Rechner mit der IP-Adresse *IP-Adresse* läuft, als Programm mit der Nummer *Programm* registriert ist, auf *Port* lauscht und auf eine Antwort auf die Transaktion Nummer *TID* wartet.

–c
: Keine Anfrage „Aktuelle Tabelle löschen" an den lokalen **ypserv**-Prozeß schicken.

–d *Domäne*
: *Domäne* anstelle der Default-Domäne verwenden.

–f
: Auch dann Tabellen transferieren, wenn die Version auf dem Master älter ist als die lokale Version.

–h *Rechner*
: Tabelle von *Rechner* holen, unabhängig davon, welchen Rechner die Tabelle für ihren Master hält. Wenn der Rechner nicht angegeben wird, fragt **ypxfr** den NIS-Dienst nach dem Namen des Masters und versucht, die Tabelle von dort zu bekommen. *Rechner* kann als Name oder als IP-Adresse angegeben werden.

–S
: Nur NIS-Server verwenden, die als **root** laufen und einen reservierten Port benutzen.

–s *Domäne*
: Angeben einer Quell*domäne*, aus der eine Tabelle übertragen wird, die in allen Domänen gleich sein soll (z.B. die *services.byname*-Tabelle).

zdump [*Optionen*] [*Zonen*]

zdump

Eine Liste aller bekannten Zeitzonen ausgeben. Wenn ein Argument angegeben wird, werden nur die darin enthaltenen Zonen ausgegeben. Bei jeder Zone wird die aktuelle Zeit mit angegeben.

Optionen

–c *Jahr*
: Ein Jahr angeben, ab dem einschließlich keine Daten mehr ausgegeben werden sollen, um ausführliche Ausgaben etwas zu verkürzen. Nur sinnvoll mit **–v**.

–v
: Verbose-Modus. Zusätzliche Informationen über jede Zone mit ausgeben.

zic

zic [*Optionen*] [*Dateien*]

Aus den angegebenen Dateien Informationsdateien zur Zeitkonvertierung erzeugen. Wenn – als Datei angegeben wird, werden die Informationen von der Standardeingabe gelesen.

Optionen

–d *Verzeichnis*
: Die neu angelegten Dateien im *Verzeichnis* ablegen. Der Default ist */usr/local/etc/zoneinfo*.

–l *Zeitzone*
: Angeben, welche *Zeitzone* für die lokale Zeit verwendet werden soll. **zic** erzeugt einen Link zwischen der Zoneninformation für *Zeitzone* und der Zone **localtime**.

–p *Zeitzone*
: Einstellen der Default-Regeln zur Behandlung von Umgebungsvariablen im POSIX-Format auf den durch *Zeitzone* angegebenen Zonennamen.

–s
: Zeitwerte nur dann abspeichern, wenn sie vorzeichenbehaftet und vorzeichenlos identisch sind.

–v
: Verbose-Modus. Zusätzliche Überprüfungen auf Fehler durchführen, und Warnungen ausgeben.

–y *Befehl*
: Jahreszahlen mit *Befehl* überprüfen. Der Default ist **yearistype**.

–L *Datei*
: Informationen über Schaltsekunden aus *Datei* entnehmen.

Die Quelldateien für **zic** sollten als Folge von Regelzeilen, Zonenzeilen und Linkzeilen formatiert sein. Auf der Kommandozeile kann zusätzlich eine Datei angegeben werden, die Regeln für Schaltsekunden enthält. Regelzeilen beschreiben, wie Zeiten berechnet werden. Sie geben Zeitveränderungen, Sommerzeit, Kriegszeit und andere Veränderungen an, die eine bestimmte Zeitzone betreffen können. Zonenzeilen geben an, welche Regeln auf welche Zeitzonen zutreffen. Linkzeilen verbinden ähnliche Zonen miteinander. Schaltzeilen geben die genaue Zeit an, zu der Sekunden hinzugezählt bzw. von der Sekunden abgezogen werden sollen. Jede dieser Zeilen besteht aus einzelnen Feldern. Die Felder werden voneinander durch beliebig viele Leerzeichen getrennt. Kommentarzeilen beginnen mit einem #. Folgende Felder sind in allen Zeilen verwendbar:

Felder in Regelzeilen

`Rule NAME VON BIS TYP IM AM UM SOMMER BUCHSTABEN`

NAME Name dieser Regel.

VON Erstes Jahr, in dem diese Regel gültig ist. Es wird der Gregorianische Kalender vorausgesetzt. Anstelle eines konkreten Jahres können auch **minimum** bzw. **maximum** für das kleinste bzw. größte als Ganzzahl darstellbare Jahr angegeben werden.

BIS Das letzte Jahr, in dem diese Regel gültig ist. Die Syntax ist identisch mit der des VON-Feldes.

TYP Gibt den Typ des Jahres an, auf den diese Regel angewendet werden soll. Das Wildcard-Zeichen – bezeichnet alle Jahre. Der Typ des Jahres wird mit dem mit der **–y**-Option angegebenen Befehl oder mit **yearistype** *Jahr Typ* überprüft. Ein Rückgabewert von 0 bedeutet, daß das Jahr vom angegebenen Typ ist, eine 1, daß es dies nicht ist (siehe **–y**-Option).

IM Der Monat, in dem diese Regel angewendet werden soll.

AM Der Tag, an dem diese Regel angewendet werden soll. Leerzeichen sind nicht zulässig. Beispiele:

1 Der Erste eines Monats

firstSun Der erste Sonntag

Sun>=3 Der erste Sonntag nach dem oder am dritten Tag eines Monats.

UM Gibt an, ab welchem Zeitpunkt die Regel gelten soll. Um ein Uhr mittags anzugeben, können Sie **13**, **13:00** oder **13:00:00** schreiben. Außerdem kann ein Suffix (ohne Leerzeichen dazwischen) aus folgender Liste angehängt werden:

s Lokale Standardzeit.

u, g, z Universalzeit (UTC).

w Normale Uhrzeit (Default).

SOMMER
Dieser Betrag wird zu der lokalen Standardzeit hinzuaddiert. Das Format ist wie bei UM, aber ohne Suffixe.

BUCHSTABEN
Gibt die Buchstaben an, die in Abkürzungen für Zeitzonen verwendet werden sollen (z.B. M für MEZ). Wenn keine Abkürzung angegeben werden soll, verwenden Sie einen –.

SysAdmin Befehle

→

Felder in Zonenzeilen

`Zone NAME GMTABST REGELN/SOMMER FORMAT [BIS]`

NAME Name der Zeitzone.

GMTABST
Abstand zur Greenwich Mean Time (GMT). Wird wie UM formatiert.

REGELN/SOMMER
Entweder der Name einer Regel, die auf diese Zone angewendet werden soll, oder der Betrag, der zu der lokalen Standardzeit hinzuaddiert werden soll. Damit die Zone identisch mit der lokalen Standardzeit ist, verwenden Sie einen –.

FORMAT
Gibt an, wie Zeitzonenabkürzungen formatiert werden sollen. Der variable Anteil wird mit %s angegeben.

BIS An diesem Datum soll die Regel für diese Zone gewechselt werden. Die nächste Zeile muß die neue Zoneninformation angeben und darf daher weder den String „Zone" noch das NAME-Feld enthalten.

Felder der Linkzeile

`Link QUELL-ZEILE ZIEL-ZEILE`

QUELL-ZEILE
Der Name der Zone, die gelinkt wird.

ZIEL-ZEILE
Ein alternativer Name für die in QUELL-ZEILE angegebene Zone.

Felder der Schaltzeile

`Leap JAHR MONAT TAG HH:MM:SS KORR R/S`

JAHR MONAT TAG HH:MM:SS
Gibt an, wann die Schaltsekunde verwendet werden soll.

KORR Ein „+" oder „–", das anzeigt, ob die Schaltsekunde hinzugezählt oder abgezogen werden soll.

R/S Eine Abkürzung für „Rolling" oder „Stationary", die angibt, ob die Schaltsekunde die lokale Uhrzeit oder GMT beeinflußt.

KAPITEL 17

Boot-Verfahren

In diesem Kapitel werden einige Techniken zum Booten Ihres Linux-Systems beschrieben. Je nachdem, welche Hardware Sie haben und ob Sie andere Betriebssysteme verwenden wollen, können Sie Ihren Rechner so konfigurieren, daß entweder Linux automatisch gebootet wird oder Sie zwischen verschiedenen Betriebssystemen auswählen können. Dies nennt man auch *Dual-Boot*, obwohl Sie durchaus mehr als zwei Betriebssysteme booten können — beispielsweise Linux, Windows 95/98 und Windows NT. In diesem Kapitel werden die folgenden Techniken behandelt:

- Der Boot-Vorgang
- LILO: Der Linux-Loader
- Loadlin: Von MS-DOS aus booten
- Dual-Boot von Linux und Windows NT
- Kernel-Optionen beim Booten
- **initrd**: Eine RAM-Disk verwenden

Der Boot-Vorgang

Wenn Ihr Linux-System einmal läuft, ist das Booten des Systems ziemlich einfach. Aber wenn man an die viele unterschiedliche Hardware und Software denkt, die es so gibt, kann man sich vorstellen, daß es viele Möglichkeiten gibt, den Boot-Vorgang zu konfigurieren. Die drei gängigsten Möglichkeiten sind:

- Linux von Diskette und (möglicherweise) ein anderes Betriebssystem von der Festplatte booten.

- Den Linux-Loader, LILO, verwenden.* Dies ist wahrscheinlich die gängigste Boot-Methode. Sie können damit sowohl Linux als auch andere Betriebssysteme booten.
- Loadlin verwenden, ein MS-DOS-Programm, das Linux von DOS aus bootet.

Es gibt auch andere Boot-Manager, die Linux booten können, aber wir werden diese in diesem Kapitel nicht behandeln. Auch auf das Booten von Disketten werden wir hier nicht weiter eingehen. Allerdings sollten Sie für Notfälle immer eine Boot-Diskette parat haben. Insbesondere sollten Sie nicht mit den in diesem Kapitel vorgestellten Dateien und Optionen herumexperimentieren, wenn Sie keine Boot-Diskette haben, weil schon ein einziger Fehler dazu führen kann, daß sich das System nicht mehr booten läßt.

Auf einem Intel-basierten PC wird der erste Sektor jeder Festplatte als Boot-Sektor bezeichnet. Er enthält die Partitionstabelle der jeweiligen Festplatte, möglicherweise aber auch den Code zum Booten eines Betriebssystems. Der Boot-Sektor der ersten Festplatte heißt auch Master Boot Record (MBR, etwa: Haupt-Boot-Sektor), denn wenn Sie das System booten, übergibt das BIOS die Kontrolle an ein Programm, das sich neben der Partitionstabelle in diesem Sektor befindet. Bei diesem Programm handelt es sich um den *Boot-Loader*, das Programm, das das jeweilige Betriebssystem startet. Wenn Sie Linux auf Ihrem System installieren, müssen Sie den Boot-Loader ändern, ersetzen oder von einer Diskette booten, um Linux zu starten.

Unter Linux werden jede Festplatte und jede Partition auf den Festplatten als Gerät betrachtet. Beispielsweise wird die erste IDE-Festplatte als */dev/hda* angesprochen, die zweite Festplatte — wenn es eine solche gibt — als */dev/hdb*. Die erste Partition der ersten Festplatte heißt */dev/hda1*, die zweite */deb/hda2*, die erste Partition der zweiten Festplatte */dev/hdb1* usw. Wenn Sie SCSI-Festplatten anstelle von IDE-Festplatten haben, dann funktioniert die Benennung genauso, nur heißen die Geräte */dev/sda*, */dev/sda1* usw. Wenn Sie also festlegen wollen, daß die Linux-Partition die zweite Partition auf der ersten Festplatte sein soll (wie es in den Beispielen in diesem Kapitel der Fall ist), dann geben Sie jeweils */dev/hda2* an.

Sie finden in den folgenden Abschnitten die verschiedenen Techniken zum Booten von Linux sowie die Optionen, mit denen Sie den Boot-Loader und den Linux-Kernel konfigurieren können. Sowohl mit LILO als auch mit Loadlin können Sie dem Boot-Loader und dem Kernel Optionen übergeben.

LILO: Der Linux-Loader

Wenn Sie sich einmal entschieden haben, LILO zu installieren, dann müssen Sie immer noch überlegen, wie LILO konfiguriert werden soll. Wenn Sie ein Dual-Boot-System einrichten wollen, das Linux und Windows 95/98 booten kann, dann können Sie LILO im Master Boot Record (MBR) installieren und so konfigurieren, daß Sie das zu startende Betriebssystem auswählen können. Ein Dual-Boot von Linux und Windows NT ist nicht ganz so einfach, weil Windows NT einen eigenen Loader im MBR verwendet und davon ausgeht, die volle Kontrolle über den Rechner zu haben. Deswegen müssen Sie Linux zu einer Option im NT-Ladeprogramm machen und LILO in der Linux-Partition als sekundären Boot-Lader installieren. Damit übergibt der Windows-NT-Lader die Kontrolle an LILO, der wiederum Linux bootet. Im Abschnitt „Dual-Boot von Linux und Windows NT“ finden Sie weitere Informationen.

* LILO ist das Standard-Boot-Programm für Maschinen mit i386-Architektur. Auf Alphas lautet das entsprechende Boot-Programm MILO (Mini-Loader), auf Sparcs SILO.

LILO kann nicht nur Linux, sondern auch andere Betriebssysteme wie MS-DOS, Windows 95/98 und OS/2 booten. Die großen Linux-Distributionen bieten während der Installation alle an, LILO zu installieren, aber Sie können das bei Bedarf auch später noch tun. LILO kann entweder im Master Boot Record (MBR) Ihrer Festplatte oder als sekundärer Boot-Loader in der Linux-Partition installiert werden. LILO besteht aus mehreren Teilen, darunter dem eigentlichen Boot-Loader, einer Konfigurationsdatei (*/etc/lilo.conf*), einer Abbildungsdatei (*/boot/map*), die die Stelle enthält, an der der Kernel liegt, und dem Befehl **lilo** (*/sbin/lilo*), der die Konfigurationsdatei einliest und die dort enthaltenen Informationen verwendet, um die Abbildungsdatei zu erzeugen oder zu aktualisieren, und die Dateien installiert, die LILO zum Arbeiten benötigt.

Wenn LILO im MBR installiert wird, ersetzt er dort den Boot-Loader von MS-DOS. Wenn Sie Schwierigkeiten mit Ihrer Installation haben oder einfach nur LILO deinstallieren und durch den ursprünglichen Boot-Loader ersetzen wollen, dann können Sie einen der folgenden Befehle einsetzen:

- Linux von Diskette booten und einen vorher gesicherten Boot-Sektor auf die Festplatte schreiben:

```
% /sbin/lilo -u
```

- DOS booten und eine besondere Version von **fdisk** starten, die den MBR neu schreibt:

```
C:> fdisk /mbr
```

Vergessen Sie bei der Arbeit mit LILO nicht, daß es dabei zwei wichtige Teile gibt: den Boot-Loader und den Befehl **lilo**. Der Befehl **lilo** konfiguriert und installiert den Boot-Loader und aktualisiert diesen bei Bedarf. Der Boot-Loader wiederum enthält den Code, der beim Booten des Systems ausgeführt wird und dann Linux oder ein anderes Betriebssystem startet.

Die Konfigurationsdatei von LILO

Der Befehl **lilo** liest die Konfigurationsdatei von LILO, */etc/lilo.conf*, um die Informationen zu bekommen, die er benötigt, um LILO zu installieren. Neben anderen Dingen erstellt er eine Abbildungsdatei, die die Lage sämtlicher Festplattensektoren enthält, die zum Booten benötigt werden.

Beachten Sie, daß Sie nach jeder Veränderung von */etc/lilo.conf*, nach jedem Neukompilieren des Kernels und nach jedem Verschieben des Kernel-Images den Befehl **lilo** erneut aufrufen müssen, um die Abbildungsdatei neu zu schreiben und LILO zu aktualisieren.

Die Konfigurationsdatei beginnt mit einem Abschnitt mit globalen Optionen, die im nächsten Abschnitt beschrieben werden. Globale Optionen treffen auf jedes zu bootende Betriebssystem zu, egal welches Sie dann tatsächlich booten. Hier ist ein Beispiel eines globalen Abschnitts (ein Doppelkreuz, #, leitet einen Kommentar ein):

```
boot = /dev/hda             # Das Boot-Gerät ist /dev/hda
map = /boot/map             # Abbildungsdatei als /boot/map abspeichern
install = /boot/boot.b      # Die Datei, die als neuer Boot-Sektor installiert
                            # werden soll
prompt                      # Immer den Boot-Prompt anzeigen
timeout = 30                # Timeout von 3 Sekunden (30 Zehntelsekunden)
```

Auf den globalen Abschnitt folgt für jeden Linux-Kernel und für jedes andere Betriebssystem, das LILO booten können soll, ein Abschnitt mit Optionen. Jeder dieser Abschnitte wird als „Image"-Abschnitt bezeichnet, weil jeder ein Kernel-Image (ein Begriff für Binärdateien, die einen Kernel enthalten) oder ein anderes Betriebssystem beschreibt. Jeder Image-Abschnitt für Linux beginnt mit einer **image=**-Zeile. Ein Linux-Abschnitt könnte beispielsweise so aussehen:

```
image = /boot/vmlinuz          # Linux-Image-Datei
   label = linux               # Text, der am Boot-Prompt erscheint
   root = /dev/hda2            # Das Root-Dateisystem
   vga = ask                   # Den Benutzer immer nach dem VGA-Modus fragen
   read-only                   # Root-Dateisystem nur zum Lesen mounten, damit eine
                               # Überprüfung des Dateisystems durchgeführt werden kann.
```

Ein entsprechender Abschnitt für ein Nicht-Linux-Betriebssystem fängt mit **other=** anstelle von **image=** an. Ein Beispiel:

```
other = /dev/hda1              # Wo die Partition liegt
   label = dos
   table = /dev/hda            # Wo die Partitionstabelle liegt
```

LILO-Konfigurationsoptionen, die auf alle Images zutreffen sollen, gehören in den globalen Abschnitt von */etc/lilo.conf*; Optionen, die nur auf ein bestimmtes Image zutreffen, in den jeweiligen Image-Abschnitt. Wenn eine Option sowohl im globalen Abschnitt als auch in einem Image-Abschnitt vorkommt, dann wird die Einstellung im Image-Abschnitt verwendet.

Hier ein Beispiel für eine vollständige */etc/lilo.conf*-Datei für ein System, bei dem die Linux-Partition auf */dev/hda2* liegt:

```
## Globaler Abschnitt
boot=/dev/hda2
map=/boot/map
delay=30
timeout=50
prompt
vga=ask

## Image-Abschnitt: Normales Linux
image=/boot/vmlinuz
  label=linux
  root=/dev/hda2
  install=/boot/boot.b
  map=/boot/map
  read-only

## Image-Abschnitt: Testen eines neuen Linux-Kernels
image=/testvmlinuz
  label=testlinux
  root=/dev/hda2
  install=/boot/boot.b
  map=/boot/map
  read-only
  optional                # Image weglassen, wenn es bei der Erstellung
                          # der Abbildungsdatei nicht vorhanden ist

## Image-Abschnitt: Booten von DOS
other=/dev/hda1
  label=dos
  loader=/boot/chain.b
  table=/dev/hda          # die aktuelle Partitionstabelle
```

```
## Image-Abschnitt: Booten von Windows 95
other=/dev/hda1
  label=win95
  loader=/boot/chain.b
  table=/dev/hda
```

Globale Optionen

Neben den hier genannten Optionen können auch die Kernel-Optionen **append**, **read-only**, **read-write**, **root** und **vga** (weiter unten im Abschnitt „Kernel-Optionen" beschrieben) als globale Optionen verwendet werden.

backup=*Backup-Datei*
: Kopiert den ursprünglichen Boot-Sektor nach *Backup-Datei* anstelle von */boot/boot.nnnn*, wobei *nnnn* eine Zahl ist, die vom Festplattentyp abhängt.

boot=*Boot-Geraet*
: Legt den Namen des Geräts fest, das den Boot-Sektor enthält. Der Default ist das aktuell als Root-Dateisystem gemountete Gerät wie beispielsweise */dev/hda2*. Wenn Sie ein Gerät wie */dev/hda* (ohne die Ziffer) angeben, dann heißt das, daß LILO im Master Boot Record installiert werden soll; alternativ können Sie eine bestimmte Partition wie etwa */dev/hda2* angeben.

compact
: Faßt Lesezugriffe auf benachbarte Plattensektoren zusammen, um das Booten zu beschleunigen. Die Verwendung von **compact** ist insbesondere dann empfehlenswert, wenn Sie von Diskette booten. **compact** kann in Konflikt mit **linear** stehen.

default=*Name*
: Verwendet das Image *Name* als Default-Boot-Image. Wenn **default** nicht angegeben wird, wird das erste in der Konfigurationsdatei angegebene Image verwendet.

delay=*Zsek*
: Gibt an, wie viele Zehntelsekunden der Boot-Loader warten soll, bevor er das Default-Image bootet. Wenn **serial** eingeschaltet ist, wird **delay** auf mindestens 20 gesetzt. Standardmäßig wird gar nicht gewartet.

disk=*Geraete-Name*
: Definiert Parameter für das durch *Geraete-Name* angegebene Gerät, falls LILO sie nicht selbst herausfinden kann. Normalerweise kann LILO die Festplatten-Parameter selbst herausfinden; diese Option wird dann nicht benötigt. Wenn **disk** angegeben wird, folgen darauf eine oder mehrere Parameterzeilen wie:

```
disk=/dev/sda
  bios = 0x80       # Die erste Platte ist normalerweise 0x80, die
                    # zweite normalerweise 0x81
  sectors= ...
  heads= ...
```

Beachten Sie, daß diese Option nicht das gleiche ist wie die Option **hd**, mit der ebenfalls Geometrie-Parameter von Festplatten angegeben werden. Die Informationen von **disk** werden an LILO übergeben, die von **hd** an den Kernel. Hier folgt eine kurze Aufstellung der Parameter, die bei **disk** angegeben werden können. Sie werden detailliert im „LILO User's Guide" beschrieben, der mit der LILO-Distribution geliefert wird.

bios=*BIOS-Geraete-Code*
: Die Nummer, unter der das BIOS auf das Gerät zugreift. Siehe das obige Beispiel.

cylinders=*Zylinder*
: Die Anzahl der Zylinder auf der Festplatte.

heads=*Koepfe*
: Die Anzahl der Köpfe auf der Festplatte.

inaccessible
: Teilt LILO mit, daß das BIOS die Festplatte nicht lesen kann; damit kann verhindert werden, daß das System unbootbar wird, weil LILO denkt, daß das BIOS die Festplatte lesen könnte.

partition=*Partition-Gerät*
: Fängt einen neuen Abschnitt für eine Partition an. Der Abschnitt enthält eine Variable, **start=***Partition-Offset*, die den ersten Sektor der Partition angibt (der erste Sektor der Platte trägt die Nummer 0):

```
partition=/dev/sda1
  start=2048
```

sectors=*Sektoren*
: Die Anzahl der Sektoren pro Spur.

disktab=*Disktab-Datei*
: Diese Option sollte nicht mehr verwendet werden; verwenden Sie statt dessen **disk=**.

fix-table
: Wenn diese Option angegegeben wird, kann **lilo** 3D-Adressen (Adressen aus Sektor, Kopf und Zylinder) in den Partitionstabellen anpassen. Das ist manchmal notwendig, wenn eine Partition nicht an einem Spuranfang beginnt und sich ein anderes Betriebssystem wie MS-DOS auf der gleichen Festplatte befindet. Nähere Details finden Sie in der Manualpage zu *lilo.conf*.

force-backup=*Backup-Datei*
: Wie **backup**, überschreibt aber eine alte Backup-Kopie, sofern vorhanden.

ignore-table
: Weist **lilo** an, kaputte Partitionstabellen zu ignorieren.

install=*Boot-Sektor*
: Installiert die angegebene Datei als neuen Boot-Sektor. Wenn **install** nicht angegeben wird, ist der Default */boot/boot.b*.

linear
: Erzeugt anstelle von 3D-Adressen (Sektor, Kopf, Zylinder) lineare Sektoradressen, die nicht von der Plattengeometrie abhängig sind. Wenn LILO die Geometrie Ihrer Festplatte nicht selbst herausfinden kann, können Sie versuchen, mit **linear** zu arbeiten. Wenn das auch nicht funktioniert, müssen Sie die Geometrie mit **disk=** angeben. Beachten Sie aber, daß **linear** manchmal nicht mit Disketten funktioniert und bei Verwendung mit **compact** zu Konflikten führen kann.

map=*Abbildungsdatei*
: Gibt die Lage der Abbildungsdatei an. Der Default ist */boot/map*.

message=*Meldungsdatei*
: Gibt eine Datei mit einer Meldung an, die vor der Boot-Meldung angezeigt werden soll. Die Meldung kann einen Seitenvorschub (STRG-L) enthalten, um den Bildschirm zu löschen. Die Abbildungsdatei muß durch erneutes Ausführen des Befehls **lilo** aktualisiert werden, wenn die Meldungsdatei verschoben oder geändert wird. Die maximale Länge ist 65535 Byte.

nowarn
: Schaltet Warnungsmeldungen ab.

optional
: Gibt an, daß alle Images, die beim Erzeugen der Abbildungsdatei nicht verfügbar sind, weggelassen und nicht am Boot-Prompt als Option angeboten werden sollen. Entspricht der Image-Option **optional**, gilt aber für alle Images.

password=*Passwort*
: Gibt ein Paßwort an, das der Benutzer eingeben muß, wenn ein Image geladen werden soll. Das Paßwort wird in der Konfigurationsdatei nicht verschlüsselt. Daher sollten die Rechte dieser Datei so gesetzt sein, daß nur der Superuser sie lesen kann, wenn Paßwörter verwendet werden. Diese Option entspricht der gleichnamigen Image-Version, schützt aber alle Images mit dem gleichen Paßwort.

prompt
: Zeigt den Boot-Prompt automatisch an, ohne daß der Benutzer Shift, Alt oder Scroll Lock drücken muß. Wenn **prompt** ohne **timeout** verwendet wird, kann das System nicht automatisch neu starten.

restricted
: Kann zusammen mit **password** verwendet werden, um festzulegen, daß das Paßwort nur dann angegeben werden muß, wenn der Benutzer Parameter auf der Kommandozeile angeben will. Entspricht der Image-Option **restricted**, gilt aber für alle Images.

serial=*Parameter*
: Läßt den Boot-Lader auf Eingaben sowohl von der Tastatur als auch von einer seriellen Schnittstelle warten. Ein Break-Zeichen auf der seriellen Leitung entspricht dem Drücken der Shift-Taste auf der Konsole, um die Aufmerksamkeit des Boot-Laders zu bekommen. Wenn der serielle Zugang nicht gesichert ist (beispielsweise, weil die Leitung mit einem Modem verbunden ist), sollten alle Images paßwortgesichert sein. Wenn **serial** verwendet wird, wird der Wert von **delay** automatisch auf 20 (2 Sekunden) heraufgesetzt, wenn er kleiner ist. Der Parameterstring *Parameter* hat die folgende Syntax:

```
port[,bps[parity[bits]]]
```

Beispielsweise können Sie die serielle Schnittstelle COM1 folgendermaßen mit den Default-Parametern initialisieren:

```
serial=0,2400n8
```

Die Parameter haben folgende Bedeutung:

port
: Die Portnummer der seriellen Schnittstelle. Der Default ist 0, was COM1 (*/dev/ttyS0*) entspricht. Der Wert kann zwischen 0 und 3 liegen (für die vier möglichen seriellen Schnittstellen).

bps Die Baud-Rate der seriellen Schnittstelle. Zulässige Werte sind: 110, 300, 1200, 2400, 4800, 9600, 19200 und 38400. Der Default is 2400 bps.

parity Die auf der seriellen Leitung verwendete Parität: *n* und *N* stehen für keine Parität, *e* und *E* stehen für gerade Parität, und *o* und *O* stehen für ungerade Parität. Der Boot-Lader ignoriert allerdings die Parität der Eingaben und entfernt das achte Bit.

bits Gibt an, ob ein Zeichen 7 oder 8 Bits enthält. Der Default ist 8, wenn keine Parität eingestellt ist, und sonst 7.

timeout=*Zsek*

Legt einen Timeout (in Zehntelsekunden) für Tastatureingaben fest. Wenn in der angegebenen Zeit keine Taste gedrückt wurde, wird automatisch das Default-Image gebootet. **timeout** wird auch verwendet, wenn auf die Eingabe eines Paßwortes gewartet wird. Der Default ist beliebig langes Warten.

verbose=*Ebene*

Schaltet Informationsausgaben an; höhere Werte für *Ebene* ergeben auch mehr Ausgaben. Wenn **–v** auch auf der Kommandozeile angegeben wird, wird die Ebene mit jedem **–v** um eins erhöht. Das Maximum ist 5.

Image-Optionen

Die folgenden Optionen gelten jeweils für ein bestimmtes Image.

alias=*Name*

Gibt einen alternativen Namen für ein Image an, der neben dem mit der Option **label** angegebenen Namen verwendet werden kann.

image=*Pfadname*

Gibt die Datei oder das Gerät an, die oder das das Boot-Image eines bootbaren Linux-Kernels enthält. Jeder Image-Abschnitt, der einen bootbaren Linux-Kernel angibt, beginnt mit einer **image**-Option. Siehe auch **range**.

label=*Name*

Gibt den Namen an, der für dieses Image am Boot-Prompt verwendet wird. Der Default ist der Dateiname der Image-Datei (ohne den Pfad).

loader=*Chain-Loader*

Bei anderen Linux-Betriebssystemen als Linux wird hier der Chain-Loader angegeben, an den LILO die Kontrolle zum Booten des Betriebssystems übergeben soll. Der Default ist */boot/chain.b*. Wenn das System von einem Gerät gebootet wird, das weder die erste Festplatte noch ein Diskettenlaufwerk ist, dann muß der Chain-Loader angegeben werden.

lock

Weist LILO an, die Boot-Kommandozeile zu speichern und für zukünftige Boot-Vorgänge als Default zu verwenden, bis eine neue Boot-Kommandozeile angegeben wird. **lock** ist nützlich, wenn Sie bei jedem Booten des Systems einige Optionen auf der Boot-Kommandozeile angeben müssen.

optional

Gibt an, daß das Image weggelassen werden soll, wenn es während des Erzeugens der Abbildungsdatei durch den Befehl **lilo** nicht verfügbar ist. Das ist nützlich, um Test-Kernel anzugeben, die nicht immer vorhanden sind.

password=*Passwort*

Gibt an, daß das Image paßwortgeschützt sein soll, und legt das Paßwort fest, das der Benutzer beim Booten angeben muß. Das Paßwort wird in der Konfigurationsdatei nicht verschlüsselt. Wenn Sie also Paßwörter verwenden, dann sollte nur der Superuser die Konfigurationsdatei lesen können.

range=*Sektoren*

Wird zusammen mit der Option **image** verwendet, wenn diese ein Gerät angibt (z.B. **image=***/dev/fd0*), um den Sektorenbereich festzulegen, der in der Abbildungsdatei aufgeführt werden soll. *Sektoren* kann entweder als Bereich *Anfang-Ende* oder als *Anfang+Groesse* angegeben werden, wobei *Anfang* und *Ende* bei null beginnende Sektorennummern und *Groesse* die Anzahl der hinter *Anfang* zu verwendenden Sektoren angibt. Wenn nur *Anfang* angegeben wird, wird auch nur dieser eine Sektor abgebildet. Ein Beispiel:

```
image = /dev/fd0
  range = 1+512    # 512 Sektoren ab Sektor 1
```

restricted

Gibt an, daß ein Paßwort zum Booten des Images nur dann benötigt wird, wenn Boot-Parameter auf der Kommandozeile angegeben wurden.

table=*Geraet*

Gibt für andere Betriebssysteme als Linux an, welches Gerät die Partitionstabelle enthält. Wenn **table** nicht angegeben wird, übergibt der Boot-Loader keine Partitionsinformationen an das zu bootende Betriebssystem. Beachten Sie, daß */sbin/lilo* erneut ausgeführt werden muß, wenn die Partitionstabelle verändert wurde. Diese Option kann nicht zusammen mit **unsafe** verwendet werden.

unsafe

Kann im Image-Abschnitt für ein anderes Betriebssystem als Linux verwendet werden, um anzugeben, daß nicht auf den Boot-Sektor zugegriffen werden soll, wenn die Abbildungsdatei erzeugt wird. Wenn **unsafe** angegeben wird, werden einige Sicherheitsüberprüfungen nicht durchgeführt. Das kann nützlich sein, wenn der Befehl **lilo** verwendet werden soll, ohne eine Diskette einzulegen, wenn der Boot-Sektor sich auf einem Diskettenlaufwerk mit festem Format befindet. Diese Option kann nicht zusammen mit **table** verwendet werden.

Kernel-Optionen

Die folgenden Kernel-Optionen können sowohl in */etc/lilo.conf* als auch auf der Boot-Kommandozeile angegeben werden.

append=*String*

Hängt die in *String* angegebenen Optionen an die an den Kernel übergebene Parameterzeile an. Dies wird normalerweise verwendet, um bestimmte Hardware-Parameter anzugeben. Wenn Ihr System beispielsweise mehr als 64 MB Hauptspeicher hat (also mehr, als Ihr BIOS erkennen kann), können Sie **append** verwenden:

```
append = "mem=128M"
```

initrd=*Dateiname*

Gibt die Datei an, die nach */dev/initrd* geladen werden soll, wenn mit einer RAM-Disk gebootet wird. Lesen Sie dazu auch die Optionen **load_ramdisk**, **prompt_ramdisk**, **ramdisk_size** und **ramdisk_start** sowie den Abschnitt „initrd: Eine RAM-Disk verwenden".

literal=*String*

Wie **append**, ersetzt aber alle anderen Kernel-Boot-Optionen.

noinitrd

Erhält den Inhalt von */dev/initrd*, so daß dieser nach dem Booten des Kernels gelesen werden kann.

prompt_ramdisk=*n*

Gibt an, ob der Kernel Sie auffordern soll, die Diskette mit dem Image für die RAM-Disk für die Installation von Linux einzulegen. Die folgenden Werte sind möglich:

`0` Nicht auffordern. Wird normalerweise verwendet, wenn der Kernel und das Image für die RAM-Disk auf eine Diskette passen.

`1` Auffordern. Dies ist der Default.

ramdisk=*Groesse*

Veraltet, sollte nicht mit Kerneln neuer als 1.3.48 verwendet werden. Für neuere Kernel stehen die Optionen **load_ramdisk**, **prompt_ramdisk**, **ramdisk_size** und **ramdisk_start** zur Verfügung.

ramdisk_size=*n*

Gibt die Größe in KB an, die für die RAM-Disk alloziert werden soll. Der Default ist 4096, also 4 MB.

ramdisk_start=*Position*

Wird für eine Linux-Installation verwendet, bei der sowohl der Kernel als auch das Image für die RAM-Disk auf der gleichen Diskette liegen. *Position* gibt die Position auf der Diskette (in KB) an, ab der das Image für die RAM-Disk beginnt.

root=*Root-Geraet*

Gibt das Gerät an, das als Root-Dateisystem gemountet werden sollte. Wenn als Parameter **current** verwendet wird, wird das Gerät als Root-Gerät verwendet, das derzeit als Root-Dateisystem gemountet ist. Der Default ist die Einstellung im Kernel-Image.

vga=*Modus*

Gibt den VGA-Textmodus an, der beim Booten verwendet werden soll. Der Default ist der VGA-Modus, der im Kernel-Image steht. Auf die Groß- und Kleinschreibung der Werte kommt es nicht an. Folgende Werte sind möglich:

ask Fragt den Benutzer nach dem Textmodus. Wenn hier die Eingabetaste gedrückt wird, wird eine Liste aller verfügbaren Modi angezeigt.

extended (oder **ext**)

Wählt den 80x50-Textmodus aus.

normal

Wählt den 80x25-Textmodus aus.

Nummer

Verwendet den Textmodus *Nummer*. Eine Liste aller Modi Ihrer Grafikkarte bekommen Sie durch Booten mit **vga=ask** und Betätigen der Eingabetaste.

Der Befehl lilo

Sie müssen den Befehl **lilo** ausführen, um den LILO-Boot-Lader zu installieren und zu aktualisieren, wenn der Kernel oder die Konfigurationsdatei */etc/lilo.conf* geändert worden ist.

Der Pfad von **lilo** ist normalerweise */sbin/lilo*. Die Syntax lautet:

```
lilo [optionen]
```

Einige der Optionen entsprechen Schlüsselwörtern in */etc/lilo.conf*:

Konfigurations-Schlüsselwort	Kommandozeilen-Option
boot=*Boot-Geraet*	**–b** *Boot-Geraet*
compact	**–c**
delay=*Zsek*	**–d** *Zsek*
default=*Label*	**–D** *Label*
disktab=*Datei*	**–f** *Datei*
install=*Boot-Sektor*	**–i** *Boot-Sektor*
linear	**–l**
map=*Abbildungsdatei*	**–m** *Abbildungsdatei*
fix-table	**–P fix**
ignore-table	**–P ignore**
backup=*Datei*	**–s** *Datei*
force-backup=*Datei*	**–S** *Datei*
verbose=*Ebene*	**–v**

Diese Optionen sollten nach Möglichkeit in der Konfigurationsdatei stehen; es wird nicht mehr empfohlen, sie auf der Kommandozeile von **lilo** anzugeben. Im nächsten Abschnitt werden die Optionen genannt, die nur auf der Kommandozeile von **lilo** angegeben werden können; alle anderen wurden im vorangegangenen Abschnitt besprochen.

lilo-Kommandozeilenoptionen

Die folgende Liste enthält die Kommandozeilenoptionen von **lilo**. Es können mehrere Optionen getrennt voneinander angegeben werden:

```
% lilo -q -v
```

–C *Konfigurationsdatei*
: Gibt eine Alternative zur Default-Konfigurationsdatei an. **lilo** verwendet die Konfigurationsdatei, um zu bestimmen, welche Dateien bei der Installation von LILO abgebildet werden sollen.

–I *Label*
: Gibt den Pfad zum Kernel-Image, das *Label* entspricht, auf der Standardausgabe aus. Wenn kein passendes Label gefunden wird, wird eine Fehlermeldung ausgegeben. Ein Beispiel:

```
% lilo -I linux
/boot/vmlinuz-2.0.34-0.6
```

–q Gibt die derzeit abgebildeten Dateien aus. **lilo** verwaltet eine Datei (standardmäßig */boot/map*), die den Namen und die Position des oder der zu bootenden Kernel(s) enthält. Wenn **lilo** mit dieser Option gestartet wird, werden die Namen der Dateien in der Abbildungsdatei auf der Standardausgabe ausgegeben. Beispiel:

```
% lilo -q
linux          *
test
```

Der Stern zeigt an, daß `linux` hier der Default ist.

–r *Root-Verzeichnis*
Gibt an, daß **lilo** als allererstes ein **chroot** in das angegebene Verzeichnis ausführen soll. Das kann dazu verwendet werden, um eine Installation mit Hilfe einer Boot-Diskette zu reparieren. Sie können von der Diskette booten, lassen **lilo** aber die Dateien von der Festplatte verwenden. Wenn Sie beispielsweise die beiden folgenden Befehle ausführen:

```
% mount /dev/hda2 /mnt
% lilo -r /mnt
```

dann holt sich **lilo** die benötigten Dateien von der Festplatte.

–R *Kommandozeile*
Legt die Default-Kommandozeile fest, die der Boot-Lader beim nächsten Booten verwenden soll. Dieser Befehl wird einmal ausgeführt und dann vom Boot-Lader entfernt. Diese Option wird üblicherweise in Reboot-Skripten unmittelbar vor dem Aufruf von **shutdown –r** verwendet.

–t Testmodus. Es wird weder ein neuer Boot-Sektor noch eine neue Abbildungsdatei geschrieben. Kann zusammen mit **-v** verwendet werden, um herauszufinden, was **lilo** normalerweise tun würde.

–u *Geraete-Name*
Deinstalliert **lilo**, indem der gesicherte Boot-Sektor in */boot/boot.nnnn* nach Überprüfung des Zeitstempels restauriert wird. *Geraete-Name* ist der Name des Geräts (wie */dev/hda2*), auf dem LILO installiert ist.

–U *Geraete-Name*
Wie **–u**, überprüft aber nicht den Zeitstempel.

–v Ausführliche Ausgaben.

–V Gibt die Versionsnummer von **lilo** aus.

Loadlin: Von MS-DOS aus booten

Loadlin ist ein Linux-Boot-Lader, den Sie von einer bootbaren MS-DOS-Partition aus starten können. Das System muß im DOS-Real-Modus sein, Loadlin kann nicht von einem MS-DOS-Fenster unter Windows 95/98/NT gestartet werden. Es ist keine Installation notwendig; Sie kopieren einfach die ausführbare Datei *loadlin.exe* aus der Linux-Distribution auf Ihre MS-DOS-Partition.* Sie benötigen einen komprimierten Linux-Kernel (wie *vmlinux*), den Sie

* Wenn Loadlin nicht in Ihrer Linux-Distribution enthalten ist, dann können Sie dieses Programm von den wichtigsten Linux-Sites herunterladen, darunter auch vom Web-Server des Linux Documentation Project, *http://metalab.unc.edu/LDP/*.

von einer Diskette, von einer DOS-Partition oder von einer RAM-Disk laden können. Beispiel:

```
C:> loadlin c:\vmlinuz root=/dev/hda2
```

In diesem Beispiel wird das Linux-Kernel-Image *vmlinuz* geladen und bekommt den Boot-Parameter **root=/dev/hda2** übergeben, der dem Kernel mitteilt, daß die Root-Partition von Linux */dev/hda2* ist. Nähere Informationen zur Verwendung einer RAM-Disk finden Sie im Abschnitt „initrd: Eine RAM-Disk verwenden".

Wenn Sie Loadlin mit Windows 95/98 verwenden wollen, sollten Sie den „Loadlin User Guide" und das „Loadlin+Win95 Mini-HOWTO" lesen. Beachten Sie, daß das Standardverfahren zur Verwendung von Loadlin und Windows 95 nicht funktioniert, wenn Sie das FAT32-Dateisystem benutzen. Wenn das der Fall ist oder Sie sich nicht sicher sind, ob Sie FAT16 oder FAT32 verwenden, dann sollten Sie das Mini-HOWTO auf jeden Fall lesen, bevor Sie fortfahren.

Loadlin kann direkt, wie im Beispiel gezeigt, an der DOS-Eingabeaufforderung oder aus CONFIG.SYS oder AUTOEXEC.BAT heraus aufgerufen werden. Wie LILO kennt auch Loadlin sowohl Optionen, die Loadlin selbst steuern, als auch Optionen (die dann auch Parameter genannt werden), die an den Kernel übergeben werden.

Es gibt zwei Syntax-Varianten für Loadlin:

```
LOADLIN @Parameter
LOADLIN [Zimage_Datei] [Optionen] [Boot_Parameter]
```

Eine Parameterdatei verwenden

In der ersten oben genannten Form ist *Parameter* eine DOS-Datei, die die Optionen enthält, mit denen Sie Loadlin starten wollen. Die Loadlin-Distribution enthält eine beispielhafte Parameterdatei namens *test.par*, die Sie als Ausgangspunkt für eigene Parameterdateien verwenden können. Jede Zeile in einer Parameterdatei enthält einen Parameter. Der Name des zu verwendenden Linux-Kernels (der **image=**-Parameter) muß der erste Eintrag in der Datei sein. Kommentarzeilen werden durch ein Doppelkreuz (#) eingeleitet. Die Einträge in der Parameterdatei können auf der Kommandozeile ergänzt oder überschrieben werden. Beispielsweise können Sie die Einstellungen in der Parameterdatei für **vga** folgendermaßen überschreiben:

```
C:> LOADLIN @myparam vga=normal
```

Parameter auf der Kommandozeile angeben

In der zweiten Form der oben gezeigten Loadlin-Syntax ist *Zimage_Datei* der Name des zu bootenden Linux-Kernels, der von einer Liste von Loadlin-Optionen und/oder Boot-Optionen gefolgt wird. Wenn Sie gar keine Parameter angeben, bekommen Sie eine Ausgabe mit den Optionen von Loadlin sowie einigen der möglichen Kernel-Boot-Optionen. Die Meldung ist so lang, daß es sich lohnen kann, sie durch **more** zu schicken:

```
C:> LOADLIN | more
```

Loadlin kennt folgende Optionen:

–clone
: Läßt einige Überprüfungen aus. Lesen Sie den „LOADLIN User Guide" aus der Loadlin-Distribution, bevor Sie diese Option verwenden.

–d *Datei*
: Debugging-Modus. Wie **–t**, schreibt die Ausgabe aber neben der Standardausgabe auch noch in *Datei.*

–dskreset
: Veranlaßt einen Reset der Festplatten, nachdem Linux geladen wurde, aber bevor es gebootet wird.

–noheap
: Sollte nur von erfahrenen Linux-Hackern verwendet werden; schaltet die Verwendung des Setup-Heaps ab.

–t Test-Modus. Durchläuft den Ladeprozeß, startet aber Linux nicht wirklich. Impliziert **–v**.

–txmode
: Schaltet den Bildschirm beim Booten in den Textmodus (80x25).

–v Gibt Parameter- und Konfigurationsinformationen auf die Standardausgabe aus.

–wait=*nn*
: Wartet nach dem Laden *nn* (DOS-)Ticks, bevor Linux gebootet wird.

Neben diesen Loadlin-Optionen enthält der Hilfetext auch die Boot-Optionen des Kernels, die Sie angeben können. Die ausgegebenen Boot-Optionen sind aber nur einige der vielen vorhandenen. Sie finden eine vollständigere Liste im „BootPrompt-HOWTO".

Dual-Boot von Linux und Windows NT

Wie bereits erwähnt, verlangt der Boot-Lader von Windows NT volle Kontrolle über den Boot-Vorgang. Das normale Verfahren, Linux und Windows NT auf einem Rechner booten zu können, besteht also darin, Linux als Option dem NT-Boot-Menü hinzuzufügen.

Dazu müssen Sie dem NT-Lader eine Kopie des Linux-Boot-Sektors übergeben. Wir beschreiben hier, wie Sie das auf einem Computer machen, auf dem Windows NT mit einem NTFS-Dateisystem läuft (beachten Sie, daß Windows NT bereits auf Ihrem System installiert sein sollte). Das „NT OS Loader + Linux Mini-HOWTO" enthält weitere Informationen und andere Möglichkeiten.

Sie sollten eine Linux-Boot-Diskette parat haben, damit Sie bei Bedarf Linux booten können, bevor der NT-Boot-Lader modifiziert worden ist. Außerdem sollten Sie eine DOS-formatierte Diskette haben, um den Boot-Sektor auf die Windows-NT-Partition zu übertragen. Wenn LILO bereits installiert ist, müssen Sie eventuell die Datei */etc/lilo.conf* wie unten beschrieben ändern. Ansonsten können Sie LILO entweder im Zuge der Linux-Installation oder mit dem Skript *QuickInst*, das mit LILO geliefert wird, installieren. Wenn LILO einmal installiert ist und Sie eine Konfigurationsdatei haben, dann können Sie das System zum Dual-Boot einrichten.

Beachten Sie, daß in den folgenden Anweisungen davon ausgegangen wird, daß Ihre Linux-Partition auf */dev/hda2* liegt. Wenn Linux auf einer anderen Partition installiert ist, müssen Sie */dev/hda2* durch den für Sie zutreffenden Wert ersetzen.

1. Geben Sie die Linux-Root-Partition als Ihr Boot-Gerät an. Wenn Sie */etc/lilo.conf* von Hand bearbeiten, wird der Eintrag etwa so aussehen:

```
boot=/dev/hda2
```

und dem **root=**-Eintrag entsprechen.

2. Führen Sie den Befehl **lilo** aus, um LILO auf der Linux-Root-Partition zu installieren.

3. Wenn Sie jetzt Linux rebooten müssen, müssen Sie eine Boot-Diskette verwenden, weil der NT-Lader noch nicht zum Booten von Linux konfiguriert worden ist.

4. Verwenden Sie unter Linux den Befehl **dd**, um eine Kopie des Linux-Boot-Sektors zu erzeugen:

   ```
   % dd if=/dev/hda2 of=/bootsect.lnx bs=512 count=1
   ```

   Dieser Befehl kopiert einen Block mit einer Blockgröße von 512 Byte von der Eingabedatei */dev/hda2* in die Ausgabedatei */bootsect.lnx*. (Sie können den Namen der Ausgabedatei frei wählen, es muß nicht *bootsect.lnx* sein.)

5. Kopieren Sie *bootsect.lnx* auf eine DOS-formatierte Diskette:

   ```
   % mount -t msdos /dev/fd0 /mnt
   % cp /bootsect.lnx /mnt
   % umount /mnt
   ```

6. Booten Sie jetzt Windows NT, und kopieren Sie den Boot-Sektor von der Diskette auf die Festplatte, zum Beispiel mit:

   ```
   C:> copy a:\bootsect.lnx c:\bootsect.lnx
   ```

   Es ist egal, wo Sie die Datei hinkopieren, weil Sie dem NT-Lader in Schritt 8 sagen werden, wo die Datei ist.

7. Ändern Sie die Dateiattribute der Datei *boot.ini**, damit Sie die Datei editieren können:

   ```
   C:> attrib -s -r c:\boot.ini
   ```

8. Fügen Sie der Datei *boot.ini* mit einem Texteditor die folgende Zeile hinzu:

   ```
   C:\bootsect.lnx="Linux"
   ```

   Diese Zeile fügt Linux dem Boot-Menü hinzu und teilt dem Windows-NT-Boot-Lader mit, wo der Boot-Sektor von Linux zu finden ist. Sie können die Zeile an beliebiger Stelle im Abschnitt `[operating systems]` der Datei hinzufügen. Die Position in der Datei bestimmt, wo Linux beim Booten im Boot-Menü auftaucht. Wenn Sie die Zeile am Ende anhängen, sieht Ihre *boot.ini* etwa so aus (der zweite **multi(0)**-Eintrag wurde umgebrochen, um auf die Seite zu passen):

   ```
   [boot loader]
   timeout=30
   default=multi(0)disk(0)rdisk(0)partition(1)\WINNT
   [operating systems]
   multi(0)disk(0)rdisk(0)partition(1)\WINNT="Windows NT Server Version 4.00"
   multi(0)disk(0)rdisk(0)partition(1)\WINNT="Windows NT Server Version 4.00
    [VGA mode]" /basevideo /sos
   C:\bootsect.lnx="Linux"
   ```

* *boot.ini* ist das Windows-NT-Gegenstück zu */etc/lilo.conf*. In dieser Datei wird definiert, welche Betriebssysteme der NT-Lader booten kann.

9. Restaurieren Sie die alten Dateiattribute:

```
C:> attrib +s +r c:\boot.ini
```

Jetzt können Sie Windows NT herunterfahren und neu starten; NT wird Ihnen dann ein Boot-Menü anbieten, das beispielsweise so aussieht:

```
OS Loader V4.00

Please select the operating system to start:

Windows NT Workstation Version 4.00
Windows NT Workstation Version 4.00 [VGA mode]
Linux
```

Wählen Sie Linux aus, worauf der NT-Lader den Boot-Sektor einliest und die Kontrolle an LILO auf der Linux-Partition übergibt.

Wenn Sie später */etc/lilo.conf* modifizieren oder den Kernel neu übersetzen, dann müssen Sie den Befehl **lilo** erneut ausführen, eine neue *bootsect.lnx*-Datei erzeugen und die Version von *bootsect.lnx* auf der Windows-NT-Partition durch die neue Version ersetzen. Sie müssen also, mit anderen Worten, die Schritte 2-6 erneut ausführen.

Wenn Sie Probleme bekommen oder einfach nur LILO später wieder entfernen wollen, können Sie die gesamte Prozedur umdrehen: Booten Sie Windows NT, ändern Sie die Attribute von *boot.ini*, entfernen Sie den Linux-Eintrag in der Datei, restaurieren Sie die Attribute, und entfernen Sie den Linux-Boot-Sektor von der NT-Partition.

Kernel-Optionen beim Booten

Die Abschnitte in diesem Kapitel über Loadlin und LILO haben einige der Optionen beschrieben, die Sie beim Booten von Linux angeben können. Es gibt aber viele andere Optionen, die ebenfalls angegeben werden können. In diesem Abschnitt schauen wir uns kurz an, wie Optionen an den Kernel übergeben werden, und beschreiben dann einige der Parameter-Typen, die für Sie nützlich sein könnten. Die Parameter in diesem Abschnitt betreffen den Kernel und sind daher unabhängig vom verwendeten Boot-Lader.

Wie so oft bei Unix-Systemen gibt es eine Reihe von Wahlmöglichkeiten für den eigentlichen Boot-Vorgang. Wenn Sie Loadlin verwenden, können Sie die Parameter, die an den Kernel übergeben werden sollen, entweder auf der Kommandozeile oder in einer Datei angeben:

Wenn LILO Ihr Boot-Lader ist, können Sie zusätzlich zu den in */etc/lilo.conf* angegebenen Parametern folgendermaßen weitere Parameter angeben:

- Wenn **prompt** in */etc/lilo.conf* angegeben wurde, zeigt LILO immer einen Boot-Prompt an und wartet auf Ihre Eingabe. An dieser Eingabeaufforderung können Sie das zu bootende Betriebssystem angeben. Wenn Sie Linux wählen, können Sie auch noch weitere Parameter angeben.

- Wenn **prompt** nicht angegeben wurde, können Sie bei Erscheinen des Wortes LILO die Control-, Shift- oder Alt-Taste drücken, woraufhin der Boot-Prompt erscheint. Sie können die Scroll-Lock-Taste auch bereits vor dem Erscheinen von LILO drücken und müssen so nicht, über die Tastatur gebeugt, der Ausgabe von LILO harren.
- An der Eingabeaufforderung können Sie das System angeben, das Sie booten wollen, oder die Tabulatortaste drücken, um eine Liste der Wahlmöglichkeiten zu bekommen. Sie können dann den Namen des zu bootenden Images eingeben. Ein Beispiel:

  ```
  LILO boot: <press Tab>
  linux   test   dos
  boot: linux
  ```

  Sie können auch Boot-Parameter angeben:

  ```
  boot: linux single
  ```

- Wenn Sie keine Eingabe machen, wartet LILO so lange, wie im **delay**-Parameter angegeben wurde, und bootet dann das Default-Betriebssystem mit den in */etc/lilo.conf* angegebenen Default-Parametern.

Einige der Boot-Parameter sind bereits erwähnt worden. Viele weitere sind Hardware-spezifisch und zu zahlreich, um hier genannt zu werden. Eine vollständige Liste der Parameter und eine Beschreibung des Boot-Vorgangs finden Sie im „BootPrompt-HOWTO". Einige der bisher noch nicht besprochenen Parameter, die für Sie nützlich sein könnten, werden hier gleich noch aufgeführt; viele weitere stehen im HOWTO. Die meisten der folgenden Parameter werden verwendet, um Informationen oder Anweisungen an den Kernel und nicht an LILO zu übergeben.

debug
: Gibt alle Kernel-Meldungen auf der Konsole aus.

hd=*Zylinder,Koepfe,Sektoren*
: Teilt dem Kernel die Geometrie der Festplatte mit. Das ist nützlich, wenn Linux diese nicht herausfinden kann, was oft bei IDE-Festplatten mit mehr als 1024 Zylindern der Fall ist.

load_ramdisk=*n*
: Teilt dem Kernel mit, ob ein RAM-Disk-Image für die Linux-Installation geladen werden soll. Mögliche Werte für *n*:

  `0` Kein Image laden. Dies ist der Default.

  `1` Das Image von Diskette in die RAM-Disk laden.

mem=*Groesse*
: Gibt den installierten Speicher an. Das ist nützlich, wenn Ihr BIOS nur Speicher bis zu 64 MB meldet, auf Ihrem System aber mehr installiert ist. Geben Sie diesen Wert als Zahl mit angehängtem **M** oder **k** (Groß-/Kleinschreibung ist egal) an:

  ```
  mem=128M
  ```

  Weil **mem** bei jedem Booten auf der Kommandozeile angegeben werden müßte, wird dieser Wert oft auf einer mit **lock** gespeicherten Kommandozeile angegeben oder mit **append** den dem Kernel übergebenen Parametern hinzugefügt.

Nummer

Startet Linux im durch *Nummer* angegebenen Runlevel. Ein Runlevel ist ein Betriebszustand, den das System nach dem Booten einnehmen kann. Das kann ein Mehrbenutzersystem oder eine Konfiguration sein, in der das X Window System gestartet wird. Die Werte liegen normalerweise zwischen 1 und 6, der Default-Wert ist normalerweise 3. Die Runlevel und die zugehörigen Zustände sind in der Datei */etc/inittab* definiert. Die Manualpage zu */etc/inittab* enthält weitere Informationen.

noinitrd

Wenn diese Option angegeben wird, wird das zweistufige Booten abgeschaltet, und der Inhalt von */dev/initrd* bleibt erhalten, so daß die Daten nach dem Booten des Kernels noch verfügbar sind. */dev/initrd* kann nur einmal gelesen werden, danach wird der Inhalt an das System zurückgegeben.

ro Mountet das Root-Dateisystem schreibgeschützt. Das wird zur Systemverwaltung wie zum Überprüfen der Integrität des Dateisystems verwendet, wenn Sie nicht wollen, daß etwas auf das Dateisystem geschrieben wird.

rw Mountet das Root-Dateisystem im schreibbaren Zustand. Wenn weder **ro** noch **rw** angegeben werden, wird der im Kernel gespeicherte Default-Wert (normalerweise **rw**) verwendet.

single

Bootet Linux im Single-User-Modus. Diese Option wird zur Systemverwaltung und Datenrettung verwendet. Sie bekommen damit direkt nach dem Booten eine Root-Eingabeaufforderung; es wird nur die nötigste Initialisierung erledigt. Es sind keine weiteren Anmeldungen am System möglich.

initrd: Eine RAM-Disk verwenden

Moderne Linux-Distributionen verwenden einen modularen Kernel, mit dem Module hinzugefügt werden können, ohne daß der Kernel neu kompiliert werden muß. Wenn Ihr Root-Dateisystem auf einem Gerät liegt, dessen Treiber ein Modul ist (wie das oft bei SCSI-Festplatten der Fall ist), können Sie **initrd** verwenden, wodurch ein zweistufiger Boot-Vorgang in Gang gesetzt wird, bei dem zunächst ein temporäres Root-Dateisystem in einer RAM-Disk eingerichtet wird, das die Module, die Sie benötigen (wie den SCSI-Treiber), enthält und dann die Module lädt und das eigentliche Root-Dateisystem mountet. Die RAM-Disk mit dem temporären Dateisystem ist die Gerätedatei */dev/initrd.*

Bevor Sie **initrd** verwenden können, muß sowohl die Unterstützung für die RAM-Disk (CONFIG_BLK_DEV_RAM=y) als auch die Unterstützung für die initiale RAM-Disk (CONFIG_BLK_DEV_INITRD=y) in den Linux-Kernel kompiliert werden. Dann müssen Sie das normale Root-Dateisystem vorbereiten und das Image für die RAM-Disk erzeugen. Möglicherweise enthält Ihre Linux-Distribution Hilfsprogramme, die Ihnen einige Konfigurationsarbeit abnehmen; beispielsweise gibt es in der Red-Hat-Distribution den Befehl **mkinitrd**, der das Image für **initrd** erzeugt. Detaillierte Informationen finden Sie in der Manual-Page von **initrd** und in der Datei *initrd.txt* (der Pfad kann sich von System zu System unterscheiden, aber oft ist es */usr/src/linux/Documentation/initrd.txt*).

Wenn Ihr Linux-System einmal zur Verwendung von **initrd** konfiguriert worden ist, können Sie einen der folgenden Schritte ausführen — je nachdem, welchen Boot-Lader Sie verwenden.

- Wenn LILO Ihr Boot-Lader ist, fügen Sie die Option **initrd** zum entsprechenden Image-Abschnitt hinzu:

  ```
  image = /vmlinuz
    initrd = /boot/initrd  # die Datei, die als Inhalt von /dev/initrd
    ...                    # geladen werden soll
  ```

  Rufen Sie den Befehl **/sbin/lilo** auf, und Sie können mit **initrd** rebooten.

- Wenn Sie Loadlin verwenden, müssen Sie die Option **initrd** auf der Kommandozeile hinzufügen:

```
loadlin c:\linux\vmlinuz initrd=c:\linux\initrd
```

Index

Symbole

A

B

C

D

E

F

G

H

I

J

K

L

M

N

O

P

S

T

U

Über die Autorin

Ellen Siever ist Autorin bei O'Reilly & Associates. Neben dieser Ausgabe von *Linux in a Nutshell* hat sie als Ko-Autorin auch an *Perl in a Nutshell* und als Ko-Lektorin an dem Band *Perl Modules Reference* aus dem *Perl Resource Kit* mitgewirkt. Bevor sie zu O'Reilly kam, arbeitete sie viele Jahre als Programmiererin. Außer Computern gilt Ihr Interesse vor allem Ihrer Familie, Reisen und Fotografie. Zur Zeit beschäftigt sie sich damit, malen zu lernen.

Über den Übersetzer

Matthias Kalle Dalheimer arbeitet als freier Autor, Übersetzer, Gutachter und Software-Entwickler in Meilsdorf bei Hamburg, wo er mit seiner Frau und seinem Sohn Jan Lennart zusammenlebt. Nach dem Studium der Informatik und Allgemeinen Sprachwissenschaft arbeitete er zunächst bei Star Division und war dort maßgeblich an der Portierung des StarOffice auf Linux beteiligt. Im Frühjahr 1997 gab er seiner Liebe zu Büchern nach und wechselte die Branche. Kalle arbeitet unter Linux und benutzt XEmacs 21.2 für den Großteil seiner Arbeit. In seiner Freizeit spielt er mit seinem Sohn, wandert oder liest Geschichtsbücher.

Kolophon

Das Erscheinungsbild unserer Bücher ist das Ergebnis von Leserkommentaren, eigenen Erfahrungen und Feedback aus den Vertriebskanälen. Die unverwechselbaren Covergestaltungen widerspiegeln unsere besondere Herangehensweise an technische Themen, die potentiell trockenen Inhalten Leben einhaucht.

Das Tier auf dem Buchtitel von *Linux in a Nutshell* ist ein Araber. Diese Pferderasse, die für ihre Anmut und Intelligenz bekannt ist, ist eine der ältesten überhaupt; die ältesten Beweise für ihre Existenz sind 5000 Jahre alt. Die Rasse der Araberpferde bildete auch den Ausgangspunkt für eine Reihe bekannter Züchtungen wie z.B. der Vollblutpferde des 17. und 18. Jahrhunderts. Sie gilt als eine der besonders charakteristischen Rassen; die Tiere zeichnen sich durch große, ausdrucksvolle Augen und Nüstern, kleine Ohren und einen kurzen, stämmigen Rücken aus. Wegen ihrer Zähigkeit eignen sich Araber besonders für Distanzritte, eine Sportart, in der sie vorherrschend sind. Ihr wundervolles Temperament hat die Araber in Nordamerika zu einer beliebten Reitpferderasse gemacht, obwohl sie auch in spezialisierteren Sparten wie Dressur oder Springreiten erfolgreich sind.

Edie Freedman gestaltete den Umschlag dieses Buchs und verwendete hierfür eine Gravur aus dem Dover Pictorial Archive. Das Titellayout wurde von Hanna Dyer und Risa Graziano mit Quark XPress 3.3 und ITC Garamond erstellt. Der Text wurde von Lenny Muellner und Christoph Badura mit troff gesetzt. Das Kolophon schrieb Nicole Gipson Arigo.

Kontaktieren Sie uns

1. Besuchen Sie uns auf unserer Homepage

http://www.oreilly.de/

- Ankündigungen von Neuerscheinungen
- Gesamtkatalog der englischen und deutschen Titel
- Probekapitel und Inhaltsverzeichnisse unserer Bücher

2. Tragen Sie sich in unsere Mailingliste ein

Neuerscheinungen

Wenn Sie automatisch per E-Mail über Neuerscheinungen informiert werden möchten, schicken Sie eine E-Mail an: *majordomo@oreilly.de*
Setzen Sie die folgende Information in die erste Zeile Ihrer Nachricht (nicht in die Subject-Zeile):

- für Informationen über neue englische Titel: *subscribe ora-news* + Ihre E-Mail-Adresse
- für Informationen über neue deutsche Titel: *subscribe oreilly-aktuell* + Ihre E-Mail-Adresse

Oder füllen Sie einfach das entsprechende Formular auf unserem Web-Server aus:

- http://www.oreilly.de/oreilly/majordomo.form.html

3. Bestellen Sie unseren gedruckten Katalog

- über unseren Web-Server: ***http://www.oreilly.de/oreilly/katalog.html***
- oder per Post, telefonisch oder per Fax

4. Beziehen Sie die Beispiele aus unseren Büchern (per FTP)

- ftp an:
  ftp.oreilly.de
  (login: *anonymous*
  password: Ihre E-Mail-Adresse)

- oder mit Ihrem Web-Browser über:
  ftp://ftp.oreilly.de/

5. Treten Sie mit uns per E-Mail in Kontakt

- ***anfragen@oreilly.de***
  für generelle Anfragen und Informationen

- ***order@oreilly.de***
  für Bestellungen

- ***kommentar@oreilly.de***
  für Anmerkungen zu unseren Büchern

- ***proposals@oreilly.de***
  um Manuskripte und Buchvorschläge an uns zu senden

- ***presse@oreilly.de***
  für Journalisten, die mehr über uns oder unsere Bücher erfahren möchten

Netzwerk-Administration

UNIX System-Administration

Æleen Frisch
806 Seiten, 1996, 79,- DM
ISBN 3-930673-04-5

Dieses Buch stellt eine grundlegende Hilfestellung bei allen Fragen der Administration von Unix-Systemen dar. Themenschwerpunkte sind: Organisation und Aufbau des Dateisystems, Backup-Sicherungen, Restaurieren verlorener Dateien, Netzwerk, Kernel-Konfiguration, Mail-Services, Drucker und Spooling-System sowie grundlegende System-Sicherheitsvorkehrungen. Diese Übersetzung der 2. Auflage berücksichtigt alle wichtigen Unix-Versionen: Sun OS 4.1.4, Solaris 2.4, AIX 4, Digital UNIX 3, SCO UNIX 3, HP-UX 9 und 10, IRIX 6 und Linux 1.3.

TCP/IP Netzwerk-Administration, 2. Auflage

Craig Hunt
654 Seiten, 1998, 79,- DM
ISBN 3-89721-110-6

Die 2. Auflage von *TCP/IP Netzwerk-Administration* ist eine komplette Anleitung zur Einrichtung und Verwaltung von TCP/IP-Netzwerken. Neben den Grundlagen der TCP/IP Netzwerk-Administration werden in dieser Auflage fortschrittliche Routing-Protokolle (RIPv2, OSPF und BGP), die Konfiguration wichtiger Netzwerk-Dienste (PPP, SLIP, sendmail, DNS, BOOTP und DHCP) und einige einfache Installationen für NIS und NFS besprochen. Weitere Kapitel befassen sich u.a. mit Themen wie Fehlersuche und Sicherheit.

DNS und BIND, 2. Auflage

Übersetzung der 3. engl. Auflage
Paul Albitz & Cricket Liu
ca. 560 Seiten, ca. 74,-DM
erscheint 3. Quartal 1999
ISBN 3-89721-160-2

DNS und BIND gibt einen Einblick in die Entstehungsgeschichte des DNS und erklärt dessen Funktion und Organisation. Außerdem werden die Installation von BIND (für die Versionen 4.9 und 8) und alle für diese Software relevanten Themen wie Parenting (Erzeugen von Sub-Domains) oder Debugging behandelt.

TCP/IP – Netzanbindung von PCs

Craig Hunt
474 Seiten, 1996, 69,- DM
ISBN 3-930673-28-2

TCP/IP – Netzanbindung von PCs bietet Ihnen praktische, detaillierte Informationen, wie Sie PCs an ein TCP/IP-basiertes Netzwerk und einen Unix-Server anschließen. Es erklärt ausführlich Theorie, Grundlagen, Installation und Konfiguration von TCP/IP auf PCs (inkl. eines Kapitels über Novell NetWare).

Aufbau und Betrieb von IP-Netzwerken mit Cisco-Routern

Scott M.Ballew
368 Seiten, 1998, 69,- DM
ISBN 3-89721-117-3

Das Buch gibt detaillierte Hinweise zum Entwurf eines IP-Netzwerks und zur Auswahl der Geräte und Routineprotokolle und erklärt dann die Konfiguration von Protokollen wie RIP, OSPF, EIGRP und BGP. Die dargestellten Prinzipien sind auf alle IP-Netzwerke übertragbar, unabhängig davon, welcher Router verwendet wird.

Virtuelle Private Netzwerke

Charlie Scott, Paul Wolfe & Mike Erwin
230 Seiten, 1999, 69,- DM
ISBN 3-89721-123-8

Ein virtuelles „privates" Netzwerk ist eine Kombination verschiedener Technologien, die es ermöglichen, sichere Verbindungen – sogenannte Tunnels – über reguläre Leitungen herzustellen. Dieses Buch geht neben der Planung und dem Aufbau eines solchen Netzwerkes auch auf die Kosten, die Konfiguration und die Abstimmung von VPNs mit anderen Technologien z.B. Firewalls ein.

Sendmail – kurz & gut

Bryan Costales & Eric Allman
88 Seiten, 1997, 12,80 DM
ISBN 3-930673-60-6

Dieses Büchlein versteht sich als komprimiertes Nachschlagewerk, das alle Befehle, Optionen, Makro-Definitionen und vieles mehr zu sendmail (V8.8) auflistet und knapp erklärt.

O'REILLY®

anfragen@oreilly.de • http://www.oreilly.de • +49 (0)221-97 31 60-0

Kontaktieren Sie uns

1. Besuchen Sie uns auf unserer Homepage

http://www.oreilly.de/

- Ankündigungen von Neuerscheinungen
- Gesamtkatalog der englischen und deutschen Titel
- Probekapitel und Inhaltsverzeichnisse unserer Bücher

2. Tragen Sie sich in unsere Mailingliste ein

Neuerscheinungen

Wenn Sie automatisch per E-Mail über Neuerscheinungen informiert werden möchten, schicken Sie eine E-Mail an:
majordomo@oreilly.de
Setzen Sie die folgende Information in die erste Zeile Ihrer Nachricht (nicht in die Subject-Zeile):

- für Informationen über neue englische Titel:
  subscribe ora-news + Ihre E-Mail-Adresse
- für Informationen über neue deutsche Titel:
  subscribe oreilly-aktuell + Ihre E-Mail-Adresse

Oder füllen Sie einfach das entsprechende Formular auf unserem Web-Server aus:

- http://www.oreilly.de/oreilly/majordomo.form.html

3. Bestellen Sie unseren gedruckten Katalog

- über unseren Web-Server:
  http://www.oreilly.de/oreilly/katalog.html
- oder per Post, telefonisch oder per Fax

4. Beziehen Sie die Beispiele aus unseren Büchern (per FTP)

- ftp an:
  ftp.oreilly.de
  (login: *anonymous*
  password: Ihre E-Mail-Adresse)

- oder mit Ihrem Web-Browser über:
  ftp://ftp.oreilly.de/

5. Treten Sie mit uns per E-Mail in Kontakt

- *anfragen@oreilly.de*
  für generelle Anfragen und Informationen

- *order@oreilly.de*
  für Bestellungen

- *kommentar@oreilly.de*
  für Anmerkungen zu unseren Büchern

- *proposals@oreilly.de*
  um Manuskripte und Buchvorschläge an uns zu senden

- *presse@oreilly.de*
  für Journalisten, die mehr über uns oder unsere Bücher erfahren möchten

O'Reilly Verlag GmbH & Co. KG
Balthasarstraße 81, 50670 Köln
Tel. 49 (0)221/973160-0 • (9 bis 18 Uhr)
Fax 49(0)221/973160-8

Kontaktieren Sie uns

1. Besuchen Sie uns auf unserer Homepage

http://www.oreilly.de/

- Ankündigungen von Neuerscheinungen
- Gesamtkatalog der englischen und deutschen Titel
- Probekapitel und Inhaltsverzeichnisse unserer Bücher

2. Tragen Sie sich in unsere Mailingliste ein

Neuerscheinungen

Wenn Sie automatisch per E-Mail über Neuerscheinungen informiert werden möchten, schicken Sie eine E-Mail an:
majordomo@oreilly.de
Setzen Sie die folgende Information in die erste Zeile Ihrer Nachricht (nicht in die Subject-Zeile):

- für Informationen über neue englische Titel:
  subscribe ora-news + Ihre E-Mail-Adresse
- für Informationen über neue deutsche Titel:
  subscribe oreilly-aktuell + Ihre E-Mail-Adresse

Oder füllen Sie einfach das entsprechende Formular auf unserem Web-Server aus:

- http://www.oreilly.de/oreilly/majordomo.form.html

3. Bestellen Sie unseren gedruckten Katalog

- über unseren Web-Server:
  http://www.oreilly.de/oreilly/katalog.html
- oder per Post, telefonisch oder per Fax

4. Beziehen Sie die Beispiele aus unseren Büchern (per FTP)

- ftp an:
  ftp.oreilly.de
  (login: *anonymous*
  password: Ihre E-Mail-Adresse)
- oder mit Ihrem Web-Browser über:
  ftp://ftp.oreilly.de/

5. Treten Sie mit uns per E-Mail in Kontakt

- *anfragen@oreilly.de*
  für generelle Anfragen und Informationen
- *order@oreilly.de*
  für Bestellungen
- *kommentar@oreilly.de*
  für Anmerkungen zu unseren Büchern
- *proposals@oreilly.de*
  um Manuskripte und Buchvorschläge an uns zu senden
- *presse@oreilly.de*
  für Journalisten, die mehr über uns oder unsere Bücher erfahren möchten

O'Reilly Verlag GmbH & Co. KG
Balthasarstraße 81, 50670 Köln
Tel. 49 (0)221/973160-0 • (9 bis 18 Uhr)
Fax 49(0)221/973160-8

Perl

Einführung in Perl, 2. Auflage

Randal L. Schwartz & Tom Christiansen
320 Seiten, 1998, 59,- DM
ISBN 3-89721-105-X

Einführung in Perl ist das ideale Buch für Systemadministratoren und Programmierer, die schon nach kurzer Zeit einsetzbare Perl-Skripten schreiben wollen. Dieses Buch ist ein sorgfältig abgestimmter Kurs für Einsteiger: Mit vielen Programmierbeispielen sowie Übungen und ausgearbeiteten Lösungen zu jedem Thema zeigen die Autoren Schritt für Schritt, wie man mit Perl (Version 5) programmiert.

Einführung in Perl für Win32-Systeme

Erik Olson, Randal L. Schwartz & Tom Christiansen
324 Seiten, 1998, 59,- DM
ISBN 3-89721-106-8

Einführung in Perl für Win32-Systeme ist eine auf die Besonderheiten von Win32-Systemen angepaßte Version des Buches Einführung in Perl (2. Auflage).

Programmieren mit Perl

Larry Wall, Tom Christiansen & Randal L. Schwartz
694 Seiten, 1997, 89,- DM
ISBN 3-930673-48-7

Dieses Buch ist das maßgebliche Handbuch zu der Skriptsprache Perl. Gemeinsam mit anderen Perl-Experten lüftet Larry Wall, der „Schöpfer" von Perl, die Geheimnisse von Perl 5, liefert dabei gleichzeitig aber auch neue Einsichten in alte und erprobte Features.

Perl Kochbuch

Tom Christiansen & Nathan Torkington
836 Seiten, 1999, 89,- DM
ISBN 3-89721-140-8

Das *Perl Kochbuch* bietet sowohl Einsteigern, als auch fortgeschrittenen Programmierern „Rezepte" und Antworten zu vielen Fragen bei der Programmierung mit Perl. Dabei werden Beispiele aus allen wichtigen Bereichen angeboten, wie z.B. Bearbeitung von Strings, Arrays und Hashes, Reguläre Ausdrücke, Subroutinen, Bibliotheken und Module.

Programmieren mit Perl-Modulen

Nate Patwardhan u.a.
538 Seiten, 1999, 74,- DM, inkl. CD-ROM
ISBN 3-89721-108-4

Diese Einführung in die Anwendung von Perl-Modulen erklärt, wie man die passenden Module findet, installiert und einsetzt. Dabei werden Module für die wichtigsten Anwendungsbereiche (Datenbanken, Textbearbeitung, GUI, Grafiken, E-Mail, CGI usw.) vorgestellt.

Reguläre Ausdrücke

Jeffrey E. F. Friedl
378 Seiten, 1998, 59,- DM
ISBN 3-930673-62-2

Es gibt bestimmte subtile, aber sehr nützliche Arten, in regulären Ausdrücken zu denken. Jeffrey Friedl macht mit diesen Denkweisen vertraut und zeigt Schritt für Schritt, wie man gekonnt reguläre Ausdrücke formuliert, um anfallende Aufgaben effektiv und schnell zu erledigen. Anhand vieler Beispiele wird erläutert, wie die verschiedenen Werkzeuge mit regulären Ausdrücken umgehen; besondere Berücksichtigung finden hierbei die Ausdrücke von Perl.

Fortgeschrittene Perl-Programmierung

Sriram Srinivasan
462 Seiten, 1998, 79,- DM
ISBN 3-89721-107-6

Fortgeschrittene Perl-Programmierung ermöglicht sowohl Lesern mit Grundkenntnissen als auch erfahrenen Anwendern, ihre Programmiertechnik zu verbessern, kompliziertere Vorgänge zu meistern und effektiver zu arbeiten.

Perl 5 – kurz & gut

Johan Vromans
70 Seiten, 1998, 12,80 DM
ISBN 3-89721-201-3

Diese kompakte Referenz, in der erweiterten 2. Auflage, bietet einen umfassenden Überblick über die Sprache, unter anderem über ihre Variablen, Funktionen, Ein-/Ausgabe-Operationen und Formate.

O'REILLY®

anfragen@oreilly.de • http://www.oreilly.de • +49 (0)221-97 31 60-0